U0946942

CHINA PILOT
FREE TRADE
ZONE

# 中国自由贸易试验区海关监管实务大全

《中国自由贸易试验区海关监管实务大全》
编委会 编

中国·北京

图书在版编目（CIP）数据

中国自由贸易试验区海关监管实务大全/《中国自由贸易试验区海关监管实务大全》编委会编 .—北京：中国海关出版社，2019. 1

ISBN 978-7-5175-0314-9

Ⅰ. ①中… Ⅱ. ①中… Ⅲ. ①自由贸易区—海关—监管制度—研究—中国 Ⅳ. ①F752. 52

中国版本图书馆 CIP 数据核字（2018）第 256592 号

**中国自由贸易试验区海关监管实务大全**

ZHONGGUO ZIYOU MAOYI SHIYANQU HAIGUAN JIANGUAN SHIWU DAQUAN

作　　者：《中国自由贸易试验区海关监管实务大全》编委会
策划编辑：史　娜
责任编辑：夏淑婷
出版发行：中国海关出版社
社　　址：北京市朝阳区东四环南路甲 1 号　　邮政编码：100023
网　　址：www. hgcbs. com. cn
编 辑 部：01065194242-7539（电话）　　01065194231（传真）
发 行 部：01065194221/4238/4246（电话）　　01065194233（传真）
社办书店：01065195616（电话）　　01065195127（传真）
www. customskb. com/book（网址）
印　　刷：北京天恒嘉业印刷有限公司　　经　　销：新华书店
开　　本：787mm×1092mm　1/16
印　　张：34. 25　　字　　数：680 千字
版　　次：2019 年 1 月第 1 版
印　　次：2019 年 1 月第 1 次印刷
书　　号：ISBN　978-7-5175-0314-9
定　　价：240. 00 元

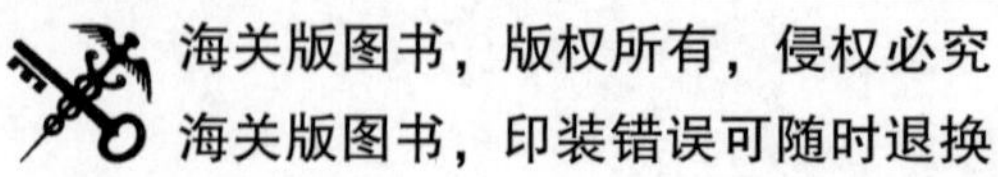

# 前　言

建设自由贸易试验区是新时代我国全面深化改革、扩大对外开放的一项战略举措，在我国改革开放进程中具有里程碑意义。党的十九大报告指出，赋予自由贸易试验区更大改革自主权，探索建设自由贸易港。2018 年 10 月，国家领导人对自由贸易试验区成立五周年再次作出重要指示，要求不断提高自由贸易试验区发展水平，形成更多可复制、可推广的制度创新成果，把自由贸易试验区建设成为新时代改革开放的新高地。

过去的五年里，我国自由贸易试验区在扩大开放、改革创新等方面做了很多有益探索和率先试验，并通过在更大范围内的复制推广，切实推动了我国经济体制改革的全面深化和开放型经济新体制的建设。中国海关全程参与了各自由贸易试验区的设立和建设工作，积极推进海关监管制度创新，大力推动提升贸易便利化水平，积累了“先入区后报关”等一批受到企业欢迎的改革创新经验。据海关统计，国务院在全国范围内复制推广的自由贸易试验区四批 83 项改革试点经验中，来自海关的共计 46 项，占比 55.42%。

本书以此为背景，详细介绍了包括海南在内的 12 个自由贸易试验区的成立和发展历程，阐述了自由贸易试验区的概念，功能定位及其与海关特殊监管区域、自由贸易园区等的区别，以及各自由贸易试验区海关推出的支持措施、监管方向、政策信息等，旨在帮助区内企业了解真实的贸易便利化环境、海关监管情况，抓住制度红利，搞好经营；对区外企业而言，可以帮助其把握自由贸易试验区发展趋势，并为其提供良好借鉴。

最后，衷心感谢来自全国 12 个自由贸易试验区的作者们，于百忙之中抽出时间协助出版社完成了此书的写作工作。由于编写时间有限，书中难免存在不足之处，望读者不吝指正，以便在后续版本中得以改进和完善。

陈奕槟

2018 年 12 月

# 目　录

## 1　自由贸易试验区究竟是什么?

## 2　自由贸易试验区和海关特殊监管区域的区别



## 3　我国各自由贸易试验区现状及海关监管制度详解

### 中国（上海）自由贸易试验区

## 中国（广东）自由贸易试验区

## 中国（天津）自由贸易试验区



## 中国（福建）自由贸易试验区

## 中国（辽宁）自由贸易试验区



## 中国（浙江）自由贸易试验区

## 中国（河南）自由贸易试验区



## 中国（湖北）自由贸易试验区

## 中国（重庆）自由贸易试验区



## 中国（四川）自由贸易试验区

## 中国（陕西）自由贸易试验区



## 中国（海南）自由贸易试验区

# 4　附　录

## 有关法律、法规和规章

# 1

# 自由贸易试验区究竟是什么？

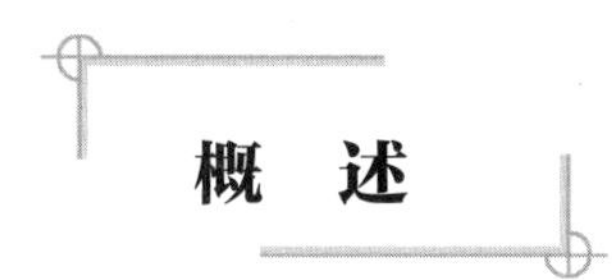

# 概　述

2013年3月，国家领导人在上海调研期间考察了位于浦东的外高桥保税区，并表示鼓励支持上海积极探索，在现有保税区基础上，研究如何试点先行在28平方千米内建立一个自由贸易园区试验区，进一步扩大开放，推动完善开放型经济体制机制。我国政府正式开始布局自由贸易试验区战略。2013年8月，国务院正式批准设立中国（上海）自由贸易试验区，首个自由贸易试验区——中国（上海）自由贸易试验区成立。那什么是自由贸易试验区？它具体又是发展什么，朝什么方向发展呢？

我国建设自由贸易试验区是党中央、国务院在新形势下全面深化改革和扩大开放的一项战略举措。自由贸易试验区是我国政府站在国际国内两个大局的高度，认真审视我国和世界发展情况，准确判断形势变化，深刻把握国内发展要求作出的战略决策部署。它对我国加快构建开放型经济新体制，为我国经济发展注入新动力、增添新活力和拓展新空间起到了十分积极的作用，是顺应贸易投资自由化和经济全球化不断发展的产物。

我国的自由贸易试验区主要是做什么的呢？按照已经公布的我国各自由贸易试验区总体建设方案，我们可以清楚地看到，它的主要任务是深化完善以负面清单管理为核心的投资管理制度、以贸易便利化为重点的贸易监管制度、以资本项目可兑换和金融服务业开放为目标的金融创新制度、以政府职能转变为核心的事中事后监管制度，形成与国际投资贸易通行规则相衔接的创新体系，充分发挥金融贸易、先进制造、科技创新等重点功能承载区的辐射带动作用，力争建设成为开放度最高的投资贸易便利、货币兑换自由、监管高效便捷、法制环境规范的自由贸易园区。

2013年8月至2017年3月，国务院先后批复成立中国（上海）自由贸易试验区、中国（广东）自由贸易试验区、中国（天津）自由贸易试验区、中国（福建）自由贸易试验区、中国（辽宁）自由贸易试验区、中国（浙江）自由贸易试验区、中国（河南）自由贸易试验区、中国（湖北）自由贸易试验区、中国（重庆）自由贸易试验区、中国（四川）自由贸易试验区、中国（陕西）自由贸易试验区等11个自由贸易试验区。至此，我国形成了“1+3+7”雁阵式自由贸易试验区分布的格局。2018年4月，在庆祝海南建省办经济特区30周年大会上讲话时，国家领导人正式宣布在海南建设自由贸易试验区和中国特色自由贸易港，着力打造全面深化改革开放试验区、国家生态文明试验区、国际旅游消费中心、国家重大战略服务保障区。2018 年 9 月 24 日，国务院正式发文明确设立中国（海南）自由贸易试验区并明确了该自由贸易试验区具体范围、定位和发展事项，标志着我国自由贸易试验区家族成员增加到了 12 个。

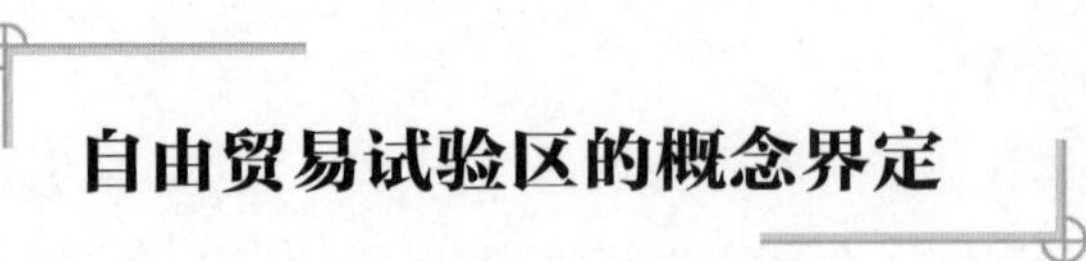

## 自由贸易试验区的概念界定

随着相关新闻报道、政策宣传的不断扩大，我们逐步关注到，在“自由贸易试验区”之外，往往还有“自由贸易区”“自由贸易园区”等概念。到底这三个概念对应的“区”是不是同一个事物？它们之间是否存在区别？怎么理解和看待这三个概念及它们对应的“区”呢？在这里，我们将逐一对这些概念进行界定。

### 一、自由贸易区的概念

讲自由贸易区概念前，我们将先介绍自由贸易协定的概念和基本情况。这是因为自由贸易区，是实施自由贸易协定的区域。因而，我们说自由贸易协定是自由贸易区的核心，为更好地了解自由贸易区，我们就先简要介绍自由贸易协定。

所谓的自由贸易协定（Free Trade Agreement，简称 FTA），通常是指两国或多国间具有法律约束力的自由贸易契约。这种契约的目的在于促进缔约方的经济一体化，消除缔约方之间的贸易壁垒，允许产品与服务在缔约国家间自由流动。同时依据此类契约，来自缔约伙伴国的货物可以获得进口环节税和关税减免优惠。这种契约存在于双方（双边、两国）之间，也存在于多方（多边、多国）之间。在世界贸易组织（World Trade Organization，WTO）文件中，自由贸易协定（FTA）与优惠贸易协定（Preferential Trade Agreement，PTA）、关税同盟协定（Customs Union Agreement，CUA）一道，被纳入区域贸易协定（Regional Trade Agreement，RTA）范畴。目前，全球的双边自由贸易协定多于多边贸易协定。这是因为双边的自由贸易协定更多地绕开了世界贸易组织多边协议存在的诸多困难，故而其实施和落地较多，双边贸易协定因此也显得更有效和具有实践性。

通常根据自由贸易协定（FTA），贸易伙伴国的货物可以获得进口环节税和关税减免优惠。同时，无论是在进口国还是在出口国，自由贸易协定都有助于简化海关手续（因为相应的管理要求减少）。而且，当贸易国间存在不公平贸易时，自由贸易协定还可以作为原则来协助贸易商进行贸易救济。因此，自由贸易协定进一步提升了国际贸易的自由化和便利化，更好地促进了国际投资，优化了世界产业结构和资源配置，能够更好地推动各协定成员之间的经济合作，并且通过降低交易成本和流通费用，最终促进国际贸易的发展。自由贸易协定对促进世界各国的经济发展乃至促进世界政治和平都产生积极影响。截至 2018 年 6 月，我国已与 24 个国家和地区签署了 16 个自由贸易协定，其中 15 个已经生效实施，涵盖了 8000 余种零关税的进口产品。

我们的目标是介绍自由贸易区，那么自由贸易协定与自由贸易区又有什么联系呢？前面我们说过，自由贸易区是实施自由贸易协定的区域。我们所谓的自由贸易区（Free Trade Area 简称 FTA，与自由贸易协定英文简称一样），通常指的是广义的自由贸易区。也就是两个或两个以上的主权国家或单独关税区通过签署自由贸易协定（FTA），在世界贸易组织（WTO）最惠国待遇基础上，分阶段取消大部分货物的关税和非关税壁垒，取消绝大部分服务的市场准入限制，降低投资准入门槛，促进商品、服务、资本、技术等生产要素的自由流动，相互进一步开放市场，从而形成的实现贸易和投资自由化的特定区域。自由贸易区，是在全球经济一体化背景下，一种区域经济一体化的组织形式。

一般两个以上国家或地区间就自由贸易协定达成一致（形成契约），签署了协议事项，那么签署协议的国家或地区就成为自由贸易区，签署协议的国家或地区之间的协议生效，也标志着相关的自由贸易区形成。世界主要自由贸易区有美国—墨西哥—加拿大自由贸易区、美洲自由贸易区（包括了美洲 34 国）等。截至 2018 年 8 月，根据我国对外签订的自由贸易协定，我国已有中国—马尔代夫、中国—澳大利亚、中国—瑞士、中国—哥斯达黎加、中国—新加坡、中国—智利、中国—东盟、中国—格鲁吉亚、中国—韩国、中国—冰岛、中国—秘鲁、中国—新西兰、中国—巴基斯坦等自由贸易区。正在谈判的自由贸易区，有中国—日本—韩国、中国—斯里兰卡、中国—以色列等自由贸易区，同时我国正在研究中国—哥伦比亚、中国—斐济、中国—尼泊尔、中国—加拿大等自由贸易区①。

简单来说，自由贸易区涉及两个或多个国家（地区）之间的合作，国家（地区）间自由贸易区制定的优惠政策只在签署自由贸易协议的成员国（地区）之间施行，而自由贸易区外，各协议成员国（地区）仍然属于独立的关税区，不涉及自由贸易协定的实施。

从我国已签署和正在谈判的自由贸易区情况看，我国自由贸易区的主要对象国均为我国周边的国家和地区。出现这种情况的原因很简单，因为我国与周边国家和地区的贸易额占到我国外贸总额的 60%以上，多年来，我国从周边国家和地区获得的投资占外资总额的 70%以上。显然，首先发展与周边国家和地区的区域经济合

---

① 中国自由贸易区服务网（http：//fta. mofcom. gov. cn/）

作，建立以周边国家和地区为基础的中国区域经济合作框架，就成为我国自由贸易区战略的核心①。

以上是自由贸易区的粗浅概念，大家要了解的核心是，自由贸易区涉及两个或两个以上的国家（地区），也可以说是两个或两个以上的独立关税区。自由贸易区涉及的国家（地区）间具有自由贸易契约，实行自由贸易协定。

**二、自由贸易园区**

前面，我们介绍了自由贸易区，接下来我们要介绍自由贸易园区（Free Trade Zone，FTZ）。在介绍自由贸易园区前，我们要先介绍一个国际协议。这个协议就是《京都公约》即《关于简化和协调海关业务制度的国际公约》（International Convention on the Simplification and Harmonization of Customs Procedures）。从该协议的标题我们可以清楚了解，这个协议是涉及海关管理的，主要是海关业务制度的基本协议。该协议由海关合作理事会于1973年5月18日在日本京都召开的第41/42届年会上通过，并于1974年9月25日正式成效。1999年6月26日，海关合作理事会在布鲁塞尔通过了这个协议的修正本，也就是《关于简化和协调海关制度的国际公约修正案议定书》（Protocol of the Amendment to the International Convention on the Simplification and Harmonized of Customs Procedures），它也是目前加入这个协议的协议国之间共同生效的协议版本，是海关合作理事会在简化和协调各国海关手续方面较为系统和全面的一个国际文件，由主约和附约两部分组成，附约有30个。协议主要条款分为标准条款和建议条款，其中，标准条款是加入该协议的协议国必须实施的条款，而建议条款允许加入该协议的协议国根据本国实际情况选择实施。我国于1988年5月29日向海关合作理事会交存了加入书，并且加入书于同年8月底正式生效。

为什么我们要介绍《京都公约》呢？因为该公约的专项附约四是“海关仓库和自由区”附约。该附约第二章为“自由区”在该公约中，提到自由区是“一国的部分领土，在这部分领土内运入的任何货物，就进口关税及其他各种税而言，被认为在关境以外，并免于实施惯常的海关监管措施”。从上述定义我们看到，第一，“自由区”是一国的部分领土，只涉及一个国家内部管理，是一个园区的概念。因此，就地理范围而言，自由区和前面我们提及的自由贸易区存在很大不同。前者是单个国家内部部分土地，后者是跨越两个或者多个国家（地区）。第二，自由区和自由贸易区涉及的国家地区数量不同。前者仅涉及该区所在的国家，后者至少有两个国家（地区）。第三，任何进入“自由区”的货物与进入一国国内其他领土之间

---

① 《“一带一路”沿线FTA现状与中国FTA战略》竺彩华，韩剑夫

的区别在于实施的进口关税和其他各种税费及惯常的海关监管措施存在不同。而自由贸易区则是自由贸易协定项下的国家（地区）间贸易往来施行特别优惠，协议国间的货物、投资、贸易等均可以获得优惠。

我们通常说所的自由贸易园区指的就是《京都公约》中的“自由区”。它是一个园区的概念。它的概念类似于我国建设发展中的海关特殊监管区域及香港，世界上的美国纽约对外贸易区、阿联酋迪拜杰贝阿里自由贸易园区、爱尔兰香农自由贸易园区、新加坡裕廊工业区等地区。自由贸易园区按照功能定位不同可分为多种类型，主要有以下三种①。

### （一）亚太的港城融合型自由贸易园区

港城融合发展的自由贸易园区，也可以称为“综合型自由贸易园区”，主要分布在亚太地区，以中国香港、新加坡为代表。此类园区包括了整个港口城市，由若干工业区组成，兼具转口贸易、出口加工及金融、商业、旅游等多种功能。园区内允许居民居住、生活、娱乐，并可享受免税进口消费品。这类自由贸易园区的地理位置优越，邻近的国家或地区的经济处于工业化的初期或成形之中，扮演着“联系人”和“窗口”的角色，与周边国家互补开展对外经济贸易，其经济活动和发展目标呈现显著的国际性。中国香港在自由贸易园区建设和政策经验上有很多积累和制度安排，主要体现在四个方面：一是自由贸易制度。即对进出口贸易不设置管制和关税壁垒，仅对酒类、烟草、碳氢油类及甲醇四种进口货物征税，且海关手续简便，物流体系流畅。二是企业自由进入及自由经营制度。其绝大多数经济领域由投资者自己决策进入经营与否，香港特区政府只直接经营部分公共事业。新开办企业注册手续简便，缴费低廉，只征收16%的公司所得税。资金来源无论为本地还是海外，资产所有形式如何，均享受“平等居民待遇”。三是自由外汇制度。各类外汇形式均可自由进出香港，任何货币都可在香港自由买卖汇兑。四是自由出入境制度，香港特区政府与86个外国政府签有免签协定。

### （二）欧洲的枢纽转口型自由贸易园区

欧洲是自由贸易园区的发源地。汉堡、鹿特丹、安特卫普、香农等西欧沿海主要港口城市和重要空港，利用其优越的航运和地理条件，建立起四通八达的运输网络，将港区打造成为自由港，货物运输辐射欧盟全境，形成了兼具传统物流集散和高效综合服务的枢纽型自由贸易园区形式。以荷兰鹿特丹港和爱尔兰香农自由贸易园区为例，其特点主要体现在以下三个方面。

第一，建立自由贸易园区专责机构并明确专责机构职责。鹿特丹港提高港口效

① 《自由贸易园区的国际经验与启示》沈家文，刘中伟

率最重要的举措是设立专责机构。例如，荷兰国际配销委员会（HIDC），通过提供全方位的服务及与其他政府部门相互合作，吸引全球更多的企业到荷兰成立国际配销中心。港口再通过已设立的保税仓库和货物分拨配送中心进行储运和再加工，提高货物的附加值，将货物运往荷兰国内和其他欧洲国家，实现储运销一体化。相比之下，香农自由贸易园区则是有政府控股的地区发展公司，统筹香农地区的产业、旅游业，制定园区整体发展规划，开展土地开发、租赁及基础设施建设，招商引资并资助和扶植园区企业发展，帮助企业申请国家补助，进行日常管理、维护及处理客户投诉等。

第二，便利化的服务措施和优惠的税收政策。鹿特丹港和香农自由贸易园区均打造了具有弹性的保税仓储、运输与加工电子管理系统。企业只需提供一次信息，海关等相关当局就可实现信息共享、协作办理相关手续。海关在工作日提供 24 小时通关服务，部分货物免除入境报关，必须报关货物可通过先存储后报关，以公司存货账户管理代替海关查验，授权一定符合条件的企业享有更大程度的通关程序减免等。同时，低税率、税收抵免、免税、避免双重征税等税收优惠和就业、研发培训等促进地区发展的补助形式多样，为园区吸引全球投资、提升竞争力提供了有力支撑。

第三，主导产业培育和关联产业带动枢纽增长。例如，香农自由贸易园区依靠其独特的空港中转作用，加大基础设施建设投入，优化互联互通功能。经过几十年发展，将航空运输、飞机租赁及商用机融资和服务等航空产业打造成支柱产业，并通过高新技术应用的集合促进，带动信息通讯技术业成为爱尔兰的重点产业之一。金融服务、客户服务、供应链管理、物流服务等配套服务也不断拓展升级，为园区内其他产业协调发展提供了新动力。同时，鹿特丹史基辅机场经营团队基于“城市”而不是“机场”的概念，创造了一个从事办公联络、商务洽谈、仓储运输甚至休闲娱乐的场所，使前往园区工作的商务人士的便捷感得到大幅提升，成为吸引国际企业选择鹿特丹作为转口港的重要影响因素。

### （三）美国的企业管理型自由贸易园区

美国是全球设立自由贸易园区最多的国家，“对外贸易区”是美国对自由贸易园区的特有称呼。1934 年 6 月美国通过《对外贸易区法案》，并于 1936 年建立第一个对外贸易区。其目的是为了抵消劳动力和其他成本上升，避免美国企业大量向海外转移，期待通过降低企业生产经营成本以提升美国产品的贸易竞争力。根据美国 1993 年《对外贸易区法案》修正版的规定，包括外国公司在内的任何公共机构和私人公司，都可以在港口或港口附近申请建立、管理和经营一个对外贸易区。该类区域是在美国境内但不属于美国关税法管辖的特殊区域，有主区和分区之分。主区为综合型、多元型区域，分区则多由一个公司进行有特定用途的生产和经营。美国的对外贸易区主要以进出口贸易为主导，兼顾加工制造与装配的商贸模式，通过提供完善的基础设施和便利服务，实现免税进园区存放商品，园区内提供商品的加工、装配、销售和展览的场所等功能。就其特点而言，主要体现在管理模式、监管政策和产业促进方面。

第一，美国对外贸易区的管理模式是一种“企业管理”的模式，由公营企业或私营非营利性企业进行管理。申请企业需要获得对外贸易区委员会（FTZB）授权，才能出资建立园区。管理企业要根据法律制定园区规划并监督园区运营，进行公共设施有效维护，并向对外贸易区委员会提交年度报告。同时，管理者要对园区的启用、停用或变更提交书面同意书，授权园区零售或其他商业活动，并对园区违法行为承担相应责任。由此，在园区内管理机构可依法放松部分经营和管理权限，最大限度激发企业的积极性。

第二，美国对外贸易区就关税税费而言实行“境内关外”的监管政策。一是货物转移、关税延迟，即进口货物最终进入美国海关境内，其关税的缴纳可推迟到货物从最后一个对外贸易区进入美国境内时缴纳。二是税率转换，即经对外贸易区委员会同意，管理者可以选择园区生产的最终产品或进口零部件、原料税率中较低的税率，作为产品进入美国境内时应缴纳的税率，从而减少应缴税款。三是关税减免和出口退税手续减免，即对园区内进口货物免除部分地方税，并省去出口退税环节手续。四是海关报关手续电子化、一周集中报关制度、直接通关与入园手续减免等便利化措施。

第三，美国对外贸易区对主导产业发展和吸引外资的促进作用。由于对外贸易区对加工原料和中间产品提供税收转换优惠，大量产业链长、规模经济明显的产业和行业充分利用这一优势开展生产经营活动，汽车制造和能源加工行业尤为突出。几乎所有全球主要汽车制造商和能源巨头企业均成立了自己的对外贸易分区，对促进产业集群形成、巩固本土企业和扩大对外出口起到重要作用。

自由贸易园区从其运作模式及产业类型，又大致可区分为以下四种。

一是商贸结合模式——美国、阿联酋的自由贸易园区。商贸结合模式的自由贸易园区以从事进出口贸易为主，兼顾一些简单的加工和装配制造。美国的自由贸易园区除法律禁止的商品外，任何国外和国内的商品都可以进区，不受美国海关法的约束，国际贸易的各项活动均可在区内开展，包括存储、展示和销售、重新包装、组装、分类、清洁及搭配国内货物加工。阿联酋迪拜自由贸易园区是目前世界上最大的自由贸易园区，货物在区内存储、贸易、加工制造均不征收关税及其他税收。

二是综合型模式——亚太地区的自由贸易园区。以香港为代表，自由贸易园区包括整个港口城市，由若干工业区组成，兼具转口贸易、出口加工及金融、商业、旅游等多种功能。园区内允许居民居住、生活、娱乐，并可享受免税进口消费品。此类自由贸易园区所处国家地区的腹地小、资源少，往往是扮演全球化经济的“中介人”角色，协助周围国家开展对外经济贸易。

三是物流集散模式——欧洲的自由贸易园区，保持着所有自由贸易园区中最传统的一种形态，即大进大出的物流集散模式。西欧沿海主要港口城市将港区设为自由贸易园区，并将发展目标定位为贸易枢纽。发展模式是利用其优越的航运、地理位置及先进的港口设施建立起四通八达的运输网络，使其货物可在 24 小时内疏散到所在国的任何城市，48 小时内辐射欧盟全境。

四是出口加工向物流集散过渡模式——亚非等发展中国家的自由贸易园区，主要以从事加工为主，以转口贸易、国际贸易、仓储运输服务为辅。作为承接国际产业转移的重要平台，以出口加工区为主要形式的自由贸易园区，于第二次世界大战后在发展中国家蓬勃发展。随着亚非各国经济的相继腾飞，出口加工区逐步发展成为功能更全面、更完善的自由贸易园区，国际中转、转口贸易等功能的发展，使多个自由贸易园区中逐步发展出多个区域物流中心。

关于国际上的国家、地区存在的自由贸易园区情况，我们简要介绍如表 1-1 所示。

**表 1-1　部分国家（地区）自由贸易园区情况表**

| 地区<br>项目 | 美国① | 欧洲 | 新加坡② | 中国香港 | 迪拜杰贝阿里自由贸易园区 |
|---|---|---|---|---|---|
| 法律 | 《对外贸易区法案》③ | 《欧盟海关法典》第七编第三章《自由区》《欧共体海关法实施细则》 | 《自由贸易园区法》 | 《香港特别行政区基本法》《进出口条例》《进出口登记规则》《应课税品条例》 | 《在杰贝阿里港建立自由区管理局》《关于迪拜机场自由区》 |
| 园区形式、名称 | 对外贸易区 | 自由贸易园区（自由港型、保税仓库型、转口集散型） | 自由贸易园区 | 自由港 | 工贸结合型自由区 |

① Congressional Research Service , U. S. Foreign - Trade Zones: Background and Issues for Congress. 2012-09,《国外自由贸易园区发展的态势及我国的对策》. 经济纵横 2015 第 10 期

② 第一财经日报

③ U. S. Foreign-Trade Zones Act

续表 1

| 项目 | 美国 | 欧洲 | 新加坡 | 中国香港 | 迪拜杰贝阿里自由贸易园区 |
|---|---|---|---|---|---|
| 主要功能 | 进出口贸易为主、简单加工和装备制造为辅，贮存、出售、展览、拆散、组装和重新包装 | 装卸、存储、加工、包装、销售及转口贸易，货物集散、中转、存储和装运。为贸易商提供减少海关手续，便利贸易服务 | 货物集散地，国际中转、仓储、展示、简易加工 | 贸易、国际中转 | 港口装卸、仓储物流、贸易及加工制造 |
| 运营机构 | 受让人经对外贸易区委员会批准进行经营（受让人包括公营企业或非营利性企业） | 第三方机构，如荷兰航空协会（史基浦机场自由贸易园区）；香农集团（香农自由贸易园区） | 民营（新加坡国际港务集团、新加坡民航局及裕廊镇管理公司） | 民营 | 杰贝阿里自由区管理局（政企合一） |
| 监管机构 | 对外贸易区委员会（负责设立、监管和维护全国对外贸易区），美国海关总署负责配合对外贸易区委员会行使海关管辖权，对进出货物和人员活动进行监督管理；同时引进民间性组织——美国对外贸易区协会参与监管协调 | 设有专职机构 | 海关、民航局、港务局（咨询管理委员会） | 贸易署、海关、港口及航运局、民航处 | 杰贝阿里自由区管理局，该局是由港口、海关和自贸区组成的联合体① |
| 优惠政策 | 1. 关税倒置：区内企业可选择按原材料或成品中较低的税率支付关税。<br>2. 区内无出口关税：从区内出口的任何商品无须缴纳出口关税。<br>3. 区内及区间商品流通无须缴纳关税。<br>4. 缺损、报废商品的关税可以减税、税收延缓、出口税豁免、税收返还等 | 1. 财税、市政税优惠。自由港类的大部分商品豁免关税。保税仓储类的豁免进口税。<br>2. 从非欧盟货架进口的用于存储、处理和加工的物品及出口到非欧盟国家的物品，免征关税。<br>3. 对超出基准研发支出给予25%的税收批免 | 散货进出口提供72小时免费储存服务，为等待复运出口或转口的货物提供28天免费储存服务 | 税赋优惠 | 零企业税、零个人所得税、零关税 |

① http：//www. mofcom. gov. cn/aarticle/i/dxfw/gzzd/200706/20070604754790. html，商务部网站

续表 2

| 项目 | 美国 | 欧洲 | 新加坡 | 中国香港 | 迪拜杰贝阿里自由贸易园区 |
|---|---|---|---|---|---|
| 典型代表 | 纽约对外贸易区 | 香农自由贸易园区、史基浦机场自由区 | 裕廊、樟宜、克佩尔、三巴旺、巴西班让、丹戎巴葛 | — | 杰贝阿里自由贸易园区 |
| 主要行业、产业 | 汽车、石油化工、制药、机械制造 | 电子、工程、皮革、航空、金融服务、客户支持等 | 物流业。设立黄金市场，鼓励外资银行开设分行 | — | 石油石化、服装、电子制造业等国际大型制造公司 |
| 通关方式 | 二线申报 | — | 二线申报 | 事前文件审核，抽样货检 | — |
| 商品流通 | — | — | 自由流通 | 自由流通 | 大部分商品自由进出，随机抽查 |
| 海关管理模式，主要的角色和作用 | 1. 美国海关和边境保护局（CBP）作为对外贸易区委员会的顾问，直接负责监督园区活动。<br>2. 美国对外贸易区海关监管模式的思路是知情守法。<br>3. 境内关外。货物直到从最后一个自贸园区流入美国“关境”之前不用缴纳关税。<br>4. 货物在同一个自贸园区内，或者在不同自贸园区间流动时，无须缴纳关税，但最终流入“关境”时，需补缴关税 | 1. 负责贸易便利和守法。<br>2. 如荷兰海关利用荷兰航空货物协会和 Cargonaut 软件商开发的平台，实时跟踪货物流向。<br>3. 香农机场海关利用企业内部控制系统以对企业开展定期稽查进行监管。<br>4. 香农自由贸易园区对部分货物免除入境报关手续。<br>5. 信息共享，多部门协作。<br>6. 授权的经营者制度（AEO） | 1. 货物进出口不课征关税、不受进口配额限制。<br>2. 通关便利。<br>3. 进仓时间短。<br>4. 仓储费用低。<br>5. 利用先进技术和发达通讯网络，优化服务质量 | — | — |

**1. 美国**

1934年6月美国通过《对外贸易区法案》，并于1936年在纽约州的布鲁克林建立第一个对外贸易区。1950年美国修订对外贸易区法案，允许其扩展至制造业及其他各类生产性服务。截至2015年6月，美国对外贸易区的总数已高达854个。根据美国商务部网站（enforcement. trade. gov）最新（2018年11月）的数据显示，在册的对外贸易区数量为296。

美国对外贸易区产业。主要以进出口贸易为主导，兼顾加工制造与装配的商贸模式，通过提供完善的基础设施和便利服务，实现商品免税进园区存放，并且商品可在园区内相应的场所进行加工、装配、销售和展览。

美国海关和边境保护局（U. S. Customs and Border Protection，简称CBP）与移民海关执法局（U. S. Immigration and Customs Enforcement，简称ICE）是美国对外贸易区的执法主体。1934年美国国会通过了《1934年对外贸易区法案》（the Foreign-Trade Zones Act of 1934）。该法案经多次修订，明确了对外贸易区的主管机构是美国商务部国际贸易局进口管理局下设的对外贸易区委员会（Foreign-Trade Zones Board）。对外贸易区在获得对外贸易区委员会的批准后，还要获得所在地的美国海关和边境保护局的批准才能正式启动运作，并且此后的运作也要受到当地美国海关和边境保护局的监管。在行政法规层面，对外贸易区进出口货物要遵守对外贸易区委员会和美国海关发布的规章，并接受联邦政府、州政府和地方政府的监督。

**2. 欧盟**

欧盟内的自由贸易园区，监管主体包括当地海关。2016年5月生效实施的《欧盟海关法典》第七编第三章第三节《自由区》（第243~249条）对自由区作出了规定。根据规定，成员国可以指定欧盟关境的部分区域作为自由区。成员国应确定每一自由区的区域范围并规定自由区的入口与出口。自由区应当封闭。自由区的周边和出入口应受海关监管。规定还要求，自由区内任何建筑物的建造应当事先经由海关当局批准。在海关法规范围内，自由区内应允许开展任何工业、商业或服务业活动。开展上述活动应当事先通知海关当局。考虑到有关货物的性质、海关监管要求或安全方面要求，海关当局可对开展的活动进行禁止和限制。对于未能对遵守海关规定提供必要保证的人，海关当局可禁止其在自由区内开展活动。

《欧共体海关法实施细则》中将相关规定予以了细化。在《欧共体现代化海关法典》中列明了自由区的几项特征：一是成员国可以指定共同体关境内的部分为自由区；二是成员国应当为每个自由区确定区域的范围和明确进出口地点；三是自由区应当是封闭的；四是自由区的范围与进出口地点应当在海关监管之下；五是进入或离开自由区的人员、货物和运输工具可以处于海关的监管之下。

（1）爱尔兰——香农自由贸易园区①。

1959年成立的香农国际航空港自由贸易园区，作为连接美国、欧洲和中东地区的重要交通枢纽，早期利用自身地处跨越大西洋航线必经之路的特殊地理优势，主要为途径飞机提供中转、加油、维修保养等航空配套服务，同时利用外资和原料发展出口加工业。随着航空制造技术的不断进步，飞机续航能力大幅度提升，来往航线飞机不再需要停靠加油、保养，香农自由贸易园区逐渐向航空产业升级，开始引入通信信息、电子产品制造、软件开发等高技术产业，政府还在附近设立了爱尔兰国家航空研究中心。园区内产业涵盖了医疗设备、软件开发等高技术产业，众多通信世界巨头均在香农自由贸易园区设有基地。根据香农商会（Shannon Chamber）官网（www. shannonchamber. ie）介绍，2015年10月起，在随后10年里该园区将致力于重建、转型。

（2）荷兰——鹿特丹港②。

鹿特丹港是拥有功能最齐全的物流工业园区。鹿特丹港先后建立了三个物流园区，分别是埃姆物流园区、博特莱克物流园区和马斯莱可迪物流园区。这些物流园区采用最先进的信息技术和通信设施，依托这些物流园区，鹿特丹港的物流取得了长足进步。这些物流园区均拥有先进的技术设备、与港口间有专用的运输通道，满足不同国家和地区消费者的需求，还提供增值服务，以及现场办公服务。其中，配送园区是物流园区的重要组成部分，它们是很多企业在欧洲建立的配送中心。

“城以港兴、港为城用”的港口工业发展思路是成就鹿特丹港经济快速发展的又一重要因素，临港工业对鹿特丹港增加值的贡献约为50%。沿马斯河南岸分布了七大临港工业区，包括炼油加工业、石油化学工业、船舶修葺与建造业、农产品加工业、港口机械制造业、食品加工工业和后勤服务业等。

鹿特丹港四分之三的货源为转口，为了方便货物代售和寄存，港区设立了保税仓库，仅收取仓储费用，免征关税。与此同时，海关简化了入关的手续，给货主最大的方便，几乎所有商品（除不法商品之外）不受种类和数量限制，都可自由出入港口。

① 《推进郑州航空港经济综合实验区建设若干问题研究年》，河南省社会科学院课题组，2015年；《浅析爱尔兰香农开发区今与昔》，中华人民共和国驻爱尔兰大使馆经济商务参赞处，2007

② 《欧亚典型港口经济发展经验与模式分析》，邓春，翟羽，2017

### 3. 阿联酋——杰贝阿里自由贸易园区[①]

杰贝阿里自由贸易园区（自由贸易园区的概念范畴，英文译名为 Jebel Ali Free Zone）于 1985 年由迪拜政府发起建立，位于迪拜城区西南约 50 千米处，依托世界第三大港口杰贝阿里港和艾马克图姆国际机场，总面积达 100 平方千米，是阿联酋乃至中东地区最大的自由贸易园区。杰贝阿里自由园区定位于低投资、低运营的工贸结合型自由贸易园区，专注于物流贸易供应链管理、加工制造再出口等相关业务。

在贸易自由方面，货物在区内存储、贸易及加工制造均不被征收关税及其他税收；从国外进口原材料和设备或者货物转口，可免除进口关税，海关对区内货物采取随时抽查的方式进行监管。区内除中转贸易、加工制造业务以外，其他与之相关的中介服务行业也可进入经营，如银行、写字楼业、餐饮业等，除酒店、医院外，阿联酋本国所有的银行、写字楼业、餐饮业（外资除外）等均可入区经营。

迪拜杰贝阿里自由贸易园区内允许开展加工制造。目前该区内制造业主要石油和石化产品生产，与阿联酋当地的产业优势密切结合。迪拜的杰贝阿里自由贸易园区具有区内大型制造公司数量较多的行业优势和具有辐射中东、北非，连接东西方的区位优势，其自身发展定位为工贸结合型自由贸易区（园区）。

迪拜自由区主要管理部门是依法设立的迪拜创新产业集群管理局（以下简称管理局），被充分授予管理权。该管理局是财务、行政独立的法人主体（Corporate Body），局内设有主席、理事长与执行机构三层架构，被授予四类管理权力。第一类，可决定宏观政策与核心制度，包括决定各自由区的产业类别，制定核心管理制度；第二类，总体规划并管理自由区，包括制定自由区规划并管理建设工程，与其他政府部门开展交易活动，享有自由区所需的财产权，组建委员会、协会等机构；第三类，管理企业经营行为，包括管理企业注册与许可并收取费用，监管企业日常经营活动，允许企业所需货物进入园区并合理存放，允许企业提供相应金融服务；第四类，与相关部门、机构开展合作，包括设立或投资组建企业以开展与管理局职能相关的活动，就创新产业问题与当地、联邦、区域、国际等层面的组织机构及其他自由区开展合作。

对授权以外的事项，法律要求迪拜所有政府部门与该管理局充分合作，保障其管理权力有效执行。对授权以内的事项，管理局有权制定重要管理制度，诸如《公司规章》（Private Companies Regulations）、《许可规章》（Licensing Regulations）、《雇员规章》（Employment Regulations）等，直接约束园区及迪拜创新产业集群内的

---

① 《自由贸易试验区建设背景下公安部门面临的机遇、挑战及应对工作路径》，上海市公安局自由贸易试验区分局课题组，2017 年

经营活动。

阿联酋对港口、自由贸易区、海关采取三位一体的管理模式，其管理机构是迪拜港董事局，该董事局为政企合一的实体，经营港口和自由区，董事会主席为皇室指派，对协商事宜具有最终裁定权。

**4. 新加坡**①

新加坡有500多条航线连接全世界600多个港口，同时又是亚太地区重要的航运中心。1966年新加坡国会颁布了《自由贸易区条例》并于1969年在裕廊港口内划设了全国第一个自由贸易园区。1969年新加坡通过了《自由贸易园区法》（Free Trade Zone Act），以吸引全世界销往亚太地区的货物集中于新加坡转运并强化货物集散地功能。该法案详细说明了自由贸易园区的位置和政策，明确海关为进出自由贸易园区货物的主要监管部门，赋予了海关管理人员，包括海关局长及其他工作人员明确的权力与职责。

目前，新加坡共开辟了八个自由贸易园区，其中，七个是处理海运货物，主要进行货物的进出口、包装及转运。新加坡樟宜国际机场是唯一一个空运货物自由贸易园区。除酒类、烟草产品、石油产品及车辆四类货物外，其他所有货物进入新加坡自由贸易园区都免关税。

新加坡自由贸易园区功能主要是依托于海港与空港并设置物理围网，开展国际贸易、物流与转口贸易等业务，允许货物在区内重新包装、分类和拆/拼箱，限制零售、深加工等活动，汇集DHL等跨国物流企业总部，以维护新加坡国际中转港口的地位为目标。在通关模式方面，新加坡自由贸易园区直接凭过境提单办理通关，但是烟、酒等货物不能进入自由贸易园区储存区，船舶若载有此类货物，需在抵达区内起14日内将货物转储到依《关税法》核准登记的其他仓储地点。此外，新加坡Trade X change自由贸易园区系统为进驻自由贸易园区的企业提供多项免费优惠措施，如在自由贸易园区存放货物、批准作业费用、消费税优惠、转口费用、临时拖运等。

新加坡自由贸易园区发展的成功因素主要有地理位置、功能定位及政策人才保障等这几方面。

（1）优越的地理位置。

新加坡位于东南亚马来半岛南端马六甲海峡的入口处，扼守太平洋及印度洋之间的航运要道，战略地位十分重要，具有“振马六甲海峡之咽喉，通五湖四海之畅达”的天然地理位置优势。

（2）正确的功能定位。

① 《借鉴国际经验，建设广东自由贸易港》，中山大学自贸区综合研究院，2017

为适应外向型经济发展的自由贸易园区建设是新加坡经济发展的重要依托，新加坡将自由贸易园区主要业务功能定位为转口贸易，货物在进入新加坡自由贸易园区的储存区时，可直接凭过境提单办理通关。进入新加坡境内的国外货物，有 90% 以上会再次转运出口，因此衍生的自由贸易园区功能主要有仓储、贸易转运和金融中心等。

①仓储和贸易转运功能。利用货物进出口不课征关税、不受进口配额限制、通关便利、进仓时间短、仓储费用低廉等优惠条件，新加坡吸引了世界各地的转运货物在其区内的物流中心、保税仓库进行储存，或待恰当时机销往国内市场，或转运到其他国家，从中获得大量的附加收益。

②国际金融中心功能。新加坡有利的地理位置使之成为世界金融活动昼夜进行的接力点。国内政局稳定，投资风险小，同时作为世界第二大集装箱港口，拥有技术先进且运转良好的通讯网络，可以实现与世界各贸易、金融中心的密切联系。这些都为新加坡金融业的发展奠定了良好的基础。新加坡现已成为世界上著名的国际金融中心和亚太地区重要的集资中心，外汇日均交易额达到了 1000 多亿美元。

（3）强大的政策支撑。

新加坡自由贸易园区政策的演化，最大的特点是循序渐进，由最初的小尺度、小范围优惠政策逐渐向大尺度、大范围的优惠力度发展，采取审慎的风险控制措施，引导资金流向与相应时期国家发展目标相吻合的经济部门。在发展金融业方面，新加坡采取放宽汇兑政策和鼓励外资银行到新加坡开业，其在 1968 年 10 月批准设立亚元市场和 11 月创设的黄金市场，有力地推动了金融业的发展。1973 年，又进一步批准岸外银行和证券银行经营亚元，允许发放亚元债券和组织财团进行贷款活动，同年，也放宽黄金交易的限制。这些都促使金融活动更为活跃。在关税方面，新加坡制定了 47 项避免双重征税协定，并与其他国家达成 31 项投资保证协议。

（4）有力的人才保障。

新加坡虽然地理位置得天独厚，但资源匮乏、市场狭小，因此，高素质的人才被视为最宝贵的资源。自由贸易园区开放带来了众多外资企业和公司，先进的管理理念、高质量的管理人才和技术人才也随之而来。新加坡对教育的投资力度，仅次于国防。为了提高人才素质，新加坡不仅重视正规教育，更注重其与职业教育的结合，专门建立职工技术培训基金。同时，在相关政策的制定上，新加坡也对职工培训作出了很多规定。

**5. 香港特别行政区①**

香港自由港成立于 1841 年，总面积为 1045.7 平方千米，是集金融、贸易、工业、航运、旅游、信息等行业于一体的综合型自由贸易园区。香港连续多年列于《华尔街日报》“全球最自由经济体”榜首之位。在自由港的发展过程上，香港特区政府并没有采取划定专门区域和制定特别法令，而是致力于使香港全域成为一个自由贸易园区。除了优越的地理位置外，香港特区政府在区内提供各项便利措施，加强海陆空运输基础设施建设，并制定配套政策，如简化海关税制、减免关税等，为物流贸易提供服务。

香港海关是货物进出香港关境时的主要监管部门。在海关监管方面，香港海关利用风险管理模式作为货物通关检验标准，海关根据本身的经验判断货主过去的通关记录和外部情报等，对通关货品进行抽检，有效提高货物流通效率，广受国际发货货主的欢迎，从而将香港作为货物的转运地区。

综上所述，我们发现，国际上的各自由贸易园区具有以下几个方面的特点：

一是拥有优越的地理位置和丰富的腹地资源。部分国家（地区）处于世界主航道的优越地理位置，加上国内市场容量狭小等因素，其自由贸易产业定位于发展国际中转枢纽。典型的例子就是新加坡，其利用马六甲海峡这一区域优势，大力发展转口贸易、离岸贸易；鹿特丹、中国香港等城市港口条件优越，依托欧洲、中国大陆等巨大腹地市场，产业发展定位于货物集散、大进大出的物流分拨功能。

二是服务于国家战略发展需要。各国自由贸易园区的名称各异，但本质上是一国实施高水平开放政策的重要载体，其目标是通过资源配置更好地参与全球价值链分工体系，或带动国内经济发展。例如，美国为应对战后产业空心化，利用数量众多的对外贸易区（自由贸易园区），吸引了大量国内外原料和零部件企业进入区内开展仓储、配送或生产，拉动国内消费市场发展。这与我国前期发展加工贸易和海关特殊监管区域的战略思路类似。

三是建立统一的法制保障和信息化保障体系。出台法律政策对园区的运行机制提供法制保障，并建立高等级的港区建设一体化运营平台，是自由贸易园区高效运作的基础。例如，在法制建设方面，新加坡早在自由贸易园区设立之初，就通过了《自由贸易园区法》，对自由贸易园区的定位、功能、管理体制、运作模式及优惠政策等进行了全面的规定；在信息化方面，以新加坡樟宜机场自由贸易园区为例，由机场、投资者、专业运营者、物流信息企业、航空公司及快递公司等企业共同建立具有交互模式的空港建设运营平台，通过一体化运营平台可以同时实现向前整合投资、向后整合经营和水平整合的管理；建设新加坡的“一站式”电子通关系统，通

① 《借鉴国际经验，建设广东自由贸易港》，中山大学自贸区综合研究院，2017

过全程计算机控制，将原来妨碍贸易活动的繁杂海关手续降到最低限度，使贸易便利化程度大幅提高。

四是实施税收减免等扶持政策。各国及地区政府特别是发展中国家及地区政府均赋予了自由贸易园区许多优惠政策措施，主要有税收优惠，涵盖不同程度和范围的关税豁免优惠及所得税和其他税收的减免优惠；金融优惠，主要包括放松外汇管制、放宽信贷、提供各种补贴优惠等措施；其他优惠扶持措施，包括土地租用、开放内销市场、加速资本折旧、特殊安全保障等。如，新加坡超过 90%的货物不需要缴纳关税，应税货物只有酒类、烟草产品、石油产品及车辆四大类商品，同时给予企业 15%的所得税优惠政策。

五是产业分区监管特征明显，趋向综合性服务业发展。部分国家（地区）对自由贸易园区实施围网监管，如，新加坡依托于海港与空港设置物理围网，开展国际贸易、物流与转口贸易等业务，并允许货物在区内重新包装、分类和拆/拼箱。随着科技创新和产业分工的进一步发展，自由贸易园区的服务功能日益突出，出现了从货物转口贸易和加工贸易主导向生产性服务业开放的趋势，包括物流、金融等行业的开放，进一步推动了服务贸易的自由化。

综上所述，自由贸易园区（FTZ）与传统意义上的国家间自由贸易区（FTA）的区别，一方面是体制不同。自由贸易区（FTA）分属世界贸易组织（WTO），前身关贸总协定充分授权“最惠国例外条款”，而自由贸易园区分属世界海关组织（WCO）。另一方面是区域范围不同。自由贸易区覆盖自由贸易协定所有缔约方全部关境地区，而自由贸易园区覆盖某一缔约方境内的一部分关境地区。这里涉及了一个概念，即关境的概念。我们知道，关境是一国海关法实施的范围。我国有四个独立关境区，即大陆地区和港、澳、台地区，因此，我国国境大于关境，而像欧盟，则是关境大于国境。前面我们说过，我国的海关特殊监管区域是借鉴《京都公约》中“自由区”的模式设立的，它是我国的部分领土，在这部分领土内运入的任何货物就进口税及其其他各税而言，被认为在关境以外，并免于实施惯常的海关监管制度。而两个关境或多个关境之间通过谈判达成互惠协议而形成的自贸区称为 FTA。二者的区别在于，中国海关特殊监管区域这类自由区（FTZ）是一国单方面设立在本国（地区）关境内的部分区域。而像中国同东盟、瑞士、新西兰等国家地区签署的自由贸易协定（FTA），则是不同关境区的全部范围。最后是约束力不同。自由贸易区条款对缔约方约束，而自由贸易园区有国际公约的标准条款和建议条款，并不对主权国标准条款之外的法规突破和创新有约束。换而言之，一国单方面设立在本国（地区）关境内的自由贸易园区，无需与其他关境区达成协议，是单方面的给惠，且面向的是所有的其他关境区，该区域主要服务于货物贸易；而像中国同东盟、瑞士、新西兰等国家地区通过签署的自由贸易协定（FTA）实现不同关境区的全部范围的这类双边或多边的自由贸易区是针对特定国家或地区的，是在双方、多方对等原则下实施的优惠协定。此类优惠协定通过谈判达成的，主要关于货物贸易和服务贸易方面的自由贸易协定。大体区别如表 1-2 所示。

**表 1-2　自由贸易区（FTA）与自由贸易园区（FTZ）的区别**

| 项目 | | 自由贸易区（FTA） | 自由贸易园区（FTZ） |
|---|---|---|---|
| 相异 | 设立主体 | 多个主权国家或地区 | 单个主权国家或地区 |
| | 区域范围 | 两个或多个关税地区 | 一个关税区内的小范围区域 |
| | 国际惯例依据 | WTO | WCO |
| | 核心政策 | 贸易区成员之间贸易开放、取消关税壁垒，同时又保留各自独立的对外贸易政策 | 海关保税、免税政策为主，辅以所得税税费的优惠等投资政策 |
| | 法律依据 | 双边或多边协议 | 国内立法 |
| 相同 | | 两者都是为降低国际贸易成本，促进对外贸易和国际商务的发展而设立的 | |

虽然在表 1-2 中我们列出了自由贸易区（FTA）和自由贸易园区（FTZ）的差别，但同时我们也能看到，自由贸易区（FTA）和自由贸易园区（FTZ）两者的相同之处在于，他们设立的目的都是为了降低国际贸易成本，促进国际商务发展。

**（四）我国自由贸易园区的发展**

二十世纪九十年代，为促进我国改革开放发展，有效地承接国际产业转移，适应不同时期外向型经济发展需要，结合我国改革开放的具体实践，借鉴世界海关组织《京都公约》中的“自由区”定义及国际监管经验，我国国务院设计了中国海关特殊监管区域，分阶段陆续在全国各地设立了保税区、出口加工区、保税物流园区、跨境工业区、保税港区、综合保税区等六种类型的海关特殊监管区域。这些海关特殊监管区域在政策、功能和监管模式等方面基本参照《京都公约》“自由区”的模式设置。可以说，我国的海关特殊监管区域是具有中国特色的自由区（FTZ），是国家赋予承接国际产业转移、联结国内国际两个市场的特殊功能和政策，由海关实施封闭监管的特定经济功能区域，是我国开放型经济发展的重要平台。虽然我国海关特殊监管区域借鉴了国际上的“自由区”经验，但其开放程度比“自由区”要低。

前面我们介绍的世界各国的“自由区”，其优惠政策体现在多个方面，不仅包含了税收制度，还包括人员出入境优惠、对自主投资企业的优惠，以及自由汇兑的货币政策等，给企业商品的流通带来了很大的益处。相比之下，我国的海关特殊监管区域的开放程度还比较低。一方面我国海关特殊监管区域的优惠政策侧重在与货物进出口相关的税收政策，对其他的政策并没有太多涉及；另一方面从境外进入海关特殊监管区域的一线货物仍实行与报关内容没有差别的备案管理，管制较为严格。海关特殊监管区域的管理实际上是一线、二线、区内三重管理。从基本业务功能看，目前我国海关特殊监管区域主要依赖保税加工、出口及国际市场对地方经济发展的拉动作用，对保税服务、进出口的均衡发展及内外接轨等发展尚不足。区内服务贸易的短板一定程度上限制了海关特殊监管区域的进一步扩展，过度依赖国际市场将导致海关特殊监管区域内的国内经济结构失衡，海关特殊监管区域的基本功能需要扩展升级。从自由度看，我国各类海关特殊监管区域整体自由度和开放度还比较低，海关特殊监管区域的开放主要侧重于贸易自由，集中在税收优惠和贸易便利化，对于金融服务开放、货币兑换自由、自主投资企业优惠和人员出入境流动等方面的政策开放度还相对有限①。

但也要看到，按照《京都公约》的表述，自由贸易园区仅仅免于实施惯常的海关监管制度。世界各国往往在自由贸易园区内实施各种对外贸易的便利措施，但这也是一种便利或简化的通关或边境程序，绝不意味着其他海关制度不在自由贸易园区内适用。

## 三、自由贸易试验区

自由贸易试验区（Pilot Free Trade Zone，简称 PFTZ）战略是我国在新时期加快政府职能转变、积极探索管理模式创新、促进贸易和投资便利化，为全面深化改革和扩大开放探索新途径、积累新经验而推进的战略。

我国政府为进一步深化改革和扩大开放，提出了设立自由贸易试验区的战略。2013 年 8 月国务院正式批准设立中国（上海）自由贸易试验区，以上海外高桥保税区、上海外高桥保税物流园区、洋山保税港区和上海浦东机场综合保税区等四个海关特殊监管区域为载体。设立该自由贸易试验区的主要目的是推进管理体制改革，在投资领域试点负面清单管理模式和加强事中事后监管；进一步扩大服务业开放领域，包括金融、航运、医疗、教育、文化等；开展监管制度创新，进一步提升监管效能等方面进行探索等。

2014 年底、2015 年初，国务院决定推广中国（上海）自由贸易试验区的试点经验，设立了广东、天津、福建三个自由贸易试验区并扩展上海自由贸易试验区的覆盖范围。第二批自由贸易试验区地理范围上既有海关特殊监管区域，又有非海关

① 《自由贸易园区的国际经验与启示》沈家文，刘中伟

特殊监管区域。其后，国务院第三批批复设立了辽宁、浙江、河南、湖北、重庆、四川、陕西七个自由贸易试验区，最新的自由贸易试验区为中国（海南）自由贸易试验区。上述各自由贸易试验区均涵盖了海关特殊监管区域。这也充分体现了海关特殊监管区域一直以来都在承担着国家改革创新试验田的重要使命，我国设立自由贸易试验区也充分利用了海关特殊监管区域具有的国际上自由区的基本属性。

### （一）自由贸易试验区不局限于自由贸易园区

我国的自由贸易试验区积极借鉴“自由区”的经验和做法，但不等于“自由区”，因为其核心并不是货物贸易，而是制度创新，包含投资自由化、贸易便利化、金融国际化、行政法治化等综合性的政策目标，而这些目标大多数在国际传统的自由贸易园区中都很难找到，这是超越“自由区”非常重要的表现。

### （二）自由贸易试验区不限于海关特殊监管区域的框架

可以说，我国海关特殊监管区域设立以来，通过采取税收政策的减免，以及外汇、监管、投资政策的便利等特殊经济政策，实现了较高的对外开放度，给经济带来了极大活力。但随着全球经济的发展，国家间的经济依存性越来越高，国际经济自由化和一体化的趋势的增强，对投资和贸易便利化提出了更高的要求。单纯依靠海关特殊监管区域的政策，也无法完全满足我国经济的发展要求。

目前，国务院设立的各自由贸易试验区，从范围上来说，包括了海关特殊监管区域，但又不局限于海关特殊监管区域的框架及功能，其重点是在于制度创新高地，而非政策的洼地。价值取向上由追求传统的简单经济发展指标，转向更加注重金融领域、服务领域和航运领域的功能拓展，特别是在制度创新的前提下，推进新兴贸易业态的发展，包括跨境电子商务、大宗商品交易、期货保税交割等。通过带动投资、金融、贸易、政府管理等一系列制度变革，培育我国面向全球的竞争新优势，构建与各国合作发展的新平台。

2013年5月，上海市政府部门向国务院递交的方案名为《上海自由贸易园区建设总体方案》，但国务院批准通过的方案名为《中国（上海）自由贸易试验区总体方案》。从这两个文件我们可以看出，一是从“上海”到“中国（上海）”，中央对自由贸易试验区的定位和期望，已经超过了上海市原有的预期，名头更凸显“中国”，要形成全国开放格局中的先行试点，为我国深化改革开放提供可供借鉴的“制度试验池”和适合推广的新模式；二是原来地方政府申报的是“自由贸易园区”，而最后批准的是“自由贸易试验区”，战略基点落在“试验”二字，这也意味着国家要在此区先行先试，重在制度创新，形成倒逼机制①。故而，自由贸易试

① 《赢在自贸区》

验区重点和核心在于"试验",试验二字不能省。目前,我们能看到各种简称,比如自由区,自贸区等,笔者认为均不能恰当表述我们的自由贸易试验区。

## 四、FTA、FTZ 和 PFTZ 对比异同

前面,我们对自由贸易区(FTA)、自由贸易园区(FTZ)和自由贸易试验区(PFTZ)进行阐述。在再次列明其区别特点之前,先阐述"关境、国境"这两个概念。我们说的自由贸易区、自由贸易园区、自由贸易试验区均与关境、国境两个概念相关联。对关境、国境这二个名词概念的理解,有助于我们更好的明晰自由贸易区、自由贸易园区等概念。

国境,是指一个国家行使主权的领土范围。关境,是指缔约方海关法适用的地域(《京都公约》规定),关境内的地区称为"关税区"或"单独关税区"。

关境与国境的关系。多数情况下,一国国境等于关境,但当其海关法实施范围小于国境时,关境小于国境,如我国具有四个单独关税区(中国大陆、中国香港、中国澳门、中国台湾)。当某单一的海关制度统一地实施于多个国境内时,则成员方的国境小于关境,如欧共体(欧盟)单一关境区。

综上所述,自由贸易区(FTA)是两个或两个以上关境间的区域概念,跨两个国家或地区;自由贸易园区(FTZ)则在关境之内,即在国境之内。国外货物进入自由贸易园区(FTZ)就已经进入了关境,进入了国境。自由贸易园区的特殊性仅在于进口关税的免除,以及享有某些有别于其他国内区域的通关与税收便利,而并不在于其"国境之内关境之外"的法律地位。自由贸易试验区(PFTZ),就目前我国的模式,其涵盖了自由贸易园区(FTZ),在我国国境内,也在关境内,一定程度上具有自由贸易园区的特点。

在表 1-3 中,我们列出了自由贸易区、自由贸易园区和自由贸易试验区三个区域在规划范围、关税税费和海关监管上的一些差异,可直观表述三者的区别。

**表 1-3 自由贸易区(FTA)、自由贸易园区(FTZ)和自由贸易试验区(PFTZ)的区别**

| 项目 | 自由贸易区(FTA) | 自由贸易园区(FTZ) | 自由贸易试验区(PFTZ) |
|---|---|---|---|
| 地理范围 | 两个或两个以上国家或地区 | 一国国境内部分区域 | 一国国境内部分区域 |
| 关税税费 | 在世界贸易组织(WTO)最惠国待遇基础上,分阶段取消大部分货物的关税 | 保税、免税政策为主 | FTZ 实行 FTZ 税收政策,非 FTZ 区域与国内其他非 PFTZ 地区实施统一税收要求 |
| 海关监管 | 实施惯常海关监管 | 免于惯常的海关监管 | 分区域实施惯常海关监管 |

# 自由贸易试验区（PFTZ）的发展特点

建设自由贸易试验区是党中央、国务院在新形势下全面深化改革和扩大开放的一项战略举措。在2013年9月首个中国（上海）自由贸易试验区挂牌不久后，国家领导人就指出，建设自由贸易试验区，核心任务是开展制度创新，基本要求是可复制可推广，要求把自由贸易试验区建成为改革创新的苗圃。

中国（上海）自由贸易试验区在设立之初，其建设总体要求即已明确“试验区肩负着我国在新时期加快政府职能转变、积极探索管理模式创新、促进贸易和投资便利化，为全面深化改革和扩大开放探索新途径、积累新经验的重要使命，是国家战略的需要”。故而，我国的自由贸易试验区（FPTZ）是改革的苗圃、创新的试验田，是加快政府职能转变、探索管理模式创新、促进贸易和投资便利化的试验田。它是当前我国经济发展的产物，其设立的目的在于进一步推动区域经济与贸易自由化，消除国际间的贸易保护，同时以开放倒逼我国经济改革，形成良性竞争的市场环境，促进政府职能转变和产业转型升级。

纵观国务院印发的12个自由贸易试验区总体建设方案，其总体要求均围绕解放思想，先行先试，探索以制度创新推动全面深化改革新路径；建设总体目标围绕高效、便捷、规范、法治、便利化的营商环境和对标国际的同行规则。每个自由贸易试验区都带着独特的任务，中国（上海）自由贸易试验区紧紧围绕面向世界、服务全国的战略要求和上海“四个中心”（经济、金融、贸易、国际航运）建设的战略任务，按照先行先试、风险可控、分步推进、逐步完善的方式，把扩大开放与体制改革相结合、把培育功能与政策创新相结合，形成与国际投资、贸易通行规则相衔接的基本制度框架。中国（福建）自由贸易试验区率先推进与台湾地区投资贸易自由，探索闽台产业合作新模式，扩大对台服务贸易开放，推动对台货物贸易自由，促进两岸往来更加便利；推进金融领域开放创新，扩大金融对外开放，拓展金融服务功能，推动两岸金融合作先行先试，培育平潭开放开发新优势，推进服务贸易自由化，推动航运自由化，建设国际旅游岛。中国（浙江）自由贸易试验区以制度创新为核心，以可复制可推广为基本要求，将自由贸易试验区建设成为东部地区重要的海上开放门户示范区、国际大宗商品贸易自由化先导区和具有国际影响力的资源配置基地；推动油品全产业链投资便利化和贸易自由化；建设国际海事服务基地；对照国际通行税收政策，增强国际竞争力，探索研究推动油品全产业链发展的政策措施；建设东北亚保税燃料油加注中心；建设国际油品储运基地；建设国际石化基地；建设国际一流的石化基地；建设国际油品交易中心。依托中国（浙江）大宗商品交易中心，开展原油、成品油、保税燃料油现货交易，条件成熟时开展与期货相关的业务等。中国（海南）自由贸易试验区围绕建设全面深化改革开放试验区、国家生态文明试验区、国际旅游消费中心和国家重大战略服务保障区；加快建立开放型生态型服务产业体系；提升高端旅游服务能力，创建南繁育种科技开发发展平台等。

从功能发展要求上看，自由贸易试验区内的海关特殊监管区域重点在探索以贸易便利化为主要内容的制度创新，开展保税加工、保税物流、保税服务等业务；非海关特殊监管区域重点探索投资、金融、创新创业等制度改革，完善事中事后监管，各自由贸易试验区结合不同地域优势，侧重发展现代服务业、高端制造业等产业。其中，中国（海南）自由贸易试验区总体方案上提出了更高的要求。按照中国（海南）自由贸易试验区总体方案，该自由贸易试验区内重点发展旅游业、现代服务业、高新技术产业。该自由贸易试验区的海关特殊监管区域主要开展以投资贸易自由化、便利化为主要内容的制度创新，主要开展国际投资贸易、保税物流、保税维修等业务。

从已有的自由贸易试验区建设发展情况来看，主要有三个明显的特点：一是制度创新，二是非政策洼地，三是海关特殊监管区域内外并重。其中，制度创新主要集中在：一贸易便利化为重点的监管服务制度，例如，对标国际的单一窗口，全国通关一体化、无纸化；二是更有利于投资的、更为开放的投资金融管理制度，例如，试行外商投资准入前国民待遇，实施投资负面清单，建立运行自由贸易账户（FT 账户）体系，推广资本项目可兑换、利率全面市场化、人民币国际化等制度安排；三是与开放型市场经济更加适应的政府管理制度，例如，深化商事登记制度改革，全面实施“证照分离”，推出先照后证、注册资本认缴等举措，创新事后事中监管，推进公共信用信息服务平台等。

从最新国务院印发的中国（海南）自由贸易试验区总体方案来看，我国对自由贸易试验区建设的要求也逐步更加侧重于对服务贸易的扶持发展和对相关监管制度的探索，并且在产业发展中更加注重生态管理要求。在中国（海南）自由贸易试验区总体方案中，提出了“到 2020 年，自由贸易试验区建设取得重要进展，国际开放度显著提高，努力建成投资贸易便利、法治环境规范、金融服务完善、监管安全高效、生态环境质量一流、辐射带动作用突出的高标准高质量自由贸易试验区”的建设目标。其中，生态环境首次写入了自由贸易试验区总体方案中。

# 我国自由贸易试验区的整体建设

目前，我国已有自由贸易试验区 12 个。从首个中国（上海）自由贸易试验区到最新的中国（海南）自由贸易试验区，我国的自由贸易试验区规划总面积也从一开始的 28.78 平方千米拓展到了 3.54 万平方千米以上。除中国（海南）自由贸易试验区外，其他自由贸易试验区规划总面积 1314.35 平方千米。现有 12 个自由贸易试验区布局规划情况如表 1-4 所示。

**表 1-4 自由贸易试验区概况**

| 序号 | 名称 | 总面积及各片区面积 |
|---|---|---|
| 1 | 中国（上海）自由贸易试验区 | 涵盖四个片区（120.72 平方千米）：<br>1. 原试验区 28.78 平方千米；<br>2. 陆家嘴金融片区 34.26 平方千米；<br>3. 金桥开发片区 20.48 平方千米；<br>4. 张江高科技术片区 37.2 平方千米。 |
| 2 | 中国（广东）自由贸易试验区 | 涵盖三个片区（116.2 平方千米）：<br>1. 广东南沙新区片区 60 平方千米；<br>2. 深圳前海蛇口片区 28.2 平方千米；<br>3. 珠海横琴新区片区 28 平方千米。 |
| 3 | 中国（天津）自由贸易试验区 | 涵盖三个片区（119.9 平方千米）：<br>1. 天津港片区 30 平方千米；<br>2. 天津机场片区 43.1 平方千米；<br>3. 滨海新区中心商务区片区 46.8 平方千米。 |
| 4 | 中国（福建）自由贸易试验区 | 涵盖三个片区（118.04 平方千米）：<br>1. 平潭片区 43 平方千米；<br>2. 厦门片区 43.78 平方千米；<br>3. 福州片区 31.26 平方千米。 |
| 5 | 中国（辽宁）自由贸易试验区 | 涵盖三个片区（119.89 平方千米）：<br>1. 大连片区 59.96 平方千米；<br>2. 沈阳片区 29.97 平方千米；<br>3. 营口片区 29.96 平方千米。 |

续表

| 序号 | 名称 | 总面积及各片区面积 |
|---|---|---|
| 6 | 中国（浙江）自由贸易试验区 | 涵盖三个片区（119.95平方千米）：<br>1. 舟山离岛片区78.98平方千米；<br>2. 舟山岛北部片区15.62平方千米；<br>3. 舟山岛南部片区25.35平方千米。 |
| 7 | 中国（河南）自由贸易试验区 | 涵盖三个片区（119.77平方千米）：<br>1. 郑州片区73.17平方千米；<br>2. 开封片区19.94平方千米；<br>3. 洛阳片区26.66平方千米。 |
| 8 | 中国（湖北）自由贸易试验区 | 涵盖三个片区（119.96平方千米）：<br>1. 武汉片区70平方千米；<br>2. 襄阳片区21.99平方千米；<br>3. 宜昌片区27.97平方千米。 |
| 9 | 中国（重庆）自由贸易试验区 | 涵盖三个片区（119.98平方千米）：<br>1. 两江片区66.29平方千米；<br>2. 西永片区22.81平方千米；<br>3. 果园港片区30.88平方千米。 |
| 10 | 中国（四川）自由贸易试验区 | 涵盖三个片区（119.99平方千米）：<br>1. 成都天府新区片区90.32平方千米；<br>2. 成都青白江铁路港片区9.68平方千米；<br>3. 川南临港片区19.99平方千米。 |
| 11 | 中国（陕西）自由贸易试验区 | 涵盖三个片区（119.95平方千米）：<br>1. 中心片区87.76平方千米；<br>2. 西安国际港务区片区26.43平方千米；<br>3. 杨凌示范区片区5.76平方千米。 |
| 12 | 中国（海南）自由贸易试验区 | 海南岛全岛（海南岛面积3.54万平方千米） |

自由贸易试验区肩负着我国在新时期加快政府职能转变、积极探索管理模式创新、促进贸易和投资便利化，为全面深化改革和扩大开放探索新途径、积累新经验的重要使命，是国家战略需要。

## 一、自由贸易试验区1.0时代

2013年8月诞生了我国第一个自由贸易试验区——中国（上海）自由贸易试验区。设立之初该区面积28.78平方千米。同年8月30日第十二届全国人民代表大会常务委员会第四次会议通过，授权国务院在中国（上海）自由贸易试验区暂时调整《中华人民共和国外资企业法》《中华人民共和国中外合资经营企业法》和《中华人民共和国中外合作经营企业法》三部法律规定的有关行政审批，相关调整在三年内试运行。

### （一）自由贸易试验区 1.0 版的布局

中国（上海）自由贸易试验区 1.0 版中，范围涵盖上海外高桥保税区、上海外高桥保税物流园区、洋山保税港区和上海浦东机场综合保税区等四个海关特殊监管区域。同时，根据先行先试推进情况及产业发展和辐射带动需要，逐步拓展实施范围和试点政策范围，形成与上海国际经济、金融、贸易、航运中心建设的联动机制。

### （二）自由贸易试验区 1.0 时代的税收政策

在首个自由贸易试验区中，提出了促进投资和贸易的税收政策。此类政策包括：注册在自由贸易试验区内的企业或个人股东在小于五年时间内，因非货币性资产对外投资等资产重组行为而产生的资产评估增值部分可分期缴纳所得税；将中关村等地区试点的股权激励个人所得税分期纳税政策拓展到试验区内企业以股份或出资比例等股权形式给予企业高端人才和紧缺人才的奖励；将自由贸易试验区内注册的融资租赁企业或金融租赁公司在自由贸易试验区内设立的项目子公司纳入融资租赁出口退税试点范围；将自由贸易试验区内注册的国内租赁公司或租赁公司设立的项目子公司，经批准购买境外空载重量在 25 吨以上并租赁给国内航空公司使用的飞机纳入相关进口环节增值税优惠政策覆盖范围；完善启运港退税试点政策，适时研究扩大启运地、承运企业和运输工具等试点范围。同时提出积极研究完善适应境外股权投资和离岸业务发展的税收政策。

### （三）自由贸易试验区 1.0 时代外商准入政策等

在投资领域，对金融服务、航运服务、商贸服务、专业服务、文化服务及社会服务六个服务业领域提出了 18 项具体扩大开放措施，暂停或取消投资者资质要求、股比限制、经营范围限制等准入限制措施（银行业机构、信息通信服务除外）。对外商投资试行准入前国民待遇，研究制订自由贸易试验区外商投资与国民待遇等不符的负面清单。将外商投资项目由核准制、对境外投资开办企业、对境外投资一般项目等改为备案制并与外商投资企业合同章程审批等一并由地方政府负责。这一系列政策的目标是逐步形成与国际接轨的外商投资和对外投资管理制度。

## 二、自由贸易试验区 2.0 时代

在自由贸易试验区 1.0 版本基础上，2014 年 12 月 28 日，在前期改革探索基础上，国务院正式批复扩大中国（上海）自由贸易试验区，扩大了中国（上海）自由贸易试验区面积，并提出了深化完善以负面清单管理为核心的投资管理制度、以贸易便利化为重点的贸易监管制度、以资本项目可兑换和金融服务业开放为目标的金融创新制度、以政府职能转变为核心的事中事后监管制度，形成与国际投资贸易通行规则相衔接的制度创新体系，充分发挥金融贸易、先进制造、科技创新等重点功能承载区的辐射带动作用，力争建设成为开放度最高的投资贸易便利、货币兑换自由、监管高效便捷、法制环境规范的自由贸易园区的发展目标。

同时，国务院批准设立中国（广东）、中国（天津）、中国（福建）三个自由贸易试验区，占地面积分别为 116.2 平方千米、119.9 平方千米和 118.04 平方千米，开启了自由贸易试验区 2.0 时代。

### （一）自由贸易试验区 2.0 版的布局

2.0 版的中国（上海）自由贸易试验区规划面积由原来的 28.78 平方千米扩大到 120.72 平方千米，新囊括了陆家嘴金融片区（34.26 平方千米）、金桥开发片区（20.48 平方千米）、张江高科技片区（37.2 平方千米）。

中国（广东）自由贸易试验区实施范围 116.2 平方千米，涵盖三个片区：广州南沙新区片区 60 平方千米（含广州南沙保税港区 7.06 平方千米），深圳前海蛇口片区 28.2 平方千米（含深圳前海湾保税港区 3.71 平方千米），珠海横琴新区片区 28 平方千米。

中国（天津）自由贸易试验区实施范围 119.9 平方千米，涵盖三个片区：天津港片区 30 平方千米（含东疆保税港区 10 平方千米），天津机场片区 43.1 平方千米（含天津港保税区空港部分一平方千米和滨海新区综合保税区 1.96 平方千米），滨海新区中心商务片区 46.8 平方千米（含天津港保税区海港部分和保税物流园区 4 平方千米）。

中国（福建）自由贸易试验区实施范围 118.04 平方千米，涵盖三个片区：平潭片区 43 平方千米，厦门片区 43.78 平方千米（含象屿保税区 0.6 平方千米、象屿保税物流园区 0.7 平方千米、厦门海沧保税港区 9.51 平方千米），福州片区 31.26 平方千米（含福州保税区 0.6 平方千米、福州出口加工区 1.14 平方千米、福州保税港区 9.26 平方千米）。

我们可以看到，2.0 版的中国自由贸易试验区占地面积均在 120 平方千米上下，相较于 1.0 版的上海自由贸易试验区，主要拓展了非海关特殊监管区域面积和范围。为何会有这样的调整？笔者认为，这主要跟改革探索的规划和战略有关。前面已经提过，自由贸易试验区范围内的海关特殊监管区域重点是探索以贸易便利化为主要内容的制度创新，侧重发展保税加工、保税物流、保税服务等业务。而其他非海关特殊监管区域重点探索投资、金融、创新创业等制度改革，完善事中事后监管，各自由贸易试验区结合不同地域优势，侧重发展现代服务业和高端制造业等产业。从分布规划上，可以看出第二批自由贸易试验区大范围地扩大了非海关特殊监管区域面积，且非海关特殊监管区域的范围面积远大于海关特殊监管区域的规划面积。这也表明在自由贸易试验区 2.0 版本中，试点更为注重在投资、金融、创业创新、商事等方面的改革探索，更注重对现代服务业、高端制造业等非货物贸易领域的探索。

### （二）自由贸易试验区 2.0 时代的税收政策

在国务院印发的第二批自由贸易试验区总体建设方案中，明确自由贸易试验区内的海关特殊监管区域实施范围和税收政策适用范围维持不变。一定条件下调整完善对外投资所得抵免方式，研究完善适用于境外股权投资和离岸业务的税收制度。

其中，研究完善适应境外股权投资和离岸业务发展的税收政策的相关表述要求，在自由贸易试验区 1.0 版中也曾提出，可见境外股权投资和离岸业务的税收政策仍是自由贸易试验区 2.0 版税收政策探索的重点。

### （三）自由贸易试验区 2.0 时代外商准入政策等

国务院批复的第二批自由贸易试验区，是在中国（上海）自由贸易试验区一年多试点基础上，其结合了已取得的试点成功经验和探索成果，进一步对新阶段、新的自由贸易试验区建设工作提出更高要求。在第二批的各自由贸易试验区总体建设方案中，针对营造更好的营商环境，国务院提出了更多的商事改革探索内容。其中，中国（上海）自由贸易试验区 2.0 方案中提出，开展企业注册相关事项集中登记试点，进“先照后证”改革，探索许可证清单管理模式，简化和完善企业注销流程，试行对个体工商户、未开业企业、无债权债务企业实行简易注销程序等；在自由贸易试验区 1.0 版本的不同部门协同合作工作机制探索基础上，更进一步提出了简化行政管理手续，深化行政管理体制改革的要求。同时，针对外商投资方面，也在 1.0 版本要求的基础上提出要进一步按照内外资一致原则，将外商投资企业设立、变更及合同章程审批改为备案管理，对境外投资项目和境外投资开办企业实行以备案制为主的管理方式，建立完善境外投资服务促进平台。

总的来说，国务院印发的 2.0 版的中国（上海）自由贸易试验区建设总体方案，内容更为详实，更为精准地提出了完善负面清单管理模式、加强社会信用体系应用、完善企业年度报告公示和经营异常名录制度、进一步扩大服务业和制造业等领域开放、完善企业准入“单一窗口”制度等 25 个具体方面的探索措施和要求。

## 三、自由贸易试验区 3.0 时代

2017 年 3 月，国务院第三批批复设立辽宁、浙江、河南、湖北、重庆、四川、陕西七个自由贸易试验区。同时下发了进一步深化广东、天津、福建自由贸易试验区的改革开放方案和《全面深化中国（上海）自由贸易试验区改革开放方案》。这是在我国首次设立自由贸易试验区满三周年后，在东北、中西部等地新设七个自由贸易试验区的同时，进一步提出了全面深化中国（上海）自由贸易试验区的改革要求。

在三年多的探索基础上，国务院对中国（上海）自由贸易试验区提出了“到 2020 年，率先建立同国际投资和贸易通行规则相衔接的制度体系，把自由贸易试验区建设成为投资贸易自由、规则开放透明、监管公平高效、营商环境便利的国际高标准自由贸易园区，健全各类市场主体平等准入和有序竞争的投资管理体系、促进贸易转型升级和通关便利的贸易监管服务体系、深化金融开放创新和有效防控风险的金融服务体系、符合市场经济规则和治理能力现代化要求的政府管理体系，率先形成法治化、国际化、便利化的营商环境和公平、统一、高效的市场环境”的建设目标。在已有的探索改革经验基础上，提出了加强改革系统集成，全面深化商事登记改革，要加强同国际通行规则相衔接，建立开放型经济体系的风险压力测试区的高标准要求。

在商事登记方面，在已有改革基础上，提出一系列进一步深化改革的措施：开展企业名称登记制度改革，除涉及前置审批事项或企业名称核准与企业登记不在同一机关外，企业名称不再预先核准。放宽住所（经营场所）登记条件，有效释放场地资源。优化营业执照的经营范围等登记方式。推行全程电子化登记和电子营业执照改革试点。探索建立普通注销登记制度和简易注销登记制度相互配套的市场主体退出制度。开展“一照多址”改革试点。

在投资准入方面，提出：最大限度缩减自由贸易试验区外商投资负面清单，推进金融服务、电信、互联网、文化、文物、维修、航运服务等专业服务业和先进制造业领域对外开放。除特殊领域外，取消对外商投资企业经营期限的特别管理要求。对符合条件的外资创业投资企业和股权投资企业开展境内投资项目，探索实施管理新模式。完善国家安全审查、反垄断审查等投资审查制度。

纵观中国（上海）自由贸易试验区 1.0、2.0 和 3.0 版的建设方案，我们可以看到自由贸易试验区实质上是从供给侧发力，以开放倒逼改革，加快促进政府职能转变、政府组织重构和政府监管创新，聚焦商事制度、贸易监管制度、金融开放创新制度、事中事后监管制度等，率先形成法治化、国际化、便利化的营商环境，加快形成公平、统一、高效的市场环境。

自由贸易试验区关键在于“试验”，意味着其主要任务是对标最高国际经济贸易规则，是与国际接轨前的实践和探索。简而言之，自由贸易试验区不是传统意义开发区、经济特区的升级版，也不是海关特殊监管区或保税区的升级版，而是集金融、投资、贸易、科创等领域的开放创新于一体的综合改革区，是全面对标国际通行规则、全面检验综合监管能力的压力测试区，是全面提升治理能力、彻底改变行政理念、大幅提高行政效率的政府再造区。自由贸易试验区的重心不在招商引资而在制度创新，手段不是税收洼地而是环境高地。

自由贸易试验区改革主要包括四个方面：政府职能转变、投资开放、金融创新、贸易便利化。上海市领导曾指出，自由贸易试验区改革中最重要的两项其实是以“负面清单”为代表的法律法规对标国际，以及以“自贸区账户”代表的金融对外开放。因此，中国（上海）自由贸易试验区的改革从一开始就不是简简单单的贸易便利化，而是以建立开放型现代市场经济体制为目标的尝试。自由贸易试验区改革的最大看点和难点应集中在我国开放程度相对不高的金融等方向，而不是主要在于开放度相对较高的贸易方面。但是，在自由贸易试验区改革初期，提升贸易便利化水平的改革最容易推进，效果也“立竿见影”，因此，贸易便利化的作用在自由贸易试验区建设初期被不断放大。随着自由贸易试验区建设发展的深入推进，金融开放和投资自由的重要性将日益凸显。

## 自由贸易试验区海关监管改革的原则

基于自由贸易试验区的改革要求、创新内涵和业务特点，海关监管服务制度改革创新需攻克体制机制束缚的难题，释放改革创新的红利，加快建成具有国际竞争力的新型海关监管服务机制，为此须把握好若干辩证关系和基本原则。

### 一、贸易便利与安全监管应统筹兼顾

中央领导、海关总署领导多次强调要安全高效管住。对监管部门而言，管得住是基础、是前提，没有安全高效管住就不可能放得开，犹如在建造先进发动机的同时必须研究好制动系统一样，在改革过程中既要大力开展监管制度创新，积极营造良好营商环境，也要加强基础建设、升级方法手段、完善配套措施，确保风险可控。在管得住的前提下，要以高效便捷为出发点和最终目标，实现最大程度的贸易

便利化。

## 二、自身变革与服务市场要相互促进

自由贸易试验区海关监管制度改革创新的动力来自内外两个方面。其内在动力在于日益上升的贸易量与相对减少的人力资源之间的矛盾。部分海关在自由贸易试验区成立后业务量激增一倍以上，而人员未有增加。亟待摆脱以人力扩张为支撑的传统监管路径的依赖，实现信息化、智能化等内涵式发展的现代化转型；其外在动力则来自于要努力激发市场和企业活力，促进和适应自由贸易试验区开放发展的需要。

因此，在自由贸易试验区建设发展过程中，海关既要深入研究，彻底解决制约自身发展、制约管理效能提升的瓶颈问题；又要积极回应改革需要，不断优化服务，充分释放改革红利，实现通关便利与严密监管的有机统一。既要把握重点、突破难点，不断回应、解决企业的诉求和困难，又要注重顶层设计、统筹推进海关自身的改革与转型；既要以制度创新为主线、为重点、为方向推进自由贸易试验区建设，又要注重深化功能拓展，支持产业转型升级，转变贸易发展方式，提升核心竞争力。

## 三、局部试验与制度改革应当协同推进

自由贸易试验区海关改革过程中，既要敢于大胆突破又要坚持依法办事；既要考虑特殊性开展先行先试又要注重普遍性为将来可复制、可推广做准备。因此，通过局部的先行先试，探索建立一套新型的监管模式，提供改革创新的经验和样本，从而逐步形成、推出可复制、可推广的制度创新成果。在创新突破的过程中，需要及时清理、突破部分滞后的法律法规的束缚，及时调整、修改与自由贸易试验区改革方向违背冲突的法律法规，同步研究法律空白盲区，及时提炼具有普适性的制度标准，从而推动和促进机制体制的不断完善。

## 四、自主创新与国际经验需互为补充

一方面，立足国情、区情和关情，实事求是、因地制宜开展地自主创新。在过去海关特殊监管区域管理经验的基础上，深入把握自由贸易试验区发展特点与规律，坚持继承和发扬，通过突破传统、整合优化、激发活力，让自由贸易试验区海关监管模式更加符合自由贸易试验区发展实际；另一方面，也要积极借鉴国际海关先进经验和国际通行贸易规则体系，瞄准国际先进水平推进自由贸易试验区改革建设，建设“具有国际水准的投资贸易便利、监管高效便捷、法治环境规范的自由贸

易试验区”，加快国际间的接轨融合。

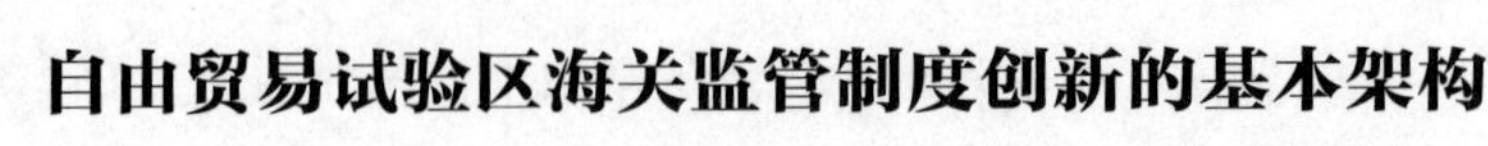

# 自由贸易试验区海关监管制度创新的基本架构

从制度创新的理念、目标、原则、基本组成和评估体系等方面入手，探索海关监管制度创新的基本架构。

## 一、自由贸易试验区海关监管制度的创新理念

理念决定方式，制度理念决定制度安排。辩证唯物主义认为，人的认识对实践具有指导作用，以正确的认识指导实践会使实践保持正确的方向，达到预期的效果，反之，用错误的认识指导实践会对实践产生消极甚至破坏作用。作为行政管理和执法部门，主动应对上海自由贸易区建设发展的改革要求和多重挑战，行政理念的创新显得尤为重要。

### （一）有限行政理念

“现代政府是有限政府，只有将行政权限设定在适度的范围内，严格实行职权法定，才能从根本上防止行政权的滥用和腐败。”[①] 党的十八大、十八届三中全会明确提出了简政放权、转变职能的要求，为我们勾勒出一个有限政府的形象，体现了还权于民，善待市场主体，尊重市场规律的态度。明确哪些该管，哪些不该管，最大限度减少对微观事物的管理，对行政权力的规模进行有效控制，符合有限行政理念的主旨。在自由贸易区的改革试验中海关制度创新以党的十八届三中全会通过的《中共中央关于全面深化改革若干重大问题的决定》精神为指导，遵循有限行政理念，通过法制思维、法治方式对海关行政权力范围、设定主体和自由空间重新进行规制，使海关的权力限定在有限的范围内，做到标准明确、规范有序，实行有限行政。

### （二）服务行政理念

市场在中国经济活动中的地位将由“基础性”向“决定性”转型。党的十八届三中全会作出的这一重大决定重新设定了政府对社会经济的管理方式，将以权力导向型为特征的政府管理方式转变为规则导向型。在经济活动中，政府的职能是提供公共产品、公共服务，服务者是政府最准确的定位，服务行政的理念亟待予以确

---

① 袁曙宏：《法治规律与中国国情创造性结合的蓝本》，载《中国法学》2004 年第 4 期

立和强化。具体来说，在直接管理和间接管理之间，重间接管理；在静态管理和动态管理之间，重动态管理；在事前管理和事中事后管理之间，重事中事后管理。海关所倡导的服务行政应包含宏观和微观两个层面，即服务于国家战略，服务开放型经济的发展，又服务管理相对人。

### （三）诚信行政理念

诚信是法治社会的基石，市场经济是法治经济，也是诚信经济。行政执法领域已经确立的信赖保护原则，其基于基本含义及行政管理相对人对行政权力的正当合理信赖应当予以保护，行政机关不得擅自改变已生效的行政行为，确实需要改变行政行为的，对于由此给管理相对人造成的损失应当给予补偿。诚信行政要求海关在行使权力过程中加强自我约束、自我监督，通过各种方法途径实现行政自律，忠诚地行使党和人民赋予海关的各项权利。

### （四）开放行政理念

党的十八届三中全会提出，科学的宏观调控、有效的政府治理是发挥社会主义市场经济体制优势的内在要求。政府治理是对行政体制改革的一种现代化表述。海关行政要打破封闭式运作的行政理念，开放整个行政行为过程，增强执法的透明度，让更多的利益主体参与到事前事中事后监管中，借助外部力量不断地为行政权力的行使矫正方向。树立开放行政理念，海关要减政放权，借助社会力量开展有效管理。同时，与社会各界建立广泛的合作伙伴关系，建立健全对话，协调协作与合作机制，有效利用合作伙伴的资源，解决执法和管理中特定技术专业方法等难点问题，要通过开放行政促进并形成一个自我革新自我演进的执法体系，提升海关执法的综合效能。

## 二、自由贸易试验区海关监管制度的创新目标和原则

按照国务院下发的“自由贸易试验区总体方案”的要求，根据《中华人民共和国海关法》（以下简称《海关法》）和有关法律、行政法规规定，海关监管制度的创新目标是以改革为动力，进一步转变职能、优化服务、科学监管，构建一线开放、二线安全高效管住的海关监管模式，建设与国际惯例相接轨，适应构建开放型经济新体制要求的海关监管制度。海关监管制度的创新原则有以下几点。

### （一）一线放开、二线管住、区内自由

一线即我国与境外国际的进出，二线指的是园区与区外我国境内的进出。一线放开、二线管住、区内自由是国际自由贸易园区的惯例。一线实行最低限度的贸易管制，最大限度地简化通关程序和作业手续，便利货物和服务等各类要素的进出。

二线实行严格的控制，确保高效管住。二线与一线相互衔接，依托风险管理、

稽核制度等管理方法和手段，实现严密监管，有效防范风险。

区内自由，强调区内货物便捷流转，在不同封闭监管区域内的货物实行区内、区间简易的流转手续，海关对区内企业和货物仅保留最低必要程度的稽核管理。

**（二）市场取向、诚信导向、问题思路**

市场取向体现了海关与市场的内在关系安排。海关制度创新要以市场需求作为海关制度设计的依据，以市场主体满意度作为海关制度创新的目标，以市场效益来衡量海关制度创新的绩效。

诚信导向基于海关与管理相对人的相互信任。一方面，海关法律法规完善并保持相对稳定性，海关执法要确保统一性、一致性。同时，在科学评估、有效监控的基础上，海关给予管理相对人充分信任，按照守法便利原则，推行分类管理，对高资信的企业实行弱干预甚至零干预，推动企业向高资信度方向发展，将企业诚信转化为制度效益。

问题思路强调问题意识。改革是由问题倒逼而产生，又在不断解决问题中得以深化。以自由贸易试验区发展中出现的问题为突破口，抓住关键环节，着力推动解决面临的突出矛盾和问题。

**（三）地域分区、企业分类、货物分状态监管**

地域分区监管。在统一的自由贸易试验区海关监管制度框架下，根据自由贸易试验区各板块的不同产业布局、区域特色和发展需求，因地制宜、因区管理，并与其他国家发展战略联动发展。

企业分类别监管。以企业守法管理为基础，实施分类监管，对不同资信度、不同风险等级的企业采取不同的监管措施和方法，实现守法便利，违法惩戒。

货物分状态监管。满足口岸物流、保税加工、保税物流和保税服务等多元化业务的发展需求，在确保有效监管的前提下，探索将海关特殊监管区域货物分为保税货物、口岸货物、非保税入区货物进行监管，并建立货物状态分类监管模式。

**（四）简政放权、综合监管、广泛合作**

加快转变职能，深入推进行政审批改革，既强调简政放权，又强调监管管理，不断推进海关职能实现的管少、管精、管好。

构建综合监管体系。海关与税务、外汇等执法部门，以及银行、港务等单位加强协作，实现信息互联互通和执法联动，共同构建起抵御风险的防线。

## 三、自由贸易试验区海关监管制度的基本组成

### （一）基本制度组成

海关监管制度由以下基本作业制度组成，构成监管制度体系。包括备案制度、申报制度、统计制度、物流监控制度、保税监管制度、税收征管制度、稽核制度、企业管理制度、风险管理制度、缉私制度。如图 1-1 所示。

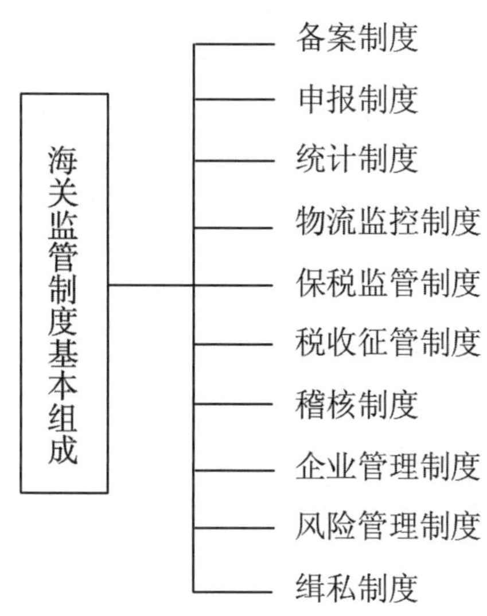


**图 1-1　海关监管制度基本组成**

### （二）制度保障

以上海自由贸易试验区海关监管制度的保障和支持为例，包括：法治建设、科技创新、行政管理、人力资源、财务装备保障、国际海关合作和外部环境建设。如图 1-2 所示。

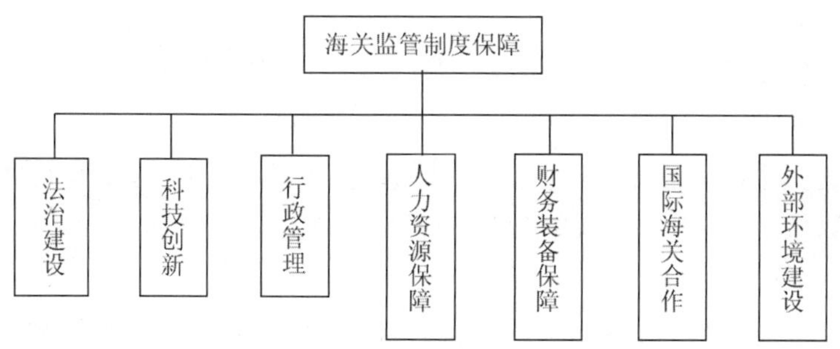


**图 1-2　海关监管制度保障**

## 四、自由贸易试验区海关监管制度的评估体系

海关监管制度的创新是一个动态而又开放的过程，影响制度创新的因素很多，既有来自主观因素的影响，也有来自客观因素的制约；既有总量方面的因素，也有效率、结构等方面的影响；既有体制方面的原因，也有管理方面的影响。这些影响因素广泛地存在于自由贸易试验区的自然条件、区位功能、产业发展、企业状况和政府行为之中，构成了影响海关监管制度创新的基本原因集合。为确保制度创新实践的有序运作，需要对制度实践效果进行客观、公正的评价。为此，要依照正确的政绩观，建立一整套科学、合理的制度评估体系，开展绩效评估，以不断指导制度创新实践。

### （一）评估体系设计原则

#### 1. 系统性

运用系统的理论和方法分析海关监管制度创新的主要方面。

#### 2. 全面性

既要采用定量指标，也要采用定性指标；既要考虑绝对指标，也要考虑相对指标；既要重视经济效益，也要重视内外部环境等可持续发展要求。

#### 3. 代表性

力求以最少的指标来反映海关监管制度状况，同时尽可能减少指标之间的相关程度，避免重复和交叉。

#### 4. 实用性

有关数据易于获取，评价指标具有中长期的实用性，使得海关工作能对海关制度建设进行有效的调整、修正和创新。

### （二）评估体系的重点

#### 1. 监管理念

海关管理理念的先进性、科学性，与国际惯例接轨的程度，等等。

#### 2. 监管时效

因海关通关手续、作业模式对各类要素进出流动造成的障碍是否降到较低水平，自由贸易试验区一线、二线货物进出的便利度等。

#### 3. 安全管控

国家安全等是否能够得到有效保障，各类风险、潜在风险的状况等。

#### 4. 监管方法手段

科技创新对制度创新的引领和支撑程度，现代科技、风险管理等现代管理方法手段在海关监管制度创新中运用的广度和深度，通关作业的无纸化程度，信息化、

网络化、智能化水平等。

**5. 综合监管效能**

海关与口岸相关部门、单位实施综合监管的状况、执法联动与行政互助现状，海关通过委托管理、企业自主管理等形式实现部分职能的社会化管理状况，与境外海关、国际组织的合作状况等。

**6. 外部环境建设**

法制完备程度和执法统一性，法治化、国际化环境氛围；政府信息公开程度，政策法规的透明度；海关行政管理效率；社会诚信度；社会各界对海关工作的满意度等。

## （三）评估指标体系的构成

按照系统性、全面性、代表性和实用性的原则，以既能反映海关监管制度创新给社会带来的综合效益，又能体现制度安排与环境的内在联系，还要反映制度自身的创新效应为标准，对评估指标体系初步设计如表 1-5 所示。

**表 1-5　自由贸易试验区海关监管制度综合评估指标体系**

| 评估重点 | 主要考量指标 | 定性/定量 | 部分定量指标说明 |
|---|---|---|---|
| 监管理念 | 理念先进性、科学性 | 定性 | — |
| 法治建设 | 海关法制完备度；<br>海关执法统一性、一致性 | 定量与定性 | — |
| 监管时效 | 一线、二线通关时效；<br>海关通关时间占一线、二线通关时间的比重；<br>查验率；<br>卡口通行时间 | 定量 | 一线、二线通关时效：包含了自由贸易试验区内的所有口岸执法部门和单位（如：海关、税务、银行等）作业手续所需的通关时间 |
| 安全管控 | 查获率；<br>后续管理有效率；<br>遏制走私有效率 | 定量 | 后续管理有效率：发现被稽查企业各类问题（包括：涉嫌走私、违规、追补税等情事，以及责令限期改正）与被稽查企业数的比率。<br>遏制走私有效率：我国关境从具有代表性的国家或地区正常进口规模与该国家或地区向我国关境实际出口规模的比率 |
| 监管方法手段 | 风险管理布控率；<br>风险管理布控有效率；<br>无纸化率；<br>系统、平台可用性 | 定量与定性 | 风险管理布控率：通过各种渠道下达的布控指令所指向报关单数占报关单总数的比例。<br>风险管理布控有效率：风险布控指令所指向的报关单中发现有问题并作出处置的报关单数占布控指令所指向的报关单数的比例 |

续表

| 评估重点 | 主要考量指标 | 定性/定量 | 部分定量指标说明 |
| --- | --- | --- | --- |
| 综合监管效能 | 社会诚信体系建设参与度；<br>综合执法体系参与度；<br>委托社会管理作业事项；<br>国际合作参与度 | 定量与定性 | — |
| 外部环境建设 | 企业守法率；<br>政府信息公开度；<br>社会公众满意度 | 定量与定性 | 企业守法率：未发现走私违法的有进出口记录的注册企业数占本年度有进口记录的注册企业总数的比例 |

# 2

# 自由贸易试验区和海关特殊监管区域的区别

# 概 述

为什么自由贸易试验区海关监管实务里我们要谈海关特殊监管区域呢？前面我们介绍到，我国首个自由贸易试验区——中国（上海）自由贸易试验区设立之初，其范围是上海外高桥保税区、上海外高桥保税物流园区、洋山保税港区和浦东机场综合保税区四个区域共计28.78平方千米。注意，这四个区域都是我国的海关特殊监管区域。同样，后续陆续设立的11个自由贸易试验区，均或多或少包含了海关特殊监管区域。在目前已明确的自由贸易试验区方案中，自由贸易试验区范围内的海关特殊监管区域总面积达近143平方千米，甚至在最新的中国（海南）自由贸易试验区总体建设方案中还提出“按发展需要增设海关特殊监管区域”的内容表述，这也表明海关特殊监管区域是我国自由贸易试验区不可或缺的功能区块。同时，我们也介绍了，国务院已明确印发的各自由贸易试验区总体建设方案中，对各自由贸易试验区均提出，按区域功能和海关监管方式划分，自由贸易试验区中的海关特殊监管区域和非海关特殊监管区域分别侧重探索不同的试验改革内容。我们认为，自由贸易试验区与我国海关特殊监管区域颇有渊源，两者的发展定位、发展功能和发展目标密不可分。介绍我国的海关特殊监管区域，了解我国海关特殊监管区域的发展定位、发展功能和发展目标，有助于我们更好地理解自由贸易试验区概念、自由贸易试验区中的相关海关监管创新工作及自由贸易试验区发展目标和定位等，当然，也有利于我们更好地理解海关特殊监管区域。我们通过本篇为各位读者普及一些海关特殊监管区域的概念和基本知识点，希望读者们在遇到海关特殊监管区域业务和概念时能想起本书内容，得到一些帮助。

在本篇，我们将着重介绍我国的海关特殊监管区域，从它的发展历史、定位功能、发展现状和作用等各方面，全方位介绍我国海关特殊监管区域，描绘出我国海关特殊监管区域的基本概念图。首先，我们看看，海关特殊监管区域有怎样的历史、现状和发展前景，在此基础上再讨论海关特殊监管区域与自由贸易试验区的区别。在此，我们需讲一个前提，我国的海关特殊监管区域与我国的改革开放历史进程密切相关，也与我国加工贸易产业发展息息相关。因而，介绍我国的海关特殊监管区域，必然离不开对我国加工贸易产业发展情况的介绍，离不开对我国海关保税监管制度的介绍。所以，本篇先简要介绍我国加工贸易的发展历史和海关保税监管制度的基本概念。

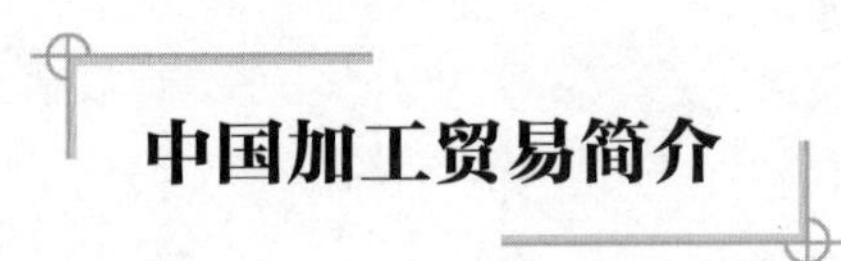

# 中国加工贸易简介

## 一、加工贸易简要发展史

1978 年我国实施对外开放政策，对外加工贸易迅速发展。同年 7 月，国家颁布了《开展对外加工装配业务试行办法》。同年 8 月，当时的广东省珠海县香洲毛纺厂与香港纺织品集团公司签订了第一份来料加工合同，在珠海建立了第一家保税加工企业，标志着我国加工贸易正式起步。对于货物原产地判定来说，按照原产地标准包括完全获得标准与实质性加工标准。完全获得标准是指货物属于某地区生产的，即某地种植、开采、捕捞等，例如，用我国大陆产的棉花织布并在我国生产成衣，这就属于完全获得；但如果香港出口的成衣，因为香港不产棉花，使用的布料都是进口，这就不属于完全获得，属于实质性加工。由于当时我国大陆劳动力成本低，因而就有外商把境外的设备运过来，在实质性加工中的某一道工序中使用，并且在加工一定数量的产品后就把该设备给了加工方企业留在中国大陆，这种情况就叫补偿贸易。这种实质性加工的工序实际上节约了外商在其当地开展生产的劳动力成本，使得外商的生产利润进一步增加。故而，他们每减少一道在境外当地的工序，并把相关工序转到我国大陆生产，外商就会感到利润在扩大，于是，随着产业分工的不断发展，外商逐步将加工工序转移到我国大陆，也就逐步演变成了中国制造。与此同时，我国也在不断推进改革开放，改革开放之门打开后，就出现了大规模的进料加工。进料加工有别于来料加工。所谓进料加工是外商虽然把所有的设备和厂房都迁移到中国大陆，但中国大陆的生产企业还需要从国外采购料件来完成产品的制造。而这种类型的加工贸易在 20 世纪 80 年代以后达到一个高峰。这是我国加工贸易发展的最初起源。

对于初次接触加工贸易的人来说，往往无法区别来料加工与进料加工。这里我们简单举个例子，比如外商提供土豆，国内厂家炸成薯条再复运出境，这就是来料加工；如果外商提供经费，由国内厂家自己在境外购买土豆进境，而后在境内炸成薯条再复运出境，就是进料加工了。来料和进料的关键区别就在于加工的原材料是不是国内厂家自己的。

## 二、我国加工贸易海关保税监管

随着改革开放和加工贸易产业的起步发展，1979 年，我国开始对加工贸易试点海关保税监管。海关保税监管项下的加工贸易又可称为保税加工。彼时，国家颁发了《以进养出试行办法》和《开展对外加工装配和中小型补偿贸易办法》，进一步从政策和法规上确认了这种新的对外贸易方式。在改革开放初期，海外侨胞、港澳同胞出于热爱中国、热爱家乡的初衷，把一些“三来一补”业务带回家乡，力求通过与家乡人民的合作，互惠互利，一方面发展家乡经济，一方面拓展自己的国际经济贸易事业。而众多的外国商人，则由于国际经济贸易形势的变化和市场机制的驱动，前来中国大陆寻求新的合作和发展机会。而相关业务中，对从境外来中国大陆的货物和设备等，海关一般采用保税监管的模式，海关保税监管模式下的境外进口的货物也成为保税货物。

我们所说的“三来一补”指的是：来料加工、来料装配、来样加工和补偿贸易。其中来料加工前面已经介绍过了。来料装配指外商提供零部件和元器件等，并提供相关的机器设备、工具和有关技术，由国内工厂组装为成品。来样加工则是由外商提供样品、图纸等，由国内工厂按照对方质量、样式、款式、规格和数量等要求，用中方工厂自己的原材料生产，产品由外商销售，中方工厂按合同规定的外汇价格收取在产品出口后成品的全部价款，不仅仅是工缴费。补偿贸易是指国内厂商从国外厂商进口机器、设备、技术，以及某些原材料，约定在一定期限内，用产品或劳务等偿还的一种贸易方式。简而言之，就是以设备或技术来补偿贸易中的货币价值。以上几种形式，是我国加工贸易起步的最初形式。

1987 年 7 月我国实施的《海关法》，以法律形式明确了保税货物的含义。保税货物，是指经海关批准未办理纳税手续进境，在境内储存、加工、装配后复运出境的货物。根据《海关法》，保税货物可分为两类，即“在境内加工、装配后复运出境”的保税加工货物和“在境内储存后复运出境”（含对所存货物开展流通性简单加工和增值服务）的保税物流货物。海关保税制度，它指的是暂时缓缴进口税收的一种海关税收制度，是海关对上述保税货物的进境、储存、加工、装配、结转和复出境全过程实施监督和管理的作业制度。它也是国际海关管理规则中的一个通用制度。

国家通过颁布法律、法规、规章和规范性文件等形式，告知有关管理相对人，海关对保税货物的进、出、产、存、转和内销等过程，依照法定的程序和管理制度，对相关货物实行全方位、全过程的实际监管，确保保税货物按国家有关政策规定流转和处置。而按照保税制度适用的货物类型，保税制度可分为保税加工制度和保税物流制度两部分。

我们说，保税监管制度的特点有四个，即审批备案、贸易管制、暂缓纳税和核查核销。改革开放以来，我国积极鼓励发展对外经济贸易，先后开辟了深圳、厦门、珠海和汕头四个经济特区，同时开放了沿海 14 个城市和海南岛，并进一步将发展对外经经济贸易的安排扩大到内陆。在保税监管制度支持下，我国的加工产业在我国广大沿海地区首先获得发展，尤其是在广东省发展最快，广东省也因此成为我国保税项下加工产业发展的领头羊。在改革开放政策的推动下，我国保税加工逐步遍布全国大部分地区。为了鼓励和扶持保税项下的加工产业发展，国家对保税项下的加工产业实行一系列的优惠政策。例如，鼓励利用外资政策、税收优惠政策、外汇管理政策和金融政策等。

在海关保税监管制度支持和各项政策扶植下，我国加工贸易得到了飞速发展。到今天，我国的加工贸易分别经过了探索起步（1978 年至 1987 年）、飞速增长（1988 年至 1998 年）和规范发展和转型升级（1999 年至今）三个阶段。在这期间，我国海关也不断转变监管理念，严密监管和支持服务的海关管理体系亦日趋完善。同时，几经探索，在国务院的支持下，我国海关对照国际同行的监管规则，根据我国实际，逐步设计了保税区、出口加工区、保税物流园区、保税港区和综合保税区等海关特殊监管区域，进一步助力了我国加工贸易发展。

我国加工贸易发展到今，成功吸引了世界 500 强中的 480 余家落户我国，我国也发展成为规模巨大的“世界工厂”。据海关统计，包括至少 6. 35 万家加工贸易企业；140 个海关特殊监管区域；79 个保税物流中心；919 个保税仓库；106 个出口监管仓库。1979 年，我国加工贸易全年进出口总值仅 2. 35 亿美元，而到 2017 年，我全国加工贸易进出口近 2670 亿美元，是 40 年前的 1000 余倍，加工贸易进出口的总体体量也占到同期我国外贸进出口总额的仅三分一（29. 0%）。根据海关总署发布的数据，2018 年 1～9 月，我国加工贸易进出约 9262. 3 亿美元，约占同其外贸进出口总值的 27%。我国加工贸易为我国作为贸易大国的崛起发挥了至关重要的作用，我国外汇储备也主要来源于加工贸易带来的对外贸易顺差。

## 三、加工贸易海关监管模式

企业以加工贸易方式进口货物实行保税，因此，为了保证加工贸易及保税监管到位，防止国家税款流失，海关依托科技信息化监管系统，监控保税货物的进、出、转、存，对产业链各生产环节实施全过程监管。

### （一）电子化手册管理模式

海关以合同为管理单元，为企业建立电子底账，对企业开展加工贸易业务的情况进行监管，在合同有效期内进行核销。一般一份合同对应一本手册，加工贸易纸质手册的电子化形式。

### （二）电子账册管理模式

海关以企业为管理单元，为联网企业建立电子底账，联网企业只设立一个电子账册的海关监管模式。海关根据联网企业的生产情况和海关的监管需要确定核销周期，并按照该核销周期对实行电子账册管理的联网企业进行核销。适用电子账册模式管理的企业主要有海关特殊监管区外管理相对规范的企业和区内企业。

## 四、海关特殊监管区域发展简史

前面，我们讲过了加工贸易的简要发展史，提到在我国加工贸易产业发展的阶段中，海关监管发挥着重要的作用，同时海关也在不断创新发展监管模式，以期顺势监管，引导和助推我国加工贸易转型升级、持续发展。在这过程中，对标国际，逐步提出了海关特殊监管区域的管理理念和管理方式。可以说，我国的海关特殊监管区域是我国开放型经济发展的重要平台。

### （一）海关特殊监管区域基本情况

海关特殊监管区域是一个我国本土的概念，目前并无专门立法对其进行具体定义，也没有规范的学术解释。我国海关特殊监管区是改革开放的产物，是根据改革开放需要，借鉴国际上成功的自由港、自由贸易园区等模式的做法与经验，结合我国国情而设立的。它们是应我国改革开放、外贸经济特别是加工贸易和现代物流的发展需要而产生并逐步发展的。在改革开放的历史大背景下，在加工贸易产业逐步扩大的基础上，为了承接国际产业转移，我国海关借鉴了世界海关组织（WCO）《京都公约》中“自由区”的定义以及世界上其他国家对自由贸易园区的监管经验，提出了海关特殊监管区域概念。经国务院批准，全国各地陆续设立了海关特殊监管区域。

2000 年，我国在修订《海关法》时正式将海关特殊监管区域写进了法律，《海关法》第 34 条写明：经国务院批准在中华人民共和国境内设立的保税区等海关特殊监管区域，由海关按照国家有关规定实施监管。但是，《海关法》未对海关特殊监管区域进行定义。2005 年 11 月 28 日海关总署颁布的《中华人民共和国海关对保税物流园区的管理办法》首次对“海关特殊监管区域”这一概念进行了外延上的定义，即“海关特殊监管区域，是指经国务院批准的保税区、出口加工区、园区、保税港区及其他特殊监管区域”。这个概念是海关在实践中逐步演化出来的。这些类型的海关监管区域，最早出现的是保税区这个概念，然后是出口加工区。按照现有的理解，目前海关特殊监管区域的概念主要解释为：经国务院批准，设立在中华人民共和国关境内，赋予承接国际产业转移、连接国内国际两个市场的特殊功能，并给予特殊政策，以海关为主，实施封闭监管的特定经济功能区域。

从1990年至今，我国在改革开放不同时期，根据外向型经济发展需要，先后设立了保税区、出口加工区、保税物流园区、保税港区、综合保税区和跨境工业区六种类型海关特殊监管区域。目前，我国海关特殊监管区域数量达140个，分布在29个省、自治区和直辖市，总体规划面积超过452.8平方千米。

我国的海关特殊监管区域与经济开发区、高新技术产业园区和区外加工贸易企业相比较，具有如下特征。

一是具有区域隔离性。我国海关特殊监管区域与世界自由贸易园区一样，都是在一国的关境内先划出一定的区域，再按国际通行的标准设置隔离设施，隔离设施内外区域实行不同的经济政策。区域中的政策法规、管理体制和运行机制等相对于区域外国内区域都具有特殊性。有一个重点，区域内不允许居民居住。

二是区内实行自由贸易政策。海关特殊监管区域内货物可以在区内企业之间转让、转移，免征增值税、消费税；海关特殊监管区域的货物在保税状态下流转，仍然实施保税、免税政策。国内其他非海关特殊监管区域及保税监管场所的货物往来都按国家进出口政策进行办理。

三是享有特殊的优惠政策。税收减免是海关特殊监管区域最重要的政策优惠。主要包括海关特殊监管区域与境外之间进出口的货物，不实行进出口配额、许可证件管理，但法律、行政法规另有规定的除外；海关特殊监管区域内企业所有进口的生产设备和自用的机械设备、建筑材料及合理数量的办公用品等，免征海关关税及进口环节税，但国家规定进口不予免税的除外；海关特殊监管区域内货物自由流转不征收增值税和消费等。

四属于特殊的海关监管区。海关特殊监管区域按照有关规定设置专门的卡口、围网设备和相应的视频监控设备。货物无论是进出境还是进出区，以及在海关特殊监管区域内的加工、存储都要接受海关监管。海关对海关特殊监管区域内的违法行为有追究其法律责任的权力。

### （二）设立及退出的相关程序

海关特殊监管区域的设立和退出方面的知识点就涉及到了海关特殊监管区域内的行政管理体制。海关特殊监管区域的行政管理，在1997年前归口于原国务院特区办和体改办，而在特区办、体改办撤销后，管理职能转移给了海关总署。目前，海关特殊监管区域在行政管理上由海关总署牵头，财政部、商务部、国税总局、外汇管理局等多个国家部委实行联合管理。

我国说海关特殊监管区域的事权管理在国务院，因为其最终是否可以设立由国务院准许。海关特殊监管区域的管理和运营主体在所在地的省市人民政府。这是因为，海关特殊监管区域的设立是由各需要设立区域的省、市、地区人民政府向国务院提出申请，最终由国务院批准。而前述，我们说海关总署是海关特殊监管区域的管理职能部门。这是因为海关总署是国务院授权的海关特殊监管区域审核报批和牵头管理部门。而在海关特殊监管区域的设立审核、管理等过程中还涉及国家发展改革委、财政部、自然资源部、交通运输部、商务部、税务总局、工商总局和外汇局等。

### （三）海关特殊监管区域的发展历史

20 世纪 90 年代起，为适应不同时期外向型经济发展需要，国务院陆续同意设立了不同种类的海关特殊监管区域。截至 2018 年 10 月，全国共有 140 个海关特殊监管区域。其中，保税区 10 个，出口加工区 17 个，保税物流园区 4 个，保税港区 14 个，综合保税区 93 个，珠澳跨境工业区（珠海园区）1 个，中哈霍尔果斯国际边境合作中心中方配套区 1 个。每种类型的海关特殊监管区域均有其特定的发展历史背景和发展因素。

**1. 保税区**

1990 年，为配合沿海开放战略，国务院在上海、天津、深圳等 13 个沿海开放城市逐步设立了 15 个保税区。

保税区是经国务院批准设在我国境内的，由海关实施封闭监管的特定区域，是我国最早出现的海关特殊监管区域形式。到 1984 年，深圳特区的“二线”已经建成，并于 1986 年正式启用。但是“一线”由于种种原因并未真正放开，所以，特区的特殊关税区的目标没有付诸实践。1987 年，深圳特区政府在沙头角设立了中国第一个保税区，当时称为“保税工业区”，作为“特区中的特区”。1990 年 2 月，深圳特区政府又设立了福田保税区，引起各地的关注，但当时并未获得中央的正式承认。我国内地第一个实质意义上的保税区——上海外高桥保税区是伴随着浦东的对外开放而正式成立的。1990 年 6 月，国务院批准设立上海外高桥保税区，同年 9 月正式启动。上海外高桥保税区获批时规划面积为 10 平方千米，也是目前全国经济总量最大的保税区。1991 年国务院批准设立天津保税区，同时正式同意设立深圳沙头角和福田保税区。1992 年，保税区设立进入“快车道”，大连、广州、厦门象屿、张家港、海口、宁波、福州和青岛等保税区陆续设立；1993 年，汕头保税区设市；1996 年，珠海保税区、深圳盐田保税区相继设立。

在设立了我国首个保税区的上海，曾颁布《上海市外高桥保税区条例》，对保税区功能作了明确规定，即“保税区主要发展对外贸易和转口贸易、港口、仓储、出口加工及金融服务等业务”。1994 年 6 月，在天津召开了全国保税区工作座谈会。在此次会议上明确提出保税区的三大功能即出口加工、国际贸易和保税仓储。会议明确要求各个保税区围绕这三大功能进行开发，并旗帜鲜明地提出保税区要首先充分发挥其出口加工功能，以推动外向型经济发展。随着加工贸易业态的发展和产业的进一步拓展，1998 年后，大多数保税区开始发展物流和保税仓储产业，保税区内的产业结构加快调整，高科技加工产业异军突起。虽然从保税区个体发展看，各保税区的功能开发存在较大差异。但从总体发展趋势看，保税区功能逐渐从出口加工为主转向综合型功能开发为主，即包括贸易、加工、物流、服务业为一体的多元化功能。

经过近 30 年的建设和发展，保税区逐步形成了出口加工、国际贸易和物流分拨三大主导功能。其中，出口加工功能是利用区域特殊的管理政策开展加工贸易，着重利用外资发展外向型经济。它不仅扩大了出口，同时带动了相关国内产品的出口，培育和完善了整个加工产业链；国际贸易功能是利用保税区的区域优惠政策及毗邻港口、陆路口岸的交通优势开展国际贸易；物流分拨功能是利用保税区内的仓库进行货物存储、商品展示，提供分级、挑选、刷贴标志、拆装、分装等流通性简单加工和增值服务。加工出口、国际贸易、物流分拨三大主导功能的确立，以及三大功能相互之间的配合和促进，既实现了当初设立保税区的初衷，又为保税区成为有竞争力的经济性区域奠定了基础。

截至 2018 年 10 月，我国共有 10 个保税区，分别是上海外高桥、大连、天津、宁波、厦门象屿、福州、深圳福田、广州、珠海、汕头保税区。

**2. 出口加工区**

1997 年金融危机后，我国除了加大基建投资以扩大内需外，还积极采取措施扩大出口。1999 年 8 月，外经贸部等九部委出台《关于进一步采取措施鼓励扩大外贸出口的意见》，提出“设立规范、封闭式的出口加工区的试点，逐步引导出口加工企业向保税区和出口加工区集中”。在面临着出口加工业的发展的同时，我国也面临着一个世界产业转移的重大机遇（制造业从发达国家向发展中国家转移）和国内加工贸易渠道走私严重等问题的严峻考验。为了承接国际产业转移，规范加工贸易管理（当时的主要取向是将加工贸易由原来的开放式的无担保管理模式向特定区域的封闭式管理模式转变，即变“散养”模式为“圈养”模式），2000 年 4 月，国务院批准颁布了《中华人民共和国海关对出口加工区监管的暂行办法》，批准在我国现有开发区内设置出口加工区，并批准设立首批 15 个出口加工区试点，鉴于当时宏观政策对开发区的整顿，明确出口加工区只能设在现有的国家级开发区内。其中，江苏昆山出口加工区因于同年 10 月率先封关运作，从而成为中国第一个出口加工区。

与此前被取消入区退税政策的保税区相比，新设立的出口加工区被赋予入区退税政策，这成为保税区所谓“转型升级”的一个目标。2000 年，我国为实施扩大出口战略，规范加工贸易管理，在上海、江苏、山东等省设立了以“两头在外”和出口为主导的出口加工区。设立之初，出口加工区主要有保税加工功能。2004 年，海关总署牵头各部门研究制定《设立出口加工区的审批标准和程序》，进一步规范对设立出口加工区的管理，避免了出口加工区的重复建设。

2008 年后，根据业务发展需要正式拓展了保税物流功能。2018 年 10 月，全国现有出口加工区 17 个。现有的出口加工区功能主要包括保税加工、保税物流、检测、维修、研发等。出口加工区以开展加工制造业务为主，开展保税物流业务为辅。出口加工区作为推动我国加工贸易转型升级的重要载体，国务院批准设立出口加工区将加工企业漫山遍野“散养”的模式转变为“圈养”模式，以适应保税加工迅猛发展的新特点，提高保税加工发展水平，扩大外贸出口。同时，抓住经济全球化步伐加快、国际产业转移加速这一大好机遇，使海关监管模式适应跨国公司全球运作中“生产零库存、采购全球化、订单网络化”的需求。

**3. 保税物流园区**

二十一世纪，随着新一轮全球生产要素的重组，国际分工进一步细化，在附加值较高的产业领域，要通过对加工贸易产品的深加工、精加工，延长加工贸易的产业链条，必须借助强大的保税物流功能才能实现。在我国加入 WTO 后，为谋求保税区进一步发展，适应加工贸易和物流业的发展。2003 年 12 月，国务院批准设立了上海外高桥保税物流园区。保税物流园区指保税区与邻近的港口合作，在港区或港口附近划出特定的区域（不含码头泊位），以发展物流产业为主，实行封闭管理的特殊监管区域。2004 年 8 月，国务院又批准开展保税物流园区试点，批准大连、天津、青岛、张家港、宁波、厦门、深圳等七个保税区扩大“区港联动”试点，设立保税物流园区。截至目前，全国共有四个保税物流园区。

保税物流园区的功能主要包括保税仓储，流通性简单加工和增值服务，进出口贸易（包括转口贸易），国际采购、分销和配送，国际中转，检测、维修，商品展示等。保税物流园区享受保税区相关政策，在进出口税收方面，又叠加实行了出口加工区的相关政策，即国内货物进入保税物流园区视同出口，办理报关手续，实行退税；保税物流园区货物内销按货物进口的有关规定办理报关手续，货物按实际状态征税；保税物流园区内货物自由流通。这使得保税物流园区的政策优势更加明显，有利于促进保税物流园区功能的更好发挥。

保税物流园区通过叠加保税区政策功能与港口物流优势，开展“区港联动”试点，并赋予入区退税政策，促进保税区向仓储物流专业化方向发展。该园区有别于已有的保税区和出口加工区，其仅有物流功能，无加工功能。保税物流园区主要发展现代国际物流业，通过在区间上集聚多家物流企业，形成规模效应，并通过一定的服务功能形成连接国际、国内两个市场的物流集聚点。可以说，我国现代国际物流业的快速发展，保税物流园区的作用是不可磨灭的。但值得注意的是，只能开展物流业务的功能限制，以及区港联动作用未能完全实现和发挥，一定程度上制约了甚至严重影响了保税区物流园区的进一步发展。

**4. 保税港区**

保税区、出口加工区等海关特殊监管区域经过多年的发展，都达到了相对稳定的状态。但是它们功能政策、监管制度和适用法律法规等各方面的不统一，既不利于单种类型、单个区域的发展，也不利于全国海关特殊监管区域的统筹建设，区域整合势在必行。由于上述各类海关特殊监管区域享受不同的政策、定位于不同的功能，且彼此相互独立、封闭。如，出口加工区主要从事加工制造；保税物流园区主要进行物流贸易；保税区虽然同时具备出口加工和物流贸易功能，但没有出口退税政策且与港口仍相分离。这些都影响和制约了贸易、物流及制造业务的发展。同时在经济全球化和区域经济一体化步伐不断加快的背景下，作为国际连接通道重要节点的港口，已逐渐由传统的运输作业向集港航服务、临港增值、自由贸易和资本运作等业务于一体的综合型航运枢纽转型，成为一个国家和地区开放程度的体现。在全球各大港口纷纷加紧建设、发展自由港的情况下，建设有中国特色的保税港区已成为中国进一步扩大开放的需要。2005 年 6 月，为了实施国家建设东北亚枢纽港和国际航运中心的战略，上海洋山保税港区经国务院批准正式设立，成为中国第一个保税港区。此后，经国务院同意，大连、宁波等港口陆续设立了 14 个保税港区。保税港区具有入区退税、保税加工和保税物流等功能。建设有中国特色的保税港区，是为了通过整合保税区、出口加工区的政策、功能优势和港区的区位优势，打破保税区、出口加工区与港区长期以来的分离状况和瓶颈制约，实现“区港一体”。一方面，以保税物流产业和临港增值加工业增强港口的物流集聚效应，适应航运、港口和现代物流一体化发展趋势，着力吸引国际中转、国际配送和临港增值服务等高附加值业务向我国转移，同时积极探索推动具有中国特色的自由港建设步伐；另一方面，保税港区齐全的物流和加工功能，能够满足跨国公司新型生产方式、管理方式、营销方式的需要，使加工制造业与物流业在保税港区内同步协调发展，为促进我国物流产业发展、推动加工贸易转型升级开拓一片新的天地。

保税港区这种新型监管模式的诞生，既是我国实施建设国际航运中心战略的需要，也是推进海关特殊监管区域功能整合和政策叠加的积极尝试。其布局具有明显的区域性特征。保税港区具有的功能包括保税仓储，对外贸易，国际物流，国际中转，检测、维修、研发，商品展示，加工制造，港口作业等。

**5. 综合保税区**

保税港区主要在临港地区设立，而对于内陆地区如何发展呢？因此，为促进内陆型区域的发展，江苏苏州工业园区及当地的海关提出了在整合原来的出口加工区、保税物流中心（B 型）及内陆直通式监管点的基础上，建立“无水保税港”的构想，在地方政府积极争取下，最终确定了“综合保税区”这一名称。2006 年 12 月 17 日，国务院正式批准设立苏州工业园综合保税区，明确综合保税区享受洋山保税港区的有关税收和外汇政策。在苏州工业园综合保税区取得成功的基础上，国务院又陆续设立了共计 93 个综合保税区。从这段第一句，我们就理解了综合保税区与保税港区的区别，主要在于综合保税区不邻港口，但也有口岸作业区。

为规范综合保税区的招商引资及设立，2018 年海关总署先后制定了《综合保税区适合入区项目指引》《综合保税区审核设立指导意见（试行）》等。其中《综合保税区适合入区项目指引》是依据综合保税区的政策，分析了适合入区的企业类型，并筛选出近年来入区项目的 10 个典型案例，为各地方科学合理申建综合保税区，围绕区域政策功能优势开展招商选资提供实践参考。《综合保税区审核设立指导意见》建立了综合保税区设立指标评估体系，共有 16 项指标，分为基础指标、加分指标及减分指标三大类，全面覆盖了综合保税区相关配套要求，为地方政府设立综合保税区提供参考。

**6. 跨境合作区、配套区**

为加强我国内地与澳门、我国与哈萨克斯坦的经贸合作，经国务院批准，珠海、新疆霍尔果斯分别设立了跨境工业区和中哈国际边境合作中心中方配套区，这两个跨境区的配套区功能政策与保税港区，也就是与综合保税区相同类似，但主要集中服务于跨境合作区。

设立保税物流园区的同时，我国又在边境地区设立新型的海关特殊监管区域——跨境工业区。跨境工业区是海关特殊监管区域中较为特殊的形式，是国家为以后设立跨关境的自由贸易园区进行的有益探索，同时也具有明显的政治意义。

国际上也有类似的跨境园区，指各相互接壤的国家或地区在形成合作共识的前提下，彼此在法律约束下，按照一定合作方案共同划出相应面积的接壤土地，整合成一个相对封闭的空间，建立的特殊经济监管区。如，美墨边境马魁拉多工业园区就是边境地区产业集聚的典型。我国的跨境园区目前只有两个，正式的称谓是“珠澳跨境工业区珠海园区”和“中哈霍尔果斯国际边境合作中心中方配套区”。

设立珠澳跨境工业区是中央政府发挥“一国两制”政策的优势，促进澳门繁荣稳定，推动内地与澳门合作作出的一项决策。珠澳跨境工业区最早由澳门部分业界人士提出，旨在应对全球纺织品及成衣配额制度取消对澳门带来的产业冲击，防止澳门本地成衣制造企业大规模北移。2002 年 8 月，粤澳举行高层会晤时，两地行政首长提出了在珠海和澳门连接的边境地区设立跨境工业区的设想。2003 年 12 月 5 日，珠澳跨境工业区获得国务院批准，2006 年 12 月 8 日，该园区正式运作。2007 年 4 月 8 日，海关总署颁布的《中华人民共和国海关珠澳跨境工业区珠海园区管理办法》正式实施。珠澳跨境工业区分为珠、澳两个园区，分别由珠海市政府、澳门特区政府管理，一两园区之间以一条水道作为隔离，设专门口岸通道连接。

中哈霍尔果斯国际边境合作中心项目源于 2003 年 6 月国家领导人访问哈萨克斯坦期间与纳扎尔巴耶夫总统达成的合作共识。2004 年 9 月 24 日，两国政府签订《中华人民共和国政府和哈萨克斯坦共和国政府关于建立“霍尔果斯国际边境合作中心”的框架协议》。2005 年 7 月 4 日，两国政府签订了《中华人民共和国政府和哈萨克斯坦共和国政府关于霍尔果斯国际边境合作中心活动管理的协定》。2006 年 3 月 17 日，国务院正式下发了《国务院关于中国—哈萨克斯坦霍尔果斯国际边境合作中心有关问题的批复》（国函〔2006〕15 号文），对合作中心及其配套区的功能定位、区域面积、优惠政策、监管职能、主管部门及开发建设要求等方面做了明确的批复。该中心是建立在中哈国界线两侧的毗邻接壤区域，紧邻中哈霍尔果斯口岸的经济贸易区和投资合作中心，主要功能是贸易洽谈、商品展示和销售、仓储运输、宾馆饭店、商业服务设施、金融服务、举办各类区域性国际经贸洽谈会等。中心区域总面积 5.28 平方千米，其中，中方区域面积 3.43 平方千米，哈方区域面积 1.85 平方千米。该区域实行封闭式管理，双方区域适用各自国家法律法规及政策措施。中心中方区域于 2006 年 6 月 3 日开工建设。2011 年 12 月 2 日，中哈双方联合举行了合作中心启动仪式。2012 年 4 月 18 日，合作中心正式运营。与此同时，国务院批复同意在中心以南一千米处建立中方配套区域，作为支撑中心发展的产业基地。配套区域规划面积为 9.73 平方千米，主要功能为出口加工、保税物流、仓储运输。配套区的政策比照珠澳跨境工业区珠海园区的税收、外汇等相关政策、功能定位和管理模式执行。中心不属于海关特殊监管区域，其中方配套区才是。

2017 年底全国海关特殊监管区域实现进出口共计 6859.96 亿美元，占同期我国外贸进出口总值的 16.7%。2018 年 1～9 月，我国海关特殊监管区域外贸进出口 5641.45 亿美元，同比增长 17.4%，占同期我国外贸进出口总额（18266.45 亿美元）的 30.9%。

# 中国海关特殊监管区域的功能政策

## 一、海关特殊监管区域的主要功能

前面我们按照历史发展进程，分别介绍了目前我国六类海关特殊监管区域产生的历史背景和其设立的目的。简要介绍了各类海关特殊监管区域的功能（各类型略有区别）。

海关特殊监管区域的功能涵盖加工制造、国际贸易、物流分拨、保税仓储、检测维修、研发设计、商品展示等。但由于海关特殊监管区域设立之初的定位及产业发展水平的缘故，多数海关特殊监管区域的功能主要集中在加工制造及与之相关的进出口贸易和仓储物流等，其他功能发挥不足。

## 二、海关特殊监管区域的基本政策

海关特殊监管区域的政策主要包括对外经济贸易政策、税收政策和海关监管政策等。

### （一）对外经济贸易政策

#### 1. 海关特殊监管区域的加工贸易政策

各类海关特殊监管区域内开展加工贸易的范围是企业的生产经营活动应当符合国家产业发展要求，不得开展高耗能、高污染和资源性产品及列入《加工贸易禁止类商品目录》商品的加工贸易业务。此政策与区外加工贸易政策相比，差别不大，但在禁止类开展的加工贸易规定上，在加工贸易禁止类商品目录发布前已在海关特殊监管区域内开展的生产业务，即使禁止类商品目录发生变化（即原来允许后来调整变为不允许开展的）后，仍可以继续在海关特殊监管区域内开展。

#### 2. 海关特殊监管区域的贸易管制政策

海关特殊监管区域监管的基本理念是“一线放开、二线管住”。因此，海关特殊监管区域在一线（也就是货物从境外进出海关特殊监管区域）的贸易管制相较与海关特殊监管区域外的一线是比较宽松的，这是海关特殊监管区域“一线放开”的一个重要体现。除了禁止进出口货物外，基本从境外经一线进入海关特殊监管区域的货物在许可证和配额管理方面都是放开的。按照现有规定，除了法律、行政法规和规章另有规定外，海关特殊监管区域与境外之间进出的货物，都不实行进出口配额、许可证件管理。但货物在“二线”即货物在区内与境内区外之间的进出（也叫进出区）则实行配额、许可证管理，这也是“二线管住”的要求和体现。

**（二）海关特殊监管区域的税收政策**

海关特殊监管区域的税收政策大致可以概括为“保税、免税、入区退税”和“出区征税”。

**1. 保税政策**

从境外经过“一线”进入海关特殊监管区域的进口货物实施保税政策，即此类货物暂缓缴纳进口环节税。这是海关特殊监管区域最基本的税收政策。具体包括：

（1）海关特殊监管区域内的企业为加工出口产品所需从境外采购的、进入区内的原材料、零部件、元器件、包装物料及消耗性材料，予以保税。

（2）转口货物和在区内储存的货物，按照保税货物管理。保税货物在海关特殊监管区域内存储，没有期限限制。

**2. 免税政策**

海关特殊监管区域的免税政策主要包括：

（1）免征进口关税和进口环节增值税、消费税。

根据现有法律法规的规定，从境外进入海关特殊监管区域内的以下货物，除法律、行政法规另有规定外，免征其进口关税和进口环节税收。

①海关特殊监管区域内生产性的基础设施建设项目所需的机器、设备和建设生产厂房、仓储设施所需的基建物资；

②海关特殊监管区域内企业生产所需的机器、设备、模具及其维修用零配件；

③海关特殊监管区域内企业和行政管理机构自用合理数量的办公用品。

但是，对从境外进入供海关特殊监管区域内企业和行政管理机构自用的交通运输工具、生活消费用品，以及确定的20种不予免税的进口商品，海关仍然按照有关规定征收进口关税和进口环节税。

（2）免征部分国内税收。

根据规定，对海关特殊监管区域内企业的下列国内税收政策予以免征。

①海关特殊监管区域内加工企业生产的产品，不征收国内环节增值税、消费税。

②海关特殊监管区域内企业之间的货物交易，不征收国内环节增值税、消费税。

③海关特殊监管区域内企业与其他海关特殊监管区域、保税监管场所之间企业的货物交易、流转，不征收国内环节增值税和消费税。

**3. 入区退税政策**

六类海关特殊监管区域中，除保税区实行离境退税，其他的出口加工区、保税物流园区、保税港区、综合保税区、跨境工业区等海关特殊监管区域实行出口退（免）税的政策。

（1）从境内区外进入海关特殊监管区域内供区内企业使用的国产机器、设备、原材料、零部件、元器件、包装物料，和建造基础设施及加工企业和行政管理部门生产、办公用房所需合理数量的基建物资等，可以按规定办理出口退（免）税手续。

（2）海关特殊监管区域内企业耗用的水、电、气，可以按规定办理出口退（免）税手续。

（3）对于保税物流园区、保税港区、综合保税区和跨境工业区，在区内使用的机器、设备、模具和办公用品等海关监管货物，运往区外进行检测、维修，对在区外更换的国产零件、配件或者附件，可以办理出口退（免）税。

但是，从境内区外进入出口加工区的原进口机器、设备、原材料、零部件、元器件、包装物料、基建物资等，不予办理出口退（免）税。其原已缴纳的进口关税、进口环节增值税和消费税，也不予退还。从境内区外进入海关特殊监管区域内的供区内企业和行政管理机构使用的生活消费用品、交通运输工具等，也不予办理出口退（免）税。

**4. 出区征税政策**

海关特殊监管区域内的货物进入国内市场则视同进口，要照章征收关税和进口增值税、消费税，涉及进口许可证件和进口配额的，还要申领许可证件和进口配额。这是因为国家赋予海关特殊监管区域这些优惠政策的目的是发展出口加工和对外贸易，一旦货物进入国内市场，为公平竞争起见，就必须征税和管理。这是海关特殊监管区域“二线管住”的一个主要表现。

## 三、海关特殊监管区域的监管政策

海关监管政策的实质是为了贯彻落实国家的税收和贸易政策而制定的操作性监管规则。在海关特殊监管区域的监管上，海关监管政策包括通关管理、保税监管、稽查管理，涵盖了海关业务制度的三个主要方面。

### （一）通关管理制度

海关通关管理主要解决货物如何进出境（区）的问题。海关通关管理制度也不断在改革简化。就目前而言，海关特殊监管区域通关管理体现在以下三个方面。

**1. “一线”管理**

在“一线”管理上，各类海关特殊监管区域都规定实行备案制，以体现“一线放开”。备案制是参照报关制的办法制定的，在整个程序上与报关基本一致。

2. “二线”管理

在“二线”管理上，进出海关特殊监管区域的货物实行报关制度。从区外进入海关特殊监管区域的货物视同出口，办理出口报关手续。反之，视同进口，并办理内销征税手续。区内、区外企业需要分别申报备案清单和报关单。为了简化“二线”货物的报关手续，海关建立了“分批送货、集中报关”制度，每月集中申报一次，有利于降低企业成本，提高效率。

3. 区间流转管理

海关特殊监管区域间货物流转即海关特殊监管区域之间货物的流转也是属于“二线”管理的范畴。长期以来，海关特殊监管区域间货物流转一直采取转关方式操作。但从 2014 年开始，海关总署开发了区间货物流转系统，取消了转关方式，实现了企业自行运输，大大降低了企业物流成本。

（二）保税监管制度

海关特殊监管区域实行封闭式围网和卡口管理制度。采用信息化平台、物联网技术、视频监控和事中事后管理等手段对海关特殊监管区域内企业实现高效运作和有效监管。具体有以下特点。

一是建立以账册为主线，符合企业生产管理实际的“进、出、转、存、销”的管理体系。对区内企业实施全面联网监管，以企业为单元设立保税底账，依托海关特殊区域信息化管理平台，实现对保税料件备案、物流、查验、核销等各业务环节的统一操作和高效管理。

二是应用物联网技术，实现对保税货物智能验放和监管到位。通过在区域卡口配备相应软硬件，以 IC 卡、电子车牌（RFID）、车辆条形码（二维码）等物联网技术为基础，完成对运输工具的智能识别，实现智能化卡口控制、自动验放。同时，利用与企业 ERP 系统、WMS 系统进行对接，实时接收保税货物库存、库位变化信息，实现严密监管。

三是对资信良好、信息透明、符合海关监管要求的区内企业，逐步探索建立更为宽松的监管方式。海关对海关特殊监管区域内企业一直采取有别于区外、更为宽松的监管方式实施监管（如，区内企业不实行单耗标准管理等）。随着海关全面深化改革的逐步推进，对特殊区域管理也正在落实减政放权、优化服务，强化事中事后管理等监管创新要求。

（三）稽查管理制度

海关于 1994 年开始对进出口经营企业实施稽查制度。在规定期限内，对被稽查人的会计账簿、会计凭证、报关单证及其他有关资料、单证等有关资料和有关进出口货物进行核查，监督被稽查人进出口活动的真实性和合法性。现行海关稽查制度包括企业管理分类、风险管理和稽查管理制度。各类海关特殊监管区域的海关管理办法都规定实行海关稽查制度。与海关特殊监管区域外相比，海关特殊监管区域的稽查管理模式基本一致。

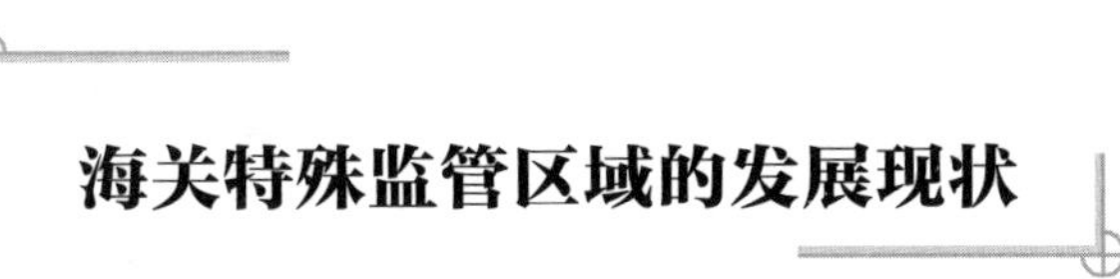

## 海关特殊监管区域的发展现状

海关特殊监管区域设立近 30 年来已成为中国吸引外商投资、承接国际产业转移、推进加工贸易转型升级、扩大对外贸易的重要载体，初步实现加工贸易向区域集聚，并辐射带动周边地区配套产业升级，引导中国加工制造业的整体提升，取得了突出成效。截至 2017 年底，国务院批准的海关特殊监管区域总规划面积约 485 平方千米（其中已验收面积约 296 平方千米，已验收面积占比约为 61%），分布在除西藏、青海外的 29 个省、直辖市和自治区，基本形成与中国对外开放格局和开放型经济发展需要格局相适应的布局。

### 一、近年来海关特殊监管区域的发展特点

海关特殊监管区域发展总体呈现稳步上扬态势。海关特殊监管区域的进出口值从 2000 年的 161.18 亿美元增长至 2017 年的 6859.97 亿美元，增长了约 42 倍，同期外贸增长约 8.7 倍；海关特殊监管区域占我国外贸的比重从 2000 年的 6.47%，增长至 2017 年的 16.71%。

近五年来，海关特殊监管区域发展态势与我国外向型经济发展水平一致。进出口总值占全国外贸总值的比重基本稳定，经济向好的年份海关特殊监管区域增速明显高于全国外贸增幅。如表 2-1、图 2-1 所示。

**表 2-1 全国外贸、区域及区外进出口总值同期增速对比（%）**

| 类别 | 2013 年 | 2014 年 | 2015 年 | 2016 年 | 2017 年 |
|---|---|---|---|---|---|
| 全国增速 | 7.50 | 3.40 | -8.00 | -6.80 | 11.40 |
| 区域增速 | 14.92 | -0.39 | -8.00 | -8.21 | 16.96 |
| 区外增速 | 0.01 | 1.38 | -10.76 | -12.03 | 3.40 |
| 区域占同期全国外贸比重 | 16.77 | 16.15 | 16.16 | 15.91 | 16.71 |

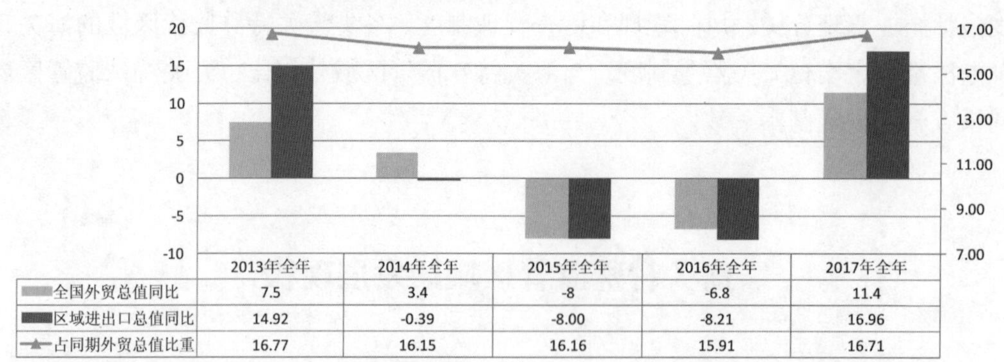


**图 2-1　区域进出口总值与全国外贸进出口总值对比图（%）**

2017 年，海关特殊监管区域经济运行质量稳步提升。特别是下半年以来，海关特殊监管区域进出口总值增速明显高于全国外贸数据，远超区外加工贸易增速。如表 2-2、图 2-2 所示。

**表 2-2　2017 年全国外贸、区域及区外进出口月度总值同期增速对比图（%）**

| 月份 | 1 月 | 2 月 | 3 月 | 4 月 | 5 月 | 6 月 | 7 月 | 8 月 | 9 月 | 10 月 | 11 月 | 12 月 |
|---|---|---|---|---|---|---|---|---|---|---|---|---|
| 全国增速 | 10. 70 | 15. 40 | 17. 60 | 8. 60 | 10. 30 | 13. 20 | 8. 40 | 8. 50 | 12. 70 | 10. 80 | 14. 20 | 8. 00 |
| 区域增速 | 11. 40 | 23. 70 | −2. 29 | 2. 23 | 7. 30 | 9. 00 | 13. 69 | 15. 60 | 23. 21 | 21. 25 | 27. 46 | 21. 56 |
| 区外增速 | −0. 68 | 8. 94 | 12. 34 | 0. 51 | 5. 65 | 9. 52 | 1. 85 | 1. 22 | 2. 71 | −1. 07 | 2. 33 | 0. 20 |

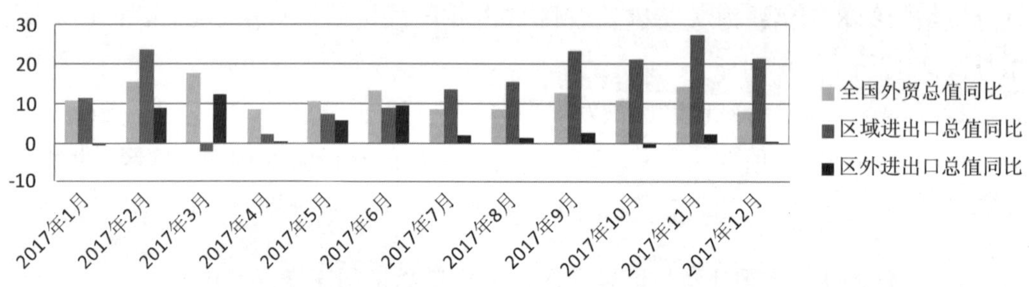


**图 2-2　全国外贸、区域及区个加工贸易增速对比图（%）**

2017 年海关特殊监管区域发展呈现出以下特点。

一是业务结构更趋合理。海关特殊监管区域所有贸易方式中，保税物流货物同比保持 20%以上的增长，保税物流超过传统保税加工业务成为支撑海关特殊监管区域进出口增长的绝对主力。

二是贸易伙伴更趋多元化。美欧日韩及中国台湾地区依然是海关特殊监管区域进出口的主要贸易伙伴。海关特殊监管区域进出口前十位的国别地区中，上述地区进出口的货值占到六成，但东盟、非洲等新兴市场国家亦成为新的增长点。

三是外贸主体结构更趋稳固。私营企业所占比重提升，对外资企业依赖度减轻。2017 年，海关特殊监管区域中的私营企业实现进出口值 1619. 40 亿美元，同比增长 20. 3%，成为海关特殊监管区域中的第二大贸易主体。

四是产品结构更趋优化。受政策及税率影响，2017 年海关特殊监管区域进出口商品依然以机电产品为主，总值为 4542. 11 亿美元，占比为 66. 2%，较 2013 年的 74. 6%有所下降。

五是新兴贸易业态进一步发展。融资租赁、跨境电子商务发展均有新亮点。2017 年海关特殊监管区域跨境电子商务网购保税进口实现商品总值 422. 7 亿元，同比增长 64. 9%，占同期跨境电子商务进口总值的 74. 7%，带动全国 56 个海关特殊监管区域，扩大贸易规模 66. 5 亿美元。2017 年，全国海关特殊监管区域保税租赁进口飞机、飞机发动机、飞行训练模拟器等共 200. 9 亿美元。天津东疆保税港区成为仅次于爱尔兰的全球第二大飞机租赁聚集地。2017 年，从国外租赁公司进口仅 26 架，从天津东疆保税港区国内租赁公司保税租赁引进 302 架，占比达到 92. 1%，扭转了过去 100%都从国外租赁公司进口的局面。

## 二、海关特殊监管区域的成效和作用

### （一）形成了较大规模的经济总量

2017 年全年海关特殊监管区域实现外贸进出口总额 46393. 12 亿元，同比增长 19. 73%，占同期我国外贸进出口总额的 16. 7%。

### （二）土地集约利用程度较高

以 2017 年为例，海关特殊监管区域每平方千米实现进出口值约 22. 6 亿美元。原国土资源部每年发布《开发区土地集约利用评价情况通报》，根据通报情况，在全国各类开发区中，海关特殊监管区域总体用地效益连续多年位居前列。2016 年通报显示，海关特殊监管区域工业用地率、工业用地建筑系数分别为 66. 04% 和 52. 47%，为全国开发区最高，工业用地地均收入达 29039. 46 万元/公顷，分别是经济技术开发区、高新技术开发区的 3. 0 倍、1. 8 倍。2017 年通报显示，海关特殊监管区域的工业用地率、工业用地建筑系数依然最高，分别为 64. 8%和 52. 6%。海关特殊监管区域的用地收益提升幅度最大，工业用地地均税收 743. 2 万元/公顷，比 2016 年增加 50. 9%。

**（三）海关特殊监管区域产业承接与带动能力突出，有力推动了加工贸易转型升级和产业结构调整**

海关特殊监管区域集中了全国大部分出口型电子信息产业。在江苏的昆山综合保税区，周边形成了千余家加工贸易企业的产业群。在江苏的无锡综合保税区，海力士等企业将资金结算、物流等地区总部逐步迁入，总部经济特征逐步显现。在上海的几家海关特殊监管区域，聚集了约5000多家企业，其中，世界五百强企业100多家。此外，海关特殊监管区域成为中西部地区以开放促发展的重要平台，是现阶段我国短时间内有效承接产业和劳动力大规模转移的重要载体。重庆、成都和郑州综合保税区设立后，当年新增进出口值约560亿美元，直接就业近90万人，优化了当地产业结构，也有效带动了周边配套产业及相关服务业的快速发展。

海关特殊监管区域在承接国际产业转移、推进加工贸易转型升级、扩大对外贸易和促进就业等方面发挥了积极作用，但发展中也存在种类过多、功能单一、重申请设立、轻建设发展等问题。对此，2012年国务院下发了《国务院关于促进海关特殊监管区域科学发展的指导意见》（国发〔2012〕58号），提出“稳步推进、整合优化”。此后，十八届三中全会提出“加快海关特殊监管区域整合优化”。国务院审核同意，下发了《国务院办公厅关于印发加快海关特殊监管区域整合优化方案的通知》（国办发〔2015〕66号）。其中，明确了海关特殊监管区域整合优化工作的四项整合工作和四项优化工作的要求。

**1. 四项整合**

（1）整合类型——逐步将现有出口加工区、保税物流园区、跨境工业区、保税港区及符合条件的保税区整合为综合保税区。新设立的特殊区域统一命名为综合保税区。

（2）整合功能——逐步整合海关特殊监管区域保税功能，使其具有服务外向型经济发展和改革开放，连接国际国内两个市场、支持企业创新发展、满足产业多元化需求、发挥集约用地和要素集聚辐射带动作用等基本功能。

（3）整合政策——规范、完善特殊区域税收政策，促进区内企业参与国际市场竞争，同时为其参与国内市场竞争创造公平的政策环境。

（4）整合管理——逐步统一特殊区域信息化管理系统，统一监管模式。整合管理资源，加快完善管理部门间的合作机制，实现相关管理部门信息互换、监管互认、执法互助（以下简称“三互”），加强事中事后监管。简化整合、新设海关特殊监管区域的审核和验收程序，提高行政效率。

**2. 四项优化**

（1）优化产业结构——鼓励辐射带动能力强的大型项目入区发展。引导加工贸易向中西部和东北地区转移，鼓励加工贸易企业向与当地产业结构相配套的特殊区域集中，延伸产业链，充分发挥海关特殊监管区域辐射带动作用。推动区内制造企业实现技术创新和产业转型，促进与制造业相关联的销售、结算、物流、检测、维修和研发等生产性服务业有序发展。在自由贸易试验区内的海关特殊监管区域积极推进内销选择性征收关税政策先行先试。

（2）优化业务形态——促进海关特殊监管区域发展保税加工、保税物流和保税服务等多元化业务。支持区内企业利用剩余产能承接境内区外委托加工。促进企业提高统筹两个市场、利用两种资源能力，助推企业提升创新能力和核心竞争力。在中国（上海）自由贸易试验区、中国（福建）自由贸易试验区的特殊区域统筹研究推进货物状态分类监管试点。继续推进苏州、重庆贸易多元化试点。

（3）优化贸易方式——鼓励区内企业开展高技术含量、高附加值项目的境内外维修、再制造业务。支持企业运用跨境电子商务开拓国际市场，按照公平竞争原则开展跨境电子商务进口业务。支持特殊区域企业开展期货保税交割和仓单质押融资等业务，允许在特殊区域内设立保税展示交易平台。支持开展融资租赁业务，对注册在中国（广东）自由贸易试验区、中国（天津）自由贸易试验区海关特殊监管区域内的融资租赁企业进出口飞机、船舶和海洋工程结构物等大型设备涉及跨关区的，在执行现行相关税收政策前提下，根据物流实际需要，实行海关异地委托监管。

（4）优化监管服务——创新通关监管服务模式，深化“一线放开”“二线安全高效管住”贸易便利化改革。落实“三互”推进大通关建设，创新监管查验机制。优化保税货物流转管理系统，实现特殊区域间保税货物流转便利化。加强口岸与海关特殊监管区域及海关特殊监管区域间联动发展，将特殊区域纳入通关一体化格局。加快推广中国（上海）自由贸易试验区“单一窗口”建设试点经验。加快复制推广自由贸易试验区及特殊区域试点成熟的创新制度措施。

总的来说，我国的海关特殊监管区域发挥了参与全球经济分工桥头堡的作用，成为承接跨国公司产业转移、吸纳外资的重要载体；发挥了促进产业升级先导区的作用，辐射带动了周边的配套发展和产业升级。海关特殊监管区域内一个大企业带来一大群企业，促进了产业的集聚和集中，葡萄效应明显；发挥了区域协调发展助推器的作用，以小杠杆撬动大效益，推动郑州、重庆、成都、西安等中西部地区开放型经济异军突起；发挥了制度创新试验田的作用，通过引进国外先进技术和管理，自主创新实践，对其他地区产生溢出效应，很多改革创新都是以海关特殊监管区域为试验田，由苗木变苗圃，由苗圃变森林。

2010 年，英国《金融时报》对全球自由贸易园区排名，上海外高桥保税区荣膺第一。2011 年 11 月 11 日，世界自由贸易园区大会在上海召开，世界自由贸易园区协会主席马瑟表示：“中国海关特殊监管区域的发展对世界自由贸易园区起到了积极的示范作用。”

## 三、海关特殊监管区域面临的主要问题

### （一）区域规划需进一步统筹

一是海关特殊监管区域作为产业环境配套、拉动地方经济增长的一种区域形态，各个地方政府都十分重视，为防止在外向型经济大潮中落后，各地方展开了较为白热化的竞争，同质化的竞争现象也日益突出。在业务类型上，各地方竞相复制开展进口商品展销、电子商务等业务模式，此类发展的结果是导致投入与产出不成正比，造成财力、物力的浪费。二是部分地方政府对辖区内的海关特殊监管区域没有明晰的发展定位，一定程度上缺乏鲜明的区域特色和行业特点，这种情况必然会使得辖区内的海关特殊监管区域在区域功能划分、招商引资和产业配套等方面与周边海关特殊监管区域相比较，存在重复布局和竞争，产生严重的产业同构和同质竞争，一定程度上造成部分海关特殊监管区域的闲置和浪费，导致部分海关特殊监管区域出现了招商引资难等情况。从大面上看，有的地方政府已经产生还要不要海关特殊监管区域发展及如何发展等疑虑。以上各种主客观因素共同导致各地海关特殊监管区域发展不平衡。从 2017 年海关特殊监管区域进出口情况来看，年进出口值超过 100 亿美元的海关特殊监管区域有 18 个，低于 1 亿美元的有 19 个，两级分化、发展差距较大。

### （二）我国海关特殊监管区域的立法尚不健全

海关特殊监管区域作为国家级特殊区域，在法律层面并未规定其地位，《中华人民共和国海关法》也并没有对其性质和地位进行规定，只是明确了可设立海关特殊监管区域而已。除海关总署的一些规章上提到了海关特殊监管区域的部分性质，没有其他更高层级的法律法规对相关概念和事务进行明确，目前，海关特殊监管区域相关规定的立法层级较低。同时，海关总署对海关特殊监管区的规定文件也比较分散，同一事务往往被分成一个个独立的小规定，六类海关特殊监管区域基本是六个规定，但相关内容上又多有雷同，导致规章众多，一定程度使人不易明了这些海关特殊监管区域的相同和区别在哪儿。目前尚没有一个层次高的、完整的和系统的法典明确海关特殊监管区域的本质特征和特殊地位。

### （三）海关特殊监管区域对接国际国内两个市场仍需磨合

从 20 世纪 90 年代起，为适应不同时期外向型经济发展需要，我国先后设立了保税区、出口加工区等海关特殊监管区域。但随着国际国内经济形势的变

化，外向型经济不再是促进我国经济发展的单一模式，海关特殊监管区域也不再是发展外向型经济的唯一阵地，因此，海关特殊监管区域亟待发挥统筹国际国内两个市场、两种资源的作用。随着我国对外开放不断扩大，我国成为世界第一大出口国和第二大进口国，无论国际市场还是国内市场都与设立海关特殊监管区域之初相比发生了巨大变化。因此，加工贸易“两头在外”的模式已不适应新的形势发展要求。海关特殊监管区域过去主要面向国际市场的出口导向型政策、制度设计，给区内企业对接国内市场造成一定困难，需要进一步明确和丰富新时期海关特殊监管区域新的发展定位，在其政策要求上作出使企业能同时面向国际国内两个市场发展的调整。

比如除保税区外，其余海关特殊监管区域不具备企业增值税一般纳税人资格。由于综合保税区内的加工制造企业没有资格开具增值税发票，只能开具外销发票报关出口货物，这就对区外客户有了资质上的要求，即区外客户必须是在海关注册登记过的有进出口资质的企业，这样其才能进口报关。据调查，正是由于上述几个产品内销上的困难，我国已经有多个综合保税区的内销数量比较大的企业，在与原企业相距不远但位于综合保税区外的普通区域又重新设立了工厂，主要从事内销产品的生产销售。甚至有企业，其新设立的区外内销工厂与原综合保税区内的工厂仅隔着综合保税区围网。说到底，这些重复设厂的企业虽然有重复投资、资源浪费之嫌，但也都是碍于综合保税区的规定，企业为了开拓国内市场不得已而为之的行为。

### （四）海关特殊监管区域内新兴业态发展有待进一步支持

一是海关特殊监管区域内新兴业态支持措施仍需细化。虽然国务院关于促进海关特殊监管区域科学发展的相关文件要求中都提出了支持和鼓励在海关特殊监管区域内开展研发、维修等保税服务业务，但并未明确给予相应的政策扶持。从《海关法》来讲，只有符合加工贸易基本定义的货物进口才能予以保税，制约了相关业务的发展。二是海关特殊监管区域政策仍需各部门协作配合。海关特殊监管区域改革涉及多个部门，各部门从自身职责立场出发，对改革措施往往持不同意见、难以推进。各种主、客观原因也造成了目前海关特殊监管区域法规滞后于其改革创新的现状。

### （五）海关特殊监管区域的监管制度需进一步创新

与区外加工贸易、保税场所监管相比，海关特殊监管区域具有围网和卡口，管理强度高于区外。随着近年来一系列改革的实施，海关特殊监管区域原有的政策优势在减弱，传统监管方式的惯性仍在持续，对海关特殊监管区域的管理实际上仍是一线、二线、区内三重管理，导致在贸易便利化方面出现了“区内外倒挂”现象。

如对一线货物仍然实行备案管理，管制较为严格。目前海关对企业的分类管理仅简单体现在布控、查验等方面，而对于账册管理、巡查管理等方面则一视同仁等等，导致企业积极性、主动性无法发挥，企业主体责任体现不充分。地方政府和企业对海关特殊监管区域优化监管模式，提高海关特殊监管区域贸易便利化水平期望较高。

## 自由贸易试验区与海关特殊监管区域的区别

前面，我们分别介绍了我国自由贸易试验区发展的背景、历程和现状，也对海关特殊监管区域的发展、情况做了简要介绍。从以上介绍中，我们可以看到，海关特殊监管区域是具有中国特色的自由贸易园区（FTZ）。前面提到的自由贸易园区（FTZ）和自由贸易试验区（FPTZ）之间的区别也是我国海关特殊监管区域与自由贸易试验区之间的区别。

我国 2013 年决定在上海外高桥保税区等四个海关特殊监管区域范围内试点自由贸易试验区，就是充分利用了海关特殊监管区域“自由区”的基本属性。中国自由贸易试验区与海关特殊监管区域之间存在四个方面共同点：一是自由贸易试验区和海关特殊监管区域均是我国历史发展、改革开放的需要。两者均是顺应我国改革开放的历史进程而产生的。二是两者均是我国对标国际，并结合我国社会发展特色设计的功能区，即具有中国特色的、带有国际贸易通行规则特定的特定发展区域。三是发展核心性相同。两者的建设和发展核心离不开便利化、开放性和对标性。四是服务对象类似。两者均对标国际，对国际贸易便利化做了探索，服务于国际贸易发展。

但它们两者也有不同。前面我们提到，已明确具体规划的 12 个自由贸易试验区规划范围内均涵盖了部分海关特殊监管区域。国务院也明确表示，自由贸易试验区不是政策洼地。故而，税收政策方面，自由贸易试验区内的海关特殊监管区域实施范围内的税收政策适用范围与非自由贸易试验区的海关特殊监管区域保持一致，没有变化和特别。因此，自由贸易试验区的税收政策与非自由贸易试验区区域税收政策一致，自由贸易试验区内的海关特殊监管区域税收政策也没有扩大、溢出。业态功能方面，国务院已经明确的各自由贸易试验区总体方案中，按海关监管方式划分，自由贸易试验区内的海关特殊监管区域重点探索以贸易便利化为主要内容的制度创新，开展国际贸易、保税加工和保税物流等业务；非海关特殊监管区域重点探索金融制度创新、推动金融改革、服务业扩大开放、积极发展现代服务业和高端制造业，投资体制改革促进投资便利化等。自由贸易试验区较之海关特殊监管区域，在业态功能方面，更为广泛，分区域侧重发展，不仅涵盖海关特殊监管区域对于国际贸易、加工、物流的探索，还涵盖了非海关特殊监管区域的金融、服务业、投融资方面的改革创新。

## 一、自由贸易试验区与海关特殊监管区域的功能定位

从上述海关特殊监管区域发展简要历史和各项海关特殊监管区域功能介绍中，我们可以看出，尽管我国海关特殊监管区域类型多样，但其功能均是围绕国际货物贸易开展。主要开展货物贸易，同时配套发展与生产相关的服务性产业，也就是生产性服务业。简而言之，海关特殊监管区域的功能定位在于围绕货物贸易，开展与货物贸易相关的生产、加工、物流、检测、维修、研发、仓储等。

而自由贸易试验区功能在海关特殊监管区域功能基础上，重点拓展了金融、投融资等金融领域的功能。

## 二、自由贸易试验区与海关特殊监管区域的管理体制

### （一）从管理体制而言，申报和批复主体相同

自由贸易试验区和海关特殊监管区域均由国务院批复同意后设立。其申报的主体均是各省、自治区、直辖市，其事权在国务院。国务院各组成部门、直属机构对各省、自治区、直辖市上报的规划和建设需求方案进行研究，形成统一意见后，由国务院按照整体战略部署和发展规划，统一布局。

### （二）具体建设实施和运营发展主体相同

自由贸易试验区和海关特殊监管区域建设实施、运营发展的主体均是各地方政府，发展的好坏关键在地方政府。就目前情况来看，各自由贸易试验区具体建设、运营主体是各自由贸易试验区管委会（属省、自治区、直辖市人民政府派驻机构），海关特殊监管区域的具体建设、运营主体为各海关特殊监管区域管委会。

### （三）监管部门相同

自由贸易试验区和海关特殊监管区域均是各政府监管部门按照职责分工，在职责范围内管理相关事务。其中，海关特殊监管区域（包括自由贸易试验区范围内的海关特殊监管区域）因其货物国际贸易的属性，更突出了海关的监管。

## 三、自由贸易试验区与海关特殊监管区域的海关监管

自由贸易试验区和海关特殊监管区域的海关监管而言，各自由贸易试验区总体

方案明确，对自由贸易试验区内的海关特殊监管区域，实行“一线放开”“二线安全高效管住”的通关监管服务模式，推动海关特殊监管区域整合优化。这点与现有的海关特殊监管区域（尤其是非自由贸易试验区范围内的海关特殊监管区域）相同。海关监管在海关特殊监管区域上均是分线管理，实施前述的保税、免税、退税等政策。近些年，海关监管改革一直在进行。不断地结合社会、企业的发展需求，按照便利化的原则，根据国务院各项减证便民、减政放权等要求，简化手续，推进海关改革，提高清关手续便利性和通关效率。海关特殊监管区域的海关监管也在此基础上顺势改革。

同时，我们也清楚地看到，海关特殊监管区域作为自由贸易试验区发展的起点，自由贸易试验区的各项海关监管创新制度也基本从海关特殊监管区域开始酝酿，开启试点。可以说，海关特殊监管区域是自由贸易试验区货物贸易相关的监管改革的试验田。自由贸易试验区的海关监管创新制度往往从围网管理的特殊监管区域部分起步，经过一段时间试点后从自由贸易试验区的海关特殊监管区域辐射全国的海关特殊监管区域，进而又辐射惠及到全国范围。其中，包括期货保税交割、保税展示交易等。

## 四、自由贸易试验区与海关特殊监管区域的企业权利

自由贸易试验区中的企业权利包括了公司法、民法中规定的一切企业权利。同时，自由贸易试验区中的企业优先享受国家在投融资等方面的优惠。例如，我们在前面提到，外商在自由贸易试验区内投资准入前国民待遇，投资实施负面清单管理，中国（上海）自由贸易试验区中的企业可设立自由贸易账户（FT 账户）等。简而言之，自由贸易试验区内的企业可以优先享受国家在自由贸易试验区中开展的金融、外汇等方面的改革优惠。包括利率市场化、汇率自由汇兑、金融业对外开放、金融产品创新、离岸金融业务等方面的各项创新。其中，自由贸易试验区内海关特殊监管区域内的企业也一并可以享受。

而非自由贸易试验区内的海关特殊监管区域企业也同样享有公司法、民法中规定的一切企业权利。同时，有别于海关特殊监管区域外的企业，海关特殊监管区域内的企业享受开展特定业务时的特别税收政策。例如，从国外进口货物进入海关特殊监管区域时，可以享受保税，货物在海关特殊监管区域中自由流动，区内货物交易时企业享受减免增值税等优惠。与自由贸易试验区内的企业相比，其在金融领域的业务活动享受的优惠没有那么多。例如，前述中国（上海）自由贸易试验区内的企业设立 FT 账户，在部分限定行业，可以人民币支付，有低成本融资的机会等。但目前海关特殊监管区域内的企业还不能设立相关账户，享受相关的金融改革开放

试点优惠。

## 五、我国自由贸易试验区的发展对海关特殊监管区域的影响

自由贸易试验区的战略定位要高于海关特殊监管区域，其目的是为了加快推动政府职能和行政体制的创新改革，培育有利于中国面向全球的竞争优势。其给现有分布在全国各地的海关特殊监管区域带来了诸多影响，尤其是在促进其积极顺应全球经济发展新趋势、加快转型升级的步伐上带来了很大程度的倒逼，主要表现在以下几方面。

### （一）服务贸易创新的倒逼

长期以来，我国海关特殊监管区域过分依赖保税物流、保税加工及国际市场对地方经济发展的拉动作用，忽视了服务贸易的发展，限制了海关特殊监管区域的进一步发展。而强化服务贸易功能集成是自由贸易试验区的一项重要任务和措施，相对于海关特殊监管区域的国际贸易、国际采购、仓储物流等传统业务模式，自由贸易试验区获得了更多开展新兴贸易业务业态的鼓励和支持，尤其在服务贸易方面，鼓励跨国公司在自由贸易试验区内设立研发中心、销售中心、物流中心、结算中心和营运中心，设立国际大宗商品交易和资源配置平台，支持完善现货保税交割、仓单质押融资等业务，鼓励融资租赁业创新发展，积极发展跨境电子商务和保税展示交易平台，支持开展汽车平行进口保税仓储试点。以上业态的开展，均为海关特殊监管区域提供了新的内生动力，倒逼着海关特殊监管区域相关监管模式的改革与创新。

### （二）投资开放创新的倒逼

为借鉴国际通行惯例，对接国际投资新规则，自由贸易试验区的创新举措中最突出的内容之一是投资自由化。其改革措施实现了更大程度的对外扩大开放，开创了更为自由化、便利化的管理体制机制。具体内容主要包括三个方面：一是服务业扩大开放，自由贸易试验区选择了金融服务、航运服务、商贸服务、专业服务、文化服务及社会服务领域进行稳步扩大开放，降低了投资准入门槛。二是建立负面清单管理模式，对外商投资实行准入前国民待遇，并对负面清单之外的领域，按照内外资一致的原则，将外商投资项目由核准制改为备案制。三是构建对外投资服务促进体系，自由贸易试验区支持区内企业及个人开展各种形式的境外投资合作，鼓励中国企业“走出去”，将自由贸易试验区打造成为国内企业及资本走向世界的成本洼地和服务高地。自由贸易试验区基于更高层次全球经济战略视野的考虑，力主打造高度开放宽松的投资环境，而海关特殊监管区域作为一种对外资企业进行“圈养”的特殊经济区域，却由于目前有些功能的缺陷，甚至出现了不少企业更意愿到

区外经营发展的情况。

### （三）离岸功能创新的倒逼

自由贸易试验区出于将自身打造成为新型离岸型产业体系集聚区的目的，顺应全球自由港的先进做法和发展趋势，在离岸服务功能创新方面，推出了一系列的鼓励和支持政策，如重点围绕离岸贸易、融资结算等需求，鼓励发展离岸再保险、离岸杠杆融资、离岸担保、离岸出口押汇、离岸账户资金托管等新型离岸金融业务。同时，着眼于离岸业务体系的创新引导，支持发展国际融资租赁、国际船舶登记、国际维修检测、国际分拨配送、国际中转集拼、离岸服务外包（如研发外包、离岸数据服务）等国际离岸服务。海关特殊监管区域在离岸业务上，目前仅是在国内外转口贸易、国际转口贸易、离岸转口贸易和准离岸转口贸易等业务模式上有所开展，获得相对成熟和蓬勃发展的还是多集中于天津、上海、深圳等拥有港口的海关特殊监管区域，其他海关特殊监管区域在离岸功能拓展上还多是空白。又如在国际转口贸易方面，较目前国际上的自由贸易港，我国海关特殊监管区域的开放程度较低，对一线货物仍然实行备案管理，管制较为严格，“境内关外”原则落实有限，物流和转口贸易功能受地理位置和操作手续的影响，较国际通行标准仍有一定差距。

### （四）政府管理服务创新的倒逼

自由贸易试验区推进建设的初衷不是打造政策上的洼地，而是制度的创新。为打造规范透明高效便捷的政府管理体制，自由贸易试验区积极创新行政管理体制，提升行政管理效能。一方面明确职能边界，实行行政审批制度改革，政府管理由注重事前审批向注重事中事后监管转变，有效提升了企业经营效率。另一方面建立高效的行政管理模式，实行各类业务的“一口受理”。同时，实施集中统一的综合行政执法，提升了政府监管的效率。自由就是健全社会服务体系，将专业性、技术性或社会参与性较强的如资产评估、鉴定、咨询等职能交由专业服务机构承担，发挥专业化社会机构的力量。

而在政府管理模式上，自由贸易试验区的政府管理创新模式对海关特殊监管区域有着两方面的倒逼态势。一方面，多部门信息共享和协同管理的倒逼。海关特殊监管区域作为国家多个职能部门联合监管的特殊场所，在多年的磨合发展中，很多区域已经建立起联结多个部门窗口的一站式服务中心。另一方面管理理念的倒逼。如何促进海关特殊监管区域的“一线放开”“二线安全高效管住”，这是对现有管理理念的倒逼。我们讲监管并非越多越好、越严越好，关键是把握好“度”，监管应伴随改革而创新，做到开放有“底”，监管有“度”，越位的要放、错位的要正、缺位的要补，事中事后监管就属于补的领域。因此，在未来的改革中，应加强对市场主体“宽进”后的过程监督和后续管理，打造“放得开、管得住”的监管格局；加强社会信用体系、信息共享、综合执法、企业年报公示、经营异常名录、社会监督、反垄断、安全审查等基础监管制度建设，为全面推进政府职能转变积累经验，为高水平开放打下基础。

# 3

# 我国各自由贸易试验区现状及海关监管制度详解

# 中国（上海）自由贸易试验区

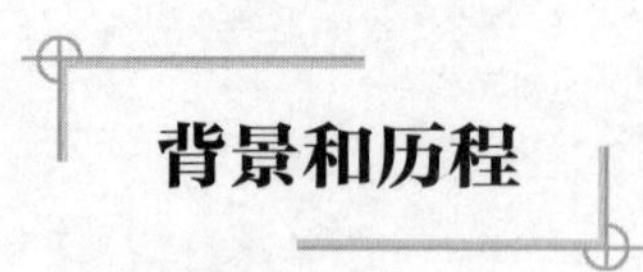

# 背景和历程

## 一、战略解读

上海自由贸易试验区设立之初沿用了海关特殊监管区域的空间范畴与监管政策，并非重新“圈地”，主要有两个方面考虑。首先，绕过重新设区“要地、要人、要机构、要政策”的诸多困难，也响应中央关于“海关特殊监管区域优化整合、转型升级”的要求。其次，经多年建设发展，海关特殊监管区域已初步建立了接轨国际的监管体系，在起步初期将创新试验控制在这块区域内，能够在最稳妥的前提下推进改革。

扩容后的自由贸易试验区已突破了“海关特殊监管区域”的“物理围网”限制，设在海关特殊监管区域以外的其他片区，在更广空间、更大领域推进改革。目前，各地自由贸易试验区都有“综合性试验”的任务，但立足不同区位优势，在建设目标和功能定位上各有差异。其中，上海自由贸易试验区改革创新实验领域最广、目标开放度最高。即，要全面探索形成与国际投资贸易通行规则相衔接的制度创新体系，力争建设成为开放度最高的投资贸易便利、货币兑换自由、监管高效便捷、法制环境规范的自由贸易园区。

## 二、概况

2013 年 9 月 29 日，中国首个自由贸易试验区——中国（上海）自由贸易试验区正式挂牌运作，总面积 28. 78 平方千米。由四块在地理上相互分割的海关特殊监管区域组成（上海外高桥保税区、外高桥保税物流园区、洋山保税港区和浦东机场综合保税区）。

经过一年多的改革试验，2015 年 4 月，我国在天津、广东和福建三个省又新设三个自由贸易试验区；上海自由贸易试验区也进一步扩容，总面积增加至 120. 72 平方千米。新增三个片区：陆家嘴金融片区是上海国际金融中心的核心区域、上海国际贸易中心的现代商贸集聚区；金桥片区是上海重要的先进制造业核心功能区，集聚了大量生产性服务业和新兴产业、生态工业。张江高科技片区是上海贯彻落实创新型国家战略的核心基地，是上海发展科技创新的中心和公共服务平台。

## 三、建立历程

我国从二十世纪九十年代初开始设立了各类海关特殊监管区域，从定位于“保税仓储、出口加工、国际贸易和商品展示”的保税区，到着力于专业发展“两头在外”出口加工业的出口加工区；从解决加工贸易深加工结转带来的国货复进口问题的“保税物流中心（B）型”到国内“政策最优、功能最全”的保税港区与综合保税区，均遵循着不断优化政策、扩展功能、提升效能、便利通关的方向，向着自由贸易试验区发展。2013 年 3 月，国家领导人提出了在上海外高桥保税区、外高桥保税物流园区、浦东机场综合保税区、洋山保税港区四个海关特殊监管区域基础上进行整合，对传统的海关特殊监管区域进行升级，试点建立自由贸易试验区。

## 四、监管新政介绍

### （一）背景意义

制度创新是中国（上海）自由贸易试验区建设的核心，自由贸易试验区改革通过先行先试，探索形成制度创新成果，率先形成了一批可复制、可推广的改革经验。

分析上海自由贸易试验区的制度创新，主要在以下四方面取得了突破：一是创新投资管理制度，实现了由正面清单管理和审批管理向负面清单管理和备案管理的转变，形成更加开放透明的投资管理体制；二是创新贸易监管制度，基本建立了以便利化和国际化为特征的贸易管理制度框架，推行“单一窗口”“分类监管”，监管水平和能力不断提升；三是创新金融制度，探索以资本项目可兑换和金融开放为目标的金融创新制度，服务实体经济；四是创新事中事后监管制度，综合监管执法基本制度框架初步形成，推动了政府职能从事前审批和主体监管向事中事后监管和功能监管的转变。

### （二）自由贸易试验区海关监管制度创新的现状

#### 1. 按照“一线放开、二线安全高效管住”的总体要求实施了监管模式的创新

自由贸易试验区成立以来，海关坚持问题导向、市场导向和企业需求导向，围绕“简政集约、通关便利、安全高效”的要求，对标国际规则，先后推出 23 项海关监管创新制度（如表 3-1 所示），初步建立起一套便利、高效、安全的海关监管制度体系。

**表 3-1　中国（上海）自由贸易试验区 23 项海关监管创新制度**

| 序号 | 制度名称 | 涉及类型 | 具体内容 | 效果展望 |
| --- | --- | --- | --- | --- |
| 1 | 先进区、后报关 | 通关便利 | 企业可以凭货物舱单信息先提货进区，再在规定时限内办理海关申报手续。 | 进境货物从到港至入库的时间平均缩短 2~3 天，企业物流成本平均下降 10%。 |

续表1

| 序号 | 制度名称 | 涉及类型 | 具体内容 | 效果展望 |
|---|---|---|---|---|
| 2 | 区内自行运输 | 通关便利 | 符合条件的区内企业可以不使用海关监管车辆，通过信息化系统数据比对，实行自行运输。 | 大幅节约企业物流成本和通关时间。据测算，每车时间平均缩短30分钟，企业一年节约物流成本约20万元。 |
| 3 | 加工贸易工单式核销 | 保税监管 | 取消加工企业单耗审核与备案，海关与企业自身ERP系统联网，以工单数据为基础进行核销。 | 企业库存差异认定时间从原来的1~2个月减少到1~2天，大幅减少企业保税核销业务量。 |
| 4 | 保税展示交易 | 功能拓展 | 区内企业在向海关提供足额税款担保（保证金或银行保函）后，可在区外或区内指定场所进行保税货物展示及交易。 | 帮助企业降低物流成本和终端售价，加决物流运作速度，促进和吸引境外消费回流。 |
| 5 | 境内外维修 | 功能拓展 | 允许区内企业开展高技术、高附加值、无污染的境内外维修业务，海关依托信息化管理系统实施管理。 | 推动加工制造向研发、检测、维修等高附加值两端延伸，促进加工贸易转型升级。 |
| 6 | 期货保税交割 | 功能扩展 | 允许区内企业在自由贸易试验区内以保税监管状态的货物为标的物，开展期货实物交割。 | 利用海关特殊监管区域保税制度，货物在完成进口报关前就可以进入交割环节开展交易，不必先行办理报关手续、缴纳进口关税和相关税费，支持我国期货市场发展和探索与国际接轨。 |
| 7 | 融资租赁 | 功能拓展 | 允许承租企业分期缴纳租金，对融资租赁货物按照海关审查确定的租金分期征收关税和进口环节增值税。 | 降低企业生产经营成本，促进我国融资租赁企业成长。 |
| 8 | 批次进出、集中申报 | 通关便利 | 将传统的“一票一报”改成“多票一报”，允许企业货物分批次进出区并在规定期限内集中办理海关报关手续。 | 大幅减少企业申报次数，提高物流速度，降低企业通关成本。 |

续表2

| 序号 | 制度名称 | 涉及类型 | 具体内容 | 效果展望 |
|---|---|---|---|---|
| 9 | 简化通关作业随附单证 | 通关便利 | 对一线进出境备案清单及二线不涉税的进出口报关单取消随附单证。必要时，再要求企业提供相关随附单证。 | 简化报关手续，加快通关速度，减少通关成本。 |
| 10 | 统一备案清单 | 通关便利 | 将自由贸易试验区海关特殊监管区域进出境备案清单格式统一简化为30项申报要素。 | 实现规范简捷申报，减轻企业负担，推进自由贸易试验区一体化运作。 |
| 11 | 内销选择性征税 | 税收征管 | 区内企业生产、加工并经海关特殊监管区域“二线”销往国内市场的货物，企业可选择根据其对应的进口料件或实际报验状态缴纳进口关税。 | 有利于企业扩大内销，促进企业充分利用国内外市场。 |
| 12 | 集中汇总征税 | 税收征管 | 在有效担保前提下，允许企业在规定的纳税周期内，对已放行货物向海关自主集中缴付税款。海关由实时审核转为集约化后续审核和税收稽核。 | 降低企业税负资金压力和纳税成本，简化税收征管手续，进一步提高通关效率。 |
| 13 | 仓储企业联网监管 | 保税监管 | 对经海关注册登记的自由贸易试验区内仓储企业实施“系统联网、库位管理、实时核注”，实现对货物进、出、转、存的实时管理和动态核查。 | 方便企业实现不同状态货物的同库仓储经营，提高物流运作效率，降低企业运营成本，适应企业内外贸一体化的需求。 |
| 14 | 智能化卡口验放管理 | 通关便利 | 升级改造海关特殊监管区域卡口设施，简少卡口操作，实现卡口自动比对、自动判别和自动验放。 | 货物过卡时间大幅缩短，提升通关效率和通车能力。 |
| 15 | 推进海关AEO互认 | 企业管理 | 实施中国内地海关和新加坡、韩国、中国香港、中国台湾、欧盟已经签署AEO互认的合作协议。 | 海关优先将自由贸易试验区内企业作为首批运作企业，及时享受AEO互认成果，适用相应通关便利措施。 |

续表3

| 序号 | 制度名称 | 涉及类型 | 具体内容 | 效果展望 |
|---|---|---|---|---|
| 16 | 企业信用信息公开 | 企业管理 | 定期编制并公布《中国（上海）自由贸易试验区海关企业信用信息公开目录》，采用主动公开和依申请公开两种途径对外公布经海关注册登记的试验区内企业相关信用信息。 | 利用社会监督进一步强化事中事后监督，形成他律倒逼自律的氛围，促进全社会诚信体系的建设进程。 |
| 17 | 企业协调员 | 企业管理 | 构建“上海海关企业协调员服务平台”，指定专人担任企业协调员，协助企业提升管理水平。 | 企业可以通过线上汇总提交疑难问题，海关协调员专人督办有关事项，一口反馈处理结果。 |
| 18 | 授权试验区内海关办理企业适用A类管理事项 | 企业管理 | 海关的企业分类共分5类，A类是第二类。原先这类企业的评定事权属于上海海关，这次由上海海关放权至自贸区海关 | 减政放权，有效降低企业成本。 |
| 19 | 企业自律管理 | 企业管理 | 把海关稽查部门对企业单一的强制胜查处违规行为，变成同时给企业一条主动向执法机构报告相关行为的途径，通过这个途径，能使海关对企业的行政处罚及相关贸易便利措施得到不同程度的减轻或保留 | 由区内企业内部自主纠错、自主报告，最终考虑是，希望企业以年度报告或目查报告的形式，主动向海关稽查部门提交，通过审核、必要时通过稽查，确认企业违反规定的行为，据此，海关作出不同惩罚 |
| 20 | 一次备案、多次使用 | 保税监管 | 区内企业经一次账册备案后，无须再向海关重复备案，就可以开展“批次进出、集中申报”“保税展示交易”“境内外维修”“期货保税交割”“融资租赁”等多项保税业务。 | 简化区内企业开展保税加工、保税物流、保税服务等多元化业务需求。 |
| 21 | 自动审放、重点复核 | 通关便利 | 实时审单环节对少部分报关单加强监管和审核，对大多数报关单由计算机自动审放 | 改变“人工、实时、逐票”审单模式，以电子自动审放为主，纸质单证人工重点审核，报关单自动验放比率已超过70%。 |

续表4

| 序号 | 制度名称 | 涉及类型 | 具体内容 | 效果展望 |
|---|---|---|---|---|
| 22 | 引入社会中介机构辅助开展海关保税监管和企业稽查 | 企业管理 | 将中介机构引入到海关保税监管和企业稽查工作中，拓宽中介机构参与海关监管的业务领域、作业环节和工作范围。 | 通过政府购买服务方式，探索推进国家治理体系参与主体的多元化，进一步提升监管效能。 |
| 23 | 自主报税、海关重点稽核 | 税收征管 | 运用“守法便利”理念，将海关前置的审核为主转变为企业自主申报为主，海关事前监管为主转变为事前、事中、事后监管联动。 | 提高企业申报水平和质量，提高通关效率。 |

2014 年 8 月 18 日起在全国海关逐步复制推广（如表 3–2 所示）。

**表 3–2　中国（上海）自由贸易试验区 17 项复制推广海关监管创新制度**

| 序号 | 制度名称 | 施行时间 | 复制推广时间 | 复制推广范围 |
|---|---|---|---|---|
| 1 | 先进区、后报关★ | 2014 年 5 月 1 日 | 2014 年 8 月 18 日 | 试验区外其他海关特殊监管区域和保税物流中心（B 型）。 |
| 2 | 区内自行运输★ | 2014 年 5 月 1 日 | 2014 年 8 月 18 日 | 试验区外其他海关特殊监管区域和保税物流中心（B 型）。 |
| 3 | 加工贸易工单式核销★ | 2014 年 5 月 1 日 | 2014 年 8 月 18 日 | 整个上海关区。 |
| 4 | 保税展示交易★ | 2014 年 4 月 22 日 | 2014 年 8 月 18 日 | 试验区外其他海关特殊监管区域和保税监管场所。 |
| 5 | 融资租赁★ | 2014 年 4 月 22 日 | 2014 年 8 月 18 日 | 试验区外其他海关特殊监管区域和保税物流中心（B 型）。 |
| 6 | 批次进出、集中申报★ | 2014 年 6 月 30 日 | 2014 年 8 月 18 日 | 试验区外其他海关特殊监管区域和保税监管场所。 |
| 7 | 简化通关作业随附单证▲ | 2014 年 6 月 30 日 | 2014 年 9 月 16 日 | 试验区外其他海关特殊监管区域。 |
| 8 | 统一备案清单★ | 2014 年 6 月 30 日 | 2014 年 8 月 18 日 | 试验区外其他海关特殊监管区域和保税物流中心（B 型）。 |
| 9 | 内销选择性征税 | 2014 年 6 月 30 日 | 2014 年 8 月 18 日 | 试验区外其他海关特殊监管区域。 |
| 10 | 集中汇总征税▲ | 2014 年 6 月 30 日 | 2014 年 9 月 16 日 | 试验区外其他海关特殊监管区域。 |

续表

| 序号 | 制度名称 | 施行时间 | 复制推广时间 | 复制推广范围 |
|---|---|---|---|---|
| 11 | 保税物流联网监管★ | 2014年6月30日 | 2014年8月18日 | 试验区外其他海关特殊监管区域和保税监管场所。 |
| 12 | 智能化卡口验收管理★ | 2014年6月30日 | 2014年8月18日 | 试验区外其他海关特殊监管区域和保税物流中心（B型）、口岸以及其他有卡口设施的监管场所目前仅在上海部分卡口启动实施。 |
| 13 | 推进海关AEO互认▲ | 2014年7月1日 | 2014年9月16日 | 整个上海关区。 |
| 14 | 企业信用信息公开▲ | 2014年7月1日 | 2014年9月16日 | 整个上海关区。 |
| 15 | 企业协调员▲ | 2014年7月1日 | 2014年9月16日 | 整个上海关区。 |
| 16 | 授权试验区内海关办理企业适用A类管理事项▲ | 2014年7月1日 | 2014年9月16日 | 整个上海关区。 |
| 17 | 企业自律管理▲ | 2014年7月4日 | 2014年9月16日 | 整个上海关区。 |
| 18 | 一次备案、多次使用▲ | 2014年8月12日 | 2014年9月16日 | 试验区外其他海关特殊监管区域和保税物流中心（B型）。 |

注：打★为第一批复制推广，打▲为第二批复制推广。

**2. 试点国际贸易“单一窗口”，大幅提升贸易便利化程度**

建立“单一窗口”是近年来国际上促进贸易便利化的一项重要举措，也是提高国家对外贸易竞争力、效益和效率的有效途径，受到各国及国际组织的高度重视。目前，有40多个国家和经济体引进了“单一窗口”措施。2013年12月，世界贸易组织在巴厘岛谈判中达成一揽子协定，将“单一窗口”列为贸易便利化协定的重要条款。近年来，我国虽已着力推动电子口岸建设，但口岸管理职能依然分散在多个政府部门，口岸整体通关效率仍需进一步提高。建立一个功能完善，有效服务企业的“单一窗口”既是广大进出口企业的热切期盼，也是自由贸易试验区提升贸易便利化水平，进一步改革开放、实施综合配套改革的突破口，同时也是改善我国国际贸易环境的必然选择。

2014年6月，国际贸易“单一窗口”首个试点项目在中国（上海）自由贸易试验区上线试运行。目前，已运行“一般贸易进口货物申报”和“船舶出口岸联网核放”两个试点项目，包含货物进出口、运输工具、进出口许可、支付结算、企业资质、信息查询六个方面。国际贸易“单一窗口”启动后，可以依托电子口岸平台，实现贸易和运输企业通过单一平台一点接入、一次性递交满足监管部门要求的格式化单证和电子信息，监管部门共享监管资源、实施联合监管，并将处理状态和结果通过单一平台反馈给申报人，达到政府和企业的“双赢”。

**3. 对保税及口岸货物探索建立了货物状态分类监管**

目前，自由贸易试验区海关特殊监管区域对保税货物、非保税货物、口岸货物进行分类监管，提高通关速度，控制监管风险（如表 3-3 所示）。

**表 3-3 中国（上海）自由贸易试验区货物状态分类监管模式**

| 货物状态 | 具体监管模式 |
| --- | --- |
| 保税货物 | 海关为区内保税加工企业开设独立的电子账册，以工单式核销方式进行监管；为区内保税物流企业开设独立的电子账册，并参照保税加工操作流程，依托货物进出库记录和库存数据进行“进、出、存”的实时管理，对研发、检测、维修、展示等服务贸易形态，海关分别采取不同的保税制度进行监管。 |
| 非保税货物 | 海关对此类货物进区不退税、出区不征税，按照国内货物流转管理。 |
| 口岸货物 | 海关监管包括境外入区货物和出区离境货物的监管，海关对一线进出境货物在实行预归类的基础上，实现货物归并关系目动审核和账册的目动备案，实行通关作业无纸化操作对一线入区货物除涉及贸易管制政策规定外，基本纳入到低风险类别，并实现系统自动审核。 |

## 海关监管制度详解

自 2013 年 9 月，国务院批准设立中国（上海）自由贸易试验区后，海关共发布了 31 项适用于自由贸易试验区的监管创新制度。

### 一、通关便利化

#### （一）先进区、后报关制度

**1. 制度解读**

“先进区、后报关”是指在自由贸易试验区的境外入区环节，经海关注册登记的自由贸易试验区的海关特殊监管区域内企业可以凭进境货物的舱单等信息先向海关简要申报，并办理口岸提货和货物进区手续，再在规定时限内向海关办理进境货物正式申报手续的作业模式。目的是为满足企业货物快速入区需求，减少滞港成本，解决准确申报的问题。

2. 企业准入条件

自由贸易试验区内一般信用以上企业，符合海关计算机联网要求。

3. 改革成效

由过去提货和报关串联式改为并联同步，实际提货耗时半天，大大节约了企业通关时间、提高了物流效率。

### （二）批次进入、集中申报制度

1. 制度解读

“批次进出、集中申报”，是指允许自由贸易试验区内企业与境内区外企业（含区外海关特殊监管区域及保税监管场所内企业）、区内其他企业之间分批次进出货物的，可以先凭卡口核放单办理货物的实际进出区手续，再在规定期限内以备案清单或者报关单集中办理海关报关手续，海关依托信息化系统进行监管的一种通关模式。主要解决企业货物审核时间长、通关效率低、通关成本高的问题。

2. 企业准入条件

自由贸易试验区内一般信用以上企业，符合海关计算机联网要求。

3. 改革成效

由过去的逐票申报改革成分批次进出、集中办理报关手续，大大提高了通关效率。此项创新制度是海关从“由企及物”理念出发，将海关监管重点从每票货物的进出转变为对企业管理的具体举措，它既节省了企业申报成本，又减少了海关审单工作量，实现了海关与企业的共赢。

### （三）自动审放、重点复核制度

1. 制度解读

“自动审放、重点复核”审单作业模式，是指在实时审单环节对少部分报关单加强监管和审核，对大多数报关单由计算机自动审放。

2. 企业准入条件

自由贸易试验区内一般信用以上企业，符合海关计算机联网要求。

3. 改革成效

该制度改变了“人工、实时、逐票”的审单模式，海关以企业信用管理为前提，以电子自动审放为主，纸质单证人工重点复核。该制度报关单自动验放比例已超过 70%。

### （四）简化随附单证制度

1. 制度解读

简化随附单证是指对自由贸易试验区内以通关作业无纸化方式申报提交的有关随附单证予以简化。主要解决企业报关手续繁琐、纸质报关单随附单证成本高、海关作业自动化效率较低的问题。

**2. 企业准入条件**

自由贸易试验区内一般信用以上企业，符合海关计算机联网要求。

**3. 改革成效**

货物从各口岸入境自由贸易试验区的，不再验核入境货物通关单或相应签章；简化企业报关手续，提高通关作业自动化率，大幅提升通关效率。

### （五）简化统一备案清单制度

**1. 制度解读**

解决因各海关特殊监管区域进出境备案清单格式不统一，影响海关特殊监管区域间一体化操作，同时导致企业在不同区域间申报填写备案清单存在困扰的问题。

**2. 企业准入条件**

自由贸易试验区一般信用以上企业，符合海关计算机联网要求。

**3. 改革成效**

此项改革将洋山保税港区、浦东机场综保区使用的40项和外高桥保税区、物流园区使用的29项申报要素的单证，统一规范成30项申报要素，对自由贸易试验区内备案清单格式进行统一和简化，实现规范简捷申报，减轻企业负担，提高试验区一线进出境通关效率，促进自由贸易试验区四个海关特殊监管区域一体化运作。

### （六）一次备案、多次使用制度

**1. 制度解读**

"一次备案、多次使用"是指自由贸易试验区内企业在账册备案环节通过信息化系统向主管海关一次性备案企业、进出货物等信息，经主管海关核准后，可以在试验区各项海关业务中多次、重复使用的海关监管模式。

**2. 企业准入条件**

自由贸易试验区内一般信用以上企业，符合海关计算机联网要求。

**3. 改革成效**

该制度的实施可以减少企业重复备案次数。

### （七）自行运输制度

**1. 制度解读**

"自行运输"是指经海关注册登记的自由贸易试验区内企业，可以使用经海关备案的车辆，在自由贸易试验区内自行运输货物的作业模式。针对原先转关运输使用监管车辆、施加海关封志所带来的手续繁琐、物流成本高的问题。

**2. 企业准入条件**

自由贸易试验区内一般信用以上企业，符合海关计算机联网要求。

3. 改革成效

大幅节约改革前企业物流成本和通关时间。据企业测算，每车缩短30分钟，企业一年节约物流成本约20万元。

## (八) 智能化卡口管理制度

1. 制度解读

试验区智能化卡口验放是指海关运用智能化设备自动读取电子车牌号码、集装箱号、车载重量（电子地磅数据）、安全智能锁等监管数据，进行海关监管信息的自动比对、风险判别，完成车辆GPS运行轨迹自动核销、货物查验或者放行指令处置等卡口智能化管理作业，实现车辆分流、自动验放。缩短车辆过卡时间，同时实现过卡与区内账册核注联动。

2. 企业准入条件

自由贸易试验区内一般信用以上企业，符合海关计算机联网要求。

3. 改革成效

卡口验放从“2上2下4敲章”的人工手续变为“0上0下0敲章”的自动过卡。车辆过卡时间从六分钟缩短至五秒。每天通车能力提高八倍。

## (九) 自主报税、自助通关、自动审放、重点稽核制度

1. 制度解读

“自主报税、自助通关、自动审放、重点稽核”作业模式，是指企业自主申报税额，在实时审单环节对少部分报关单加强监管和审核，对大多数报关单由计算机自动审放。事后根据风险研判结果，海关开展重点稽核。

2. 企业准入条件

自由贸易试验区内高级认证企业，符合海关计算机联网要求。

海关税费电子支付用户；三年内没有走私、违反海关监管规定、进出口侵犯知识产权记录、没有欠缴海关税收记录（三年是指申请“三自一重”模式之日起倒推）；企业申报规范率较高，具备自测、自报税款能力。

3. 改革成效

通关过程中不再打印纸质税单。如企业需要，可以在货物放行后至相关海关业务现场指定窗口办理税单批量打印手续。待系统完善后，企业可以自行打印完税凭证。

## (十) 美术品便利化通关制度

1. 制度解读

目前，展览品分批出区参加同一个展览会，每批展览品企业都需要向海关提供展会批文，手续繁琐、影响时效，大大增加办展成本。现场关员多次、逐票、重复

对展览会批文进行程序性审核，实际监管效能也很有限。简化展览品通关手续，能够节约监管资源、提升监管效能，同时助力文化产业发展。不针对所有展览品，不改变现有展览品监管规则。

**2. 企业准入条件**

自由贸易试验区内一般信用以上、经营美术品的企业，符合海关计算机联网要求。企业经营保税仓储的美术品需有上海市文化广播影视管理局核发的准予进出口批件，符合海关计算机联网要求。

**3. 改革成效**

进一步推动上海自由贸易试验区对外文化贸易基地发展，通过简化区内四个海关特殊监管区域美术品审批及监管通关手续，提升通关效能，在有效防范风险的前提下促进文化贸易发展。

### （十一）海关归类行政裁定制度

**1. 制度解读**

海关归类行政裁定涉及的法律制度有署令等相关规定，但实际操作中却从未实践，主要是因为缺少归类裁定的单行管理办法和操作规程。经请示总署，归类裁定制度可以尝试，可对企业申请的某个具体商品制发裁定，公布后在全国适用，优于目前的海关预归类制度。

**2. 企业准入条件**

自由贸易试验区内一般信用以上企业，符合海关计算机联网要求。

**3. 改革成效**

（1）《中华人民共和国海关行政裁定管理暂行办法》颁布以来，尚未针对进出口货物制发过归类行政裁定。在自由贸易试验区先行先试，旨在落实归类行政裁定制度，为制定操作规程和完善法规积累实践经验。

（2）归类行政裁定聚焦归类疑难商品，将具体商品归类判例化，相同商品适用同一归类行政裁定，对全国关境内的企业和海关具有同等约束力，与“预裁定”“同等适用”等国际海关通行规则相接轨，有助于解决归类争议、提高通关效率、防控归类风险，促进执法统一。

### （十二）海关易归类制度

**1. 制度解读**

构建“中国（上海）自由贸易试验区智能归类检控系统”，整合归类化验信息、公布税则、注释、归类决定、化验标准方法、归类指引、化验进度等内容，分步实现自动查询归类信息、辅助企业自主归类，同时提供归类化验争议解决流程、“12360”、社会化预归类等信息服务路径。

2. 企业准入条件

此项制度未对企业资信作出限制性规定。

3. 改革成效

目前，上海海关①开发完成了“商品易归类服务”电子信息化平台，通过整合归类化验政务公开信息，建立商品及编码大数据库，提供税号税率查询、业务指南等功能模块，主动推送企业关注的商品归类指引，帮助企业自主归类。

## 二、保税监管

### （一）工单式核销制度

1. 制度解读

工单式核销是指海关以料号级管理为基础，在信息化系统中建立料号级底账，并根据归并规则再建立项号级底账，对经海关注册登记的试验区内企业实行项号级底账通关、信息化系统料号级底账核销的一种监管模式。该模式主要适应的是大型加工装配类企业，以解决其料件、成品的品种规格比较多、单耗变化比较大、企业无法实时地到海关办理单耗变更手续，直接造成在核销时差异大、核销难以确认的问题。

2. 企业准入条件

自由贸易试验区内一般信用以上企业，符合海关计算机联网要求且符合 ERP 系统要求。

3. 改革成效

解决改革前备案变更多、报关数量多、核销确认差异难且时间长的问题。据企业实际测算，备案变更次数由 1300 次减少至 1 次，报关次数由 21000 次减少至 260 次，核销确认差异时间从一个月减少至一天，为维修、研发等业务提供了配套监管模式，如浦东机场综保区波音公司等境内外维修企业都采用这一模式，一年可节省相关费用上百万元。

### （二）联网监管制度

1. 制度解读

仓储企业联网监管是指对经海关注册登记的自由贸易试验区内仓储企业实施“系统联网、库位管理、实时核注”，实现对货物进、出、转、存情况的实时掌控和动态核查的一种监管模式。解决因海关与仓储企业系统不联网导致的核库时间长、效率低、无法及时掌握货物状态等问题。

---

① 自 2018 年 4 月关检融合后，本书中提及的各地海关包括原检验检疫局。

**2. 企业准入条件**

自由贸易试验区内一般信用以上企业，符合海关计算机联网要求，并建立符合海关监管要求的计算机仓储管理系统（WMS）；建立符合海关监管要求的库位标识及货物电子标识。

**3. 改革成效**

实施仓储企业联网监管，将海关对货物进、出、转、存的全过程监管，融入企业内部管理流程中，实现了海关对物流仓储货物的实时掌控和动态核查；将系统联网申报取代原有的人工巡库、核库、定期核销的仓储监管方式，提高了海关的实际监管效能，顺应了企业仓储物流管理精细化发展趋势，方便企业对不同状态货物实施同库仓储经营，适应企业内外贸一体化运作需求。

### （三）境内外维修制度

**1. 制度解读**

维修业务是指经海关注册登记的自由贸易试验区内企业对来自境内外的部件损坏、部分功能丧失或者出现缺陷的货物进行维修并复运出境（区）的经营活动。解决原有模式下仅能进行“两头在外”维修业务的业务局限性，及业务模式中维修业务规范不明确的问题。

**2. 企业准入条件**

自由贸易试验区内一般信用以上企业，符合海关计算机联网要求。

**3. 改革成效**

拓展区内维修业务范围、促进境内维修业务发展、推动加工制造两端延伸、促进加工贸易转型升级。

### （四）保税展示交易制度

**1. 制度解读**

保税展示交易是指经海关注册登记的自由贸易试验区内企业在试验区内或者区外开展保税展示交易的经营活动。解决企业之前只能开展展示业务不能开展交易活动的问题。

**2. 企业准入条件**

自由贸易试验区内一般信用以上企业，符合海关计算机联网要求。

**3. 改革成效**

改革前仅允许在保税展示，改革后允许企业开展保税展示及交易，并且允许企业在规定时间内集中申报并完税，降低了物流成本，加快物流速度。

### （五）融资租赁制度

#### 1. 制度解读

融资租赁宏观上具有拉动内需刺激消费、调节宏观经济促进经济持续发展、引导资本合理有序流动这三大功能；微观上具有扩大投资、促进销售、节税、表外融资、盘活存量、推动技术改造、缓解债务负担、增加资产流动性和强化资产管理者九大功能。同时，融资租赁的贸易和投资相结合的属性，作为联结设备和金融的工具，因而成为促进一个国家资本输出的重要方式，通过融资租赁可以带动我国企业走出去，进而走进去、走下去。

#### 2. 企业准入条件

融资租赁企业开展融资租赁业务应当经过相关主管部门批准，取得业务资格。金融租赁的银行系企业需银监会备案；非银行系企业主管为商务部门，内资企业开展需经商务部门备案，外资企业可由省级商务部门备案。融资租赁企业应当按规定向自由贸易试验区海关机构办理报关单位注册登记手续。

#### 3. 改革成效

此项制度是自由贸易试验区金融贸易领域的创新制度。允许企业在自由贸易试验区范围内开展此项业务，允许承租企业分期缴纳租金，允许租金分期征收关税和增值税。结合上海航运金融服务与特殊监管区域的资源、环境优势，推动试验区建设成为国内一流的融资租赁功能区与金融创新实践区，吸引融资企业的回归，增加国家的税收。

### （六）期货保税交割制度

#### 1. 制度解读

期货保税交割，是指以自由贸易试验区内处于保税监管状态的货物作为交割标的物的一种销售方式。不同于国际期货价格不含税的“净价”，目前，我国期货价格是含税的。此制度出台是为了探索增强我国国际期货价格的话语权。

#### 2. 企业准入条件

自由贸易试验区内一般信用以上企业，符合海关计算机联网要求。

#### 3. 改革成效

此项制度是自由贸易试验区保税金融服务领域的创新制度，打破了国内期货市场相对封闭的现状，实现与国际期货市场的对接，进一步促进我国期货贸易的发展，促进形成我国大宗商品定价机制，推动上海国际金融中心和航运中心建设。

### （七）一区注册、四区经营制度

#### 1. 制度解读

该制度突破了区内四个海关特殊监管区域注册企业仅能在其注册区域内办理海

关业务的限制，允许在区内任何一个特殊区域注册的企业，都可在其他三个区域设立分支机构、开展海关业务，共用一个海关注册编码，无须重新设立独立法人企业。

**2. 企业准入条件**

自由贸易试验区内一般信用以上企业，符合海关计算机联网要求。

**3. 改革成效**

（1）进一步放开准入环节限制，为企业自主选择组织方式提供更大空间，促进企业区内运营的自由度，满足跨区域经营企业的一体化运作需求，减轻企业负担，支持总部经济发展。

（2）建立集约化的海关监管机制，简化海关监管手续，降低行政管理成本，提升内部协同管理效能。

### （八）离岸服务外包全程保税监管制度

**1. 制度解读**

海关采用信息化手段，对从事离岸服务外包业务的、经海关注册登记的试验区内企业及其上下游产业链企业实施保税监管的作业模式。改变“国外研发、国内加工”的低端产业模式，向完整产业价值链转变，助力上海科技创新中心建设。海关监管模式创新能够更好地适应扩区后的功能拓展和产业发展需求，促进以科技创新为核心的产业聚集。

**2. 企业准入条件**

自由贸易试验区内一般信用以上企业，符合海关计算机联网要求。

**3. 改革成效**

一是突破只有技术先进型服务企业可享受海关保税政策的限制，降低企业准入门槛，对区内企业从事离岸服务外包业务的进口货物实施保税监管。

二是改革对生产制造企业实施保税监管的传统监管模式，允许研发设计等企业开设电子手册、自主进行外发加工，对设计研发、生产制造、封装测试等企业组成的产业链实施全程保税监管。

### （九）大宗商品现货市场保税交易制度

**1. 制度解读**

以试验区内大宗商品现货市场为交易平台，以自由贸易试验区范围内特殊监管区域或保税仓库中处于保税监管状态的大宗基本工业原料、农产品和能源产品等为交易对象，按照市场现价进行交易的一种交易方式。

**2. 企业准入条件**

自由贸易试验区内一般信用以上企业，符合海关计算机联网要求。

3. 改革成效

此项制度是自由贸易试验区保税金融服务领域的创新。允许大宗商品现货以保税方式进行多次交易、实施交割，并实现第三方公示平台与海关联网，进而推进大宗商品的协同监管和抵押融资业务，支持自由贸易试验区建成具有国际竞争力的重点商品和产业交易中心，提升自由贸易试验区贸易能级，助推金融创新改革和金融中心建设。

## 三、企业管理

### （一）企业协调员制度

1. 制度解读

建立此模式后，企业可以选派专人担任协调员，及时反映关企间业务难点。

2. 企业准入条件

自由贸易试验区内一般信用以上企业，符合海关计算机联网要求。非试验区的企业，需经上海海关注册登记的高级认证企业。

3. 改革成效

海关企业协调员制度试点工作建立起了海关与企业“点对点”的联系渠道，通过海关服务企业资源和企业内部海关事务处理的两个集中，节省企业在生产运行过程中涉及海关通关环节、海关管理环节的运行成本，帮助企业显著提升在国内外市场上的竞争力。

### （二）企业注册登记制度改革

1. 制度解读

一是取消自由贸易试验区内的报关企业行政许可，改为备案制；二是放开自由贸易试验区内的报关企业异地申报限制，一般认证以上报关企业及双重身份企业直接在全国各海关申报；三是放开自由贸易试验区内进出口货物收发货人——报关企业“双重”申报身份限制，允许试验区双重身份企业在试验区内拥有进出口货物收发货人和报关企业双重身份，在试验区外仅具报关企业身份；四是下放一般认证企业评审事权至自由贸易试验区海关；五是海关企业注册登记纳入自由贸易试验区企业准入“单一窗口”。

2. 企业准入条件

自由贸易试验区内一般信用以上企业，符合海关计算机联网要求。上述一、三、五项对企业资信条件没有限制。

3. 改革成效

改革后自由贸易试验区内报关企业注册登记行政许可制审批改革为备案制，减少了审批层级和申请材料，简化了作业流程，使报关企业备案（变更、换证）等作业平均耗时三个工作日，较报关企业行政许可手续规定的40个工作日审批时间大幅缩短。试验区内一般认证及高级认证企业报关企业可以不用设立分支机构即可全国报关，减少了企业分支机构设立成本。授权试验区内海关办理企业适用一般认证管理事项，提高了企业评审效率，提高了企业参与积极性。

### （三）AEO互认制度

**1. 制度解读**

AEO（经认证的经营者）互认制度是我国已签署的《全球贸易安全与便利标准框架》的主体制度。

**2. 企业准入条件**

自由贸易试验区内高级认证的企业，符合海关计算机联网要求。

**3. 改革成效**

经抽样测算，自由贸易试验区内高级认证企业享受AEO互认优惠措施，在国外海关通关速度加快了10%左右。自由贸易试验区内140余家高级认证企业可同时享受国内及货物出口国（地区）海关的最高等级通关便利措施，企业国际竞争力进一步提升。

### （四）引入中介制度

**1. 制度解读**

引入社会中介机构辅助开展自由贸易试验区保税监管和企业稽查，是指具备相关资质的中介机构接受试验区内企业或海关委托，在企业开展自律管理和认证申请，以及海关实施保税监管和企业稽查等过程中，通过审计、评估、鉴定、认证等活动，提供相关辅助依据的工作。主要针对政府简政放权（运用市场机制合理配置社会资源）、完善治理体系（运用社会资源指导和培育企业守法自律）、优化海关监管（推动海关科学执法，提升监管效能）、维护企业利益（促进公正执法，维护企业合法权益）的需要。

**2. 企业准入条件**

自由贸易试验区内一般信用以上企业，符合海关计算机联网要求。

**3. 改革成效**

改革后将海关监管、企业自管、中介协管和社会共管统一起来，引导企业自律，形成第三方社会中介对关企之间公平公正关系的有效保障。在保税监管和企业稽查工作中引入社会中介，将进一步推进国家治理体系参与主体的多元性，致力改变以往企业在关企关系中相对弱势的局面，为建立关企之间公平公正的新型关企关系提供有效保障。

### （五）企业信用信息公开制度

**1. 制度解读**

上海海关采取主动公开和依申请公开形式，向社会公众及信息主体公开经海关注册登记的自由贸易试验区内企业注册登记信息等与企业信用相关的基础信息、信用分类等级等信息，并可依申请为区内企业开具《企业信用状况证明》。

**2. 企业准入条件**

企业信息公开事项未对企业信用等级有限制性规定。

**3. 改革成效**

拓宽了企业信用信息公开的范围，通过强化他律促进企业自律，同时使企业开具《企业信用状况证明》更便捷。

### （六）企业自律管理制度

**1. 制度解读**

自律管理是指进出口货物放行后，经海关注册登记的自由贸易试验区内企业在其自主或者委托中介机构开展相关进出口行为合法性审查过程中，发现可能存在涉嫌违法违规或者其他情事，主动书面报告海关，海关依法予以相应处置的管理行为。

**2. 企业准入条件**

自由贸易试验区内一般信用以上企业，符合海关计算机联网要求。

**3. 改革成效**

建立企业自主查发问题机制，完善海关、企业、社会三方监管合力体系。

## 四、税收征管

### （一）集中汇总纳税制度

**1. 制度解读**

主要解决传统通关模式下企业逐票缴税、海关逐票审核带来的流程重复、速度较慢、效率偏低等问题。

**2. 企业准入条件**

适用汇总征税作业模式的企业应当是进出口报关单上的经营单位，同时符合以下条件。

（1）海关税费电子支付系统用户；

（2）注册在自由贸易试验区内一般信用以上企业、注册在自由贸易试验区外一般认证以上企业；

（3）三年内没有违反海关监管规定、进出口侵犯知识产权货物、走私记录，没有欠缴海关税收记录。“三年内”指企业申请适用汇总征税作业模式之日起倒推三年；

(4) 遵守海关征税管理规定，积极配合海关的税收征管工作，按期及时纳税，能为海关提供必要的商贸信息。

3. 改革成效

改革前海关征税为传统的逐票审核、征税放行模式；改革后将传统的海关主导型的税收征管模式转变为企业主动型的征管模式。企业在有效担保前提下，在规定的纳税周期内，对已放行货物向海关自主集中缴付税款，推进征缴电子化，海关由实时性审核转为集约化后续审核和税收稽核，从而实现货物的高效通关，缓解企业资金压力，降低企业纳税成本，有利于激发市场主体的活力。据测算，应税货物通关时间可节省 70%。

### (二) 选择性征税制度

1. 制度解读

内销选择性征收关税是指对设在自由贸易试验区海关特殊监管区域内的企业生产、加工并经“二线”(自由贸易试验区与境内其他地区之间) 销往内地的货物，照章征收进口环节增值税、消费税；根据企业申请，对该内销货物按其对应进口料件或按实际报验状态征收关税。解决了传统模式下企业只能以实际状态征税造成的企业税负压力大，海关特殊监管区域优势不明显的问题。

2. 企业准入条件

自由贸易试验区内一般信用以上企业，符合海关计算机联网要求；保税区加工贸易联网监管电子账册 (以下简称 E 账册) 管理，自由贸易试验区其他区域使用海关特殊监管区域加工贸易账册 (以下简称 H 账册) 管理的企业。

3. 改革成效

改革前，除外高桥保税区外，自由贸易试验区其他海关特殊监管区域实行内销货物按照实际状态征税；改革后对设在自由贸易试验区内的企业生产、加工并经“二线”销往国内市场的货物，企业可根据其对应进口料件或实际状态中选择缴纳进口关税。此次政策好的方面是改变了部分海关特殊监管区域只能吸引成品与零部件进口关税税率倒挂的企业 (即成品关税税率低于进口零部件关税税率，如 IT 类企业)，能拓展进区企业的范围。

## 五、检验检疫

### （一）“单一窗口”制度

#### 1. 制度解读

上海国际贸易“单一窗口”已经形成了货物进出口、运输工具、支付结算、资质与许可、快件与物品、政务公开、信息共享、人员旅客、自贸专区九个板块43项功能，实现与相关部委相关许可证办理系统的数据对接。应用功能覆盖口岸通关各环节，包括运抵、申报、查验、支付、放行等业务办理，并延伸到贸易监管环节和物流环节。例如，许可资质、出口退税、订舱、装箱、放箱手续办理等。目前，上海口岸95%的货物申报、全部的船舶申报，都已经通过“单一窗口”办理。

#### 2. 企业准入条件

自由贸易试验区内一般信用以上企业，符合海关计算机联网要求。

#### 3. 监管模式

企业通过“单一窗口”平台实现“一次申报”，海关与其他监管部门开展申报数据协调和简化，通过单一窗口实现联合登临监管信息的共享共用和互联互通，加强与港航物流信息及其他监管单位的监管信息的交换共享，推动建立“通关+物流”数据分析模型，实现通关流程可视、成本可测、时限可预期。

#### 4. 改革成效

2017年，实现海关主体业务全覆盖、流程全导入、申报费用全免，报检时间由原来的一天缩短至半小时甚至几十秒，有效缩短了通关时限，提升了通关效率。

### （二）精准监管制度

#### 1. 制度解读

精准监管是指在确保海关执法有效、风险可控和守住质量安全底线的基础上，按照统一规定，有针对性地下调抽检比例、监管频次和检测项目，提升监管有效性，提高验放速度。

#### 2. 企业准入条件

自由贸易试验区内高级别信用企业，符合海关计算机联网要求。

#### 3. 监管模式

对家具等木制品成品统一下调至最低5%抽批查验，化妆品统一下调至最低10%抽批查验，糕点饼干、酒类商品统一下调至最低3%抽批查验，糖类、饮料类、茶叶类、调味品类商品统一下调至最低5%抽批查验，进口服装、仿真饰品、玩具及通车等消费品类商品统一下调至最低5%抽批查验。

另外，针对高级别信用企业实施“审单放行”合格评定新模式，在动态调整查验比例的机制中，对于高级别信用企业优先按照最低比例实施现场查验及实验室检测。

**4. 改革成效**

根据企业信用状况和货物风险分析，对入境低风险货物，实现系统自动审核放行，报检时间由半天、一天缩短至半小时甚至几十秒，通关放行时间从原先20多小时缩短至平均不到四小时。

### （三）“十检十放”制度

**1. 制度解读**

“十检十放”分类监管新模式，包括先检后放、通检通放、快检快放、边检边放、空检海放、即检即放、外检内放、少检多放、他检我放、不检就放等。海关以风险管理、分类管理和信用管理为基础，构建“十检十放”监管模式，确保商品进得来、出得去、管得住、放得快。

**2. 企业准入条件**

自由贸易试验区内高级别信用企业，符合海关计算机联网要求。

**3. 监管模式**

“十检十放”是围绕“快”字，从最严格的“先检后放”到最宽松的“不检就放”，根据产地国家、企业、商品和交易属性四个维度考量，建立起信用等级从劣到优，监管力度从严到松，放行速度由慢到快的全方位、多层次、分梯度的监管模式。

**4. 改革成效**

进口奶粉实施空检海放后，在货物到港、企业提供详细货物清单后七天内完成了检验检疫流程，较传统方式缩短时间75%以上。少检多放对低风险货物减少抽查批次，将进境空箱的平均通关时间从原有的2~3天缩短至6~18小时。目前，已有包括全球前十大船公司在内的21家享受该项政策。对包机水果实施快检快放，显著提高通关速度，部分国外新鲜水果从采摘到餐桌仅需24小时。他检我放采用与国际通行做法接轨的第三方检验结果采信机制。

### （四）免办CCC认证制度

**1. 制度解读**

在上海自由贸易试验区探索实施CCC认证制度改革，区内进口涉及CCC目录产品的文化艺术品及展品，无须办理CCC认证。

**2. 企业准入条件**

区内进口涉及CCC目录产品的文化艺术品及展品。

3. 监管模式

针对入区的文化艺术品及展品免于办理CCC认证，同时对进口CCC产品诚信示范企业实施“一次审批、多次放行，一次确认、三年有效，直通放行、诚信监管”等贸易便利化措施。

4. 改革成效

每批进口CCC产品平均滞港时间从一周缩短到几分钟，每年可降低物流成本1500万元以上，有力推动了大型跨国公司、科研测试企业及维修分拨中心等企业的发展。

### （五）“先进区、后报检”制度

1. 制度解读

“先进区、后报检”是允许区内企业先提货后直接入区，后在规定时限内办理入境货物报检、交单或查验的监管模式。

2. 企业准入条件

自由贸易试验区内一般信用以上企业，符合海关计算机联网要求。

3. 监管模式

“先进区、后报检”模式是调整原有先报检后入区的方式，对自由贸易试验区拟入境进区货物，允许区内企业向检验检疫机构申报后，按照指令至入境口岸提货后直接入区，并在规定时限内向驻区检验检疫机构办理入境货物报检、交单或查验，进一步优化一线验放流程。

4. 改革成效

“先进区、后报检”为企业直接节约物流成本，取得了良好的社会效益。

### （六）食品、化妆品分单出证

1. 制度解读

基于风险评估结果对不同风险进口食品、化妆品采用差别化的合格评定程序，推进进口食品、化妆品提前报检及分单出证制度。

2. 企业准入条件

自由贸易试验区内一般信用以上企业，符合海关计算机联网要求。

3. 监管模式

试行提前报检制度，使企业在货物到港前即可完成报检，有利于企业在货物到港后快速进行报关，节省企业申报等待时间。

分单出证制度突破了以往进口食品检验检疫过程中，一个报检批中若有产品被抽中作实验室检测，同一报检批中未被抽中且适用不同标准的其他产品也须等待实验室合格结果后才能获得合格证单的做法，较大幅度缩短了未被抽检产品的通检流程。

**4. 改革成效**

新措施实施后，通检流程缩短至十个工作日。

### （七）动植物检疫审批制度

**1. 制度解读**

在自由贸易试验区推行动植物及其产品检疫审批负面清单制度，制定发布免除部分低风险动植物检疫证书的清单，同时制定非食用动物产品检验检疫监管便利化新政，实施包括授权审批在内的一系列非食用动物产品检验检疫监管便利化措施，直接惠及上海口岸多种进境非食用动物产品，涵盖羊毛、羽绒、皮张、工业动物油脂等，并将带动产业升级增效。

**2. 企业准入条件**

自由贸易试验区内一般信用以上企业，符合海关计算机联网要求。

**3. 监管模式**

除活动物、水果、粮食等列入负面清单的高风险货物外，其他动植物产品及动植物源性食品全部授权上海海关审批。

制定发布三版《免于核查输出国家或地区动植物检疫证书的清单》，18 类低风险动植物及其产品免于核查输出国家或地区动植物检疫证书。

**4. 改革成效**

审批时限由二十个工作日缩短为七个工作日，许可证有效期由六个月延长至十二个月，部分产品还可实施一次审批、分批核销，有效提高了相关产品的通关效率。

## 六、其他

### （一）海关执法清单式管理制度

**1. 制度解读**

按照“权责对等”原则，编制契合自由贸易试验区特点的海关行政权力清单和行政责任清单，公开海关权力运行规则与社会服务承诺，实现海关行政执法的制度化、透明化、规范化。

**2. 管理模式**

“权力清单”设置权力类别、实施依据、运行流程图、行使主体等共八个栏目，包括 15 类 52 项权力，涉及行政处罚、行政强制、行政许可、行政征收、其他行政权力五种行政属性。

“责任清单”分为自由贸易试验区各海关单位主要职责、事中事后监管制度、窗口受理事项及公共服务事项四大模块。

3. 改革成效

改革后主要体现我关落实转变职能、简政放权要求，通过明晰权力与职责，精简行政审批做到“法无授权不可为”“法定职责必须为”。

(二)“一站式”申报查验制度

1. 制度解读

(1) 深入落实“三互”，将不同口岸单位在不同时间节点上的“串联式监管”转变为部门之间联合协作的“并联式执法”，简化口岸通关手续、减轻企业负担，满足上海自由贸易试验区“贸易投资最便利”的建设目标。

(2) 深入推进关检在作业环节、管理资源、执法流程和监管要求等领域的深度融合，积极探索口岸各部门协同管理、执法融合的可能性，为全国口岸管理运作机制深化改革破局，充分体现上海自由贸易试验区改革的引领带动作用。

2. 企业准入条件

自由贸易试验区内一般信用以上企业，符合海关计算机联网要求。

关检融合后，此项制度已成为常态。

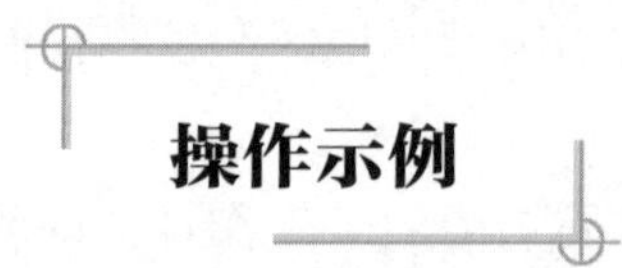

## 操作示例

一、先进区、后报关

上海元初供应链管理有限公司（以下简称“元初”）通过先进区、后报关制度运作的货物中，80%以上为化妆品、食品、服装、零配件等产品，每批次进区货物在100个种类以上，品名复杂繁多、归类难度不小。

在传统的先报关、后进区模式下，元初接到客户订单信息后，需预先进行商品归类、账册备案等准备工作。由于货物尚未到港，企业看不到商品的具体情况，影响其归类备案准确性。据企业估算，传统模式下，一票货物从最初的归类备案到最终提货入区，整个作业流程需要半个月左右。如若货物无法正常通关，企业需支付的码头堆存和滞港费用将随之增长，每箱每天从50至200元不等。这不仅使企业耗费了大量的时间和经济成本，还面临着市场推进速度缓慢、客户流失的风险。

实行先进区、后报关新模式后，困扰元初及其客户的这些问题有了明显改观。一是流程更为简化，应用该制度后，元初根据货物舱单信息向海关监管信息化系统发送提货申请，五分钟左右即可接收系统放行信息，凭系统生成的提货通知书至口岸提货，整个作业流程从半个月缩短至两天左右，货物流转时间大幅缩短。二是成本有效降低，得益于先进区、后报关制度。一线进境货物可以快速入区，客户在港区和船公司所发生的费用相应降低，不会再产生额外的港区堆存或船公司滞箱等费用。三是申报质量得到提高，元初通过先将货物提回核对，使货物归类备案和申报数量的准确性得到保障，降低了改单频率，使企业切实获得了物流速度更快、申报准确性更高、运营成本更可控等多方面的实惠。

## 二、加工贸易工单式核销

英业达科技有限公司（以下简称“英业达”）是漕河泾出口加工区内的加工贸易联网企业，采用 H 账册进行进出口报关及核销。随着公司业务量逐年增长，原有的加工贸易海关监管模式已经难以适应企业发展需求。企业发现，传统的加工贸易备案要求难以适应其商品种类繁多、变化快的特点。仅英业达厂内的现有保税货物料号就有 35000 多个，每年还在不断增加中，严重超出 H2010 备案项数上限，而原有的单耗申报方式难以适应大型电子类企业的实际生产管理需求。对于英业达这样的电子消费品生产企业，其产品不断更新换代，单耗版本变化快、变动多，如英业达厂内仅 3000 多个成品的料号所对应的单耗版本已远远超出 H 账册 99999 的最大容量。受制于生产出货周期短、时间紧等原因，企业无法及时变更单耗，难以在出口前及时向海关申报、从而产生后期核销巨大差异数，海关核销一个周期账册往往需要半年或者更长时间。

为解决上述问题，英业达积极参与了海关推出的加工贸易工单式核销模式。该模式下，英业达将其 ERP 系统中的料号级料件及成品数据发送至海关监管信息化系统中，建立起料件、成品的备案数据库，并按照归并关系规则生成 H2010 项号级账册底账；企业每次申报的进出区核放单、报关建议书等构成了企业库存底账中料件、成品的核增（减）数据；企业每日向海关监管信息化系统发送当日工单数据，由系统计算产生理论库存；企业每 14 日将实际库存数据向海关申报后，由系统自动比对，形成核销结果，海关依据核销结果差异情况进行后续处理。

实施该模式后，便利、快捷、准确是英业达公司体会最深的显著利好，具体有以下几点。

一是备案管理便利化，通过对相同税号、品名货物的归并备案，英业达将厂内 35000 多个料号归并至 H2010 账册的 300 多个项号，成功实现电子账册“瘦身”。

二是通关管理时效性，对于一线进出境货物实行通关作业无纸化、二线进出区货物采取“分送集报”的形式简化通关作业流程、提升货物通关效率；以卡口实货放行的货物数据核扣企业底账，实现货物进出与底账核扣的快速同步。

三是核销管理准确性，采用电子工单代替传统加工贸易备案单耗进行核算，海关通过企业发送的进出口报关建议书、核放单和工单数据计算法定库存；通过与实盘库存比对，得出盘盈亏数据，更加符合企业生产加工运行规律，解决了因单耗频繁变更或未及时申报造成的巨大核销差异数，提高数据的准确性，缩短了核销作业周期。英业达在实行加工贸易工单式核销模式后，核销差异数从先前的上亿美元缩小至千万美元以内，企业盘亏情况和补税金额更加可控、可预期，核销周期也从原先的半年缩短至两个月。

### 三、保税展示交易

森兰商都保税展示交易中心（以下简称“森兰中心”）依托自由贸易试验区保税展示交易制度，将进口商品以保税状态进入保税展示交易平台进行展示、陈列、销售，海关对平台商品实施电子监管和状态管理。为满足企业运营及海关管理需求，森兰中心主要通过“前店后库”的经营模式和“联网监管”的管理模式开展运作。

所谓“前店后库”是以试验区现有的保税仓库和森兰商都为载体，通过内外联动，将区内的“库”与区外的“店”有效融合，推动国际贸易全产业链的延伸与发展。所谓“联网监管”是将海关高端消费品监管系统、仓库 WMS 管理系统及商场 ERP 管理系统等三方系统整合对接，通过专用模块联网对进口消费品的流向实施状态监管。货物销售时，消费者仅需一次支付相应的销售价格（含税），系统会自动将货款与税款分离，其中货款进入商户的账户，税款进入税款专用账户。

保税展示交易制度在森兰中心的运用，对消费者而言，使境外优质消费品以近似直销方式进入国内市场，不仅质量得到切实保证，且由于减少中间环节，税费成本降低，价格上也具有竞争力。据运营方测算，其保税展示交易货物售价可比国内市场相同商品优惠 20%至 30%；对经营企业而言，保税货物在区外展示销售，意味着如商品销售不佳或未实现销售，可灵活返回区内并转口境外，减轻了企业资金压力，便于其按照销售时机调配资金和货源；对国内外贸易发展而言，实现了内贸与外贸在零售环节的对接，并通过品牌全球调拨，参与国际贸易资源配置，增强了试验区贸易自由功能。

### 四、融资租赁

交银金融租赁有限责任公司（以下简称“交银租赁”）成立于 2007 年，是交通银行全资子公司，注册资本 60 亿元，管理资产约 1200 亿元。交银租赁业务涉及机械设备、能源设备、公用事业、航运和航空等板块，是上海地区资产规模最大的金融租赁企业。

融资租赁制度推出之前，境内承租企业只有向境外租赁企业承租进口设备，才能适用分期缴纳税款；向境内租赁企业承租，则需根据设备的总价一次性缴纳税款，这一做法增加了承租企业租赁成本，背离了企业开展融资租赁的初衷。

融资租赁制度的实施，为交银租赁及其承租企业带来了实质利好。一是该制度明确允许承租企业分期缴纳税款，消除了向境内、境外融资租赁企业承租设备在税款缴纳方式上的差异，为境内承租企业选择融资租赁企业提供了更多选择，有助于降低企业的融资成本和资金占用率，促进国内融资租赁产业快速发展。二是该制度创新融资租赁货物进口担保形式，根据境内承租企业的资信状况，允许企业以企业保函、保证书等形式代替原来的银行保函，降低了企业的担保费用，进一步体现了对企业信任式管理的监管理念。三是简化海关账册管理，充分考虑融资租赁企业只需在设备租期首末对海关账册进行申报核销作业，允许交银租赁只在 H2010 系统中建立 H 账册，无须在海关监管信息化系统中建立电子账册，省去电子账册维护成本。假设飞机租赁期为十年，取消这项要求可以为每架飞机节省成本约 12 万元，以每年平均十架飞机计算，则可以节省上百万元的成本。

融资租赁制度的出台，帮助交银租赁等境内融资租赁企业更好地满足境内承租企业需求，扩大境内融资租赁市场，促进其对标国际规则、快速发展。

## 五、批次进出、集中申报

通过实施该项制度，上海邦达新物流有限公司（以下简称“邦达新”）可以按照 Forever21 全球门店配送需求快速处理订单，凭卡口核放单先期安排货物进出区，第一时间进店销售，帮助客户真正实现服装快销、抢占市场的预期目标。邦达新表示，该制度的实施使其和 Forever21 都获得了诸多制度红利。一是大幅减少企业申报次数，Forever21 货品进出批次多、批量大，如果按照逐票申报模式，则申报次数将成几何数放大，相关成本也将大幅度增长，允许企业将小批量、多批次货物拼成一票单证申报，有效降低通关成本。二是货物通关速度得到显著提高，传统“一票一报”模式下邦达新从制单、申报、缴税到放行需要五个工作日，而新制度下货物凭卡口核放单即可先行进出区，整个过程可在两个工作日内完成，通关速度成倍提升，有助于产品快速占领市场，达到相应市场效应。三是扩大企业申报自主权，企业可以根据货物进出总量，在海关规定的期限内自主决定集中申报的时间，极大地提升了企业申报的灵活度与便利性。

此外，该项制度的实施，还有助于减少企业运输和仓储成本。在该制度支持下，邦达新业务量显著增加，服装配送规模效应逐渐显现，现已成为 Forever21 在亚太地区重要的货物分拨中心。

# 中国（广东）自由贸易试验区

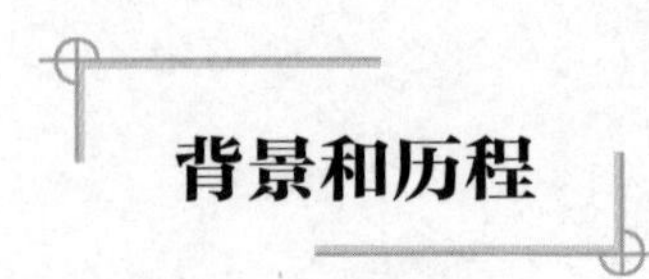

# 背景和历程

## 一、战略解读

建立广东自由贸易试验区是党中央、国务院作出的重大决策，是新形势下全面深化改革、扩大开放和促进内地与港澳地区深度合作的重大举措。依托港澳地区、服务内地、面向世界，广东自由贸易试验区将建设成为粤港澳深度合作示范区、二十一世纪海上丝绸之路重要枢纽和全国新一轮改革开放先行地。

国务院关于印发《进一步深化中国（广东）自由贸易试验区改革开放方案》的通知明确了广东自由贸易试验区“两区一枢纽”的战略定位，即打造开放型经济新体制先行区、高水平对外开放门户枢纽和粤港澳大湾区合作示范区。

## 二、概况

广东自由贸易试验区包括广州南沙新区片区、深圳前海蛇口片区、珠海横琴新区片区三个片区，共116.2平方千米。

### （一）广州南沙新区片区

广州南沙新区片区面积为60平方千米，共7个区块，分为中心板块、海港板块、庆盛板块。

海港区块面积为15平方千米：海港区块一为龙穴岛作业区，面积为13平方千米（其中南沙保税港区港口区和物流区面积为5.7平方千米）；海港区块二为沙仔岛作业区，面积为2平方千米。明珠湾起步区面积为9平方千米，不包括蕉门河水道和上横沥水道水域。南沙枢纽区块面积为10平方千米。庆盛枢纽区块面积为8平方千米。南沙湾区块面积为5平方千米，不包括大角山山体。蕉门河中心区区块面积为3平方千米。万顷沙保税港加工制造业区块面积为10平方千米（其中南沙保税港区加工区面积为1.36平方千米）。

#### 1. 设立背景

2012年9月6日，国务院正式批复《广州南沙新区发展规划》，进一步明确了南沙新区建设成为粤港澳合作综合示范区的定位，南沙新区成为全国第六个国家级新区。2015年3月27日，中共中央政治局召开会议，审议通过广东（广州南沙新区片区、深圳蛇口前海片区、珠海横琴新区片区）、天津、福建自由贸易试验区总体方案。2017年2月，广东省主要领导赴广州南沙调研广东自由贸易试验区的建设情况，强调要加快推进自由贸易试验区建设，把自由贸易试验区打造成为广东高水平对外开放的门户枢纽，南沙要围绕门户枢纽定位，全力推进“一城市三中心”建设，使南沙成为高水平的国际化城市和国际航运、贸易、金融中心，成为广州的“城市副中心”，支撑和引领全省新一轮对外开放。广东与中国香港地区将在南沙新区自由贸易试验区建立粤港深度合作区，产业发展将紧紧围绕研发及科技成果转化、国际教育培训、金融服务、专业服务、商贸服务、休闲旅游及健康服务、航运物流服务、资讯科技八大产业。

**2. 功能定位**

按区域布局划分，广州南沙新区片区重点发展航运物流、特色金融、国际商贸、高端制造等产业。按海关监管方式划分，广州南沙新区片区内的非海关特殊监管区域重点探索体制机制创新，积极发展现代服务业和高端制造业；广州南沙保税港区试点以货物贸易便利化为主要内容的制度创新，主要开展国际贸易和保税服务等业务。南沙新区片区充分发挥地处珠江三角洲地理几何中心和港口资源丰富的优势，连通港澳，服务内地，重点发展航运物流、国际金融、国际商贸、科技创新、海洋经济和高端制造等产业，建设以生产性服务业为主导的现代产业新高地和具有世界先进水平的综合服务枢纽，打造粤港澳全面合作示范区。

**3. 区位优势**

从地理位置和经济社会发展软实力来看，南沙新区自由贸易试验区具有以下五大区位优势。第一，地处粤港澳的空间枢纽和珠三角的几何中心。南沙位于珠江出海口西岸，距香港 38 海里、澳门 41 海里，在广州—香港—澳门“A”字形空间结构中处于支撑位置。第二，广阔的发展空间和发达的经济腹地。南沙新区目前总面积为 803 平方千米（含南沙自由贸易试验区 60 平方千米），其中陆域面积 570 平方千米，广阔的经济腹地涵盖了广州和珠三角主要城市。第三，卓有成效的粤港澳高端合作基础，资源产业互补性强。南沙与港澳的合作历史较长，且历来以高端项目合作为主，具有良好的高端合作基础与经验。第四，得天独厚的生态环境和人居环境。南沙地处广东省，滨江临海，气候温和湿润。第五，国家级新区发展的独特政策优势。南沙新区作为我国第六个国家级新区，与其他自由贸易试验区相比，具有更为优越的政策优势。

**4. 相关政策**

（1）国家级特殊经济功能区政策。南沙新区享受经济技术开发区、高新技术开发区、保税港区、服务外包基地城市广州示范区等国家级特殊经济功能区的各项优惠政策。

（2）国家级新区政策。国务院批复的《广州南沙新区发展规划》赋予了南沙新区财税、金融、与港澳往来便利化、扩大对外开放、土地管理、海洋管理、社会事业与管理服务七大类优惠政策。

（3）国家自由贸易试验区政策。国家批复中国（广东）自由贸易试验区将在以下几方面出台系列发展扶持政策和措施：

①营造法治化、国际化营商环境。包括优化法治环境、创新行政管理体制、建立宽进严管的市场准入和监管制度。

②深入推进粤港澳服务贸易自由化。包括进一步扩大对港澳服务业开放和促进服务要素便捷流动。

③强化粤港澳国际贸易功能集成。包括推进贸易发展方式转变和增强国际航运服务功能。

④构建粤港澳金融合作新机制。包括推动与港澳跨境人民币业务创新、推动适应粤港澳服务贸易自由化的金融创新和推动粤港澳投融资汇兑便利化。

⑤增强自由贸易试验区辐射带动功能。包括引领珠三角地区加工贸易转型升级、打造泛珠三角区域发展的综合服务区和建设为内地“走出去”的重要基地。

（4）国家级人才管理改革试验区政策。南沙新区已获批成为粤港澳人才合作示范区暨全国第一个人才管理改革试验区，促进广东前海南沙横琴建设部际联席会议第一次会议将南沙新区纳入经国家批准的广东省专业资格互认先行先试试点范围，并逐步扩展职业资格认可范围，准许港澳专业人士在南沙便利执业，准予境外投资者在南沙设立外籍人员子女学校。南沙新区将加快形成人才集聚发展的特殊政策和机制，打造海外高层次人才投资创业的特殊区域。

**5. 总体发展情况**

南沙自由贸易试验区三年来的建设成效可圈可点。一是制度创新红利持续释放。自由贸易试验区累计形成300多项改革成果，这些措施持续发力，有效提升了贸易便利化水平。根据中山大学的专业评估，南沙贸易便利化指数连续三年位居全国自由贸易试验区首位。二是产业发展和转型升级步伐明显加快。2014—2017年，南沙新区外贸进出口年均增长14.7%，新兴业态不断做大做强。目前南沙已拥有全国第二大平行汽车进口口岸、华南最大的飞机租赁集聚区，战略性新兴产业、先进制造业、特色金融产业、邮轮产业等也在加快发展。三是辐射带动作用进一步增强。全球前20强班轮公司落地南沙，南沙与世界400多个港口建立海运贸易往来，以南沙港为母港在全国建立了33个无水港。2017年，南沙港成为华南地区最大的单体港区，助力广州港进入全球2000万标箱俱乐部并在全球港口中位居第七。四是营商环境不断优化。参照世界银行营商环境评价体系，南沙营商环境水平不断提升，吸引了超过1500家港澳投资企业和100家总部经济企业落户南沙。2014—2017

年，注册企业数量达到5.87万户，是挂牌前历年注册企业总数的七倍。

### （二）深圳前海蛇口片区

前海蛇口片区规划面积为28.2平方千米，分为前海区块15平方千米（即前海深港现代服务业合作区范围）和蛇口区块13.2平方千米。其中，前海合作区又称为前海深港合作区，全称为前海深港现代服务业合作区，位于珠江口东岸，南头半岛西侧，由桂湾、前湾、妈湾三个片区组成；蛇口全称为招商局集团蛇口工业区，于深圳南头半岛东南部，与香港新界的元朗和流浮山隔海相望，是我国改革开放重要的发源地。

#### 1. 设立背景

“前海概念”于2008年国家发改委会同广东省编制珠三角规划纲要（2008-2020）时提出；2009年，粤港合作联席会议第12次会议上，深圳与香港签订了关于推进前海深港现代服务业合作的意向书，“前海开发”正式提出；2010年8月，国务院正式批复《前海深港现代服务业合作区总体发展规划》；2011年3月，国家将深圳前海开发正式纳入“十二五”规划纲要，明确前海作为“十二五”期间粤港澳合作的重大项目；2012年6月，国务院批复《关于支持深圳前海深港现代服务业合作区开发开放有关政策》，支持前海实行比经济特区更加特殊的先行先试政策；2014年12月，国务院正式批复前海蛇口纳入中国（广东）自由贸易试验区；2015年4月中国（广东）自由贸易试验区挂牌成立，随后前海蛇口自贸片区正式挂牌运作。

#### 2. 功能定位

根据国务院印发的《中国（广东）自由贸易试验区总体方案》，深圳前海蛇口片区重点发展金融、现代物流、信息服务、科技服务等战略性新兴服务业，建设我国金融业对外开放试验示范窗口、世界服务贸易重要基地和国际性枢纽港。

2010年以来，国家先后赋予前海深港合作区及前海蛇口自贸片区15项重要使命，包括：自由贸易试验区、深港现代服务业合作区、保税港区、现代服务业示范区、社会主义法治示范区、粤港澳深度合作示范区、国家人才管理改革试验区、国家金融业对外开放试验示范窗口、“一带一路”倡议支点、世界服务贸易重要基地、国际性枢纽港、跨境人民币创新业务试验区、深港人才特区、跨境电子商务综合试验区、中国邮轮经济试验区。同时，国务院还统筹设立了由国家发改委牵头，商务部等33个国家部委及香港、澳门特区政府参与的前海部际联席会议制度，构建了前海开发开放的国家决策平台。通过部际联席会议，推动前海在深港合作、金融创新、投资贸易便利化、服务业开放等领域形成一系列“比特区还要特”的先行先试政策体系，使前海成为国家新一轮改革的战略前沿、开放的热土和创新的高地，被誉为“特区中的特区”。

3. 区位优势

（1）具有独一无二的叠加优势。前海蛇口片区包含了前海深港合作区，而前海深港合作区又包含了前海湾保税港区，为“自由贸易试验区+合作区+保税港区”的“三区”叠加模式。从范围上来说，前海蛇口自由贸易试验区是个大区，前海深港合作区是个中区，前海湾保税港区是一个小区，大区套着中区，中区套着小区。

（2）具有片区联动（前海与蛇口）的互补优势。在自由贸易试验区规划框架下，深圳西部港区的蛇口港、赤湾港以及前海湾保税港区连成一个整体，有利于西部港区资源整合、做大做强，建设国际性枢纽港，更好贯彻“一带一路”倡议。从功能上看，前海的金融、贸易、航运服务将为蛇口产业升级注入新的活力，蛇口的产业基础及生活配套亦将为前海提供支撑，形成优势互补、产业联动、错位发展的新格局。前海蛇口片区将形成深圳经济新的增长极与城市中心，是珠三角“大湾区经济”最具潜力与活力的板块。

（3）具有深港合作的先天优势。以前海蛇口片区为半径的30千米区域分布了两个世界级的港口群和机场群。在自由贸易试验区制度框架下，深圳和香港将会形成更加紧密的经济合作关系，两地的海空港资源也会得到更好的整合，形成粤港澳大湾区发展的驱动轴。香港是世界上最成功的自由港，自由贸易试验区的设立必将推动前海蛇口片区进一步与香港、与国际通行惯例接轨。

（4）具有一体化管理与整合优势。根据深圳市委市政府的部署，前海蛇口片区将成立管委会，加挂在前海深港合作区管理局，前海区块与蛇口区块的经济管理职能统一由管委会行使。这样前海与蛇口的资源（或者说前海管理局与招商局集团掌控的资源）将得到有效的统筹与整合。

4. 相关政策

（1）自由贸易试验区前海蛇口片区整体定位于促进贸易，投资便利化，发展金融和现代信息服务、科技服务，是我国金融和贸易体制与国际接轨的窗口，制度创新和机制创新是它的主要特征。

（2）前海深港合作区，在享受自由贸易试验区政策的基础上，侧重开展现代服务业。根据《国务院关于支持深圳前海深港现代服务业合作区开发开放有关政策的批复》，深圳前海实行比经济特区更加特殊的先行先试政策，涉及金融、财税、法制、人才、教育、医疗以及电信等方面，具体包括探索试点跨境贷款，构建跨境人民币业务创新试验区，对符合条件的企业减按15%的税率征收企业所得税，对在前海工作、符合前海规划产业发展需要的境外高端人才和紧缺人才的个人所得税给予相应补贴等22条政策。同时，为支持前海现代服务业创新发展，财政部、商务部设立了前海现代服务业发展综合试点，对符合条件的产业项目将给予一定额度的资金支持。

（3）前海湾保税港区，一期围网封关面积为 1.176 平方千米，实行围网管理。兼具自由贸易试验区和前海深港合作区的政策，并叠加海关特殊监管区域的政策，侧重于开展货物贸易。海关特殊监管区域的政策体现在“一线入区保税，二线入区退税”，区内生产所需的机器设备免税，区内生产内销产品选择性征税等，同时期货保税交割、融资租赁、跨境电子商务、境内外维修等新兴贸易业态依托海关特殊监管区域开展。

另外，自由贸易试验区内的部分政策又保留相对独立性，例如，前海湾保税港区作为海关特殊监管区域的政策目前还不能覆盖到围网外地区。前海深港合作区特有的政策，如两个 15%的税收政策，也不能复制到前海深港合作区外的蛇口片区。除了前海湾保税港区实施围网外，其余部分均不采用围网管理。

**5. 总体发展情况**

近五年来，前海发生了翻天覆地的变化，片区经济总量在千亿能级持续提升，制度创新走在全国前列，新城建设突飞猛进，深港合作成果丰硕，产业集聚实现跨越式发展。数据显示，前海蛇口片区已经成为我国发展最快、效益比较好的区域之一。片区注册企业从 5215 家增长至 2018 年 6 月的 17.05 万家，年均增长率高达 99.5%。特别是前海片区，自有统计数据以来，税收以年均增长率 170%的速度增长；实际利用外资年均增长率超过 200%，其中实际利用港资年均增长率达到 206%；固定资产投资年均增长率达到 84%。短短几年，前海从一片滩涂起步，实现了跨越式的发展，成长为重要的经济增长级。2017 年，前海蛇口片区注册企业实现增加值 2030.26 亿元，同比增长 43.4%；实现税收收入 344.98 亿元，同比增长 28.2%；完成全社会固定资产投资 430.83 亿元，同比增长 10.8 %；实际利用外资 44.48 亿美元，同比增长 16.9%，占全市的 60.09%。2018 年 4 月 27 日，前海举办了以“改革开放再出发——新平台、新标杆、新作为”为主题的前海蛇口自贸片区挂牌成立三周年系列活动，发布了三年来改革创新的重要成果，引发社会普遍关注。当天，广东自由贸易试验区三周年制度创新 30 个最佳案例出炉，前海蛇口片区有 18 项入选，充分彰显了前海“制度创新策源地”和“改革开放试验田”的作用。

### （三）珠海横琴新区片区

珠海横琴新区片区面积为 28 平方千米，同横琴新区规划到 2020 年的可使用面积一致，共包括 5 个区块：临澳区块 6.09 平方千米，东至契辛峡水道，南至大横琴山北麓，西至知音道，北至小横琴山南麓；休闲旅游区块 10.99 平方千米，东至契辛峡水道，南至南海，西至磨刀门水道，北至大横琴山；文创区块 1.47 平方千米，东至天羽道东河，南至横琴大道，西至艺文二道，北至港澳大道；科技研发区块 1.78 平方千米，东至艺文三道，南至大横琴山北麓，西至开新一道，北至港澳大道；高新技术区块 7.67 平方千米，东至开新二道，南至大横琴山北麓，西至磨刀门水道，北至胜洲八道。

1. 设立背景

横琴新区地处珠海市横琴岛，毗邻港澳，是继上海浦东新区、天津滨海新区后，我国设立的第三个国家级新区。2009 年，国务院批复同意《横琴总体发展规划》，将横琴岛纳入珠海经济特区范围，要求推进与港澳紧密合作、共同发展，逐步把横琴建设成为“一国两制”下探索粤港澳合作新模式的示范区、深化改革开放和科技创新的先行区、促进珠江口西岸地区产业升级的新平台。2011 年 7 月，《国务院关于横琴开发有关政策的批复》同意横琴实行比经济特区更加特殊的优惠政策，实行全国首创的“一线放宽、二线管住、人货分离、分类管理”的分线管理通关制度和特殊的财税政策，加快横琴开发，构建粤港澳紧密合作新载体，促进澳门经济适度多元化发展和维护港澳地区长期繁荣稳定。2014 年 12 月，国务院批复设立中国（广东）自由贸易试验区，珠海横琴新区片区为其三大组成区域之一。2015 年 4 月 23 日，横琴自由贸易试验区正式挂牌运作。

2. 功能定位

珠海横琴新区片区为内地唯一同时毗邻港澳的国家级新区、自由贸易试验区，珠海为三大重大粤港澳合作平台之一。根据国务院《中国（广东）自由贸易试验区总体方案》，横琴重点发展旅游休闲健康、商务金融服务、文化科教和高新技术等产业，建设文化教育开放先导区和国际商务服务休闲旅游基地，打造促进澳门经济适度多元化发展的新载体。

按照海关监管方式划分，试点有关货物贸易便利化和现代服务业发展的制度创新。

3. 区位优势

（1）毗邻港澳的区位优势。横琴与澳门一水相隔，两地间最窄处仅 180 多米，因为港珠澳大桥，珠海成为唯一与香港、澳门陆路连通的内地城市，在学习借鉴香港、澳门自由港经验，在打造国际高水平的自由贸易试验区方面具有得天独厚的区位优势。

（2）粤港澳重大合作平台优势。区内建设有粤澳合作产业园、澳门青年创业谷等多个粤澳合作平台，集聚一大批世界和中国 500 强企业、港澳企业，随着粤港澳大湾区的建设、港珠澳大桥的全面通车使用，将在深化港澳与内地融合、建设“一国两制”合作示范区方面发挥更大作用。

（3）区域功能及政策叠加优势。同时兼具国家级新区、自由贸易试验区、跨境电子商务综合试验区等多种不同类型的区域身份，具备这些区域功能和政策的叠加优势，实现功能、政策的叠加发展。

（4）联动发展优势。周边有珠海保税区、珠澳跨境工业区、高栏港综合保税区（海关特殊监管区域）、洪湾港、高栏港（海港）、珠海机场（计划申请的空港），广珠轻轨（铁路），码头、仓储、物流、产业基础好，可实现上述资源的共享、共用，实现联动发展，增强发展效能。

**4. 相关政策**

（1）通关方面。

①将横琴与澳门之间的口岸设定为“一线”管理，将横琴与内地之间的口岸设定为“二线”管理，实行“一线放宽、二线管住、人货分离、分类管理”的分线管理通关制度（目前，国内实行该制度的区域有两个地方，另外一个是福建平潭综合试验区）。

②允许澳门单牌车辆进入横琴，并仅限在横琴境内行驶。

③横琴口岸实行24小时通关。

（2）税收方面。

①对从境外进入横琴的与生产有关的货物实行备案管理，给予免税或保税，生活消费类、商业性房地产开发项目等进口的货物以及法律、行政法规和相关规定明确不予免税或保税的货物除外。

②对设在横琴的企业生产、加工并经“二线”销往内地的货物照章征收进口环节增值税、消费税。根据企业申请，试行对该货物按其对应的进口料件或按实际报验状态征收关税。

③对横琴企业之间的货物交易免征增值税和消费税。

④在制定产业准入及优惠目录的基础上，对横琴符合条件的企业减按15%的税率征收企业所得税。

⑤在横琴工作的香港、澳门居民涉及的个人所得税问题，暂由广东省政府按内地与香港、澳门个人所得税负差额对香港、澳门居民给予补贴。纳税人取得的上述补贴免征个人所得税。

（3）其他方面。

①横琴内建设商业性生活消费设施和开展商业零售等业务，发展旅游休闲、商务服务、金融服务、文化创意、中医保健、科教研发和高新技术等产业。

②横琴内允许人员居住和自由进出。

③横琴环岛不设置隔离围网，但设置环岛巡查及监控设施。

**5. 总体发展情况**

截至2018年4月，横琴自由贸易试验区挂牌三周年来，横琴企业突破4.58万家，注册资本达2.4亿元；44家世界500强企业落户，注册企业126家；72家中国500强企业落户，注册企业197家。实际落地项目投资超5000亿元，在建重大项目113个，总投资3859亿元。地区生产总值（GDP）从68.03亿元（2015年的数据，下同）增长到183.6亿元，年均增长39.23%；固定资产投资从246.81亿元增长到412.31亿元，年均增长18.66%；吸收和利用的外资从2.56亿美元增长到6.7亿美元，年均增长37.77%；一般公共预算从26.68亿元增长到50.06亿元，年均增长23.34%。

在制度创新方面，实际落地310项制度创新成果，其中两项为全国自由贸易试验区制度创新最佳案例，21项改革创新项目为广东自由贸易试验区制度创新案例；51项改革创新措施在广东省内复制推广。

## 三、建立历程

2014年12月，国务院决定设立中国（广东）自由贸易试验区，广东自由贸易试验区涵盖三个片区：广州南沙新区片区（广州南沙自由贸易试验区）、深圳前海蛇口片区（深圳蛇口自由贸易试验区）、珠海横琴新区片区（横琴自由贸易试验区）。

2015年3月24日，中国共产党中央政治局审议通过广东自由贸易试验区总体方案。

2015年4月20日，国务院印发《中国（广东）自由贸易试验区总体方案》。

2015年4月21日，广东自由贸易试验区在广州南沙新区举行挂牌仪式。

2018年5月4日，国务院印发《进一步深化中国（广东）自由贸易试验区改革开放方案》。

## 四、监管新政介绍

中国（广东）自由贸易试验区挂牌成立近四年来，围绕广东自由贸易试验区建设，广州、深圳和拱北海关全力推进广东自由贸易试验区制度创新及复制推广工作，为广东自由贸易试验区打造“两区一枢纽”做好监管服务。广东自由贸易试验区海关累计推出43项海关监管创新制度在全省范围复制推广。其中，广州海关在南沙片区首创“互联网+易通关”、快速验放机制、进出口商品全球质量溯源体系、会展检验检疫监管新模式，积极推进跨境电子商务网购保税进口、钻石保税展示交易、保税融资租赁、甲醇期货保税交割、“CEPA 食品”检验监管、市场采购等业务发展。跨境电子商务监管模式被商务部联席会议确定为2015年全国自由贸易试验区“八大最佳实践案例”，会展检验检疫监管新模式被商务部等五部委联合发文确定为第三批全国改革试点经验；深圳海关在前海蛇口片区推进“5+N”改革项目群，支持“保税+实体新零售”、全球中心仓、跨境电子商务特殊区域出口、陆空联运出口等业务发展，率先推动“仓储货物按状态分类监管”落地并叠加多种业态；拱北海关根据横琴新区片区毗邻澳门的特点，首创推出“知识产权易保护”、澳门单牌车便利进出横琴、内地和澳门海关小客车机检结果参考互认等制度，推动粤澳中医药产业园、澳门青年创业谷等重大项目建设，配合地方政府开展横琴口岸查验机制创新，推进横琴新区片区、珠澳跨境工业区、珠海保税区联动发展。

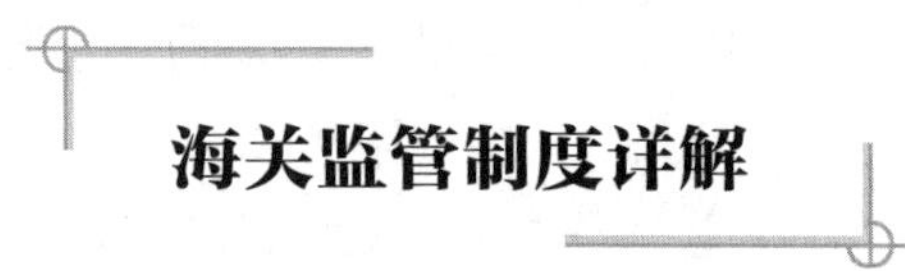

## 海关监管制度详解

### 一、通关便利化

#### （一）“互联网+易通关”（广州）

为支持中国（广东）自由贸易试验区广州南沙新区片区的建设，进一步提升进出口企业通关便利化水平，广州海关运用“互联网+”理念，将海关监管与互联网平台深度融合，精简优化海关作业流程，企业通过互联网，可随时随地、便捷自助办理报关、查验、缴税及加工贸易等业务。“互联网+易通关”模式包括“互联网+自助报关”“互联网+提前归类审价”“互联网+互动查验”“互联网+自助缴税”“互联网+加工贸易”五项措施。

**1. 互联网+自助报关**

所有向海关报关的海关注册登记企业，可基于互联网实现向海关录入和申报报关数据。依托互联网平台，打破当前报关模式存在的时空限制，实现企业通过互联网随时随地向海关免费、便捷报关，可通过关注微信公众号实时查询报关单状态。

**2. 互联网+提前归类审价**

企业通过企业专用公务邮箱提交“中华人民共和国海关商品预归类申请表”或“进口货物价格预审核申请单”及相关商品资料，海关按照相关规定办理。

**3. 互联网+互动查验**

海关通过互联网向企业推送查验通知，海关查验时，企业派人员到场的，按现行查验作业模式开展查验作业；进出口货物收发货人或者其代理人不到场的，可委托海关监管场所经营人或查验服务单位经营人代理履行到场义务，并在查验记录上签名确认。查验完成后，海关将查验结果通过互联网告知进出口货物收发货人或者其代理人。如果查验有问题的，通知进出口货物收发货人或者其代理人到场处理；查验没有问题的，企业可在“零跑动”“零耗时”“零成本”的情况下办完所有查验手续。

4. 互联网+自助缴税

已开通电子支付的企业，可以通过电子税费支付系统实现自助缴纳税款。在通关过程中可不前往现场打印纸质税单，如有需要，可以在货物放行后自行或由其授权代理人至相关海关业务现场领取税单。

5. 互联网+加工贸易

企业可基于互联网实现自主录入业务数据并向海关申报。依托互联网平台，取消申报门槛限制、免除申报费用，叠加自助上传单证、分类人工审核、电子自动审核等智能化措施，实现企业通过互联网随时随地向海关免费、便捷申报。“互联网+加工贸易”模式涵盖了底账设立（备案）、底账变更、外发加工、深加工结转、内销征税、报核核销六项加工贸易主要业务。

企业可在广州海关官网主页上的广州海关互联网报关专栏免费下载报关软件，海关免除报关环节所有费用，实现企业“零成本”报关。企业（用户）可关注微信公众号“广州海关 12360”，在自定义菜单“自助查询”中实时查询报关单状态。手机用户可网上下载“广州海关移动”APP（目前仅提供 ios 版和安卓版），实时查询报关单状态。

### （二）快速验放机制（广州）

快速验放通关是企业提前申报，海关实施货物到场快速分流验放的通关模式。海关通过创立提前申报、再造监管流程等通关模式，实现“进口货物船边分流，即卸即放”“出口货物卡口分流，即放即装”，对需要查验的货物优先实施快速机检，不需查验的货物即卸即放、直通放行。海关以“顺势监管”为理念，通过提前申报前置办理接审单、征收税费等业务，将传统“串联”作业模式调整为“并联”作业模式，在船舶到港或货物进闸时推送随机查验信息，货物根据海关查验信息决定流向。同时，以提前申报为基础，以信息化系统作为平台，以发挥机检查验设备快速查验的优势为突破口，通过广州海关海运物流智能化监管系统将海关放行和查验信息发送给码头，实现“进口货物船边分流，即卸即放”“出口货物卡口分流，即放即装”，较好地适应南沙自由贸易试验区的实际物流运作。

### （三）粤港跨境货栈监管制度（广州）

经海关注册登记的区内企业，建立以提单为管理基础的提单电子底账，采用粤港跨境快速通关模式，叠加“电子关锁”和“智能化卡口”措施实现货物在香港机场等境外口岸与南沙保税港区之间便捷式快速通关的作业模式。在该模式下，企业在进境环节快速通关，无须在香港机场货站理完货后再报关进境，提高物流运作效率。海关将货栈视为香港机场的二级货站，在海关特殊监管区域内设立专门的处理区域供企业进行理货和存储；以货栈为单元，企业以实际提单为数据基础建立货栈账册，还原真实交易信息。同时，精简申报，便利货栈货物进口时无对应提单和运输工具的报关手续。

粤港跨境货栈相比较传统粤港转关操作，既优化了海关监管，又为企业节省了资源和成本，主要体现在以下方面：物流转运时间和处理效率大大提高，比传统操作快了3~7个工作日；实现“一单到底”操作流程，相比传统转关操作的繁琐文件要求，极简了文件作业方式，货物无须因文件资料而在香港停留；真正实现国际进口货物在南沙交货的贸易，为国内收货人进一步节省了成本，相比传统操作办法能为加贸企业节省70%以上的成本。

### （四）深港陆空联运改革（深圳）

深圳海关创新实施深港陆空联运改革，对于特殊监管区域内拟出口且经香港航空分拨的货物，按照航空运输要求，先在特殊监管区域内打包装卸到航空载货板上。依托“跨境一锁”计划及跨境快速通关方式，将货物的查验等手续前置到特殊区域内，货物在出区到公路口岸的离境过程中原则上只进行一次查验。

该监管模式创新点体现在：一是实现出口香港空运打板货物的无缝对接。通过将香港机场空运打板理货服务前置到前海湾保税港区，以出口“卡车航班”方式，对口岸中控货物采取非侵入式查验，解决货物拆箱后重新打板的问题。二是实现海关监管链条的闭环。通过与香港海关的进一步合作，将两地海关的监管形成闭环，通过技术协作、信息共享、执法互助，形成对出口空运打板货物的全程监管。三是进一步发挥供应链协同作用。利用供应链整合上下游资源，融合各方利益，发挥政府管理协同效应，对进出口贸易施行综合治理。

通过将货物理货打板环节前置到特殊监管区域以及使用关区一体化实现“先查验、后打板、口岸直通”，实现了货物从前海理货到香港飞机起航的时间可控、航班可选、舱位可订等全程可预期，节约了货物在香港二次仓储、理货、打板的时间和资金成本，构建起了深港贸易无缝链接通道，进一步促进了深港协同发展，预计节约约25%的企业物流时间、约66%的物流成本。

### （五）陆路跨境快速通关（深圳）

“陆路跨境快速通关”是指允许经海关注册登记的特殊监管区域企业采用跨境快速通关和先入区后报关模式，叠加“电子关锁”和“智能化卡口”措施实现货物在境外陆路口岸与特殊监管区域之间快速通关的模式。

改革前，境外陆路口岸与特殊监管区域之间的货物流转需通过转关的方式，企业需申报两次，可能涉及两次查验，通关效率不高，而采用陆路跨境快速通关和“先入区、后报关”模式，改变传统先报关、后入区的作业模式，将一线进境货物入区环节前置，并通过综合运用“电子关锁”和“智能化卡口”等电子科技手段，减少人工申报核销、施封和验封等环节，实现特殊监管区域与口岸间通关流程的智能控制，车到起闸、即到即放，可节省将近一半的通关时间。

### （六）已放行出口货物“先装船后改配”（深圳）

在不改变海关 H2010 通关管理系统、报关单和舱单基本作业规范要求的前提下，对海关已经放行的出口货物，在船代（船舶代理的简称）企业非工作时间段无法及时发送改船报文的情况下，通过码头建立出口集装箱装船全程信息管理系统，实施“先装船后改配”业务模式，由码头根据物流实际先装船，第二天在船代上班后补发改船报文，海关对应办理相关手续，前海蛇口自由贸易试验区码头出口已放行货物可实施全天候 24 小时改船作业。

改革前，出口已放行货物如需改船，必须通过船代企业发送舱单“改船报文”，该项操作只能在船代企业上班时间内完成。改革后，企业可向码头企业申请，码头企业根据实际物流需要，在收到海关“舱单放行”信息的情况下，先行办理实际装船手续，船代企业在第二天工作时间及时向海关发送舱单“改船报文”。

实施已放行出口货物“先装船后改配”，可实现出口已放行货物 24 小时改船作业，同时船公司可自由配载，提高了船公司的舱位利用率，降低了作业成本、物流运输成本，夜间到港国际班轮从装船到离港时间平均缩短约八小时，有效提升了前海蛇口片区码头在深港、泛珠江三角洲区域的竞争优势。

### （七）邮轮母港智能化通关模式（深圳）

深圳海关推行实施邮轮母港智能化通关模式，允许旅客在柜台办理登轮手续时对大件行李进行托运，实现小件行李随身携带、大件行李托运的分离过关。依托码头行李分拣线，分离正常旅客行李与高风险旅客行李，方便正常旅客快速通关，并通过码头验票闸口引导被布控行李所属旅客前往查验台查验，提高查验效率和通行效能。依托码头行李分拣线实现对托运行李的快速布控拦截，旅客可在办理登船手续时办理行李托运手续。旅客可于五分钟内办理完成行李托运手续，通关效率大幅提高。

该通关模式创新点：一是完善软硬件配套设施，实现智能化通关。设计打造“自助通关—智能分类—风险选查”的智能化通关模式，在进境、出境通关现场分别设置智能旅客通道 13 条、8 条，满足旅客自主通关、海关智能监管的需求。二是优化通关流程，打造空港式服务。联合香港机场、船公司、航空公司等部门，为前往香港机场去乘坐直飞航班的旅客提供行李联程托运服务，实现旅客可“港口托运、下机领取”行李。依托码头行李分拣线，分离正常旅客行李与高风险旅客行李，方便正常旅客快速通关。三是搭建沟通平台，推动部门间协调畅通。建立码头、船公司等联检口岸部门重大事项联席会议制度。开展邮轮供船食品关检联合作业，通过关检协同作业节约供船食品通关时间，提高作业效率。

### （八）内澳海关小客车机检结果参考互认（拱北）

拱北海关与澳门海关签署合作协议，对经横琴口岸进出境的两地牌小客车（七座及七座以下），在接受一方海关机检时检查正常，且车辆按照规定路线行驶以及没有异常停留的，另一方海关对驾驶员主动提交由检查方海关加盖专用印章的“来往澳门汽车进出境签证簿”后，车辆一般情况下可免于第二次机检。

### （九）澳门单牌车进出横琴便利监管措施（拱北）

澳门单牌车便利进出横琴政策为国家支持横琴新区发展、促进澳门经济适度多元化发展而赋予的重要政策，也是惠澳十九项措施之一，于2016年12月20日正式实施。海关在其中的监管主要体现了四个方面的便利：一是建立地方政府、公安交管、口岸查验单位多部门分工协作综合监管机制，各部门职责明晰、共抓共管；二是对车辆进出境备案实行“单一窗口”管理，申请人“一次性”提交备案材料后，改变以前向不同部门分别备案的做法，简便备案手续，方便备案信息部门间共享；三是实现地方系统与海关业务系统的有效对接，开发车辆“越界报警系统”，海关和交管部门同步获取车辆越界信息，方便查处违法车辆；四是在风险可控的情况下，对出入横琴的守法澳门机动车辆实行免予收取税款担保的优惠措施。

### （十）优化国际转运货物监管流程（广州）

为提升国际转运货物的通关时效，支持南沙新港国际转运业务的发展，广州海关自2015年3月24日起，对南沙新港国际转运货物监管流程进行了优化。优化后的国际转运货物新监管模式包括标准模式和提前申报模式，采用数据提前申报、数据自动转换、全程无纸化等方式，实现国际转运货物理货报告和运抵报告由码头即时卸船数据自动生成。国际转运提前申报模式实现前置办理理货报告、运抵报告、转运准单，国际转运货物离境前，国际转运自动验放子系统抓取码头生产作业系统装船数据与转运货物装载舱单进行自动校验，实现了严密的物流监管，大大提高了企业通关效率，降低了物流成本。

### （十一）进口食品检验前置及第三方结果采信制度（拱北）

与澳门特别行政区经济局深化监管合作，基于企业自愿申请的原则，由澳门符合资质的第三方检验机构在货物进口前实施检验并出具检验证书或者检测报告，横琴海关将其作为进口食品合格评定依据之一，实施快速验放。

### （十二）全面实施智能化监管（原广东出入境检验检疫局，以下简称原广东局）

构建基于大数据理念的随机布控、风险布控、稽查布控相结合的审单布控体系，设置审单布控规则700余条，精准识别分析数据化申报信息，在无须检验检疫人员人工介入的情况下，实现自动审单、自动报检受理、自动分转单、自动签发通关单、自动发送放行/查验指令、自动归档等智能化通检业务。

## 二、保税监管

### （一）加工贸易全程无纸化（广东分署）

加工贸易企业按照《中华人民共和国海关加工贸易货物监管办法》等规定申报办理加工贸易手册设立至核销等各环节业务时，通过联网数据传输、纸质单证扫描等方式申报电子数据。通过信息化手段，实现数据在海关内部各业务环节、岗位以及海关与地方商务主管部门、银行等系统间流转，按照“守法便利、违法惩戒”的管理理念，实施风险式、智能化审核作业，从而实现手册设立至核销等各业务环节的申报无纸化、审核智能化、管理电子化。

### （二）“互联网+”加工贸易边角废料内销网络交易（广东分署）

企业（用户）可基于互联网将加工贸易边角废料、副产品和经海关同意进行销毁处置后仍有实际价值的残次品、受灾保税货物等保税货物遵循市场交易秩序，实现网上拍卖，并以网上拍卖的成交价格审定内销完税价格，解决目前加工贸易边角废料内销存在的灰色交易多、估价征税难、手册核销慢等问题。

### （三）“全球中心仓”监管模式（深圳）

深圳海关在实施“仓储货物按状态分类监管”政策的基础上，在前海湾保税港区内支持企业设立全球集拼分拨中心，实现保税与非保税货物同仓存储、进口与出口同仓调拨、小额交易与大宗贸易同仓交割、内贸与外贸同仓一体，通过“一区多功能、一仓多形态”的监管创新，使原来需要存储于多个地区、多个仓库的多种物流及贸易形态在一个中心仓内一站式完成，企业可以更加灵活运用两个市场、两种资源，最大限度发挥自贸制度创新和海关特殊监管区域政策红利的优势。

该监管模式创新点体现在两方面：一是实现非保税货物入区。落实“仓储货物按状态分类监管”政策，允许非保税货物以非报关方式入区，与一线入境的保税货物拼装后出口离境或转成进口后出区。二是实现园区账册的互联互转。先行先试保税港区管理账册的互联互转，包括保税账册和非保税账册、普货账册和电商账册等不同类别账册的互联互转，为多种贸易方式的分拨、集拼等提供便利。

通过赋予仓库“一区多功能、一仓多形态”的模式，企业可在同一仓库经营不同贸易形态的货物，有利于企业同时开展内外贸业务，拓展了企业的经营范围，增强经营灵活性。通过园区账册的互联互转，实现了货物“足不出户”便可转换货物贸易状态，进一步降低了企业物流成本，提高了竞争力。同时，有效整合了供应链物流企业在境外设立的海外仓、在区内设立的保税仓以及在境内区外设立的普通舱，实现三仓合一，有效降低企业成本，提高经营效益。

### （四）“保税+实体新零售”（深圳）

“保税+实体新零售”是指企业在开展保税展示交易业务的同时，选择在人流密集的商业零售中心开展试点，在保税状态下将货物从海关特殊监管区域运至零售中心进行展示与销售，对内销商品按月进行集中申报，办理征税进口手续。对具备条件的地区，可叠加跨境电子商务业务，实现“线下体验、线上交易（O2O）”，丰富保税展示交易功能业态，实现保税展示与零售业态的结合。同时，依托进出口商品质量溯源体系，对进出口商品风险进行监测并发布预警，对一般贸易产品实行预检验和集检分出的监管模式，通过溯源体系网络查询或手机扫描即可获取相关消费提示。

海关在人流密集的大型商业体和链条式的连锁商业中开展试点，使改革实践落地在流量口上，使政策红利与商业价值得到结合，实现实体新零售与保税贸易的融合发展。通过保税展示交易及“先销后检”共同为保税贸易提速减负，使老百姓在改革中得实惠。将“三单”管理、分类监管等理念赋予保税展示交易，通过对接企业仓库管理系统（WMS）和展示展销系统，简化通关手续，使贸易能够更加贴近人民大众的消费习惯。同时，将溯源体系应用在“保税+实体新零售”新模式上，实行了产地验证及品质验证，大大提振了消费者购买跨境电子商务产品的信心。

## 三、企业管理

### （一）海关工商联合管理机制（拱北）

建立海关—工商联合管理机制，开展进出口企业联合实地检查，参考互认检查结果；探索实施高风险企业协作监管，加强信息互换共享、知识产权保护、政府智能化监管服务、失信企业联合惩戒等方面的合作。

### （二）进出口货物收发货人注册登记无纸化（广州）

进出口货物收发货人可登录“‘互联网+海关’关区特色政务服务（广州）网站”或“广州海关12360”微信公众号的“线上海关”，进入“企业无纸化”注册模块，选择要办理的业务事项，录入申请信息，自主选择领证方式，在线自助打印电子版注册证书，并对全程办理状态进行实时查询。海关运用“互联网+”技术，与地方商务主管部门信息平台信息进行实时、全面对接，后台自动验核企业数据的真实性和准确性，以数据“多跑”代替企业报关员人工现场来回跑动，实现进出口货物收发货人注册登记无纸化操作。

## 四、税收征管

### 旅检小额税款便捷支付（拱北）

进境旅客在进境通关环节需要缴纳进口物品税的，可以选择通过微信、支付宝等方式完成税款缴纳，拓宽了原有的只能通过银行窗口以现金缴纳税款的进口物品税缴纳方式，顺应支付潮流、丰富支付方式、缩减税款缴纳时间、提高通关效率。同时解决了税款缴纳受银行网点以及营业时间限制的问题，对通关时间长及人流量大的口岸具有较强的现实意义。

## 五、检验检疫

### （一）建立市场采购出口商品集中检管模式（原广东局）

依托信息化管理平台，建立“线上平台+线下检管场+质量追溯”组合监管模式，对组货单位、发货人实施备案管理，掌握出口商品厂家、质量、采购地等信息；通过“智检口岸”大数据分析企业诚信、产品风险，进行精准布控，查验比例降低 90%，验放周期由 2~3 天缩短为 16 分钟。

### （二）率先建立进出口商品全球质量溯源体系（原广东局）

依托信息化管理平台，通过采集商品从生产、贸易、流通直至消费者的全生命周期的碎片化质量信息，以大数据分析和云计算为手段，形成以标准、质量为核心内容的全链条、闭环式大质量管理机制，以溯源码为介质，实现商品价值的真实传递。全球质量溯源体系推出以来，得到境内以及美国、澳大利亚、西班牙、意大利等多个国家相关机构、行业协会和企业的积极响应和积极参与。截至 2017 年底，已覆盖全品类商品，共发码 4487 万个，货值达 504 亿美元，448 万人次进行溯源查询，遍布全球四大洲。

### （三）创新“CEPA 食品”检验监管新模式（原广东局）

对符合“CEPA 原产地认定标准”的港澳产食品实施“产地证明+符合性评估+风险监控”合格评定程序，将港澳政府主管部门认可的原产地、卫生证书等以及风险监控结果作为监管依据，口岸通检时间缩短到三小时内，相比传统扣检查验流程减少 11 天以上，2017 年进口量同比增长 100%。推动澳门食品首次以跨境电子商务形式输入内地市场。

### （四）创新会展检验检疫监管模式（深圳、原广东局）

建立入境展品简化备案审批、场馆集中查验、展后核销退运的“前中后”闭环监管体系。主要做法如下：一是为重要展会设立专门的工作机构，展会现场配套业务办公场地，并配有检疫处理室和展品监管仓；二是开通申报、查验、强制性认证产品免办、许可审批四条“绿色通道”，设置专门的展品办理窗口；三是通过网站、微信、宣传册等渠道帮助主办方及参展商提前熟悉法规要求并做好参展准备，在展馆现场提供“一站式”服务，开通会展业务咨询专线；四是开设入境参展人员礼遇通道，凭相关证明优先办理出入境检验检疫手续，对入境参展人员携带物品实施“速查速放”。

目前会展检验检疫监管新模式已在广东省内复制推广，取得了良好的实施效果。一是加快通关速度。在新模式下强制性认证范围内的产品和入境预包装食品、化妆品等展品，流程平均可缩短2~3天时间。入境展品由码头分散查验改为监管仓集中查验，实现即到即查即放。二是提高行政监管效能。实施新模式以来，截获疫情219批次，多次查获肉制品、橄榄油、葡萄酒、格拉巴酒、乌冬面等不合格食品及有安全隐患的赠品，有力保障了展会的顺利举办和入境展品的质量卫生安全。三是促进国际会展业快速发展。一系列科学监管及通关便利措施服务展会，取得了明显的社会效益，2016年第119届广交会共有来自210个国家（地区）的19万境外采购商参展，境外参展企业610家，比2007年刚设立进口展区时增加94.17%。2017年在广州地区共服务保障国际会展47个，受理入境展品申报共426批次，同比增长26%，发现漏报或夹带情况7例，发现木质包装病虫害问题五例，截获易燃易爆危化品一例。

### （五）原产地证“智慧审签”（深圳）

建立原产地证“智慧审签”系统，通过大数据技术建立系统智能审核数据库，将人工判定原产地证签证的要求转换为系统标准化审单规则，利用人机交互方式，实现一般原产地证书、普惠制原产地证书以及双边自贸协定原产地证书的系统自动审签及电子签名。“智慧审签”系统可针对证书种类和货物目的国，使用不同的审单规则进行精准审核，确保了证书审签标准的准确性和一致性。人工复核和签证抽查的结果显示系统审核证书的准确率可达99%以上。在新模式下，企业发送相关证书电子信息后，数秒内即可收到审核结果，证书审签时间大幅缩短。2017年，完成七种证书的智慧审签9041份，涉及货值4.9亿美元，帮助前海蛇口片区企业享受进口方关税减免约1339万美元，相关证书审签效能提升80%。

该模式利用人机交互优势，将人工判定原产地证签证的要求转换为系统标准化的审单规则。相关原产地证书审签模式由传统的人工审核和签名，调整为电子系统智能审核证书和自动打印电子签名，人工仅审核系统判定有风险的或无法判定的证书。同时，“智慧审签”系统创新嵌入学习模块，可自动学习经人工审核的证书审核结果，使系统在运行过程中不断完善智能审单数据库，持续提高智能化程度。

### （六）建立检验检疫“互联网+e证书”模式（深圳）

传统的纸质证书由原质检总局指定专门的印刷厂使用专业用纸印制，成本较高；使用时，从原质检总局到原直属检验检疫局再到分支机构逐级分发，空白证书需专人专岗进行管理，管理效率低；证书拟制需经历拟稿、签发、盖章等多个环节，须随报检资料在业务科室和检务科之间流转多次，流程复杂，耗时较长；虽然纸质检验检疫证书加入了一定的防伪技术，但由于公众对证书缺乏鉴别能力，假证书依然泛滥。

“互联网+e证书”模式是指检验检疫部门在中国检验检疫电子监管系统（以下简称“ECIQ系统”）拟制证书、审核并加注电子签名后，即完成电子证书签发。电子证书数据和证书编号同时发送至“e证书”展示平台——“宜检通服务平台”，通过该平台安全可靠的数据交换方式与ECIQ系统进行数据交换，获取相关数据后进行PC端或移动端展示，企业凭证书编号即可在平台查询并打印证书，此外消费者也可进行证书信息查询，了解商品进口信息，查辨真伪。

2015年8月31日，前海蛇口片区检验检疫机构签发了全国首张检验检疫“e证书”，前海蛇口片区在全国率先正式迈入检验检疫证书“e时代”。2016年6月，深圳海关将电子证书的创新经验在全深圳口岸复制，签证时长经评估平均提速60%以上，可为企业节约通关时间两天。

### （七）实施跨境电子商务保税备货进口小批量CCC（中国强制性产品认证）产品免CCC认证特殊检测处理程序（深圳）

一般的强制产品认证需经过产品型式试验、工厂审核等流程，周期长，难以满足电商企业进口产品新、少、快的需求。深圳海关第一时间根据中国国家认证认可监督管理委员会的相关要求推出了适合电商企业进口需要的方案，对跨境电子商务保税备货进口小批量、未获强制性产品认证的家用电器、玩具等产品，开展“免于强制性产品认证”特殊检测处理程序，满足国内消费者对境外商品的需求，支持跨境电子商务企业业务发展。截至目前，已有电吹风、玩具鸭等26批跨境电子商务进口产品申请并获批。

海关主动服务跨境电子商务产业发展，积极探索跨境电子商务进口小批量模式，对备货模式进口销售的家用电器、信息技术、音视频设备、儿童玩具产品试行免CCC特殊用途进口产品检测处理程序，并将样品费用和检测费用纳入深圳跨境电子商务质量安全监测计划。

针对跨境电子商务小批量 CCC 产品简化审批程序，减免企业样品和检测成本，将样品费用和检测费用纳入深圳跨境电子商务质量安全监测计划，减轻企业负担。2017 年 1 月至 12 月，共办理跨境电子商务进口产品通过免 CCC 特殊用途进口产品检测处理程序进口申请 26 批、2638 台，货值 518 万人民币。

### （八）推进跨境电子商务质量安全试验区建设（深圳）

深圳海关积极推动前海蛇口片区管委会、深圳市经信委联合印发《中国（广东）自由贸易试验区深圳前海蛇口片区建设深港跨境电子商务质量安全试验区工作方案》，联合市场和质量监管委等多个单位，确定了六大建设内容，包括：以创新驱动为动力，激发电商活力；以规范标准为引领，规范电商行为；以诚信约束为根本，强化电商自律；以质量共治为抓手，推动质量提升；以检验认证联盟为平台，实现互认与第三方采信；以公共平台为支撑，以外促内，推动产业聚集发展。具体体现在以下 3 个方面。

一是成立全国首个跨境贸易检验认证联盟。吸引国内外知名检验机构加盟，搭建监管部门、运营企业、检测机构的沟通协作平台，集中技术资源打造高效、便捷的检测平台，为跨境电子商务企业提供可靠、便捷的检验认证服务和政策引导服务。二是开展跨境电子商务质量安全监测。2015—2017 年共监测产品 1353 批（其中 CCC 产品 334 批、工业产品 486 批、食品化妆品 533 批），完成 50139 项次的监测工作，检出不合格产品 308 批，总不合格率为 22.76%（其中 CCC 产品 119 批不合格，不合格率为 35.63%；工业产品 48 批不合格，不合格率为 9.88%；食品化妆品 141 批不合格，不合格率为 26.45%。）。三是注重标准创新引领行业规范发展。在 2014—2016 年累计申请地方标准 9 项、地方规范 2 项，其中《网上交易进口商品质量信息规范总则》为国内首项跨境电子商务领域的地方标准，对规范网上交易的进口商品质量信息具有重要指导意义。

### （九）入境维修“1+2+3”监管模式（深圳）

深圳海关创新摸索出一套“1+2+3”入境维修产品检验监管模式，即“创新一项制度、完善两个管理、落实三种责任”。一是创新入境维修企业“能力评估”制度，从维修软硬件保障、废弃物处理、知识产权保护等多个方面对企业实施能力评估。二是完善“风险管理”和“信息化管理”，对通过能力评估的企业给予其免于装运前检验等便利化通关措施，对其他企业提高抽检和监管比例等措施实施严格管理，同时对已通过能力评估的企业，均利用企业 ERP 系统实现了待维修品及料件入境、维修后的成品复出境监控。三是落实企业、行业协会和监管部门质量共治责任，落实企业质量主体责任。

该模式施行以来，极大地缩短了出口产品返修进程，实现返修周期由原来的区外维修并返回需要的2周时间缩短至区内维修1~2天，维修产品进口金额从2007年的约6000万美元发展到2017年的3.49亿美元，并成功推动国家高新技术产品入境检测维修示范区在福田保税区挂牌。

## 六、其他

### 知识产权易保护（拱北）

加强海关、商务部门和自由贸易试验区所在片区的知识产权交易中心（或具有类似职能的机构）的执法合作，签署多方合作备忘录，建立知识产权保护便捷担保机制。依靠知识产权平台的信用和资本优势，对知识产权权利人向海关提出的扣留侵权嫌疑货物申请的，可由知识产权权利人委托知识产权交易中心向海关办理提交符合法律规定的现金或银行、非银行金融机构担保等海关手续，提高知识产权海关保护的执法效能，便利企业快速维权；引导知识产权企业积极申请知识产权海关保护备案，利用大数据技术，逐步完善企业知识产权信用档案，打造地区企业知识产权信用体系等。

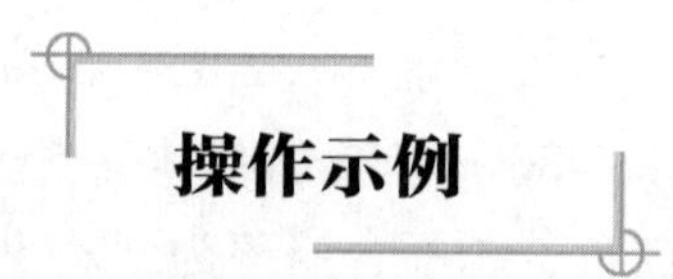

# 操作示例

## 一、"互联网+易通关"（广州）

名幸电子（武汉）有限公司（以下简称"武汉名幸"）于2005年在武汉经济技术开发区注册成立，注册资本73812万元人民币。武汉名幸主要生产设计各类印刷线路板，部分生产原料从日本进口。名幸电子（广州南沙）有限公司（以下简称"南沙名幸"）为武汉名幸的兄弟公司，于1998年年底在南沙经济技术开发区注册成立。武汉名幸和南沙名幸因公司生产安排需求，部分原料进口可统一安排。在传统报关模式下，两家公司进口需分别向属地海关申报，采用转关方式进口，即分别向武汉海关、南沙海关报关，从深圳口岸进口，这样的报关模式不利于两家公司进口时做统筹安排。实行"互联网+易通关"后，两家公司都通过互联网下载安装了报关软件，均可实现随时随地向南沙海关报关，分属于武汉名幸与南沙名幸两家公司的货物可装载于同一个货柜进口，采用"南沙报关、深圳验放"的通关模式，报关数据分别从武汉名幸公司和广州名幸公司发送，向南沙海关申报，实现了自助报关与通关一体化改革模式的叠加。企业由衷感谢"互联网+易通关"改革，认为距离不再是问题，新模式下的通关十分方便快捷。

## 二、“粤港跨境货栈”监管制度（广州）

香港国际机场作为重要的航空物流中心，与珠三角地区的物流往来十分频繁。据统计，目前香港国际机场年处理航空货物超过5万吨，其中有超过70%的空运货物是以珠三角为来源地或目的地。为了便于两地物流往来，广州海关在南沙自由贸易试验区创新开展“粤港跨境货栈”项目，实现香港国际机场与南沙保税港区物流园区之间一站式的“空陆联运”，货物运抵香港国际机场后，可以直接使用拼车方式安排转运至南沙，相当于将香港空运货站货物的收发点延伸至广州南沙，有利于推动更多国际物流在广州南沙集聚。

在“粤港跨境货栈”模式下，企业通过与海关平台对接的物流管理系统一次申报所有数据，基本不用再跑到海关现场递交单证，海关通关环节减少1/3，耗时大幅缩短至6小时以内，极大提升了物流效率。广州盈通物流供应链有限公司的报关主管马小姐说：“粤港跨境货栈”充分利用了香港国际机场丰富的货运航线资源，将其货物的收发点扩展到南沙保税港区进而延伸至珠三角腹地，不仅提高通关效率，还有效满足企业对不同业务的需求。

目前，这种模式已在广州海关关区内的佛山国通保税物流中心复制推广。同样为粤港两地企业津津乐道的，还有粤港海关共同推行的“跨境一锁”计划。该计划与香港海关的“多模式联运转运货物便利计划”对接，实现了内地海关的跨境快速通关。目前，香港已成功覆盖香港国际机场和葵涌货柜码头等12个主要清关点，广东境内涵盖广州和深圳机场、码头、车检场和快件监管中心、跨境电了商务园区等32个清关点。使用该模式的车辆在深圳公路口岸海关卡口实现自动核放，进境车辆在口岸海关停留的时间由原来半小时左右减少至五分钟以内，为企业节约超过10%的货运成本。

## 三、创新“一二三四”跨境电子商务监管体系（原广东局）

按照“在发展中规范、在规范中发展”的总体原则，积极探索、先行先试、大胆创新具有广东特色的跨境电子商务检验监管模式，海关开展了一系列工作，取得了明显成效。

### （一）主要做法

#### 1. 搭建一个平台

依托信息化系统，搭建了跨境电子商务检验检疫公共服务平台，通过信息化手段提高通关效率，实现信息溯源。

2. 实施两个集中

对跨境电子商务商品实施“集中申报、集中查验”，在入境或入区时实施全申报管理，整批入境的实施集中查验，最大限度优化通关流程，简化监管手续。

3. 提出三个清单

对跨境电子商务商品实施清单分类管理，分别发布了负面清单、高风险清单和一般风险清单。对负面清单中的商品禁止采用跨境电子商务方式入境；对高风险清单中的商品实施采信第三方检测和风险监测相结合的监管措施；对一般风险清单中的商品采用快速审核放行方式入境。

4. 采取四项措施

一是实施事前备案。即跨境电子商务企业在开展业务前实施企业备案和商品备案，将监管环节前置，有效提高了通关效率；二是加强事中监测，对涉及人民生命健康和环境生态保护的高风险商品采用验证、认证、监督抽查、采信第三方等多种方式实施风险监测，发现问题立即要求企业实施召回或退运；三是加强事后追溯，建立有效的信息追溯系统，确保“源头可溯、去向可查”。消费者可通过广东智检口岸公共服务平台或手机 APP“CIQ 溯源”扫描商品包装上的二维码，了解包括商品货号、商品名称、商品数量、检验检疫备案号、申报原产国、贸易方式、申报单号、入境口岸、申报企业、申报时间、检验检疫放行时间、电商平台、电商企业等在内的 20 项商品信息；四是实施第三方采信，鼓励获得 CNAS 认证的境外第三方检验机构对跨境电子商务商品出具质量溯源证书，海关部门给予该进口商品绿色通道快速通关。同时将第三方采信与质量追溯体系有机结合，使产品溯源链条延伸至国外。

### （二）实践效果

“一二三四”监管体系采用先进的信息化手段，将申报管理、风险管理、检验监管和溯源管理等工作模块有效结合起来，极大地提升通关效率，直邮进境货物检验检疫通关时间进入“秒时代”，不需拆包的货物每件查验时间缩短为 6 秒。保税进境货物检验检疫通关时间由以往的平均 2 至 3 天缩短为 3 小时以内，风险低、企业信誉高的货物实施现场免查验，查验率降低 90%。同时方便了消费者掌握商品来源、通关方式和检验检疫流程节点及了解商品质量信息，目前跨境电子商务质量溯源平台查询量已达 400 多万次，有效解决了跨境电子商务商品追溯难、维权难的问题，让跨境电子商务商品既检得准又通得快，促进了行业健康发展。新模式带来南沙地区跨境电子商务业务井喷式增长，2015 年入境批次、货值同比分别增长超过 130 倍和 60 倍；2016 年批次、货值同比分别增长 2. 6 倍和 2. 2 倍；2017 年跨境电子商务入境共计 2414. 29 万批次，货值 52. 18 亿元，同比分别增长 59. 09% 和

53.43%。

### 四、旅检小额税款便捷支付（拱北）

该项措施已复制推广到拱北海关多个辖区，其中全国人流量最大的陆路通关口岸——拱北口岸，2018 年第一季度办理移动支付缴税业务数、征收行邮税款同比分别增长 2.77 倍、4.24 倍。北京、天津、广州、福建、陕西、山东、内蒙古等多地海关已开展该项改革。

### 五、内澳海关 H986 机检结果参考互认（拱北）

通过机检结果参考互认，减少对车辆的重复检查，车辆通关时间节约 40%。

# 中国（天津）自由贸易试验区

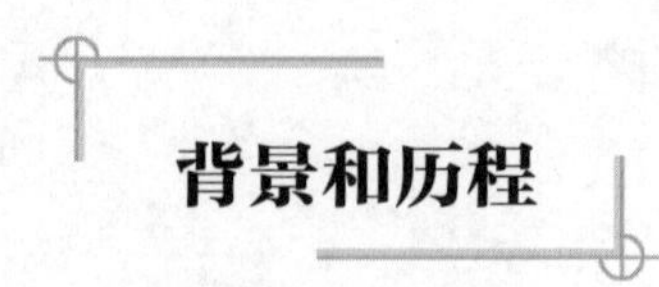

# 背景和历程

## 一、战略解读

建立天津自由贸易试验区是党中央、国务院作出的重大决策，是新形势下全面深化改革、扩大开放和加快推进京津冀协同发展战略的重大举措。天津自由贸易试验区作为北方首个自由贸易试验区，承载着五大国家战略叠加，如京津冀协同发展、滨海新区开发开放、服务“一带一路”倡议等。2006 年，党中央、国务院从我国经济社会发展全局出发作出推进天津滨海新区开发开放的重大战略部署，《国务院关于推进天津滨海新区开发开放有关问题的意见》（国发〔2006〕20 号）“批准天津滨海新区为全国综合配套改革试验区”。按照党中央、国务院的部署，结合天津滨海新区实际，天津市制定《天津滨海新区综合配套改革试验总体方案》（以下简称《方案》），提出“以东疆保税港区建设为龙头，推进保税区、出口加工区和保税物流园区等海关特殊监管区域和场所功能整合、政策叠加，完善与周边地区和内陆腹地的保税物流体系”“条件成熟时，进行建立自由贸易港区的改革探索”。

## 二、概况

中国（天津）自由贸易试验区的实施范围为 119.9 平方千米，涵盖三个片区：天津港片区 30 平方千米（含东疆保税港区 10 平方千米），天津机场片区 43.1 平方千米（含天津港保税区空港部分一平方千米和滨海新区综合保税区 1.96 平方千米），滨海新区中心商务片区 46.8 平方千米（含天津港保税区海港部分和保税物流园区四平方千米）。其中涉及的海关特殊监管区域包括：保税区海关所辖的天津港保税区、天津保税物流园区和天津滨海新区综合保税区、东疆海关所辖的天津东疆保税港区。非海关特殊监管区域分别由天津海关隶属新港海关和保税区海关主管。

按区域布局划分，天津港片区重点发展航运物流、国际贸易、融资租赁等现代服务业；天津机场片区重点发展航空航天、装备制造、新一代信息技术等高端制造业和研发设计、航空物流等生产性服务业；滨海新区中心商务片区重点发展以金融创新为主的现代服务业。

按海关监管方式划分，自由贸易试验区内的海关特殊监管区域重点探索以贸易便利化为主要内容的制度创新，开展货物贸易、融资租赁、保税加工和保税物流等业务；非海关特殊监管区域重点探索投资制度改革，完善事中事后监管，推动金融制度创新，积极发展现代服务业和高端制造业。

天津自由贸易试验区的三个片区已形成了以航运、贸易、物流、先进制造业和金融创新为主的现代服务业，形成一个良性协同发展的产业格局。区内有保税港区、保税区、综合保税区、保税物流园区等海关特殊监管区域，开放形态较为完整，能够充分地进行贸易投资便利化和自由化以及金融的创新试验。在管理体制、监管机制等方面，区内经营者在通关、金融、财政、投资等方面享受非常全面的优惠措施，与区外企业相比，能够获得低成本和高效率带来的利益，因此具有强有力的吸引力。

天津自由贸易试验区成立以来，经过各部门的共同努力，取得了较大发展。自天津自由贸易试验区设立至 2018 年 9 月 30 日（下同），天津自由贸易试验区新登记市场主体 5.01 万户，是自由贸易试验区设立前历年登记市场主体户数的 2.2 倍，注册资本（金）1.79 万亿元人民币。在新增市场主体中，注册资本（金）超 10 亿元的有 341 户，超亿元的有 3069 户。2017 年，三个片区一般公共预算收入为 226 亿元，增长了 11.4%；实际利用外资额为 28 亿美元，增长了 12.1%；外贸进出口总额为 2560 亿元，增长了 32.8%。天津自由贸易试验区用占天津市 1%的面积创造了全市约 12%的地区生产总值、近 10%的一般公共预算收入、25%的实际利用外资额和三分之一的外贸进出口额。三年多来，天津市向国务院自由贸易试验区工作部际联席会议办公室上报了四批 127 项成效明显的试点经验和 31 个创新实践案例，其中的 15 项经验和三个案例先后在全国复制推广，推出了两批 73 项全市复制推广措施，彰显了改革开放试验田的作用。

## 三、建立历程

2008 年 3 月，《国务院关于天津滨海新区综合配套改革试验总体方案的批复》（国函〔2008〕26 号）原则同意该《方案》。这是中央在给予天津的战略规划中首次谈及自由贸易区问题。

2011 年 5 月，国务院下发《国务院关于天津北方国际航运中心核心功能区建设方案的批复》，明确“通过推进东疆保税港区船舶登记、国际航运税收、航运金融和租赁业务试点，深化综合配套改革，加快天津北方国际航运中心建设步伐，促进天津滨海新区调整优化产业结构，转变经济发展方式，增强自主创新能力、国际竞争力和辐射带动力，早日建设成为我国北方对外开放的门户、高水平的现代制造业和研发转化基地、国际物流中心。”

2014 年 12 月 12 日，国务院常务会作出增设广东、天津、福建三个自由贸易试验区的重大决定。2015 年 3 月 24 日，中共中央政治局审议通过《中国（天津）自由贸易试验区总体方案》，同年4月21日，中国（天津）自由贸易试验区正式挂牌。

## 四、监管新政介绍

为支持天津自由贸易试验区的建设，天津海关按照海关总署、原国家质检总局的统一部署及天津市委、市政府的相关要求，认真履行监管服务职责，从发挥辐射带动作用、促进贸易便利化、支持新型业态发展、培育法治环境等方面，创新监管制度，2015年4月21日，天津自由贸易试验区挂牌成立以来，共出台77项创新制度。在2016年地方政府组织的由毕马威主导的第三方评估中，天津海关承担的九项创新举措被评估为全国首创，占天津自由贸易试验区全部原始创新举措的34.6%，分别是“自主核销”新型加工贸易监管方式、租赁飞机联动监管、融资租赁大型设备海关异地监管、简化国内采购物料登记手续、京津机场联动、京津冀区域通关一体化、创新进境饲料原料加工等特定商品检验检疫监管制度、创新国际配送商品检验检疫监管制度、深化京津冀检验检疫一体化改革。

2015年初，天津海关制定《关于支持中国（天津）自由贸易试验区建设的总体设想》，指导思想是：“打造一个高地、构建两个体系、实现三个目标、落实四类措施”，即：打造海关监管制度创新的新高地，构建新型保税监管体系和通关管理体系，实现优势叠加、口岸辐射、贸易便利的目标，推动海关支持天津自由贸易试验区建设的四大类措施落地。天津海关对外发布三批共29项创新制度。2015年4月22日对外发布第一批18项措施：保税货物自行运输制度、统一备案清单、选择性征税制度、集中受理保税仓库和出口监管仓库业务申请事项、“批次进出、集中申报”制度、简化无纸通关随附单证、集中汇总征税制度、多样化涉税担保制度、融资租赁制度、期货保税交割制度、联网原产地证书电子审核制度、保税展示交易制度、境内外维修制度、认证企业（AEO）优惠措施清单制度、企业信用信息公示制度、取消自由贸易试验区报关企业注册登记许可、企业主动披露制度、引入社会中介机构辅助开展保税监管和企业稽查制度。2015年6月29日对外发布第二批八项措施：航空检测业务、创新自由贸易试验区电子商务货物进口模式、简化国内采购物料登记手续、租赁飞机联动监管、扩大期货保税交割品种和区域范围、融资租赁大型设备海关异地监管、京津冀地区保税展示交易、航空产业“小时包修”和“标准件替换”。2015年7月31日对外发布第三批三项措施：支持开展国际邮轮船员和旅客的消耗品配送业务、创新“自主核销”新型加工贸易监管方式、实行自由贸易试验区范围内海关税收总担保制度。上述29项制度中天津海关自主创新制度19项，复制海关总署推广创新制度10项，其中4项创新制度已在全国复制推广。

天津自由贸易试验区挂牌成立以来，天津海关以加强检疫监管和便利检验服务为原则，为保障人民健康安全、维护动植物生命和健康、保护本国环境安全、促进贸易便利化，不断创新监管方式和提升服务水平，先后出台四批共48项创新制度。2015年4月21日对外发布第一批12项创新制度：第三方检验结果采信制度、全球维修产业监管制度、出入境特殊物品卫生检疫制度、中转货物原产地证签证制度、检验检疫通关无纸化制度、进境货物预检验制度、检验检疫分线监管制度、动植物及其产品检疫审批负面清单制度、京津冀检验检疫一体化制度、天津口岸直通制度、行政审批“一口受理”制度、国际航行船舶电讯检疫制度。2015年8月4日对外发布第二批10项创新制度：保税展示交易/租赁检验检疫管理制度、出入境邮轮检疫制度、国际航行船舶食品供应制度、国际航行船舶无疫通行监管制度、进境饲料原料加工制度、进境动植物检疫审批正面清单、进口机动车第三方检验结果采信、一次性使用卫生用品检验便利化制度、电子商务模式进口服装检验监管便利化制度、进口服装（面料）质量安全预评估制度。2016年3月21日对外发布了第三批18项创新制度：天津口岸“一带一路”过境货物检验检疫管理制度、出入境空运C类快件检验检疫监管制度、出入境航空器卫生检疫分级监管制度、出入境航空器木质铺垫材料检疫监管制度、进口成套设备检验监管制度、进口工业品信用监管制度、平行进口汽车检验检疫监管制度、进境食品检疫审批正面清单制度、转口货物检验检疫制度、进境动植物及其产品风险管理制度、外来有害生物监测防控制度、进口食品和化妆品检验检疫监管制度、进出口食品分线监管制度、食品和化妆品存放及展示企业监管制度、供检测自用进口食品和化妆品监管制度、进口食品预检验制度、再制造产业监管制度、进口工业产品不合格处置制度。2016年7月27日对外发布了第四批8项创新制度：跨境电子商务网购保税模式检验检疫管理制度、国际配送商品检验检疫管理制度、进境动植物源性生物材料检疫监管制度、进口食品“空检海放”制度、进口工业产品分级管理制度、进出境工业产品“即查即放”制度、检验检疫电子服务平台管理制度、检验检疫数据交换平台建设制度。上述48项创新制度中有三项制度（包括一个最佳实践案例和两项创新制度）的改革试点经验由国务院发布，在全国复制推广，京津冀检验检疫一体化新模式作为原质检系统唯一案例入选全国自由贸易试验区“八大最佳实践案例”。在国务院第三批19项改革试点经验中，天津海关上报的保税展示交易/租赁货物监管新模式和国际航行船舶检疫监管新模式被纳入其中，占原检验检疫系统创新制度的40%。

2016年以来，天津海关将制度创新重点从复制推广其他自由贸易试验区先进经验转变为服务企业实际需求，推动平行进口汽车、航空租赁、跨境电子商务网购保税进口等优势、新兴产业的发展。特别是天津海关多次向海关总署等有关部委反映三个月保税存储期限限制平行进口汽车发展的问题，力促商务部等八部门取消平行进口汽车保税存储期限。试点开始以来，46 家试点对象（试点平台五家、试点企业 41 家）获得平行进口机动车资质，天津海关特殊监管区域累计接受平行进口汽车一线入境申报 23.35 万辆，货值 114.87 亿美元；二线出区 21.04 万辆，内销征税 554.25 亿元。天津海关特殊监管区域平行进口汽车数量约占全国平行进口汽车的 80%。

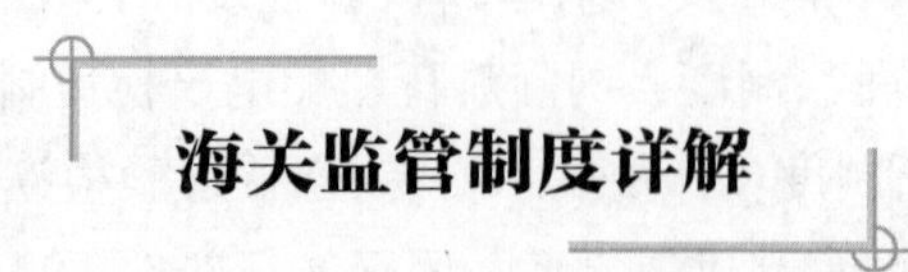

## 海关监管制度详解

### 一、通关便利化

#### （一）第三方检验结果采信制度

在风险分析的基础上，对于自由贸易试验区内部分法定检验的进出口货物，凭检验检疫部门采信的第三方检验检测鉴定机构的报告结果验证放行，不再对货物实施抽样检验，从检验监管转向对检验的监管，逐步实现管检分离，使进出口货物质量安全检验放行模式与国际通行做法和发展趋势接轨。

成效：制度实施以来，已对进口机动车、一次性卫生用品、进口服装实施了第三方采信。其中，进口机动车检测共涉及进口汽车 102328 批次、1072351 辆，货值 469.4 亿美元，为企业节省检测费用约 10714 万元；进口一次性卫生用品检测共涉及进口一次性卫生用品 219 批次、重量 4745 吨，货值 2790.6 万美元，主要产品为婴儿纸尿裤/片、卫生巾等；进口服装检测共涉及进口服装 167 批次，货值 2899.37 万美元。

#### （二）京津冀检验检疫一体化制度

在京津冀区域全面实施检验检疫一体化工作模式，实行区域内“通报、通检、通放”，区域内符合条件的企业可以选择申报地点，区域内检验检疫机构对货物的检验检测结果互认。对经检验检疫合格的货物，企业可以选择区域内的检验检疫机构申领相关单证，办理放行手续。

成效：京津冀检验检疫一体化实施期间（2014 年 7 月 1 日至 2018 年 4 月 20 日），京津冀区域共实施进口直通、出口直放货物 50.68 万批，货值 404.55 亿美元，为企业节省快递、仓储、滞箱费等各项通关成本约 5369 万元，惠及企业两万余家。其中天津企业约 1.2 万家；通关时间平均每批货物节省 0.5 天，每标准箱节约物流成本 120 元。

### （三）天津口岸直通制度

天津海关以与有关兄弟检验检疫机构签署的合作备忘录为基础，对符合条件的经天津口岸进出口的货物，实施直通放行。符合条件的进口货物在实施必要的卫生除害处理或外箱体消毒后，货物直运至目的地，由目的地检验检疫机构对该批货物实施后续检验检疫监管工作。符合条件的出口货物，经产地检验检疫合格后，天津口岸直接放行，不再实施二次查验。

成效：天津本地直通数据为宜家物流分拨（天津）有限公司进口 5427 批，货值 13036. 58 万美元；伊利乳业责任有限公司进口 189 批，货值 3145. 07 万美元；空客 A330 项目进口直通放行 72 批，货值 3721. 84 万美元。2016 年 4 月，全国主干系统（ECIQ）上线后已实现全国检验检疫一体化，天津口岸直通纳入全国一体化范畴。

### （四）转口货物检验检疫制度

该制度对转口货物进行了分类，根据不同类别实施相应的检验检疫管理，确保转口贸易便利化的同时严防疫病疫情传入。对于纯粹转口货物，入境时如包装密封良好，只实施外包装检疫，出境时不再进行检验检疫，企业可申请签发转口证明书。对于经过加工的转口货物，实施卫生检疫、动植物检疫和食品卫生检验；对于未发生实质性改变的，企业可申请签发加工装配证书。对已获得检疫准入的转口食品免予实施检验，免予提供出口国官方证书，免予注册备案。对于涉及审批的转口货物，应提供相应的官方证书和许可证。

成效：该制度明确了不同种类转口货物检验、检疫要求，大大提升了天津口岸转口货物贸易便利化水平。

### （五）天津口岸“一带一路”过境货物检验检疫管理制度

为了支持天津市充分发挥在“一带一路”倡议中的作用，利用检验检疫的职能优势，在防范疫病疫情传入传出、确保国门安全的前提下，采取过境便利措施；明确过境货物准入要求；实施验证检查、核对封识，免于实施品质检验；对来自疫区的经天津口岸过境的集装箱只实施箱体表面消毒。该制度的实施可进一步提升天津口岸“一带一路”过境货物的通关速度，进一步便利对外贸易，促进外贸发展。

成效：该制度主要服务于经自由贸易试验区过境的货物。其中货物种类主要为汽车、食品、粮食、酒类、日用品等，贸易的目的地国家主要为韩国、日本、美国、德国、蒙古国等。

### （六）中转货物原产地证签证制度

对于自由贸易试验区内的中转出口货物，依照对外贸易的需要，根据其实际原产地，由检验检疫机构签发相应的产地来源证明（包括一般原产地证、转口证明以及加工装配证明），并可进行换证、分证、并证操作。此外，对中转货物原产地签证企业按照分类评定条件实施差别化管理。

成效：对中转货物提供原产地签证服务，未加工的签发未再加工证明或原产国证明，加工后符合我国原产地规则的签发相关原产地证明。对出境保税物流仓储货物原产地签证，采取“凭证换发、分批核签”的签证模式。

### （七）进口机动车第三方检验结果采信

明确采信第三方检验检测鉴定机构结果的进口机动车范围、检验标准、申请机构条件、申请材料、申请工作程序、后续监管事项。只要是获得了进出口商品检验鉴定机构许可证书，许可范围为机动车检验检测，且在检测能力、场地设施等方面符合检测工作要求的企业，就可以申请成为第三方检验检测鉴定机构。获批的第三方检验检测鉴定机构的检验结果，将作为合格评定的重要依据，减免相应检验项目的法检费用，大大节省企业成本，有利于优化天津口岸贸易通关环境，推动天津口岸进口汽车产业健康、快速发展。

成效：进口机动车检测共涉及进口汽车 102328 批次、1072351 辆，货值 469.4 亿美元，为企业节省检测费用约 10714 万元。

### （八）进口服装（面料）质量安全预评估制度

进口服装（面料）在装运前（或天津自由贸易试验区出区检验前），企业选择具备资质的第三方检验检测鉴定机构，按照我国国家标准对进口产品实施检测评估，并出具检验报告，待进口时检验检疫机构实施抽批验证等便利化措施，为进口服装企业节约时间和经济成本，加快通关速度，降低贸易风险。

成效：制度实施以来，进口服装（面料）实行质量安全预评估共计 531 批、8214.32 万件，货值 691.01 万美元。进口服装抽批送检比例由原来的 50%降至 10%，通关速度大幅提升，有效地降低了企业成本。

### （九）出入境空运 C 类快件检验检疫监管制度

为了适应天津市国际快件业务快速发展的形势，检验检疫机构对经天津自由贸易试验区出入境的空运 C 类快件（快件运营人在特定时间内以航空运输的方式承运的样品、礼品、非销售展品和私人自用物品），实施便利化检验检疫措施和清单管理制度，明确了禁止以空运 C 类快件形式入境的产品清单，实现了与跨境电子商务形式禁止进境商品名录的有效衔接。对入境空运 C 类快件，应实施检疫的，按有关规定实施检疫，免予检验。该制度的实施可进一步规范出入境空运 C 类快件的检验检疫管理，促进天津自由贸易试验区跨境电子商务直邮模式业务的发展。

成效：制度实施以来，经机场口岸检疫进境 C 类快件共 32452 批、16428907

件。

### （十）出入境航空器卫生检疫分级监管制度

通过对航空公司实施检疫分级管理，对所属不同评级的航空公司的航空器实施不同的检疫监管措施，突出航空公司的检疫风险防控责任主体地位；同时强化卫生监督，确保口岸公共卫生安全。该规定实施后，入境航空器电讯检疫比例明显提升，航空器出入港时间显著缩短。

成效：制度实施以来，已对36家运营国际客货运航线的航空公司实施卫生检疫分级监管，对28079架次航空器实施电讯检疫，对1309架次航空器实施卫生监督，对50872架次航空器实施卫生检疫。大大提高了通关效率，缩短了通关等候时间，为企业减负。

### （十一）出入境航空器木质铺垫材料检疫监管制度

航空器木质铺垫材料是指在航空器上运输货物期间对货物进行承载、铺垫、支撑、加固而使用的材料，货物脱离航空器后，就留在了机场。该制度旨在建立科学高效的检疫监管模式，明确机场仓储货站监管区域的划分，铺垫材料的监管方式、监管项目、合格评定以及不合格处理等内容，有利于规范出入境航空器木质铺垫材料的检疫监管工作，防止林木有害生物随出入境木质铺垫材料传入传出，保障国门生物安全，更好地服务天津自由贸易试验区发展。

成效：制度实施以来，已对机场口岸三家一级仓储货站的铺垫材料使用情况实施日常监管和检疫监管，共计对仓储货站现场巡查108次，现场采取木样435件，检出有害生物67批次，检出木质铺垫材料IPPC标识不合格65批次，并作检疫销毁处理。

### （十二）进口食品“空检海放”制度

该制度在研究分析进口食品相关企业履行主体责任能力所致风险、进口食品的质量安全风险和检疫风险、原产国/地区食品安全体系风险以及各种食品安全突发事件所涉及风险后，创新进口食品检验检疫措施。在一批海运进口货物到港前，先行空运同批食品实施检验；对海运食品在进口商自我承诺的基础上参考空运食品检验结果实施合格评定。

成效：通过实施“空检海放”模式，营造贸易便利化营商环境。以坐落于天津自贸片区的伊利乳业为例，该企业在检验检疫“空检海放”模式下，减少了原需15~20天的检验检疫周期，以及由此产生的滞箱费、仓储费等相关费用，预计每年可节约供应链成本300余万元人民币。在该制度下，天津伊利乳业责任有限公司已进口食品88批，货值1626万美元。

**（十三）进出境工业产品“即查即放”制度**

该制度大力运用移动通信、物联网等现代化信息技术手段，在自由贸易试验区的进出境工业产品检验检疫监管工作中创新引入“即查即放”现场查验放行模式，即通过检验检疫人员手持移动终端，完成接单、查验、取证、登记、放行等一系列执法监管活动，以在查验现场实现执法过程中各环节的信息数字化即时读写，实时记录、上传查验地点、时间和照片视频等取证材料，实现规范化的“即查”；以在查验现场实现放行信息与各口岸电子监管平台即时交互，无延缓地向各电子闸口发送放行指令，实现便捷化的“即放”。

成效：暂未实施（ECIQ 上线以后，已由原质检总局统一管理）。

**（十四）出入境邮轮检疫制度**

鼓励邮轮创建国际卫生船舶，提高出入境邮轮电讯检疫比例，缩短邮轮靠泊检疫时间；对出入境旅客检疫，采取旅客主动申报、智能化体温检测、医学巡查相结合的模式，确保旅客通关零等待；支持邮轮开展境外食品保税供船业务，促进邮轮食品供应链产业发展；加强邮轮停靠期间的卫生监督，确保口岸公共卫生安全。该制度在保障国门安全的前提下，有利于推进国际邮轮和出入境旅客检疫查验程序便利化，促进邮轮产业发展，推动邮轮经济升温。

成效：制度实施以来，共实施卫生检疫 704 航次。该政策已覆盖自由贸易试验区内所有邮轮。入境人员传染病有症状者共发现 2272 例，共确诊传染病 480 例，共查获禁止物品截获物 2795 批次。

**（十五）国际航行船舶食品供应制度**

创新国际航行船舶食品供应检验监管模式，支持境外食品保税供船业务发展，对用于国际航行船舶供应的境外食品，免予检验；同时，加强对供船境外食品储存、运输和供应现场的监管；对供船食品企业实行卫生和诚信分级管理，对不同等级的企业实行不同频次的监督检查。该制度有利于促进船舶食品供应链，尤其是境外食品保税供船业务的发展，支持天津国际航运中心的建设。

成效：制度实施以来，供应国际航行船舶食品共 1226 批、22068771 千克。其中，境外保税供船食品共一批、16273 千克。

**（十六）国际航行船舶无疫通行制度**

创新停靠自由贸易试验区出入境船舶的卫生检疫监管模式，突破“锚地检疫、靠泊检疫和电讯检疫”限制，实行诚信申报假定，对于申报无疫的出入境船舶给予直通放行便利，船舶靠泊后可直接装卸货物和上下人员，加强船舶在港期间的卫生监督，一经发现不诚信申报船舶，将其纳入黑名单监管。在确保口岸公共卫生安全的前提下，提升船舶出入境便利化水平，促进天津国际航运中心的发展。

成效：成效显著，该项制度在 2016 年列入国务院在全国复制推广制度。制度实施以来，共有 1358 艘次入境船舶享受了无疫通行的便利监管模式，其中 568 艘次实施了卫生监督，实现了自由贸易试验区内入境货轮无疫通行检疫模式近 99%的全覆盖（未享受该政策的是从近年寨卡病毒病流行区驶来的船舶或是因诚信等问题被降级的船舶）。按每次入境检疫工作为 0. 8~1 小时的时间来计算，东疆海关就为自由贸易试验区的出入境船舶节省了近千个小时的通关时间，切实体现了自由贸易试验区对出入境贸易的支持。

### （十七）进口成套设备检验监管制度

该制度旨在便利进口成套设备类产品，消除或降低进口成套设备对人身财产安全、健康、环境保护等方面带来的风险。根据企业的申请，对进口企业和成套设备产品进行风险分析，确定所要采取的便利化检验监管模式，如抽批检验、抽批核查等。

成效：空客 A330 项目共进口成套设备 56 批，货值 3620. 41 万美元。

### （十八）平行进口汽车检验检疫监管制度

该制度是针对天津自由贸易试验区平行进口汽车企业推出的监管便利化措施，明确平行进口企业的条件、权利和义务。基于企业的诚信以及质量保证、售后服务等能力，通过对符合条件的进口汽车企业进行风险评估，将企业分为一类和二类，对企业采取差异化监管和第三方检验结果采信措施，规范售后服务、三包、产品召回、索赔等义务，保障平行进口汽车的质量安全，建立公平公正的市场竞争和安全消费环境，促进自由贸易试验区平行进口汽车市场健康发展。

成效：制度实施以来，获得平行进口机动车资质的 46 家试点对象（试点平台 5 家、试点企业 41 家），共计平行进口机动车 79685 批、216110 辆。

### （十九）进口工业品信用监管制度

该制度明确了天津自由贸易试验区内对受惠企业进口工业产品实施以“即报即放+必要时抽批检验”为主的信用监管模式，优化检验监管环节，提高检验和放行效率，降低企业经营成本，加大检验检疫促进外贸和扶持企业的力度。

成效：暂未实施（ECIQ 上线以后，已由原质检总局统一管理）。

## 二、保税监管

### （一）保税货物自行运输制度

自由贸易试验区企业可以使用经海关备案的自有车辆或具备资质的运输企业车

辆承运保税货物，改变以往使用海关监管车辆转关运输的方式。

成效：共受理自行运输申请686票，累计货值14395.1万美元，货物流转时间节省60%，企业成本节省近50%。

**（二）集中受理保税仓库和出口监管仓库业务申请事项**

自由贸易试验区企业办理保税仓库、出口监管仓库等保税监管场所设立、变更、延期等业务事项，统一在自由贸易试验区综合服务大厅进行受理。

成效：天津海关已全部入驻自由贸易试验区各综合服务大厅，方便企业就近办理。挂牌至今，接受企业涉及“两仓业务申请”的咨询100次，意向申请企业12家。

**（三）创新“自主核销”新型加工贸易监管方式**

通过严格的事前风险防范，加工贸易核销办法由传统办法改为由企业自定核销周期、自报税款、自主核算、自存单证、自聘审计、自主披露、自负责任，海关将重点从程序性的单证审核转变到实货监管、事后核查上，从而达到厘清关企职责、提高监管效能、便利企业的改革目标。

成效：挂牌至今适用自主核销模式的企业共三家，累计自主核销周期45期，内销征税3219.4万元。

**（四）进境货物预检验制度**

根据企业申请，对自由贸易试验区内海关特殊监管区域拟进口的法检货物，预先实施检验，货物实际进口后出区时，海关核销放行，不再重复实施检验。该制度以商品风险分析为基础，以“企业自愿，全面普惠”为原则。制度实施后，将大幅降低企业经营成本，提高通关效率。

成效：制度实施以来，进口货物预检验3638批次、294905.9吨，货值34306.2万美元，主要货物种类为肉类产品及酒类产品等。

**（五）检验检疫分线监管制度**

按照“方便进出、严密防范质量安全风险”的原则，在海关特殊监管区域实施检验检疫分线监管模式。“一线”主要实施进出境检疫和重点敏感货物检验，“二线”主要实施货物检验和监管。入境应检物在区内企业间自由流转，不涉及使用的免于检验。

成效：制度实施以来，共检验检疫货物24.4万批次，货值394.95亿美元。“一线”检疫集装箱64.1万标箱，检疫船舶4974艘次。“二线”预检验后核销出区进口货物4850批次，货值6.22亿美元。

**（六）统一备案清单**

将自由贸易试验区海关特殊监管区域使用的两种备案清单统一为一种备案清单

格式，申报要素由36项和42项统一减少至30项。

成效：累计共接受备案清单申报17.11万票，累计货值4855.95亿元。

### （七）选择性征税制度

自由贸易试验区海关特殊监管区域内的企业加工、生产并销往国内市场的货物，企业可根据其对应进口料件或实际报验状态，选择缴纳进口关税。

成效：累计审批完成选择性征税业务605票，累计货值2885.9万元，累计为企业节省资金188.2万元。

### （八）批次进出、集中申报制度

对进出自由贸易试验区海关特殊监管区域的货物，由过去的“一票一报”改为“多票一报”。

成效：累计接受16家企业申报该模式报关单32891票，累计货值211.95亿元。

### （九）简化无纸通关随附单证

对自由贸易试验区内海关特殊监管区域的企业以通关作业无纸化方式申报提交的有关随附单证予以简化，但海关保留必要时要求企业提供相关单证的权力。

成效：所辖自由贸易试验区企业无纸通关作业率97.57%，无纸报关单69.75万票。

### （十）简化国内采购物料登记手续

企业通过一次批量报备，即可在办理备案项下国内采购物料登记手续时实现远程申报、在线审批，减少企业往返奔波次数，大幅缩短办理时限。

成效：累计办理国内采购物料登记49667票。

### （十一）一次性使用卫生用品检验便利化制度

在质量风险分析和企业诚信管理的基础上，对分线监管、进境预检验、第三方检验结果采信以及装运前检验评估、风险评估、快验快放等措施进行集成创新，应用于天津自由贸易试验区内进口一次性使用卫生用品，在确保质量安全的基础上，大大提高货物的口岸通关速度和监管的有效性，以便让企业充分享受天津自由贸易试验区的政策“红利”，让更多的国人用上安全放心的一次性使用卫生用品。

成效：制度实施以来，保税区通过一次报检、快验快放、预约查验等自由贸易试验区优惠政策，共查验进口纸尿裤、学步裤共385批次，货值共计8967.45万美元。

### （十二）融资租赁制度

海关对自由贸易试验区海关特殊监管区域内的融资租赁货物按照审查确定的租金分期征收关税和增值税，同时允许符合条件的企业以保证书的方式提供担保，进一步吸引融资租赁企业入区经营。

成效：累计办理融资租赁货物 829 票，货值 2536.1 亿元，涉及飞机 802 架，其中空载 25 吨以上的飞机 596 架；其他标的物 27 票。

**（十三）保税展示交易制度**

允许符合条件的自由贸易试验区海关特殊监管区域内企业在向海关提供足额税款担保后，开展保税展示交易，并将加工贸易制成品纳入保税展示交易商品范围。

成效：交易货值 394.4 万元，内销征税 110.9 万元。

**（十四）境内外维修制度**

允许符合条件的自由贸易试验区海关特殊监管区域内企业开展高技术、高附加值、无污染的境内外维修业务，海关参照保税加工监管模式，依托信息化系统实施管理。

成效：共三家企业参与从事境内外维修业务，累计监管维修主体 747 个，货值 22650.54 万元，累计征税 4005.23 亿元。

**（十五）租赁飞机联动监管**

对于注册在自由贸易试验区海关特殊监管区域内的租赁企业所开展的飞机租赁业务，在确保有效监管和执行现行相关税收政策的前提下，租赁飞机在特殊监管区域之间实行联动监管，即租赁企业在注册地海关办理申报手续，飞机由实际进出的特殊监管区域海关进行出入区监管。通过对租赁飞机联动监管，进一步推动东疆保税港区飞机租赁产业发展。

成效：累计办理融资租赁飞机联动监管 583 票，货值 392.18 亿美元。

**（十六）开展国际邮轮船员和旅客的消耗品配送业务**

在东疆保税港区以国际转口贸易形式开展为国际邮轮船员和旅客提供食品、食料、饮料、日常生活用品等消耗品的配送业务，创新与之相适应的海关监管方式，提升港口供应整体产业链能力和综合发展实力。

成效：为国际邮轮船员和旅客配送消耗品 1 艘次，货值 47460 元。

**（十七）保税展示交易/租赁检验检疫管理制度**

对保税展示交易和保税租赁货物实施分线监管、预检验和登记核销管理模式。保税展示交易货物可以采取预检验模式，出区时分批核销登记，直接展示交易；保税租赁货物首次出区实施商品检验，以后多次往返特殊监管区域实施登记核销管理。该制度能够有效降低企业成本，提高通关便利化水平，促进保税展示交易、租赁业快速发展，拉动消费增长。

成效：制度实施以来，共受理保税展示交易货物报检 230 批次，货物 1305 万欧元，商品种类包括冷冻肉类、预包装食品类、服装类、家居日用品类、母婴商品类、奢侈品类等。

### （十八）跨境电子商务网购保税模式检验检疫管理制度

该制度中的网购保税模式是指跨境电子商务商品集中入境，暂存于特殊监管区域内，通过电商平台销售给个人消费自用，以邮件、快件方式发往境内消费者的跨境电子商务贸易方式。跨境电子商务商品是指以网购保税模式入境并通过跨境电子商务交易平台销售的进口商品。跨境电子商务网购保税模式检验检疫监管以贸易便利化为原则，以商品质量合格假定为前提，以风险监控和质量追溯为核心，以信息化系统为依托，实施“事前备案管理、入区实施检疫、事中风险监测、出区核查放行、全程质量追溯”的监管模式。

成效：制度实施以来，天津辖区共备案跨境电子商务经营企业 228 个，备案商品 56285 种。累计入区的货物 6114 批，货值 39.51 亿元人民币；出区 1686 万单，货值 28.54 亿元人民币。

### （十九）国际配送商品检验检疫管理制度

该制度是为了满足天津自由贸易试验区发展多种进出口贸易方式的需求，促进天津自由贸易试验区内国际配送业务的发展，探索适应国际配送业务的检验检疫监督管理方式。对国际配送商品实施清单管理，并根据配送商品进出自由贸易试验区特殊监管区域的方式（来自境外经特殊监管区域再配送至境外或国内的方式，来自国内经特殊监管区域配送至境外或国内的方式），实施具体的检验检疫监管措施。

成效：结合国际航行船舶食品供应制度进行落实，已有境外保税供船食品共 1 批、16273 千克。

## 三、企业管理

### （一）认证企业（AEO）优惠措施清单制度

海关逐步明确认证企业（AEO）优惠措施清单，在自由贸易试验区范围内优先开展企业认证。

成效：已公布高级认证企业优惠措施清单 13 项、一般认证企业优惠措施清单四项。

### （二）企业信用信息公示制度

对在天津海关注册登记的自由贸易试验区企业的注册登记信息和信用等级信息，海关定期进行公布，便利公民和法人进行监督。

成效：已对外公示企业信息十万余条。

### （三）取消自由贸易试验区报关企业注册登记许可

自由贸易试验区报关企业可在综合服务大厅的海关窗口集中自行办理注册登记手续。这项制度简化流程，为企业提供了便利。

成效：自由贸易试验区报关企业取消注册登记许可，改为注册登记备案，并下放至综合服务大厅办理。已办理 370 家报关企业注册登记备案。

### （四）企业主动披露制度

鼓励引导自由贸易试验区企业利用自身优势开展“主动披露”，将被动接受海关后续稽查转变为主动向海关稽查部门报告存在问题。

成效：已面向 200 余家企业开展了主动披露工作，对 11 家企业追补税款共计 653.49 万元，企业反响良好。

### （五）引入社会中介机构辅助开展保税监管和企业稽查制度

将社会中介机构引入海关保税监管和企业稽查工作，拓宽中介机构参与海关监管的业务领域、作业环节和工作范围。

成效：共采用海关委托模式开展工作六起，尚未有企业委托社会中介机构开展此项工作。

## 四、税收征管

### （一）集中汇总征税制度

在有效担保的前提下，鼓励自由贸易试验区企业试行集中汇总征税，享受先放行货物，后定期向海关自主缴税的政策便利。

成效：汇总征税全国推广统一模式实行以来，共受理该模式报关单 40713 份（天津关区范围，不仅限于自由贸易试验区），价值 94.17 亿美元，涉及税款 315.15 亿元。

### （二）多样化涉税担保制度

自由贸易试验区企业在通关过程中遇到涉税担保业务时，可根据不同类型通关需求，自由选择保证金担保或银行保函担保等多种担保形式。

成效：共受理电子担保支付方式的报关单 7676 份，担保金额 84 亿人民币。

### （三）联网原产地证书电子审核制度

对已经实施原产地数据联网的优惠原产地货物，在自由贸易试验区内试点推行凭企业原产地证书电子数据向海关申报通关，企业不再向海关现场提交纸质原产地证书。

成效：已实现优惠贸易安排项下进口货物申报无纸化全覆盖。

### （四）实行自由贸易试验区范围内海关税收总担保制度

进一步建立并完善涵盖所有涉税担保业务、所有通关现场的税收总担保制度，通过银行保函统一备案，将企业“一票一保”的通关担保业务纳入海关“银行税款总担保”体系，形成统一、高效的网络化保函担保模式，强化了保函担保业务的管理和风险防控，提高保函的应用效率，降低企业担保成本。

成效：已在天津关区范围内全面推行。

### （五）食品和化妆品存放及展示企业监管制度

该制度明确了天津自由贸易试验区入境食品和化妆品存放及展示企业应满足的基本条件，以及可享用的贸易便利化措施，建立了进入和退出机制，重点加强存放及展示企业的后续监管，为天津自由贸易试验区入境食品和化妆品存放及展示活动提供了制度支持，促进天津自由贸易试验区食品和化妆品保税展示、转口贸易、跨境电子商务集货和备货等相关产业的发展。

成效：东疆港区已有入境食品和化妆品存放企业 14 家。

## 五、其他

### （一）行政审批“一口受理”制度

遵循“公开、公平、便民、高效”原则，按照简政放权、依法行政、宽进严出的要求，深化行政审批制度改革，整合现有的八项行政许可事项，统一规范、统一标准、统一流程、统一时限、统一监管，实行“通报、通审、通签”，满足企业自主选择申报和取证的窗口。通过创新审批方式，简化审批流程，减少审批环节，压缩审批时限，构建“一颗印章管审批、一份清单管边界、一套标准办业务、一个平台管诚信”的行政审批工作新模式，努力实现质检系统审批效率最高、成本最低、过程最透明的目标。

成效：制度实施以来，行政审批窗口共受理各类行政审批事项 37104 批次、接受咨询约 62200 批次。其中，进（过）境动植物及其产品检疫审批 32392 批次，签发证书 22671 批次；出境动植物生产、加工、存放单位注册登记 186 批次；进出境特殊物品审批 3007 批次、签发证书 1350 批次；固体废物原料国内收货人注册登记 558 批次；口岸卫生许可证核发 267 批次；进出口商品鉴定业务检验许可 41 批次；从事进出境检疫处理业务的单位 17 批次、人员认定 636 批次。

### （二）出入境特殊物品卫生检疫制度

对出入境特殊物品实行在风险评估和企业分级基础上的分类监管，从逐批审批原则调整为年度审批、分批核销，延长审批单有效期最长至一年，从逐批查验调整为按照企业诚信等级结合特殊物品的风险等级实施不同频次的抽验。

成效：审批时限由原来的十个工作日缩短至三个工作日；审批单有效期由原来的三个月调整到六个月到一年；结合企业诚信等级和特殊物品风险等级，查验比例由100%降至最低为10%，提高了企业货物流转速度。制度实施以来，天津海关共受理进出境特殊物品审批3007批次，签发证书1350批次。

### （三）动植物及其产品检疫审批负面清单制度

该制度共22条，主要内容是：对须实施进境检疫审批的动植物及其产品建立负面清单，天津海关经授权办理负面清单以外的已获得我国准入的进境动植物及产品的检疫审批，负面清单内的检疫审批由天津海关负责初审，原质检总局负责终审。简化审批流程，缩短审批时间，延长检疫许可证有效期，实施“一次审批、分批核销”。

成效：该制度自实施以来，动植物及其产品的审批权限全部下放到天津海关行政审批窗口受理，天津海关严格按照管理规定时间进行审批受理，目前共办理进（过）境动植物及其产品检疫审批32392批次，签发证书22671批次。

### （四）进境动植物检疫审批正面清单

经授权，天津海关明确了负责动植物检疫审批终审的产品包括：天津自由贸易试验区进境的栽培介质、非食用动物产品、动植物源性生物材料和天津口岸进境的部分动植物源性生物材料，并附有具体产品名录。另外还明确了“从天津自由贸易试验区进境”的具体情况和申请单位提交申请时的注意事项，审批流程简化，审批时间由20个工作日缩短为7个工作日，许可证有效期由6个月延长为12个月，促进了贸易便利化。

成效：明确了对从天津自由贸易试验区进境的栽培介质、非食用动物产品、动植物源性生物材料的许可证申请，由天津海关负责初审和终审工作。正面清单列表的确定，大大简化了企业申请检疫许可证的流程，缩短了审批工作时间，提高了企业的通关效率。

### （五）进境食品检疫审批正面清单制度

该制度明确了原质检总局授权天津海关负责的辖区内进境食品检疫审批终审的产品名录。该名录内的进境肉类产品、水产品、乳制品、植物源性食品等进境食品，都由天津海关负责受理、批准和发证，简化了审批流程。

成效：审批时限由过去20个工作日缩短为10个工作日，许可证有效期由6个月延长为12个月，节约了相关企业成本，促进了贸易便利化。

### （六）进境动植物源性生物材料检疫监管制度

该制度根据原质检总局有关要求，按照进境动植物源性生物材料的风险级别及天津口岸实际贸易情况，拟对自由贸易试验区进境动植物源性生物材料进行规范性管理；由原质检总局授权天津海关负责负面清单以外动植物源性生物材料“进境动植物检疫许可证”的初审和终审，审批时间缩短为7天，证书有效期延长为一年，并对符合同一发货人、同一收货人、同一国家（地区）、同一品种的，实行分批核销；对自由贸易试验区内存放、隔离饲养、使用进境动植物源性生物材料的指定场所进行资质认定；对本制度范围内的进境动植物源性生物材料实施分类管理、明确查验措施、简化检疫流程。

成效：目前已有87家企业完成了进境动植物源性生物材料备案。

### （七）进口工业产品分级管理制度

该制度将天津自由贸易试验区进口工业产品通过风险分析分为重点监管产品、验证产品、信用监管产品和临时管控产品四个可动态调整的级别，并针对不同级别的产品采取不同的合格评定程序。该制度将进一步提升天津自由贸易试验区进口工业产品贸易便利化水平，提高检验监管工作的有效性与针对性。

成效：暂未实施（ECIQ上线以后，已由原质检总局统一管理）。

### （八）全球维修产业监管制度

该制度共19条，主要内容是：对通过资质评估的企业进口的维修用旧机电产品，取消备案环节，并且在风险分析的基础上，可采取免于装运前检验、快捷验放等便捷措施，放开维修后的出口环节。鼓励维修企业在高技术含量、高附加值、低环境污染的政府支持行业拓展维修业务。

成效：天津市范围内可以开展全球维修旧机电业务的企业有1家，为同方威视有限公司，该公司申请开展安检设备及其零部件的维修业务，目前已通过能力评估，正式开展维修业务。

### （九）再制造产业监管制度

该制度对通过资质评估的企业进口的再制造用旧机电产品，取消备案环节；在风险分析的基础上，可采取免于装运前检验、快捷验放等便捷措施；放开维修后的出口环节，鼓励维修企业在高技术含量、高附加值、低环境污染的行业拓展再制造业务，为打造天津入境再制造产业平台奠定了检验检疫制度基础。

成效：该制度实施以来，天津市范围内可以开展入境再制造业务的企业有1家，为天津威斯特机械有限公司，该公司获得资格后尚未开展相关业务。

### （十）进境动植物及其产品风险管理制度

该制度是检验检疫预警和防控体系的重要组成部分。根据进境动植物及其产品自身风险、入区流通风险、来源国疫情风险、来源国官方管理模式风险、疫情截获风险等主要风险分析指标，将自由贸易试验区进境动植物及其产品的检疫风险分为一到四级，并采取相应的风险管理措施，提高此项工作的科学性、有效性。

成效：天津自由贸易试验区内风险较低的进境动植物产品有免于核查输出国家或地区的动植物检疫证书；对天津自由贸易试验区内进境动植物产品进行了风险分析，并按照产品不同、风险级别不同实施不同的检验检疫要求，为企业提供便利条件。

**（十一）外来有害生物监测防控制度**

该制度是检验检疫预警和防控体系的重要组成部分，有效降低区内检疫风险和产品质量安全风险，确保自由贸易试验区外来有害生物早发现、早报告、早防控，确保天津口岸安全和自由贸易试验区的可持续发展。内容包括目的、工作原则、监测要求、防控程序、档案管理、保密工作、附则；在监测程序部分，规定了本底值确认、监测范围、监测方法、记录统计上报等工作；在防控程序部分，规定了适用范围、保障措施、防控手段、应急演练等工作。

成效：利用原质检总局提供的国门生物安全监测专项资金，在东疆保税港区、机场口岸开展了外来有害生物监测工作。

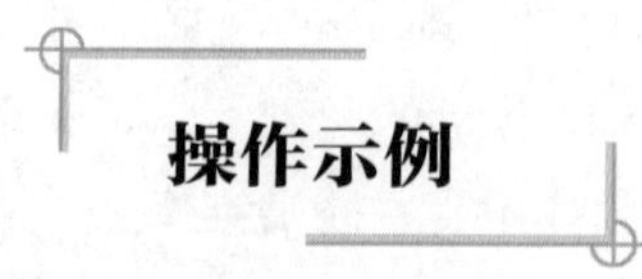

## 操作示例

### 一、租赁飞机联动监管制度

**（一）主要做法**

注册在特殊监管区域内的租赁公司开展的飞机租赁业务，在确保有效监管和执行现行相关税收政策的前提下，为租赁飞机在注册地海关办理申报手续，飞机由实际进出的特殊监管区域海关进行出入区监管的作业模式。

由在天津东疆保税港区注册的租赁企业（以下简称“区内企业”）购买，在天津滨海国际机场（以下简称“天津机场”）进境的空载重量为25吨以上的飞机，在天津东疆保税港区海关（以下简称“东疆海关”）办理申报手续，飞机进入天津滨海新区综合保税区（以下简称“天津综保区”），由天津港保税区海关（以下简称“保税区海关”）进行出入区监管。

飞机进境后，东疆海关将经过内部审批后的业务联系单发送给机场海关，机场海关负责进口舱单确认，东疆海关负责进境备案清单申报审核。

东疆海关将经过内部审批后的业务联系单（一线入区放行信息）发送给保税区

海关，租赁飞机由天津机场进入天津综保区。保税区海关凭业务联系单确认飞机入区并拍照留存，将经过内部审批后的业务联系单和飞机照片资料反馈给东疆海关和机场海关。

东疆海关将经过内部审批后的业务联系单（二线出区放行信息）发送给保税区海关，保税区海关凭业务联系单办理飞机出区手续。

区内企业需要在飞机进境前先向东疆海关办理“租赁飞机联动监管”业务申请，东疆海关根据申请并与飞机承租人（即国内航空公司）的主管地海关进行确认，经确认无误后，区内企业可以通过“租赁飞机联动监管”机制办理相关业务。

### （二）实践效果

天津自由贸易试验区租赁大飞机在海关联动监管下，实现了货物实际入区，天津进口保税租赁模式下的大飞机满足了《关于租赁企业进口飞机有关税收政策的通知》（财关税〔2014〕16 号）的规定要求，规范的操作为租赁业务的良性发展和完善对企业的后续监管提供了保证。

### （三）企业案例

#### 1. 企业基本情况

天启（天津）飞机租赁有限公司（以下简称“天启租赁”）于 2015 年在天津东疆保税港区注册成立，注册资本为十万元人民币，是工银租赁在东疆保税港区设立的 SPV 项目子公司，是首批参与天津自由贸易试验区租赁飞机联动监管试点的企业之一。天启租赁主要经营其母公司（即工银租赁）在天津开展的飞机等大型设备融资租赁的进出口业务。

#### 2. 效益解读

租赁飞机联动监管是指在天津自由贸易试验区进境环节，对于注册在特殊监管区域内的租赁公司开展的飞机租赁业务，在确保有效监管和执行现行相关税收政策的前提下，租赁飞机为在注册地海关办理申报手续，飞机由实际进出的特殊监管区域海关进行出入区监管的作业模式。

该制度通过联动监管，使保税港区的功能得以延伸，推动隶属海关之间通关协作，实现相关部门信息互认、监管互认、执法互助。

#### 3. 企业运用创新制度情况

因空客 A320 总装项目坐落在天津综保区，天津综保区成为全国唯一与机场跑道连接的海关特殊监管区域，海关对综保区内的空客（天津）总装公司实行围网卡口管理，租赁公司购买的大飞机在进境后进入空客厂区内指定区域，完成海关监管手续，切实符合相关部门对租赁飞机实际入区的要求。

### （四）实践思考

**1. 加快天津自由贸易试验区租赁业务的探索创新**

按照《国务院关于印发中国（天津）自由贸易试验区总体方案的通知》（国发〔2015〕19号）的要求，天津海关围绕天津飞机租赁业务开展海关监管的探索创新。直属关区内不同隶属海关间的联动监管是信息互认、监管互认、执法互助的有益尝试，海关联动监管适用区域范围的逐步拓展，将有效提高通关效率、降低企业成本，进一步优化海关的通关监管水平。

**2. 鼓励飞机租赁业务的发展**

近几年中国航空运输高速发展，天津创新提出的进口飞机保税租赁模式打破了国外租赁公司对中国飞机租赁市场的垄断，有力推动了中国飞机租赁市场的发展。国务院办公厅颁布《关于加快飞机租赁业发展的意见》（国办发〔2013〕108号）明确指出，要在2030年前完善飞机租赁发展环境、开拓飞机租赁国际市场、形成中国飞机租赁产业集群的“三步走”战略。鼓励飞机租赁业务发展，有利于我国航空公司扩大机队规模并提升航空服务能力和国家综合应急能力，有利于优化金融资源配置，具有重要的现实意义和深远的战略意义，将在我国大飞机市场开拓和航空制造业转型升级的关键时期发挥重要作用。

**3. 支持租赁业务的创新发展助力实体经济的转型升级**

在天津自由贸易试验区内，发挥融资租赁“融资、融物、融智”相结合的优势，创新飞机、船舶、设备等租赁产品和服务，引导企业加大租赁投放规模、灵活运用各种租赁方式，帮助并支持企业降低设备融资门槛、拓宽设备采购渠道、降低设备采购成本、提高设备管理水平、提升生产经济效益，加快实体经济的转型升级。

## 二、自主核销

### （一）主要做法

自主核销是指经海关核准的加工贸易企业，按照海关对加工贸易的相关规定及要求，核算一定周期内加工贸易项下保税物料耗用数量，并自主完成加工贸易核销的一种监管模式。

自主核销具体包括自定周期、自报税款、自主核算、自存单证、自聘审计、自主披露、海关核查、自负责任等基本内容。

开展自主核销的企业应当符合海关相关监管条件。

实施自主核销的企业可根据本企业生产加工情况自行确定核销周期，核销周期原则上不得超过1年。

实施自主核销的企业可以通过辅助系统自主办理内销征税、后续补税联系单。

企业不需向海关备案单损耗情况，按照生产实际如实向海关报送核销期内所有成品耗用物料的数量，自主核算当期核销数据，并在核销周期结束日起 30 日内将核销结果报送主管海关，完成核销。

已完成核销的单证由自主核销企业存档备查，核销用单证应自核销结案后留存三年。

企业每年需向海关提供符合海关要求的年度审计报告。开展审计时，企业应提前十个工作日告知主管海关。并于审计完成后的十个工作日内将审计报告提交主管海关。

拟开展自主核销的企业应事先向主管海关递交“中国（天津）自由贸易试验区企业自主核销备案表”进行备案，经海关同意后方可开展。自主核销企业适用自主披露制度，对企业主动报告海关未发现的涉嫌走私违规情事，可依法视情给予从轻、减轻或不予行政处罚。

**（二）实践效果**

通过自主核销模式，明确了企业的申报责任，海关重点加强后续监管，厘清了关企权责，有利于海关对加工贸易监管确认和追究责任，有效防范海关廉政风险和渎职风险。

企业不需备案成品单损耗，按照实际生产情况报送物料耗用数量，避免了单耗备案的不准确性，也为企业简化了手续、节约了时间。

企业利用信息化系统即可实现足不出户完成核销，100%避免企业往返海关进行核算数据、校对单证，为企业节省时间和经济成本。

**（三）企业案例**

**1. 企业基本情况**

亚实履带（天津）有限公司（以下简称“亚实履带”）于 1997 年在天津保税区注册成立，是全球 500 强企业卡特彼勒公司的子公司，投资总额为 6900 万美元，主要从事重型机械的履带、链条和支重轮生产，产品销往国内外多个地区，2015 年企业产值为 1.3 亿美元，其中加工贸易占比为 90%。

**2. 效益解读**

自主核销是指天津自由贸易试验区海关特殊监管区域内注册的加工贸易企业，可以根据企业自身生产情况自主选择核销周期，不需向海关备案单损耗情况，在核销时自主核算当期耗料情况，并自主核算核销结果，完成核销。对核销使用的报关单等单证由企业自行存档，企业按要求向海关递交审计报告，自主核销是海关重点核查的一种加工贸易核销模式。

该制度改变传统的以单耗为依据核算企业耗用料件进行核销的模式，是海关加快试验区加工贸易转型升级，适应当前加工贸易产品多样化、料件来源多渠道、备案单耗与实际耗用不相符等情况的重要举措之一。该制度已于2015年7月31日起施行，2015年底，亚实履带公司参与试点后已完成2期核销，涉及进出口报关单1200余票。

**3. 企业运用创新制度情况**

亚实履带公司生产加工的产品有几百种，涉及保税料件200多种，其中部分保税料件由于市场情况需从国内采购，采购数量和种类不能提前预知，企业提前备案单耗的准确性不高，单耗变更为企业增加了很多工作量，也为核销工作带来很大难度。

实行自主核销新模式后，亚实履带公司总经理吴洪齐表示：2014年该企业需备案单耗302个，通过自主核销模式，仅单耗备案一项工作就为企业节省了约24个工作日。企业利用信息化系统即可实现足不出户完成核销，避免企业往返海关进行核算数据、校对单证，为企业节省了时间和经济成本，企业供应链部门节省了2名人员，将其分流到其他岗位，降低了人力成本，提高了效率。

### （四）实践思考

加工贸易自主核销模式的建立，是海关对加工贸易监管的历程中具有里程碑意义的改革，对厘清关企权责、强化监管、简化手续、节约成本、提高效率具有重要意义。目前，该模式运行顺利、初见成效，实现了关企双赢。

**1. 自主核销模式为企业带来了便利、节约了成本**

企业不需核算单个成品的单耗，只需按照生产实际耗用进行核销，更符合生产实际。并且，企业无须备案成品单耗，为企业节约了大量的核销准备时间。实行企业自主披露制度，有利于鼓励企业规范管理、诚信经营，有助于企业长期健康发展。

**2. 自主核销有助于厘清关企权责，增强海关防范风险的能力**

该制度通过细分加工贸易核销权责，将加工贸易货物的“进、出、转、存、销”等数据的记录、核算、核销等明确为企业职责。通过厘清关企权责，有利于海关对加工贸易监管确定及追究责任，有效防范海关廉政风险和渎职风险。

**3. 实施自主核销，有利于提高海关监管效能**

通过利用社会资源，引进社会中介机构辅助审计，有利于海关扬长避短，形成专业化、立体化、多元化监管体系。该制度将海关人力资源从简单的核算申报数据、校核申报单证中释放出来，海关加大核查力度，使监管重心更加突出，将监管“拳头”握紧，有利于提高海关监管的针对性和有效性，加强防范风险的能力。

## 三、平行进口汽车检验检疫监管制度

推动天津自由贸易试验区平行进口汽车产业发展是增强中国（天津）自由贸易试验区的辐射功能、促进现代汽车服务业的发展、推动进口汽车全产业链协同运作的关键，也是中国（天津）自由贸易试验区落实京津冀协同发展战略的重要举措。在原质检总局的大力支持下，天津海关着力诚信导向、风险分析和信息化建设，开拓了天津自由贸易试验区平行进口汽车检验检疫新模式。

### （一）主要做法

该模式是针对天津自由贸易试验区平行进口汽车企业推出的监管便利化措施，明确平行进口企业的条件、权利和义务。基于企业诚信以及质量保证、售后服务等能力，通过对符合条件的进口汽车企业进行风险评估，将企业分为一类和二类，采取差异化监管和第三方检验结果采信措施，规范售后服务、三包、产品召回、产品索赔等义务，保障平行进口汽车质量安全，建立公平公正的市场竞争和安全消费环境，促进自由贸易试验区平行进口汽车市场健康发展。

#### 1. 诚信导向，优选试点企业

2015 年 5 月，天津海关积极联合天津市商务委员会等 5 部门，出台了《中国（天津）自由贸易试验区开展平行进口汽车试点实施方案》，重点对试点企业的资质、诚信和售后质保能力提出了明确要求，为自由贸易试验区筛选出一批信誉良好、资质优良、无不良行为记录的试点企业，截至目前获批试点企业 41 家、试点平台 5 家。同时简化试点单位报检申报要件。通过将检验检疫进口机动车智能监管平台数据与天津自由贸易试验区平行进口汽车监管和服务信息平台数据对接，实现试点单位“单一窗口”模式。从检验检疫职能角度，对平行进口汽车的总体管理提供政策支持。

#### 2. 诚信采纳，实施“第三方检验结果采信制度”

天津海关针对整体汽车管理业务，对外发布了《关于对进口机动车实施检验结果采信的公告》，对进口机动车实行第三方结果采信，对相关企业减半收取品质检验费，同时对试点单位提供预约检测服务，全天候受理平行进口汽车检测，保证车辆随到随检。第三方结果采信在加强了信息交互的同时，减少了通关环节，降低了第三方机构参与的门槛，不仅节省了企业成本，也增强了天津自由贸易试验区进口汽车检测市场的开放性和竞争力。

#### 3. 诚信示范，降低现场查验比例

为进一步树立自由贸易试验区诚信企业的示范作用，天津海关出台了《天津自贸试验区平行进口汽车检验监管管理规定》。基于平行进口汽车试点企业的诚信，

进行风险评估，对企业采取差异化监管措施。在完善平行进口汽车后续质量监管的基础上，对诚信度高、售后服务体系完善且在检验检疫进口机动车智能监管平台中录入完整信息的试点单位，在现场检验环节方面给予通关便利，现场查验比例最多可降至50%。同时进一步规范售后服务、三包、产品召回、产品索赔等义务，保障平行进口汽车质量安全。

**4. 简化市场准入、报检手续**

天津海关在经指定认证机构确认、已对申请认证车辆的一致性实施有效管理的情况下，对试点单位取消非量产车认证模式数量的要求。此外，为配合近期实施的整车保税仓储业务，天津海关对平行进口汽车入区报检进一步简化手续，企业仅需提供检疫所需单证。车辆申报出区时，企业再提供相关单证实施检验。

**5. 依托信息化手段，打造平行进口汽车闭环监管体系**

天津海关坚持以信息化为引领，积极落实原质检总局加强事中事后监管、建立进口汽车全闭环管理的思路，开发了进口机动车智能监管平台。该平台在功能使用上涵盖了从口岸入境到后续管理的全部环节，形成闭环；在信息互换上实现了质检部门、第三方检测机构、经销商、消费者之间的数据共享。

### （二）实践效果

自由贸易试验区平行进口汽车检验检疫新模式极大地促进了自由贸易试验区平行进口汽车通关速度，降低了企业成本。在通关时间上，缩短检验工作流程两个工作日以上。在降低企业费用方面，制度实施以来，天津海关对平行进口机动车实施第三方检验结果采信，共涉及平行进口机动车20万余辆，仅此一项措施，就为企业节省检测费用近1500万余元。

另一方面，信息化系统运用也收获了良好的市场反应。截至目前，进口汽车智能监管平台已完全应用到平行进口汽车业务当中。包括平行进口汽车在内的180万余辆进口汽车的电子数据全部录入智能监管平台，并自动生成二维码，一车一码。查询人可以通过扫描二维码一键查询车辆照片、检验结果等数据，既提高检验效率、加快通关速度，又方便了消费者进行信息查询。目前已加贴二维码90万余张。便捷的查询促进了平行进口车的消费，深受好评。

天津海关针对平行进口汽车出台的政策和鼓励措施，使得平行进口汽车得以在天津自由贸易试验区蓬勃发展，也在一定程度上平抑了国内居高不下的车辆售价，促进了市场公平竞争，满足了我国部分消费者追求“新、奇、特”汽车的市场需求。根据检验检疫业务统计数据，制度实施以来，天津口岸平行进口汽车（进口改装车）共计79685批次、216110辆，数量位居全国第一。

## 四、国际航行船舶无疫通行监管制度

2015年4月21日，天津自由贸易试验区正式挂牌成立以来，天津海关按照原质检总局“积极改革创新、探索新模式、适应新常态”的方针，立足天津自由贸易试验区实际，以控制进境卫生检疫风险为前提，以加快旅客、货物检疫放行速度为目的，大力推进船舶检疫监管制度创新，在自由贸易试验区内率先试行“无疫通行制度”。

### （一）主要做法

该制度以“实施科学管理、强调风险监控、加强事中事后监管、突出船方检疫风险防控责任主体、实行申报诚信假定”为原则，将“一线控制风险”“二线监管延伸”“注重诚信管理”作为创新突破口，通过采取一系列措施切实提高了天津自由贸易试验区通行效率。

### （二）实施方式

该制度具体实施方式可总结如下。

#### 1. “一线控制风险”

在风险分析的基础上实施科学的分类化管理，对船员健康情况、船舶卫生状况、船舶卫生证书等均申报为合格的入境船舶采取“无疫通行制度”，即不再登轮查验，船舶靠泊后可直接装卸货物和上下人员。对不符合无疫通行条件的船舶，根据不同风险等级实施靠泊检疫或锚地检疫。鼓励船公司创建国际卫生船舶，对通过创建评审的船舶，只要船员健康状况申报合格，即可享受“无疫通行制度”带来的便利。

#### 2. “二线监管延伸”

强化卫生监督。将船舶检疫监管重心从单纯注重出入境监管转变为出入境监管与后续卫生监督并重。新政实施前，除登轮检疫船舶不再实施卫生监督外，其余入境电讯检疫船舶均以20%的比例实施卫生监督。新政实施后，对首次靠泊自由贸易试验区船舶，在其靠泊期间开展卫生监督；对一般出入境船舶，每三航次开展一次卫生监督；对通过国际卫生船舶评审的船舶，每五航次开展一次卫生监督，卫生监督的针对性进一步加强。

#### 3. 注重诚信管理

放管有机结合。实行申报诚信假定，突出船方检疫风险防控的主体责任，对船舶及代理企业试行诚信管理，建立卫生检疫黑名单制度。对诚信等级为B级以上（包括B级）的船舶，实施无疫通行，不再登轮检疫；对诚信等级为B级以下的船舶，实施泊位或锚地登轮检疫；对不诚信的船舶及代理企业，实施严厉处罚措施。

### （三）实施效果

该项制度在2016年列入国务院在全国复制推广制度。制度实施以来，共有1358艘次入境船舶享受了无疫通行的便利监管模式，其中568艘次实施了卫生监督，实现了自由贸易试验区内入境货轮无疫通行检疫模式近99%的全覆盖（未享受该政策的是从近年寨卡病毒病流行区驶来的船舶或是因诚信等问题被降级的船舶）。按每次入境检疫工作为0.8~1小时的时间来计算，东疆海关就为自由贸易试验区的出入境船舶节省了近千个小时的通关时间，切实体现了自由贸易试验区对出入境贸易的支持。

### （四）企业案例

企业名称：中国天津外轮代理有限公司。

自2015年8月31日天津海关创立并实施天津自由贸易试验区出入境船舶卫生检疫无疫通行制度以来，天津海关在维持日常严格执法原则的基础之上，通过建立相应的船舶卫生状况和诚信状况考核机制，对符合相关标准船舶缩短在港时间和节约船期成本发挥了重要作用。2015年8月31日至今，该公司代理靠泊东疆保税港区的入境集装箱班轮合计83艘次。按照目前天津海关执行的对优等船况记录的船舶给予减少一定靠泊检验次数的做法，有平均三分之二的船舶艘次享受到提前0.5~1小时作业的福利，这对于普遍在港时间较短、班期成本较高的集装箱班轮来讲可谓是一大利好，对于分秒必争的集装箱码头公司而言，提高其泊位周转效率更是求之不得的福音。在港时间的压缩，意味着船舶海上航行的时间将更为充裕，在力赶下一港班期的情况下船舶行驶速度可以得到有效降低，从而减少船公司的燃油成本。船舶无疫通行制度的实行，在航运业竞争激烈而全球海运经济疲软的格局下势必起到鼓励船方加强卫生状况自查和船公司督促管理船方加强自查的积极作用，从而带动天津及全国口岸入境船舶卫生状况的整体优化。

## 五、“一带一路”过境货物检验检疫管理制度

贯彻落实“一带一路”倡议，服务天津自由贸易试验区发展，在原质检总局领导下，天津海关充分发挥检验检疫的职能，实施“一带一路”过境货物检验检疫便利化新模式，助推“一带一路”建设，促进沿线经贸发展。

### （一）主要做法

“一带一路”过境货物是指从“一带一路”沿线国家启运，过境天津口岸继续运往境外其他国家的货物，分为“一带一路”过境货物经天津口岸入境和“一带一路”过境货物经天津口岸出境两种类型。从天津口岸入境的过境货物，主要有海运铁运联运、海运公路联运两种运输方式。

“一带一路”过境货物检验检疫便利化新模式，是在防范疫病疫情传入传出，确保国门安全的前提下，采取过境便利措施，明确过境货物准入要求，实施验证检查、核对封识，免于实施品质检验。

**1. “单一窗口”简化过境申报手续**

“一带一路”过境货物经天津口岸进境时，过境货物承运人或其代理人通过相关信息化系统向检验检疫机构申报。企业可以通过天津国际贸易“单一窗口”一次性录入或导入所有货物报关和报检信息，实现国际贸易信息的“一点接入”和“一单多报”。对于入境肉类、动植物产品等需要出具通关单的货物申报时，改变过去按照流向申报的方式，在检验检疫主干系统（ECIQ）中实行“用一个号申报”，录入相应的目的地检验检疫机构代码，检验检疫相关信息直接转到对应检验检疫机构。

**2. 明确证明文件透明准入要求**

按照不同货物种类，过境货物在入境时提供相应的证明文件，以符合相应的准入要求。过境的动植物、动植物产品和其他检疫物，提供输出国或地区政府出具的官方检疫证书副本或复印件；过境的肉类及其产品，提供原质检总局批准文件（冷冻肉类产品过境函）和输入国进境许可证；运输动物过境的，提供原质检总局签发的“动物过境许可证”；过境的转基因产品，提供原质检总局签发的“转基因产品过境转移许可证”。海关清楚列明准入的文件，方便企业提前准备，避免因为文件缺失而影响过境。

**3. 只检疫不检验便捷货物过境**

“一带一路”过境货物进境时，由检验检疫机构实施运输工具和外包装检疫，不做品质检验。对来自疫区的经天津口岸过境的集装箱实施箱体表面消毒。过境动物进境时，对运输工具、容器的外表进行消毒并对动物进行临床检疫。过境植物、动植物产品和其他检疫物进境时，检查运输工具或包装，经检疫合格后过境。

**4. 信息共享、联合监管确保货物安全过境**

天津口岸和内蒙古二连浩特、满洲里等边境口岸检验检疫部门之间通过检验检疫主干系统（ECIQ）“双向全申报”等方式实现全口径过境检验检疫数据资源的共享，多地检验检疫部门之间信息互换、结果互认、执法互助，实现检疫监管信息的互联互通，保障过境货物沿线监管的有效性和可追溯性，确保“一带一路”过境货物安全过境。

### （二）实践效果

制度实施以来，过境天津口岸的“一带一路”货物共 8264 批次、20.31 万吨，货值 3.63 亿美元。涉及国家主要有：俄罗斯、蒙古国、马来西亚、印度等几十个国家。过境货物种类主要有：设备零件、钢材、家具、塑料制品、饮料、酒、醋、肉类等。

**1. 简化了手续，降低了企业成本，促进过境货物便利化**

对“一带一路”过境天津口岸的货物，实施“单一窗口、透明准入、只检疫不检验、验证核查直通放行”等便捷措施，提升了过境货物通关速度，降低了企业成本。从天津口岸过境的出境货物经检验检疫机构核查后放行，平均每批可缩短物流时间1天以上；从天津口岸过境的进口货物只检疫不检验，检疫、验证核查后放行，每批货物可缩短在天津港口的滞留时间1~2天。

**2. 联动执法，大大提升了检验检疫监管效率**

“一带一路”沿线检验检疫部门通过联动执法，充分发挥了口岸和内地检验检疫部门各自的优势，实现了检验检疫业务的“前推后移”和“口岸与内地分工合作”的优化，进一步完善执法职能分工协调、突发事件快速反应、违法案件联合打击和工作督查责任追究等，构建了信息共享、优势互补、沟通便捷的“一带一路”过境货物检验检疫联合执法机制，提升了联合执法的整体效能。

**（三）企业案例**

**1. 巴西冻鸡肉从天津过境输往蒙古国**

2016年1月至5月，天津开发区和信贸易有限公司承运由巴西 Cooperativa Central Aurora Alimentos 有限公司生产的冻鸡肉产品共300吨，分7批（11个冷冻集装箱）过境我国发往蒙古国。过境运输路线：天津新港（天津）—张北（河北）—集宁（内蒙古）—二连浩特口岸（内蒙古）—扎门乌德口岸（蒙古国）。过境运输方式：汽车公路运输。

过境货物在过境前向原质检总局申请冷冻肉类产品过境函，在天津口岸入境时，承运人或者押运人须持货运单和输出国政府主管机关出具的卫生证书、输入国入境许可证、在中国国内运输路线图等到天津海关报检，天津海关查验有关证明材料合格后，签发“入境货物通关单”。现场查验部门确认货物是原集装箱密封无泄漏后，仅对箱体表面进行消毒。再核销过境货物数量，通过“过境肉类检验检疫联系单”将有关具体信息（包括集装箱号、铅封号）通知内蒙古二连浩特海关，并通知承运人在货物运输过程中须保持-18℃或以下条件，且不得开封。货物运抵出境口岸二连浩特时，承运人或者押运人主动到内蒙古海关进行报检，在确认货物原集装箱、原铅封后，过境货物全部及时装运出境、及时核销，并通过“过境肉类检验检疫回执单”及时将有关确认信息单反馈给天津海关，确保从货物进境—接单—运输—出境整个流程的安全。

**2. 中蒙俄国际道路货运试运行开通**

2016年8月18日，中蒙俄国际道路货运试运行活动在天津港启动。中蒙俄三国车队从天津港太平洋国际集装箱码头出发，沿亚洲公路网三号公路，从二连浩特口岸出境进入蒙古国，终点为俄罗斯联邦布里亚特共和国首府乌兰乌德，全程 2152 千米。

天津港是中蒙俄国际经济合作走廊的重要起点，为保障经天津口岸过境至蒙古国、俄罗斯的进口货物在二连浩特口岸快速通关，天津海关利用天津口岸直通放行模式，借鉴“进口转检、属地报检”，实现“一次报检、一次检验检疫、一次出单”；利用集装箱电子封识系统及企业诚信管理系统，提升通关效率，防止漏检等违法活动。过去完成这一趟要 5 个工作日，现在只要 2~3 个工作日，大大提高了“一带一路”中蒙俄沿线公路运输的效能。

我国 2016 年 7 月加入了联合国国际公路运输公约（TIR），根据该公约，装运集装箱的公路承运人持有 TIR 手册，可以将货物由发运地运至目的地，在施加海关封志的前提下，途中不受检查、不支付税收、也可不付押金。成为该公约的缔约国之后，中国的货物集装箱可以通过公路径直运到“一带一路”沿线国家。

# 中国（福建）自由贸易试验区

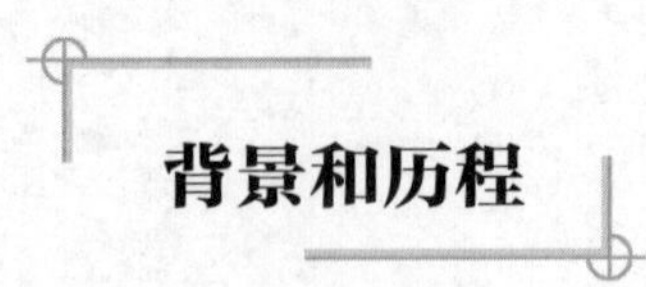

## 背景和历程

建立福建自由贸易试验区是党中央、国务院在新形势下全面深化改革和扩大开放、推进两岸融合发展的重大举措。福建自由贸易试验区的设立，为深化两岸经济合作探索新模式，为加强与二十一世纪海上丝绸之路沿线国家和地区的交流合作拓展新途径，为我国全面深化改革和扩大开放积累新经验，发挥了示范带动、服务全国的积极作用。在福建自由贸易试验区挂牌以来的三年多时间里，福建自由贸易试验区立足于深化两岸经济合作，结合国家战略和福建特点，深化对台经济合作，充分发挥福建对台优势，率先推动闽台之间投资贸易自由化和资金人员往来便利化进程；服务于“一带一路”倡议，作为国务院确定的二十一世纪海上丝绸之路核心区，福建省积极拓展与二十一世纪海上丝绸之路沿线国家和地区的经贸合作，进一步优化福建对外开放格局。

中国（福建）自由贸易试验区是中国中央政府设立的第二批三个自由贸易试验区的其中之一。2014 年初，福建省启动自由贸易试验区申报工作。2014 年 12 月 12 日，国务院常务会议明确将福建与广东、天津一起列入第二批自由贸易试验区试点。2014 年 12 月 28 日，全国人大常委会审议通过了福建自由贸易试验区法律调整授权决定。2014 年 12 月 31 日，国务院批复设立中国（福建）自由贸易试验区。2015 年 3 月 24 日，中共中央政治局会议审议通过了《中国（福建）自由贸易试验区总体方案》。2015 年 4 月 8 日，国务院印发了总体方案。福建自由贸易试验区的实施范围 118.04 平方千米，涵盖三个片区：平潭片区 43 平方千米，厦门片区 43.78 平方千米，福州片区 31.26 平方千米。2015 年 4 月 21 日，福建自由贸易试验区举行挂牌仪式。

### 一、战略解读

福建省位于中国东南沿海，东临台湾，毗邻港澳，是中国面向亚太地区的主要窗口之一。福建自由贸易试验区的战略地位：围绕立足两岸、服务全国、面向世界的战略要求，充分发挥改革先行优势，营造国际化、市场化、法治化营商环境，把自由贸易试验区建设成为改革创新试验田；充分发挥对台优势，率先推进与台湾地区投资贸易自由化进程，把自由贸易试验区建设成为深化两岸经济合作的示范区；充分发挥对外开放前沿优势，建设二十一世纪海上丝绸之路核心区，打造面向二十一世纪海上丝绸之路沿线国家和地区开放合作新高地。

对福建省而言，通过设立自由贸易试验区，推进体制机制创新，营造更加国际化、市场化、法治化的营商环境，对增强发展软实力，实现政府管理经济方式转变，推动长远发展具有重大意义，同时将成为我国深化两岸交流合作、实施“一带一路”倡议、扩大对外开放的试验田。

## 二、概况

2014 年 12 月 31 日，国务院批复设立中国（福建）自由贸易试验区。2015 年 3 月 24 日，中共中央政治局会议审议通过了《中国（福建）自由贸易试验区总体方案》。2015 年 4 月 8 日，国务院印发了《国务院关于印发中国（福建）自由贸易试验区总体方案的通知》（国发〔2015〕20 号），明确建立中国（福建）自由贸易试验区，是党中央、国务院作出的重大决策，是在新形势下推进改革开放和深化两岸经济合作的重要举措，对加快政府职能转变、积极探索管理模式创新、促进贸易和投资便利化，为全面深化改革和扩大开放探索新途径、积累新经验，具有重要意义。

### （一）实施范围

中国（福建）自由贸易试验区的实施范围 118. 04 平方千米，涵盖三个片区：平潭片区 43 平方千米，厦门片区 43. 78 平方千米（含象屿保税区 0. 6 平方千米、象屿保税物流园区 0. 7 平方千米、厦门海沧保税港区 9. 51 平方千米），福州片区 31. 26 平方千米（含福州保税区 0. 6 平方千米、福州出口加工区 1. 14 平方千米、福州保税港区 9. 26 平方千米）。

### （二）功能划分

按区域布局划分，平潭片区重点建设两岸共同家园和国际旅游岛，在投资贸易和资金人员往来方面实施更加自由便利的措施；厦门片区重点建设两岸新兴产业和现代服务业合作示范区、东南国际航运中心、两岸区域性金融服务中心和两岸贸易中心；福州片区重点建设先进制造业基地、二十一世纪海上丝绸之路沿线国家和地区交流合作的重要平台、两岸服务贸易与金融创新合作示范区。

按海关监管方式划分，自由贸易试验区内的海关特殊监管区域重点探索以贸易便利化为主要内容的制度创新，开展国际贸易、保税加工和保税物流等业务；非海关特殊监管区域重点探索投资体制改革，推动金融制度创新，积极发展现代服务业和高端制造业。

### （三）三个片区简介

#### 1. 平潭片区

重点建设两岸共同家园和国际旅游岛，在投资贸易和资金人员往来方面实施更加自由便利的措施。

平潭片区总面积为43平方千米，采取电子围网监管模式，分为三个功能区块。一是港口经贸区，面积16平方千米。北至金井湾大道，南至大山顶，东至北厝路、金井三路，西至海坛海峡。二是高新技术产业区，面积15平方千米。北至瓦瑶南路，南至麒麟路，东至中原六路，西至坛西大道。三是旅游商贸休闲区，面积12平方千米。北至澳前北路，南至山岐澳，东至坛南湾，西至寨山路。

平潭自由贸易试验区与福建其他片区相比有三个特色：一是平潭自由贸易试验区是在平潭综合实验区基础上开展试验，在政策上可以实现叠加；二是平潭突出面向自由港方向发展，在推进投资贸易自由、服务贸易自由、航运自由、人员往来方面更加开放；三是突出两岸融合，台胞在就业生活方面享有更多的优惠政策。

#### 2. 厦门片区

重点建设两岸新兴产业和现代服务业合作示范区、东南国际航运中心、两岸区域性金融服务中心和两岸贸易中心。

厦门片区总面积43.78平方千米，范围涵盖东南国际航运中心海沧港区域和两岸贸易中心核心区，并根据先行先试推进情况以及产业发展和辐射带动需要，拓展试点政策范围，形成与两岸新兴产业和现代服务业合作示范区、东南国际航运中心、两岸贸易中心和两岸区域性金融服务中心建设的联动机制。

东南国际航运中心海沧港区实施范围：区域面积24.41平方千米。四至范围：南侧紧邻大海，东至厦门西海域，西至厦漳跨海大桥，北侧以角嵩路、南海路、南海三路和兴港路为界。功能定位：发展航运物流、口岸进出口、保税物流、加工增值、服务外包、大宗商品交易等现代临港产业，构建高效便捷、绿色低碳的物流网络和服务优质、功能完备的现代航运服务体系，成为立足海西、服务两岸、面向国际，具有全球航运资源配置能力的亚太地区重要的集装箱枢纽港。

两岸贸易中心核心区实施范围：区域面积19.37平方千米。四至范围：北侧、西侧、东侧紧邻大海，南侧以疏港路、成功大道、枋钟路为界。功能定位：发展高新技术研发、信息消费、临空产业、国际贸易服务、金融服务、专业服务、邮轮经济等新兴产业和高端服务业，构建两岸经贸合作最紧密区域，成为立足大陆，面向亚太地区的区域性国际贸易中心。

#### 3. 福州片区

重点建设先进制造业基地、二十一世纪海上丝绸之路沿线国家和地区交流合作的重要平台、两岸服务贸易与金融创新合作示范区。

福州片区实施范围31.26平方千米，涵盖两个区域——福州经济技术开发区和福州保税港区，具体细分为七个片区，简称“两区七片”。

其中，福州经济技术开发区规划面积22平方千米，分为五个区块。马江区块（含福州保税区0.6平方千米）：重点发展二十一世纪海上丝绸之路重要经贸平台、文化创意、商品展示交易。快安区块：重点发展高新技术产业、产业金融、服务贸易（跨境电子商务）。长安区块，含福州出口加工区（1.14平方千米）：重点发展加工贸易、保税仓储、冷链物流。琅岐区块：重点发展旅游、教育培训、医疗养生。南台岛区块：重点发展两岸金融服务创新、会展专业化服务、商品展示交易。

福州保税港区规划面积9.26平方千米，一分为二。新厝区块：重点发展先进制造业（侧重发展汽车保税改装及维修，飞机研发、制造、运营及维修等）、融资租赁。江阴区块：重点发展国际航运物流、整车及零配件进出口贸易、保税仓储及保税展示交易。

## 三、建立历程

2014年12月12日，国务院常务会议明确在天津、福建、广东开展第二批自贸园区试点。

2014年12月24日，国务院常务会议研究审议广东、天津、福建自由贸易试验区实施范围和法律调整授权。

2014年12月31日，国务院以国函〔2014〕178号文，批复设立中国（福建）自由贸易试验区。福建自由贸易试验区涵盖平潭片区、厦门片区、福州片区，总面积118.04平方千米，并明确了各片区起止至范围。

2015年2月7日，《中国（福建）自由贸易试验区总体方案》经征求37个部委意见后，联合会签上报国务院审批。

2015年3月24日，中央政治局会议审议通过广东、天津、福建自由贸易试验区总体方案和进一步深化上海自由贸易试验区改革开放方案。

2015年4月8日，国务院以国发〔2015〕20号文，正式批复中国（福建）自由贸易试验区总体方案。

2015年4月19日，省政府印发《关于中国（福建）自由贸易试验区福州片区实施方案的批复》（闽政文〔2015〕120号）、《关于中国（福建）自由贸易试验区厦门片区实施方案的批复》（闽政文〔2015〕121号）、《关于中国（福建）自由贸易试验区平潭片区实施方案的批复》（闽政文〔2015〕122号），明确了福州、厦门、平潭片区建设的总体要求、区域布局、主要任务和措施、保障机制。

2015年4月20日，国务院新闻办在北京召开上海、广东、天津、福建自由贸易试验区新闻发布会。

2015年4月20日，福建省政府公布《中国（福建）自由贸易试验区管理办法》（省政府令第160号），从投资管理与贸易便利化、闽台交流与合作、金融开放创新与风险防范、税收管理、综合管理和保障等方面提出相应的管理措施；公布《中国（福建）自由贸易试验区相对集中行政复议权实施办法》（省政府令第161号），明确福建自由贸易试验区内的行政复议案件，三个片区管委会可根据职责分工统一行使行政复议权；发布《关于印发〈中国（福建）自由贸易试验区管理委员会规范性文件法律审查规则〉的通知》（闽政〔2015〕16号），明确自由贸易试验区规范性文件的法律审查制度。

2015年4月21日，中国（福建）自由贸易试验区挂牌仪式在福州举行。同日，厦门自由贸易试验区区举行挂牌仪式。

2015年4月29日，国家工商总局出台《关于支持中国（福建）自由贸易试验区建设的若干意见》（工商企注字〔2015〕57号），在企业登记制度、企业日常监管等方面提出12条意见，支持福建自由贸易试验区建设。

2015年5月4日，海关总署出台《关于支持和促进中国（福建）自由贸易试验区建设发展的若干措施》（署加发〔2015〕115号），从全面复制推广上海自由贸易试验区经验、服务自由贸易试验区改革需求以及实施海关监管制度创新和海关安全高效监管等方面提出五方面25条支持措施。

2015年5月18日，福建省自贸办联合省政府新闻办举行新闻发布会，通报了福建自由贸易试验区第一批18项创新举措。

2015年5月31日，福建省政府印发《关于推广福建自由贸易试验区首批可复制创新成果的通知》（闽政〔2015〕25号），明确将首批18项改革创新成果分批、分期在省内其他区域推广。

2015年11月30日，经国务院自由贸易试验区工作部际联席会议审定，商务部印发了全国自由贸易试验区8个“最佳实践案例”，其中福建自由贸易试验区提供的国际贸易“单一窗口”案例和平潭投资管理体制改革“四个一”案例入选。

2015年12月1日，国家工商总局、福建省政府联合印发《关于发布中国（福建）自由贸易试验区台湾居民个体工商户营业范围的公告》（工商个字〔2015〕208号），允许台湾居民在福建自由贸易试验区注册登记为个体工商户，无须经过外资备案（不包括特许经营），从事129个行业的经营活动。

2015年12月9日，中国人民银行出台《关于金融支持中国（福建）自由贸易试验区建设的指导意见》（银发〔2015〕373号），从扩大人民币跨境使用、深化外汇管理改革、拓展金融服务、深化两岸金融合作、完善金融监管等五方面提出 30 条支持政策。

2015 年 12 月 30 日，经财政部、海关总署、国家税务总局同意，自 2016 年 1 月 1 日起，福建省实施境外旅客购物离境退税政策，成为继北京市和上海市之后，全国第二批实施该项政策的省份。

2015 年 12 月 31 日，海关总署办公厅印发《关于福州、平潭跨境贸易电子商务保税进口试点项目方案实施的复函》（署办科函〔2015〕30 号），标志着福州、平潭正式获批成为跨境贸易电子商务保税进口试点。

2016 年 1 月 25 日，商务部外资司将《福建自由贸易试验区统计报表制度（试行）》印发给上海、广东、天津自由贸易试验区学习借鉴。该制度是由福建省率先提出，获国家统计局批准，由福建省政府正式印发实施，涵盖了自由贸易试验区概况及企业新增、贸易便利化、金融创新、生产经营等情况，是全国首个较为全面反映自由贸易试验区成效的统计制度。

2016 年 4 月 1 日，福建省十二届人大常委会第二十二次会议表决通过《中国（福建）自由贸易试验区条例》，并于当日公布施行。

2016 年 8 月 8 日，国务院印发《关于平潭国际旅游岛建设方案的批复》（国函〔2016〕143 号），要求把平潭建设成为经济发展、社会和谐、环境优美、独具特色、两岸同胞向往的国际旅游岛。

2018 年 5 月，国务院办公厅发文，福建自由贸易试验区在“落实重大政策措施成效明显、创造典型经验做法”方面得到表扬和激励。2018 年，国务院大督察对福建自由贸易试验区予以“免督查”。

2018 年 5 月 24 日，国务院印发《进一步深化中国（福建）自由贸易试验区改革开放方案》。

2018 年 5 月 25 日，国务院新闻办举办新闻发布会，介绍福建、广东、天津自由贸易试验区深化方案及经验复制推广情况。

2018 年 6 月 11 日，福建省政府举行福建自由贸易试验区深化改革开放方案有关情况新闻发布会，并发布了一系列贯彻落实措施。

### 四、监管新政介绍

经过三年多的探索实践，福建自由贸易试验区以负面清单为核心的投资管理制度已经确立，以贸易便利化为重点的贸易监管制度更加高效，以服务实体经济发展为目标的金融创新制度基本形成，以政府职能转变为导向的事中事后监管制度不断完善，自由贸易试验区的改革红利持续释放、虹吸效应日益凸显，取得了良好成效。

### （一）福州、平潭监管新政

#### 1. 对标国际规则，制度创新高地初步形成

一是投资便利化显著提升。全国率先实施“一表申报、一口受理、一照一码”登记制度，推行“一照多址、全城通办、简易注销”等18项商事制度改革，形成从企业登记到项目投资审批、企业经营服务、企业注销退出的全链条便利化措施，企业注册时间缩短至最快立等可取。二是贸易便利化不断优化。持续推出贸易监管创新举措，促进部门协同创新，建立并完善国际贸易“单一窗口”管理制度，推动国际贸易业务全流程覆盖，实行“一次接入、一次申报”，货物入区通关成本降低15%，全区通关无纸化达99.8%，高出全国平均水平0.6个百分点，企业进出口货物申报时间从4小时减至5~10分钟。三是行政审批制度改革不断深化。集中实施省、市、区三级政府部门440项行政许可和公共服务事项，实现“办事不出区、审批不出区”；全国首创行政审批全流程应用电子证照，投资项目创新实行“多规合一”审批，将审批时限压缩至46个工作日；率先开展“证照分离”改革，梳理确认实施分类改革的行政审批事项170项。四是事中事后监管体系基本建立。成立综合执法局，建立跨部门、跨区域执法联动响应和协作机制。建设综合监管信息共享平台，通过梳理监管风险点、制定相应防控措施，公布“市场经营行为负面清单”2084条，形成风险分类监管机制。试点行政执法公示制度，率先在跨境电子商务领域采用第三方信用评级，建设全国首家电子化可追溯水产品交易平台。五是法治化营商环境不断完善。全国首创台胞权益保障法官工作室，设立自由贸易试验区法庭、检察室、国际商事仲裁院，构建多元化、便捷化、国际化的纠纷解决机制。台胞权益保障法官工作室得到国台办的充分肯定，省台办和省法院联合在全省进行推广。设立知识产权公共服务平台和知识产权调解中心。

#### 2. 打造平台载体，重点业态蓬勃发展

出台产业扶持政策，促进整车进口、跨境电子商务等重点业态蓬勃发展。一是整车进口稳定增长。江阴港成为全国首个允许开展进口汽车辅助性整改的口岸、首个提供全方位CCC认证服务的试点口岸，车辆通关由4~6工作日缩短至1个工作日，效率居全国前列。二是物联网产业蓬勃兴起。获批为全国第四个国家级物联网产业示范基地，成立全国首家物联网开放实验室和物联网产业促进中心、物联网产业联盟；全国物联网大会永久会址落户区内；启用全国第一家NB-loT（窄带物联网）商用局，并在城市供水漏损治理上启动全球最大规模的NB-IoT商用项目。三是金融业态丰富多样。其中，福州片区累计推出70个金融创新案例。挂牌成立马尾基金小镇，引进德国匡特、省技改基金、华侨基金等产业基金40多支，规模

1258 亿元，成为全省私募基金投资机构最多、管理基金规模最大的区域。集聚融资租赁企业 847 家，开展租赁业务超 60 亿元；率先批复福州三六零网络小额贷款公司筹建，实现福建省网络小额贷款公司“零突破”；首创国内进出口外包金融服务平台，为两万家中小进出口企业办理国际结算 20 亿美元。四是跨境电子商务方兴未艾。建设 20 万平方米的跨境电子商务产业园，建成福州跨境电子商务公共服务平台和四个跨境电子商务监管中心，引进 eBay、阿里一达通、菜鸟网络、纵腾等境内外知名跨境电子商务企业，eBay 在区内设立全国首个跨境电子商务全产业链聚集园区。五是现代物流快速发展。全国首创冷链物流服务标准化制度，建成冷链仓库库容超 50 万吨，集聚马士基物流等 300 多家国内外知名物流企业。引进德国物流巨头爱马仕设立机场邮政及快件监管中心，依托福州—俄罗斯等直飞航线，打通榕欧空中物流通道。

**3. 突出先行先试，对台交流合作不断深化**

一是对台货物贸易稳步增长。推出“对台原产地证书核查机制”等 18 项对台贸易便利化创新举措，率先采信台湾检验结果和实施对台“源头管理、口岸验放”模式，创新涉台业务“先报、预核、后补”快捷通关模式，全国率先开展海峡两岸 AEO 互认，开通大陆第二条对台邮件总包水路中转全球航线。融达通公司在台北设立边境仓，推动两岸跨境电子商务产业合作与发展。二是对台服务贸易扩大开放。推动对台旅游、医疗、文创、演艺等 17 个服务贸易领域开放。允许台湾导游、领队在福州片区执业，台资“驴妈妈”旅行社率先开展大陆居民赴台游组团业务，引进台湾钜太文旅运营“左营・佐赢”文创园区、台湾耀鼎人才中介落户区内。三是两岸先进制造业合作深入推进。成立两岸先端材料研发合作中心，引进台湾科研人才，成功研发国内首个拥有自主知识产权的抗菌超薄玻璃；携手台湾科研机构，研发全球首枚二维码解码芯片；建设两岸先进制造业技术服务中心，为 60 类 2000 多种产品提供 5200 多条标准认证服务。建成全省首家柔性显示创新研究中心实验室。四是两岸金融合作迈上新台阶。四家台资银行落户福州，数量居省会城市首位，全国五家台资保险公司中有四家在福州市设立保险机构，全国首家台企联合保险代理公司落户区内；全国率先开展台企台胞在台湾地区信用记录查询业务，率先发行台胞信用卡；建设银行、平安银行分别在区内设立总行级的“海峡两岸跨境金融中心”“对台金融服务中心”。五是台湾青创基地集聚发展。率先实施榕台技能工种“一考双证”，挂牌成立在榕台湾居民任职资格评审（试点）办公室，开辟台湾地区人才职称评聘绿色通道，有力促进台商创业园等八大台湾青创基地发展；琅岐海峡青年交流营地成功举办“海峡青年节”系列活动，成为两岸青年交流合作的重要平台。六是两岸人员往来更加便捷。全国率先启用电子台胞证，率先签发非闽户籍居民“一次有效往来台湾通行证”，率先实行非本省居民赴台旅游免于提交暂住证；建设闽江马尾对台综合客运码头，将缩短两马单程航线近半时间。

4. 对接国家倡议，“一带一路”桥头堡作用凸显

一是扩大与海丝国家双向投资。在马来西亚、毛里塔尼亚、几内亚比绍投资建设渔业产业合作基地。挂牌以来，共引进海丝沿线国家和地区项目备案 558 项，合同外资总额 36.35 亿美元；共核准对海丝沿线国家和地区投资 31 项，协议投资总额 13 亿美元，比增 717%。二是加强“一带一路”贸易往来。与 31 个国家和地区实现 AEO 互认，打造 30 个“一带一路”国家和地区的进口商品展示馆。中国—东盟海交所已发展境内外会员 198 家、交易商 2550 家，现货交易额超八亿元。海峡水产品交易中心年交易额超 300 亿元，成为我国和环太平洋西岸及东南亚地区渔业合作交流的重要通道和平台。三是积极打造区域性国际航运枢纽。对接建设海上福州战略，全国率先实施船舶进出境“一单四报”和船舶证书“三合一”并联办理举措，获批为国际船舶登记船籍港和全省唯一的中资“方便旗”船回国登记船籍港。江阴港开通“海丝”航线九条，启动内外贸同船运输及国轮捎带业务，开通四条闽赣集装箱海铁联运班列，构建福州（江阴港）—营口—满洲里—欧洲海铁联运货物通道并实现市场化无补贴运作。

### （二）厦门监管新政

自由贸易试验区的核心任务是制度创新，基本要求是可复制推广。中国（福建）自由贸易试验区厦门自贸片区成立以来，厦门海关先后制定了《厦门海关推进中国（福建）自由贸易试验区厦门片区建设监管服务改革方案》《厦门海关进一步推进中国（福建）自由贸易试验区厦门片区建设监管服务改革方案》等主要文件，围绕着打造一流营商环境、培育外贸新动能、强化事中事后监管、深化对台交流合作的要求积极开展监管制度的创新。

截至 2018 年 9 月，厦门海关按照《中国（福建）自由贸易试验区总体方案》的任务分解，在推动口岸管理体制机制改革、创新通关管理模式、促进海关特殊区域优化整合、支持新兴贸易业务发展和开展对台关务合作交流等方面，累计推出 88 项创新制度，经第三方评估为全国首创的有 33 项，属于复制拓展的有 28 项，属于复制推广的有 27 项。其中“国际贸易‘单一窗口’”“出境加工海关监管模式”“原产地签证管理改革创新”“入境维修产品监管新模式”“委内加工监管”“仓储货物按状态分类监管”“国际航行船舶检疫监管新模式”“免除低风险动植物检疫证书清单制度”“会展检验检疫监管新模式”“对外贸易经营者备案和原产地企业备案‘两证合一’”“‘先放行、后改单’作业模式”“入境大宗工业品联动检验检疫新模式”“国际航行船舶供水‘开放式申报+验证式监管’”13 项海关监管制

度作为改革试点经验或最佳实践案例被国务院、商务部或海关总署在全国复制推广。详细情况如表 3-4 所示。

**表 3-4 厦门海关推出的 88 项创新制度**

| 序号 | 创新项目名称 | 内容简介 |
| --- | --- | --- |
| 1 | 通关业务互联网全口径自主申报 | 企业可通过网页版、专用客户端版、移动 APP 等各种渠道登录国际贸易“单一窗口”，随时随地向海关自主申报进出口货物，并实时查询报关状态 |
| 2 | “关港贸”查验信息交互全程电子化 | 海关、报关企业、码头公司等查验各方可通过网上查验预约平台，在互联网上完成所有查验准备、反馈、查询等工作 |
| 3 | “先放行、后改单”作业模式 | 对经海关查验后发现异常的进出口报关单仅需改单处理，且对查验结论符合条件的进出口报关单，允许先放行，然后再完成改单操作 |
| 4 | 航空维修一体化海关监管制度 | 整合优化不同部门间维修物品、暂时进口货物、保税仓库货物等飞机维修相关的业务流程，对区域外航空维修企业实行一体化监管 |
| 5 | 包修转包航材流转监管模式 | 航空维修企业承接境内航空公司包修转包业务，可利用特殊区域进行航材的维修及耗用料件的流转，采用“修理物品”监管方式办理进口手续；航材维修后申报进口时凭包修费缴税证明不再征收进口税 |
| 6 | 进出境邮件“移动式”通关模式 | 进境邮件收件人可通过网络和微信等方式在移动设备上在线办理通关手续 |
| 7 | 试点海运快件进出境业务 | 通过厦门离台湾地区近具有的地缘优势，允许通过海运方式在两地间运输进出口快件 |
| 8 | 创新跨境电子商务高效便捷监管模式 | 采用“清单核放、汇总申报”模式为出口跨境电子商务办理通关手续，并构建厦门跨境电子商务直购进口平台，试行跨境电子商务直购进口模式 |
| 9 | 试行分送集报货物“集中申报、分段担保”模式 | 开展保税展示交易业务的企业，可在每批货物出区域前预缴税款担保。待办结集中申报手续后可实时退还担保金 |
| 10 | 保税料件交易 | 区域外加工贸易企业可将剩余的进口保税料件运入海关特殊监管区域，并在海关实际监管下进行交易 |
| 11 | 海关通关移动综合服务平台 | 企业使用移动设备可通过该平台随时办理申报、缴税、查询等通关手续 |
| 12 | 加工贸易单耗信任审核 | 自由贸易试验区内的高级认证企业申报单耗时，海关仅对企业申报的单耗规范性和单耗数值逻辑性进行审核，而采取事中单耗核查或事后批量复核等方式对单耗的准确性和真实性进行监管 |

续表1

| 序号 | 创新项目名称 | 内容简介 |
| --- | --- | --- |
| 13 | 电子关锁跨直属关联动模式 | 陆地港通关的出口货物报关单可直接核验厦门口岸的舱单数据，在陆地港即可完成包括验放在内的完整通关链条，再通过电子关锁进入厦门口岸配载装船 |
| 14 | 入区加工 | 区域外企业可借助区域内物流企业提供的设备、场地，并进口相关料件、工具，在区域内生产加工后由区域内物流企业代理出口 |
| 15 | 行邮物品“电子税单” | 收件人完成网上申报、缴税后，辅助管理系统可按照《旅客行李、个人邮递物品进口税款缴纳证》格式开具电子缴款凭证 |
| 16 | 保税仓库货物出库便捷通关模式 | 保税仓库企业在分批出库集中报关时，可以以报备方式代替原书面批准手续，再定期向海关汇总报关 |
| 17 | 报关企业申报多介质身份认证 | 启用U盾进行身份认证，企业持U盾可在“单一窗口”登录办理报关单、舱单、运输工具等申报业务 |
| 18 | “单一窗口”海关税费自报自缴 | 企业可以通过“单一窗口”自行办理通关税费申报、自行办理相关税费缴纳手续、自助打印税款缴款书 |
| 19 | “互联网+保税展销”模式 | 海关对分散的物流、查验、卡口、放行、仓库管理、巡查核查等监管进行集成，跨境电子商务企业可快速申报特殊区域内商品出区清单后进行国内配送，并按照一般贸易货物集中办理海关纳税手续 |
| 20 | 海关创新项目众创及实施管理平台 | 海关按照项目管理思路，自主研发创新工作平台，从企业需求、业务流程规划、助推地方重点项目等方面，通过信息化系统，形成企业、海关各部门间共同参与制度创新、系统集成及项目管理的模式。 |
| 21 | 进口货物“水路提货”模式 | 已放行进口货物不用实际过卡，海关只需通过智能卡口系统虚拟的“水上卡口”核销放行数据后，货物就可以通过水路运输提离监管场所。同时，海关辅以现场巡查、随机抽检、数据核查等实地监管方式，确保通关规范有序。突破货运车辆装载集装箱提离监管场所的传统物流模式，实现通过驳船将进口集装箱从水路提离码头，解决了部分进口特殊货物和成批量进口集装箱陆路运输难问题 |
| 22 | 知识产权保护便捷服务平台 | 厦门海关自主研发“厦门海关知识产权保护”APP，设有“知识产权预确认咨询”“知识产权海关备案查询”“知识产权法律法规查询”和“知识产权侵权线索举报”四大模块，外贸企业通过APP咨询，海关可快速解答，有效规避侵权风险，大幅提升货物的通关效率。此APP系全国首个知识产权海关保护APP，打造便捷快速的举报侵权途径，有效规避侵权风险 |

续表2

| 序号 | 创新项目名称 | 内容简介 |
| --- | --- | --- |
| 23 | 创新台湾输大陆商品快速验放机制 | 在福建自由贸易试验区厦门片区内对进口儿童玩具、进口台湾地区婴幼儿纸尿裤、进口台湾地区食品接触产品、进口台湾地区服装等部分进口消费品试行实施检验结果采信。进口商品的收货人或者其代理人可在货物进境前先行取得采信依据，无须等待货物进口后再做检验，节约检验时间，缩短通关周期 |
| 24 | 对台湾输入区内的农产品、食品试行快速检验检疫模式 | 检验检疫部门将进口台湾食品、农产品检验检疫工作向前延伸，建立食品农产品质量安全源头管理机制，在风险分析、建立质量安全源头管理机制等基础上，加强事中事后监管，实现台湾地区食品、农产品、化妆品输大陆时快速验放 |
| 25 | 对台湾输大陆水果等农产品采取便利化通关模式 | 诚信好的企业现场查验合格并抽样后即放行，实验室检测结果作为加强有毒有害物质监控检测的手段 |
| 26 | 台湾渔船自捕水产品申报时免于提供台湾主管部门出具的卫生证书 | 对台湾自捕水产品不要求提供台湾官方的检测证书，对冷冻水产品现场查验完毕后实行预放行 |
| 27 | 改革和简化产地证签证管理 | 改革原产地证签证管理，便利证书申领，强化事中事后监管 |
| 28 | 进口酒检验检疫快速通关模式 | 改革标签备案工作，允许分批备案并前置标签备案至货物到港前；用风险分析及移动检验检疫实现进口酒“快速核放”和集中查验的“即验即放” |
| 29 | 入境自用工业品“符合性验证”模式 | 自境外母公司（或子公司）向福建自由贸易试验区厦门片区内子公司（或母公司）输入的自用工业品原材料及工业品半成品，采取“符合性声明+企业自检+事后监管+责任追究”的检验监管工作方式 |
| 30 | 入境大宗工业品联动检验检疫新模式 | 检验检疫部门按照“因地制宜、多点申报、前推后移、优势叠加”原则，将进口成套设备检疫环节前置，实施“事前项目立项+即报即放+到货抽检+后续监管”的项目管理模式，在口岸仅实施放射性检测和检疫处理后即给予放行，使用地检验检疫部门开展后续检验检疫 |
| 31 | 国际航行船舶供水“开放式申报+验证式监管” | 改变以往船舶供水需先向检验检疫部门申报，经审核同意后供水单位方可加水的模式，允许诚信度高、记录良好的国际航行船舶通过电话、微信公众号、传真、电子邮件等方式，向检验检疫部门备案后，可直接在A级供水单位加水 |

续表3

| 序号 | 创新项目名称 | 内容简介 |
|---|---|---|
| 32 | 口岸检疫处理前置模式 | 海关特殊监管区域内企业接受境内海关特殊监管区域外企业委托，对其提供的入区货物进行加工，加工后的产品全部运往境内区外，并收取加工费的行为。维修、检测业务和禁止进出口的商品不纳入委内加工业务范围 |
| 33 | 航空维修检验检疫一体化监管新模式 | 检验检疫部门对暂时进口的维修飞机用旧工具免于实施装运前检验；采取"法检清单预报备、集中查验"模式；对航空维修用进口涂料实施集中备案抽检；对涉及中国强制性认证的产品实施分类管理；对维修用进口金属材料实施快速直放；免除进口旧航材卫生消毒流程约检环节；对进口货物的木质包装实施"企业自查+CIQ 抽查+事中事后监管"的检疫查验模式；对航空维修用危险化学品实施预约检验、批量查验模式，提高通检效率 |
| 34 | 海关一站式查验平台 | 在自由贸易试验区厦门片区设置关检"一站式"查验场，建立关检常态化合作联合查验模式 |
| 35 | 仓储货物按状态分类监管 | 特殊区域内可存放非保税仓储货物，海关通过辅助管理系统进行监管，不办理进出口报关手续，入区不退税、出区不征税 |
| 36 | 拓展保税租赁制度功能 | 特殊区域海关委托机场海关对融资租赁进出境飞机进行监管，对区外承租企业的融资租赁货物按照每期租金分期征收关税和增值税 |
| 37 | 中欧（厦门）国际班列便捷转关模式 | 通过协调沿线海关优化转关流程、对货物实施集中查验及开展海铁联运，提高中欧班列通关效率，将班列延伸至台湾及东南亚，对接"海丝"与"陆丝" |
| 38 | 打造首条中欧安智贸铁路航线 | 加强与中欧班列沿线欧盟海关的国际合作，在全国海关率先启动安智贸铁路航线试点，给予企业优先通关、降低查验率、提高通关效率等便利 |
| 39 | 跨境电子商务 B2B"一站式"全天候通关模式 | 海关对分散的物流、查验、卡口、放行、仓库管理、巡查核查等监管进行集成，跨境电子商务企业可快速申报特殊区域内商品出区清单后进行国内配送，并按照一般贸易货物集中办理海关纳税手续 |
| 40 | 一地注册、全国申报 | 取消报关企业跨关区报关限制，在自由贸易试验区范围内，改报关企业注册登记行政许可为备案制 |
| 41 | 国际中转口岸直拼监管模式 | 允许在自由贸易试验区内的港区建立专门仓库，将境外启运、通过海运方式进入仓库且目的地为境外的中转货物，拆箱后按照相同目的地、航线、收货人等规则与口岸出口货物进行直接拼箱出口 |
| 42 | 海关"123"新型税收征管通关服务模式（已被全国通关一体化模式所取代） | 在自贸片区内设置自由贸易试验区综合服务大厅，集中办理自由贸易试验区企业有纸报关单和全关区无纸报关单接单、审核、征税、放行作业 |

续表4

| 序号 | 创新项目名称 | 内容简介 |
| --- | --- | --- |
| 43 | 推行加工贸易“物联”管理模式 | 建设加工贸易联网监管辅助管理系统，通过该系统实现对联网监管企业的料号级管理、工单式核销、自报自核等功能 |
| 44 | 海关物流监管云平台 | 整合智能卡口作业平台和保税监管平台，使车辆、货物在港区、保税区、保税物流园区以及保税港区之间快速流通 |
| 45 | 加工贸易边角料先处置后报关 | 一般认证及以上的加贸企业，可在边角料涉及的成品出口前向海关报备，经核准后先行处置边角料，按月向海关集中办理内销征税手续 |
| 46 | 高端电子制造业进口设备分期缴税及通关便利化 | 满足条件的项目进口设备增值税可分六年分期缴纳，并将分期纳税管理事权下放至隶属海关 |
| 47 | 进出境快件通关服务平台 | 为提高总署新版快件通关管理系统应用效率，开发进出境快件通关服务平台进行快件随附单据信息的在线审核 |
| 48 | 邮轮物供“快速通道”模式 | 进口邮轮物资申报进境后运入海关特殊监管区域内的相关仓储企业，按特殊区域的区域通关一体化模式办理出境手续运抵邮轮码头，经通关审核后放行供船 |
| 49 | 海关对抽检仓储货物免税核销 | 在海关特殊监管区内，保税物流企业仓储货物被抽样检查的部分，海关凭《抽/采样凭证》予以免税核销，并允许企业根据实际送检数量定期集中办理报关手续。改变了海关对抽/采样的仓储货物予以征税核销的普遍做法，允许免税核销，进一步便利了海关特殊监管区域内的物流企业 |
| 50 | 特殊包装物自主选择通关模式 | 对与加工贸易料件同时进口、需按照暂时进出境货物监管的特殊包装物（如液晶面板，玻璃托盘、垫板等），企业可自主选择按暂时进出口货物向海关申报，缴纳税款保证金后放行，或按进口料件纳入加工贸易账册管理，办理通关手续。突破明显可重复使用的包装物按暂时进出口货物监管的规定，将其按进口料件纳入加工贸易账册管理，不再缴交保证金，有效减轻企业资金压力 |
| 51 | 实施特殊物品卫生检疫改革试点 | 对生物材料等特殊物品实施无纸化审批，缩短审批流程，延长特殊物品审批单的有效期限，有效期内可以分批核销，通过风险评估实施风险分级管理，采取多种查验方式和频次相配合的差别化监管措施 |
| 52 | 台车入闽便捷检疫模式 | 推出统一申报、一站式服务、24 小时通关查验等多项创新举措 |

续表5

| 序号 | 创新项目名称 | 内容简介 |
|---|---|---|
| 53 | 集装箱分拨货物卫生检疫前置 | 在入境分拨集装箱货物报检前，即在仓库拆箱环节对其实施入境卫生检疫查验，对报检前卫生检疫合格的分拨货物实施“即报即放”；对不合格的实施拦截处理，形成“集中检疫+分批核销+电子快放+仓库协检”的新工作流程 |
| 54 | 国际航行船舶检疫监管新模式 | 通过信息化系统提交检疫报检电子信息，不再提交纸质单证，借助“船舶移动检疫系统”和终端平台，实现船舶检疫“即时查验、即时放行”，推进船舶联检“单一窗口”建设和口岸“三互”工作 |
| 55 | 中欧班列“出口直放”“进口直通”的检验检疫一体化 | 与四川海关、新疆海关共同签署《厦蓉新欧班列检验检疫一体化工作方案》，对中欧班列进出口负面清单以外的货物将采取“出口直放”“进口直通”的通关一体化工作模式 |
| 56 | 产地证签证检企“零见面”模式 | 实行“网上申请、在线审核、双向寄递”。依托互联网技术升级签证系统，实施产地证便捷管理，实现备案签证全程“无纸化”，开发业务辅助系统、全城“通报通签”、个性化签证代理、EMS双向寄送等服务，逐步将“面对面”服务改为“网对网”“零见面”服务 |
| 57 | “一日游”入境货物免查验、免收检验检疫费 | 检验检疫部门对“一日游”入境的国内流转货物，优化检验检疫业务流程，对提供有效的国内生产有效来源证明等随附证明材料，不再对其进行查验，免收检验检疫费用，降低企业成本 |
| 58 | 进口石材差异化检验检疫模式 | 在进口企业报检前即进行整艘次集中查验。对原来串联进行的现场检验检疫、卫生除害处理、核素分析、采样送样改为并联集中处理 |
| 59 | 航空器出入境检疫管理模式 | 对出入境航空器运营者及其代理人实施诚信管理，对航空器根据风险等级实施分类管理，配套开发“航空器检疫管理系统”，从航空器检疫申报到检疫批复结果实施全流程信息化，实现航空器电讯检疫、信息化监管 |
| 60 | 游艇、帆船检验检疫便利化监管 | 对帆船、游艇检验检疫的各项政策进行了集成：一是实行电子申报，免于提交纸质单证；二是率先提出了免办“船舶免予卫生控制措施证书”；三是一般情况下，允许入境游艇、帆船在口岸开放码头或经检验检疫机构同意的停泊水域或码头实施检疫；四是借助船舶“单一窗口”电子平台实施放行；五是允许其物料供应自行采购，不需找指定供应商；六是对来自非疫区、经查验证书符合要求且现场检疫合格的伴侣动物，可以入境随行，无须在指定场所隔离检疫30天；对属于工作犬的，携带人提供相应证明的，可免于隔离检疫 |
| 61 | 台湾造血干细胞入境快捷模式 | 具有实施造血干细胞移植治疗资质的医疗机构，在申请台湾医院移植用造血干细胞入境时，检验检疫部门直接采信其提交的流行病学调查情况说明、供体健康证明及检验报告等必要的证明材料，经书面审查合格的，实行即报即批 |

续表6

| 序号 | 创新项目名称 | 内容简介 |
|---|---|---|
| 62 | 厦门关检“监管互认” | 关检对原产地、规格、数量等关检有共同查验需求的货物，实现一家查验、两家互认 |
| 63 | 出境加工海关监管模式 | 境内企业可将全部或部分原材料提供给境外企业生产，成品复运进境，海关只对增值部分征税 |
| 64 | 委内加工监管 | 允许区域内加工贸易企业接受境内区域外企业委托，对其提供的货物进行加工并收取加工费 |
| 65 | 国际航行船舶出入境联检“一次申报”无纸化 | 船代企业通过“出入境船舶联检‘单一窗口’信息系统”一次性录入申报信息，分别发送到四家联检单位，实现“一单多报”和“并联处置” |
| 66 | 在海关特殊监管区域内企业可在自由贸易试验区内开展保税展示交易业务 | 支持符合条件的海关特殊监管区域内企业在区外开展保税展示、交易的经营活动，在企业提交担保前提下可出区展示 |
| 67 | 创新监管模式，发展文化保税业务，建设文化保税展示交易中心和收藏品交流中心 | 支持海关特殊监管区域内企业开展文化艺术品保税仓储、展示、保管，探索适应新型文化贸易发展的海关监管模式 |
| 68 | 推出省内首创的“一关通”模式（已被全国通关一体化模式所取代） | 符合条件的企业进出口货物时，可自主选择向海关驻邮局办事处以外的任一现场海关申报，并在申报地海关办理货物放行手续，为厦门海关融入全国通关一体化积累宝贵经验 |
| 69 | 取消出口货物纸质“进场章” | 出口货物实货运抵海关监管场所后，可直接向海关发送电子运抵报告，企业无须在相关出口单证上加盖“进场章” |
| 70 | 跨关区保税供油 | 允许有资质的供油企业在福建省内跨直属海关关区向国际航行船舶提供保税燃油 |
| 71 | 进出境船舶监管作业单证电子化 | 船舶负责人向海关申报船舶进出境时，运输工具申报单、舱单等资料可通过提交电子数据办理手续，海关不再收取纸质资料 |
| 72 | 海关“随机布控、随机派单”监管模式 | 推进“双随机”工作，将随机布控和随机派单监管理念扩展到监管的全过程、全领域，并与内控监督深度融合 |
| 73 | 中介组织辅助海关开展稽核查工作 | 由海关或企业委托具有资质的社会中介机构，对企业开展审计、审核、评估、鉴定、认证等活动，并为海关监管提供辅助依据 |
| 74 | 报关单修改和撤销审批无纸化 | 企业向海关申请报关单修改和撤销时无须再提交纸质单证，只需在网上填写修改和撤销审批表并上传资料至 HP2015 系统即可办理相关手续 |

续表7

| 序号 | 创新项目名称 | 内容简介 |
| --- | --- | --- |
| 75 | 简单案件、简易程序案件办案模式 | 稽查部门发现的一般违规案件由稽查部门直接办理，提高办案效率和通关效率 |
| 76 | 国际航行船舶联合登临检查机制 | 四家联检单位对国际航线船舶进行联合登临检查，实现一次登轮、各司其职，按照“信息互换、监管互认、执法互助”的要求开展工作 |
| 77 | “银关保”企业增信担保 | 企业通过保险公司等第三方机构为其向银行提供增信，取得银行出具的税收保函，凭此向海关办理担保通关手续，形成“企业申请—保险承保—银行授信—海关受理”的增信担保模式 |
| 78 | 海关全流程状态查询 | 海关开展“互联网+自主报关”改革试点，舱单及相关电子数据传输人、进出口企业及其代理人可通过互联网，采用网页版、专用客户端版、移动APP等各种渠道登录国际贸易“单一窗口”，查询货物的通关状态、集装箱或提运单的相关物流状态信息 |
| 79 | 自由贸易试验区海关知识产权保护展示中心 | 创新自由贸易试验区、海关知识产权边境保护方式，展示厦门自贸片区、厦门自主创新示范区产品、品牌以及背后的知识产权、科技创新情况。法院、检察院分别在中心设立知识产权巡回法庭、打击和预防知识产权侵权犯罪教育基地 |
| 80 | 出入境船舶检疫全程无纸化 | 由厦门海关联合厦门市口岸办、厦门出入境边防检查站，依托自由贸易试验区国际贸易“单一窗口”平台对出入境船舶监管实现“一次申报”和全程无纸化 |
| 81 | 会展检验检疫监管新模式 | 本着“风险可控、有效监管、保障安全、便利通关”的原则，对出入境展品建立了一整套包括风险评估、分级管理、快速放行、现场监督和后续监管的管理措施，确保展品便捷通关、有效监管 |
| 82 | 创新厦金客轮检疫管理 | 对厦金客轮简化申报手续，凭“船舶免予卫生控制措施证书”即可申请实施电讯检疫 |
| 83 | 进口同批次的食品试行“空检海放”便利措施 | 检验检疫部门对进口同批次食品先行到港的空运部分实施检验，对海运到港的食品在信用管理的基础上，参考空运食品检验结果并结合现场查验进行合格评定，同时抽样进行验证性检测，加快通关速度 |
| 84 | 免于核查动植物检验检疫证书“正面清单”制度 | 根据原质检总局《免于核查输出国家或地区动植物检疫证书的清单》，对列入“正面清单”的低风险动植物产品在进境口岸报检时可免于提供输出国家或地区官方出具的动植物检疫证书 |
| 85 | 跨境电子商务备案全程电子化 | 建立跨境电子商务备案信息化系统，企业登录备案系统提交规定材料，符合要求的直接核实通过 |
| 86 | “合格假定”检验检疫模式 | 检验检疫部门在风险评估的基础上，对进境船运散装铜精矿货物在现场检疫、放射性检测合格并完成取样后给予放行，对进口企业及进口货物实施事中事后监管 |

续表8

| 序号 | 创新项目名称 | 内容简介 |
|---|---|---|
| 87 | 口岸检疫处理监管无纸化 | 检验检疫机构通过“口岸检疫处理管理系统”向检疫申报人或单位发送检疫处理指令、报送处理结果，由现场监管人员通过系统移动终端即时登记检疫处理效果评价后，向检疫申报人或单位发送电子放行指令 |
| 88 | 邮轮食品“中转直供”检验检疫监管模式 | 检验检疫部门对来自非疫区并符合“评估审查符合要求的国家（地区）输华食品目录”的境外直供邮轮的进境食品，采取过境检验模式实施监管，进口商或其代理报检单位在报检时，只需向当地检验检疫部门提交货物清单及其产地的相关证明材料，实现“即查即供” |

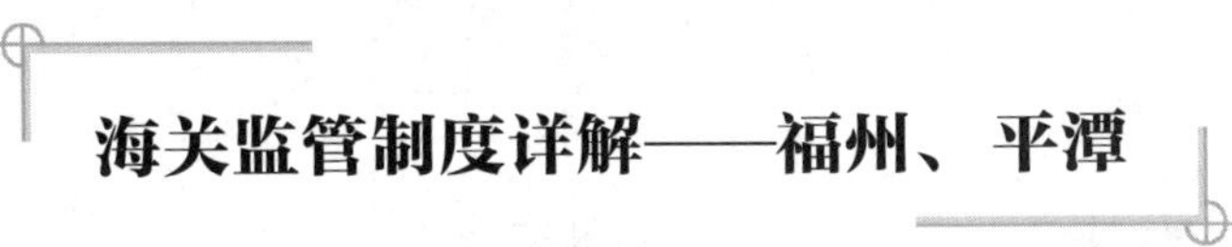

## 海关监管制度详解——福州、平潭

### 一、税收征管和原产地管理

#### （一）简化 CEPA①、ECFA② 原产地证书提交需求

CEPA、ECFA 项下进口货物收货人或其代理人申请享受优惠关税待遇时，对于海关已收到出口方传输的原产地证书电子数据的货物，无须提交纸质原产地证书，节约了证书寄送的成本和在途时间（平均节省 1~2 天），解决了“货到证未到”的问题。2015 年 5 月，在福州片区率先试点，同年 6 月被海关总署推广到全国四个自由贸易试验区实施。2016 年 1 月 1 日起，在全国范围推广实施。

**1. 主要做法**

按原有的通关模式，CEPA、ECFA 项下进口货物申报时，企业需提交港澳台地区签发的原产地证书正本。由于福建省与港澳台地区相距较近，往往货物先到，而原产地证书仍在寄送当中，无法及时办理报关，影响了通关速度。为此，针对自由贸易试验区内 CEPA、ECFA 项下进口货物，收货人或其代理人申请享受优惠关税待遇时，对海关已收到出口方传输的原产地证书电子数据的货物，无须再行提交纸

① CEPA（Closer Economic Partnership Arrangement），即《关于建立更紧密经贸关系的安排》的英文简称。包括《内地与香港关于建立更紧密经贸关系的安排》《内地与澳门关于建立更紧密经贸关系的安排》。

② ECFA（Economic Cooperation Framework Agreement），即《海峡两岸经济合作框架协议》。

质原产地证书。

（1）积极协调海关总署有关部门。

内地与港澳台地区虽已实现原产地证书电子数据联网传输，但 ECFA、CEPA 项下货物进入自由贸易试验区仍需按规定进行纸本证书审核。为帮助企业进一步降低资金成本、时间成本，福州海关积极协调，取得海关总署有关部门的理解与支持，突破原产地纸本证书审核的硬性规定（如图 3-1 所示）。

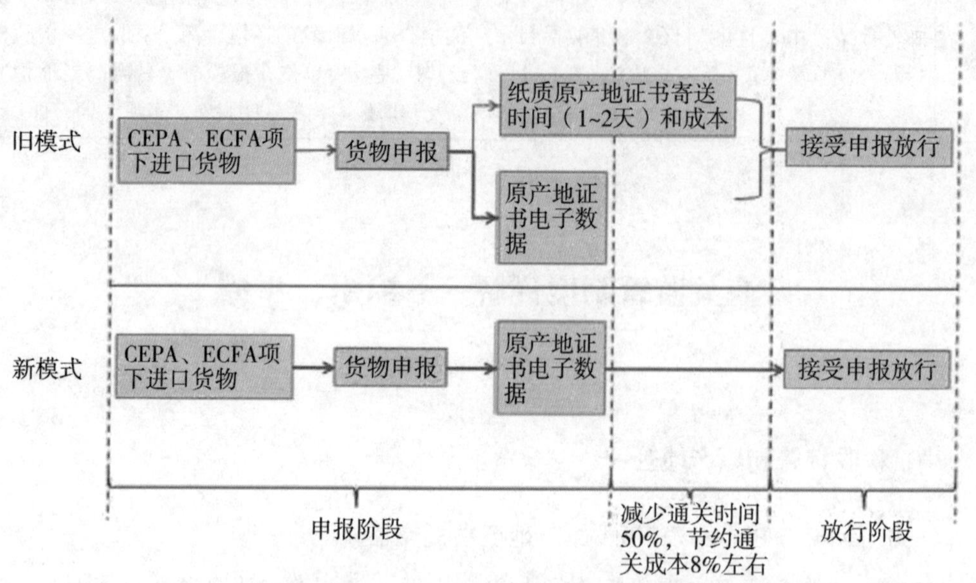


**图 3-1　简化 CEPA 及 ECFA 原产地证书提交需求流程图**

（2）确保惠企政策落实到位。

2015 年 5 月 5 日，《海关总署关于印发支持和促进中国（福建）自由贸易试验区建设发展若干措施的通知》正式发布后，福州海关当日即正式发布福州海关公告 2015 年第 15 号（简化 CEPA、ECFA 原产地证书提交需求），明确“公告自发布之日起施行”，力促原产地惠企新政第一时间在福建自由贸易试验区发挥效应。同时，制定业务规范，明确具体操作注意事项，确保便利措施落实到位。

（3）保留核查权利防控风险。

在自由贸易试验区内，海关对于已收到原产地证书电子数据的 ECFA、CEPA 项下货物，在免除进口企业提交纸质原产地证书要求的同时，保留在必要情形下收取原产地证书原件并开展核查的权力，有效防控执法风险。

**2. 实践成效**

（1）简化审核程序。

简化 CEPA 及 ECFA 原产地证书提交制度是海关便利两岸经济贸易的具体措施

和有益尝试，是海关积极创新监管模式、提高贸易便利化水平的积极探索。这一措施突破了现有法令对纸质正本原产地证书的提交规定，依托海关间技术核查手段来简化企业通关流程与手续，实现了闽台、闽港、闽澳之间海关原产地证书联网的无纸化通关，简化了企业报关随附单证，提高了通关效率，提升了贸易便利化水平。截至 2018 年 3 月，福州关区共简化 CEPA、ECFA 货物进口原产地证书提交需求报关单 4744 票，涉及受惠货值 2.8 亿美元，关税优惠金额 1.65 亿元人民币。

（2）节约企业成本。

“简化 CEPA、ECFA 原产地证书提交需求”措施节约了证书寄送的在途时间（平均节省 1~2 天），提高企业货物通关效率，大大降低了企业资金占用成本。以福州某电机公司为例，该创新举措的实施使该公司货物通关平均每票节省 1~2 天的时间，共节约通关成本 8%左右，为企业更好地把握市场机遇、发展国际贸易提供便利与支持。

（3）加快政策复制推广。

该项措施在福建自由贸易试验区取得良好的政策效应后，上海、天津、广东自由贸易试验区所在地海关也陆续向海关总署提出希望能够同样适用该项支持措施。2015 年 6 月，海关总署发布了《关于支持自由贸易试验区建设发展有关原产地管理措施的通知》（署税函〔2015〕242 号），决定在上海、天津、广东自由贸易试验区复制推广该项原产地支持措施。2015 年 12 月，海关总署发布 2015 年第 71 号公告，自 2016 年 1 月 1 日起在全国范围内不再要求进口货物收货人或其代理人在申报进口时提交 CEPA 及 ECFA 原产地证书纸质正本。

## （二）放宽优惠贸易安排项下海运集装箱货物直接运输判定标准

对 ECFA 项下的进口货物，福州海关采用验核集装箱号及封志号的方式来判定经第三方中转货物是否符合直接运输要求，免于企业提供第三方中转地办理联运提单等证明文件，简化了手续单证，进一步方便企业。2015 年 5 月，在福建自由贸易试验区福州片区率先试点实施，6 月被海关总署复制推广到全国自由贸易试验区。

### 1. 主要做法

为促进两岸经贸交流，福州海关率先在自由贸易试验区内放宽优惠贸易安排项下海运集装箱货物直接运输判定标准，明确在福建自由贸易试验区范围内，申请享受 ECFA《海峡两岸经济合作框架协议》优惠关税待遇的进口货物收货人或其代理人在货物经第三方中转无法提交相关证明文件时，海关可以通过查验集装箱封志的方式判定货物是否符合直接运输要求。

（1）积极协调海关总署有关部门。

根据有关规定，ECFA 项下的海运集装箱货物经过中国大陆、中国台湾以外的第三方运输至中国大陆的，应当提交在台湾地区签发的联运提单、第三方海关出具的证明文件及海关认可的其他证明文件，经海关审查符合直接运输标准的，方可适用优惠关税待遇。由于判定标准严格、单证繁琐，加大了企业的申报难度，造成部分转运货物无法享受优惠税率。为此，福州海关积极协调海关总署有关部门，申请对 ECFA 项下货物经第三方中转的增设可通过查验集装箱封志判定货物是否符合直接运输要求这一方式，获得海关总署批准。

（2）确保惠企政策落实到位。

2015 年 5 月 5 日，《海关总署关于印发支持和促进中国（福建）自由贸易试验区建设发展若干措施的通知》正式批准后，福州海关当日即正式发布福州海关公告 2015 年第 14 号（《放宽海运集装箱货物直接运输判定标准》），明确公告自发布之日起施行。同时，福州海关积极做好宣传培训工作，明确操作流程，确保具体措施落实到位（如图 3-2 所示）。

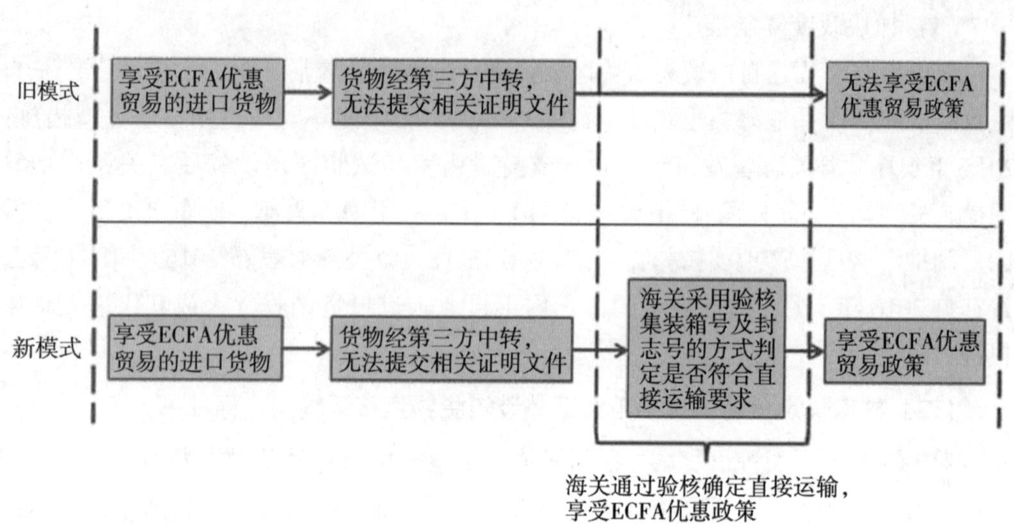


**图 3-2　ECFA 优惠贸易新旧对照图**

**2. 实践成效**

（1）便利企业享受优惠。

这项措施赋予海关以验核集装箱号及封志号方式判定直接运输的权力，将海关执法由被动审核单证，转化为主动服务作为，使企业在无法提供相关证明文件的情况下，仍有可能享受优惠税率，有效节省了企业为获取单证而往返奔波的外部成本，受到企业的广泛好评。截至 2018 年 3 月底，福州、厦门海关共有 2.3 万票享受放宽 ECFA 项下海运集装箱货物直接运输标准措施，货值 80.8 亿元，税款优惠金额为 7.4 亿元。

（2）加快政策复制推广。

2015 年 6 月，海关总署发布《关于支持自由贸易试验区建设发展有关原产地管理措施的通知》（署税函〔2015〕242 号），决定在上海、广东、天津自由贸易试验区推广该措施。由于广东等地与台方经贸物流多采用中转经停港澳运输方式，该措施的进一步推广，受到众多企业更加积极的响应和好评，也释放了更加良好的政策效益。

### （三）建立对台原产地证书核查机制

海关总署将对台原产地核查事权进行下放，福州原产地管理办公室成为海关总署唯一授权开展涉台原产地证书核查的机构，优化了核查流程，缩短了核查进程（平均缩短了约 3 个工作日），提高了通关效率，被毕马威公司评为全国首创通关便利措施。

#### 1. 主要做法

海关总署授权福州原产地管理办公室统一开展涉台原产地证书核查，各直属海关遇有《海峡两岸经济合作框架协议》和台湾农产品零关税措施项下需核查事项，可通过“海关原产地管理系统”上报咨询，由福州原产地管理办公室统一开展对台核查。

该模式适用于申请享受《海峡两岸经济合作框架协议》或台湾农产品零关税措施优惠的企业及其进出口货物。

#### 2. 实践成效

2015 年 4 月 28 日，福州片区内台湾百家珍酿造食品公司成为享受该政策的首家落地企业，检验放行时间从原来的 5~7 天缩短为当天申报、当天查验放行，每个货柜平均比原来节省成本近 3000 元，提高了产品的流通速度和市场竞争力，进入国内市场的产品极受好评且无不合格反馈。截至 2018 年 3 月 31 日，与台方往来函件共计 349 份，其中接收台方来函 191 份，对台方发函 158 份。

（1）减少审批环节，对核查事权进行下放，福州原产地管理办公室成为海关总署唯一授权开展涉台原产地证书核查的机构，优化了核查流程，缩短了核查进程（平均缩短了约 3 个工作日）。

（2）拓展合作领域，在福州原产地管理办公室承担涉台原产地核查窗口职责后，又在认证核查的基础上进一步对台开展原产地通关事务协调和《海峡两岸经济合作框架协议》统计数据交换合作。

### （四）改革和简化原产地证签证管理

2015 年，福州海关根据辖区企业诉求主动研究原产地签证制度改革，经过前期充分研究，在原质检总局的指导和支持下，推出改革和简化检验检疫原产地签证管理改革八项惠企措施，对原产地业务各流程业务全方位实施简政放权改革，其中三项措施在全国检验检疫系统内属于首创实施。改革后的原产地签证工作程序能简则简，应用企业信用管理和签证产品风险分析科学改革，通过事中事后监管实施签证质量管理，最大限度地便利企业应用原产地优惠政策享受进口国（地区）关税优惠。

**1. 主要做法**

随着福建自由贸易试验区正式设立和近年来我国自由贸易试验区战略深入推进，原产地工作在扩大闽货出口方面发挥着越来越重要的作用。作为区域性自由贸易协定核心内容的优惠原产地证书，已成为福建出口企业享受自由贸易试验区优惠政策的“利器”。为进一步深化改革、简政放权，更好地服务福建外贸稳定增长和福建自由贸易试验区建设发展，福州海关主动研究原产地签证制度改革，经过充分研究并在原质检总局的指导和支持下，基于信用管理和签证产品风险分析，推出八项惠企措施。此次福州海关出台的惠企措施呈现八大亮点：

一是全国系统首创实施凭企业声明直接签证模式。对检验检疫信用等级 A 级及以上的企业出口不属于福州海关《敏感产品清单》《半敏感产品清单》的，凭企业声明直接签发原产地证书，企业免于提交产品备案、签证相关证明材料，对企业免于实施产品备案和签证的实地调查。该项措施对信用企业绝大部分出口产品免除申办原产地证涉及的全部业务程序，通过事中事后监管实施签证质量管理。企业的产品备案业务平均办理周期从 3 个工作日缩短至当场办结，签证业务平均办理周期从 0.5 个工作日缩短至当场办结。

二是全国系统首创实施属地备案多点通签模式。备案企业可向福州海关辖区任一检验检疫机构申请签发原产地证书，允许企业任意选择检验检疫窗口办理业务，进一步方便企业申办证书。

三是全国系统首创允许生产企业代办原产地证书。按照现有规定，必须由货物出口商方可申办原产地证书。福州海关积极争取原质检总局的支持，允许由生产企业代办原产地证书。福建省出口生产型企业密集地区相关企业可充分应用该政策，为收购本企业产品的对外贸易公司提供原产地证书，提升本企业生产产品市场竞争力。

四是进一步简化企业备案手续。实施企业备案和产品备案分离，企业申请材料符合要求的，检验检疫机构当场予以备案；提供资料电子数据的，免于提交相关纸质资料。

五是取消原产地证备案企业年审制度。根据国务院取消对原产地证申请人实施注册登记管理要求，针对辖区企业诉求福州海关深入调研决定取消原产地证备案企业年审制度。辖区 6000 多家企业不再需要办理年审手续，每年可压缩原产地业务相关环节流程时长约 6000 个工作日，可为企业节约可观的时间和经济支出。

六是全面实施原产地证无纸化申报。在 2012 年福州海关试点实施的基础上，条件放宽至信用等级 B 级以上企业，实施范围覆盖辖区绝大部分企业。企业办理原产地证书时，可免于提交申请书、出口商业发票等纸质申请资料，相关申请资料由企业自行建档保存，实现电子化签证管理。

七是实施一般原产地证书快速审签。在风险分析的基础上，优化一般原产地证书（非优惠性原产地证书）签证程序，对辖区绝大部分签证风险性较低的产品不再开展签证调查，直接为企业签发一般原产地证书。

八是下放进口国（地区）退证查询对外答复权限。将退证查询对外答复权限下放至一线检验检疫机构，压缩退证查询处理流程时长5个工作日，同时开展隐性贸易措施风险预警研究，收集进口国（地区）退证查询管理动态，指导出口企业规避贸易风险。

九是实施“零见面”原产地证申办模式。采取证书“网上申请，在线审核，双向寄递”新流程，企业足不出户就能轻松领取原产地证书。

**2. 实践成效**

在这些惠企措施中，福州海关在全国首创实施凭企业声明直接签证模式，企业的产品备案业务平均办理周期从3个工作日缩短至当场办结，签证业务平均办理周期从0.5个工作日缩短至当场办结；在全国首创实施属地备案多点通签模式，进一步方便企业申办证书；在全国首创允许生产企业代办原产地证书，提升本企业生产产品市场竞争力。同时，简化企业备案手续，取消原产地证备案企业年审制度，全面实施原产地证无纸化申报，实施一般原产地证书快速审签，下放进口国（地区）退证查询对外答复权限，压缩退证查询处理流程时长5个工作日。

目前，已对203家优秀企业实施凭企业声明直接签发原产地证书模式，对38家企业实施属地备案多点通签模式，完成20家生产企业代办原产地证书，取消所有原产地签证企业的年审，对85667份原产地证书实施无纸化申报，对企业申报的1446个产品实现便利化原产地签证模式。

**（五）产地证签证检企“零见面”模式**

福州海关对福州片区内信用等级B级以上的外贸出口企业，实施原产地签证“零见面”模式，为出口企业提供快捷方便的签证服务，降低企业成本，提高企业签证积极性。

在自由贸易试验区探索构建以信用、风险管理为基础的事前分类管理，强化事中事后验证监管的“网上申请，在线审核，双向寄递”新产地证签证业务模式。这一业务模式改变了以往企业法人代表或申领员需要持书面申请材料到办事大厅窗口面签的方式，企业足不出户就能轻松在家领证，实现“零见面”签证。

**1. 主要做法**

（1）信用、风险管理为基础的分类管理。开展诚信评定，实施信用等级分类管理。将签证企业分为A、B、C和D四个信用等级。开展风险分析，实施签证产品分类管理，将原产地证签证产品分为敏感产品、半敏感产品和一般产品。对不同信用等级结合不同签证产品实施不同形式的原产地调查。

（2）网上申请，全面实施产地证无纸化申报。对于B级以上企业的一般产品，免除纸质单证，简化工作程序。企业在申领原产地证时只需通过网上企业端申请即可签证，免除企业申请书和发票等纸质单证。

（3）在线审核，无须窗口等待。企业通过原产地电子管理系统网上申请原产地证书，审签端后台工作人员收到企业申请的证书开展在线审核，审核后的证书会及时反馈给企业

（4）双向寄递，实施“零见面”签证。企业收到正确的回执打印出证书后即可联系快递公司寄件，再由快递公司将签发好的原产地证书递送给企业，实现全过程“零见面”，企业足不出户轻松领证（如图3-3所示）。

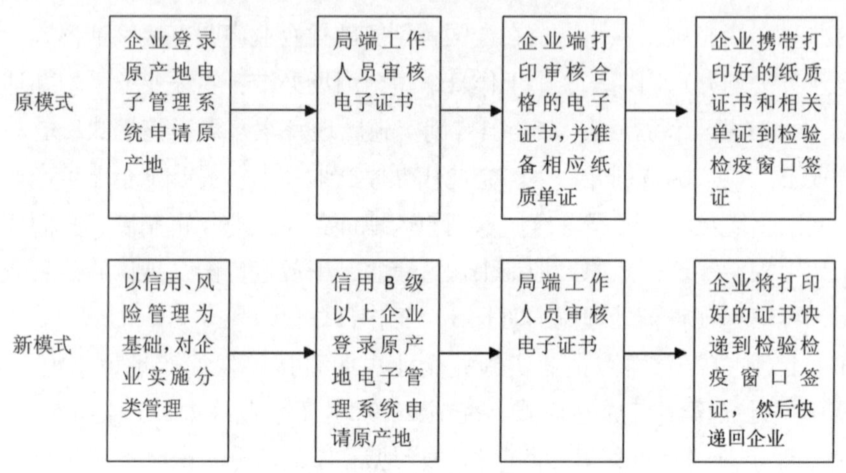


**图3-3　原产地证签证新旧模式对比图**

**2. 创新点**

改变以往原产地签证企业法人或产地证申领员协带纸质单证到检验检疫部门窗口申领签发产地证书。新模式信用等级B级以上的自由贸易试验区原产地签证企业，企业网上申请、检验检疫人员在线审核、企业打印证书寄件、检验检疫签证人员签发并回寄，实现申请、审核、签证全过程检企“零见面”。

**3. 实践成效**

“网上申请，在线审核，双向寄递”新产地证签证业务模式在自由贸易试验区实施后，作为可复制推广创新措施推广运用到福州海关全辖区。

（1）减免企业费用。

企业通过“网上申请，在线审核，双向寄递”新产地证签证业务模式，使办公

地点在市中心，以及闽清、闽侯等周边县城的外贸企业获得极大的便捷，减少企业到检验检疫部门来回的路费，节约了人手，辖区近2000家企业从中受益，按年均签证六万批计，可为企业节省费用约60万元。

（2）提升通关效率。

企业在申领原产地证时只需寄送证书即可签证，减少复核等候的时间，提高了窗口签证速度，按年均签证六万批计，每年可节省通关时间六万小时。

（3）提高企业申证积极性。

新模式简化了工作程序，申请证书快速便捷，大幅地提高外贸企业的签证积极性，新模式推出以来，增加签证企业270余家。

**（六）对外贸易经营者备案登记与原产地证企业备案登记“两证合一”**

依托中国（福建）国际贸易“单一窗口”，商务部门将企业对外贸易经营者备案信息审核结果向检验检疫部门及贸促会原产地业务系统快速传输，检验检疫部门及贸促会直接采信商务部门审核结果，当即授予企业原产地证备案资质。这种“一口受理、一次审核、一次发证”的新模式，简化了办事程序，方便了企业。在自由贸易试验区试点经验的基础上，2017年3月起，在全省推广实施对外贸易经营者备案登记与原产地证企业备案登记合并办理，即“两证合一”，福建成为全国首个依托国际贸易“单一窗口”实施“两证合一”的省份。

**1. 主要做法**

企业登录中国（福建）国际贸易“单一窗口”（http：//www. fjdport. gov. cn/），提交对外贸易经营者备案登记申请。商务部门统一受理并办理完成企业对外贸易经营者备案登记后，系统实时将企业信息发送至检验检疫部门及贸促会原产地业务电子管理系统。检验检疫部门及贸促会直接采信商务部门审核结果，直接授予企业原产地证企业备案资质。同时，通过商务部门审核并备案登记的直接授予企业原产地证企业备案资质，由商务部门窗口向企业发放一份包含原产地证企业备案信息的对外贸易经营者备案登记表，即完成对外贸易经营者备案和原产地证企业备案两项登记业务。

**2. 创新点**

原来，外贸企业须分别向辖区商务主管部门和检验检疫部门、贸促会机构分别申请办理对外贸易经营者备案和原产地证备案登记，现在，企业通过国际贸易“单一窗口”申请，商务主管部门完成对外贸易经营者备案，即视同完成原产地证备案手续，这种由商务部门面向企业一口办理的新模式，改变了过去分别办理、各自发证的传统模式，真正实现了“单一窗口、统一受理、一次审核、一次发证”。

**3. 实践成效**

“两证合一”，提升了企业原产地证的知晓率和办证积极性，促进企业运用原产地政策降低经营成本，提升了外贸企业竞争力，促进原产地证备案企业数量迅速增长。

（1）缩短企业备案登记时间。

以往，企业办理对外贸易经营者备案登记和原产地证企业备案登记，需分别到商务和检验检疫部门或贸促会行政窗口分别办理，历时2~3天。“两证合一”后，企业只需到一个窗口办理，立等可取，亦可上网登录中国（福建）国际贸易单一窗口平台直接办理，简化了办事环节，减少了企业制度性交易成本。

（2）促进原产地证备案登记企业数量激增。

2017年3月至6月，福建省（除厦门外）共有近三万家企业获得对外贸易经营者备案登记，检验检疫部门同步新增近两万家原产地证备案登记企业，贸促会机构同步新增两万多家产地证备案登记企业。

推进精准帮扶，提升原产地政策利用水平。检商“两证合一”系统运行后，通过数据共享，福州海关从商务部门获取辖区主要出口自由贸易试验区国家、地区企业名单，主动联系原产地“零签证”出口企业并针对这些企业开展“一对一”重点宣传帮扶，帮助企业了解并用好原产地优惠政策，不断提高签证企业与签证货值覆盖率。2017年至2018年4月，福州海关（原福建检验检疫局）签发各类原产地证书21.03万份、98.37亿美元，可为企业减免进口方关税约4.6亿美元。

### （七）同业联合担保

福州海关率先探索同业联合担保模式，从企业需求出发，自主设计惠企模式。经与海关总署多次深入沟通争取，2017年2月海关总署批准福州海关率先试点该模式。试点成功后，该模式于2017年9月被海关总署复制推广到全国海关。

同业联合担保即同一行业或同一产业的企业，或者大公司或集团公司可以向银行申请海关税款保函提供给相关的中小企业或集团内的子公司办理海关事务担保，中小企业或子公司无须独自再缴纳保证金或申请保函。

**1. 主要做法**

一是海关事务当事人向主管海关申请资信评估，主管海关评估合格后出具同业联合担保评估表；

二是第三方主体持海关事务当事人的评估表向银行申请保函，第三方、海关事务当事人和银行协商确定被担保人、总额度、担保权利义务，被担保人应为海关事务的当事人，海关为保函唯一受益人；

三是海关事务当事人持保函向海关申请办理担保备案，包括经营单位、担保事项、总额度和总期限；

四是海关事务当事人办理涉税担保业务时，海关在担保系统中扣减担保额度后，提前放行货物；

五是企业税款缴纳后，恢复担保额度，保函额度滚动使用（如图 3-4 所示）。

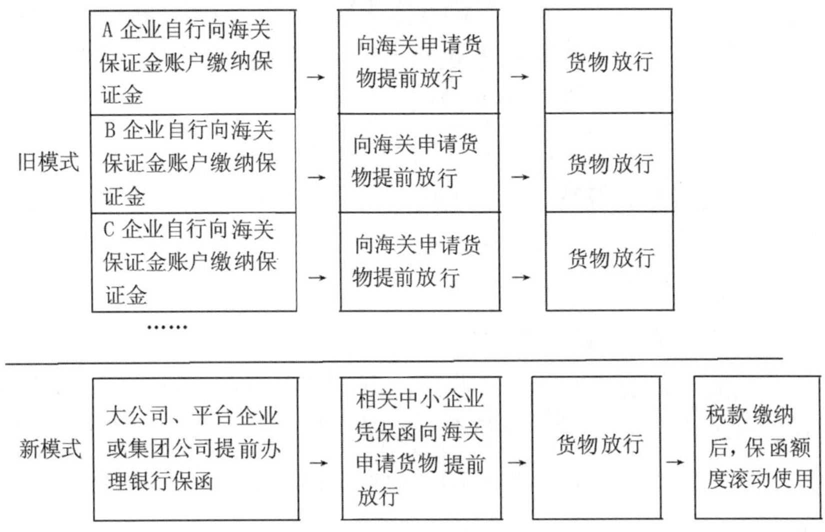


**图 3-4　海关事务担保新旧模式流程对比图**

**2. 创新点**

原先在办理进出口货物担保过程中，海关事务当事人需自行向海关缴纳现金保证金或向银行等金融机构申请保函，中小企业和民营企业受自身资质影响，实际很难申请到银行保函，只能向海关缴纳现金保证金，企业资金压力较大。

一方面，新模式允许将银行保函的申请人与被担保人分离，允许第三方企业或集团公司为相关的中小企业申请保函，有效地降低中小企业的资金成本；另一方面，也有利于推动平台企业吸纳更多的客户，实现风险共担、利益共享、多方共赢，推动新业态成长。

福州海关贯彻落实践行“坚持市场在经济中起决定作用”精神，坚持开门办改革，以需求为导向，根据市场主体需求提出方案、完善方案、优化方案，使得同业联合担保从市场中来到市场中去，发挥了较好的作用。首先，福州海关在调研中了解跨境电子商务平台企业和电商企业强烈的需求以及银行的积极态度，立即响应，在详细听取各方意见后确定了方案，并得到海关总署的大力支持。其次，在实施过程中，福州海关根据企业和银行的意见，不断地调整优化方案，拓展实施范围，吸引企业集团、展会企业、报关企业加入。再次，福州海关还注意争取更多的平台企业、银行参加，通过市场竞争，切实降低中小企业参与同业担保的费用，简化手续，提升中小企业的获得感，真正扶持中小微企业和实体企业发展。

**3. 实践成效**

该项措施自 2017 年 2 月起在福州片区试点。截至 2018 年 6 月，福州关区共有

24 家企业向福州海关申请开展同业担保并通过了评估。参与企业主要为跨境商企业，还有部分进口大宗散货的集团公司和大型报关行，在案保函 2.4 亿元，进口货值 33.8 亿元。其中，跨境电子商务进口包裹单数 50.35 万个，货值 1.31 亿元。2018 年 1 月和 6 月，福建青拓集团和厦门国贸集团有限公司分别为集团子公司和福建三钢国贸有限公司进口大宗散货办理总担保银行保函，盘活企业最高 2.1 亿元的担保资金占压，使企业能将有限的资金投入到扩大产能上。福建省副省长李德金专门批示表扬："这是创新的管理办法，更是服务经济、支持企业降本增效的有效措施，认真总结加以推广。"

（1）减轻中小企业的资金压力。

实行同业联合担保前，对海关税收担保事项，中小企业须自行缴纳保证金或申请银行保函，企业资金被占用，资金成本较高。实行同业联合担保后，中小企业可以凭行业协会（或集团总公司）申请的银行保函向海关提供税收担保，有效地降低企业的资金成本。

（2）推动全行业健康发展。

以跨境电子商务为例，实行同业联合担保前，中小跨境电子商务企业实力较弱，可能因资金被占用导致经营不畅。实行同业联合担保后，跨境电子商务平台运营商申请银行保函为平台下的企业提供联合担保，吸纳更多的小电商企业加入平台，实现风险共担、利益共享、多方共赢，推动新业态健康成长。

### （八）内销选择性征收关税

福州海关在福建自由贸易试验区内率先实施内销选择性征收关税制度，允许福建自由贸易试验区内海关特殊监管区域及平潭综合实验区的企业，对其生产、加工并经"二线"销往国内市场的货物，企业可根据税率的高低自行选择按照进口料件或实际报验状态缴纳进口关税，减少企业税负，节约经营成本。

#### 1. 主要做法

（1）实施账册管理。

对平潭综合实验区内的生产企业申请内销选择性征收关税的，海关使用 E 账册进行管理；对福州片区的海关特殊监管区域内的生产企业申请内销选择性征收关税的，海关使用 H 账册进行管理。

（2）采用"单报关模式"管理。

使用 E 账册的企业办理内销时，由区域内企业在预录入系统填制"内销选择性征收关税联系单"，经海关审核后生成报关单，办理内销征税手续。

（3）采用"双报关模式"管理。

使用 H 账册的企业办理内销时，先由区域内企业填制联系单，区域外企业通过在报关单的“随附单证”栏内录入联系单编号，调取联系单信息完成报关单申报，向海关办理内销征税手续，再由区域内企业向海关申报出境备案清单。

**2. 创新点**

在旧模式下，特殊监管区内销货物只能按报验状态征税。而在新模式下，在内销时企业可自主地选择按照对应进口料件或按实际报验状态缴纳关税（如图 3-5 所示）。

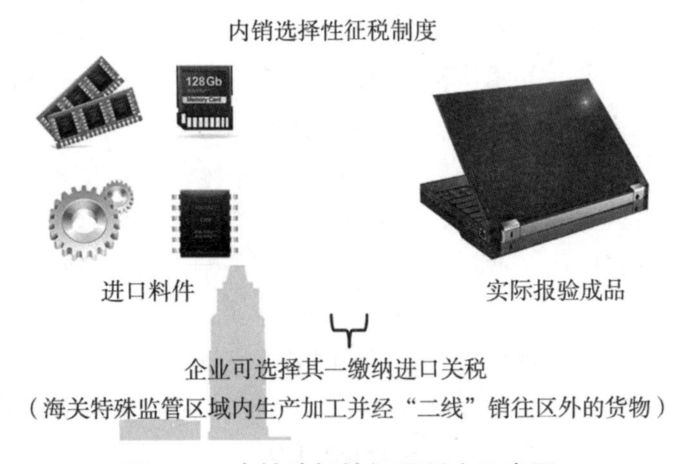


**图 3-5　内销选择性征税制度示意图**

**3. 实践成效**

内销选择性征税制度的出台，是海关推进税收征管改革、赋予市场主体更多自主权的重要举措之一。该制度允许区内企业可根据需要自主选择内销货物按进口料件或按实际报验状态缴纳进口关税，达到减少税负、降低成本的目的，有利于提升区内生产企业的竞争力，鼓励企业统筹开展国际国内贸易，促进内外贸一体化发展。特别是在 ECFA 早期收割清单以外的台湾产品，投资者可选择在海关特殊监管区设立生产企业，从台湾进口原材料和零部件在海关特殊监管区生产加工后销往内地，在内销时按照对应进口料件或成品就低征收关税，大大地减轻了产品的关税负担，推动福建自由贸易试验区成为台湾产业转移的主要选择地。

## 二、通关监管

### （一）查验作业微信预约模式

福州海关围绕促进贸易便利化，通过整合业务流程，在福州片区率先实施具有独创性的预约查验模式——查验作业微信预约制度。企业或其代理人在获知所申报货物需要查验时，第一时间通过手机等终端进行微信预约查验，预约后只需“准点”到达现场配合海关查验即可。该项制度被形象地称为“掌上通关”，实现了“纸质预约”向“电子预约”方式的转变，被毕马威公司评为全国首创通关便利措施。

**1. 主要做法**

查验作业微信预约制度针对在业务现场办理查验的进出口企业及其代理人，经过相关信息备案后，企业便可通过手机等终端方便开展微信预约查验。其主要做法：

（1）进出口货物收发货人或代理人通过微信公众平台向海关发送查验预约申请。

按照旧模式，申报货物被布控查验时，进出口货物企业或代理人须到现场预约查验，然后海关查验科填写纸质调柜单传真到港区铺排调箱，港区接收到传真件后再进行吊柜作业。企业或代理人须跟踪全过程直到查验结束。采用查验作业微信预约制度后，企业或代理人通过手机等终端关注现场海关微信公众平台后，进入相应的微信预约页面，填写预约企业、联系方式等预约信息，便可第一时间完成微信预约查验。预约页面格式化、界面化，确保信息填写更加规范、便捷、不遗漏。

（2）主管海关根据布控指令和企业预约信息实施查验排班作业。

现场查验部门收到预约信息后，通过网络系统与港区、机检引导员联通，协调港区调柜，安排查验集装箱做好过磅、机检等事宜。企业按照预约的时间到达现场后，海关安排查验关员，企业只需配合查验即可。该模式涵盖现场所有查验业务，并实现“半日预约制”，即企业于查验前半个工作日前进行预约查验，上午查验则至少 14：00（前日）至 8：30（当日）预约，下午查验则至少 8：00（当日）至 14：00（当日）预约。

**2. 实践成效**

该举措在福建自由贸易试验区福州片区实施以来，已完成江阴港区查验业务的全覆盖。2017 年 6 月，福州海关将该平台升级成全国直属海关层面首个开通监管通关服务的微信平台。截至 2018 年 3 月，已有 2521 家企业使用新版福州海关通关预约微信公众平台，预约查验报关单票数达 12412 票。

（1）打造一站式的服务平台。

该制度集成查验流程，企业从过去海关预约、港区联系吊柜、跟踪机检等流程办理转变为如今的一键预约、准点到达现场即可，避免了在海关和港区之间分别办理业务，业务现场实现一站式服务平台，实现海关、企业、港区三者之间无缝对接，大大简化查验流程。

（2）查验流程前置化，大幅提高通关时效。

企业开始办理查验业务前，提前预约，海关将现场查验流程前置化，提前开始吊柜、过磅、机检等操作，不仅节省了企业往返路途、现场等待等大量时间，同时解决了港区吊柜无序等问题。例如，企业前往福州新港江阴码头查验货物，往返福州江阴时间从以往的一天缩减为半天，通关时效得到大幅提升，企业受益直接且明显。

（3）查验预约打破时空限制，便捷高效。

企业微信预约摆脱了时间、空间的限制，随时随地皆可进行预约查验，海关、港区提前进行查验统筹安排，企业、海关、港区三者实现共赢，为自由贸易试验区大踏步前进创造了有利条件。

### （二）“关港贸”查验信息交互全程电子化

福州海关在福建自由贸易试验区成立伊始就开始依托国际贸易“单一窗口”，全国率先将报关企业申报、海关查验、码头公司调柜、堆场卸装货、集装箱公司的集装箱流转等整合到“关港贸”查验信息交互全程电子化平台上（包括移动终端），实现企业足不出户就能完成所有查验准备工作。

**1. 主要做法**

福建自由贸易试验区福州片区依托国际贸易“单一窗口”，建设“关港贸”查验信息交互全程电子化平台，将海关查验的交互信息全程电子化，真正实现了口岸部门的“一站式”网上查验服务，并实现了系统自动核算可免除费用、供企业凭此办理相关手续等一系列功能。福州海关于 2015 年 11 月在福州片区完成网上预约查验平台的试运行，实现了“关港贸”全过程电子化，取得良好的效果。

（1）强化问题导向，精准捕捉企业需求。

一是注重设计前瞻性，二是注重系统务实性，三是注重操作实用性。设置五个平台子模块，突出实时预约功能，实现预约全程网上操作，改变传统需现场预约的查验模式。

（2）强化风险防控，减少流程人工干预。

一是实现查验信息全程由系统交互推送，避免人工干预。以“关港贸”三方实时查验信息为基础，实现查验、调柜、卸装货、集装箱流转等指令在各方实时交互推送，将单证查验流转状态等信息在海关、码头服务公司、报关企业之间同步传递，使相关信息第一时间推送到企业客户端，实现查验须知信息共享，减少流程人为干预。二是创新选查随机模式，实现“谁选查、选查谁”均由系统随机指派的“双随机”。

（3）强化跟踪完善，不断提升企业满意度。

一是及时跟踪完善系统功能。建立系统用户微信群，第一时间发布平台相关维护、升级信息，并随时、定时跟踪发现平台使用问题。二是实现公共参与。平台将查验作业转变为公共参与的治理型，即选查细化无须企业现场确认，码头调柜无须企业现场预约，均直接在平台操作，重点解决了口岸通关各方主体在进出口贸易中的信息不对称问题，使企业实时参与和掌握查验准备的全过程。三是不断地总结提升。依托系统平台对企业用户发放调查问卷，收集意见建议，为以后进一步优化平台使用功能提供参考。

2. 实践成效

通过该平台的使用，实现了企业足不出户完成查验准备，查验从准备实施到作业完成时间缩减为原来的50%，大大提升了工作效率，节约人力和时间成本，显著提升物流速度，节约单票流通时间，增强港口服务能力和竞争力。将查验作业由政府主导的管理型转变为公共参与的治理型，为社会提供更优质的公共服务产品。

截至2018年3月31日，已有2836家企业实现查验信息交互全程电子化，实际查验26248票报关单。平均每票节约企业时间两小时。

（三）整车进口一体化快速通关

1. 主要做法

福州海关在福州新港率先采用物联网无线射频识别技术（RFID技术），整车进口卸港后，加贴唯一识别的RFID标签，通过整车监管系统与海关H2010系统进行信息交互，对车辆进、出、转、存全流程进行信息化、自动化监管，实现海关卡口自动抬杆、自动放行的一体化快速通关。

旧模式：海关需对车辆逐一进行手工登记，企业需等待海关现场核对信息后，方可办理车辆放行手续。

新模式：车辆采用信息化管理，企业在办结海关手续后，可自主安排时间提车，无须海关现场逐一比对放行信息（如图3-6所示）。

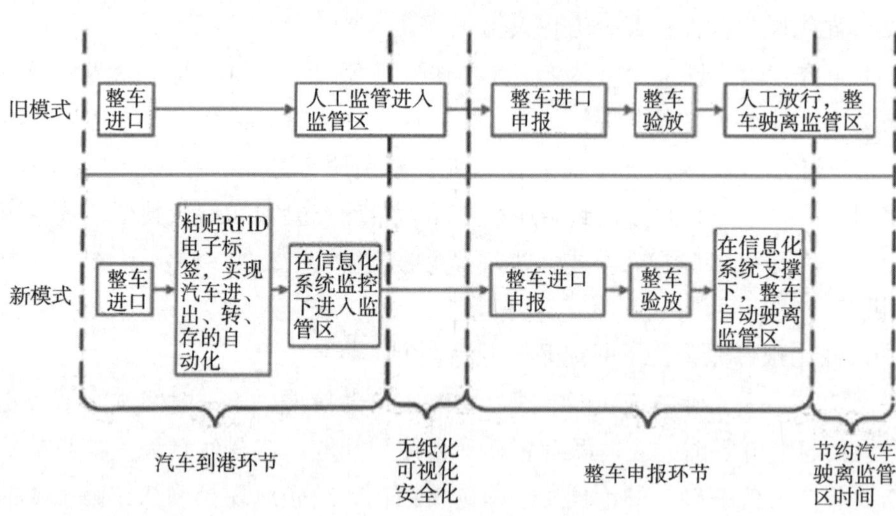


图3-6　整车进口一体化快速通关新旧模式对比图

**2. 实践成效**

福州新港整车监管系统在全国范围内率先采用物联网无线射频识别技术（RFID 技术），对堆场内车辆实现快速定位、秒速查找，实现了在港车辆的可视化、便利化、无纸化监管，进口车辆即到即放，减少海关作业时间，极大地提高监管效能。该举措涵盖福州新港所有进口整车业务，新港所有整车进出口企业均可受益，通过优化监管流程，平均每辆车可节省通关作业时间一天，可实现从车辆到港到提离监管区域最快 24 小时内快速通关。随着通关环节的日益优化，福州新港整车进口口岸越来越得到经营企业的认可，进口车辆成倍增长，实现了由“零星式”向“常态化”发展，逐步进入常规发展“快车道”。地方政府和广大进口企业均高度评价该举措，认为该举措极大地促进了福州新港整车口岸的快速发展。

2015 年，福州新港整车口岸进口整车 3878 辆，货值 1.4 亿美元；2016 年进口整车 8278 辆，货值 3.7 亿美元；2017 年共进口整车 10047 辆，货值 30.4 亿元，其中保税仓储入区 6457 辆，占同期口岸进口总数的 64.3%，保税仓储成为口岸进口的主流模式。2018 年上半年，福州海关共监管以一般贸易方式进口平行进口车辆 1576 辆，货值 43470.0 万元；保税仓储业务在库车辆 1003 辆，货值 24723.4 万元。

### （四）闽台海运快件监管模式

福州海关积极支持协助地方政府和企业，利用闽台往来高速船舶开展两岸快件运营业务，采取“清单核放、集中申报”“免于检验、严格检疫”和负面清单管理的监管模式，有效推动闽台海运快件业务稳步健康发展。

**1. 主要做法**

在传统模式下，从台湾邮寄物品到大陆地区只能通过邮局经过中转，时间至少一天，成本也比较高。福州海关积极支持协助地方政府和企业开展两岸快件运营业务，利用闽台往来高速船舶以集装箱为运输容器，增加了快件运载量，两岸快件运输成本降低 40%，采取“清单核放、集中申报”“免于检验、严格检疫”和负面清单管理的监管模式，实现航空高效率与海运低成本的最佳组合，凸显“海运价格、空运时效”优势。闽台海运快件业务开展之后，依托闽台客滚轮航线“海峡号”和“丽娜号”两艘班轮，最快只需四个小时即可完成从运输到通关的全部过程，充分保障了快件的时效要求（如图 3-7 所示）。

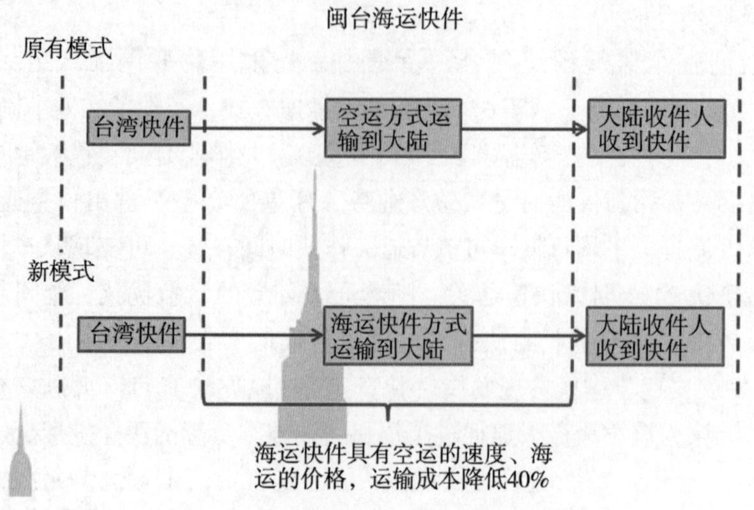


图 3-7　闽台海运快件新旧模式对比图

**2. 实践成效**

福州海关实施闽台海运快件监管模式，做到进境海运快件“进得来、放得快、管得住”，既能实现海运快件便捷化通关，扶持地方物流业发展，又能有效地把好防范疫情的安全关。闽台海运快件业务为福建自由贸易试验区挂牌以来，两岸新兴的贸易业态，具有显著的对台特色。两岸业界认为该业态符合投资贸易先进规则，在两岸快件往来方面具有较强的普适性，复制推广的门槛低，自平潭片区成功率先试点以后，该项业务已成功推广至全省。

（1）加快通关速度。

平潭海运快件全部通过台岚高速直航船舶运输的方式进出口。台岚高速直航船舶海峡号与丽娜号常态下直航单程只需三个小时。扣除通关流程，常态下半天即可交付物流公司，物流流通速度可媲美空运物流。

（2）便利通关流程。

海关不断地完善通关监管流程，积极推动口岸部门“信息互换、监管互认、执法互助”的大通关改革，最大限度地便利海运快件通关。

（3）降低通关成本。

除海运快件运输物流成本较空运的大幅降低外，海关主动介入帮扶物流企业，自海运快件运营以来，免收检验检疫费，并针对其业务特点，指导企业入境前申报，对入境非贸易性的快件免于检验；应实施检疫的，按有关规定实施检疫，最大限度地减少企业通关成本。

### （五）海关特殊监管区域智慧空域监管

**1. 主要做法**

平潭综合试验区海关环岛监控巡查，原来是以有限的固定探头为基点组成的信息化围网完成对408千米海岸线的监控，通过全岛56个监控点、113个探头实时掌控区内渔港、码头、监管区域运输工具和仓库监管货物动态，但不可避免地存在盲区。陆、海监管有自身的区域限制，不能快速地抵近侦察执法取证，还有一些舰艇、车辆无法快速到达的地方及死角。同时，人工巡查需占用大量的海关人力资源。

平潭海关在前期对平潭全岛信息化围网的基础上，采用无人机对平潭综合实验区空域、地面、海面进行三维智慧监管。一是根据平潭海岸线地理特点、渔港和码头分布情况，按照“电子监控和环岛巡查相结合”的原则，设立监控点及高清探头，实行“点线结合，水陆兼顾”的监管模式，形成新型的信息化围网；二是引进无人机，对原有信息化围网的盲区进行全方位的清扫，实现对平潭综合实验区“海、陆、空”三维一体的监管模式。在不影响岛内居民正常生活和企业正常生产经营的情况下，实施静默监管，有效打击走私，为平潭综合实验区打造良好的营商环境。

**2. 实践成效**

应用无人机，成为海关完善信息化围网的新监管手段。一是监管从平面走向了立体，即监管由之前的陆、海监管变成现在的陆、海和空中监管；二是无人机能突破地域限制，在空中占位，快速高效；三是搭载高清监视设备，在空中视野广，覆盖面积大，在一个点起飞就能得到比较广阔的地面详情（广视野）；四是降低执法人员的工作强度，现在只需要在方便起降的地方布设，减少了人员的工作强度；五是震慑作用，常规执法取证手段和路径很容易被人破解，而无人机系统集成了高新技术装备并且使用经过加密的数据传输链路，可以达到更好的效果。

2016年11月29日，平潭海关无人机特勤分队正式成立，现有队员五人；2016年12月，平潭海关无人机特勤分队圆满完成首次测试飞行；2017年4月，总控中心监控视频系统实现了与无人机云台之间的实时监控视频对接，初步实现了环岛监控巡查“点线结合、水路兼顾、空中叠加”的立体化，进一步完善了信息化围网监管模式；2017年7月，平潭海关举行环岛监控无人机巡查（模拟）实战演练，特勤分队根据监控指挥中心指令开展飞行科目，实现无人机侦察画面与监控指挥中心联动。

### （六）平潭两岸海上客运航线“客带货”业务

福州海关针对平潭对台小额商品交易市场销售的货物，允许利用平潭两岸海上客运航线开展“客带货”业务，提高货物通关效率，减轻企业物流运营成本。该措施被毕马威公司评为全国首创通关便利措施。

1. 主要做法

“客带货”模式是指乘坐平潭澳前口岸两岸直航船舶的旅客可随身携带或托运货物从平潭海关旅检渠道进境，并依法办理货物申报手续。新模式与传统货运监管通关模式的主要区别在于货物的入境渠道不同。传统模式进入小台市场的货物由平潭澳前口岸或经其他关区转关货运渠道入境，而“客带货”模式允许旅客携带或托运货物从平潭澳前旅检渠道入境，并在申报后转场运抵小台市场。办理“客带货”业务的货物仅限于进入对台小额商品交易市场销售的货物，其所涉范围与对台小商品市场经营范围一致，即粮油食品、土产畜产、纺织服装、工艺品、轻工业品、医药品等六大类商品，具体参考《平潭对台小额商品交易市场商品经营范围指导性目录》。

2. 实践成效

“客带货”模式是切实提高通关时效、便利平潭对台小额商品交易市场企业的货物通关模式。该项举措拓宽货物入境渠道，允许旅客携带超出合理自用范围的物品，按货物的方式办理通关手续；突破了传统“客带货”需填写纸质旅客申报单的旧模式，代之以信息化系统电子申报，简化监管手续。对比传统货运渠道，“客带货”业务的开展节约了企业货物报关、装载、运输、滞港等时间和费用，降低了企业的物流成本，提升了货物通关时效。

（七）平潭综合实验区“先验放后报关”模式

“先验放后报关”，是指针对台湾生鲜水产品和农副产品等特定进口货物，经海关认可的自由贸易试验区内企业可以凭进境货物的舱单等信息，向海关申请通过海关信息化管理平台办理验放手续，并在规定时间内，于 H2010 系统再行办理货物正式申报、放行手续的通关作业模式。旧作业模式下，进口货物入境时，收货人或其代理人需先向海关申报，完成单证审核及查验放行手续后，货物方可提离港区；新作业模式下，收货人或其代理人可申请货物先行验放，再在后续环节规定时限内办理正式申报手续。

1. 主要做法

（1）企业资质。在海关注册登记的自由贸易试验区区内企业，海关企业管理类别原则上为一般认证企业及以上。

（2）业务规则。区内企业根据货物的舱单等信息在信息化管理平台企业端中如实地填制“提货申请单”并发送至海关，海关根据信息化管理平台中的布控提示对货物进行验核，监管场所经营人凭海关电子信息或纸质放行信息办理企业提货手续。区内企业应当自运输工具申报进境之日起 14 日内向海关办理 H2010 系统报关手续，海关审结放行后，由 H2010 系统自动核销进口舱单数据。

（3）货物状态。企业已向海关备案并经海关审核同意采取该模式进口的货物，舱单被布控或国家禁止（限制）进境的货物除外。

（4）系统条件。应建立符合海关监管要求的计算机管理系统，能够通过数据交换平台或者其他计算机网络，按照海关规定的认证方式与信息化管理平台联网，向海关报送能够满足海关监管要求的相关数据。

（5）涉及参与方。海关、进口企业、海关监管场所经营单位。

**2. 实践成效**

（1）突出了“由企及物”的监管理念。

该举措依托功能强大的信息化管理平台，探索运用海关总署提出的“由企及物”理念，全面提升“事前风险分析、事中风险把控、事后风险追踪”能力，在创新作业流程前置后移的同时，有效防控风险，是既“守得住”又“通得快”的通关新模式。

（2）拓展了“前伸后延”的作业时空。

该举措利用并拓展现行通关制度中的“集中申报”“提前申报”等的规定，将申报、验放环节前置后移和分离处置，加速物流周转，延展作业时空，促进了物流的确定性，提高生产的计划性和效率性，使企业的供应链条进一步稳定。

（3）提升了“便捷高效”的作业时效。

一方面，进口企业节约了单证寄送、电子数据申报、税费缴纳等通关时间（平均节省0.5~1天），大幅地提高通关时效；另一方面，实现了货物在港“零停留”，加速了集装箱周转，避免产生超期费，降低了资金占用成本，大大提高了港口资源利用率。

## 三、加工贸易及保税监管

### （一）保税仓库货物出库便捷通关

福州海关率先实施保税仓库货物出库便捷通关模式，符合条件的保税仓库在货物出库时，企业可以申请以报备方式代替书面批准手续方式，经主管海关同意后，根据实际需求，货物分批出库，定期向海关汇总报关。

**1. 主要做法**

（1）以备案代替审批。

由保税仓储企业与提货企业根据需要共同向海关提出先备案出库后集中报关申请，经主管海关批准后，保税仓库经营企业可先向海关提交“保税仓库实际货物出库备案表”，向海关备案需出库的货物，然后先行将保税货物出库、送货至生产企业。

（2）汇总审批报关。

保税仓库经营企业定期向海关加贸部门汇总上一周期货物出库数据，提交“保税仓库出库汇总报关审批表”，然后集中办理报关手续。

（3）加强后续监管。

每月初，由保税仓库经营企业向海关加贸部门提交上月出入库商品汇总数据。保税仓库经营企业向海关开放企业仓储系统的权限，加贸部门可通过企业仓储系统及海关视频监控系统对保税仓库出入库情况进行抽查，并定期实地巡查（如图 3-8 所示）。

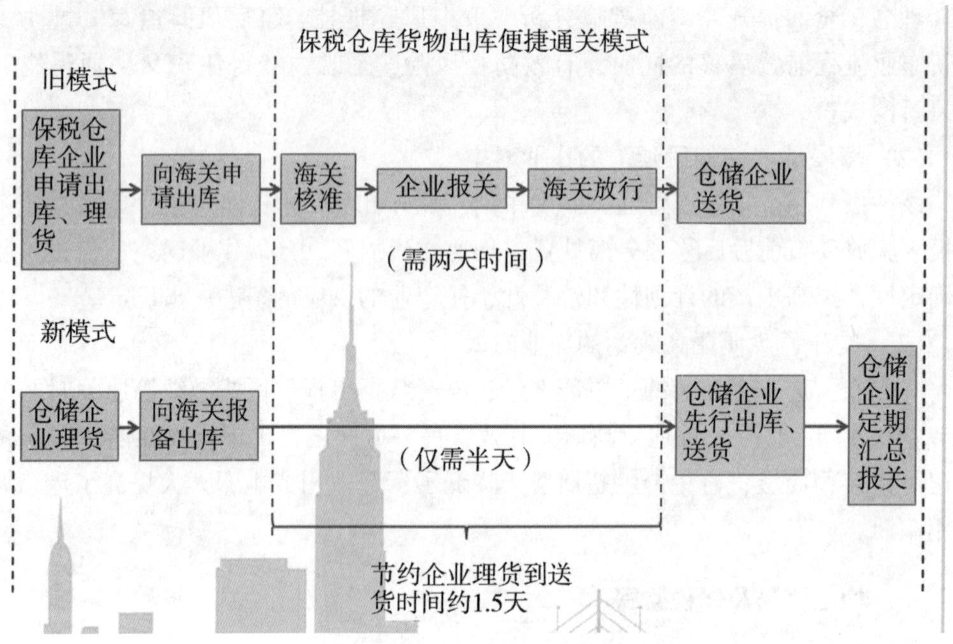


图 3-8　保税仓库货物出库新旧模式对比图

**2. 创新点**

改变原有企业先理货、后制作出库发票清单，再报关后送货的旧有模式，适应现代化企业对高效物流的需求，更好地满足生产需要。部分企业实行 24 小时不间断生产，投料批次多，从订单到投产时间间隔极短，旧模式下海关需逐票审核企业出库申请，无法满足企业生产需求。新模式实施后，海关允许企业以汇总报备的方式代替书面批准手续，极大地缩短了保税料件出仓时间，实时配送，降低企业时间成本与报关成本，极大地便利企业生产，提高生产效率。同时，保税仓库向海关开放仓储物流系统权限，并定期集中发送数据，确保海关的有效监管。

**3. 实践成效**

该措施自 2016 年 1 月起在福州关区试点，截至 2018 年 3 月 31 日，已在福州关区选取 2 家试点保税仓库，涉及报关单 10507 票，涉及金额 86115. 8 万美元。

（1）缩短保税仓库 70%送货时间，提高通关效率。

实施保税仓库货物出库便捷通关模式前，保税仓库需先行理货，后制作出库发票清单，并在报关放行后送货。在旧有模式下，提货企业发出需求后要 2 天时间才能收到所需货物。采用出库便捷通关模式后，相关操作时间缩短至半天。

（2）减少近 70%报关单数量，节约海关管理资源。

实施保税仓库货物出库便捷通关模式前，按旧模式需要先报关后出库。据统计分析，2016 年 1 月至 2017 年 4 月，若按旧模式报关，需要产生报关单 20300 票，而新模式下仅需 6133 票，报关单数量减少 68. 8%，节约了大量的人力资源，提高监管效率。

（3）企业生产安排更加灵活。

新宁万达公用保税仓库主要为福建捷联电子有限公司、捷星显示科技（福建）有限公司提供物料仓储管理服务。这些生产企业规模大，实行 24 小时不间断生产，投料批次多，从订单到投产时间间隔极短。实施新模式，大大提高了新宁万达公用保税仓库物流配送能力，有利于生产企业灵活安排生产计划，极大地释放产能。

**（二）保税料件串料总量报备管理**

福州海关通过改变业务流程，试点实施保税料件串料总量报备管理，企业先向海关报备保税料件串料总量，在一定进口料件总金额内可先行串换料件，电子化手册报核时再汇总申报。改变了原先企业因生产需要在手册间串换料件时，每次串换须先到海关办理料件串料申请，经海关核准后，企业才能投入生产，避免了企业因频繁办理串料备案而耽误生产。

**1. 主要做法**

（1）企业提前申请保税料件串料报备。

实施电子化手册管理的一般认证及以上的加工贸易企业，可以根据日常生产情况和经验，在符合串料管理原则的基础上，在成品出口前向主管海关申请串料商品报备。

（2）主管海关核准后进行保税料件串料。

主管海关根据企业资信、进口料件串换占比等，核准企业保税料件串换申请。经主管海关核准后，企业可在限额内先行串换料件，并做好串换料件详细记录。

（3）手册报核前申报。

企业在电子化手册报核前，汇总保税料件串换总量向主管海关申报，海关进行审核。同时，海关可不定期对重点敏感商品进行核查，降低监管风险。

**2. 创新点**

在旧模式下，企业因生产需要在手册间串换保税料件的，每串换一次，都需要先到海关办理保税料件串换申请，经海关核准后，企业才能投入生产，这可能耽误企业生产。在新模式下，企业可以根据日常生产情况和经验，预测需可能串换保税料件的总量，向海关进行串换料件总量报备，经海关核准，企业在总量内可以先串换料件生产，最后在手册报核前汇总申报，企业生产完全不受影响（如图 3-9 所示）。

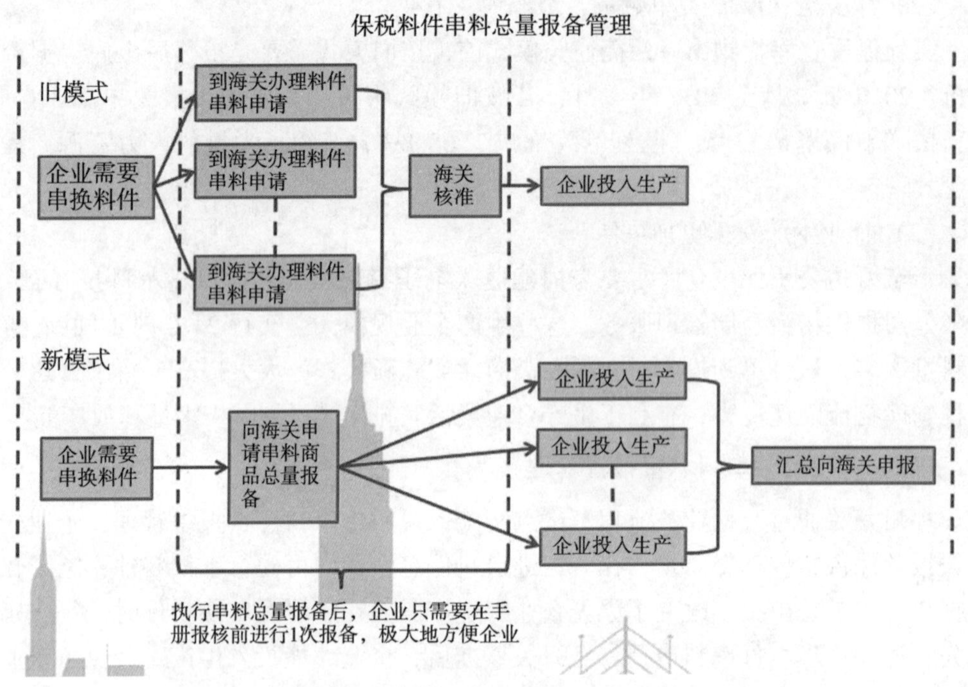


图 3-9　保税料件串料总量报备新旧模式对比图

**3. 实践成效**

（1）调整业务流程，促进加工贸易发展。

改革前，福州海关关区内大企业手册较多，发生手册间串换料件难以避免，每次串换都需到海关审核批准，浪费企业财力物力。该创新举措改单次申报为集中申报，节省企业经营成本。例如，某业务现场辖区某公司平均每月需向海关报备十次串料，执行串料总量报备后，企业只需要在手册报核前进行一次报备，极大地方便了企业。目前，福州关区某业务现场试点该举措，截至 2017 年 6 月底，已报备保税料件串换 663 项，进口总值 1035 万美元。

（2）适用企业范围广，实施成本低。

该举措通过调整业务流程，减少企业办理成本，可复制推广至福州海关辖区所有加工贸易企业，推广复制范围大，承载企业多，给企业带来明显的实惠。

### （三）加工贸易边角料先处置后报关

福州海关在福州片区率先实施加工贸易边角料先处置后报关，对一般认证及以上的加工贸易企业，对在保税料件加工生产过程中产生的边角料，可在其涉及的成品出口前向海关申请先行处置，再按月汇总已处置的边角料总量，向海关办理集中报关手续。

**1. 主要做法**

（1）企业在处置边角料前，先向海关报备边角料的品名、规格、数量等（这些边角料涉及的成品必须未出口）。

（2）主管海关对企业报备的内容进行核准。

（3）经核准，企业根据自身的生产安排，对边角料先行处置，减轻库存压力，保障安全生产环境，提高资金使用效率。

（4）企业按月汇总处置的边角料总量，向主管海关集中办理报关手续。

**2. 创新点**

开展加工贸易，从料件进口到成品出口时间周期较长，企业生产过程中产生的边角料如果不及时处置，无处存放，特别是易腐易烂的货物，会严重影响企业生产和安全，而企业如果每批次处置边角料均先报关后处置，花费的时间较长、成本较高。

福州海关通过重新设计业务流程，突破原有模式下要求企业先办理报关手续后处置边角料的规定，允许企业先报备，经海关核准后可先处置边角料，最后集中办理报关手续。

**3. 实践成效**

该项措施自 2016 年 1 月起在福州片区试点。截至 2018 年 3 月，已为百鲜食品（福建）有限公司（保税仓库）办理边角料先处置后报关九票，涉及金额 81500 美元；办理现场业务处辖区加工贸易企业办理边角料报关 2178 票，涉及金额 877.4 万美元。

（1）减轻企业边角料存储压力。

实行边角料先处置后报关之前，企业生产中产生的边角料堆积在仓库，占用仓库空间，影响企业生产。实行边角料先处置后报关后，企业可以自行随时处置边角料，仓库空间得到有效使用。

（2）保障企业安全生产环境。

边角料常为易腐易烂或易燃货物。实行边角料先处置后报关前，边角料堆积在仓库，易产生腐臭气味或存在火灾等安全隐患。实行边角料先处置后报关后，企业及时处置清理边角料，有效消除安全隐患。

（3）提高资金使用效率。

实行边角料先处置后报关前，企业要先向海关报关放行后，才能对边角料进行销售。实行边角料先处置后报关后，企业可先将边角料随时外销处理，按月汇总向海关申报，有利于资金回收。

（4）节约海关人力资源，提高监管效能。

实行边角料先处置后报关前，企业每批边角料处置前均须向海关申报，海关逐票审结处置。实行边角料先处置后报关后，企业按月汇总向海关集中申报，海关一次审结处置。节约人力资源，监管效能显著提高（如图 3-10 所示）。

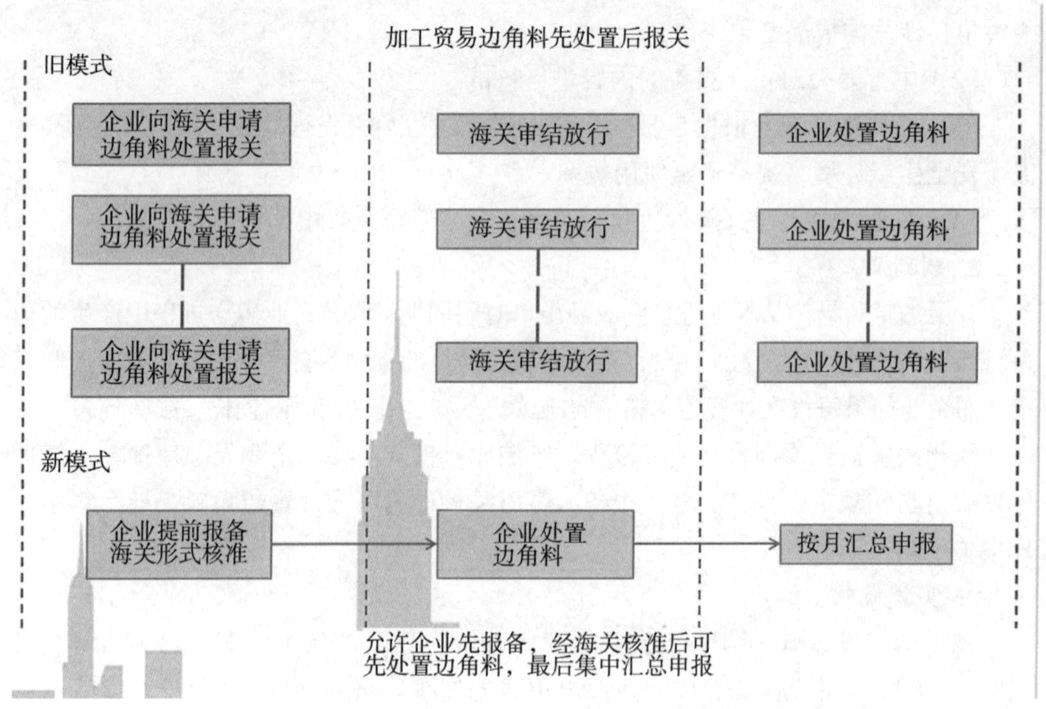


**图 3-10 加工贸易边角料先处置后报关新旧模式对比流程图**

### （四）加工贸易残次品退运快速通关

一般认证及以上的加工贸易企业在退运残次品时，先向主管海关申报需退运的残次品折料清单，主管海关进行风险分析研判，对残次品折算成保税进口料件进行核查，并出具审核结论，企业向口岸海关申报退运保税货物时，提供主管海关的审核结论，口岸海关通关时若涉及查验，参考审核结论对残次品实施查验。

**1. 主要做法**

（1）监管前推。加工贸易企业生产过程中产生的残次品需退运境外的，先向主管海关申请对残次品折算成保税进口料件进行审核。

（2）联动执法。企业向口岸海关申报退运保税进口料件时，提供主管海关的审核结论。

(3) 快速通关。口岸海关查验时，参考审核结论对残次品实施查验。

**2. 创新点**

在旧模式下，加工贸易企业退运残次品时，申报的贸易方式是来料、进料料件复出，其报关单数据与实际报验状态残次品不符，口岸海关通关时若涉及查验，认定时间长，环节多。

在新模式下，加工贸易企业生产过程中产生的残次品需退运境外的，先向主管海关申报需退运的残次品折料清单，主管海关进行风险分析研判，对残次品折算成保税进口料件进行核查，并出具审核结论。企业向口岸海关申报退运保税货物时，提供主管海关的审核结论，口岸海关通关时若涉及查验，参考审核结论对残次品实施查验（如图 3-11 所示）。

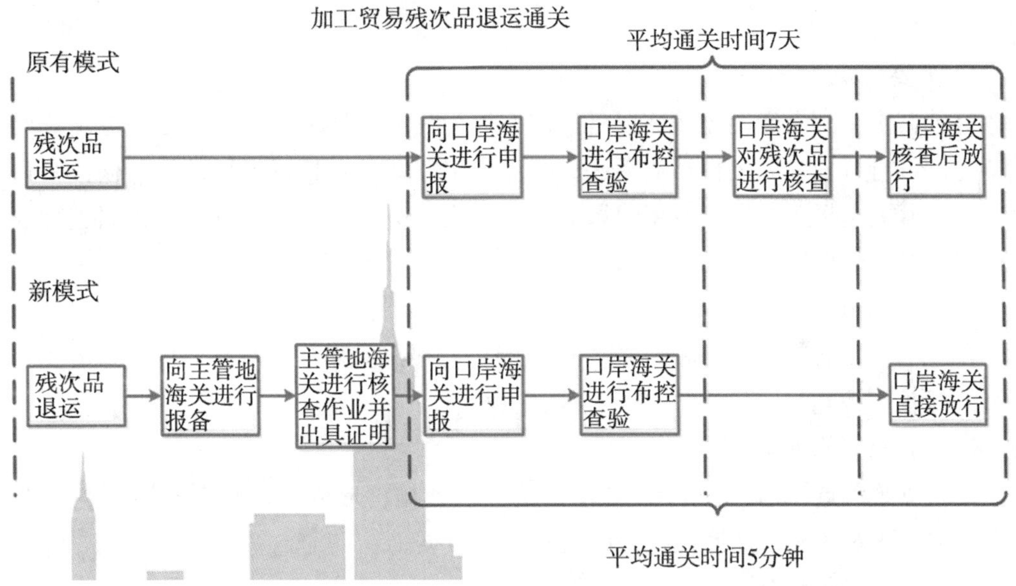


**图 3-11　加工贸易残次品退运通关新旧模式对比图**

**3. 实践成效**

(1) 缩短通关时间。

通过运用加工贸易残次品退运预核查后报关模式退运残次品，主管海关和口岸海关联动执法，统一执法尺度，核查和查验相结合，降低开箱率和查验率，实现了监管前推后移。企业涉及通关查验时，每票货物查验时间从原先需安排下厂核查并出具核查结论要 7 天时间，缩短到目前先预核查后报关查验只需 5 分钟，大大缩短了通关时间。

（2）降低企业成本。

加工贸易企业退运残次品时，原先为了做到单货相符，需要把残次品通过人工拆解为原材料，然后再向口岸海关申报，口岸海关查验时才能做到单货相符，但是拆解过程需要花费企业极大的人力物力，特别是高科技企业半成品的拆解是极其困难的。因此，造成高科技企业生产过程中产生的残次品无法退运，只能按照进口原材料征税内销，企业负担较大。福州关区 500 多家加工贸易企业适用此新模式后，从 2016 年 1 月至 2018 年 3 月，已办理 554 份退运货物审核，涉及残次品退运金额 430.5 万美元。（数据统计来自福州高意光学有限公司和福州高意通讯有限公司）

**（五）加工贸易联网监管企业电子账册“三自一核”**

福州海关在福州片区探索实施电子账册“三自一核”核销模式，优先在先进制造业企业开展试点，提高企业在电子账册核销时的自主权，降低企业运营成本，受到企业广泛好评。

**1. 主要做法**

对已在加工贸易联网监管注册且信用等级为高级认证的企业，在办理电子账册核销时，可自行预先确定核销周期、自行盘点实际库存、自行补征税款、核算结束后，再向海关申报正式报核数据，海关根据风险分析情况对企业申报的数据进行抽查核实，对符合核销条件的予以通过核销。

（1）自行确定核销周期。

实施电子账册“三自一核”监管模式的企业根据实际生产情况，自行确定核销周期（最长不得超过一年），并向主管海关报备。

（2）自行盘点实际库存。

企业按照盘点计划，从 ERP 管理系统提取数据，形成库存数据报表，并与仓库实货进行比对核实，并确认正确的实际库存数据。

（3）自行补征税款。

企业根据期初数、本期进出口报关数据和向海关申报的单耗数据核算本期理论库存，通过理论库存和实际库存比对，对实际库存量少于报核理论库存的短少料件，自行向海关申报补征税款。

（4）海关抽查核销。

企业向主管海关报送正式报核数据，海关人员通过抽核比对，对符合核销条件的予以通过核销，不符合核销条件的予以退单（如图 3-12 所示）。

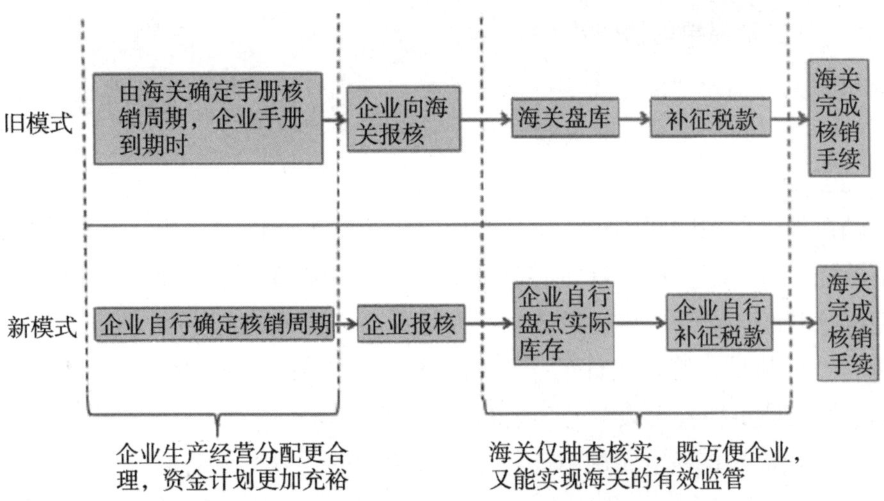


**图 3-12 加工贸易联网监管企业电子账册“三自一核”新旧模式对比图**

**2. 实践成效**

该项措施自 2015 年 10 月起在福州片区试点，目前已在福州华映视讯有限公司、福州开发区福禄鞋业有限公司、华映光电股份有限公司和华映显示科技有限公司等企业试点，并推广至自由贸易试验区外的福清、莆田地区，截至 2018 年 3 月 31 日，涉及加工贸易实际进口金额 18.6 亿元。

（1）企业生产安排更加灵活从容。

实行“三自一核”前，海关一般按照 180 天左右确定核销周期，许多企业在核销周期截止日正逢生产旺季，停产盘点造成生产停滞。实行“三自一核”后，企业可以自行确定核销周期，套在企业头上的时间“紧箍咒”消失了。

（2）缓解企业资金链紧张压力。

实行“三自一核”前，企业向海关报核后，海关对企业料件理论库存和实际库存比对后，会要求企业对短少料件补征税款，且在开出税单之日起 15 日内缴纳税款，造成企业资金调配困难。实行“三自一核”后，企业可以在半年的核销期限内自行选定补征税款时间，缓解了企业资金链紧张压力。

（3）节约海关人力资源，提高监管效能。

实行“三自一核”前，由于企业电子账册核销较为复杂，为了加强监管，实施 100%的下厂盘点核销。目前，福州海关有 60 本电子账册，一年内两次核销要下厂盘点 120 次，监管人力资源紧张，而且平均用力会直接影响盘点核查质量。实行“三自一核”后，实施风险式盘点核查，这样既节约人力资源，又提高盘点核查质量，监管效能显著提高。

### （六）加工贸易单耗信任审核

福州海关在福州片区率先实施加工贸易单耗信任审核模式，把事前单耗审核向事中单耗核查、事后批量复核转移，极大地提高了通关速度。

**1. 主要做法**

对已在加工贸易联网监管注册且信用等级为高级认证的企业，把事前单耗审核向事中单耗核查、事后批量复核转移，改变了海关对单耗的申报规范性、准确性、真实性审核时间耗费长的传统模式，极大地提高了通关速度。

（1）业务核批。符合条件的企业向主管海关递交“自由贸易试验区内海关加工贸易单耗信任审核备案表”，经核批后方可开展业务。

（2）单耗信任审核。实施单耗信任审核模式的企业申报的单耗，海关仅对企业申报的单耗规范性和单耗数值逻辑性进行审核，暂不对单耗的准确性和真实性进行审核，而对于单耗的准确性和真实性，采取事中单耗核查或事后批量复核等方式加强监管。

（3）规范性内容。海关按以下内容审核单耗规范性：一是企业申报单耗未超出全国单耗标准范围的；二是申报单耗符合申报规范；三是申报单耗数值逻辑关系正确的。符合以上条件的，海关先予接受申报。

**2. 实践成效**

（1）提升了通关速度，促进了贸易便利化。

单耗信任审核把单耗审核由前期申报备案环节向中后期生产过程和后续核销环节转移，由于单耗审核节点的后移，企业在前期单耗申报备案环节就可以快速核准加工贸易手册用于通关，极大提升了通关速度，原来涉及新产品每批次单耗需要审核7天，现在只需要15分钟，而事后单耗核查和企业生产同步进行并不影响企业通关时间和生产，企业生产销售全流程不被打断。自2016年1月11日起至2018年3月31日，福州海关选取试点企业，以单耗信任审核方式共审核了申报的单耗数据总计3315票，涉及账册实际进口499141万元，极大地缩短了单耗审核时间，保证了企业出口及时性，受惠的加工贸易企业达502家。

（2）适用企业范围广，实施成本低。

单耗信任对审核环节进行调整并规范了审核要求，在对试点工作总结提高后，可复制推广至福州海关辖区所有494家加工贸易企业，推广复制范围大，承载企业多，给企业带来的成效作用非常明显。

（3）优化了审核流程，提高了审核效能。

单耗信任审核制度优化了海关单耗审核流程，提高了海关的审核效能。由于单耗申报时，对于单耗变化和新增成品需要单证和生产流程验证，或者企业生产成本核算、工艺配料、领料情况等实际生产过程中进行数据核查，才能准确判断单耗的准确性和真实性，因此审核环节推到中后期执行，监管效能得到提升。

### （七）入区加工

“入区加工”海关监管制度，转变加工贸易出口产品只能由海关特殊监管区域内加工企业加工生产或区域外加工贸易企业加工生产的加工贸易发展格局，属于加工贸易产品供给侧创新。

**1. 主要做法**

加工贸易原来由企业自行投资生产，使得企业特别是中小微企业拓展加工贸易业务面临投资成本高、风险大的困局。2016 年 1 月 8 日，福州海关发布《福州海关委内加工公告》和《福州海关关于中国（福建）自由贸易试验区委内加工业务监管操作规程（试行）》，首创“入区加工”海关监管制度，并在福建自由贸易试验区福州片区率先实施，促进海关特殊监管区域内外经营优势的叠加，更好地发挥了海关特殊监管区域连接“两个市场、两种资源”的桥梁作用。

（1）探索加工贸易发展新路径。

率先突破了保税物流园区物流企业不能进行生产和加工制造业务的限制，在海关特殊监管区域内物流企业设立“出口加工公共服务平台”，为区域外企业进入区域加工生产出口产品提供场地、设施、管理、贸易、物流等一站式服务，区域外企业组织生产人员、设备工具等进入区域加工生产出口产品，对来自境内外的加工生产料件按加工贸易货物管理；对境外进口的设备工具按免税货物管理；对来自境内的设备工具按非保税货物管理，施行“入区不退税、出区不征税”。

（2）用足用好区内外优势资源。

区域外企业进入“出口加工公共服务平台”开展“入区加工”业务可以享受到境外进口设备工具免税的优惠政策，又可以便利地办理加工贸易监管手续，实现区域外企业拥有的市场、生产资源与区域内的政策资源优势叠加。

**2. 实践成效**

通过“入区加工”，降低了区外企业开展加工贸易业务的制度性成本、投资成本和出口成品物流成本，提升了经营效率，增强了企业经营的灵活性。截至 2018 年 3 月 1 日，福州海关在福州出口加工区和保税港区开展该业务，涉及报关单 10328 票，涉及金额 155.47 亿元人民币。

（1）改变加工贸易产品供给方式，服务国家供给侧改革。

改变加工贸易出口产品“区域内经营的区内加工，区域外经营的区外加工”的供给方式，由区域外企业进入“出口加工公共服务平台”开展“入区加工”业务，实现“区域内外分段经营、区域外入区加工”的供给方式。

（2）降低区域外企业拓展加工贸易业务的投资和经营的风险和成本。

区域外企业利用区域内的“出口加工公共服务平台”开展加工贸易业务，可以节省厂房、设施等投资，还可以享受到境外进口设备工具免税的优惠政策，实现区域外企业拥有的市场、生产资源与区域内的政策资源优势叠加，这可帮助企业灵活应对市场变化，提高企业的抗风险能力。区域内的“出口加工公共服务平台”除了可提供场地、设施外，还可提供管理、贸易、物流等一站式服务，这大幅度降低了企业（个人）从事加工贸易业务的“门槛”，为加工贸易的大众创业创造了条件。

## 四、企管、稽查、风险管理

### （一）海关监管设备物联网管理平台

福州海关于 2016 年 1 月开始研发该物联网管理平台，8 月建成投入运行。平台运行初期，福州海关技术人员与业务人员到辖区企业免费安装 GPS 定位设备和信号接收装置，与海关物联网管理平台对接，实现监管设备定位信息实时传送，极大地提升海关监管效能。

#### 1. 新旧模式对比

旧模式：海关对不作价设备等设备的监管，不定期派员通过核查、巡查、稽查的手段进行核实，耗费关企双方大量的人力财力。

新模式：海关通过平台实时了解企业的设备情况，减少人员下厂巡查、核查、稽查频率，实现透明化监管，提高企业经营的自律性，节省企业成本，实现企业与海关高效运作与有效监管的统一。定位设备由海关免费提供，给企业带来极大的便利。

#### 2. 实施效果和预期成效

通过技术手段减少海关下厂巡查、核查、稽查频率，提高企业经营的自律性，节省企业成本，实现企业与海关高效运作与有效监管的统一。定位设备由海关免费提供，在不增加企业负担的同时，给企业带来极大的便利，深受企业欢迎，复制推广性强。

该举措提供了对不作价设备、减免税设备等海关监管货物通过物联网进行监控，这些设备都是海关需要长时间监管的免税设备，企业在工厂使用过程中海关均要监管，原先海关每个月需去企业查看设备和核查相关单证，影响了企业生产和部分设备的正常运转，极大地浪费了企业和海关双方的资源和成本。

实施该举措后，海关为企业免费安装 RFID 电子标签，通过物联网实施可以监控设备的使用情况，海关一般不再下厂核查，对企业实施阳光监管，这种无形监管既不影响企业正常运营，又节约了海关人力资源，受到了广大诚信企业的普遍欢迎。此项举措应用的物联网信息化系统，福州海关于 2016 年 1 月撰写业务需求，在海关总署的支持下，投入 300 多万元开发信息化系统，8 月建成投入运行，在福州海关自由贸易试验区内先行试点成功后，向全关区推广应用，企业需求旺盛。

### （二）加工贸易濒临倒闭企业跨部门预警处置联合机制

海关、政府主管部门等按照“统筹规划，各尽其责，互相配合、信息共享”的原则，建立加工贸易倒闭企业的预警和处置机制，提高执法质量，优化营商环境。

**1. 新旧模式对比**

旧模式：海关与当地外经贸部门未建立常态化得预防加工贸易倒闭企业的常态性联系配合机制，未能及时互相通报经营异常的、有倒闭风险的加工贸易企业，在开展实际处置时，尚未实施联合勘核，各主管部门分头管理、预警、处置濒临倒闭企业。

新模式：一是信息共享，海关与商务部门建立联系反馈机制，对下厂核查发现有倒闭倾向的加工贸易企业及时反馈商务部门，同时接收商务部门关于企业倒闭的预警信息，建立加工贸易企业倒闭预防预警机制。二是执法互助，对濒临倒闭的企业进行联合监控、指导，对海关、税务等政策进行宣传，指导企业处置海关监管料件、设备等；三是协同处置，海关联合政府主管部门等对加工贸易倒闭企业实施联合勘核，共同执行财产的保全、处置等工作。

**2. 实施效果**

改变原濒临倒闭企业由各主管部门分头管理、预警、处置的模式，由海关及政府主管部门多单位配合，根据“统筹规划、各尽其责、互相配合、信息共享”原则，规范统一加工贸易倒闭企业的预警和处置机制，提高倒闭企业管理和执法效率，优化自由贸易试验区内营商环境，维护企业员工利益，保全国家税收。

## 五、卫生检疫

### （一）台车入闽便捷检疫模式

2015 年，随着台车入闽从个案推动转入常态化运作，标志着岚台客滚航线开始进入“客+货+车”三优互补的运行新模式。对此，福州海关依据出台的《通过闽台客滚航线互通行驶车辆检验检疫管理规定（试行）》，利用国内先进的交通运输工具快速防疫消毒系统，对入闽台车实施便捷高效的检验检疫监管模式，做到“即靠即下，即到即验”，最大限度地提高了通关效率。

**1. 主要做法**

出台《通过闽台客滚航线互通行驶车辆检验检疫管理规定（试行）》，为直航入境台湾车辆的快速验放提供政策支持；量身定做交通运输工具快速防疫消毒系统，对入境台湾车辆实施不停车、全自动全方位的车表消毒处理；推出即靠即下、联合查验的创新举措，实行多部门联动，联合实施一次查验、快速放行。

**2. 实践成效**

继2014年4月11日运载妈祖銮轿金身的车辆首次直接换牌入闽后，目前累计已有2部台湾货车、8部台湾小车、41部台湾重型机车由平潭入境，在福建省内自驾行驶。

### （二）国际航行船舶供水检验检疫开放式申报加验证式监管模式

检验检疫部门对自由贸易试验区内码头停靠的国际航行船舶实行“开放式申报+验证式监管”船舶供水管理模式，允许诚信度高、记录良好的国际航行船舶通过电话、微信公众号、传真、电子邮件等开放式便捷途径，向检验检疫部门进行供水申请备案后，直接在A级供水单位加水，在出境时再提交正式申请，检验检疫部门对供水行为采取“随机抽查+出境时对供水情况验证监管+日常监督评级”的监督管理模式。

**1. 主要做法**

（1）开放式申报。

检验检疫部门对向自由贸易试验区停靠的国际航行船舶提供饮用水的服务单位开放电话、微信公众号、传真、电子邮件等多种开放式便捷途径向检验检疫部门进行供水申请，检验检疫部门接到申请根据风险分析结果，直接给予答复。

（2）企业自检，直通放行。

企业针对供船饮用水卫生安全项目开展批批自检，自检合格直接供船。

（3）自行加水。

船舶根据作业情况在允许加水后，任何时间均可实施供水。

（4）验证监管+企业评级+动态管理。

船舶在出境前将加水情况反馈至检验检疫部门，检验检疫部门根据船舶自行报告的材料，不定期与码头供水记录等进行比对，验证其数据的准确性，并不定期对水质情况进行快检及采样送检，确保水质质量。事后，日常监督中结合验证检测、验证监管情况进行综合打分评级，根据评级结果实行动态管理，信用等级高的降低抽查监督频次，信用等级低的加大抽查监督频次（如图3-13所示）。

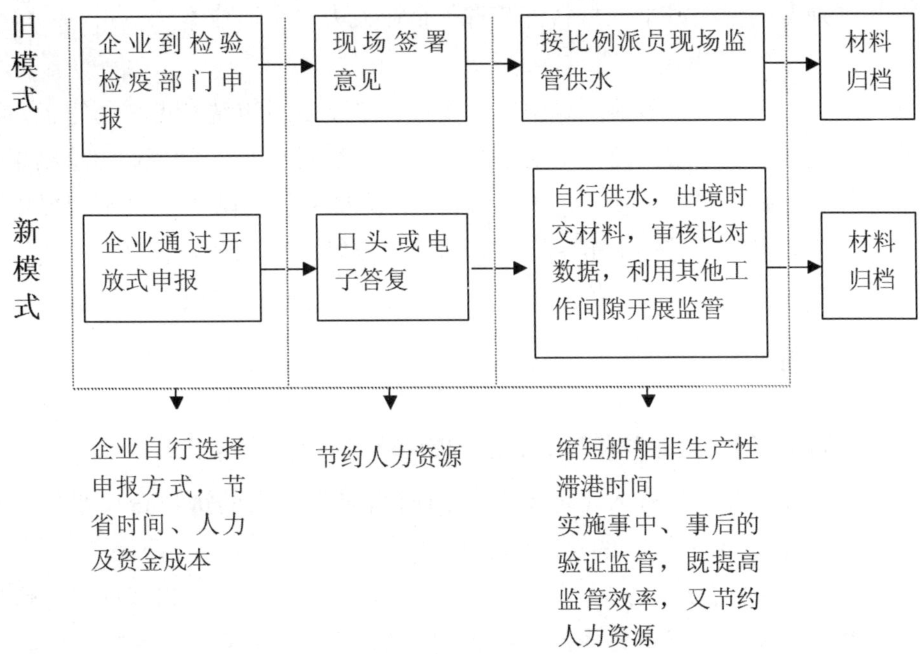


**图 3-13 国际航行船舶供水检验检疫新旧模式对比图**

**2. 创新点**

简化了事前程序，优化了事中、事后的验证监管；开通了便捷的申请途径，提供更人性化的企业服务；通过对企业的信用分级处理和差异化管理，实现更高效的监管。

**3. 实践成效**

截至 2018 年 4 月，该模式惠及原福建局辖区口岸 36 家船舶代理公司和 21 家供水企业，已对 903 船次实施该供水模式，为企业节省滞港时间近 3861 小时，节约滞港费近 397.6 万元。

(1) 缩短了滞港时间。

实施前，船舶供水时需先向检验检疫部门提交申报单，经检验检疫工作人员审核同意签字后供水单位方可加水。实施后，允许诚信度高、记录良好的国际航行船舶经开放式便捷途径备案后即可在 A 级供水单位实施供水，特别是可利用船舶在港作业的空隙时间，包括非工作时间（如周末以及班外时间等），极大地缩短船舶非生产性滞港时间和成本。

(2) 节省了企业运行成本。

实施前，企业必须向检验检疫部门提交纸质申报，检验检疫部门对材料进行审核后批复，并按比例对供水过程进行监管。实施后，简化申请手续，事后补交材料，企业无须专门派人派车送材料，节省了企业人力与交通成本。

（3）优化了监管模式。

实施前，按规定采取事前、事中监管模式，主要是对申请情况进行审核，对供水过程进行监管。实施后，简化申请手续，事后补交材料，认可企业自检结果，检疫人员充分利用码头卫生监督及船舶检疫/卫生监督工作间隙等对供水情况进行监督，简化了事前程序，优化了事中、事后的验证监管。通过动态管理，强化了企业主体意识又节省了企业时间，提升了监管效率又兼顾了监管成效。

## 六、动植物检疫

### （一）进口水果“边抽样检验，边上架销售”的检验检疫模式

对从平潭口岸入境并进入平潭对台小额商品交易市场的进口台湾水果，实施“边抽样检验，边上架销售”的检验检疫模式。

水果是台湾特色农产品，品种独特、品质优良，具有广阔的市场前景，市场需求量大。由于新鲜水果保鲜要求高、储存时间短，对口岸通关效率提出了效高要求。鉴于此，为了促进台湾特色农产品进口、促进贸易便利化，在平潭片区率先实施全国首创的进境台湾水果“边抽样送检，边上架销售”检验检疫监管模式。

2015 年，根据辖区企业诉求，结合进境台湾水果业务特色，在风险分析的基础上，率先实施全国首创的进境台湾水果“边抽样送检，边上架销售”检验检疫监管模式，做到进境台湾水果“进得来，放得快，管得住”。该模式实施后，极大地提高了水果通关速度，由三个工作日缩短到一个工作日，实现了水果“上午采摘，下午上架”，有力地促进了两岸贸易便利化。

**1. 主要做法**

（1）全国首创，快速通关。

台湾水果监管模式为全国首创，指对现场查验没有问题的水果先予以放行，对需要进行风险监控的水果进行抽样送检，一旦检测结果发现问题，将立即封存问题水果，并通过完备的追溯系统实施问题水果的召回。这种监管模式，既保证了快速通关，又保障了水果的质量安全，通关时间由原来的三天缩短到一天，做到了台湾进口水果“上午采摘、下午销售”。

（2）绿色通道，技术为盾。

福州海关各相关部门建立密切的有害生物鉴定和实验室检验检测工作联动机制。以福建局动植处为业务指导，技术中心为技术支持，为台湾水果开辟绿色通道，实验室快速鉴定时间仅需一天，检验检测时间仅需七天，强有力地保障了口岸生物安全和水果质量。

**2. 实践成效**

平潭片区在全国首创的进境台湾水果“边抽样送检，边上架销售”检验检疫监管模式，通关时间由原来的三天缩短到一天，做到了台湾进口水果“上午采摘、下午销售”，惠及辖区内四家进口水果企业。2015 年至 2016 年 2 月，平潭口岸共进口水果 16 批次、11 个品种，近 46.2 吨，货值约 16 万美元。

**（二）平潭进口台湾水生动物检疫审批负面清单管理**

由原质检总局批复同意福州海关在特殊区域内实行进境动植物检疫审批负面清单管理工作于 4 月 1 日起正式实施，福建省在自由贸易试验区福州片区、平潭片区以及泉州出口加工区等特殊区域内实行。原质检总局还特别下放平潭口岸进口台湾水生动物检疫审批权给福州海关，是全国唯一，让这条措施更具含金量。

为提高特殊区域进境动植物检疫审批效率，福州海关经广泛调研及深入分析，推动进境动植物及其产品检疫审批负面清单制度在辖区特殊区域内实施。负面清单六大类包括过境动物、进境动物、进境水果和粮食、进境饲料、国家禁止进境物和其他未获检疫准入的动植物及其产品。

**1. 主要做法**

（1）制定实施计划及配套文件。

2015 年 2 月，福建局在广泛调研的基础上研究制定了《福建检验检疫局特殊区域内进境动植物检疫审批工作实施方案》及《福建检验检疫局特殊区域内进境动植物检疫审批管理细则（试行）》，明确了负面清单制度实施工作的指导思想、工作目标、工作任务、实施范围，规划了实施的步骤，并专文报请质检总局动植司批准，为相关工作的推进提供了依据。2015 年 7 月，根据《质检总局动植司关于推广复制进境动植物及其产品检疫审批负面清单制度的通知》（质检动函〔2015〕127 号）文件要求，依据《福建检验检疫局特殊区域内进境动植物检疫审批工作实施方案》，制定了《福建检验检疫局进境动植物及其产品检疫审批负面清单制度复制推广实施计划》，并向动植司专函报送。此外，还根据福建省自由贸易试验区有关工作要求，联合厦门海关制定了《中国（福建）自由贸易试验区进境动植物检疫审批管理规定》。

（2）细化管理确保落实。

经原质检总局动植司批准后，福州海关按照相关规范性文件开展相关工作，推动检疫审批负面清单制度尽快落实：一是整理特殊区域内相关企业名单及可以由福建局实施终审的入境动植物及其产品名单清单；二是制定了作业指导书，明确了具体的操作程序；三是通过总局与信城通公司对接，明确了对经质检总局授权的动植物检疫审批事项，在审批环节增设福建局终审人员，使享受负面清单制度外产品审批工作可以直接提交福建局负责终审。

**2. 实践成效**

（1）实行动植物审批负面清单管理，直接减少审批环节和审批时限，审批时限由原来的15个工作日缩短到7个工作日，许可证有效期由6个月延长到12个月。

（2）大大缩短审批时限，这极大地便利平潭与台湾动植物及其产品，特别是水生动物的贸易，将对进口台湾水生动物等产业产生积极推动作用。

### （三）大宗竹木草制品出口“事前简化、事中优化、事后强化”检验检疫监管模式

**1. 主要做法**

一是简化事前注册管理；对注册登记的出口竹木草企业免予年度审核；对暂未取得注册登记资格的企业，可以先行接受报检。

二是优化事中出口放行；综合采用企业体系评审、生产过程检查和出口验证的结果作为放行依据，对没有质量安全检验要求的产品，不再强制实施检验。

三是强化事后监管；建立出口企业分类动态管理制度，重点把控被境外通报、退运的产品质量问题等，动态调整企业分类等级。

**2. 创新点**

与旧模式相比，主要创新有：一是对暂未取得注册登记资格的竹木草制品生产企业，由原来的不能出口改为可以先行接受报检，并加快办理其注册登记资格；二是将原一年一度的企业年审工作，改为4年一次期满换证考核；三是货物出口时不再要求企业提交自检自控报告；四是对分类等级和诚信度高的企业，出口时口岸查验比例降低50%，并实施期满换证免于现场考核、优先推荐绿色通道、无纸化报检资格，出口产品优先报检、查验和放行等优惠措施。

**3. 实践成效**

该模式覆盖福州片区超过400家企业，企业均享受了免予年度审核的政策红利，共涉及年出口批次超过3.86万批、货值7.96亿美元。实施以来，福州片区内共节约相关企业出口时间6.15万小时，平均每批次节约企业成本30%以上。已推荐一家企业获得福建海关“福建出口竹木草制品质量安全示范企业”称号，享受检验检疫部门最优惠措施。

## 七、进出口食品安全

### （一）对台湾地区输入区内的农产品、食品等产品“源头管理、口岸验放”检验检疫模式

2015年，质检总局授权驻闽检验检疫机构与台湾地区有关部门开展合作，建立

食品、农产品质量安全源头管理机制，在食品、农产品输入自由贸易试验区时，简化口岸检验检疫程序。通过对台湾食品生产企业和进口货物收货人的质量安全保障体系开展审核评估，符合条件的企业生产的输大陆食品、农产品进口时随附相关的合格证明，定期提供第三方检验机构的检测报告，检验检疫部门进行周期抽查验证。进口的货物到港后，检验检疫部门根据日常回顾性审查、资料审核和现场查验结果，对符合要求的，给予快速验放。通过创新监管模式，开展食品农产品质量安全源头管理，进口口岸对其抽检的比例下降，有效提高了通关效率，检验检疫放行平均时间由5~7天缩短至1~2天，大大吸引了台湾商品从福建自由贸易试验区口岸中转。

**1. 主要做法**

（1）强化货物源头管理。

按照自愿原则，台湾生产企业向自由贸易试验区检验检疫机构申请（或委托进口商申请）实施“源头管理、口岸验放”模式。台湾生产企业应通过境外食品生产企业注册，在申请时需填写“进口食品境外生产企业‘源头管理、口岸验放’申请书”，并提供台湾食品安全监管部门颁发的生产许可证、质量管理体系认证证书、质量管理计划（如质量管理手册、HACCP计划、操作规程等）、产品配料、工艺流程图、标签样张、产品检测报告等材料。企业申请材料经书面审核后，由驻闽检验检疫部门对相关申请企业的质量安全保障能力实施现场评估、审核；对进口货物收货人开展的食品生产企业自主检查实施验证。现场审核工作可以委托经检验检疫部门认可的第三方机构实施审核。经文件审核、现场审核合格的企业，由检验检疫部门书面告知申请企业，并公布企业名单、产品。

（2）加强事中事后监管。

对实施“源头管理、口岸验放”的企业每两年至少实施一次回顾性审查，以确认企业质量管理体系是否持续有效运行。审查工作可以委托福州海关认可的第三方机构进行。

已实施“源头管理、口岸验放”的企业，更改企业名称、生产场所、生产工艺、出口产品品种等，应通报驻闽检验检疫部门，申请办理变更手续。卫生质量管理体系发生重大变化的，驻闽检验检疫部门将对企业实施重新审核。

实施“源头管理、口岸验放”的食品生产企业和进口货物收货人每年1月底前应向原申请地的检验检疫部门提交上一年度的质量安全管理报告。检验检疫部门根据上一年度进口食品质量安全状况对食品生产企业进行综合评估，对进口货物收货人开展的食品生产企业自主检查实施验证。

（3）实现口岸快速验放。

对于符合“源头管理、口岸验放”条件的产品，报检时应在报检单备注栏上注明“源头管理口岸验放企业”。进口报检时，除按规定提供相关单证外，须随附：企业出具的本批产品出厂检验合格证明，每半年应提供一份有资质的检验检测机构出具的该类食品安全卫生项目的检测报告，预包装食品已加施合格中文标签声明等材料。已实施并符合相关要求的企业，检验检疫部门至少每半年对同一食品生产企业的同类食品实施一次卫生指标的抽查验证。未抽中的，根据日常回顾性审查、资料审核和现场查验结果，对符合要求的，给予快速验放。

**2. 实践成效**

“源头管理、口岸验放”快速通关模式从2015年4月1日开始实施，截至9月30日，已有120种台湾商品加入该计划，福建口岸已成为台湾地区食品、农产品输大陆的重要口岸之一，台湾食品进口货物批次占福建口岸进口食品总批次的59%，占全国进口台湾食品总批次的一半以上，进口食品品种超过13000种。从运作情况看，成效比较明显。

（1）降低了货物抽检比例。

实施前，按照国家法律法规的要求，对进口食品、农产品应批批实施检验，涉及单证审核、现场查验、抽样检测等多个检验检疫环节。实施后，根据对台湾食品、农产品源头管理的情况，采取风险分级措施，进一步降低了低风险食品、农产品的抽样检测比例，对已实施并符合相关要求企业的同类食品由原来的批批抽检减少为每半年实施一次卫生指标的抽查验证。

（2）缩短了货物通关时间。

实施前，每批货物检验检疫放行时间为5~7天。实施后，由于进口口岸对其抽检的比例下降，检验检疫环节主要集中于单证审核与口岸查验环节，减少了实验室检测时间，因此放行平均时间缩短至1~2天，有效地吸引了台湾商品从福建自由贸易试验区口岸中转。

### （二）对原产于台湾地区的预包装食品、化妆品实施“快审快核”的标签审核模式

平潭对台小额商品交易市场进口的台湾预包装食品、化妆品，具有“零、散、小、杂”的特点和快速通关的需求。为了更好地服务小贸市场，保障商品质量安全，福州海关在风险分析的基础上，实施台湾预包装食品和化妆品“快审快核”的标签审核模式。

2014年6月17日，平潭对台小额商品交易市场正式开业。为促进贸易便利化、保障货物快速通关，福建局在风险管理的基础上，为小贸市场创造性地“量身打

造”，出台《福建检验检疫局进一步支持平潭对台小额商品交易市场发展15条措施》（以下简称“15条措施”）优惠政策。平潭局及时把握契机，深入政策把握，对原产于台湾地区的预包装食品和化妆品实施“快审快核”的标签审核新模式。

**1. 主要做法**

（1）加大政策宣贯。

“快审快核”的标签审核模式出台后，组织业务骨干学习，深化政策理解，提高人员政策把握水平和业务能力；开展针对小贸市场企业、面向全社会的政策宣传，通过大众媒体解读、依托市场宣传栏公示、下发宣传手册等方式，切实把政策宣贯抓好抓实抓出成效。

（2）探索最便利模式。

“快审快核”标签审核模式是指对原产于台湾地区的预包装食品、化妆品，并在平潭对台小额商品交易市场销售的，允许采用中文繁体标签。简化标签审核内容，重点审核是否含非法添加物、是否对消费者误导或欺诈、是否违反“一个中国”原则；免费接受企业标签预审核，不收取标签审核和整改的相关费用；报检时，企业免于提供标签样张等资料。该标签审核模式，缩短了审核时间，减少了审核事项，降低了企业成本。

**2. 实践成效**

“快审快核”标签审核模式实施以来，共计快速审核台湾预包装食品化妆品4914批、13883.2万美元，审核时间由原来的3天缩短到0.5天，重点审核项目缩减至3条，审核费用平均每个报检批减少近万元，获得企业的一致好评，社会反响强烈。

### （三）入境水产品“统一申报、集中查验、分批核放”模式

近年来，进境水产品行业迅猛发展，已经成为福州乃至福建的优势产业之一。位于福建自由贸易试验区福州片区的马尾口岸年进口量约20万吨，已经成为全国最大的水产品进境口岸，全球采购、全国配送的主要集散中心之一，产品来自东盟、南美洲、非洲、中国台湾等地区，年交易额达300亿元。2014年11月，我国首家以“海产品”为主题的海产品交易所即中国—东盟海产品交易所在马尾上线，通过建立“线上交易、线下交收”模式，完善产、供、销安全可追溯体系，带动中国与东盟海洋实体经济实现由“铺位经济”向“席位经济”转变升级，成为福建加快推进21世纪海上丝绸之路建设的重要项目。

但随着进口量的急剧增长，传统的港区检验检疫模式已难以适应业态发展的需要，特别是受限于马尾百年老港的硬件条件限制，查验和仓储的场位严重不足、安全卫生保障能力不高、港区吊柜作业运转难度大，导致企业在堆存费、集装箱使用

费、滞港费等方面成本加大，也无法有效对接“线上交易、线下交收”的新模式，使口岸竞争力面临严峻挑战，进口水产品行业持续发展严重受限。

对此，福州海关经过深入思考和多方论证，认为只有依托自由贸易试验区的制度创新优势和区位优势，通过改革创新查验模式，才能释放制度红利，才能有效地实现“促发展和保安全”这两个核心目标，也才能从根本上提高口岸竞争力，巩固和发展现有的进口水产品产业优势。

**1. 主要做法**

“统一申报、集中查验、分批核放”模式是指允许进入福建自由贸易试验区的、未交割的进境水产品由海交所或指定的代理人先行统一办理审批和报检手续，实施集中预检，交割后（出区时）分批核销、验证放行。新模式支持中国—东盟海产品交易所海产品“线上交易、线下交收”，对接产业及物流发展需求，将原先多点、分散、先交割后检验检疫的模式变为驻点、统一、可前置的集中预检模式，并依托福建省首个进口冷冻水产品集中查验区，对入区货物实施随到随检和风险分析基础上的快速查验。

一是制度上创新。将原来需要在货物交割后才办理的检验检疫环节前置，检验检疫部门对进入区内未交割的水产品由交易所或指定的代理人先行统一办理审批和报检手续，货物“零等待”随到随检，由“货等人”到“人等货”，对检验合格的货物，在交割后（出区时），允许分批核销、验证放行，加快物流周转速度，满足进口水产品快速通关的需求。二是监管上优化。支持马尾口岸建设福建省首个进口冷冻水产品集中查验区，检验检疫部门实施“7 天工作、24 小时服务”的驻点集中查验，并依据水产品风险分析情况开展监管，按不同的产品品种、加工方式区分产品的风险项目和风险等级，降低进口水产品的抽检比例，使实验室检测有的放矢，监管更加科学高效。三是安全上保障。引导进口商落实质量安全主体责任，制订自检自控计划，对进口水产品的安全卫生实施调查监测，监测数据反馈应用于水产品的风险分析，进一步优化检验监管方案，从而形成良性循环。

**2. 实践成效**

新模式下，不仅进口企业、港口运营企业可降低时间物流及费用成本，实现快速通关，减少货物滞港时间，加快口岸物流周转速度，而且可以有效地支持和促进中国—东盟海产品交易所发展，推动福州口岸打造全国进口海产品集散地。一是进口企业降低成本、快速通关。按照年 20 万吨的进口量测算，进口水产品平均每个集装箱能减少 1.5 天的通关时间，每箱节省电费、港杂费、集装箱使用费等约 500 元左右，每年进口水产品行业可节省约 400 万元。二是港口运营企业减少货物滞港时间，集装箱公司物流周转速度加快，减少了查验开箱作业，降低了人工成本和管理成本，缓解了集装箱码头堆场、设备的压力。三是在海峡水产品交易中心设立福建省首个进口冷冻水产品集中查验区，设置检验检疫查验点，加快货物验放速度，加快助推中国—东盟海产品交易所建设，进一步增加了对进口企业的吸引力和集聚效应。

2015 年 3 月以来，马尾口岸冷冻水产品集中查验区共进口冷冻水产品 2548 批、17.7 万吨、1.91 亿美元，其中，东盟水产品 1623 批、重量 6.72 万吨，货值 1.07 亿美元。

### （四）认可和简化台湾渔船自捕水产品相关证明

台湾渔船自捕水产品申报时免于提供台湾主管部门出具的卫生证书，是福建检验检疫服务自由贸易试验区全国首创举措之一。此项措施的实施最大限度地简化手续，使通关时间由以往的一周缩短至两天。该举措现已在全省辖区复制推广。

自由贸易试验区成立后，福州海关落实自由贸易试验区政策打造高效率的链条，对进境台湾自捕水产品创造良好的通关环境，进一步减轻企业负担，简化报检申报手续，减少随附证书种类，促进台湾水产品更多地从平潭口岸登陆，对台湾渔船自捕产品申报时免于提供台湾主管部门出具的卫生证书。

#### 1. 主要做法

（1）减少随附证书。

对台湾渔船自捕入境水产品，在向检验检疫申报时，允许免于提交台湾官方主管部门出具的卫生证书，最大限度地简化报检随附证单，便利企业办理检验检疫业务。

（2）推进两岸证书电子化。

允许贸易单据等通过两岸检验检疫数据交换中心以电子形式传输、申报，实现货到前提前申报、货到快速验放，进一步提高通关速度。

#### 2. 实践成效

实施前，台湾渔船自捕入境水产品要向台湾官方主管部门申请出具卫生证书。台湾官方卫生证书出具时间，加上检验检疫放行时间至少需要一周。实施后，对台湾自捕入境水产品免于提交官方卫生证书，最大限度地简化手续，便利台湾水产品进境，促进两岸水产品扩大贸易，通关时间缩短为两天。

### （五）出口食品过程合格评定口岸零抽检检验检疫模式

检验检疫部门在自由贸易试验区率先以风险分析和分类管理为基础，将监管前推至出口食品生产加工环节，以过程合格评定结果作为出口食品放行依据，对一类企业实施即报、即审、即放，检验检疫放行平均时间减少 2~3 天，有效地提升口岸通关速度。

福州海关在自由贸易试验区率先以风险分析和分类管理为基础，对出口食品实施“过程合格评定，口岸零抽检”检验检疫模式。2017 年 1 月 1 日起，对自由贸易试验区内一类出口食品生产企业出口时，简化口岸检验检疫程序，实行“过程合格评定，口岸零抽检”检验检疫模式。该模式将监管前推至出口食品生产加工环节，加强事前监管、事后核查、问题纠偏等措施，以过程合格评定结果作为出口食品放行依据，对一类企业实施即报、即审、即放，从而达到“保障安全、快速通关”的目的。

**1. 主要做法**

（1）实施企业分类管理。

检验检疫部门对出口食品生产企业质量管理体系建立、质量管理能力、原辅料安全卫生监控水平、加工过程质量控制水平、质量控制能力验证、产品质量和企业信用等七方面情况进行综合考评，根据考评结果将企业分为一、二、三、四等四个类别。同时，检验检疫部门在风险分析的基础上，针对不同管理类别的企业分别制订相应的检验检疫监管方案。

（2）强化食品过程管理。

检验检疫部门对一类出口食品生产企业出口的产品综合采用监管验证结果为合格评定依据的放行方式。检验检疫部门不再单纯依靠出口环节的抽检检测结果作为合格评定依据，而是将监管前推至出口食品生产加工环节，通过加强事前监管、事后核查、问题纠偏、通报召回等措施，综合采用过程检查、风险监控、体系审查验证、产品生产过程抽查验证的结果作为合格评定依据。

（3）实现口岸“零抽检”。

对于实施“过程合格评定，口岸零抽检”检验检疫模式的产品，口岸查验时不再进行抽检送实验室检测，而是根据企业过程监管结果、资料审核和现场查验结果，对符合要求的，给予快速验放。

**2. 实践成效**

2016 年，福州海关辖区出口食品 5.18 万批、68.25 亿美元；2017 年 1~4 月辖区出口食品 1.57 万批、20.89 亿美元，出口货值稳居全国第三，出口食品国外通报率维持在 0.02%的低水平。从运作情况看，成效比较明显。

（1）出口过程不再实施抽检。

实施前，按照国家法律法规的要求，对出口食品实施监督抽检，涉及单证审核、现场查验、抽样检测等多个检验检疫环节；实施后，根据出口食品生产企业的监管、验证情况，采取过程合格评定措施，取消了出口环节的抽样检测工作。

（2）缩短了货物通关时间。

实施前，每批货物检验检疫放行时间为 5~7 天；实施后，由于出口口岸取消了对其抽检，检验检疫环节主要集中于单证审核与口岸查验环节，减少了实验室检测时间，因此放行平均时间缩短至2~3天，有效地促进了福建自由贸易试验区食品出口。

### （六）进口食品检验监管三优模式

福州海关在风险分析的基础上，优化进口食品“现场查验、抽样检测、事后监管”三个关键节点的监管，从而优化进口食品检验监管的流程，对辖区进口食品实施快速检验放行，节省企业产品滞港成本，缩短检验放行时间，促进对外贸易的健康发展。

福州海关通过对进口食品现场查验、抽样检测、事后监管等“事前、事中、事后”三个环节采取优化措施，在保证检验监管的同时加快通关放行速度。

**1. 主要做法**

（1）优化现场查验，货柜“零等待”。

检验员驻点查验场所，到场货柜即查即放。

（2）优化抽样检测，抽检“零增项”。

除“国抽”计划抽中外，进口食品不增加抽检比例、不增加抽检品种、不增加抽检项目。

（3）优化事后监管，货物“零滞留”。

实施分类监管放行，对未布控抽检的货物，现场查验合格后直接放行；经现场查验预包装食品标签不合格的，允许企业自行选择整改场所，自行实施整改，检验检疫部门实施跟踪验证（如图3-14所示）。

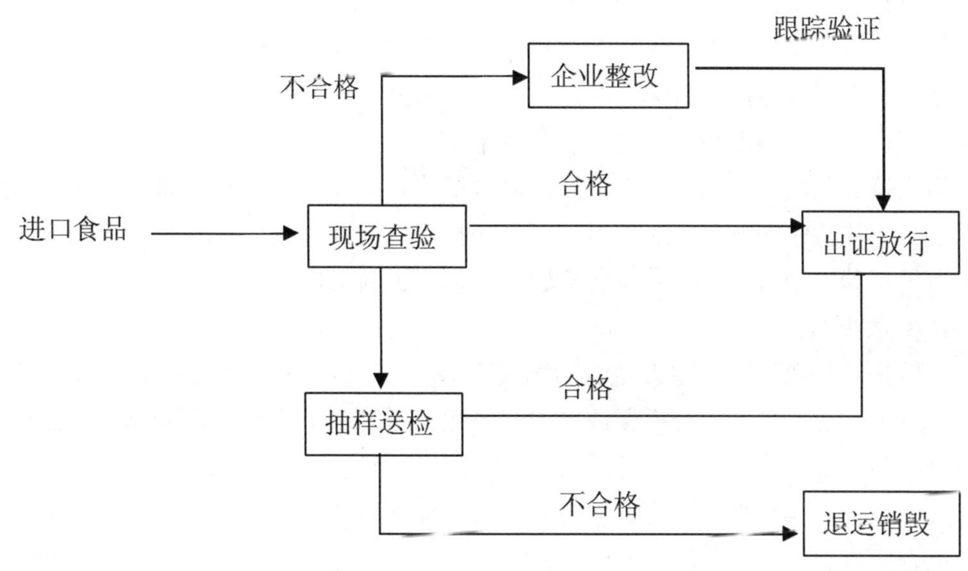


**图3-14　进口食品检验监管流程图**

2. 创新点

与原模式相比，进口食品货柜可实现即查即放，且免于卸货入库、免于批批掏柜，对现场查验预包装食品标签不合格的，允许企业自行选择整改场所，而不必在检验检疫部门指定场所进行整改，货物通关效率可有效得以提高，企业通关成本可进一步降低。

3. 实践成效

2016 年实施进口食品检验监管三优模式以来，截至 2017 年 4 月底，福州海关共检验检疫进口预包装食品 7562 批、2.9 万吨、7066.1 万美元，并取得以下成效：

一是大幅节约了通关时间。实施“三优”模式后，对未布控抽检的预包装食品，通过即查即放，从现场查验到出证，通关时间由原来的三天进一步缩短到一天，对需抽检货物，放行周期从原先的约 2 周缩短至约 1 周，极大地便利了企业货物通关。

二是为企业降低通关成本。经测算，平均每标柜可为预包装食品进口企业节约费用 1000 元，减少了企业货物滞港、仓储、周转等成本。

三是促进了进口预包装食品从进口到流通的良性循环。改变了以往卸货集中查验、指定场所整改的模式，在检验检疫部门实施跟踪验证的前提下，由企业根据自身实际进行整改，方便了企业货物流转流程。

### （七）对进口原产于台湾地区的一般成套设备及单机实施“备案管理，免于现场检验”

对进口设备加强安、卫、环项目的后续监管，改变以往的批批现场检验模式，加快口岸通关速度，进一步落实事中事后检验监管，在对比两岸相关标准并进行风险评估后，对进口原产于台湾的一般成套设备及单机实施“备案管理，免于检验”措施，真正实现了零滞留，无缝对接企业生产。

为支持福州新区、福建自由贸易试验区福州片区和海丝核心区建设，落实事中事后监管，扶持辖区相关产业发展，提升来自台湾的入境成套设备通关效率，开展自由贸易试验区涉台进口成套设备检验监管模式创新工作。

1. 主要做法

除对技术复杂、属大型设备（金额超过十万美元）的成套设备实施符合性评估，其余设备及单机采取合格保证模式、备案管理等合格评定模式以外，对福建自由贸易试验区福州片区内进口原产于台湾的一般成套设备及单机（不包含技术复杂、大型设备）实行备案管理，对经备案的产品在区内生产加工使用的免于实施检验，以企业自验为主（如图 3-15 所示）。

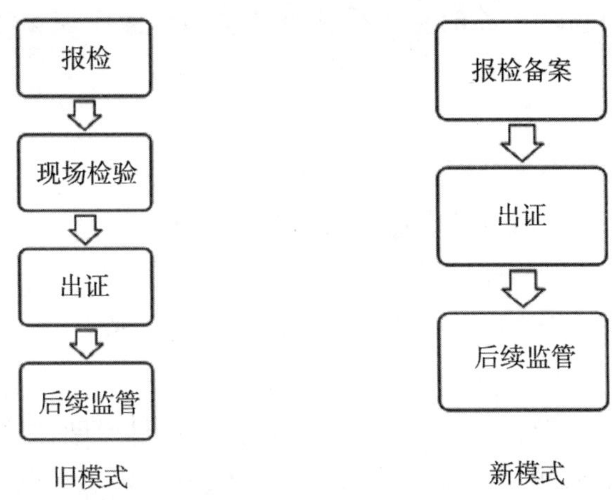


**图 3-15 新旧流程对比图**

**2. 创新点**

与旧模式相比，主要创新有：

（1）对福建自由贸易试验区福州片区内进口原产于台湾的一般成套设备及单机（不包含技术复杂、大型设备）由原来的企业备案及批批现场检验，改为实行备案管理。

（2）对于一般成套设备的检验，将原来的现场开箱与安装调试检验方式，改为以企业自检为主，免于现场检验。

**3. 实践成效**

该举措自 2016 年 1 月实施以来，共完成进口成套设备检验 201 批，涉及金额 2391. 2 万美元。

（1）企业通关生产无缝连接，流程时间大幅缩短。企业设备从通关后到开箱安装生产都可以无缝连接，自主安排各环节时间，无须再增加检验时间，流程平均缩短 2 天以上，共为企业节约通关使用时间 9648 小时。

（2）缓解企业生产压力，有效降低成本。现在企业产品生产节奏快，库存压力大，该措施实施后，企业设备就位时间大大缩短，确保了新设备及时投入生产，降低配件库存，成品率提升，有效地降低了企业的生产成本。

（3）节约检力资源，提高监管效能。通过对原产台湾进口的一般成套设备及单机免于批批检验，部分缓解了日益紧张的检力资源，集中精力加强对重点敏感商品的检验监管，促进了不合格的检出，进一步提高了监管效能。

### （八）出口食品企业备案实施“双免”

**1. 主要做法**

对自由贸易试验区内已获得 HACCP 认证、ISO22000 认证或 ISO9001 认证的出口食品企业在备案或新增产品时免于提交纸质材料、免于现场考核（“双免”），加强事中事后监管。

**2. 创新点**

一是通过电子审批系统办理备案，优化审批流程，改变了以往需要经提交纸质材料的工作流程，保证出口食品企业备案办理“零超时”；二是改变以往需经过现场审核才可进行备案，而是通过采信企业认证结果先予以备案，避免申请备案企业因为等待现场评审错过货物出口时机，实现出口“零等待”。

**3. 实践成效**

实施该模式以来，自由贸易试验区内企业备案审批时间由原先的20个工作日缩短至12个工作日，既为企业节省审批时间，也为备案模式改革的试点推广工作提供了经验。

### （九）进口台湾商品实施“质量承诺+即查即放+市场监测”

**1. 主要做法**

对从平潭口岸进入平潭对台小额商品交易市场销售的食品，推行质量承诺制度，在对标签样张审核合格后，实施即查即放，检验检疫部门建立特殊监管区域市场监测抽检计划。商户与检验检疫部门签订承诺书，承诺对进口食品的安全卫生质量及标签符合性负责，对市场抽检发现质量安全问题的商品，商户要全力配合召回，检验检疫部门对随后进口的同类商品进行连续5批的加严检验检疫，若未再发现问题，重新实施即查即放。

**2. 创新点**

一是完善了对台小贸食品的检验检疫监管机制，并在全国首创进口预包装食品“即查即放”快速验放措施。二是通过政策宣讲、签订承诺书等形式督促企业落实质量主体责任意识。三是实施差异化监管，动态调整监管措施，对发现问题的商品严加监管。四是采取市场监测抽检，探索建立健全在特殊监管区域内销售的进口食品监管闭环制度，加快了口岸通关效率。

**3. 实践成效**

已在平潭对台小额商品交易市场全面实施，实现了进口台湾商品即查即放。2016年7月以来，共计检验监管放行11910批（报检批1635批），货值约4736万美元。平潭已成为福建省最大的台湾预包装食品进口口岸，小贸市场逐步成为台湾商品集散地。

## 八、商品检验

### （一）创新台湾输大陆商品快速验放机制

随着两岸贸易不断扩大，台湾地区的许多产品登陆，福州海关创新台湾输大陆商品快速验放机制，进一步缩短通关时间。该创新举措已在福建局辖区复制推广。

除国家禁止、限制进口的商品、废物原料、危险化学品及其包装、散装商品外，区内进口原产于台湾的工业品简化手续，实施备案管理，原则上不实施检验，检验检疫部门加强事后监管。

**1. 主要做法**

（1）放宽“一线”检验。

除进口食品、化妆品、旧机电、强制性产品认证目录内产品、可用作原料的固体废物、危险化学品及其包装、入区后无法分清批次的散装应检物、成套设备等重点敏感货物、大宗散装商品以外，自由贸易试验区内进口的货物实施备案管理，其中原产于台湾地区、在自由贸易试验区内生产加工使用的货物免于实施检验。

（2）“二线”高效管住。

实施备案管理的进口法定检验货物，从“二线”通道进入内地，应按规定报检并依法实施检验，检验合格的允许进入内地销售、使用。其他实施备案管理的货物从“二线”通道进入内地，在“二线”实施核销。

（3）强化事中事后监管。

加强台湾地区一般商品的风险监测，实施风险管理，确保台湾商品质量安全。对区内进口原产于台湾地区的一般工业品简化检验检疫手续，原则上实行备案管理。

（4）实施信息化管理。

建立物流信息的检验检疫电子放行系统，对进出平潭的进出口货物实施电子监管，建立通关最便捷、监管最有效、服务最优质的通关模式。

**2. 实践成效**

2015 年 4 月出台《中国（福建）自由贸易试验区平潭与台湾间进出口商品简化检验管理规定》，对大部分进口台湾商品实施备案管理，不实施检验。因免于检验，可实现快速通关，最大限度地降低企业成本。目前主要在平潭台湾商品免税市场实施，截至 2016 年 2 月，已对进口的 615 批、1525.8 万美元的一般商品免于检验，实施备案管理，直接放行。同时，在福州片区内实施《福建自贸实验区福州片区进口原产于台湾的一般工业品实行备案管理的规定（试行）》，目前已对福州片区内的华映科技集团股份有限公司等六家企业进口的原产于台湾的一般工业品试行备案管理，免于实施检验，至今共放行货物 20 批、22. 74 万美元。

### （二）对“两头在外”的出口企业实行出口快速验放

原国检保税港区办率先对辖区内进口原料、出口成品（“两头在外”）的出口企业实行降低抽样和快速验放新模式，在实行风险评估及企业对产品自检的基础上，减少抽批比率，为企业节省成本，加快通关速度。

#### 1. 主要做法

自 2015 年 12 月起，对进口原料、出口成品（“两头在外”）的出口企业，结合风险评估和企业分类管理，在企业提供合格的成品检测报告的基础上，进一步降低抽样和查验比例。

辖区福建海福特生物科技股份有限公司属于“两头在外”生产经营模式，原国检保税港区办因地制宜，因厂制宜，根据该厂出口鱼油品种单一、质量和客户稳定的特点，在风险评估的基础上，结合企业分类管理和自检自控能力，实施“一厂一品一案”，推行“企业自检自控、抽批验证、企业承诺”检验检疫模式，即在企业自检的基础上，每五批检测一次，并可凭企业保函放行可降低产品验证抽样频率和检测成本，加快企业通关速度。

#### 2. 实践成效

截至 2017 年 4 月，共实施该模式检验放行出口鱼油 42 批次、12829 吨、1956 万美元。

（1）降低产品验证抽样频率，加快企业通关效率。相较于以往批批检测，在企业自检自控的基础上，每五批检测一次，大大缩短了企业的通关时间。

（2）节省企业约 80%的检测成本。据测算，通过抽批验证，企业无须每批将样品送检，大大节省了因送检和检测而产生的人力成本和物力成本。

### （三）实施进口废物原料“并批检测”模式

进口 PET 饮料瓶（砖）检验的旧模式采用的是批批抽样并单独送检，批批送检对企业来说不仅成本较高，通关的时间也较长。通过对旧模式的探索及风险分析，在确保抽样代表性和实验数据完整性的前提下，创新实施进口废 PET 饮料瓶（砖）实施多批次样品混合成一批次样品检测，降低企业成本，提升通关效能。

#### 1. 主要做法

进口 PET 饮料瓶（砖）入境后，我办工作人员检验后实施逐批抽样，并将样品妥善存放，待抽取十批次样品后，再进行混合抽样，一次性送检。若企业一次性进口量超过十批次，可同时完成十批次的抽样，一次送检，且一次放行十批。在确保抽样代表性和实验数据完整性的前提下，减少了抽样送检频次数，降低企业负担。

**2. 创新点**

在确保抽样代表性和实验数据完整性的前提下，对进口废 PET 饮料瓶（砖）实施多批次样品混合成一批次样品检测，该模式降低了 90%的口岸抽检批次，减少了企业的送检率，降低企业运营成本，提升通关效能。

**3. 实践成效**

截至 2017 年 4 月，共实施该模式 1556 批次、9394 万美元。平均每批次可节约检验检疫通关时间两天，累计为企业减少送检次数九次，为企业节约送检成本约 200 万元。

### （四）进口一次性卫生用品“边检边放”检验监管模式

**1. 主要做法**

在自由贸易试验区内，针对同一厂家、同一品牌、同一材质的产品在进口首批抽检合格的基础上，结合企业信用及风险分析，凭借企业或销售平台提供的“质量安全合格保证”声明，对后续抽中批次，现场检验合格和抽样后允予放行，实现“边检边放”。

**2. 创新点**

在原模式下，根据 ECIQ 系统设定的抽批送检率，进行一次性卫生用品的现场检验检疫及送实验室检测，待检测合格后允予放行。在新模式下，在企业合格保证的前提下，货物经现场检验后直接放行，对实验室数据进行后续监测，节约企业通关时间。

**3. 实践成效**

采用新模式后，入境报检的一次性卫生用品检验检疫时长为 4.5 天，与原模式相比时长缩短 90%。

### （五）入境大宗工业品联动检验检疫新模式

为优化福建自由贸易试验区进口大宗工业品的检验检疫监管工作，结合辖区实际和原质检总局的有关要求，福州海关试行入境大宗工业品联动检验检疫新模式，即依托自由贸易试验区政策优势和既有规定，以质量安全为底线，针对自福州片区江阴口岸入境的集装箱承载的铜精矿项目、华佳彩项目、京东方项目三个流向（宁德、莆田、福清）的两项进口业务（矿产品、成套设备），按照“因地制宜、多点申报、前推后移、优势叠加”原则，优化调整部分检验检疫环节，将货物直提到使用地实施检验检疫的工作模式，得到相关企业的好评。

**1. 主要做法**

（1）莆田辖区华佳彩项目及福清京东方项目的进口成套设备的集装箱在福州片区江阴口岸均不开箱，集装箱实施外表检疫处理，对来自寨卡疫区的按照文件要求对货物实施熏蒸处理（打药环节），并以保障在口岸的停留时长方式来确保处理效果。

（2）项目所属公司按照相关文件要求，做好专用检疫处理场所或设施的配套建设，并及时向口岸分支机构备案拟进口货物信息，做好精密仪器等不适宜熏蒸情况的事前告知。

（3）进口成套设备的其他具体检验检疫事宜，依据既有的原质检总局批复的检验检疫监管方案和《关于印发〈福建检验检疫局大型项目检验检疫监管工作规范（试行）〉的通知》（闽检检〔2011〕188号）以及具体工作协议执行。

**2. 创新点**

对来自非卫生疫区的进口成套设备，优化组合，前推后移相关工作环节，将货物直提到使用地实施检验检疫，为企业节省了时间和物力，实现了减负增效和有效监管的目标。

**3. 实践成效**

该项措施自2016年9月起在福建局辖区部分企业试点推广。截至2018年4月，莆田华佳彩项目、福清京东方项目采用该模式分别放行进口成套设备733批、944批，累计进口货值分别达到7.26亿美元、130亿美元。

（1）缩短企业30%的通关放行时间。据测算，实行将货物直提到使用地实施检验检疫的工作模式，使企业的通关放行时间缩短约30%。

（2）为企业节省60%的人力资源。实施入境大宗工业品联动检验检疫新模式，对来自非卫生疫区的进口成套设备，直接将其提取到企业实施检验检疫，免去企业派人到江阴口岸配合做箱表检疫处理手续。另外，目前企业进口的设备来自疫区的相对少，需要开箱消毒的也大大减少，可节省企业至少60%的人力资源。

## 九、其他

### （一）采信台湾认证认可结果和检验检测结果

自2009年两岸签署《海峡两岸标准计量检验认证合作协议》以来，两岸在检验检测、认证层面上交流和互动日益密切，但受客观因素的制约，多数合作成果一直没有落地。如何落实协议规定、形成具有突破意义的实质性合作成果，最大限度地实现贸易便利化、进一步提高通关效率，是海峡两岸的共同期盼和呼声。

根据原质检总局、福建省委省政府的决策部署，福州海关在推进对台检验检测认证结果采信，推动两岸认证认可“信息互换、监管互认、执法互助”（以下简称“三互”）合作方面进行了大胆尝试和有益探索，力争在更高层次上努力实现跨境贸易通关便利。自2012年以来，原质检总局先后出台《国家质检总局关于支持平潭综合试验区开放开发的意见》（国质检通〔2012〕104号）、《平潭综合实验区出入境检验检疫监督管理办法》，授权福州海关在平潭试点开展对台湾方面认证认可结果和检测结果的采信工作，制定采信进口台湾产品目录。

**1. 主要做法**

（1）出台政策法规。2014年12月16日，福建检验检疫局发布了《关于在平潭试点开展台湾认证结果和检验检测结果采信工作的通告》（闽检认〔2014〕217号），正式在平潭试点开展采信进口台湾产品认证结果和检验检测结果的相关工作。

对平潭进口的台湾生产商品的进口商或其代理人提交的商品验证登陆证书，以及符合采信要求的检验检测机构出具的检验证书或检测报告，进行评估和予以认可，免于提供CCC证书、免于实施实验室检测。信认证已获得台湾方面商品验证登录证书、进入平潭对台小额商品交易市场的原产于台湾的小家电，采信进口台湾白酒认证检测结果。

（2）推动两岸检验检疫证书电子信息互传互换互查，在平潭建设全国检验检疫系统唯一的对台检验检疫数据交换中心，将全国涉台检验检疫证书、质量通报、口岸疫情等数据落地该中心，构建相关业务数据分析平台和两岸检验检疫证书、标准电子数据互传互换互查平台，现已完成与台湾关贸网的数据信息传输测试对接，实现首单证书的互查互换。

（3）加强与台湾方面的良好沟通。积极与台湾官方、行业组织、第三方合格评定机构、企业等多层次磋商，推进两岸检验检疫“三互”（信息互换、监管互认、执法互助）。

**2. 实践成效**

（1）反响良好，引起高度关注。在平潭试点对台采信措施推出后，在国内外引起强烈反响，也引起台湾业界和相关主管机构的高度关注和积极响应，台湾地区的许多企业表现出强烈意愿，想来平潭投资创业。2015年4月11日，对台采信作为福建自由贸易试验区唯一内容在央视新闻联播中进行头条报道，取得良好的社会效应。

（2）促进两岸交流协作。2015年2月11日，台湾认可机构“财团法人全国认证基金会”（TAF）周念陵执行长一行专程到福州了解、洽谈相关采信工作推进事宜。2015年6月23日至28日，应台湾标准检验局原局长、“财团法人全国认证基金会（TAF）”董事长陈介山邀请，福州海关组成交流团，前往台湾开展闽台认证认可互认交流及政策宣贯，50多个台湾认证、检验、检测机构，生产企业，出口商，行业协会出席了说明会，反响良好。赴台交流团还与台湾认可机构（TAF），台湾单一窗口运营机构（关贸网），台湾行业组织—优良食品发展协会（TQF）、台湾检测、认证机构等共同探讨了进一步建立和深化两岸检验检疫认证认可“三互”机制的合作构想，这在全国检验检疫系统和中直驻闽机构中均尚属首次。2015 年，CNAS 和台湾 TAF 联合开展的两岸能力验证项目计划中，新增了福建局技术中心主持实施的“鳗鲡肌肉中喹诺酮类和磺胺类药物残留量的测定”项目。来自海峡两岸的 52 家检验检测机构（中国大陆 37 家、中国台湾 15 家）参加了本次能力验证项目，进一步加深了两岸相关检验检测机构的交流和了解。

（3）为企业带来了便利。截至目前，福建局已对进入平潭对台小额商品交易市场、属于强制性产品认证（CCC）目录、已获得台湾 BSMI 商品验证登录证书的台湾小家电产品，采信认证结果 94 批、19764 台、货值 116.3 万美元，使办理相关手续从原来的约 90 天缩短到现在的 1 天。

### （二）进口免于办理强制性产品（CCC）认证的产品实施“便捷审批、快速核放”

#### 1. 主要做法

检验检疫部门下放免办 CCC 认证的审批权限，对区内企业进口免办 CCC 的产品实施“一次确认、长期有效，一次审批、分批使用，直通放行、诚信监管”等便利化措施，优化监管服务，降低企业成本，促进通关便利。

#### 2. 创新点

与旧模式相比，主要创新有：一是一次确认、长期有效，对纳入创新措施的企业实行进口合同报备确认，同一合同项下的进口免办 CCC 产品在合同期内长期有效；二是一次审批、分批使用，允许企业对同一合同项下的多批次免办 CCC 产品申请一张免办证明，在实际进口时，口岸检验检疫部门分批核销放行；三是直通放行、诚信监管，口岸检验检疫部门核查免办 CCC 证明，对进口免办 CCC 产品直接核销放行，目的地检验检疫机构不再实施查验。

#### 3. 实践成效

实施该模式以来，免办 CCC 产品的平均审批时间由原先的五个工作日缩短到一个工作日，为企业节省通关时间 80%，企业申办时间和办事成本分别降低 50% 和 70%，惠及自由贸易试验区 50 余家进口 CCC 免办产品申请企业，实施成效显著。

### （三）外经贸会展“港馆联动”检验检疫监管模式

海关检验检疫部门在福州片区率先实施外经贸会展“港馆联动”检验检疫监管模式，为便捷区域重点展会展品入境提供“绿色通道”。该模式入选《商务部、交通运输部、工商总局、质检总局、外汇局关于做好自由贸易试验区第三批改革试点经验复制推广工作的函》（商资函〔2017〕515 号），予以全国复制推广。

**1. 主要做法**

（1）在风险评估的基础上，对自由贸易试验区内举办的外经贸展会及进境展品、参展企业创新“港馆分线、港馆联动”模式，港口（区）一线以现场快速检疫为主，展馆（区）实施集中查验监管和以风险监测为主的质量安全管理，并对保税展示货物、涉及 CCC 认证展品、参展的预包装食品和化妆品给予相应参展便利，简化事前审批，加强事中、事后集中监测监管。

（2）突破原有的“港”的概念，将“馆”视为“港”的延伸，实施“港”“馆”分线、相互联动、各有侧重。一方面，加快“港”区通关速度，不开箱查验，只做现场快速检疫，保障便捷通关；另一方面，实施“馆”区集中查验监管和以风险监测为主的质量安全管理，允许展品先上架展示、有问题实施召回，减少环节，加快速度。同时，简政放权，展会入境产品审批交由相关直属局实施，总局备案。对保税展示货物，实行登记管理，允许多次出区展示。自由贸易试验区涉及 CCC 认证的展品免于办理强制性产品认证。允许来自非疫区但未获得进口准入的食品在各相关直属局监管下在区内展览、展示；允许参展的预包装食品、化妆品等，凭展会组织方证明免于加贴中文标签和抽样检验。

**2. 实践效果**

目前，该模式已在“5·18”海峡论坛、“6·18”海峡项目成果交易会、海峡两岸渔业博览会、第 95 届全国糖酒会等重要展会期间实施。截至 2018 年 6 月，共对酒类、休闲食品等 78 批次的入境展品实施了“港馆联动”检验检疫监管模式，平均每批次节约通关时间约 1.5 天。

### （四）两岸检验检疫电子证书“互换互查”

福州海关在自由贸易试验区探索实施两岸电子证书“互换互查”模式，研发信息化支撑系统，创新两岸证书无纸化方式，缩短企业通关时间，推动最终实现“一张证书、两岸互认”。

两岸检验检疫电子证书“互换互查”实施后，台湾检验检疫证书可从原先的纸质原件寄送改为电子数据传输，提高了口岸通关效率和证书防伪有效性。检验检疫电子证书从台湾一经签发即可通过双边架构的信息化通道实时传输，福州海关可在货物到港前获取对方证书信息进行查询核对，根据证书信息提前受理企业报检、安排货物检验检疫事宜，大大缩短了商品从出货到上架的时间。

**1. 主要做法**

（1）为充分发挥福建对台区位优势和检验检疫职能作用，促进深化两岸交流合作，福州海关主动思考、努力探索两岸检验检疫相关数据和证书结果互换互认新举措，在获得原质检总局的同意后，开展两岸检验检疫电子证书信息交换核查试点工作。

（2）为支持发挥平潭对台交流合作桥头堡的作用，福州海关在平潭建成了全国质检系统唯一的检验检疫两岸数据交换中心。该中心配备中高端服务器、存储空间、双链路冗余核心交换网络、防火墙、入侵防御系统、安全隔离网闸等设施，具备开展两岸检验检疫电子证书信息交换核查的硬件条件。在原质检总局的指导下，福州海关依托该中心推动实现大陆检验检疫证书与台湾检验检疫证书信息的自动交换、联网核查和反馈，并建立对假冒证书的追溯化管理。

（3）开展两岸检验检疫电子证书“互换互查”，促进两岸贸易便利化。与传统纸质证书传递方式相比，两岸检验检疫证书采用电子证书数据交换方式，双方官方证书一经签发即可通过双边架构的信息化通道实时传输，检验检疫机构可在货物到港前提前获取对方的证书信息，并根据证书信息提前受理企业报检并安排货物检验检疫事宜，加快货物验放速度，提高货物通关速度。两岸检验检疫电子证书信息交换核查机制还提供了一个很好的平台，双边主管部门可以通过信息化方式，及时协商解决通关环节涉及货物和证书的有关情况，保证货物通关畅通。

并且，有效防范假冒证书，保障进出口产品质量安全，维护正常的贸易秩序。全国检验检疫机构每年签发出境证书约 200 万份，核查进境证书约 35 万份。在日常检验检疫工作中，经常会发现假冒证书，假冒对台进出境货物检验检疫证书行为也时有发生，影响了进出口产品质量，扰乱了正常的贸易秩序。开展两岸检验检疫电子证书“互换互查”，实时获取双方签发的证书电子信息，保证了证书信息的真实可靠性，可以有效地防范假冒证书。

**2. 创新点**

通过建立的检验检疫证书管理信息化平台，实时接收台湾发送的证书信息或读取台湾的证书信息，并对相关数据进行处理，将不同报文格式的台湾证书信息转换为检验检疫标准数据格式进行存储，同时对证书信息提供手工录入方式进行存储，形成检验检疫台湾证书中央数据库。实现证书内容的调阅、人工比对、手工处理和核销，以及处理结果对台湾的自动反馈。突出了福建省的对台优势和特色，体现了福州海关在推进平潭综合实验区和福建自由贸易试验区建设中的特殊地位和重要作用，为推进口岸通关“三互”，推进采信台湾方面认证认可结果和检测结果等有关工作提供信息化平台应用基础。

**3. 实践成效**

两岸检验检疫电子证书“互换互查”已在平潭综合实验区完成了八家台湾企业 171 份的两岸证书“互换互查”试点，实现台湾进口商品的无纸化证书交换和快速放行，突出福建自由贸易试验区特色，发挥对台优势，为推进“一张证书、两岸互认”营造良好氛围。

### （五）试点海运快件进出境检验检疫监管模式

2015年，在原质检总局和福建局的指导和支持下，平潭局根据辖区企业诉求主动研究海运快件进出境业务，经过前期的充分研究，结合平潭海运快件特点，制定针对进境非贸易性海运快件采取“免于检验、严格检疫”和负面清单管理的检验检疫监管模式，最大限度地便利物流企业应用平潭海运快件优惠政策，享受通关便利化改革红利。

#### 1. 主要做法

物流是新兴发展的行业。在如今两岸经贸往来、合作交流日益频繁，以及跨境电子商务、海淘、代购等新消费方式迅猛发展的态势下，平潭海运快件具有广阔的市场前景和需求，尤其是台湾方面对台岚海运快件业务极其关注，在通关便利化、基础设施建设和宣传方面均制定了行之有效的办法，为此台北港特意为两岸海运快件建立一个大型物流仓。鉴于此，为了促进两岸海运快件业务的发展，培育平潭新兴物流产业，平潭局结合工作实际，率先实施进境非贸易性海运快件“免于检验、严格检疫”和负面清单管理的检验检疫监管模式，做到进境海运快件“进得来、放得快、管得住”，既能实现海运快件便捷化通关，扶持地方物流业发展，又能有效地把好防范疫情的安全关。自实行以来，平潭海运快件监管模式呈现三大亮点：

（1）“快”即通关速度快。平潭海运快件全部通过台岚客滚高速直航船舶运输的方式进出口。台岚高速直航船舶为大陆籍海峡号和台湾籍丽娜轮，常态下直航船舶单程航行只需三个小时。扣除通关流程，常态下半天即可交付物流公司。其物流流通速度可媲美空运物流。

（2）“便”即通关流程便。一方面，完善两岸海运快件检验检疫监管流程，专门研发并上线了检验检疫快件管理系统；设立专门窗口快速办理两岸海运快件通关手续。另一方面，建立快递运营企业与检验检疫、海关与检验检疫的联络机制，实施关检查验“一机两屏”，推行关检合作“三个一”工作模式，积极推动与海关“信息互换、监管互认、执法互助”的大通关改革，最大限度地便利海运快件通关。

（3）“省”即通关成本低。一方面，平潭海运快件运输方式为海运，海运物流成本较空运大幅降低。另一方面，平潭局主动介入帮扶物流企业，自海运快件运营以来，免收检验检疫费，并针对其业务特点，制定“免于检验、严格检疫”的工作模式，指导企业入境前申报，对入境非贸易性的快件免于检验，应实施检疫的，按有关规定实施检疫，最大限度地减少企业通关成本。

#### 2. 实践成效

2015年，平潭检验检疫局共检验检疫海运快件169批次、12.98万件、货值

591.22万美元、重34.86万公斤，其中出口海运快件17批次、646件、货值2.97万美元、重6896.75公斤；进口海运快件152批次、12.91万件、货值588.25万美元、重34.14万公斤，截获海运快件违禁物品四批次。

**（六）检验检疫“多证合一”改革**

福州海关在现行组织体系和审批流程的设置框架下，率先在福建自由贸易试验区福州、平潭片区实施“多证合一”改革试点。整合优化各项资质登记准入业务工作流程，按照“谁审核、谁负责”原则，通过“一表申请、一口受理、信息共享、监管互认、联动审批、专窗发证”的方式，将企业在检验检疫部门完成的所有资质登记准入信息合并在一张证明文件上，由窗口向企业核发，并最终依托信息化系统实现相关电子业务信息整合。

**1. 主要做法**

（1）统一“多证合一”证明申请要求和格式。梳理申请事项，统一明确申请条件，整合简化文书规范，在“集中受理专窗”窗口公示申请条件。设计和监制“出入境检验检疫企业登记备案证”，将办理检验检疫资质类业务的企业相关证明文件上的必要信息标注在企业登记备案证上，实现多项证明文件的合一。

（2）统一设立检验检疫企业资质集中受理窗口。检验检疫机构统一增设检验检疫企业资质集中受理窗口，负责一口对外受理，并按照规定的工作程序向相关业务部门传递企业申请资料，对办结的相关业务缮制证书，一口向企业发放。鼓励具备条件的检验检疫机构积极推行上门办理、预约办理、自助办理、全省通办等服务。

（3）优化申请登记审批流程。建立健全首问负责、一次性告知、并联办理、限时办结等制度，整合优化申请、受理、审查、核准、发证等程序，研究明确企业申请资料、办理流程、证书编号规则、加盖印章等工作流程的具体要求，并逐步实现电子档案管理。对企业同时提交多项资质业务申请的，申请材料和审核信息在部门间共享，解决业务管理部门之间“信息孤岛”的问题，实现检验检疫内部并联审批、数据交换、档案互认。按照企业不重复填报登记申请文书内容和不重复提交登记材料的原则，梳理各项资质类证明文件等办理业务所需的企业提供的材料，原则上申请材料有重复的，企业只需提供一式一份，由检验检疫部门内部自行复印存档。

（4）建设信息化系统。与业务改革同步推进信息化建设，按照统一规范、标准和“互联互通、信息共享”的原则，实施企业申报材料电子化和企业登记备案业务申请、受理、审查、核准、发证等全流程电子化，实现企业检验检疫全部资质备案登记业务的信息化管理。

**2. 实践成效**

（1）方便企业办事。实施前，企业申请多项业务资质的，需要到每个对应的检验检疫业务部门分别提交一份申请材料，其中涉及很多重复提交的材料。实施后，只需在一个窗口提交一份申请材料，由检验检疫部门内部自行流转、解决，真正实现了“一站式”办证。同时，原来涉及多个业务的各种资质证书数量多，使用不便，现在只需一份证书便涵盖了所有资质，有效地方便了企业。

（2）减轻企业负担。“多证合一”改革为每个办证企业节约人工、交通、耗材等方面的支出，预计每年约有5000多家企业受惠，可为企业节约人工、交通、耗材等方面的支出约500万元。

（3）提升行政审批效率。通过推动“多证合一”改革，实现了简政放权，推进内部优化整合，减少办证环节和人员，进一步提升行政管理效率。通过与加快推进检验检疫权力清单、责任清单和负面清单制度，“一站式”服务，“单一窗口”等工作的紧密结合，有效地强化部门协同，强化事中事后监管，提升监管效能，促进检验检疫行政职能有效转变。

## 海关监管制度详解——厦门

### 一、通关便利化

#### （一）关检“一站式”查验平台+监管互认

国务院机构改革前，海关与原检验检疫局作为互相独立的口岸管理单位，双方工作性质相近、关联密切。但由于二者监管职能存在一定差异，在对进出口货物各自进行查验时，查验时间、查验重点、查验指令指向、查验地点均有所不同，从而导致重复查验、多次开箱等一系列问题，使得企业相关人员需要多地往返奔波，影响企业进出口通关效率。为落实国务院《落实“三互”推进大通关建设改革方案》和海关总署、原质检总局全面推进的关检合作“三个一”工作方案的要求，进一步扩大联合执法、联合查验范围，厦门海关在深入推进“三个一”改革的基础上，进一步强化协作。共同使用位于海关监管场所和海关特殊监管区域内的查验场地，实行“一站式”查验，并试点开展“监管互认”工作，进一步降低了企业成本，提高了通关速度。

**1. 主要做法**

（1）开展“一站式”查验。海关、检验检疫部门依法需要对同一批货物实施查验、检验检疫的，根据企业的预约情况，在关检共同的“一站式”查验区域开展作业，实施一次开箱，海关、检验检疫部门按照各自职责进行查验、检验检疫。通过优化监管执法流程，逐步由“串联执法”转为“并联执法”，将过去口岸通关现场的海关与检验检疫两个口岸执法单位、两条业务链条、两个作业系统、两个查验场所，通过整合优化，实现作业时间上的一致、作业空间上的合并、作业系统上的并行，为广大企业提供高效率、低成本的口岸通关模式。2015 年 4 月 20 日，厦门自由贸易试验区挂牌当日，东渡码头、象屿码头、海沧东查验场、海沧西查验场四个“一站式”查验场揭牌，在自由贸易试验区内率先启用关检“一站式”查验场。在试点成功的基础上，关检双方进一步将关检“一站式”查验场推广至全关区，实现全关区关检“一站式”查验全覆盖。

（2）开展“监管互认”。2015 年年底，厦门海关进一步制定了《开展“监管互认”实施意见》，以关检“一站式”查验为基础，探索开展关检查验、检验检疫结果和数据的互认。“监管互认”模式包括两种：一种是“企业+商品”模式，即对关检双方认可的高资信企业进出口的不涉证、不涉税、较低风险的商品，海关、检验检疫部门互认对方查验或检验检疫结果和数据；一种是对特定商品的查验或检验检疫结果和数据进行互认，互认要素包括品名、数量、重量。首先在东渡对台湾水果，在海沧对铁矿、煤炭法检大宗散货开展“监管互认”工作。

**2. 实践效果**

（1）减少企业 30%的重复申报项目。改革前企业申报需提交的申报数据合计 169 项。采用“一次申报”方式后，相同项目不需重复申报，企业仅需申报 105 项，减少了超过 30%的申报项目。

（2）缩短企业 40%的通关时间。据测算，实施该项业务改革后，企业的通关时间大幅缩短了约 40%。

（3）节省约 50%的人力资源。货主及其代理人员可在现场一次性配合执法，无需到现场两次；同时码头移柜、掏箱作业由两次减为一次，相应人力得到节约；另外，由于在电子口岸端采用了先进的系统设计理念，实现了部门间信息数据共享、自动对碰，使原本需要手工进行的验核、封单、盖章等简单重复劳动大大减少。综合测算能节省约 50%的人力资源。

（4）为货主减少每标准集装箱 600 元的物流成本。货物两次移柜、两次掏箱简化为一次移柜、一次掏箱，每标准集装箱可为货主节省移柜、掏箱费用约 600 元，其中移柜费用约 300 元，掏箱（全卸状态）费用约 300 元，同时也大大减少了因掏箱而产生的物损。

（5）有效提高码头的场地使用效率。据统计，实施业务改革后，码头只需设置关检“一站式”查验场地 20000 平方米，可累计节约码头用地 81435 平方米，提升了场地使用效率。

2017年，商务部下发《关于印发自由贸易试验区新一批“最佳实践案例”的函》(商资函〔2017〕465号)，厦门海关关检“一站式”查验平台+监管互认被列为四个新一批“最佳实践案例”之一。厦门海关在关检“一站式”查验和监管互认创新工作中形成的顺畅有效的沟通协作与联系配合机制，为当前正在推进中的国务院机构改革积累了先行的经验，为厦门关区原海关和原检验检疫部门业务迅速、平稳的过渡与衔接和全面融合打下了坚实的基础。

### (二) 航空维修一体化监管制度

航空维修是厦门的支柱产业，90%以上的业务为境外维修，厦门自贸片区成立后，厦门市提出了全力建设“全球一站式航空维修基地”的目标。厦门海关根据地方经济发展的需要，针对产业发展的瓶颈，以企业问题为导向，采用系统集成的方法，从业务模式、业务流程、业务制度、机构保障等多维度开展改革创新，历经三年不断地探索与实践，逐步形成一套适应产业特点、企业发展的一体化监管制度。

#### 1. 主要做法

(1) 监管模式上。2015年，首创了“修理物品+保税仓库+加工贸易”一体化监管模式。进境维修的飞机及零部件按照“修理物品”办理进出境手续。维修所需航材直接从保税仓库办理领取手续，以加工贸易方式制造的航材无须办理结转手续，直接用于维修并随维修后的飞机办理出口手续。2017年，继续探索一体化监管的优化提升，率先在海关特殊监管区域外开展航空保税维修试点，将进境维修的飞机、零部件（待维修主体）及维修所需航材（维修器材）统一纳入同一维修账册实施一体化保税监管。

(2) 业务流程上。充分运用信息化手段，提升业务各环节的协同效应。一体化监管创新中同步推进“无纸化作业”“工单管理”等改革举措；大幅度简化审批层级，提升审批作业效率，相关内部核批缩减由最高的七级统一简化为二级；借助远程视频，提高实际监管的效能，整合辖区航空维修企业保税仓库视频监控系统，建立一体化的视频监控体系；检验检疫方面，取消维修用旧工具装运前检验流程，优化进口旧航材卫生消毒流程，免除了进口旧航材卫生消毒流程约检等环节。

(3) 业务制度上。集中实施了一揽子通关便利化制度，提升通关、通检效率，如“集中报关”“‘随报随放、即审即放’快速通关”“客带货快速通关验放”“法检清单预报备、集中查验”“航空维修用进口涂料集中备案抽检”“航空维修用危险化学品预约检验、批量查验”等。全面推行了“业务协调员”服务制度，指导企业及时解决废料处置、裸装监管、拆件退运、担保验放等业务问题；拓展创新了“包修转包航材特殊区域流转”业务管理制度，促成了维修企业发展新的业务类型——承接境外企业包修国内航空公司航材的转包业务。

（4）机构保障上。探索海关专业化管理制度，针对航空维修政策性强、专业度高的特点，设立了“航空维修专业监管科”，从机构、人员和专业素质等方面，全面保障航空维修一体化监管制度的实施。

2. 实践效果

（1）航材提前储备、飞机随到随修。采用一体化监管模式，企业能提前将维修航材储备在专用的保税仓库，待维修需要时，可便捷办理相关手续，从保税仓库中快速领用；试点区外保税维修模式的企业，可将维修航材储备于企业的仓库中，待维修需要时，直接使用。目前，已先后批准设立九家航材保税仓库、两家保税维修试点企业，储备各类航材 11 万种、900 余万件，基本可满足飞机维修的日常需求，实现飞机随到随修。

（2）通关手续简化，维修效率提升。一体化监管实施后，最大程度地简化了航材的通关、通检手续，企业可以根据工单信息提前将维修用航材领取出库备用，待飞机维修结束后，根据使用情况统一申报。据飞机维修企业测算，每维修一架飞机可减少停场时间 1~2 天，缩短通关时间 25%以上。

（3）降低企业成本，提升行业竞争力。根据保税仓库相关管理规定及《国际民用航空公约》的有关条款，对缔约国的航空器在维修过程中耗用的保税仓库航材凭出口报关单予以核销，降低经营成本；开展特殊区域外航空保税维修，免除修理物品申报及航材预出库所需的担保，降低财务成本。自一体化监管实施以来，单机维修的平均收入较改革前提升 50%以上。

截至 2018 年 5 月，厦门海关一体化监管累计为 1314 架次进出境维修飞机提供了高效便捷的监管与服务。目前，厦门自由贸易试验区航空维修产业已经形成以飞机结构大修为龙头，以发动机、起落架、航空电气及零部件修理、制造和培训为辅助的格局。2017 年产值 132.6 亿元，同比增长 10%，居国内第一、全球前三，已经成为亚太地区航空维修业发展的引领者。

### （三）原产地签证管理改革创新

改革之前，企业要享受 CEPA 及 ECFA 项下的进口货物优惠关税，必须向海关提交原产地证书纸质原件。企业出口货物想要获得相关国家或地区的关税减免，也需要向海关申领原产地证书，手续较为繁琐。原产地证书的申领过程、寄送成本和在途时间导致了“货到证未到”等一系列问题，影响了企业货物的进出口通关效率。为此，厦门海关率先在自由贸易试验区内开展 CEPA 以及 ECFA 项下货物进口原产地证书管理改革。

1. 主要做法

（1）简化 CEPA 以及 ECFA 项下货物进口原产地证书提交需求，即在福建自由贸易试验区厦门片区内，对于海关已收到原产地证书电子数据的 ECFA、CEPA 项下货物，无需提交纸质原产地证书。依托技术手段实现了闽台、闽港、闽澳间海关原产地证书联网的无纸化通关，提升贸易便利化水平。

（2）开展一系列原产地签证管理改革，在全国首创“凭企业声明直接签证”“属地备案多点通签”“允许生产企业代办原产地证书”等创新监管模式，全面实施企业备案和产品备案分离、原产地证无纸化申报、一般原产地证书快速审签、下放进口国退证查询对外答复权限、原产地业务“检企零见面签证”等措施，开展原产地证申办企业备案和对外贸易经营者备案“两证合一”改革，取消原产地证备案企业年审制度，大大便利了企业申领原产地证书。

**2. 实践效果**

该项海关监管创新制度出台以来，为企业节约了材料、交通等签证成本，大幅缩短了企业办理原产地签证的时间，简化了企业报关手续，提高了通关作业自动化水平，大幅提升了通关效率。通过减少审批环节、优化流程，解决了因货到证书未到而无法办理通关手续的问题，企业每票货物的通关准备时间平均节省了 1~2 天，物流和通关成本节约了 8%左右。截至 2018 年 9 月，厦门海关共简化提交原产地纸质证书 51733 份，涉及受惠货值 202. 36 亿元、关税优惠金额 17. 92 亿元。

海关总署于 2015 年 11 月发文在全国范围内复制推广该项自由贸易试验区海关监管创新制度。在 2016 年 11 月发布的《国务院关于做好自由贸易试验区新一批改革试点经验复制推广工作的通知》（国发〔2016〕63 号）中，该项措施也列入了在全国复制推广的新一批自由贸易试验区改革试点经验。

### （四）“先放行、后改单”作业模式

按海关总署原操作规程规定，对查验中发现申报异常的报关单应根据查验结果修改报关单数据后，海关才能予以放行。对于部分虽经查验发现异常，但仅需改单处理且不涉证不涉税的进出口报关单，只能等待海关改单操作后才能放行。为化解传统作业模式造成的企业因货物滞港导致通关成本上升、影响了口岸货物通关效率的难题，厦门海关大胆创新、先行先试，率先在东渡海关、海沧海关试点“先放行、后改单”作业模式。

**1. 主要做法**

在查验过程中，海关查获进出口企业报关单和货物申报不符但无需移交缉私、法规部门处理的报关单，且所修改内容不涉证、不涉税、无需更改舱单的，经企业书面申请并由主管海关审批同意后，允许进出口企业先放行并装船出口或提离货物，避免货物延误船期，减少货物滞港时间，后续进出口企业再向海关补上改单通关手续。

2. 实践效果

(1) 提升了企业通关效率。按传统作业模式操作，一票出口货物如查验与报关单不符需更改报关单规格型号（不涉证、不涉税），查验现场查验完成后需将单证移交通关部门，企业提出报关单修改申请后，审单人员再进行改单，如属审单中心（税管中心）审结的报关单还需中心修改，改单后再回查验现场放行。这一来一回至少需耗时1~2个工作日。“先放行、后改单”就可将改单时间置于放行后，保障货物出口船期，提升了企业的通关效率。

(2) 降低了企业通关成本。按传统作业模式操作，进口货物由于前期到港时间已较长，码头等堆存费用不断累加，滞港1~2天将产生200~300元/柜的费用，出口货物如因改单未赶上船期，货物需赶下一个船期，两个船期之间平均约为7个工作日，滞港费100~200元/柜，同时货物未及时出口，可能导致企业合同到期，企业承担违约责任。部分企业反映出口货物曾因改单而退载后，花20万元的运费将货物以空运形式出口，才避免订单损失及违约的风险。

2018年5月，国务院下发《关于做好自由贸易试验区第四批改革试点经验复制推广工作的通知》（国发〔2018〕12号），“先放行、后改单”作业模式入选在全国范围内复制推广的30项自由贸易试验区改革试点经验。2018年9月，海关总署根据国务院通知精神，下发《关于推广实施先放行后改单作业的通知》（综合函〔2018〕2号），在全国范围内对不涉证且不涉税，仅涉及查验后改单放行的报关单，允许在海关放行后修改报关单数据，同时修改了H2010通关管理系统查验作业管理模块的相关功能。

### （五）台湾地区输大陆食品“源头管理、口岸验放”检验监管模式

2014年9月，厦门海关在全国率先推出台湾地区输大陆食品快速验放促进计划，在此基础上，2015年7月出台了《中国（福建）自由贸易试验区进口台湾食品“源头管理、口岸验放”管理规定》。2016年4月，制定了《厦门检验检疫局中国（福建）自由贸易试验区厦门片区台湾地区输大陆食品优良供应商评定与管理办法》。

1. 主要做法

(1) 由台湾地区生产企业及其进口商自愿提出申请，检验检疫部门对申请企业的质量安全保障体系进行现场审核评估，对进口商开展的食品生产企业自主检查实施验证，将监管链条延伸至“源头管理”，符合要求的企业产品在进口时随附相关的合格证明材料后实施快速验放。检验检疫部门至少每半年对同一生产企业的同类食品实施一次安全卫生项目抽查验证，每年对其提交的上一年度质量安全管理报告进行年度评估，每两年至少实施一次回顾性审查。

（2）2016年对该模式进一步深化创新，建立了自愿性“优良供应商评定机制”。引进获得台湾地区“食品卫生安全管理系统验证机构”资质认定的、具有近三年内台湾地区食品卫生主管部门委托其开展相关业务经历的第三方验证机构参与“源头管理”，对生产企业进行质量安全管理体系审核、现场检查和抽样验证，检验检疫部门结合年度评估情况，适时开展对优良供应商的现场检查和第三方验证机构的验证工作核查，从而进一步提升该模式的运行效能。

**2. 实践效果**

（1）更好地落实企业主体责任。促进进口商全面熟悉和掌握我国进口食品法律法规和相关要求，建立健全食品安全质量保障体系。同时，将食品安全责任传导给台湾地区生产企业，确保其按照大陆的要求组织生产加工输入大陆的食品，共同承担进口食品安全的主体责任。

（2）更好地履行政府监管责任。将监管链条延伸至“源头管理”，能够更深入地了解境外官方的食品安全管理理念及模式，掌握境外生产企业的整体情况和运行状态，全面收集相关食品安全风险信息，针对性地调整检验检疫监管措施。

（3）更好地促进食品贸易便利化。通过对进口食品供应链的全程监管，质量安全得到有力保障，从而在进口环节优化检验检疫监管流程、合理配置监管资源、实施进口食品分级分类管理，使得优质安全的食品享受快速验放的便利。

截至2018年7月，共有两家台湾地区的第三方验证机构获得了参与优良供应商评定的资格认定，共有七家台湾地区食品生产企业的144种产品纳入“源头管理、口岸验放”管理范围，产品包括了台湾金门高粱酒、泰山仙草蜜饮料、北田能量棒膨化食品、澎澎洗浴产品等。自实施以来，共有495批、9276吨、2616万美元的台湾地区食品通过该模式快速验放并输入大陆。

### （六）口岸检疫处理前置模式

厦门海关在舱单申报的基础上，提前进行研判，对符合条件的入境集装箱、货物，由检疫处理公司在船舶靠港卸货后、货主或其代理人报检前实施检疫处理，极大地减少口岸通关时间，有效提高物流企业的运行效率，大幅提高口岸通关速度与码头承载能力（如图3-16所示）。

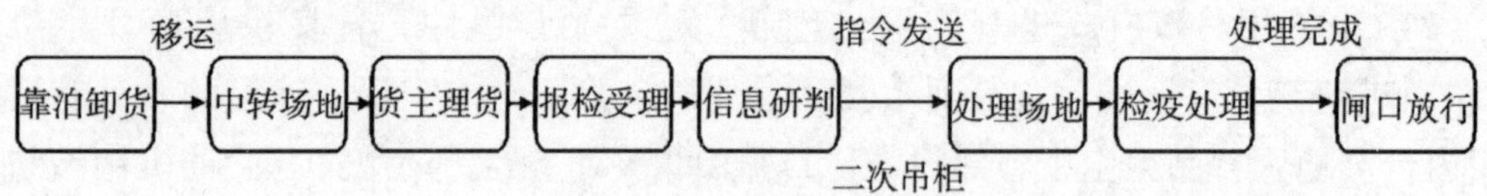


常规检疫处理流程

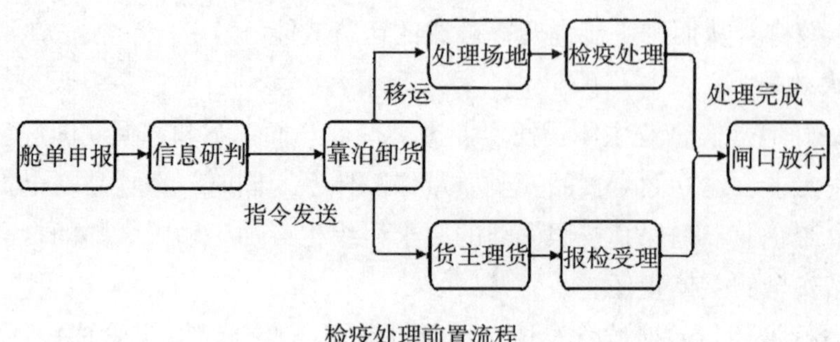


检疫处理前置流程

图 3-16　口岸检疫处理模式对比图

**1. 主要做法**

（1）舱单申报。通过舱单申报提前获取进境集装箱货物物流信息，实现物流信息从启运地、经停地到目的地的全程掌控。

（2）检疫处理指令前置。检验检疫机构根据舱单信息判定需实施检疫处理的入境集装箱、货物信息并向码头、船舶代理反馈检疫处理指令。实现报检后的检疫处理向报检前检疫处理模式转变，实现货主理货、代理申报与检疫处理流程并联进行，大幅度减少通关时间。

（3）码头作业流程优化。码头公司根据检疫指令，直接将需检疫处理的入境集装箱、货物从船舶移运至检疫处理场地，并向检验检疫部门和检疫处理公司反馈到位信息，改变了以往先将集装箱和货物移运至中转区，待检疫处理指令确定后再进行二次吊柜的作业流程，避免了二次甚至多次移柜，实现集装箱和货物从船舱到检疫处理区一步到位。

（4）实施报检前检疫处理。在船舶靠港卸货后、货主或其代理人报检前实施检疫处理并反馈检疫处理完成报告。

（5）检疫处理零等待。经前置检疫处理完毕的入境集装箱和货物，在完成口岸报检手续后，若未被抽中查验的，货主或其代理人即可向码头办理相关提离手续。

**2. 实践效果**

口岸检疫处理前置模式实施后，集装箱货物每柜可至少减少一次吊箱操作，通关时间至少可缩短一个工作日，每年为在厦门口岸通关的企业节约的吊箱费用可达1600 万元。自 2017 年 3 月全面实施至 2018 年 3 月，各码头直卸量为 56134 标箱，同比增长 16 倍；减少的吊柜数由 2017 年的 6600 标箱增长到 2018 年的 112268 标箱，日均减少吊柜数 307.58 个。自由贸易试验区的物流周转效率得到显著提升。

## 二、保税监管

### （一）以“企业集团”为单元的新型加工贸易监管模式

厦门是我国最早开展加工贸易的地区之一，经过数十年的发展，加工贸易已经成为厦门的传统支柱产业。近些年，随着企业生产组织形式的发展变化，加工贸易企业集团化的生产组织形式开始出现，对海关传统的加工贸易监管提出了新的挑战。因此，厦门自贸片区成立以后，为促进厦门传统制造业的发展，更好地契合加工贸易企业集团化生产的需求，厦门海关以企业集团供应链管理全流程为研究对象，采用系统集成的方法，从管理理念、业务流程、管理制度与监管手段等多维度开展改革创新，历经一年多的探索研究，初步形成一套适应加工贸易企业集团化生产需要的新型加工贸易监管制度，经海关总署加工贸易及保税监管司批复同意，就部分改革举措先期开展了试点。

**1. 主要做法**

（1）管理理念上。实施“信用式风险管理”，对实施了事前准入的企业集团，海关尊重集团内自主生产、自由经营的权力，强调集团内自律管理、自主申报的义务；生产经营过程海关原则上不介入，通过事前准入、事中风险分析与事后双随机抽查复核实现对总体风险的有效把控。

（2）业务流程上。改变备案、核销、中后期为节点的传统流程，借鉴“全国通关一体化”改革的理念，构建事前技术安全准入、事中过程信任管理、事后大数据风险分析的全新流程，将重心从对生产过程深度介入转向事前事后，从传统低效的实物盘查转向更加精准的数据监管。

（3）管理制度上。实施“八自主+六自由+三统一”管理制度。

“八自主”即自主备案、自核单耗、自主盘仓、自主核报、自主销售、自主缴税、自主研发及自主纠错。解决企业生产自主的问题，体现企业市场主体地位，突出企业自律管理的主观能动性与自主申报的法律责任，将海关传统介入式监管对企业加工贸易生产造成的影响降到最低。

“六自由+三统一”即自由选择主管海关、料件自由调拨、自由存放、自由外发、自由串换、设备自由流转、统一信用类别、统一售后维修、统一担保形式。解决企业经营自由的问题，将传统海关管理机制、体制对加工贸易企业集团内部生产要素自由流通的限制降到最低。

经海关总署批准，先期就“统一主管海关”“料件自由调拨”“料件自由存放”

“简化外发手续”“免除担保”“集团保税维修”及“完善申报救济手段”等开展试点。

（4）监管手段上。事前准入方面，通过引入中介对企业集团信息化系统和管理制度进行“精准画像”，出具第三方专业准入报告；事中管理方面，以公用信用信息平台为依托，对经营异常和严重违法失信企业，实施跨部门的联合惩戒；引入第三方技术公司，运用大数据等工具收集目标企业外部数据，为风险分析提供数据支持；事后管理方面，全面实施“双随机”，保留海关监管威慑力；对涉及跨关区的监管建立协同配合机制。

**2. 实践效果**

（1）生产要素实现自由流动。以“企业集团”为单元的新型加工贸易监管模式改革，打破了以合同、企业为单元管理的制度性障碍，打破了关区地域划分的体制性障碍，对于供应链、产业链实现全国布局的企业集团来说，有力地促进了货物、设备、资金、技术、信息等生产要素在企业集团内部、在全国范围内有序便捷流动。如试点企业冠捷集团现有七家工厂，分属于七个直属海关管辖，改革前企业集团内部生产要素流动为适应海关监管要求，被制度性割裂，自由经营受到很大限制。如集团统一采购原材料后必须按规定存放于不同关区中的不同企业，一旦订单发生变化，工厂间原材料无法自由调配，2017 年因乐视取消订单，集团额外承担 1000 多万关税成本。通过改革，集团内部工厂之间联系更加紧密，资源得到有效整合，大大解放了企业集团的生产力。

（2）企业经营成本大幅下降。在加工贸易企业集团化生产组织形式下，企业普遍采用更加完善的信息化手段来应对日益复杂的生产管理，集团内企业之间信息可相互验证，数据成为更加高效、可靠的管理手段。海关监管由“实物盘查”向“数据监管”转变，一方面大幅度减少担保、收发货登记等程序性操作手续，为企业节约大量财物、人力、单证、物流成本。另一方面减少了对企业自主生产、自由经营的干预，大幅提升企业生产效益。比如采取“自主盘仓”，经准入验证的企业，可结合自身订单的情况，自行确定核销周期，自主选择在生产淡季或者结合年度审计时间，采用委托中介或者自行组织盘仓的方式，向海关递交符合要求的盘仓报告，承担申报的法律责任。以试点企业明达实业为例，每年减少直接成本 80 余万元；工厂节省 1~2 天停产时间，增加产值 500 多万美元。

（3）促进集团化生产性服务业的发展。随着世界经济的发展与全球分工演化，生产性服务业已经逐步形成完整的产业链条，贯穿于生产、流通、分配、消费等社会全领域中，与传统的加工制造业之间的界限越来越模糊。以“企业集团”为单元的新型加工贸易监管模式下，海关将监管的链条由制造环节向前拓展到研发设计，向后延伸到检测维修，允许集团内部不同企业根据分工进行制造、服务等要素的整合，海关实现“制造+服务”产业链的全程保税监管。以试点企业冠捷集团为例，受益于改革，集团的厦门工厂正从传统的制造转型为全集团的采购、销售与物流中心；未来根据发展需要，还将逐步建设成为集团的研发设计中心与维修中心。

（4）降低企业技术性（非主观故意）违规风险。技术性（非主观故意）违规是很多从事加工贸易的企业不得不要面对的管理风险。以“企业集团”为单元的新型加工贸易监管模式，打破了传统以合同为单元、以企业为单元对加工贸易生产要素的流动性限制，客观上就已经大大降低了企业技术性（非主观故意）违规的风险；此外，海关在实施信用管理，给予企业更大的自主和自由的同时，正视企业在自我管理中可能出现的违规行为，鼓励企业大胆开展自查自纠、进行自我纠错，允许企业在核销周期前通过补充申报的方式达到自我救济，有利于降低企业技术性（非主观故意）违规风险。

### （二）航空维修包修转包特殊区域流转模式

包修转包是指境内航空公司与境外包修服务供应商签订包修合同后，境外包修服务供应商再将待维修航材委托境内维修企业开展维修。由于境内维修企业需要收汇和办理出口退税手续，采用包修转包模式的境内航空公司待维修航材直接运往境内维修企业维修所耗用的保税料件需缴纳进口关税和增值税，维修成本高于将发动机运至境外维修，境内维修企业因此丧失了包修转包发动机的竞争优势。为此，厦门海关发挥自由贸易试验区先行先试的作用，加强跨关区海关“征税互助”协作，充分利用海关特殊监管区域的政策优势，允许待维修航材通过“特殊区域一日游”取代原有“境外游”的方式，在全国首创了“航空维修包修转包特殊区域流转模式”。

#### 1. 主要做法

（1）充分发挥海关特殊监管区域优势，解决“境外一日游”问题。利用海关特殊监管区域连接境内外两个市场的功能和政策优势，解决了包修转包项下待维修航材需进行“境外游”的问题。允许境外包修服务供应商委托境内维修企业开展维修的待维修航材，按“修理物品（1300）”监管方式申报进出海关特殊监管区域，以“特殊区域一日游”取代“境外游”，大幅降低物流成本，缩短物流时间，有力支持了境内维修企业承接境外包修服务供应商外包的航空维修服务订单。

（2）探索跨直属海关“征税互助”协作机制，解决“重复征税”的问题。通过开展跨直属海关协同监管，实现直属海关之间的征税互认、监管互助。待维修航材属于包修合同范围，且境内航空企业已按外包合同约定向外方支付维修费用并缴纳税款的，在待维修航材维修完毕从海关特殊监管区域申报进口时，境内维修企业主管海关凭境内航空公司主管海关的包修费缴税证明，对待维修航材可不再就实际维修耗用物料和维修费进行征税。

2. 实践效果

2016年4月份，海关总署复函同意“包修转包航材区域流转”监管方案。同年8月23日，厦门海关在全国率先开展该项业务试点。截至2018年8月30日，试点企业厦门太古发动机服务有限公司共承接包修转包飞机发动机、发电机11台，货值超过2亿美金，为企业节约物流周转成本800余万元，节约物流周转时间20天，大幅提升了厦门航空维修企业的市场竞争力。

### （三）委内加工监管

原本海关特殊监管区域内加工企业只能通过“购料内销”的单一方式向国内市场供给成品，无法承接国内企业提供原料委托加工后返回国内销售的生产订单。在新经济常态下，海关特殊监管区域内的加工企业普遍出现了一方面先进产能闲置，而另一方面国内订单又难以承接的问题。为更好地提升海关特殊监管区域面对两个市场、利用两种资源的能力，促进海关特殊监管区域内外产能合作，厦门海关经过充分调研与论证，创新了“委内加工监管”模式。

1. 主要做法

区域内企业通过海关特殊监管区域信息化辅助管理系统向海关申请建立项号级委内加工专用电子账册，并在货物加工完毕、运回境内区外时，以区域内发生的加工费和保税料件费为基础审查确定完税价格，计征关税和进口环节代征税。

2. 实践效果

该项海关监管创新制度的出台，一是有效释放区域内企业闲置产能，提高经营效益。泉州综保区内金鹰（福建）印刷有限公司拥有世界先进、国内少有的高档印刷设备，在外销市场大幅度萎缩的情况下，国内的消费升级对高档印刷产能却需求巨大。通过开展委内加工业务，有效解决了企业配置的福建省最先进印刷设备产能过剩的状态，实现了企业由单纯外向型向内外纵深型的转变。二是服务国家供给侧结构性改革。充分发挥海关特殊监管区域优惠政策和比较优势，推动国际间产能合作，优化国内市场供给结构，避免重复投资，促进特殊监管区域优化业务形态。海沧保税港区内厦门丰泰国际新能源汽车有限公司通过委内加工为国内提供新能源客车车身，成为区域服务国家新能源发展战略和促进新兴消费的典型，吸引了各地企业、政府管理部门纷纷前来考察取经。

2013年，率先在泉州出口加工区试点委内加工的业务运作模式；2015年，进一步推广至福建自由贸易试验区厦门片区进行试点；2015年11月，海关总署发文在全国范围内复制推广该项自由贸易试验区海关监管创新制度。在2016年11月发布的《国务院关于做好自由贸易试验区新一批改革试点经验复制推广工作的通知》（国发〔2016〕63号）中，该项措施也列入了在全国复制推广的新一批自由贸易试验区改革试点经验。

**（四）仓储货物按状态分类监管**

改革前，按照海关特殊监管区域相关管理规定，海关特殊监管区域内不能开展非保税货物仓储业务。该情况严重制约了区域内仓储企业拓展国内市场，不利于海关特殊监管区域的整合优化和联结国内及国际两个市场作用的充分发挥。为此，厦门海关根据关区内海关特殊监管区域内企业的实际需求，率先全国在自由贸易试验区海关特殊监管区域内试点对非保税仓储货物实施状态分类监管，即海关根据货物的不同状态，实施相应的监管模式，确保对不同状态的货物实施有效监管。

**1. 主要做法**

（1）简化手续，实施“自主（自律）管理、一次入区（域）、分步处置”的管理模式，便利货物出入区域。非保税仓储货物不再采用报关方式办理进出海关特殊监管区域的申报手续。海关在辅助管理系统上设立专用账册，通过海关特殊监管区域信息化辅助管理系统对“非保税仓储货物”进行监管。符合条件的区域内企业通过辅助管理系统申报非报关申请单、核放单，办理备案申报，不办理进出口报关手续，入区域不退税，出区域不征税。按照相关规定办理监管手续后，保税货物和非保税货物可以在区域内直接转换货物状态。

（2）实行“减少干预、事中事后为主”监管原则，满足企业运作需求。采用信息智能化监管手段，辅助管理系统对企业申报的货物出入区域数据进行自动审核并对货物实施随机排查、布控，海关卡口自动识别、放行载货车辆。对货物出入区域备案申报实现“即报即备”，未被排查的货物实现“到卡即放”，最大限度减少人工干预，适应企业市场化高效运作的要求。实施“主动式”事中事后管理，海关在风险监控分析的基础上主动对企业实施巡访管理，及时了解和掌握企业经营管理的实际状况，排查监管风险，督导企业落实和完善内控机制、规范经营管理行为。

（3）2016年11月，海关总署发布2016年第72号关于海关特殊监管区域“仓储货物按状态分类监管”有关问题的公告后，厦门海关对照总署一系列通知和公告要求，积极向自由贸易试验区外海关特殊监管区域复制推广该项政策。同时探索研究将该项政策拓展至海关特殊监管区域内生产加工企业、保税港区的口岸作业区和自由贸易试验区范围内的保税监管场所。

**2. 实践效果**

厦门海关在自由贸易试验区探索的仓储货物按状态分类监管新模式下，海关特殊监管区域内保税仓储企业可同时经营保税和非保税业务，拓展了企业经营范围，增强了经营灵活性，降低了经营成本，提高了竞争力，充分发挥了海关特殊监管区域连接国内外两个市场的桥梁作用，促进了区域内企业的健康发展，为日后进一步开展海关特殊监管区域非报关货物管理改革试点，提高货物进出特殊监管区域效率，降低区域内企业行政管理成本打下了坚实基础。

海关总署于 2015 年 11 月发文在全国范围内复制推广该项自由贸易试验区海关监管创新制度。在 2016 年 11 月发布的《国务院关于做好自由贸易试验区新一批改革试点经验复制推广工作的通知》（国发〔2016〕63 号）中，该项措施也列入了在全国复制推广的新一批自由贸易试验区改革试点经验。

## 三、税收征管

### 选择性征收关税

选择性征收关税是指自由贸易试验区海关特殊监管区域内的企业生产、加工并经“二线”销往内地的货物照章征收进口环节增值税、消费税；根据企业申请，试行对该内销货物按其对应进口料件或按实际报验状态征收关税。选择性征收关税解决了因为海关特殊监管区域内销成品只能按成品征税的问题，促进了区域内外保税加工企业税收公平，降低了区域内销货物税收成本。

**1. 主要做法**

（1）海关总署下发《海关总署扩大内销选择性征收关税试点范围》，会同财政部、国家税务总局联合下发《财政部、海关总署、国家税务总局关于扩大内销选择性征收关税政策试点的通知》，明确选择性征收关税的定义、适用范围、税款征收原则、按料件征收关税作业流程等征管事项。

（2）海关总署开发“选择性征收关税管理系统”，实现选择性征收关税无纸化操作和系统自动计征税款。

（3）厦门海关印发《福建自由贸易试验区海关特殊监管区域选择性征收关税操作规程》确保征管操作顺畅有序。

**2. 实践效果**

实施“选择性征收关税”政策后优化了计征方式，区内企业可以选择对企业有利或税赋较低的征收关税方式征税，即可以选择按料件也可选择按成品征收关税，促进了海关特殊监管区域外加工企业内销保税货物的税负公平。有利于区内企业进一步整合生产资源、降低经营成本、拓展国内市场、更好地发挥配置市场资源的作用。截至 2018 年 9 月，厦门关区四家海关特殊监管区域内试点企业对价值 1.4 亿元出区内销货物选择按对应进口料件征收关税，为企业节省关税支出 805 万元。

## 四、其他

### （一）海关金融信用评估系统（简称“关数 e”）

中小微企业贷款难、成本高是当前普遍存在的问题。从企业的角度来看，中小微企业迫切需要生产与发展的资金支持，但中小微企业生产经营状况参差不齐、财务信息不透明，难以获得银行资金的支持；从银行的角度来看，虽然中央多次要求加大对中小微企业的扶持，但金融信用评估体系中，银行放贷离不开对企业资产及信用的评估，实际操作中银行对中小微企业风险的评估缺乏有效的手段支持，因此对中小微企业的放款要求较为严格。

如何搭建“中小微企业”与“金融机构”之间信用的桥梁？厦门海关从进出口通关数据中找到了答案，历经近一年的调研研究与谨慎论证，于 2017 年 9 月开始项目立项，经过四个多月的流程设计、技术开发、系统测试，于 2018 年 1 月正式对外发布“海关金融信用评估系统”（简称“关数 e”）。通过该系统，企业的通关记录可以用作贷款证明。具体实现模式是：有贷款需求的进出口中小微企业向海关提出通关数据使用申请；海关根据企业的申请，提取企业的进出口通关数据及关税的缴纳数据；银行等金融机构依企业的授权，将其信用评估模型加载于企业的数据之上，由第三方金融机构进行运算综合评分后得出评级分值，银行等金融机构参考评级分值给予中小微企业相应的融资额度。

**1. 主要做法**

（1）金融领域的创新。充分发挥海关数据的“准确性”“权威性”，将企业的进出口通关记录用作银行发放贷款的信用证明，解决了进出口中小微企业与银行之间因信息不对称产生的信用博弈。这是海关与银行在税费征收、税款担保等传统业务领域外的一次全新合作，为自由贸易试验区的金融信贷创新探索出的全新模式。

（2）监管制度的创新。一方面，根据合作协议，银行应将金融系统的评估结果反馈海关，作为海关监管的信用参考；另一方面，随着越来越多进出口中小微企业从海关进出口数据中受益，如实申报、及时缴税将成为这些企业的自觉行为，有助于大幅提升海关监管效能。这也是海关探索推进以企业信用管理为核心监管制度的全新途径。

（3）技术手段的创新。系统通过建立企业进出口通关数据与企业金融信用的核心关系模型，运用科学算法，对中小微进出口企业基于其关税缴纳及通关数据历史记录进行综合评分，并给出评级分值，银行等金融机构参考评级分值给予相应的融资额度。这一创新是大数据应用中科学算法的一次突破，因此它也是一次技术的创新。

**2. 实践效果**

（1）解决了中小企业融资的难题。以首家申请企业格兰阁（厦门）国际酒业有限公司为例，该企业是一家主要从事酒类进口业务的中小型企业，因其有十多年的海关良好纳税记录，该公司成功凭借较高的得分获得银行200万元的信用额度，有效缓解了短期资金压力。在海关总署数据中心的支持下，厦门海关运用该系统分两批对杭州、宁波、北京、青岛、广州和深圳的39.2万家进出口企业的报关单数据进行了初步运算评估，有23.50万家企业通过系统评估可以获得银行授信，通过率为59.95%。经初步估算，仅是通过工商银行和光大银行，企业就可获得近500亿元的授信额度。如果该创新举措能成功向全国复制推广的话，将为全国广大的进出口中小微企业与银行之间建立起信用的桥梁，大大缓解进出口中小微企业贷款难的问题。

（2）解决了银行信用评估的难题。对于银行来说，海关提供的通关数据是最准确、最权威的，“关数e”的评分相当于给企业画了一张精准的画像，通过这样的画像，银行可以直观地得出判断，可以放心地给中小微企业提供相应的贷款。目前已有中国工商银行、中国银行、中国光大银行、招商银行参与海关“关数e”项目。

（3）有助于激励进出口中小微企业守法、诚信经营。“关数e”在为进出口中小微企业解决贷款难题的同时，也大大提高了进出口通关记录的“含金量”。有助于激励进出口中小微企业守法、诚信经营，营造“守法便利、诚信获益”的口岸通关大环境。2017年，厦门市进出口贸易总值在2000万美元以下的中小微外贸企业有11074家，占厦门市进出口贸易企业的95.7%。如果通过“关数e”项目，能让更多的进出口中小微企业主动提升自觉守法意识，那海关的监管效能、口岸的通关效率都将得到大幅的提升。

截至2018年8月，厦门海关已完成“海关金融信用评估系统”（一期）的“企业中国电子口岸身份认证”“授权签约”“授信申请”“计算评分”四大主要功能的开发与运行；与12家金融机构达成合作意向；54余家小微企业向平台提出评分申请，银行预授信额度达3240万元。

### （二）出境加工海关监管

“出境加工”是指我国境内符合条件的企业将自有的原辅料、零部件、元器件或半成品等货物出口委托境外企业制造或加工后，在规定的期限内复运进境并支付加工费和境外料件费等相关费用的经营活动。海关只对增值部分征税，即订单销售“两头在内”，生产环节“中间在外”。该政策将帮助我国企业走出国门，利用其他国家先进技术、低廉劳动力资源等比较优势，降低生产成本、提高竞争力。

#### 1. 主要做法

（1）出境加工货物复运进境时，海关以境外加工费、料件费以及该货物复运进境的运输及相关费用、保险费为基础审查确定完税价格，以海关接受该货物申报复运进境之日适用的汇率、税率计征进口税款。

（2）出境加工货物未在海关允许期限内复运进境的，海关对其按照一般进出口货物的征税管理规定实施管理。

**2. 实践效果**

出境加工是一项国际通行业务和做法。通过开展此项业务，一是可延长国内加工制造业在全球的产业链条、提升附加值；二是可使我国产业在更广阔的国际、国内市场空间内进行产业结构调整和资源优化配置，进而促进企业及地方经济的发展；三是服务国家供给侧结构性改革，成为海关主动作为、积极履行国际公约、落实国家"走出去""一带一路"等重大倡议、培育贸易新增长点、适应全方位对外开放新格局的重要内容。

**3. 具体实例**

（1）厦门姚明织带饰品有限公司出境加工业务。

该企业属香港独资企业，专业生产高品质涤纶色丁丝带、涤纶罗纹丝带、涤纶织边印标丝带、尼龙雪纱带、丝绒带、丝带印刷品、丝带小包装、丝带发饰和丝带花饰，是国内乃至全球丝带行业的领先企业，在国内市场以及国内出口美国的市场份额中一直牢牢占据着领先地位。然而随着近年来国内经济和社会环境的变化，劳动力日益短缺、劳动力成本不断上升已逐渐成为制约企业竞争力的瓶颈因素，并且在可以预见的未来，这种不利条件还会进一步加剧。

为应对上述不利条件，保持企业竞争力，厦门姚明织带饰品有限公司制订了"走出去"的发展战略，在劳动力资源丰富且劳动力价格有优势的印度设立工厂，通过海关出境加工制度创新，将花饰生产等劳动力成本占比较高的生产环节迁移到印度进行生产，降低50%以上的成本，有力提高了全球竞争力，保持了领先优势。

（2）厦门市明晟鑫邦科技有限公司出境加工业务。

该企业是一家位于厦门的台资企业，主要从事智能卡用集成电路芯片级模块封装（WLCSP）产品的研发及制造。产品应用于移动通信SIM卡、银行芯片卡、身份证、社保卡及公交卡等领域，属于厦门市鼓励和支持的对台科技交流合作项目。其生产制造的核心工序基于台湾合作企业的发明专利，是企业降低成本、提高市场竞争力的关键所在，但目前大陆尚无企业具备此项技术，只能到台湾完成配套加工。为适应企业生产和技术要求，该公司在海关办理了出境加工账册，将晶圆片出口到台湾，利用台湾科技公司的先进技术，实现芯片级封装，再将封装后的晶圆片运回厦门进行后续加工，海关仅对境外加工费、复运进境的运输及相关费用进行征税，较原来采用一般贸易进出口模式节省大量费用且提高了产业技术含量，提升了全球竞争力。同时，通过出境加工模式，强化了两岸集成电路产业合作，突出厦门作为海峡两岸发展重要城市和“一带一路”枢纽型城市的战略作用，为服务我国集成电路产业升级提供了新的思路。

开展出境加工后，由于技术和成本优势明显，该公司规模不断扩大，工人和设备数量均翻了一番，产值大幅提升。

# 中国（辽宁）自由贸易试验区

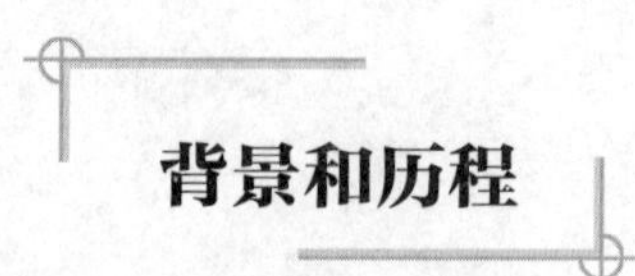

# 背景和历程

中国（辽宁）自由贸易试验区是中国中央政府设立的第三批七个自由贸易试验区的其中之一。2017 年 3 月 15 日，国务院印发中国（辽宁）自由贸易试验区总体方案，确定实施范围 119.89 平方千米，涵盖三个片区：大连片区 59.96 平方千米，沈阳片区 29.97 平方千米，营口片区 29.96 平方千米。2017 年 4 月 10 日，中国（辽宁）自由贸易试验区各片区揭牌。

中国（辽宁）自由贸易试验区不仅是辽宁省的自由贸易试验区，更是东北地区的自由贸易试验区。辽宁自由贸易试验区的设立，为加快市场取向体制机制改革、积极推动结构调整，形成与国际投资贸易通行规则相衔接的制度创新体系，营造法治化、国际化、便利化的营商环境，巩固提升对人才、资本等要素的吸引力，在引领东北地区转变经济发展方式、提高经济发展质量和水平等方面，发挥着重要的作用。同时，它为全面深化改革和扩大开放探索新途径、积累新经验，发挥着示范带动、服务东北的积极作用。

## 一、战略解读

东北作为新中国“工业的摇篮”，曾为中国经济发展和工业化作出巨大的贡献。近年来，东北经济增速明显放缓，以重工业、制造业等劳动密集型产业为导向的工业区的经济出现明显下滑，相较东南沿海的发展及西部大开发战略下中西部的迅速崛起，东北经济在全国的地位不断下降。东北的法制化、市场化程度始终落后于建立创新型国家和服务型政府的要求，给东北经济整体转型带来了多重阻碍。

2016 年从 GDP 上看，辽宁 GDP 增长连续两年在全国 31 个省市自治区中排名倒数第一，当年负增长 2.5%，拖了全国的后腿。在进出口数据方面，辽宁的进出口占东北的半壁江山，辽宁的进出口总值，受国际市场需求萎缩、综合要素成本上升和贸易风险加剧等因素的影响，一路下滑，外贸形势十分严峻，2014 年出现了 0.4%的负增长，2015 年更是下降了 15.8%，2016 年继续下降 9.8%。

在东北经济持续低迷、传统经济产业发展遇到瓶颈期的时候，设立中国（辽宁）自由贸易试验区是新形势下全面深化改革、扩大开放和推动东北地区等老工业基地振兴的重大举措。

战略定位是以制度创新为核心，以可复制可推广为基本要求，加快市场取向体制机制改革、积极推动结构调整，努力将自由贸易试验区建设成为提升东北老工业基地发展整体竞争力和对外开放的新引擎。

发展目标是经过三至五年的改革探索，形成与国际投资贸易通行规则相衔接的制度创新体系，营造法治化、国际化、便利化的营商环境，巩固提升对人才、资本等要素的吸引力，努力建成高端产业集聚、投资贸易便利、金融服务完善、监管高效便捷、法治环境规范的高水平高标准自由贸易园区，引领东北地区转变经济发展方式、提高经济发展质量和水平。

按海关监管方式划分功能布局，自由贸易试验区内的海关特殊监管区域重点探索以贸易便利化为主要内容的制度创新，开展保税加工、保税物流、保税服务等业务；非海关特殊监管区域重点探索投资体制改革，推进制造业转型、金融创新和服务业开放。

## 二、概况

2017 年 3 月 15 日，国务院印发《国务院关于同意中国（辽宁）自由贸易试验区的批复》（国函〔2017〕32 号），同意设立中国（辽宁）自由贸易试验区。同日，《国务院关于印发中国（辽宁）自由贸易试验区总体方案的通知》（国发〔2017〕15 号）出台，明确“建立中国（辽宁）自由贸易试验区是党中央、国务院作出的重大决策，是新形势下全面深化改革、扩大开放和推动东北地区等老工业基地振兴的重大举措”。

中国（辽宁）自由贸易试验区涵盖大连片区、沈阳片区、营口片区，总面积 119.89 平方千米。

### 1. 大连片区

大连片区 59.96 平方千米，四至范围：东至金石滩国家旅游度假区边界，小窑湾 38-1 号及 38-2 号路、东居路，南至大窑湾小窑湾岸线、大孤山滨海岸线、北良滨海南岸线，西至开发区 16 号路（大地街），东北四街、疏港铁路、北良滨海西岸线，北至开发区老虎沟、鹤大高速、五号路（辽河中路、辽河西路）。

大连作为环渤海经济圈重点城市和东北经济区对外开放的门户，处于东北亚经济区中心位置，是国家“一带一路”中“一带”的桥头堡和“一路”的延伸点，在东北地区具有独特的区位优势、开放优势。

大连片区重点发展港航物流、金融商贸、先进装备制造、高新技术、循环经济、航运服务等产业，推动东北亚国际航运中心、国际物流中心建设进程，形成面向东北亚开放合作的战略高地。

### 2. 沈阳片区

沈阳片区 29.97 平方千米，其中浑南区 22.63 平方千米（包括桃仙机场 2.08

平方千米)、苏家屯区 7.34 平方千米。四至范围：东至沈丹高速、沈本二街、沈本大街、沈中大街，南至机场路、四环路、浑南灌渠，西至长大铁路、沈营大街、智慧大街、智慧四街，北至全运路、莫子山路。

沈阳片区位于沈阳市南部，地处沈阳经济区的地理核心，“一带一路”通道的重要功能节点，集陆港、空港、海港功能于一体，具有通疆达海联通内外的区位优势。

沈阳片区依托国家全面创新改革试验区、国家自主创新示范区、国家高新技术产业开发区和产城融合示范区，功能定位重点发展装备制造、汽车及零部件、航空装备等先进制造业和金融、科技、物流等现代服务业，提升国家新型工业化示范城市与东北地区科技创新中心发展水平，建设具有国际竞争力的先进装备制造业基地。

**3. 营口片区**

营口片区 29.96 平方千米，四至范围：东至得胜路（澄湖西路），南至新港大街，西至海滨，北至滨河路。营口片区重点发展商贸物流、跨境电子商务、金融等现代服务业和新一代信息技术、高端装备制造等战略性新兴产业，建设区域性国际物流中心和高端装备制造、高新技术产业基地，构建国际海铁联运大通道的重要枢纽。

营口片区位于主城区西部，依托于国家级高新技术产业开发区开发建设。营口片区的战略定位：“一个中心”“两个基地”“一个枢纽”，即围绕港口核心战略资源和营满欧大陆桥，建设区域性国际物流中心和高端装备制造、高新技术产业基地，构建国际海铁联运大通道的重要枢纽。

截至 2018 年 6 月，辽宁自由贸易试验区内共有存量进出口企业 4017 家，大连海关辖区内共计 3293 家，占比 82%。其中，大连片区企业 2982 家，营口片区企业 311 家。2018 年上半年，辽宁自由贸易试验区外贸进出口总值为 739.31 亿元人民币，占同期辽宁外贸进出口总值的 20.8%。大连片区外贸进出口总值为 718.15 亿元，占同期辽宁自由贸易试验区外贸进出口总值的 97.14%，占同期大连市外贸进出口总值的 31.59%，较 2017 年上涨近 5%。

沈阳片区累积新增海关注册企业 710 家，进出口总值达 37.96 亿元人民币。沈阳片区共有企业 17445 家，新增企业 15873 家，占三个片区总数的 53.8%。注册资本达 1698.1 亿元，占三个片区总数的 40.3%。

自由贸易试验区进出口企业的活力不断增强，自由贸易试验区制度创新示范效应日益显现，不断释放改革红利。

## 三、建立历程

2013 年 9 月 29 日，上海自由贸易试验区挂牌。随即，辽宁省着手自由贸易试验区的申办工作。2013 年 10 月 28 日，辽宁省政府将《大连自由贸易园区总体方案》和相关请示上报国务院。

2014 年，辽宁省政府成立自由贸易试验区专题研究推进小组，负责自由贸易试验区专题研究论证工作。召开自由贸易试验区总体方案论证会，向辽宁省、大连市部分全国人大代表和政协委员介绍自由贸易试验区的相关情况，相关代表在全国两会提出了在辽宁设立自由贸易试验区的提案、议案。

2015 年 9 月 28 日，形成《中国（大连）自由贸易试验区总体方案》，并征求了包括市人大在内的 26 个部门的意见，开展专家论证。

2016 年 1 月 26 日，市政府常务会议审议通过《中国（大连）自由贸易试验区总体方案》，经大连市委常委会审议后上报省政府。3 月，辽宁省将《中国（大连）自由贸易试验区总体方案》上报国务院。8 月 31 日，党中央、国务院同意设立第三批自由贸易试验区。11 月，辽宁自由贸易试验区的范围确定在沈阳、大连、营口三市。

2017 年 2 月，经过对相关部委的 40 多个反馈意见进行落实后，《中国（辽宁）自由贸易试验区总体方案》正式上报国务院。3 月 15 日，国务院印发《国务院关于同意中国（辽宁）自由贸易试验区的批复》（国函〔2017〕32 号），同意设立中国（辽宁）自由贸易试验区。

2017 年 4 月 7 日，海关总署出台《关于印发支持和促进中国（辽宁）自由贸易试验区建设发展的若干措施的通知》《中国（辽宁）自由贸易试验区海关监管方案》。

2017 年 4 月 10 日，辽宁自由贸易试验区正式挂牌运行。

## 四、监管新政介绍

在认真落实党中央、国务院决策部署，统筹推进“五位一体”总体布局和协调推进“四个全面”战略布局的基础上，辽宁自贸人坚持稳中求进的工作总基调，牢固树立和贯彻落实创新、协调、绿色、开放、共享的发展理念，进一步解放思想、先行先试，以开放促改革、促发展，努力将自由贸易试验区建设成为提升东北老工业基地发展整体竞争力和对外开放水平的新引擎。

**1. 推进投资便利化措施实施，建立与国际通行规则相衔接的投资管理制度**

一是建立投资准入放宽与外资管理模式，实施负面清单制度；二是探索建立投资便利化体制机制，率先试行企业投资承诺制；三是初步建立事中事后监管体系，推进“双随机、一公开”监管全覆盖。

**2. 强化口岸部门功能集成，优化贸易便利化服务管理模式**

一是建设高水平的国际贸易“单一窗口”，“单一窗口”办理业务综合覆盖率排名全国第二；二是进一步简化通关流程、压缩通关时间；三是推出一系列贸易便利化政策措施。

**3. 深化金融开放创新，构筑服务实体经济的金融支撑体系**

一是完善自由贸易试验区金融服务体系，人民银行大连支行出台 16 条金融创新政策；二是构建金融支持政策体系，制定了六个方面 44 项金融创新计划，推出跨境电子商务贸易融资便利化 10 项措施；三是围绕服务实体经济积极探索金融创新，全国首创“自贸金融在线服务平台”。

**4. 加快政府职能转变，构建与开放型经济运行相适应的行政管理体制**

一是加快推进向自由贸易试验区简政放权；二是优化行政审批服务，建立自由贸易试验区综合服务大厅，首创企业注册微信核名制度，实现企业注册“最多跑一次”；三是推进人才引进机制创新，出台了 19 项人才政策，设立了最高 600 万元的个人创业扶持资金。

**5. 健全法律服务体系，创建公平透明的法治环境**

一是建设自由贸易试验区法律规则体系，出台《中国（辽宁）自由贸易试验区条例》，成立自由贸易试验区法律审判庭、自贸实验区司法研究中心；二是构建司法、仲裁、调解相辅相成的多元化国际法律体系。

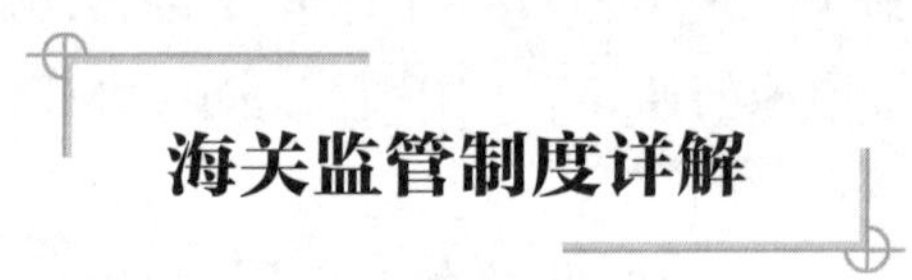

# 海关监管制度详解

## 一、通关便利化

### （一）海关归类智能导航体系

大连海关在取得海关总署授权后，探索开展“海关归类智能导航”体系先行先试。企业以前在全国任何口岸曾经进出口的商品，今后在大连口岸办理通关手续时，海关将不再审核其商品归类，而是直接认可先前的结果。大连海关通过建立智能导航数据库、打造便捷查询引擎、搭建智能申报平台，全面提升海关关区归类执法统一性和企业合规申报水平，极大地缩短了通关时间，提高了通关效率，为大连自由贸易试验区建设及创新发展注入新活力和强动力。

**1. 主要做法**

形成事实先例建立“海关归类智能导航”数据库。结合关区进出口商品的实际状况，大连海关选取了30家代表性进出口企业进行试点，并运用计算机技术对试点企业2年内报关单数据进行有效的搜集、整理及归类。依托辽宁电子口岸“单一窗口”，强化大数据等技术运用，以海关总署归类决定等数据及经实际审核后试点企业报关单数据为基础建立智能导航数据库基础框架，实现先例数据有效存储和分类查询，并坚持计算机筛选和人工审核相结合，建立先例数据入库审核机制，对先例数据严格把关。

（1）实时动态维护先例数据库。

大连海关不断地更新完善先例数据库，建立先例数据库动态维护机制，根据海关总署《中华人民共和国进出口税则》转换、《税则注释》修改转换、本国子目注释调整情况对先例数据进行动态调整，并及时对试点企业予以公告。不断地对进出口商品数据进行整理，每日更新数据，提高进出口商品的覆盖率。

（2）开设先例快车通道，多渠道为自由贸易试验区企业提供引导服务。

大连海关借助先例免于审核快速放行，营造便利化通关环境；开发“海关归类智能导航”系统，通过大连海关微信公众号、互联网门户网站提供查询服务，为企业提供便捷的、零门槛的归类智能导航服务。与此同时，不断拓宽先例意见反映渠道，通过开设微博、专用邮箱、12360专栏等多种方式受理企业先例制度意见反馈，及时进行核实并跟踪解决，营造良好和谐的通关环境。

（3）打造辽宁电子口岸“单一窗口”归类智能申报平台。

为支持辽宁电子口岸“单一窗口”的优化升级，大连海关为其提供归类智能导航组件的支持，提高“单一窗口”的易用性，为自由贸易试验区内的企业提供专属的电子口岸申报服务。同时，为解决“海关归类智能导航”系统应用过程中可能产生的争议与风险隐患，明确当该系统出现争议时的事由、解决流程、后续处置标准等，按照“信赖保护原则”对企业的合法权益提供救济。

**2. 实践成效**

大连海关是全国第一个实施“海关归类智能导航”试点的地区。其主要成效有：

（1）保护贸易企业的经济利益。

海关商品归类是进出口税收政策的载体，商品归类问题关系到贸易企业的重要经济利益，因此备受企业关注。相同商品出现归类差异，客观上会导致企业无所适从，由此引发纳税争议。大连海关实行归类智能导航以来，超过95%的企业满意“先例快车专用道”这一做法，大幅度减少了“相同情况不同对待”现象的出现，进而使得国家的进出口政策在实际操作层面更加透明，大大地提高了通关效率，控制了企业贸易成本，规避了因纳税争议引发的多种风险。

（2）规范海关统一执法，提高海关行政效率。

海关商品归类具有复杂、主观性强、技术性强的特点，海关人员难以保证对所有商品属性均有所了解，在审核归类时容易出现执法不统一的现象。伴随全国通关一体化改革的深入推进，通关时限不断缩短，使得广大进出口企业对海关高效、准确审核商品归类提出了更高的要求。调研数据显示：超过96%的企业认为这一做法切实地提高了大连海关的行政效率，改变了过去多个部门审核可能引发的大量归类争议，在进出口企业和海关之间建立商品归类审核的“互信”机制，有利于提高海关的统一、规范执法。

（3）有效支持大连自由贸易试验区的发展。

我国自由贸易试验区建设的深入和推进，对海关的便利科学管理提出了新的要求。海关监管制度的优化彰显大连自由贸易试验区在贸易领域具备的吸引力。进出口企业是自由贸易试验区初期乃至相当长时期发展的主力军，对进出口企业提供“海关归类智能导航”服务，有效地提升了口岸竞争力和大连自由贸易试验区的吸引力，进一步营造公开、透明、可预期的国际贸易营商环境。

**（二）创新关银合作，上线大连海关涉税保函查询系统**

大连海关与中国银行大连分行通力合作，率先开发大连海关涉税保函查询系统，企业凭保通关“零等待”，大幅加快了企业通关速度，得到企业好评。

**1. 主要做法**

在以往模式下，海关通过委托第三方商业银行逐笔发报来核验保函的真伪，这一过程至少需要2~3个工作日。为解决这一现实矛盾，打通政策和金融服务的“最后一千米”，大连海关依据《中华人民共和国海关事务担保条例》，委托辽宁电子口岸有限公司、中国银行大连分行，开发了大连海关涉税保函查询系统。系统主要用于海关涉税保函的审批、保函额度的扣减及相关查询，实现了银行保函信息实时推送海关，系统自动将保函信息与企业在“单一窗口”录入信息进行比对，核验环节“秒过”。

**2. 实践成效**

该系统实现了保函信息对接，开辟高效便捷的银行保函线上核验渠道，企业凭保通关“零等待”。目前，中国银行、招商银行、农业银行、浦发银行已实现与大连海关的联网，使用保函22次，大幅加快了企业通关速度，得到企业好评。该系统还可以将保函的使用状况同步展示给开证商业银行，有效地实现了风险共同控制的目标。大连海关涉税保函查询系统的成功上线，是关银联手推动进出口通关改革、促进贸易便利化、推广“单一窗口”的新成果，也必将为区域实体经济特别是大连自由贸易试验区发展注入新的活力。

### （三）“集报集缴”改革

沈阳片区依托海关特殊监管区域（场所）系统功能和政策优势，将“批次进出、集中申报”与汇总纳税政策叠加运用，试点开展“集报集缴”改革，实现了两类政策的优化组合，对内陆属地型特殊监管区域（场所）通关便利化改革进行了积极探索。

#### 1. 主要做法

“集报集缴”是沈阳片区主动适应全国一体化通关管理的需要，对辖区内符合条件的企业重新配置管理资源而进行的一项业务改革。

（1）形成政策叠加效应。

叠加使用前置审核服务与管理，批次进出、集中申报，汇总缴税，后续稽核等政策措施，构建以集中报关、汇总征税为标志的通关管理模式。将商品备案库数据、前置审核结果、电子账册等信息综合使用，应用区域通关一体化申报，依托特殊监管区域“批次进出、集中申报”政策和系统功能，组合使用汇总征税，实施担保共享，实现集中报关、集中缴税。针对同一货物进口所涉“分送集报”、减免税待办、汇总征税担保重复的问题，制定了以试点企业为单元的担保共享办法，由关税部门对担保集中管理，现场海关负责实时核扣，实现了集中担保、多项业务共用，在确保税收安全的前提下，降低企业的担保成本。同时，依据试点企业的实际需求，组合应用已有的改革成果和措施，量身定制，“一企一策”，彻底释放改革“红利”。

（2）实现商品税收征管前推后移。

开展试点企业进出口商品税收征管要素的前置审核服务与管理工作，与区域审单中心初步建立了共享、互认机制，为督促引导企业准确申报、开展批量复审和抽核提供基础支撑和决策参考。依托海关特殊监管区域（场所）辅助管理平台的账册备案功能，实现前置审核结果与海关特殊监管区域（场所）电子账册管理的有效结合，简化备案手续，减轻现场通关压力，进一步提高通关监管效能。自主开发建立“集报集缴”业务数据筛选模块，加强对试点企业及相关区内物流企业、保税监管场所经营企业的日常管理和监控，实现日常监控及前置审核结果与后续稽核及报关单批量复审、抽核的双向联动。对于分析发现的风险，通过参数加工设置，转化为通关监管的重点内容，确保事前、事中、事后紧密衔接，闭合回路。

#### 2. 实践成效

（1）提升了风险管控能力和通关管理效能。

通过对进出口商品税收征管要素的前置审核服务与管理，强化信用认证与后续稽查，丰富日常监控指标内容等措施，切实提高了对试点企业的风险管控能力。通过建立与区域审单中心共享互认机制，依托海关特殊监管区域商品备案系统功能，强化前置后移双向联动等措施，发挥了属地海关对企业合规管理在通关监管中的基础性作用，减轻了口岸压力，提升监管的整体效率与效能，妥善解决了汇总征税货物无法进行查验分流作业的问题，实现了减免税证明、减免税待办担保等前置备案手续的同步办理，将原有的串联模式调整为并联模式，避免无法申报造成的滞港。入区货物暂不涉及税收征管作业和法检，大部分适用快速通关通道，结合前置审核作用，大幅提升了通关管理效能。

（2）发挥了内陆属地型特殊监管区域（场所）优势。

试点在充分调研的基础上，立足关区实际，分析企业特点，坚持量身定制、务求实效，发挥了较好的示范作用，为辖区诸多相同或类似企业提供了复制推广基础。试点启动后，已有多家企业提出参与试点的需求。试点运用了自由贸易试验区可复制推广的经验和做法，打破“进区设厂”的思维局限，拓宽了利用特殊区域功能的政策优势，提供重大装备制造企业减负增效的思路。在“一企一策”方案中，结合内陆物流的特点，有的放矢地合理布局关区保税监管场所，内嵌在重点企业集群的物流节点上，既提高顺势监管能力，又进一步降低成本、提高效益。

（3）明显减轻了企业负担。

减少了通关时间：试点企业进口货物从到港至到厂，大部分在24小时内可以通关，较试点前通关时间压缩70%以上。减少了口岸仓储费用：试点后，相关企业直接节省的仓储费可达数十万元。减少了日常管理成本：通过在属地就近集中办理通关手续，企业削减了常驻口岸机构设置，日常管理成本下降。减少了物流成本：为企业调整物流方案、选择更为低廉的运输方式提供了条件。沈飞民机公司在通关时间大幅压缩后，已着手将空运进口货物调整为海运，仅此一项年内节省成本即超过100万元。经统计，上述试点企业的通关综合成本节约近40%。

（4）缓解了企业流动资金压力。

通过政策叠加及担保共享，企业可按需自主调整申报和缴税周期，切实享受政策叠加带来的“红利”，有效缓解了流动资金压力，同时避免了异地缴税和担保给企业财务带来的风险。

### （四）检验检疫支持装备制造业“全流程”集成式管理服务模式创新

为努力构建具有国际竞争力的先进装备制造业基地，沈阳片区着力将自由贸易试验区制度创新与振兴东北战略相结合，按照国务院“放管服”的工作要求，以装备制造业发展需求为导向，通过改革现有检验检疫通关模式、监管模式、服务模式和业务流程，打造检验检疫支持装备制造业全流程管理服务模式，形成全国首创性、系统集成性创新经验，在全国具有较大的复制推广意义。

**1. 主要做法**

（1）强化改革措施系统集成。

沈阳海关深挖企业需求，针对装备制造业发展全流程存在的生产准备、创新研发、加工生产、国际认证、运输物流、跨境贸易、维修服务七个关键环节实施改革措施。该改革措施不同于其他地区单独一两项的支持性改革措施，以系统集成性改革措施满足装备制造业整体发展需求。针对每个环节的不同重点和企业的不同需求，研究制定管理和服务创新措施，并以此为基础，从整体优化性、功能非线性、内部相容性、功能互补性的角度出发，加以科学整合。该项改革增加了支持装备制造业全流程管理服务模式的有序性，形成积极的集成效应。

（2）着力提高创新措施的针对性。

以问题为导向，积极处理、优化关键环节的突出问题，强化管理和服务的有效性，以更好的“管”来促进更大力度的“放”。

生产准备环节：在风险分析的基础上，转变检验监管模式，将企业进口成套设备、大型设备由批批检验模式向抽批检验模式和装运前检验模式转变。降低抽批检验比例，对采取装运前检验模式的免于口岸查验。并且，在设备开箱、安装和调试阶段提供“24 小时预约制”服务，确保相关设备到货后可以立即投入使用。

创新研发环节：实施免于办理强制性产品认证无纸化，取消纸质材料比对。延长“免于办理强制性产品认证证明”和“强制性认证目录外产品确认表”的有效期。对进入特殊监管区域的相关物品免于办理强制性产品认证。

加工生产环节：在风险分析的前提下，对进口商品实施逐批、抽批、合格保证检验监管方式。通过事中事后监管和第三方检验结果采信等方式，降低检验比率，将检验向生产环节延伸。并且，利用出口工业产品质量安全示范区的政策优势，对区内企业进口零部件免于检验。

国际认证环节：与加拿大 CSA 认证集团开展国际认证合作，对机械、电器、环保、医疗设备等提供进入北美市场的认证服务，帮助本地装备制造企业将产品打进北美市场。

运输物流环节：通过与满洲里海关签署合作备忘录，进一步强化跨区域间业务合作关系，利用检验检疫一体化和 ECIQ 系统，实现互为一线，减少现场查验频率。投资开发中欧班列国际货运班列检验检疫监管信息系统，保障企业外向运输物流通道的顺畅。

跨境贸易环节：推行“多证合一”登记备案制度和检验检疫报检无纸化模式。实施原产地签证一体化和无纸化，提供“预留签、快递签、代理签”等便捷签证服务。加强内部业务衔接、压缩工作流程环节。利用检验检疫区域一体化新政，实现进出口商品“进口直通、出口直放”。

维修服务环节：实施入境维修再制造政策，重点探索自产自出产品和协议回购产品入境维修再制造检验监管措施。评估批准北方重工集团有限公司成为辽宁自由贸易试验区第一家“入境机电产品再制造企业”，并完成沈阳航空器入境维修的准备工作，为企业转型升级铺平了道路。

（3）建章立制保障实施成效。

为确保各项措施的规范有效实施，研究制定了《沈阳片区进口商品检验监管办法》《沈阳片区入境成套设备、大型设备检验监督管理规定》等一系列制度文件、管理规范和作业指导书。并且，建立各项措施落实情况的督查机制，形成了闭环管理的工作模式。

（4）努力提升服务水平。

在实施支持装备制造业全流程管理服务模式的过程中创新工作思路。在转作风、提效能、强服务方面进行突破创新，不断地提高服务水平和企业满意度。

改进窗口服务。推进检验检疫窗口服务的形象、用语、业务等标准化建设，建立健全一次性告知、限时办结、首问负责、咨询服务、节假日办理等服务制度。

加强“互联网+政务”服务。运用网络信息技术，实行流程无纸化，让企业少跑腿，做到网上留痕、权利全程受控。

推行“靠前”服务。在重点企业、自贸协同区设立检验检疫现场工作站。实行进出口货物“随到随报、随检随放”，提高效能，节省企业成本。

**2. 实践成效**

检验检疫支持装备制造业“全流程”管理服务模式自实施以来，取得了良好的经济效果和社会效果。这主要体现在提速增效、降本减负、拓展国际化业务和助力转型升级四个方面。

（1）提速增效。在生产准备环节，沈阳利源轨道交通公司利用检验检疫创新模式，缩短设备安装调试时间近1/5，确保了城铁项目的按时投产；在加工生产环节，对华晨宝马公司实施驻厂检验，做到进口零部件通关“零等待”。实现沈阳片区检验检疫通关时限缩短1/3以上；在创新研发环节，实现华晨汽车新车型成功试制和通用电器风电产品创新研发。

（2）降本减负。在生产准备环节，检验检疫创新模式使沈阳利源轨道交通公司节约费用超过200万元；在加工生产环节，华晨宝马公司年节省费用近1200万元；在跨境贸易环节，节省辖区企业检测和物流成本近500万元；签发各类优惠原产地证书超万份，间接地为企业实现关税减免超过1.4亿元。

（3）拓展国际化业务。在国际认证环节，助推沈阳远大、东北电力、新松机器人、三一重装、东软集团等企业产品顺利进入北美市场；在运输物流方面，通过国检试验区建设实现沈阳内陆干港功能，提升企业外向型发展水平。

（4）助力转型升级。在维修服务环节，评估批准北方重工集团有限公司成为辽宁自由贸易试验区第一家“入境机电产品再制造企业”，完成回购盾构机及航空器入境维修再制造的准备工作，涉及金额超十亿元，为企业转型升级铺平了道路。

## 二、保税监管

### （一）国际服务外包保税监管模式

作为全国海关服务外包的试点单位，大连海关积极助推服务外包产业发展，主动创新适应其发展规律的智慧海关监管模式，服务外包保税监管政策惠及企业，进出口业务量连续多年在全国保持领先，“集约式保税孵化”与“服务外包手册”双轮驱动的服务效果明显。

**1. 主要做法**

（1）“两个政策”一体推广。

针对国际服务外包产业出台并完善相关政策体系：一项政策是海关总署与商务部联合推出的国际服务外包业务进出口货物保税监管模式，即服务外包保税手册政策；另一项政策是全国唯一的比照特殊监管区域的保税政策，以大连国际服务外包保税研发测试中心（以下简称“中心”）为创新“试验田”，打造了适合服务外包产业发展的政策高地，中心业务量稳占全国海关服务外包手册的半壁江山。

（2）“六管机制”多方共赢。

大连海关以海关监管、政府参管、软件园经营企业协管、服务外包企业诚信自管、行业协会助管和信息围网管理的“六管机制”为基础，以集约孵化和培育高技术含量的中小国际服务外包研发测试企业为目的，创新建立了适应国际服务外包产业特点、高效便捷、环境友好、监管有效的新型海关监管模式，在确保国家对保税货物监管要求的基础上，实现“管得住、通得快”的监管目标。目前，中心规模稳步增长，形成涵盖医疗健康、文印设备和汽车电子三大类别的研发测试业务。企业用工超过 1500 人，100%为大学以上学历的毕业生。尽管受企业进出口周期长、国际经济政治形势变化及人民币升值等影响，中心业务数据仍始终保持上升态势。企业在提升业务额和解决大学生就业方面均有 30%～50%的增长，并展现出良好的发展潜力。

（3）“人性化服务”营造良好环境。

大连海关贴近服务外包等高新技术企业的个性发展需求，强化海关服务职能，运用高科技手段和管理理念创新，营造适合企业发展的服务环境，将单纯的监管技术升级为诚信主导监管模式，即以海关企业分类管理为基础，以必要的技术手段构建信息围网为辅助，以商会诚信规约强化行业自律，通过大数据共享，以企业诚信自管为主，海关通过必要的巡查、核查进行验证，按照“高诚信，低配置（指辅助监管设施）；中诚信，标配置；低诚信，就出局”的标准开展监管，从而达到动态、有效、人文的服务效果，收到了良好的经济效益和社会效益。

**2. 实践成效**

截至2018年7月，中心共办理服务外包保税手册561本、备案金3081万元，占全国同类业务的90%，进出口报关单1585票、货值1.33亿元、监管服务外包设备4000余台；中心内企业大通关时间与入驻前相比平均缩短2~4天，通关效率明显提高，入驻企业柯尼卡公司，2017年营业收入较2010年增长190%，每年约节省流动资金和物流成本400万元人民币。

### （二）进出口货物通关“英特尔模式”

为有效服务企业和地方经济发展，通过简化海关手续为企业降低成本，大连海关依托辖区大型企业（英特尔）的规范管理和较高资信，充分利用自由贸易试验区政策优势，以企业需求为导向，专门针对英特尔进出口货物研究制定了全面压缩通关时间的“贴身”监管服务方案，努力打造便捷高效、低成本、可预期的通关环境。截至目前，通过综合叠加多项优惠政策，“英特尔通关模式”创建工作收效显著。

**1. 主要做法**

为有效打破现有海关业务条线中各环节之间的“藩篱”，将海关监管顺势融入物流链条，最大限度地缩短英特尔货物通关时间，大连海关坚持问题导向，就现有通关流程关键节点逐个进行梳理和突破，相继制定并落实了“1+3+5”雁形阵式创新服务体系，通过“自行运输”“先入区、后报关”和上门查验等三项措施提高区内物流速度；叠加运用分送集报、货物按状态分类管理、保税间货物结转、设备账册批量备案及ERP联动等五项措施，优化货物国内流转及加工贸易审批。

（1）“自行运输”制度。

货物运输车辆由传统的海关监管车辆放开到企业自主选择车辆，并经一次备案后，可以在区内持续使用。该制度大幅减少了企业的用车成本，使企业调度车辆更加灵活方便，并能够精准地掌控货物入区时间。

（2）“先入区、后报关”制度。

为配合英特尔24小时不间断生产的工作要求，针对非工作时间的进出区货物进行“信任放行”，允许先进入区内投入生产，再在工作时间多批次统一报关，有效避免了申报成为货物入区的阻碍。

（3）上门查验服务。

针对英特尔的大部分设备必须在恒温、恒湿和无尘的环境中存放和使用的特点，为减少货物损耗，允许将此类货物直接分流至工厂环境，并提供上门查验服务，不以海关查验行为阻断设备入区和使用，货物入区时间由30小时缩短到5小时。

（4）“分送集报”业务。

对部分出口加工区B区与国内（二线）之间的进出区货物，允许申报与物流相分离，变“一票一报”为“多票一报”，使区内货物得以灵活周转使用，每年为企业减少申报数千次。

（5）货物按状态分类管理。

对国内采购货物，根据不同的类型特点采取不同的监管方式，对用于二期建设的基建物资和耗材，允许采用卡口登记模式进入，免除申报手续，加快了物资投入建设的速度。

（6）简化保税间货物结转手续。

率先在全国范围内与成都综合保税区进行保税间货物结转，单票货物运输时间由原来的两到三天缩短到一天，时效提高一倍，每年节省超过150万人民币；与上海外高桥保税区运用保税物流流转管理系统开展保税货物结转业务，两区结转时间由五天缩短为两天，大幅提高了保税货物流转效率。

（7）设备批量备案。

针对英特尔二期项目需要进口大量设备和零部件的情况，将备案审批前置，并通过批量备案制度做到企业即来即办、即办即走，尽可能减少加工贸易备案审批次数及其对物流的影响。

（8）与企业ERP系统联动。

鉴于半导体行业生产的特殊性，对盐酸、硫酸等辅助料件的核销，突破原有监管思路，按照“守法便利、失信惩戒”原则，以企业ERP系统数据为依据开展，核销速度明显加快。

**2. 实践成效**

一线进出境环节，现货物入区时间最短缩至84分钟，速度提升近三倍；二线进出区环节，特别为企业新建非保税货物账册进行专类管理，每月为企业减少报关600余次，通关时效提高20%，英特尔二期项目从宣布到合格产品认证仅用八个月时间，在英特尔全球工厂内创下投产新项目速度最快纪录。截至2018年7月底，英特尔新投产的非易失性存储器出口共计18.5亿美元，月产量最高达1.5万片，并以15%以上的速度保持增长。

### （三）“保税混矿”监管新模式

“保税混矿”是指将不同产地、不同成分的两种以上的铁矿砂在保税状态下进行配比混合而得的混合铁矿砂，国内、国际两个市场需求很大。巴西淡水河谷是世界第一大铁矿石供应商，大连港则是国内为数不多可满载接卸40万吨矿石船的港口。由于巴西南北部铁矿石品位存在较大的差异和中国企业的需求各异，需要将巴西北部高品位低硅铁矿石与南部低品位高硅铁矿石进行混配，但是巴西南北部港口相距3000千米，出于矿区条件限制及运输成本考虑，大连港建立（保税）混矿基地，将两种品位矿石直接海运到中国进行混配。

#### 1. 主要做法

为了加快保税混矿业务的发展，海关、口岸部门联合推出创新监管措施，大幅节省了矿石运输成本和时间成本，进一步推动大连港“东北亚矿石分拨中心”建设及转型升级发展。

“保税混矿”业务是大连海关深入贯彻落实中央对辽宁自由贸易试验区“关于加快市场取向体制机制改革、推动结构调整的要求，着力打造提升东北老工业基地发展整体竞争力和对外开放新引擎”的战略定位的典型样本，作为海关总署支持辽宁自由贸易试验区建设发展的个性措施和大连海关的独有特色，从一开始就受到大连海关的高度重视，大连海关坚持需求导向，主动对接大连混矿作业需求，专门组织研究制定了《大窑湾海关保税矿砂混矿业务操作指南》等操作流程，从实现监管制度创新的高度给予企业全力的支持。制定实施了保税堆场接卸、混矿、堆存及再分拨矿石采样、监管办法，规范工作程序，做到在严格执行检验检疫规定的前提下，合理调整工作基准和程序，最大限度地满足企业需求，确保保税堆场混矿业务合法、合规操作和营运。

检验检疫部门创新保税铁矿石检验检疫监管措施，采用“入区监测+加工监管+出区检验”的“三位一体”检验检疫监管模式，助力大连港保税铁矿混矿业务发展，推动“东北亚矿石分拨中心”建设，支持大连商品交易所铁矿石保税期货交割。将助推大连港散货物流中心保税堆场和矿石分拨与贸易增值服务中心建设作为服务区域发展的重点项目，高度重视，全力帮扶。一是深入调研走访。多次就保税堆场的保税功能启用过程中涉及检验检疫方面的法律法规和检验监管等问题与企业座谈，做到检验检疫法规宣传在前、为企业答疑解惑在前，了解和掌握企业生产过程中涉及检验检疫监管工作的关键环节，有针对性地制订工作方案。二是合理调整检验监管工作程序。针对保税堆场进口矿石混矿为国内首例，制定实施了保税堆场接卸、混矿、堆存及再分拨矿石采样、监管办法，规范工作程序，做到在严格执行检验检疫监管法律法规规定的前提下，合理调整工作基准和程序，最大限度地满足企业需求，确保保税堆场混矿业务合法、合规操作和营运。三是主动加强沟通。与大连港矿石码头、大连港散货物流中心建立了定期通报和重大问题沟通协调制度，及时通报和解决检验监管工作中存在的问题，规范保税堆场混矿业务和检验监管工作；同时，主动加强与保税监管部门的沟通，及时通报工作情况，形成监管合力。

**2. 实践成效**

混矿业务不仅降低淡水河谷的混矿成本，也实现了“国外矿山”向中国港口的前移。在大连港矿石码头后方的保税堆场内开展铁矿石混配，也有利于促进环渤海及东北亚区域进口铁矿石资源的优化配置与布局，有效降低中国钢厂的采购成本，巩固与强化铁矿石贸易议价能力，进一步提升供应链管理水平。2017 年，矿石码头保税混矿入库量计 1008. 22 万吨，同比增长 128. 35%；已完成保税混矿量 936. 07 万吨，入库货值 47. 79 亿元，缴纳税款 3. 47 亿元。2018 年上半年，矿石码头保税混矿入库量 421. 15 万吨，同比增长 12. 5% ；已完成保税混矿量 439. 07 万吨，同比增长 19. 12%；入库货值 20 亿元，缴纳税款 1. 05 亿元。

2017 年，矿石码头转口至日韩的混矿量共计 488. 17 万吨，约占混矿总量的 48. 42%。2018 年上半年，转口至日韩混矿量共计 346. 44 万吨，同比增长 268. 72%，占混矿入库总量的 82%左右。转口贸易量迅速增长，提升了大连港综合服务功能，为打造东北亚矿石分拨与贸易增值服务中心起到积极推动作用。混矿企业减负增效，一年内扭亏为盈，甩掉了亏损 8000 万的包袱，企业实实在在享受到了自由贸易试验区“红利”。大连海关拓展税源，实现了自由贸易试验区监管制度的创新。“一举三得”，三方获益。

## （四）取消异地加工贸易备案审核改革

沈阳片区率先开展取消异地加工贸易备案审核改革，取消了须先到经营企业所在地主管海关办理加工贸易异地备案手续的环节，有效简化办事程序，降低企业成本，是落实国务院“放管服”改革和海关加工贸易、保税监管业务改革的重要举措，对于打造产业区域转移的世界加工贸易中心、实现东北老工业基地振兴发展具有重要的战略意义。

**1. 主要做法**

根据《海关总署关于〈中国（辽宁）自由贸易试验区海关监管方案（试行）〉的批复》（署加函〔2017〕122 号）、《沈阳海关关于取消异地加工贸易备案审核有关事宜的公告》（沈关公告〔2017〕12 号），沈阳片区开展了取消异地加工贸易备案审核手续改革。

改革前，对承揽加工贸易业务，经营单位和加工单位不属同一直属海关关区的，经营单位需携带加工贸易进口合同、出口合同、委托加工协议及“企业加工贸易生产能力证明”等有关材料，到经营企业所在地主管海关申请办理加工贸易异地备案手续，经主管海关同意并签署意见后将上述单证制作海关封志，由经营单位或委托加工单位凭其到加工单位所在地主管海关办理加工贸易手（账）册设立手续，两次审核备案时限均为五个工作日。改革后，沈阳关区外经营企业开展加工贸易业务时，将进口料件委托沈阳片区或中德产业园内加工企业进行加工的，可由经营企业或其代理人到加工企业所在地主管海关按照相关管理规定办理加工贸易手（账）册设立（变更）手续，取消了须先到经营企业所在地主管海关申请办理加工贸易异地备案手续这一环节。

2. 实践成效

在沈阳片区和中德产业园内取消异地加工贸易备案审核手续改革，是促进加工贸易及保税监管为企业经营生产服务的务实举措，大幅提升了企业办理异地加工贸易备案的便利化程度。缩短企业办理加工贸易异地备案时间五个工作日，缩短单证流转时间至少一个工作日，减少企业提交加工贸易进口合同、出口合同、委托加工协议及企业加工贸易生产能力证明等有关材料至少四份。

### （五）“以企业为单元”监管

2017 年 6 月，海关总署首批在天津、沈阳、杭州、武汉、拱北、重庆、成都等部分自由贸易试验区海关及具备改革基础的南京、黄埔海关开展以企业为单元加工贸易监管改革试点。以企业为单元的加工贸易监管模式，是指海关实施的以企业为单元，以账册为主线，以与企业物料编码对应的海关商品编号（料号）或经企业自主归并后形成的海关商品编号（项号）为基础，周转量控制，定期核销的加工贸易监管模式。

1. 主要做法

作为全国首批试点海关，沈阳海关先行先试，帮助沈阳片区领跑东北加贸保税改革，优先推动加工贸易从以合同为单元向以企业为单元监管转变，制定《沈阳海关“以企业为单元”加工贸易监管模式改革试点实施方案》《沈阳海关关于“以企业为单元”加工贸易监管操作规程（试行）》，促进加工贸易创新发展，建立新型加工贸易监管模式。通过建立与企业生产实际同步的单耗申报制度与多元化核销制度，优化深加工结转、保税货物集中内销业务，解决以合同为单元监管与企业生产实际相脱节的问题，进而简化加工贸易企业办事程序，引导企业自律管理，提高海关监管效能。

以“建立以企业为单元监管模式”项目为核心，试点建立强化企业自律管理，探索实施“自主备案、自主核报、自主缴税”的管理方式和“风险研判、分类审核”的作业模式，逐步实现保税监管“集中审核”，强化“双随机”应用和“简化内部核批和单证”，试点企业开展本企业或本企业集团产品的售后维修业务等。探讨研究对加工贸易企业不再出具内销征税联系单后，加工贸易货物内销归类、审价的职能实现方式；按照“诚信守法便利、失信违法惩戒”的管理原则，探索更多的针对不同信用等级企业的差别化管理措施。

**2. 实践成效**

（1）顺应市场规律，推进简政放权，创新监管模式，优化作业流程，简化办理环节，降低企业成本，进一步激发市场活力和企业创造力。

（2）解决以合同为单元监管与企业生产实际脱节的问题，建立既与企业生产实际同步又满足监管要求的申报制度和多元化核销制度。

（3）运用法治思维和法治方式改革创新，按照“诚信守法便利、失信违法惩戒”的原则要求，形成企业守法便利、海关高效运作的良性互动，加强属地企业信用管理。

截至 2018 年 6 月，参与试点的 9 家企业，累计受益加工贸易货物进出口总值达 9.46 亿美元。

## 三、企业管理

### （一）企业合规管理辅导员制度和认证培育绿色通道制度

大连海关创新推出企业合规管理辅导员制度和认证培育绿色通道制度，建立高素质、专业化的海关辅导员队伍，指导企业切实提高自我管理水平，建立企业内部的合规管理系统，逐步捍高信用等级，从而走上合规、健康、持续发展道路。

**1. 主要做法**

（1）辅导企业规范管理，做合规发展的“护航员”。帮助企业建立集通关管理、减免税管理、加工贸易管理为一体的企业合规管理系统，使企业在内部管理流程中融入海关监管要求，降低违法违规的可能性。

（2）指导企业提高信用等级，做诚信“培育师”。采取上门指导、预认证等措施，指导企业提升信用评级，享受通关便利。

（3）指导问题企业整改，做企业的“体检员”。在企业发生违规问题并处理之后，上门协助企业查找问题，督促企业在规定时间内完成整改。

（4）协调解决企业通关难题，做企业的“贴心人”。为辖区重点企业配备海关辅导员，定期走访和了解企业面临的困难，协调解决通关难题。

**2. 实践成效**

（1）满足企业合规发展的需求。指导利勃海尔机械（大连）有限公司建立一整套较为完备的合规管理系统，实现了海关关务管理的全程内控管理，初步统计申报准确率提高90%以上，节省人力一半以上，起到良好的示范作用。

（2）适应企业精准服务的要求。对佳能医疗器械（大连）有限公司申请办理电子账册等21个重点问题进行了解答或解决。

（3）提升企业的信用等级。合规辅导与认证辅导相结合，帮助企业获得更高的信用等级。

### （二）沈阳海关“三个做好”，加强企业信用管理见成效

沈阳海关采取“三个做好”，把企业信用管理作为优化营商环境、助推辽沈开放发展的一项重要工作来抓，全力推进关区企业信用管理，不断地增强守信企业获得感。

**1. 主要做法**

（1）做好企业信用宣讲。

一是在按照“分国别、分行业、分地域、定制化”模式开展企业信用宣讲的基础上，进一步扩大企业信用宣讲范围。2018年，沈阳海关在铁西中国工业博物馆针对沈阳地区40余家拟晋升高信用等级企业开展AEO制度及新施行的《中华人民共和国海关企业信用管理办法》宣传解读工作，并计划在辽阳、阜新两地联合当地商务部门开展企业信用宣讲活动，进一步扩大海关企业信用管理的影响力。

二是把握好信用辅导方向，通过对信用分值较高的企业开展针对性宣讲，鼓励其晋升高级认证企业的同时，将认证流程前置，对照认证标准解读相关条款，帮助企业正确理解海关认证的相关要求，充分做好认证准备工作。

（2）做好企业信用监控。

一是注重对认证后企业的定期监控，通过评估高级认证企业在口岸的通关和查验情况，分析企业进出口行为，确保企业充分享受到高级认证带来的通关便利，落实差别化管理措施。

二是应用好信用监控方式，在定期对关区认证企业信用分值进行监控的前提下，即时分析企业信用分值，全程了解企业动态，做到求细知晓情况。同时，运用好主动约谈方法，约谈企业相关负责人，通过比对分析相关数据，对信用分值低的原因进行深入解析，引起企业重视，帮助企业积极改进，为修正信用评分做好基础，做到求实解决问题。

（3）做好企业信用服务。

一是本着服务于企、问需于企、惠及于企的原则，在2017年建立企业协调员工作微信群的基础上，根据《沈阳海关与企业“即时通讯”工作联系群管理办法》，牵头建立了“沈阳海关关企即时通“关企微信群，由各职能部门业务骨干及沈阳关区重点企业代表共计140人组成，目的是为打通联系沟通企业的“最后一千

米”，注重为企业办实事、解难题。同时，沈阳海关还制定了企业服务事项情况统计表，进一步丰富服务企业的形式。

二是加强与银行间合作，创新企业信用担保模式，为企业减负。为确保企业认证顺利实施，提高优质企业通过认证的比例，解决企业在认证过程中因财务指标不达标需提供银行保函的问题，进一步缓解企业资金占用压力，积极开展与银行机构的合作。2018 年 7 月 18 日，沈阳海关相关负责人会见来访的交通银行辽宁省分行负责人一行，双方就关银合作进展情况进行交流，并提出相关业务部门要稳步推进。8 月 3 日，沈阳海关与省交通银行、开发区某轮胎生产企业相关负责人进行座谈，通过创新企业信用担保模式，帮助企业更好地快速发展，增强企业通过认证的获得感。

**2. 实践成效**

（1）截至目前，累计为 630 余家企业提供了信用宣讲服务，2018 年 1 月至 7 月，关区有进出口活动的企业数为 3064 家，参加宣讲活动企业家数占比 20.56%。关区高级认证企业共计 28 家，关区高级认证企业优质认证比率提升到 73.91%，一般认证企业优质认证比率提升到 81.78%。

（2）充分利用微信群等方式积极推送海关的最新政策法规及相关公告，并通过电话、下场走访等形式协调解决企业疑难事项百余件。并且，以“敞口”保函模式为企业提供信用担保，计划退还企业保证金 130 余万元，有效地缓解企业资金占用压力。

## 四、税收征管

### （一）海关特殊监管区域增值税一般纳税人政策

**1. 主要做法**

根据《国务院关于促进外贸回稳向好的若干意见》（国发〔2016〕27 号），国家税务总局、财政部和海关总署选择部分海关特殊监管区域开展赋予企业增值税一般纳税人资格，区域内符合增值税一般纳税人登记管理有关规定的企业，可自愿向区域所在地主管税务机关、海关申请成为试点企业，向主管税务机关依法办理增值税一般纳税人资格登记。

**2. 实践成效**

根据《国家税务总局、财政部、海关总署关于扩大赋予海关特殊监管区域企业增值税一般纳税人资格试点的公告》（国家税务总局、财政部、海关总署联合公告 2018 年第 5 号），大连出口加工区可开展企业增值税一般纳税人资格试点。随着英特尔半导体（大连）有限公司收到国内客户开具的首张增值税专用发票，海关特殊监管区域增值税一般纳税人这项优惠政策正式落户辽宁自由贸易试验区大连片区，这是大连海关以自由贸易试验区建设为平台全力推动落实的又一项改革举措。

大连取得一般纳税人试点资格后，大连海关主动上门提供政策讲解，鼓励支持企业有效利用该项政策降低国内采购的税收成本，进一步提升产品的竞争力，使企业能够更为充分地利用国际国内两个市场、两种资源。企业的发展诉求始终是海关不断完善业务流程的动力和目标。为使英特尔半导体（大连）有限公司获得更佳的政策体验和更优的推进效果，大连海关坚持以问题为导向，结合企业的实际情况与大连市国税局展开数据传输合作，在巩固前期压缩通关时间成效的基础上，有效提高出口退税的退付效率，全部数据传输和退税操作均在“后台”完成运行，企业正常业务不受任何影响和干扰。

此外，大连海关充分利用当前特殊监管区域信息化建设的成果为一般纳税人政策的高效执行提供支撑和保障，通过建立国内采购专用账册为国税部门计算出口退免税额提供精准明确的数据来源。企业国内采购的硬性成本有效降低，“两条腿”走路的能力和产品竞争力均显著增强。政策适用半年来，企业出口退免税额已达 13. 82 亿元人民币。

**（二）“特殊监管区域+飞机维修”监管模式**

“飞机维修”在沈阳乃至东北地区是比较高精端的维修制造业。作为国内唯一一家具备霍尼韦尔公司和汉胜公司两种 APU（飞机发动机辅助动力装置）修理能力的维修工厂——中国南方航空股份有限公司沈阳维修基地，受制于维修零件无法享受保税政策，维修主体与零件通关程序相对繁琐。以一般贸易方式进口，采用传统的库存保障模式，占用了企业的大量资金，沈阳海关围绕重点企业需求，精准定位改革方向，充分发挥自由贸易试验区先行先试优势，致力改革创新监管制度，主动服务航空维修业发展需求，通过推行支持飞机维修产业发展的“特殊监管区域+飞机维修”的监管模式，量身打造的“沈阳标准”最大限度地降低了航空维修业务运行成本，减少了维修时间损耗，提高了维修效率。实现“政策叠加、部门协同、区港联动”，支持临空产业发展，助推辽沈老工业基地振兴。

**1. 主要做法**

根据《海关法》《海关总署关于印发支持和促进中国（辽宁）自由贸易试验区建设发展的若干措施的通知》（署加发〔2017〕71 号）等，在广泛征求意见的基础上，沈阳海关制定了《“特殊监管区域+飞机维修”业务管理操作规程（试行）》，颁布沈阳海关 2017 年第 19 号公告。

飞机维修业务是指经国家有关部门批准，飞机维修企业承揽境内外民用航空器及其零附件（以下简称“维修主体”）维修的服务业务。其主要包括：整架飞机维修业务、飞机零附件的修理业务和其他经海关批准开展的飞机维修业务。

飞机维修企业必须是经国家有关部门批准，有权开展民用航空器及其零附件维修服务的经济实体。

沈阳海关对飞机维修业务采用“特殊监管区域+飞机维修”的监管模式，进境维修主体按“修理物品”办理进出境手续；维修所需的进口零附件及原材料（以下简称“维修航材”）按“区内物流货物”办理保税进口手续，维修主体复出境后海关对耗用的维修航材予以保税核销。维修企业应持进口报关单证、维修协议或其他单证等向主管海关建档备案，并向主管海关报备维修场所及航材存储的具体地址。维修航材必须在经海关备案的维修场所内使用。在提供有效担保的前提下，维修企业可向主管海关申请维修航材适用“分批出区、集中报关”监管方式。维修航材在特殊监管区域及维修场所间的流转，可由企业自行运输。维修产生的维修废（旧）物须随维修主体全部退运出境。

**2. 实践成效**

“特殊监管区域+飞机维修”的监管模式充分利用自由贸易试验区制度创新、先行先试的政策优势，将“修理物品”与保税物流政策有机结合，建立起既保证有效监管又最大限度地降低航空维修企业运行成本、提高通关效率的监管模式，实现了零部件的保税进口。制度创新推动航空产业优化升级，使得企业得以承揽国际航空维修业务，解除了企业成本方面的后顾之忧。2018 年 5 月，南航沈阳维修基地已顺利完成国外 APU 项目的首修，共计节约税费成本达 7 万元人民币。据企业预计，2018 年全年 APU 入境修理将达到 15~20 台次，创产值 4000 万元人民币，节约成本将达到 80~120 万元人民币。未来两年，企业还将进一步扩大 APU 修理海外业务量，并承修国际第三方飞机大修业务和其他附件修理业务，预计每年海外三方业务的产值将达到 1 亿元人民币以上。随着南航沈阳维修基地维修能力的不断拓展，以及对国际市场开发力度的持续加大，未来海外维修业务的规模和产值将快速增长，为进一步促进沈阳航空产业的发展、振兴东北战略作出新的贡献。

## 五、其他

### （一）支持促进中德产业园与自由贸易试验区协同建设发展

中德（沈阳）高端装备制造产业园（简称中德产业园）位于沈阳经济技术开发区中部，规划面积 48 平方千米。2015 年 12 月 17 日，国务院批复《中德（沈阳）高端装备制造产业园建设方案》，并要求辽宁省政府和国家发展改革委要创新装备制造业发展模式，创新对外开放合作模式，加强“中国制造 2025”与“德国工业 4.0”战略的高效对接，实现中国市场与德国技术优势互补，将中德产业园打造成为国际化、智能化、绿色化的高端装备制造业园区，加快培育沈阳经济区新的增长点，为促进辽宁省经济社会发展乃至东北老工业基地全面振兴发挥积极作用。

**1. 主要做法**

（1）积极争取政策支持。

2016年8月，国务院决定新设立包括辽宁省在内的7个自由贸易试验区。获知辽宁获批设立自由贸易试验区的消息后，沈阳海关积极向省市政府就自由贸易试验区的选址区域及产业发展建言献策，其中包含将中德产业园纳入自贸规划范围内，但按照设立自由贸易试验区的新原则（依托发展基础较好的国家级新区、园区设立；每个都包含三个片区，每个片区不能再分散，必须为一个整体；面积在120平方千米内），中德产业园未能划在自由贸易试验区范围里，海关总署原定支持措施原则也规定，未列入自由贸易试验区范围的事项，不能在支持措施中体现相关内容。2016年10月至12月，沈阳海关先后三次派工作组参加海关总署集中工作，每一次都将协同发展对振兴东北老工业基地的积极作用作为首要内容进行强调和汇报。在工作组的积极争取和不懈努力下，海关总署最终同意将“支持中德（沈阳）高端装备制造业产业园与自由贸易试验区协同发展”列入《海关总署关于支持和促进中国（辽宁）自由贸易试验区建设发展的若干措施》中，并于2017年4月7日印发。

（2）深入调研，量身打造。

在争取到政策支持后，沈阳海关根据中德产业园的自身产业特点，逐条梳理对比自由贸易试验区海关监管创新制度，按照“优先适用、积极推进”的原则积极加以落实。期间，通过开展书面问卷调查和多次实地考察等形式，了解园区发展状况，以及管委会和企业对海关工作的需求，成立了专门课题小组，深入研讨中德产业园的发展方向，撰写《中德（沈阳）高端装备制造产业园海关制度创新实践与探索》，切实支持园区企业引进先进技术设备，扩大出口规模，提高装备制造业的国际竞争力。

**2. 实践成效**

从复制推广自由贸易试验区监管创新制度以来，沈阳海关大力支持辖区自由贸易试验区、中德产业园等协同发展，有效地发挥其对外开放平台的叠加作用。沈阳海关共推出33项制度，其中23项均适用于中德产业园，主要有：简化无纸通关随附单证，集中汇总纳税，原产地证书管理改革，“直接运输”条款便利化措施，国际海关AEO互认合作制度，企业协调员制度，海关企业信用信息公示制度，出境加工，集报集缴，简化加工贸易企业报核手续，取消加工贸易异地审核，企业自报自缴，加工贸易“企业为单元、账册为主线”监管模式，加工贸易单耗申报管理改革，“特殊监管区域+飞机维修”监管模式，“引入中介机构辅助开展保税核查、保税核销和企业稽查工作”，以及“对符合政策规定的科研机构、技术开发机构等单位进口科学研究、科技开发用品清单内研发设备及耗材予以税收优惠”等制度。中德产业园的通关时间大幅缩减，平均进口通关时间10.76小时，缩短48.86%，比全国平均通关时间减少32.22%；平均出口通关时间0.9小时，缩短48.6%，比全国平均通关时间减少18.43%；企业办理异地加工贸易业务时限缩减六个工作日、加工贸易企业报核准备减少十个工作日。

（1）“集报集缴”制度。园区内主要企业如华晨宝马汽车有限公司通过享受“集报集缴”制度，缩减通关时间70%，降低通关综合成本40%。

（2）“自报自缴”制度。依托企业“自报自缴”制度，货物通关由原“申报—审单—接单—开具税单—缴税—放行”六环节减少至“申报—缴税—放行”三环节，通关时间进一步得到压缩。

（3）凭借对科研机构的税收优惠政策，其研发中心项目中价值1600多万美元的设备享受到合理的减免税政策，实际减免税款达579.2万元人民币。

（4）“以企业为单元”。2017年，华晨宝马汽车有限公司开始接受德国总部销售网络销往墨西哥的生产订单，每辆汽车的生产需要使用近150种进口料件，如果按照传统模式进出口则需缴纳大量进口税款。对此，沈阳海关想企业之所想，按照汽车生产制造工艺和特点定制便捷监管方案，先后对宝马公司提供“联网监管”和“以企业为单元”加工贸易监管模式，建立与企业生产实际同步的单耗申报制度与多元化核销制度，优化深加工结转、保税货物集中内销业务，解决以合同为单元监管与企业生产实际相脱节的问题。自开展加工贸易业务以来，华晨宝马汽车有限公司已累计出口汽车近700辆，货值达9000余万元人民币，其汽车整车加工贸易业务发展迅猛，累计加工贸易进出口货值已达11.66亿元人民币。

（5）设立“中德园服务窗口”“中欧班列服务窗口”，为企业提供“一站式”服务，共计监管从华晨宝马海关监管场所进境的中欧班列货运量达37.21吨、货值138.37万美元。2017年，沈阳海关共监管出口中欧班列126列、增长147%，监管货运量6.6万吨、增长153%，货值约35.48亿元、增长272%。2018年上半年，共监管中欧班列87列，标箱8492个，货运量8.13万吨，货值2.77亿美元。2018年2月，与铁路等部门密切配合，实现了中欧班列直接驶入华晨宝马铁西工厂，在降低企业物流成本的同时，提升了企业国际竞争力。

（6）归类服务。解决了华晨宝马“汽车风挡玻璃”归类问题，该商品的进口关税税率由最初计划的20%降到10%，综合考虑生产及售后零件的进口量，预计每年可为企业降低税款近千万元。同时，对首次进口的商品做预裁定服务，解决了华晨宝马供应商——德科斯米尔（沈阳）汽车配件有限公司的归类难题。

（7）“企业协调员制度”。作为关区高级认证企业，“企业协调员制度”使得华晨宝马汽车公司获得更直接更畅通的关企联系渠道，享受了守法即获得便利的红利。“一对一”关企协调员机制，快速地解决企业在通关、监管等各环节的疑难问题，为企业打造高效便捷的通关环境。

（8）简化无纸通关随附单证、集中汇总纳税、原产地证书管理改革、国际海关AEO互认合作制度等，为其通关提供了极大的便利。

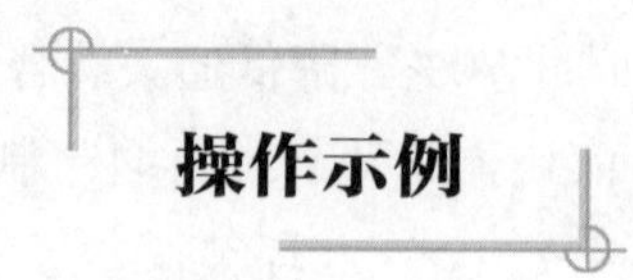

## 操作示例

### 一、从亏损数百万元到盈利5000万元——委内加工制度的创新使大连海尔冰箱重生

委内加工，是指特殊监管区域内企业接受境内区外企业的委托，对区外企业提供的入区货物进行加工，加工后的产品全部运往境内区外，并收取加工费。

辽宁自由贸易试验区挂牌后，大连海关、沈阳海关积极复制推广自由贸易试验区制度的创新成果，在海关特殊监管区域内复制推广“委内加工”监管模式，支持海关特殊监管区域内企业统筹利用国际国内两个市场，为大连海尔工业园、沈阳黎明国际动力工业公司等区内企业的发展迎来转机。

大连海尔电冰箱有限公司与大连海尔空调器有限公司、大连海尔精密制品有限公司、大连海尔电器产业有限公司一起组成大连海尔工业园，面向130多个国家和地区，生产出口全无氟节能冰箱、立式冷柜、窗式空调、除湿机及其零部件等产品。2017年年末，首批内销订单286台大连海尔电冰箱成功出区。截至2018年5月，共计完成内销订单6000多台，实现毛利增长180万元人民币。预计大连海尔工业园2018年产值可突破14亿元，同比可提升28%，带动1000余人就业。

沈阳黎明国际动力工业公司在综合保税区内存在大量的闲置产能而无法承接区外订单，沈阳海关想其所想，积极向海关总署争取政策支持，成功地帮助其适用“委内加工”政策，企业利润增长点激增，截至2018年6月，累计取得飞机发动机零部件加工订单总值约十亿余元人民币，赚取加工费已达一亿余元人民币。

下一步，海关将进一步完善信息化管理系统，理顺监管流程，支持企业利用特殊监管区域内剩余产能开拓国内市场，支持企业实现从单向出口到出口、内销“两条腿走路”的转变。

## 二、"仓储货物按状态分类监管"制度

自2018年7月起，大连保税区大窑湾海关在东北地区率先实施"仓储货物按状态分类监管"制度。首票重达30吨的非保税货物铁颗粒进入保税港区大连东威国际物流有限公司仓库。

"仓储货物按状态分类监管"制度，是指允许非保税货物以非报关方式进入海关特殊监管区域，与保税货物集拼、分拨后，实际离境出口或出区返回境内的海关监管制度。

此前，非保税货物不允许进入海关特殊监管区域，"仓储货物按状态分类监管"制度实施后，在海关特殊监管区域，非保税货物和保税货物可在同一仓库分类存放，有效地盘活了区内企业闲置的仓储资源，使物流企业的仓储成本和物流成本双双下降。同时，打破了传统的内贸壁垒，非保税货物在海关特殊监管区域，既可建立分拨中心，又可与保税货物一起出口集拼，简化了通关手续，节省了运输成本，对大连市创新发展国际航运中心、打造国际贸易大港、提高保税区核心功能区域地位具有重要意义。

## 三、大连海关助力铁矿石期货保税交割全面上线

2018年5月4日，随着大连商品交易所铁矿石期货引入境外交易者鸣锣开市，大连铁矿石期货保税交割业务全面启动上线。大连商品交易所是经海关总署批准，全国首家在保税监管场所开展期货保税交割业务的企业。同时，铁矿石是国内首个在海关确定的保税监管场所开展保税交割业务的品种，也是大商所首个可实现完整流程的保税交割品种。

铁矿石期货保税交割是将保税的商品转化为期货合约可供交割的商品，其最重要的意义在于实现了货物所有权在保税状态下转移，同时实现了保税货物在期货、现货状态间的互转，解决了投资者期货交易与实物交割的关键性问题。可以说，期货的保税交割是打通境内外市场、引入境外投资者的重要基础，是实现铁矿石期货国际化不可或缺的环节。

铁矿石期货保税交割、引入境外交易者、保税混矿业务的开展，是大连海关以企业需求为导向，推动辽宁自由贸易试验区建设的重要举措。这些业务大大方便了企业的生产经营活动，把大连的港口变成铁矿石自选超市，国内外钢厂可根据生产需要，以现货、期货多种方式进行购买，服务了实体经济的发展，推进重点期货品种的国际化进程。

大连海关将继续支持大商所的业务发展，探索保税混矿与期货保税交割业务的

结合模式，根据企业需求，叠加运用多项便捷监管措施，实现“1+1>2”的效果，通过新品种的注入，进一步吸引国际物流、仓储公司和境内外投资者，带动信息、商流和资金等多方资源的集聚，促进大连东北亚国际航运中心发挥优势。

# 中国（浙江）自由贸易试验区

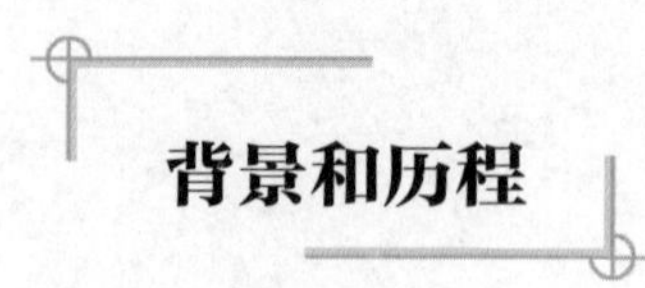

# 背景和历程

## 一、战略解读

建立中国（浙江）自由贸易试验区是党中央、国务院作出的重大决策，是新形势下全面深化改革、扩大开放和提升我国资源配置全球竞争力的重大举措。浙江自由贸易试验区的战略定位为："以制度创新为核心，以可复制、可推广为基本要求，将自由贸易试验区建设成为东部地区重要海上开放门户示范区、国际大宗商品贸易自由化先导区和具有国际影响力的资源配置基地。"

在舟山设立浙江自由贸易试验区的突出战略优势：

一是舟山具有独特的区位、岸线资源优势。舟山背靠长三角广阔经济腹地，是我国经济最发达、石油资源需求量最大的地区，也是长江联通外海的唯一通道。舟山还具有罕见的深水岸线资源，能满足十亿吨级大港建设需要，完全适宜建设我国最大的石油储备中转加工交易基地。

二是舟山在油品储备、中转、加工、交易和保税燃料油供应等领域具有雄厚的产业基础。目前，舟山群岛油品储备能力超过 2200 万吨，获批在建储备能力约 1000 万吨，绿色石化基地项目进展顺利，2017 年舟山保税燃料油加注规模位居全国港口前二，可辐射整个南北海运网络。宁波—舟山港已发展成为我国第一大港，港口集装箱吞吐量排名全球前列。

三是在舟山建设自由贸易试验区监管便利，风险可控。舟山离岛远离大陆，四面环海，具备"境内关外"监管的天然地理优势，可以实行更加开放的"境内关外"管理，人员、货物进出可以得到有效监管。同时，这些海岛生态环境容量大，项目易落地，是推进油品投资便利化和贸易自由化的较佳选址。

浙江自由贸易试验区的发展目标是："经过三年左右有特色的改革探索，基本实现投资贸易便利、高端产业集聚、法制环境规范、金融服务完善、监管高效便捷、辐射带动作用突出，以油品为核心的大宗商品全球配置能力显著提升，对接国际标准初步建成自由贸易港区先行区。"

## 二、概况

浙江自由贸易试验区的实施范围为 119.95 平方千米，由陆域和相关海洋锚地组成，涵盖三个片区：舟山离岛片区 78.98 平方千米（含舟山港综合保税区区块二

3.02 平方千米），舟山岛北部片区 15.62 平方千米（含舟山港综合保税区区块一 2.83 平方千米），舟山岛南部片区 25.35 平方千米。

按区域布局划分，舟山离岛片区鱼山岛重点建设国际一流的绿色石化基地，鼠浪湖岛、黄泽山岛、双子山岛、衢山岛、小衢山岛、马迹山岛重点发展油品等大宗商品储存、中转、贸易产业，海洋锚地重点发展保税燃料油供应服务；舟山岛北部片区重点发展油品等大宗商品贸易、保税燃料油供应、石油石化产业配套装备保税物流、仓储、制造等产业；舟山岛南部片区重点发展大宗商品贸易、航空制造、零部件物流、研发设计及相关配套产业，建设舟山航空产业园，着力发展水产品贸易、海洋旅游、海水利用、现代商贸、金融服务、航运、信息咨询、高新技术等产业。

按海关监管方式划分，浙江自由贸易试验区内的海关特殊监管区域重点探索以贸易便利化为主要内容的制度创新，重点开展国际贸易及保税加工、保税物流、保税服务等业务；非海关特殊监管区域重点探索投资制度、金融制度等体制机制创新，积极发展以油品为核心的大宗商品中转、加工贸易、保税燃料油供应、装备制造、航空制造、国际海事服务等业务。

浙江自由贸易试验区特色鲜明：一是地域聚焦。浙江自由贸易试验区 119.95 平方千米的实施范围全部在舟山市范围内，充分发挥舟山群岛区位优势、海岛资源优势和离岛监管便利优势，打造独具地域特色的自由贸易试验区。二是目标聚焦。围绕关于“对接国际标准初步建成自由贸易港区先行区”的战略要求，对标新加坡，致力于打造具有中国特色、浙江特色的自由贸易港先行区。三是内容聚焦。浙江自由贸易试验区以油品全产业链投资便利化、贸易自由化为核心试点内容，探索既符合国际惯例又具有中国特色的大宗商品自由贸易制度，着力推动供给侧结构性改革，为提升我国资源配置全球竞争力探索新途径，积累新经验。

### 三、建立历程

2013 年 1 月，国务院批复的浙江舟山群岛新区发展规划中明确提出“探索设立舟山自由贸易园区和舟山自由港区”。随后，浙江省立即启动了舟山自由贸易试验区方案论证和申报工作，并得到了浙江省委省政府的高度重视。

2013 年 4 月 7 日，浙江省政府正式向国务院上报《关于要求建立舟山自由贸易园区的请示》。同时，舟山市委托国务院发展研究中心和商务部国际贸易经济合作研究院开展《舟山自由贸易园区发展战略研究》和《建设舟山自由港研究》。

2014 年 2 月，浙江省政府常务会议审议通过了舟山自由贸易试验区总体方案，并正式报送至商务部审批。在主要任务方面，该方案着重围绕“提高大宗商品贸易自由化水平、推进海洋制造业投资便利化和扩大现代海洋服务业对外开放”等进行全面深化开放的先行先试。

2014 年 3 月底，商务部就方案征求了国家 21 个部委和商务部内 12 个司局的意见，各部委均表示方案亮点突出、特色明显，体现了国家需要、浙江优势，表示原则上同意并将大力支持舟山试点。

2015 年以来，浙江省政府主要领导明确要求充分发挥舟山海洋海岛资源优势，突出国家战略需求，继续谋划设立舟山自由贸易试验区。舟山市提出选择舟山若干个离岛，建设以油品全产业链投资便利化、贸易自由化为重点，探索既符合国际惯例、又具有中国特色的自由贸易试验区。

2015 年 12 月 29 日，国务院办公厅召集商务部和浙江省就工作路径和主要内容进行了会商，这也标志着舟山自由贸易试验区申报工作正式进入了报批工作程序。

2016 年 1 月 8 日，浙江省政府正式向国务院上报了关于要求设立中国（浙江舟山）自由贸易试验区的请示文件，国务院办公厅随后将请示件批转商务部办理。

2016 年 8 月 31 日，国务院决定，在浙江省等七个省市新设自由贸易试验区。浙江省主要落实中央关于“探索建设舟山自由贸易港区”的要求，就推动大宗商品全球配置能力进行探索。

2016 年 9 月 9 日，浙江省政府召开舟山自由贸易港区规划建设专题会议，会议讨论了《中国舟山自由贸易港区总体方案（讨论稿）》，舟山市人民政府与浙江省商务厅做了专题工作汇报，并对浙江自由贸易试验区改革创新任务进行了初步分工。

2017 年 3 月 15 日，国务院印发《中国（浙江）自由贸易试验区总体方案》，明确了浙江自由贸易试验区的总体要求、区位布局、主要任务、措施和保障机制，并提出：“以制度创新为核心，以可复制、可推广为基础要求，将自由贸易试验区建设成为东部地区重要海上开放门户示范区、国际大宗商品贸易自由化先导区和具有国际影响力的资源配置基地。”

2017 年 4 月 1 日，浙江自由贸易试验区正式挂牌。

2017 年 4 月 7 日，海关总署印发《支持和促进中国（浙江）自由贸易试验区建设发展的若干措施》，围绕创新海关监管制度、促进贸易便利化，实施保税监管改革、促进加工贸易创新发展，支持新型贸易发展、促进稳增长调结构，助推海洋经济发展、提升大宗商品全球配置能力和培育法治化营商环境、维护贸易秩序公平公正等五方面，推出 25 项支持措施；同日，海关总署批复同意《中国（浙江）自由贸易试验区海关监管方案（试行）》，重点对围网区域监管模式、非围网区域监管模式和特色业务海关监管模式进行细化。

## 四、监管新政介绍

根据《中国（浙江）自由贸易试验区总体方案》《支持和促进中国（浙江）自由贸易试验区建设发展的若干措施》和《中国（浙江）自由贸易试验区海关监管方案（试行）》的要求，浙江自由贸易试验区较其他自由贸易试验区具有特色的监管制度主要体现在提升大宗商品的全球配置能力方面。

一是支持国际海事服务基地建设。支持丰富保税燃料油供应市场竞争主体，应用信息化手段优化船舶通关手续，通过“先供船后报关”“一船多供”“一船多能”等方式探索多种形式的保税燃料油供应模式，提升港外锚地和跨关区直供能力，推动保税燃料油供应通关便利化。支持开展国际船舶修理业务。依托舟山港综合保税区，支持舟山港船舶配件交易市场建设。

二是支持国际油品基地建设。支持国际石化基地建设，探索对符合条件的石化企业实施“电子底账+企业自核”的保税监管模式，优化石化产品进出口通关手续。支持开展原油、成品油、燃料油等大宗商品现货交易。支持国内期货交易所在舟山港综合保税区和保税监管场所内设立商品期货交割库，开展期货保税交割、仓单质押融资业务。

三是支持国际矿石中转基地建设。支持国际配矿贸易中心建设，优化面向长三角、辐射长江沿线的矿石集疏运中转监管。完善矿石混配业务管理，推动原产地认证联网核查，探索建立与国际大宗商品进口交易和转口贸易相适应的海关监管制度。

四是支持浙江海洋经济发展示范区建设。支持浙江沿海水运口岸扩大开放，建立与船舶、海洋工程装备制造业相适应的保税监管模式，按照合同期限进行监管。优化远洋渔业海关管理，允许冰鲜鱼等鱼获在渔场捕捞后直接出口境外。支持舟山邮轮母港建设，为邮轮、游艇出入境提供通关便利。

五是支持舟山江海联运服务中心建设。主动服务国家“一带一路”建设，建设义甬舟开放大通道，优化国际航行船舶进出港和移泊申报手续，推进宁波舟山港口岸监管一体化，完善多式联运海关监管体系。支持开展国际中转、集拼和分拨业务，允许符合条件的船舶开展沿海捎带业务。

六是支持舟山航空产业园建设。依托海关特殊监管区域，支持开展通用飞机总装组装、制造等业务，参照国际惯例和行业规则，优化通关流程，创新海关监管模式。支持舟山普陀山机场航空口岸对外开放。

## 海关监管制度详解

自 2017 年 4 月 1 日，浙江自由贸易试验区正式挂牌以来，杭州海关落实国务院总体方案和海关总署 25 项支持措施，围绕浙江自由贸易试验区的战略定位，紧扣促进以油品为主的大宗商品贸易便利化这一核心任务，对照国际通行规则，推出 46 项创新举措，具体做法及成效如下：

一是支持浙江自由贸易试验区建设“东北亚保税燃油加注中心”。杭州海关为浙江自由贸易试验区量身定制“跨地区直供”“一船多供”“一库多供”“港外锚地供油”“同商品编码下保税油品混兑”“保税油检验监管制度”等便利化支持举措，优化保税燃油供应通关监管流程，简化加油船舶进出自由贸易试验区的通关手续，降低供油企业的成本。据估算，上述举措惠及企业 15 家，为企业节约成本上亿元，每批油品进出通关时间压缩 12~48 小时。

二是支持浙江自由贸易试验区建设国际海事服务基地。杭州海关在全国范围内率先创新实施“申报无疫放行”模式，针对保税燃料油加注国际航行船舶实行“事前报备、风险评估、联防联控、闭环管理”的监管模式，“电讯检疫”比例从 11%提高到 40%，单船办理时间从 10 小时缩短至 0. 5 小时以内，最大程度便利船舶通关放行。据估算，平均每艘国际航行船舶可节约通关时间四小时，节约成本六万元。

三是支持浙江自由贸易试验区建设国际矿石中转基地。杭州海关推出“仓储货物按状态分类监管”“同商品编码铁矿石混矿”“进境保税金属矿产品检验监管制度”等支持举措，拓展浙江自由贸易试验区矿石经营业态，简化入区后转进口矿产品的品质检验、数重量鉴定等项目查验。实施“仓储货物按状态分类监管”后，非保税铁矿砂可以进入特殊监管区域与保税铁矿砂同场共管，打通了内外贸铁矿砂一体化运作的瓶颈；同商品编码铁矿石混矿制度的落地，推动浙江自由贸易试验区形成了矿石接卸、保税、混矿、中转分销的业务链条，为建设国际配矿贸易中心、提升大宗商品全球配置能力奠定了基础。据估算，“同税号铁矿石混矿”为企业节约成本 800 万元；实施预检验措施，每批次可为企业减少一个月通关时间。

四是深入贯彻“放管服”改革，落实“最多跑一次”要求。杭州海关积极推进国际贸易“单一窗口”建设及无纸化改革。一是做好国际贸易“单一窗口”国家标准版在浙江自由贸易试验区的推广工作，推动浙江自由贸易试验区率先实现运输工具“一单四报”业务，并在推广国家标准版的基础上，全力支持浙江自由贸易试验区打造“单一窗口”特色功能版块。同时，成功搭建保税燃料油加注“一口受理”平台，推动实现相关业务一次性办理，促进保税油加注全过程通关便利升级，为企业节省申报时间约 80%。二是推出检验检疫全流程无纸化，大幅提升进出口报检、放行效率，并为企业节约了大量费用。据估算，该项举措落地后，企业每年可节约成本 80 万元。

五是围绕“科技兴关”打造智能化监管服务，推进贸易便利安全。杭州海关大力推进先进装配和科技系统在监管中的应用，减少人力成本，提升监管效能。一是结合保税油加注作业距离远、时间要求高等特点，开发应用船舶自动识别系统、无线视频监控系统、流量计、液位仪监控系统等信息化手段，实现对加受油船舶以及供油过程的实时监控，确保管住管好。二是利用小型无人机航拍技术替代传统乘坐拖轮观测船舶六面水尺，以“机”眼代替人眼观测六面吃水，用程序处理代替人为判断得到吃水值，实现船舶吃水值观测一体化、精确化、快速化的目的。自 2017 年 10 月，该系统投入运行以来，浙江自由贸易试验区铁矿石进口通关时间不超过 0.5 小时，通关时间较之前压缩 80%以上，在为企业节省运营成本的同时，节约三分之一的海关人力资源。

创新举措自推出至今，稳步落地，取得了一定成效。2018 年 5 月 23 日，国务院印发的《关于做好自由贸易试验区第四批改革试点经验复制推广工作的通知》中要求复制推广的 30 项试点经验中，有六项来自浙江自由贸易试验区，其中“进境保税金属矿产品检验监管制度”“港外锚地保税燃料油受油船舶‘申报无疫放行’制度”两项创新经验由杭州海关贡献。

在 46 项创新举措中，有 20 项是为浙江自由贸易试验区量身定制的创新举措：

第一项是跨地区直供。供油企业跨舟山海关辖区到其他海关辖区开展国际航行船舶保税油直供业务，包括宁波、南京、上海等及关区内的嘉兴、温州、台州等。

第二项是港外锚地供油。供油船对尚未进入港口内，在港口外锚地停泊的国际航行船舶供应保税油。

第三项是一船多供。单艘供油船舶在一个作业航次内对多艘受油船舶供应保税油。

第四项是先供后报。从事国际航行船舶保税油供应的企业采用“先供油，后报关”模式开展业务。

第五项是一库多供。同一公用型保税仓库同时存储多家供油企业的保税油。供油企业利用公用型保税仓库开展保税油供应业务。

第六项是同商品编码铁矿石混矿。同一商品编码项下同一原产国不同产区（不同品质）的铁矿石在特殊监管区域（保税监管场所），进行保税物流项下流通性简单加工混矿。

第七项是口岸监管一体化改革。一是以宁波口岸和舟山口岸现有的船舶申报平台为依托，加强船舶申报数据的互联互通，进一步优化国际航行船舶在宁波—舟山港内移动的申报手续；二是在研究分析宁波与舟山间集装箱货物跨关区流转中存在的问题的基础上，结合港务部门的相关需求，全面推行转关无纸化。

第八项是油库功能整合。利用现有的保税仓库和出口监管仓库功能，实现两仓功能叠加，即指定仓库同时具备出口监管仓和保税仓库功能。

第九项是同商品编码下保税油品混兑。同一商品编码（十位）项下不同品质的保税油品在保税监管场所（特殊监管区域）内，进行保税物流项下混兑。

第十项是保税燃油出库审批最多“跑一次”。企业通过两仓联网监管系统办理货物出库等业务的在线申请，实现保税油从保税库至供油船上在线申请、线上核批，企业无须再到海关递交单证。

第十一项是水海产品实施原产地签证负面清单制度。引入负面清单制度，建立企业清单和产品清单。清单外企业实行即报即签，享受快速签证便利。清单内企业对清单内产品申请签证，才需要开展原产地调查。

第十二项是检验检疫便利通关放行管理。在合格假定和企业合格保证的基础上，开展通关便利放行；运用信息化手段设置自动通关规则，未抽中批和查验合格批均实施计算机系统自动签发通关单，自动归档，无须人工操作；深化运用企业信用管理信息和产品风险等级信息，对企业和产品实施分类管理。

第十三项是国际航行船舶保税燃料油加注检疫创新。允许受油船在外锚地（非检疫锚地）接受检疫监管；对来自传染病或动植物疫区，但经风险评估认为疫情风险较低可控，且诚信申报“无疫”的受油船舶实施电讯检疫，不再实施登轮检疫。

第十四项是入境修理船舶检疫创新。根据风险评估结果给予入境修理船舶减少锚地检疫、简化手续等快速通关便利，同时加强在港修理期间的检疫监管和卫生监督。

第十五项是进境动植物及其产品检疫审批无纸化。下放审批初审权限，并实施进境动植物检疫审批全程无纸化。

第十六项是进口食品预检验。实施预检验制度，进口食品可在检验检疫机构检验前，由相关企业委托具有资质的第三方机构对拟进口产品的样品提前进行检验，检验检疫机构在综合风险评估的基础上采信和验证预检验结果。

第十七项是保税金属矿检验创新。一线入区时提前对整批保税货物进行全套检验流程，出区进口时不再重复检验；采信第三方检验鉴定机构的数重量鉴定结果；实施分类管理。

第十八项是保税油检验创新。一线入区时提前对整批保税货物进行全套检验流程，出区进口时不再重复检验；采信第三方检验鉴定机构的数重量鉴定结果；采用信用管理、分类监管模式，为信用企业量身定制预检验、现场快速检测等。

第十九项是进口大型成套设备和重大进口项目检验创新。明确大型工程项目设立现场办，统一协调进出口检验检疫相关业务；提前介入项目监管，做好政策宣传和帮扶；对重大进口项目、重大质量安全问题，可视情在全省内组织协调有关人共同参与检验监管。

第二十项是免于办理强制性产品认证实施。将免办的各级审核权限（包括汽车、摩托车产品的审核），以及免办诚信企业的评定全部下放至自由贸易试验区所在地；利用电子管理系统，全面实施无纸化办理，纸质申请材料由企业留存；区内企业优先考虑纳入诚信企业管理，享受一次办理、多次通关等优惠政策。

## 一、通关便利化

### （一）保税油跨地区直供监管模式

创新前：供油企业进行跨地区供油需向起运地海关申请办理保税油出库核准手续，海关批复后对配送油船进行装油。供油船舶抵达出境海关辖区时，供油企业向出境地海关办理保税油入库手续，经核准后再办理入库及保税油二次出口手续，最后才能对受供船舶进行保税油加注。

创新后：杭州海关在全国首创跨地区直供模式，当供油企业跨舟山海关辖区到其他海关辖区开展国际航行船舶保税油直供业务时，供油企业先向受油地海关申请跨地区直供，经审核同意后由供油地海关办理单次保税油出库核准手续，通过配送油船装油运抵受油地海关辖区，然后直接向受油地海关的口岸物流监管部门办理申请供油手续，完成跨地区直供作业（如图 3-17 所示）。

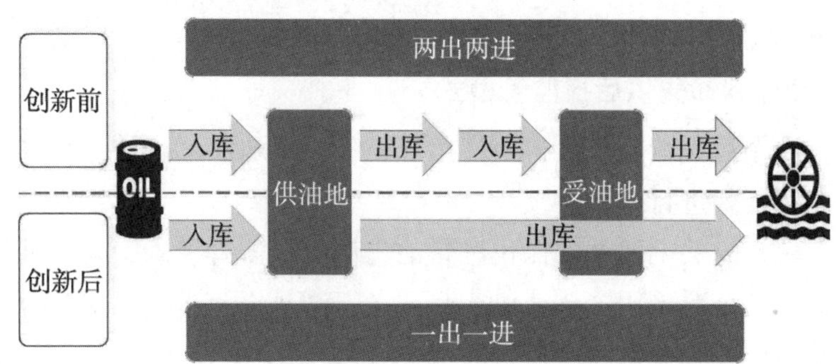


**图 3-17　保税油跨地区直供创新对比图**

实践效果：

一是保税油跨地区直供业务快速发展。跨地区直通模式的创新使舟山保税燃料油供应体系建设取得重大突破，供油效率、服务效果明显提升，带动供应量快速上升。

二是简化审批流程。杭州海关积极创新供油审批模式，将“两进两出”改革为“一进一出”，供油企业只需向启运地海关申请办理相关手续，完成供应的时间从原来的2天缩短到4~5小时。

三是降低供油企业经营成本。杭州海关辖区的供油船可到宁波、南京、上海等地开展国际航行船舶保税油供应业务，打破原区域限制，极大降低供油企业的仓储成本、物流成本，减少因油料二次入库而造成的损耗，提高了油品企业参与全球市场的竞争力。

### （二）保税燃料油“一船多供”监管模式

创新前：一艘供油船在一个作业航次内，只能对有明确供油订单的国际航行船舶加油，无法满足临时订单的供油需求。

创新后：杭州海关全国首创保税燃料油“一船多供”监管模式，减少了供油企业作业成本。

实践效果：

“一船多供”监管模式的创新使得舟山保税燃料油供应体系建设取得重大突破，供油效率、服务效果明显提升，减少供油企业通关所需时间成本。原先“一船一供”的模式，不利于企业灵活作业，而且企业往返油库的次数也比较多。创新举措推出后，供油企业实施“一船多供”供油作业，一个供油作业航次结束后，供油企业向海关提交实际供油数据，海关审核后予以确认。企业可将承运船舶满载，在海上进行流动作业，极大地提高了企业的作业效率。该举措有助于企业灵活争取订单，节约运输成本，提升企业效益。

### （三）保税燃料油先供后报监管模式

创新前：由企业先行报关，再申请出库，报关量与实际加油量存在误差，每票申报的实际量都需要进行改单手续。

创新后：杭州海关全国首创保税燃料油先供后报监管模式，允许从事国际航行船舶保税油供应的企业采用“先供油，后报关”模式开展业务，以实际供油量直接报关，从而减少供油企业通关所需时间成本（如图3-18所示）。

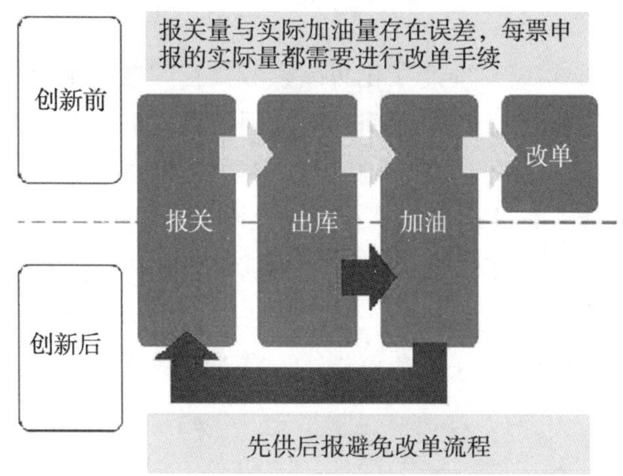


图 3-18 “先供后报”创新对比图

实践效果：

“先供后报”监管模式的创新使得舟山保税燃料油供应体系建设取得重大突破，供油效率、服务效果明显提升，极大减少供油企业通关所需时间成本。创新举措推出后，允许供油企业先供油，以实际供油量直接报关，避免改单这一流程。

**（四）空检地放检验监管模式**

改革前：进口食品、化妆品等更新频次快的消费产品因其安全、卫生的敏感性，检测程序多、通关流程较长。因此，从货物到港起，往往需要近三周左右的时间才可通关。

改革后：为不影响货物周转效率和企业经营成本，舟山海关将“空检地放”模式应用到化妆品领域，对从韩国进口的化妆品实施“空检地放”检验监管模式，进口商确定进口货物及生产批次后，在货物装运出港前第一时间抽取同一批次货物的样品，通过空运寄递的方式提前送到通关口岸进行相关项目的检测，使样品检测和货物物流同步进行。货物到达口岸后，舟山海关现场查验货物及批次确认，同时抽取样品对产品关键指标进行后续的符合性检测和评估，实现货物“当日查、当日放”（如图 3-19 所示）。

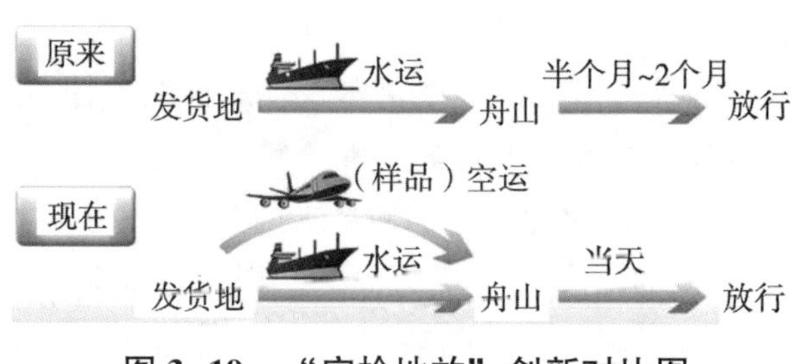


图 3-19 “空检地放”创新对比图

实践效果：

一是大幅缩短检验检疫时间。在化妆品领域实行“空检地放”模式后，通过空间换时间，大幅缩短进口货物通关时间，避免因货物进口需进行全项目检测所导致的放行速度过慢，以及货物严重滞港的问题。有效压缩货物进口流程时限，与传统模式相比，“空检地放”模式将时间至少缩短75%以上。

二是便于进口货物差别管理。杭州海关根据货物输出国质量安全情况、企业质量安全控制能力等指标，建立信用等级从劣到优、监管力度从严到松、放行速度从慢到快的差别化监管政策，对于产业层次高、营业规模大、信用记录优的企业进行一定程度的监管优化。

## 二、保税监管

### （一）不同商品编码下保税油品混兑

创新前：不同商品编码的保税油品混兑涉及前四位商品编码变化，属于实质性加工，需按照加工贸易模式监管，但参与混兑的保税油品属于加工贸易禁止进口类，因此无法开展加工贸易监管模式下的混兑调和。

创新后：2018年7月4日，商务部会同海关总署正式批准同意在浙江自由贸易试验区开展不同税号保税燃料油混兑调和加工贸易业务。该创新政策有三大特点：一是调整了此前国家规定的加工贸易项下禁止类目录限制，一些参与混兑的重要原料不受禁止类目录的限制。二是不再受限于自由贸易试验区范围。注册在浙江自由贸易试验区内的企业可以在自由贸易试验区管理委员会指定的符合监管条件的库区内开展混兑业务；三是突破了混兑后产品只能用于船舶加油的限制，在符合一定条件下，混兑产品可以批发出口。

2018年8月27日，在杭州海关的监管下，在浙江自由贸易试验区某企业油库内，合计4.5万吨的两种不同商品编码保税油品在油罐内完成混兑调和，标志着“不同商品编码下保税油品混兑”这一创新政策在浙江自由贸易试验区正式落地。这也是全国首票“不同商品编码下保税油品混兑”业务。

实践效果：

燃料油混兑调和，是指企业根据市场需求及产品标准，将不同成分的原料油品按照测算比例，在油罐中经混兑调和成燃料油。此次实施的“不同商品编码下保税油品混兑”政策，是由此前杭州海关推出的第二批支持浙江自由贸易试验区建设创新举措“同商品编码保税油品混兑”优化而来，把允许混兑的保税油品由“同一商品编码项下”拓展到“不同商品编码项下”。对于企业而言，选择面更大，混兑业务操作更为灵活。该创新政策落地后，企业可以根据原料市场价格和燃料油价格差异，发现混兑调和的价格窗口，进一步降低保税燃料油的价格成本。

浙江自由贸易试验区在全国率先开展不同税号保税燃料油混兑调和创新政策，是浙江自由贸易试验区推动油品贸易便利化的重大利好，将对缩小舟山保税油供应与国际高标准的差距、提升国际竞争力起到重要作用。

### （二）同商品编码铁矿石混矿监管模式

创新前：铁矿石在保税监管场所开展混矿，涉及是否为实质性加工，在通关过程中涉及原产地申报等问题。

创新后：杭州海关积极探索监管制度创新，支持舟山开展同商品编码铁矿石混矿监管模式，允许同一商品编码项下不同品质的铁矿石在特殊监管区域（保税监管场所）进行保税物流项下流通性简单加工混矿，实现了拓展浙江自由贸易试验区矿石经营业态、提升企业利润，提高进口铁矿砂品质，满足国内钢厂个性化需求，保障舟山国际矿石中转基地建设。

实践效果：

通过铁矿石混矿，可以使最终混矿产品能够满足钢厂生产工序的指标要求，从而为钢厂生产提供稳定的原料供给保障。“同商品编码铁矿砂混矿”新型业务，利用保税堆场，将进口的高硅铁矿砂和低硅铁混合加工成硅含量适中的优质矿砂，再进行分销配送，为钢铁企业节省了大量成本。该创新举措实施后，鼠浪湖矿石中转码头由以往单纯从事矿石装卸、堆存业务，提升为可向客户提供矿石分拨、仓储、配送、混矿等多项增值配套服务，市场竞争力明显提升，业务量也随之大幅增长。保税混矿业务的开展有效降低了混矿成本，实现了境外优质矿山及加工厂向国内的“搬迁”，同时也给中国钢铁企业寻找货源提供了更多的选择。这一举措的落地，标志着浙江自由贸易试验区矿石接卸、保税、混矿、中转分销业务链条初步形成，为建设国际配矿贸易中心、提升大宗商品全球配置能力奠定了基础，助力浙江自由贸易试验区成为长江以南最大铁矿砂进口口岸和亚太地区重要的矿石配送中心。

## 三、企业管理

截至 2018 年 9 月底，浙江自由贸易试验区海关注册企业 471 家，注册企业主要集中在油品、铁矿石等大宗商品贸易，船配服务等行业。

### （一）企业协调员制度

通过建立企业协调员制度、组建海关企业协调员队伍、搭建关企合作平台，利用多种手段，畅通海关与企业间联系沟通和反映问题的渠道，构建新型关企合作伙伴关系，并不定期向企业推送最新政策规定、企业问题提交和海关汇总处理反馈的速响应机制、信用培育、规范改进和辅导等个性化服务措施，提高海关服务企业的水平。

（二）企业信用信息公示

通过制定海关企业信用信息公示目录，通过动态发布、依申请公开等主动公布与可查询相结合的形式，对社会公示企业注册登记信息、信用等级信息、海关行业资质，以及行政处罚信息。

据统计，自2017年4月1日浙江自由贸易试验区挂牌以来，企业信用信息公示覆盖企业数量达1301家。

（三）高级认证企业联合激励

根据海关总署与国家发展改革委、人民银行等40个部门签订的《关于对海关高级认证企业实施联合激励的合作备忘录》，各部门从全国信用信息共享平台守信联合激励系统中获取海关高级认证企业信息，执行或协助执行备忘录规定的六大类49项激励措施。

（四）信用等级差别化通关管理

探索在企业信用管理、分类管理等方面，参考或采纳第三方信用报告。支持建立以组织机构代码实名制为基础的企业质量信用档案，支持建立以物品编码管理为溯源手段的产品质量信用信息平台，并对高资信企业给予监管通关优惠便利举措。

## 四、税收征管

（一）企业自报、自缴税款

进出口企业、单位自主向海关申报报关单及随附单证、税费电子数据，并自行缴纳税费的行为。进出口企业、单位在办理海关预录入时，应当如实、规范填报报关单各项目，利用预录入系统的海关计税（费）服务工具计算应缴纳的相关税费，并对系统显示的税费计算结果进行确认，连同报关单预录入内容一并提交海关。进出口企业、单位需在当日对税费进行确认，不予确认的，可重新申报。进出口企业、单位在收到海关通关系统发送的“报关单已受理/通关无纸化审结”回执后，自行办理相关税费缴纳手续。

据统计，自2017年4月1日浙江自由贸易试验区挂牌以来，自报自缴参与企业数量达95家，自报自缴报关单数量达1160票，自报自缴税单数量达2077票，自报自缴征税金额达16.54亿元。

（二）归类尊重先例

为配合海关税收征管方式改革试点，提升通关便利化水平，丰富归类公共服务渠道，推广归类先例制度，引导进出口货物收发货人或其代理人正确使用归类先例数据，规范、如实申报进出口商品归类事项，收发货人或其代理人在向海关申报进出口货物时，可以通过“归类先例查询功能”选取与本企业进出口商品相同的归类先例数据进行归类申报。选取先例数据申报的，系统自动将已选中的该条归类先例数据中的商品编码、商品名称和规格型号返填到对应报关单的表体信息中。为更好地服务自由贸易试验区进出口业务，推选自由贸易试验区内企业的主要进出口商品归类数据作为先例数据，列入归类先例数据。

## 五、其他

### 保税燃料油加注“一口受理”平台建设

创新前：企业申请保税燃料油加注供应业务，需向海关、海事、边检等监管单位的申报平台报送申请材料，业务审批涉及部门多、流程长。

创新后：杭州海关在浙江自由贸易试验区首先启动保税燃料油加注“一口受理”平台建设，依托浙江国际贸易“单一窗口”，增设浙江自由贸易试验区“功能模块”，仓储、供油、货代等企业通过平台一点接入、一次性提交符合海关、海事等口岸监管部门要求的格式化单证和电子信息，同时加快推动船舶进出境“一单四报”功能的实现，最终形成全流程只需跑一次窗口的目标（如图 3-20 所示）。

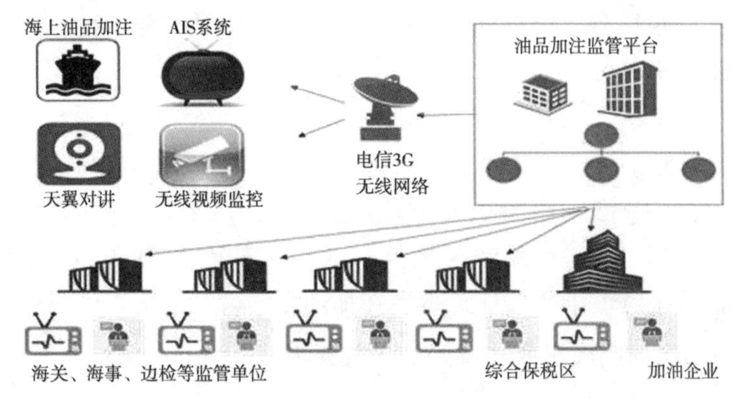


图 3-20 “一口受理平台”基本情况图

实践效果：

一是简化进出通关手续。企业只需跑一次流程，即可实现电子化一点接入、一口受理、一门审批。此外，口岸查验单位内部相互之间认可电子审批单证，企业无须在口岸查验单位各业务口传递纸质单证，大幅缩短审批时间。据估计，整个流程单证量减少 20%，整个货物申报流程时长大约减少 6.5 小时。

二是提升受油船舶通关效率。审批流程结束后，系统自动生成船舶出口许可编号，自动发送给出口岸船舶的申报人员或企业，企业只需将该编号填写到海事船舶出境许可证上并交给船长，受油船舶即可适时出境。据估计，受油船可提前4~6小时离开锚地，锚地利用率提升20%，有效缩短船舶滞港时间，提高港口周转利用率。

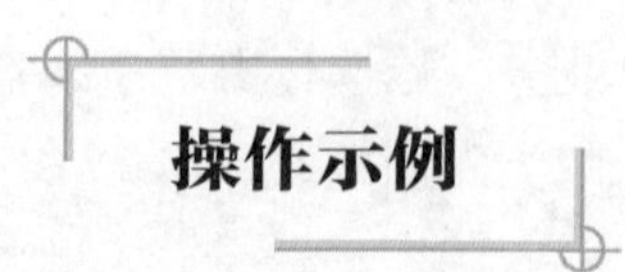

## 操作示例

### 一、国际航行船舶保税油供应

该业务涉及供油企业、供油承运船舶、受油船舶，具体流程详见以下介绍：

#### （一）供油企业、供油承运船舶完成备案手续

经批准，具有国际航行船舶保税油供应资格的企业、供油承运船舶按相关规定向海关完成备案登记手续。供油承运船舶还应具备与海关联网的条件。

#### （二）受油船舶进境（港）

受油船舶抵港后，船舶负责人或其代理人向海关传输船舶进港单证申报数据，并递交《中华人民共和国海关船舶进港申报单》等相关纸质单证。应税船舶还应当向海关交验船舶吨税执照，无船舶吨税执照的，申领缴纳船舶吨税。

受油船舶抵达港外锚地前，船舶负责人或其代理人向海关传输船舶进境正式申报数据，递交《中华人民共和国海关船舶进港申报单》等相关纸质单证复印件。受油船舶抵达港外锚地后，若上一港为境外港口、尚未进入舟山港口的，不属于应税船舶，无须向海关申领缴纳船舶吨税；若上一港为国内港口、船舶为境内续驶的，属于应税船舶，向海关交验船舶吨税执照。海关审核申报数据、纸质单证无误后，予以办理船舶进境手续。纸质单证正本应在加油完毕后三个工作日内补交。

#### （三）保税燃料油完成出库、供船、报关手续

**1. 保税油料出库申报**

保税油料出库时，供油企业向海关申请办理出库核准手续，并递交相关单证。海关审核相关单证无误后，在《保税仓库货物出库审批表》上签章确认。

**2. 供油申报**

供油企业通过运输工具管理系统向海关发送供油申请，并递交相关单证。

海关审核相关单证无误后，在《中华人民共和国海关运输工具添加物料申报单》上签章确认。

**3. 保税燃料油供船**

海关可根据监管需要对保税燃料油出库装船（供油船）过程实施监管。

**4. 保税燃料油“一船多供”**

海关根据供油企业申请审批油料出库，供油作业完成后，供油企业凭复印件向海关办理保税油供船核销手续，并在保税供油船返港后三天内完成正本补交、进出口报关及核销等手续。一个航次作业以不超过一个月为限。

**5. 供船核销管理**

供油结束后，供油企业向海关办理保税油供应核销手续，并递交相关单证。

海关审核相关单证无误后，在保税油凭证（两联）上签章确认。

**6. 进出口报关（保税燃料油“先供后报”）**

供油完毕后，供油企业或其代理人持《保税仓库货物出库申请表》（报关联）、保税油凭证等相关单证向海关办理保税油报关手续。海关审核无误后予以办理进出口报关手续。

**7. 剩油管理**

供油船返港后第一时间向海关申报保税供油船上剩余油料品种及数量。剩余油料需重新入库的，供油企业向海关申请办理保税油入库手续。

### （四）保税燃料油完成“跨地区直供”

供油企业可跨杭州海关隶属舟山海关辖区到其他海关辖区开展国际航行船舶保税油直供业务，包括宁波、南京、上海等及关区内的嘉兴、温州、台州等。

受油地海关审核供油企业提交的开展保税油跨地区供应业务的申请。

供油地海关凭受油地海关批准资料办理保税油料出库核准手续。

供油船舶抵达受油地海关辖区后，供油企业向受油地海关申请办理保税油供船手续。

供油完毕后，受油地海关确认实际供油数量并告知供油地海关。

### （五）受油船舶出境（港）

受油船舶离港前，船舶负责人或其代理人向海关传输船舶出港单证申报数据，递交《中华人民共和国海关船舶出港申报单》等相关纸质单证。

受油船舶驶离港外锚地前，船舶负责人或其代理人向海关传输船舶出境正式申报数据，递交《中华人民共和国海关船舶出境申报单》等相关纸质单证复印件。海关审核申报数据、纸质单证无误后，予以办理船舶出境手续。纸质单证正本在加油完毕三个工作日内补交。

受油船舶因特殊原因，在办结海关出境（港）手续后24小时未能驶离的，船舶负责人或其代理人应重新办理有关手续。

## 二、不同税号保税油品混兑调和

该业务涉及注册在浙江自由贸易试验区内企业，并在舟山市由浙江自由贸易试验区管理委员会制定的符合监管条件的场所内，进行物理混兑调和（非冶炼加工）后出口燃料油，具体流程详见以下介绍：

（一）手（账）册设立

经营企业向海关提交有关单证，海关根据相关规定，办理加工贸易电子化手册或 E 账册的设立手续。

进行物理混兑调和（非冶炼加工）后出口燃料油如表 3-5 所示油品：

表 3-5　物理混兑调和（非冶炼加工）后出口燃料油的原料名称

| 序号 | 商品编码 | 原料名称 |
| --- | --- | --- |
| 1 | 2710192200 | 5~7 号燃料油，不含生物柴油 |
| 2 | 2710192990 | 其他燃料油，不含生物柴油 |
| 3 | 2715000000 | 天然沥青等为基本成分的沥青混合物 |
| 4 | 2708100000 | 沥青 |
| 5 | 2714100000 | 沥青页岩、油页岩及焦油砂 |
| 6 | 2706000001 | 含蒽油≥50%及沥青≥40%的“炭黑油” |

（二）保税料件进口

经营企业办理料件进口的通关手续，提供相应监管证件。其中 5-7 号燃料油，不含生物柴油（2710192200）和其他燃料油，不含生物柴油（2710192990）从境外进口或从保税仓库进口的，需提供《自动进口许可证（加工贸易）》（V 证）；深加工结转转入的，无须提供《自动进口许可证（加工贸易）》（V 证）。

（三）油品混兑调和

保税油品开展混兑调和，海关对油罐内油品的状态及数量实施监管。

（四）燃料油成品出口

经营企业办理混兑调和后的燃料油成品出口的通关手续，必要时提供相应监管证件。混兑调和后的燃料油成品直接出境或出口至出口监管仓。

（五）手（账）册核销结案

经营企业办理手（账）册报核手续，如实申报进口料件、出口成品、剩余料件、单损耗、非保比例等混兑加工情况。海关受理报核，核销结案后签发《核销结案通知书》，必要时可下厂核查。

# 中国（河南）自由贸易试验区

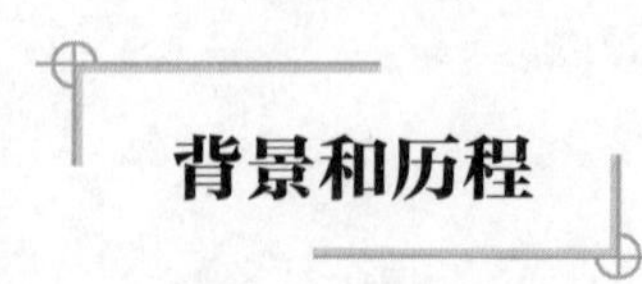

# 背景和历程

## 一、战略解读

河南自由贸易试验区是第三批七个自由贸易试验区之一，属于内陆枢纽型自由贸易试验区，承载着打造内陆地区全面改革开放试验田及对外开放新高地的重任。为了充分发挥河南优越的区位和交通优势，国家对河南自由贸易试验区的战略定位是以制度创新为核心，以可复制可推广为基本要求，加快建设贯通南北、连接东西的现代立体交通体系和现代体系，将自由贸易试验区建设成为服务于“一带一路”建设的物流现代综合交通枢纽。围绕上述“两体系一枢纽”的战略定位，河南自由贸易试验区将不断深化“放管服”改革、提升投资贸易便利化水平，力争经过三至五年的改革探索，形成与国际投资贸易通行规则相衔接的制度创新体系，营造法治化、国际化、便利化的营商环境，努力将自由贸易试验区建设成为投资贸易便利、高端产业集聚、交通物流通达、监管高效便捷、辐射带动作用突出的高水平高标准自由贸易园区，引领内陆经济转型发展，推动构建全方位对外开放新格局。

## 二、概况

### （一）实施范围

河南自由贸易试验区实施范围 119.77 平方千米，涵盖郑州、开封、洛阳三个片区。其中，郑州片区实施范围 73.17 平方千米，涵盖经开区块 41.22 平方千米（含河南郑州出口加工区 A 区 0.89 平方千米、河南保税物流中心 0.41 平方千米）、郑东区块 31.67 平方千米和金水区块 0.28 平方千米；开封片区开封片区 19.94 平方千米，位于开封经济技术开发区及开封城乡一体化示范区的核心区域，以郑开大道为轴心两侧布局；洛阳片区 26.66 平方千米，位于洛阳市区核心区，涵盖洛阳国家高新技术开发区和涧西区部分区域。

### （二）功能划分

按区域布局划分，郑州片区重点发展智能终端、高端装备及汽车制造、生物医药等先进制造业，以及现代物流、国际商贸、跨境电子商务、现代金融服务、服务外包、创意设计、商务会展、动漫游戏等现代服务业，在促进交通物流融合发展和投资贸易便利化方面推进体制机制创新，打造多式联运国际性物流中心，发挥服务“一带一路”建设的现代综合交通枢纽作用；开封片区重点发展服务外包、医疗旅游、创意设计、文化传媒、文化金融、艺术品交易、现代物流等服务业，提升装备制造、农副产品加工国际合作及贸易能力，构建国际文化贸易和人文旅游合作平台，打造服务贸易创新发展区和文创产业对外开放先行区，促进国际文化旅游融合发展；洛阳片区重点发展装备制造、机器人、新材料等高端制造业，以及研发设计、电子商务、服务外包、国际文化旅游、文化创意、文化贸易、文化展示等现代服务业，提升装备制造业转型升级能力和国际产能合作能力，打造国际智能制造合作示范区，推进华夏历史文明传承创新区建设。

按海关监管方式划分，自由贸易试验区内的海关特殊监管区域重点探索以贸易便利化为主要内容的制度创新，开展保税加工、保税物流、保税服务等业务；非海关特殊监管区域重点探索投资体制改革，创新内陆地区开放发展机制，完善事中事后监管，积极发展高端制造业和现代服务业。

### （三）最新统计数据

截至2018年9月底，新注册企业突破4.4万家，注册资本5377.5亿元；其中，新设立外商投资企业242家，注册资本81.19亿元。区内现有世界500强企业87家；实现合同利用外资7.01868亿美元，实际利用外资7.84914亿美元；进出口总额362.3亿元。其中，出口137.1亿元，进口225.2亿元；实现税收18.93亿元。

## 三、建立历程

2015年2月16日，河南省省政府常务会议召开，专题研究了《河南省人民政府关于设立中国（河南）自由贸易试验区的请示》和《中国（河南）自由贸易试验区总体方案（草案）》。

2015年2月28日，河南省政府向国务院上报《河南省人民政府关于设立中国（河南）自由贸易试验区的请示》，并随文上报了《中国（河南）自由贸易试验区总体方案（草案）》。

2015年3月4日，国务院将河南省上报的请示及总体方案批转至商务部。

2016年8月31日，国务院决定设立中国（河南）自由贸易试验区。根据规划，河南自由贸易试验区以郑州为主，包括郑州、洛阳、开封三个片区。

2017年3月31日，国务院发布《国务院关于印发中国（河南）自由贸易试验区总体方案的通知》（国发〔2017〕17号）和《中国（河南）自由贸易试验区总体方案》，标志着中国（河南）自由贸易试验区正式获国务院批复成立。

2017年4月1日，中国（河南）自由贸易试验区挂牌仪式在郑州片区综合服务中心举行。时任河南省委书记、省人大常委会主任谢伏瞻出席仪式，并为中国（河南）自由贸易试验区揭牌。

## 四、监管新政介绍

在河南自由贸易试验区内实行的海关监管新政主要分为两大部分：一是对以上海自由贸易试验区为代表的前两批自由贸易试验区成熟做法进行复制推广；二是郑州海关围绕河南自由贸易试验区“两体系一枢纽”战略定位、以促进贸易便利化为抓手，结合地方实际与企业需求，仅在河南自由贸易试验区范围内先行先试监管创新尝试。

### （一）复制推广前两批自由贸易试验区的海关创新监管制度

主要措施有：“先进区、后报关”、区内自行运输、加工贸易工单式核销、保税展示交易、境内外维修、期货保税交割、融资租赁“批次进出、集中申报”、内销选择性征税、集中汇总纳税、仓储企业联网监管、智能化卡口验放、国际贸易单一窗口、检验检疫通关无纸化、出入境生物材料制品风险管理等。

### （二）在河南自由贸易试验区内先行先试的海关创新监管制度

一是促进贸易便利化，率先推广使用“国际贸易单一窗口”、提高行邮通关效率的“互联网+关邮 e 通”、创新探索原产地信用签证制度等；二是创新跨境电子商务新模式，探索试点“网购保税+线下提货”、电商商品按状态分类监管、跨境电子商务简化出口模式等；三是以关检机构融合为契机，简政放权，实现报关报检资质注册登记手续融合简化；四是支持河南自由贸易试验区“空中丝绸之路”建设，对活体动物实行“机坪理货、机坪验放”，支持多式联运发展，实施“境外检、口岸放”、探索“空检铁放”“空检空放”等检验检疫验放新模式等。

# 海关监管制度详解

## 一、通关便利化

### （一）原产地证书“信用签证”监管服务新模式

原产地证书“信用签证”是郑州片区对传统的先审核后打印再签证的原产地证书签证模式的突破和创新。通过压缩原产地证书签证流程时长，改变企业过去跑两趟办业务的旧模式，变成如今的一趟不用跑，实现足不出户完成整个签证流程。同时，充分利用出口企业信用分级管理，将监管后移，通过“双随机一公开”加强事中事后监管抽查、动态跟踪和定期核销等方式实现监管模式改革的创新举措，也是落实国务院“放管服”改革和推进河南省监管服务体系建设的重要探索。

**1. 主要做法**

按照“方便快捷、风险可控、监督有效”的原则，在检验检疫信用管理AA级企业中优中选优，选取签证质量高、管理制度完善的代表企业进行原产地证书“信用签证”先行先试。

（1）实施“审签同步”的即时签证模式。签证机构理顺原产地证书签证流程，通过完善证书管理配套制度和健全企业监管机制，实现原产地证书发送、审核一体，证书签证、发放同步完成，企业可即时领取办理完成的原产地证书。

（2）建立监管有效的产品原产地溯源机制。对于试点企业的出口货物，根据风险等级加强风险防控，实行定期调查和不定期抽查相结合的产地调查方式，并定期组织实地效果评估，确保签证产品的原产地信息真实、准确、有效、完整，维护好“中国制造”声誉。

（3）创新档案管理，建立原产地签证大数据库。在原产地证书系统审核过程中，基于风险分析原则，实施电子档案与纸质档案并行，建立试点企业电子信息数据库，对每单货物的重要信息，如发票、提单等留存备查，为信用签证的可持续推广提供保障。

**2. 实践成效**

（1）企业制度性成本明显降低。

实施原产地证书“信用签证”管理，不仅简化了办事程序，大幅提高了签证效率，而且真正实现了“一次不用跑，事情全办好”，为企业节省了大量人力、物力和时间成本。

（2）检验检疫服务效能不断提升。

原产地证书“信用签证”管理工作创新了检验监管模式，充分发挥企业诚信优势，突出企业主体责任，将有限的监管力量主要用于信用级别低或失信企业的日常监管、跟踪检查和重点防控上，激发企业遵纪守法的积极性和主动性。

（3）企业的主体责任意识进一步提高。

实施原产地证书“信用签证”，以企业检验检疫信用等级为基础，签证部门通过制定管理规范、动态跟踪等，使企业进一步明晰其主体责任，有效规范市场行为，营造守法便利、违法惩诫的信用管理氛围。

（4）出口产品竞争力得到提升。

试点企业能够为采购紧急空运货物或短途货物的客户更快地提供原产地证书并进行清关，提高了海外客户满意度及产品竞争力。以试点企业之一的郑州宇通客车股份有限公司为例，自试点工作在该企业开展以来，共为该公司签发中国—东盟、中国—智利和中国—秘鲁等空白原产地证书497份，签证金额已达人民币9.5亿元，可为企业减免进口国（地区）关税5200万元人民币，并且至少为企业减少往返次数170次，节约时间成本850余小时。

### （二）对临时进口压力容器实施“验证管理”检验监管新模式

随着洛阳外向型经济的不断发展，洛阳海关辖区相关企业需要临时进口大量的压力容器，盛装物体后再出口到境外使用。近年来，洛阳市进口压力容器批次及数量逐年增长，2017年前7个月累计已进口72批、4231个。目前，检验检疫系统对此类进口压力容器的检验检疫模式已不适应外贸发展形势的要求，为此，洛阳海关对临时进口压力容器检验监管模式进行了深入的调查研究，在工作实践和风险评估的基础上，参考国外通行的监管模式，建议在洛阳自贸片区对此类临时进口压力容器实施“验证管理”检验监管模式，以实现“综合流程最优、综合效率最高、综合成本最低”的通关目标，进一步提升贸易便利化水平。

#### 1. 主要做法

（1）国内使用单位承担第一责任。国内使用单位建立临时进口压力容器档案，制定压力容器安全管理制度，开展必要的检验检测以确保临时进口压力容器在充装、使用、运输中的安全。

（2）临时进口压力容器进口后，国内使用单位提交物权所在国家（地区）官方授权的第三方检验机构检验合格证明文件。第三方检验机构检验合格证明文件包括国内同类压力容器标准或法规所要求的全部检验项目（如安全性能要求、外观要求、定期检验要求等）。

（3）检验检疫机构对临时进口压力容器实施“验证管理”。检验检疫机构核查检验合格证明文件与实物的符合性、有效性，并不定期地监督检查使用单位为确保临时进口压力容器充装、使用、运输安全而开展的质量保证工作。

#### 2. 实践成效

对临时进口压力容器实施“验证管理”监管模式，避免了重复检测，大幅缩短了临时进口钢瓶的周转周期，使原来需要几周才能完成的检验周期缩短在几天内完成。同时，借助新模式免除了大量的检测费用，降低使用成本，以1个钢瓶检测费30元计，每年可节省30万元，极大地提高了经济效益和社会效益。

### （三）出口食品生产企业备案采信第三方认证创新模式

根据《中华人民共和国食品卫生法》《中华人民共和国进出口商品检验法》及其实施条例规定，为加强对出口食品生产企业的监督管理，保证出口食品的安全和卫生质量，各地出入境检验检疫机构负责对出口食品生产、加工、储存企业实施卫生注册登记制度。这项制度长期以来属于省级事权，在办理过程中需要到省级检验检疫机构所在地办理，同时由于涉及文审、现场考核、审批等多个环节，周期较长。

为促进出口食品生产企业备案的便利化，加快洛阳特色产品深加工产品走出国门，洛阳海关以洛阳祥和牡丹科技有限公司出口备案为试点，实行采信第三方体系认证结果，创新出口食品生产企业备案模式，提高通关查验效率。

**1. 主要做法**

（1）争取省级事权下放。

洛阳海关在自由贸易试验区内以制度创新为核心，积极争取郑州海关将出口食品生产企业备案、进境动植物及其产品检疫审批、进出境动物及产品生产加工存放单位注册登记、出入境特殊物品卫生检疫审批、CCC 产品免办、原产地签发等多项省级权限下放洛阳自贸片区检验检疫机构进行办理。

（2）采信第三方检验和认证结果。

在风险分析和文件审核的基础上，对已取得 ISO9000、ISO22000、HACCP 认证证书的出口食品生产企业，在其办理初次备案、延续备案、重新办理等业务时，可直接采信，免于现场考核。

（3）推进“管检分离”。

引导符合资质要求的第三方检验鉴定机构积极参与提供公共服务，实现了监管工作重心从“事前监管”向“事中和事后监管”的转移，达到风险可控和贸易便利化有机统一的工作目标。

**2. 实践成效**

洛阳海关创新监管模式，通过采信第三方体系认证结果，免除备案工作中需对企业实施现场检查这一技术审核环节，使原本需 20 个工作日办结的备案时间缩短为 3 个工作日，大大提高了企业备案的便利化水平。

（1）促进检验检疫部门职能转变。

在政府的行政监管中，合理采信第三方认证机构的审核结论，有助于企业避免被重复检查，同时也有助于降低行政监管成本、提高政府监管部门的工作效率，转变政府职能、提高对出口企业监管执法和认证审核的整体效能。

（2）提高企业国际市场竞争力。

借助第三方认证机构的公正地位，以及全球范围内对第三方认证结果的信任，有利于进一步提高食品安全等管理体系相关标准的实施力度，帮助企业提高整体管理水平及保证产品质量的安全性，有助于在各方面达到与国际接轨、应对国外技术性贸易措施、在国际市场竞争中取得优先权的目标。

(3) 优化办事流程，提高办事效率。

开通洛阳自贸片区检验检疫工作人员的权限，在综合服务中心集受理、审核、批准于一体，将原本需 20 个工作日办结的备案时间缩短为 3 个工作日，并现场给企业发放出口食品生产企业备案证书，实现备案出口“无缝对接”和“零等待”。

## 二、保税监管

### （一）电商商品按状态分类监管

电商商品按状态分类监管是指充分利用现有软硬件监管设施，依托海关信息化系统和新技术，允许非保税国内电商商品进入海关特殊监管区域或保税物流中心（B 型）存储，与跨境电子商务商品集拼、分拨，根据订单最终确定商品实际离境出口或返回境内区外，在实现海关集约化高效监管的同时，电商企业进口与出口、跨境与内贸等多种电商业务模式同区开展，从而节约成本，提高生产效率。

**1. 主要做法**

电商商品按状态分类监管以仓储货物分区域存放、分类监管为基本监管原则，同时利用信息化手段及最新物联网技术实现对电商企业各类型货物在入出区卡口及在库环节的精准化识别与管理，从而做到智能化有序高效监管。

(1) 以电子账册管理为主线，实行分类监管。

海关根据电商企业货物或商品状态的不同，在海关监管信息化系统中为企业分别建立保税账册、非保税账册、电商进口账册、电商出口账册等电子账册类型，实施分账册管理。

海关对电商企业的不同状态货物实施分区存放及差别化分类监管。不同类型账册项下的货物分区域存放，保税货物与非保税货物应进行物理隔离。其中，保税货物沿用现有海关对跨境电子商务保税货物的申报、查验、联网监控等管理规定，对于电商内贸非保税货物以企业自律自管为主，采取便捷的非报关形式入出区，但企业应建立完善的非保税货物仓储管理信息化系统及风控制度，必要时海关通过稽核查的形式对企业内控情况予以监督。

(2) 依托海关信息化监管系统及物联网技术，实现智能化卡口及仓储管理。

一是实行全程信息化系统监管。依托海关智能化卡口验放系统，在入出区环节自动识别电商企业的不同业务模式的货物，实现卡口自动验放，并与对应电子账册底账实时关联，确保账册记账的准确性。二是充分利用物联网技术，对不同业务模式下的货物进行商品属性的标记与识别，进行电子区隔，实现精准化库位管理，满足分类管理的需要。三是实行仓储数据联网监管，企业根据海关要求定期或不定期地将其企业端库存管理系统底账数据发往海关端电子账册管理系统，系统进行自动比对，海关根据库存数据比对差异结果视情开展人工盘库、补税调账等后续处置操作。

**2. 实践成效**

(1) 集约化监管，促进贸易便利化。

电商商品按状态分类监管充分利用海关现有的软硬件监管设施，基本无须额外增加新投入，对有限海关监管行政资源进行高效利用，实现集约化高效监管，提升贸易便利化水平。

(2) 同区作业，节省企业经营成本。

允许区内跨境电子商务企业将国内电商货物入区，实现同区仓储、共线生产，无须在区外单独设仓，大幅降低企业的管理成本、资金成本和物流成本，据估算每单的物流运输时间可平均节省1天左右，消费者的购物体验也进一步提升。

(3) 集成产业链，拓展区域新功能。

跨境电子商务商品与国内电商商品同区仓储、集拼、分拨的实现，迎合了区内跨境电子商务企业国内国外融合发展的需要，充分发挥了海关特殊监管区域连接国内国际两个市场的平台优势。在实现电商产业链集成的同时，丰富了海关特殊监管区域跨境电子商务业务发展的内涵，进一步拓展区域新功能，为海关特殊监管区域功能优化升级探索新路径。

### (二) 跨境电子商务"网购保税+线下提货"

为促进跨境电子商务新兴业态发展，郑州海关积极探索跨境电子商务监管新模式，顺应电商行业线上线下融合的发展大趋势，创新性地提出跨境电子商务"网购保税+线下提货"的监管新模式。允许试点电商企业将网购保税进口商品在区外特定实体店铺进行展示展销，消费者到店体验并完成线上下单，海关放行后即可当场提走。"网购保税+线下提货"丰富了跨境电子商务进口销售新途径，满足了消费者"所见即所得"的即时购买需求，对提升跨境电子商务消费体验、引导境外消费回流有着积极的促进作用。

**1. 主要做法**

跨境电子商务"网购保税+线下提货"创新模式是指在税收保全的前提下，允许符合监管要求的电商企业将网购保税进口商品凭保出区展示，消费者到店选购商品，经身份信息验核并在线完成下单支付，三单信息与申报清单即时向海关推送与申报，清单放行后，允许消费者当场提货，实现"线上下单、即买即提"。具体做法如下：

(1) 风险可控，担保出区。

海关对"网购保税+线下提货"业务，采取"风险可控，担保出区"原则。从申请企业信用状况、自控管理、试点范围、商品种类、业务开展场所软硬件要求等方面，根据风险管控要求，设置必要的准入条件和门槛。“网购保税+线下提货”商品实行税款担保出区模式，试点电商企业在海关跨境电子商务监管系统开立专用税款担保账户。税款担保账户与试点电商企业关联，在商品批量出区与返区时，实现税款的自动核扣与返还。税款担保账户可用额度可在担保有效期内循环使用。

（2）电子账册管理，库存联网比对。

海关对“网购保税+线下提货”商品实施专用电子账册管理，记录商品的进、出、转、存等情况。海关跨境电子账册管理系统实现与试点电商企业的线下门店仓储管理系统（WMS）的联网监管，可获取WMS系统底账数据，实现出区展销商品库存数据的定期自动联网比对。

（3）线上交易，线下自提。

“网购保税+线下提货”商品实际销售时，采用线上交易的形式。消费者完成在线下单、支付等操作，向海关跨境监管系统进行申报，实时传输三单信息，按现有规定办理通关手续，海关放行后，消费者可将商品直接提走。线下门店负责对消费者身份信息的真实性进行当场验核。

（4）后续管理及风险防控。

海关根据监管需要，对“网购保税+线下提货”线下展销场所进行每年不少于一次的盘库，同时采用远程视频监控抽查、实地核查等形式，对线下展销场所日常经营的合规性进行监督。此外，海关还采用大数据、云计算等信息技术对企业、商品、支付、物流、仓储、消费者等信息开展数据分析，及时发现风险与监管漏洞，确保业务合规有序开展。

**2. 实践成效**

（1）提升消费者购物体验。

“网购保税+线下提货”线上线下自提的模式，打破了线上网店与线下实体店铺的界限，兼具线上透明、线下真实的优点，顺应当前国内消费市场全面升级的大趋势，进一步提升了跨境电子商务商品消费者的购物体验，缩短了跨境电子商务从下单到收货的时效，实现了消费者所见即所得的传统购物习惯，在家门口即能买到物美价廉的境外商品，对拉动境外消费回流、加速消费结构升级起到了推动作用。

（2）扩大跨境电子商务进口商品消费群体。

“网购保税+线下提货”使消费者与全球优质商品零距离接触，在提升电商原有网购用户消费体验的同时，也成功吸引了部分传统实体店购物消费者，实现了线下实体店顾客向线上导流的效果，扩大了跨境电子商务商品的消费群体，同时为国内消费者提供更多的消费选择。

## 三、企业管理

### （一）跨境电子商务企业“风险画像”制度

郑州海关积极探索跨境电子商务风险防控新举措，根据“由企及物”的监管理念，以企业为单元，整合企业在海关的全链条信息，对企业进行精准画像，并评估风险等级，通过差异化管理，提升跨境电子商务监管效能。

**1. 主要做法**

（1）收集事前企业基本信息。

企业基本信息包括企业名称、企业备案网址、企业法人及合伙人信息、是否“转关入区”、开展业务时间、主营商品、配套第三方企业（物流企业及支付企业）、第三方企业对应单量和货值、商品总库存比、企业及第三方企业资质、库存及账册企业、企业自控情况等。

（2）分析事中监管通关数据。

数据核查包括入出区报关单总数、清单总数、总货值、税款总额、日均单量、三单申报情况、企业违规情况、查验查获情况等。分析商品价格、商品销售数量、流向集中度、收货地址、订购人、支付人、收货人、收货电话等要素是否存在异常情况，如是否存在同一收货电话号码累计收货金额过高、同一地址对应多个订购人等情况。

（3）核查事后有无违规异常情况。

分析后期稽核查、盘库、网上巡查、神秘买家测试等是否存在异常情况。主要内容为：电商备案网站运行状况、登录注册情况、交易情况、发货情况、申报情况、历史专项核查情况、历史稽核查结果、历史盘库结果、处置记录、其他异常情况等。

（4）企业“风险画像”应用。

海关通过对企业“事前、事中、事后”全链条痕迹的分析，评估企业风险等级。

将第三方服务企业信用较高、数据无异常、无历史违规记录的企业划分为低风险企业。

将数据异常但不涉及价格偏低、流向集中、同一手机号收货金额过高情况、无明显违规现象、无历史违规记录的企业划分为中风险企业。

将异常数据较多、涉及价格偏低、流向集中、同一手机号收货金额过高情况、第三方服务企业信用较低的企业划分为高风险企业。

根据企业风险评估情况，开展不同频次、不同侧重的专项核查，进行重点监控、约谈企业、移交缉私稽查等相应处置，并根据企业情况，动态调整“风险画像”及风险评估情况。

**2. 实践成效**

2018 年上半年，海关通过“风险画像”，发现郑州跨境电子商务业务现场个别电商存在清单价格偏低、漏报运费、购买后无实际发货、无工信部 ICP 备案信息、涉嫌传输虚假支付信息、物流信息模糊等问题。已对发现问题进行相应处置，无资质电商企业已经进行 ICP 备案，移交跨境电子商务案件线索 3 起，暂停 4 家企业开展业务，对 8 家违规电商企业补征税款 50 余万元。

## 四、税收征管

### （一）赋予海关特殊监管区域企业增值税一般纳税人资格试点

2016 年 10 月，国家税务总局、财政部、海关总署联合出台《关于开展赋予海关特殊监管区域企业增值税一般纳税人资格试点的公告》（国家税务总局、财政部、海关总署联合公告 2016 年第 65 号），河南郑州出口加工区（现为郑州经开综合保税区）为首批试点区域之一。海关特殊监管区域内企业增值税一般纳税人资格试点即赋予区内企业参与国内经济活动的“增值税一般纳税人”的税务身份，打通关税、国内增值税的税收抵扣链条，便利区内企业充分利用国内国外“两种资源、两个市场”，为便利区内企业内销和采购国产料件，享受“营改增”改革带来的红利，助推海关特殊监管区域功能的完善与拓展。

**1. 主要做法**

对于赋予海关特殊监管区域企业增值税一般纳税人资格的试点企业，在购进货物、销售货物、进口自用设备等方面，除另有规定外，适用区外增值税的法律法规。

（1）分类管理。

允许试点企业非保税货物入区，海关对试点企业的保税货物和非保税货物，分别设立保税货物账册和非保税货物账册实施分类管理。非保税货物主要是指由二线区外进入海关特殊监管区域进行仓储、集拼和加工的货物，包括由国内生产制造的货物、一般贸易进口办结放行手续的货物、加工贸易办结内销手续货物、解除海关监管手续的减免税货物等。

（2）账册管理。

根据试点公告，对适用出口退税政策的货物，海关向税务部门传输出口报关单结关信息电子数据。试点的加工企业的保税货物账册由原使用 H 账册改为使用 E

账册，试点的物流企业的保税货物账册沿用原H账册。试点企业的非保税货物账册设在海关特殊监管区域的辅助管理系统。非保税货物实行企业自管，海关对非保税货物账册不实行单耗、核销、核查等管理。

（3）保税货物内销管理。

试点企业保税加工货物转非保税货物的，货物按进口料件征收税款并加征缓税利息。试点企业保税物流货物转非保税货物的，按保税货物入区时状态征收税款并加征缓税利息。

（4）自用设备管理。

试点企业进口机器设备、基建物资和办公用品等自用设备时，暂免征收进口关税、进口环节增值税及消费税（以下简称进口税收）。上述暂免进口税收按照该进口自用设备海关监管年限平均分摊到各个年度，每年年终对本年暂免的进口税收按照当年内外销比例进行划分，对外销比例部分执行区内税收政策，对内销比例部分比照执行区外税收政策补征税款。

（5）卡口通道管理。

试点企业非保税货物需经指定卡口通道进出试点区域，海关对过卡口的非保税货物可以抽查。试点企业的非保税账册货物转同一区域内非试点企业出口货物涉及出口退税，要求该货物应当通过卡口办理查验等实货监管手续。

**2. 实践成效**

试点以来，这项改革帮助企业利用国内国外两种资源，拓展国内国外两个市场，实现了降本增效，提升了竞争力，推进供给侧结构性改革，为海关特殊监管区域的改革和区域经济的转型升级增添了新动能。截至2017年10月31日，共有2家郑州出口加工区内企业开展试点业务，累计实现非保税货物进出区531批次、货值1.39亿元人民币，保税货物内销699.3万美元。据估算，试点一年来两家试点企业共节省报关、区外代理企业等运营成本及抵扣采购国产料件增值税税款合计1200余万元人民币，约占企业年度总运行成本及税赋的10%~15%。

（1）税制改革显著降低企业经营成本。

进项增值税全额抵扣，区内企业购买物流、劳务、租金、服务贸易代扣代缴等含有增值税的服务和办公用品、基建物资所支付的增值税可以作为进项税金全额抵扣，消除了相对于区外企业的税负劣势；成品内销按保税货物入区状态征税，绝大多数情形下，保税料件的税率低于成品的税率，同时，料件价格低于成品价格，企业的内销征税成本明显下降；国内货物入区增值税征退税差消除。

（2）非保税通道大幅提升企业管理效能。

国内货物进、出区手续大幅简化。国内购买的原材料以非保税货物的状态入区，以及区内非保税货物出区时，均不用办理报关手续，试点企业自行填报核放单，将非保税货物从专用通道进出区，减少了区内公司和国内供应商在报关方面的人力投入和资金投入；消除汇率波动对国内采购的影响。试点前为减少国内货物增值税征退税差的影响，区内企业会采购区外企业的保税料件，须以外币结算，只要汇率发生变动，就需要临时调整报价，耗费大量的管理成本，且不能够完全规避汇率风险，试点后区内企业可以直接采购国产货物，运营效率显著提升。

（3）增强海关特殊监管区域产业聚集功能。

拥有增值税一般纳税人资格的区内企业，在享有原海关特殊监管区域各项政策优势的同时，可以非常便利地参与国内市场竞争，实现了充分利用国内国外“两种资源、两个市场”的效果，使得入区企业的优势再次凸显，增加了对有意拓展国内国际市场的优质企业入区的吸引力，有利于相关符合政策预期的产业在区内集聚，培育经济发展新动能。

### （二）“互联网+关邮 e 通”国际邮件通关新模式

郑州海关联合中国邮政速递物流股份有限公司河南省分公司运用推出“互联网+关邮 e 通”网上国际邮件通关系统，包括“互联网+全程查询”“互联网+补充申报”“互联网+电子缴税”“互联网+快捷退运”等功能，将国际邮件通关的主要业务全部“迁移到线上”。

**1. 主要做法**

全流程网上办理。国际邮件收件人通过互联网平台 PC 端和移动端完成查询、申报、缴税、退运等有关国际邮件通关业务，真正做到了让“信息技术多跑路、办事群众少跑路”。

**2. 实践成效**

“互联网+关邮 e 通”系统实现了信息共享与人力资源的节约，不仅让群众“零跑动”“零耗时”办理国际邮件的主要通关业务，还让海关能够共享通关数据，提升布控和精准打击水平，实现低风险邮件快速通关，节省了人力资源。对于邮政企业而言，通关效率的提高加快了物流速度，降低了企业的通关成本。

“互联网+关邮 e 通”的实施，使现场及代办业务平均办理时间缩短约 50%。据统计，从 2016 年 12 月正式运营至目前，在该平台办理业务达到 5000 余票，约占全部办理人数的 70%。

## 五、其他

### （一）跨境电子商务“神秘买家”风险监控制度

郑州海关创新跨境电子商务风险防控新举措，改变监管思路，变被动为主动，采取“神秘买家”的形式，以消费者身份从电商网站下订单购买商品，监控订单生成到商品寄达全流程，并对商品抽样进行质量检验，监管跨境电子商务交易的真实性和商品质量，防控虚假网站、虚假交易、伪报瞒报、商品质量不符合国家标准等风险，为跨境电子商务健康发展保驾护航。

**1. 主要做法**

（1）网站巡查。

登录电商备案网址、移动销售客户端等，浏览网页、客户端是否存在异常，如无法打开、无法登录、无法购买等问题。

（2）实测下单。

根据网站信息，选择监管范围内的商品进行实测下单，同时可测试虚假订购人身份证信息是否可以成功购买，收货地址、收货人姓名等栏目内不得填写和海关工作地址、海关工作人员无关的信息。

（3）单证跟踪。

海关跟踪该订单的三单数据传输、清单申报、价格申报等是否真实规范；订单数据等数量、价格等信息是否真实；支付数据显示的支付企业、金额与实际是否一致；物流信息是否清晰准确；申报清单是否准确申报运费、优惠券等。

（4）收货确认。

海关收到商品后，确认是否为所购商品，填写实测下单统计表，商品贴标签入样品柜，保存购买过程中的网站、销售端截图，汇总“神秘买家”测试中发现的问题，及时处置。

（5）检测处置。

海关收到购买的需抽样检测的商品后，将样品及时送达技术中心或有资质的第三方检测机构进行检验；实验室检测后，出具检测结果报告单，将检测结果纳入跨境电子商务质量追溯体系；如发现超出我国标准限量要求的，进行召回、销毁等后续处置。

**2. 实践成效**

2018 年上半年，通过“神秘买家”测试，海关对郑州跨境电子商务试点的电商企业日常网站合规性进行了整体排查，结果表明大部分电商企业经营规范，但也发现跨境电子商务监管新的风险点：一是完税价格不完整，个别企业存在漏报优惠券、漏报运费的情况；二是疑似虚假网站，存在电商网站无法正常登录、商品介绍不详细、不能正常购买、购买后不发货等情况；三是支付数据传输不实，实际支付企业与传输支付数据的企业不一致。

“神秘买家”测试发现的问题将及时得到相应的处置，并将测试结果应用于企业风险画像，对企业进行风险评估，对高风险企业采取增加转人工审核参数、增加抽查比例、盘库比对账册、约谈整改等方式强化监管。2018 年 1 月至 6 月，郑州海关已经移交 3 起跨境电子商务案件线索，对 1 家跨境电子商务企业开展稽查，对 8 家跨境电子商务企业补征税款 50 余万元。

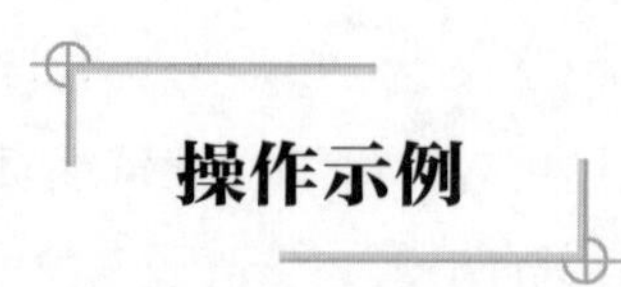

## 操作示例

### 跨境电子商务网购保税进口郑州模式

为促进跨境电子商务健康快速发展，有效解决以快件或邮件方式通关的跨境电子商务在通关、结汇、退税等方面存在的突出问题，郑州于 2012 年 5 月率先提出“跨境电子商务网购保税进口模式”的概念并开展试点。五年来，从网购保税进口模式概念的提出到试点实施，再到不断地发展完善，郑州海关在制度创新和发展实践上不断地贡献海关智慧，先后向全国推广一大批创新成果，形成跨境电子商务网购保税进口的郑州模式。时至今日，网购保税进口已经成为郑州市乃至河南省对外开放的一张“靓丽名片”，单量和货值均位居全国首位，2016 年郑州网购保税进口货值 64. 64 亿元人民币，同比增长 63. 12%，占同期全国网购保税业务的 25%。网购保税进口模式在郑州的迅猛发展，为郑州海关在探索标准规则体系、引领监管创新上持续发力奠定了坚实基础。

#### （一）主要做法及创新点

结合网购保税进口模式的特点，围绕实现智慧监管、高效监管和精准监管的目标，郑州海关为其量身打造了一套全面系统的监管模式，即以企业备案管理和商品清单管理为基础，通过身份认证和“三单”比对，依托信息化系统把控网购保税主体真实性和交易真实性，对网购保税进口商品采取“清单核放、集中纳税、代收代缴”的方式监管。同时，建立完善了包括涵盖技术支持、协同联动、岗位设置、人员配备等诸多方面在内的风险防控体系和保障体系，为跨境电子商务网购保税进口模式的发展提供了有力支撑。

**1. 三单比对**

率先提出三单比对的监管要求，要求电子商务企业或电子商务交易平台企业、支付企业、物流企业应当在跨境电子商务零售进口商品申报前分别通过跨境电子商务通关服务平台如实向海关传输关联的订单、支付单、运单数据信息，三单比对一致后方可生成并申报跨境零售进口商品清单。

创新成效：为单证审核、税收征管、风险分类、稽查缉私等提供数据支撑；明确并简化了申报业务单证，极大地提高了通关时效，实现了海关的有效监管和企业的成本节约；获得海关总署及国家层面的认可与采纳，上升为行业标准，成为开展跨境电子商务业务的必备条件之一。

**2. 身份验证**

电子商务企业应当对购买跨境电子商务零售进口商品的个人（订购人）身份信息进行核实，并向海关提供由国家主管部门认证的身份有效信息。无法提供或者无法核实订购人身份信息的，订购人与支付人应当为同一人。

创新成效：身份验证是防范跨境电子商务零售进口虚假交易（刷单、低报价格等）的有效防范手段，提高了违法违规行为的难度与成本；试点以来，郑州海关跨境电子商务监管系统中沉淀了3400多万条真实有效的个人身份信息，为事后大数据分析提供坚实的数据支撑；获得海关总署及国家层面的认可与采纳，上升为行业标准，成为开展跨境电子商务业务的必备条件之一。

**3. 商品备案数据库**

适应跨境电子商务业务的特点，以电商企业为单元设立商品备案数据库，商品备案前置，在前期商品备案的环节完成商品预归类、规范申报、准入预审核等风险防控前置措施。

创新成效：加强了商品安全准入和落实了正面清单管理要求；归类审核前置，确保了跨境电子商务申报清单事中监管“秒通关”的实现；试点以来，郑州海关跨境电子商务监管系统中共沉淀有近30万条商品备案数据，为事后大数据分析提供坚实的数据支撑。

**4. “神秘买家”**

组织专人、划拨专项经费，由负责风险防控的海关关员化身“神秘买家”，在电商网站真实下订单购买，对订单生成、支付、申报信息、物流配送全流程的合规性进行深度体验式真实测试。

创新成效：“神秘买家”措施实施以来，先后发现了仅对特定人群销售、价格与申报价格不符、漏报运费和优惠券等异常违规情事，及时移交处理，对不法违规电商企业形成较大的威慑。

**5. 大数据分析**

对企业、支付人、购买人、收件人、收件地址等字段进行多角度分析，如商品流向集中度分析、消费习惯异常分析、价格横纵比对分析、销售模式变化分析、企业经营异动分析等。

创新成效：大数据分析清晰直观地呈现了跨境电子商务全链条运行图谱，既能从宏观上为政府和企业了解跨境电子商务整体运行状况和决策判断提供依据，又能从微观上为海关风险防控提供具体的线索。

**6. 先清点，后报关**

“先清点，后报关”是郑州海关根据上海自由贸易试验区复制推广的14项海关创新监管措施之一。“先清点，后报关”业务允许电商企业一线进境货物在转关核销完成后进入特殊监管区内指定仓库，先卸货清点，然后按照清点后的数据进行报关。

创新成效：“先清点，后报关”提高了申报准确性，缩短了通关时效，减少企业押车现象，提高监管车的利用率和周转期，节约了物流成本，降低了企业删改单带来的成本。

**7. 一区多功能**

“一区多功能”是指沿用原有的海关监管规定，充分利用河南保税物流中心现有的软硬件设施如口岸作业区、监管场所、综合查验中心分拣线、智能化辅助系统，将原本分散在海关特殊监管区域、保税监管场所、国内快递集散中心、邮快件监管场所的跨境电子商务商品和国内电子商务商品在一个园区内进行集中分拣、配送。

创新成效：从多种监管场所分类监管到多合一集约化监管，实现了监管流程创新，大大降低了企业的运营成本和政府的监管成本；“一区多功能”将多种属性的货物在同一场所集中查验、分拨、运输，实现物流运输节点的重组和物流环节的化繁为简，降低了30%的物流成本，全球门对门配送提高时效48小时，成功补齐河南内陆物流短板，吸引1100多家企业集聚郑州。

**8. 电商差别化监管**

开展跨境电子商务企业信用管理的先行先试探索，建立“由企及物”的管理方式，坚持“诚信守法便利，失信违法严惩”原则，实施差别化分类管理，根据企业的经营和守法情况，对企业的申报清单转人工率、查验率实施动态调整，引导企业树立守法便利的意识。

创新成效：依据企业信用状况的不同而实施差别化的管理措施，助力诚信守法电商的发展，惩戒了失信违法电商，促使电商企业加强自律合规经营，降低海关监管难度，有利于跨境电子商务行业的长远健康有序发展。

**9. 一线严进、二线优出**

践行顺势监管与嵌入式监管理念，根据网购保税进口业务的特点，在网购保税商品一线入区与区内仓储环节加大对入区查验、实货验估、安全准入、库存管理等的执法、监管力度，确保风险不后移，做到“严进”；在“严进”的前提下，去繁就简，优化网购保税进口商品二线出区监管流程，取消对网购保税进口零售商品申

报清单的布控查验，

创新成效：实现“秒通关”，做到“优出”，进一步提升了监管效能，大幅缩短了通关时效，二线包裹出区时效由3个小时缩短到“秒通关”，获得电商企业的高度赞赏。

### （二）主要成效

#### 1. 发展势头强劲

网购保税进口在跨境电子商务零售业务中独占鳌头。2016年，全国网购保税进口商品总值256.21亿元，同比增长75.41%，占跨境电子商务零售进口总值的近八成（79%）。2017年1月至10月，郑州网购保税进口模式实现81.18亿元，同比增长65.43%，连续五年增速保持在60%以上。

#### 2. 监管集约高效

网购保税进口依托区域/中心的保税功能，通过货物集中采购进口，将电子商务企业境外仓储、分拨、配送前移至境内，在降低企业物流成本的同时解决了跨境电子商务碎片化监管难题。海关为此构建了完善的跨境电子商务服务平台和管理平台等信息化系统，涵盖备案、通关、征税、物流、账册、风险等全链条监管环节，实现“秒通关”。

#### 3. 税款应收尽收

网购保税进口实现商品交易、物流、支付数据全申报，参照货物税进行税费计征，区别于传统邮快件渠道进口的监管模式，为海关精准征税奠定坚实的基础，税款及税率均呈现大幅上升趋势。2016年，全国跨境电子商务网购保税进口征收税款23.39亿元，同比增长919.61%，占同期跨境电子商务零售进口的77%，平均税率约为13.1%。

#### 4. 实现多方共赢

对电子商务企业来说，大幅降低了商品的采购成本和物流成本，并实现了阳光结付汇；对消费者来说，减少了中间流通环节，方便退换货，时效更高、价格更低，消费体验得到提升；对地方政府来说，网购保税进口作为新兴业态，培育了外贸增长新动能，有效推动开放型经济转型升级。

# 中国（湖北）自由贸易试验区

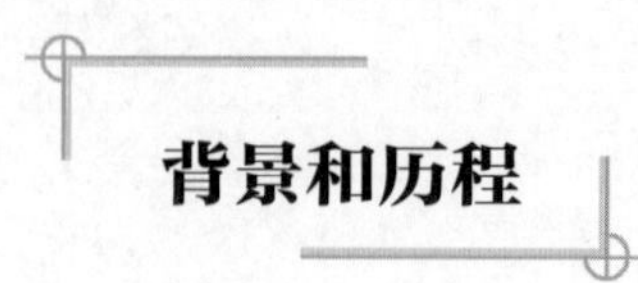

# 背景和历程

## 一、战略解读

党中央、国务院在决定设立第三批七个自由贸易试验区时就提出，继续紧扣制度创新这一核心，进一步对接高标准国际经贸规则，在更广领域、更大范围形成各具特色、各有侧重的试点格局。对湖北省的要求主要是落实中央关于中部地区有序承接产业转移、建设一批战略性新兴产业和高技术产业基地的要求，发挥其在实施中部崛起战略和推进长江经济带建设中的示范作用。

2017 年 3 月 31 日，国务院正式印发了七个自由贸易试验区的总体方案，其中湖北自由贸易试验区的战略定位为："以制度创新为核心，以可复制可推广为基本要求，立足中部、辐射全国、走向世界，努力成为中部有序承接产业转移示范区、战略性新兴产业和高技术产业集聚区、全面改革开放试验田和内陆对外开放新高地。"

笔者认为，在湖北建设自由贸易试验区是党中央、国务院的重大决策部署，是"中部崛起""长江经济带发展"等国家战略在新时代的拓展与延伸。"立足中部、辐射全国、走向世界"就是要求湖北依托"九省通衢"的先天区位优势，充分发挥对中部地区、长江中游城市群的辐射带动作用，通过自由贸易试验区的"试"，在内陆地区探索可复制的经验，以长江经济带发展带动整个中部地区绿色、可持续的高质量发展。

"努力成为中部有序承接产业转移示范区、战略性新兴产业和高技术产业集聚区"则是对湖北自由贸易试验区在进一步深化供给侧改革、探索产业转型升级方面提出了明确要求。一方面，强调在承接产业转移上要"有序"。十九大报告指出，要"贯彻新发展理念，建设现代化经济体系"，要实施区域协调发展战略，"发挥优势推动中部地区崛起，创新引领率先实现东部地区优化发展""以共抓大保护、不搞大开发为导向推动长江经济带发展"。新常态下，对中西部承接东部的产业转移有了更高的要求，不是简单地以低廉的劳动力吸引劳动密集型产业，更不能以牺牲环境为代价承接高污染企业。要推动长江经济带绿色可持续发展，必须前瞻性地把握产业发展现状与前景，准确认识有效供给与需求，在清醒认识、充分利用本省特色生产要素优势的基础上，做到"有序"承接，避免以 GDP 为唯一导向的一拥而上全盘接受，甚至是恶性竞争造成新的产能过剩，环境污染。另一方面，湖北不但具备科教优势，并且是具有发展战略性新兴产业与高技术产业基础的省份，湖北自由贸易试验区武汉片区所在的武汉东湖高新技术开发区是国家自主创新示范区，还同时拥有国家光电子产业基地和国家生物产业基地。湖北自由贸易试验区应突出特色，在优势领域形成更强的竞争力，成为高端人才、金融资本、技术信息积聚的创新高地。

## 二、概况

湖北自由贸易试验区实施范围 119.96 平方千米，分为武汉、襄阳、宜昌三个片区，其中武汉片区 70 平方千米（含东湖综保区 5.41 平方千米），襄阳片区 21.99 平方千米［含襄阳保税物流中心（B 型）0.281 平方千米］，宜昌片区 27.97 平方千米。按区域布局划分，武汉片区重点发展新一代信息技术、生命健康、智能制造等战略性新兴产业和国际商贸、金融服务、现代物流、检验检测、研发设计、信息服务、专业服务等现代服务业；襄阳片区重点发展高端装备制造、新能源汽车、大数据、云计算、商贸物流、检验检测等产业；宜昌片区重点发展先进制造、生物医药、电子信息、新材料等高新产业及研发设计、总部经济、电子商务等现代服务业。

### （一）组织架构总体情况（如表 3-6 所示）

**表 3-6　湖北自由贸易试验区组织架构总体情况**

| | 领导小组 | 领导小组办公室 | 片区管委会 | 专题组 |
|---|---|---|---|---|
| 湖北省 | 省长担任组长，常务副省长、分管副省长和武汉市市长担任副组长 | 挂牌省商务厅，省商务厅厅长兼任办公室主任，增设综合信息处、协调指导处、制度创新处三个处室 | | 设立投资、贸易、创新驱动、金融、法治保障、市场监管六个工作专题组，直属海关作为贸易专题组和法治保障专题组成员单位 |
| 襄阳片区 | 市委书记任组长，市长任第一副组长，分管副市长任副组长 | 挂牌市政府办公室，增设自由贸易试验区综合协调科、自由贸易试验区政策研究科两个内设机构 | 在襄阳高新技术产业开发区管理委员会加挂襄阳片区管理委员会牌子 | 设立投资、贸易、创新驱动、金融、法治保障、市场监管六个专题组，襄阳海关作为贸易、法治保障专题组成员单位 |

续表

| | 领导小组 | 领导小组办公室 | 片区管委会 | 专题组 |
|---|---|---|---|---|
| 宜昌片区 | 省委常委、市委书记任组长，市长任第一副组长 | 挂牌市政府办公室，副市长兼任办公室主任 | 宜昌自贸片区管委会与宜昌高新技术产业开发区管委会“两块牌子、一套机构”合署办公 | 设立投资、贸易、创新驱动、金融、法治保障、市场监管六个专题组，宜昌海关作为投资、贸易、金融、法治保障、市场监管五个专题组成员单位 |
| 武汉片区 | 省委副书记、市委书记任组长，市委副书记、市长任第一副组长 | 市委常委、东湖新技术开发区工委书记兼任办公室主任 | 挂牌武汉东湖新技术开发区管理委员会，下设自贸综合协调局和自贸改革创新局 | 设立科技金融、科技创新、事中事后监管、贸易与投资、交通物流、产业发展六个专题组，武汉海关作为贸易与投资、交通物流两个专题组成员单位 |

### （二）省领导小组及其办公室

为加强对中国（湖北）自由贸易试验区工作的组织领导，湖北省政府于 2016 年 12 月 29 日成立中国（湖北）自由贸易试验区工作领导小组（以下简称省领导小组），作为省级议事协调机构，负责研究决定自由贸易试验区发展的重大问题，统筹协调自由贸易试验区重大事务。领导小组组长由省长担任，常务副省长、分管副省长和武汉市市长担任副组长，包括武汉海关在内的 59 个成员单位主要负责同志为省领导小组成员。

设立中国（湖北）自由贸易试验区工作办公室，同时作为领导小组办公室，在湖北省商务厅加挂牌子，省商务厅厅长兼任办公室主任，设专职副主任（副厅级）1 名，下设 3 个处，共 18 个行政编制，承担省领导小组日常工作，负责贯彻执行国家有关自由贸易试验区建设的方针、政策、法规和制度，拟订湖北自由贸易试验区管理法规规章和规范性文件，研究、推动出台并指导实施相关政策措施，负责相关事务协调、发展规划制定、信息发布和制度创新成果复制推广等工作。

2017 年 3 月 20 日，湖北省人民政府办公厅印发《省人民政府办公厅关于设立中国（湖北）自由贸易试验区工作专题组的通知》，在省领导小组下设立投资专题组、贸易专题组、创新驱动专题组、金融专题组、法治保障专题组、市场监管专题组六个工作专题组。

### （三）襄阳片区

襄阳市委、市政府将襄阳片区的建设和发展作为全市改革开放的头号工程和“一把手”工程，成立由市委书记任组长、市长任第一副组长、分管副市长任副组长、相关部门主要负责同志为成员的襄阳片区工作领导小组。同时，在襄阳市政府办公室加挂襄阳片区工作领导小组办公室（襄阳市自贸办）牌子，增设自由贸易试验区综合协调科、自由贸易试验区政策研究科两个内设机构。襄阳市自贸办的主要职责为承担襄阳片区领导小组日常工作，对接省自贸办，协调襄阳市直相关部门和中央、湖北省在襄阳的垂管部门，研究制定自由贸易试验区发展规划、政策措施，指导、督办自由贸易试验区各项改革试点任务的落实。在襄阳高新技术产业开发区管理委员会加挂襄阳片区管理委员会牌子，具体负责自由贸易试验区发展规划、政策措施的实施及各项改革试点任务的落实。

襄阳片区领导小组下设投资、贸易、创新驱动、金融、法治保障、市场监管六个专题组，与省领导小组下设的专题组相对应。

### （四）宜昌片区

宜昌市委成立了由省委常委、市委书记任组长，市长任第一副组长的宜昌自贸片区工作领导小组，加强对宜昌片区建设工作的组织领导。领导小组下设办公室，挂牌市政府办公室，市政府副市长兼任办公室主任。宜昌自贸片区管委会与宜昌高新技术产业开发区管委会“两块牌子、一套机构”合署办公，高新区管委会所有内设机构全部纳入自贸片区建设中来，统筹负责自贸片区的改革建设发展工作。

宜昌片区领导小组下设投资、贸易、创新驱动、金融、法治保障、市场监管六个专题组，与省领导小组下设的专题组相对应。

### （五）武汉片区

2017 年 2 月 27 日，武汉市委办公厅、市政府办公厅联合发文，成立了武汉片区领导小组，省委副书记、市委书记任组长，市委副书记、市长任第一副组长。领导小组下设办公室，由市委常委、东湖新技术开发区工委书记兼任办公室主任，东湖新技术开发区管委会主任兼任常务副主任。

武汉片区领导小组下设科技金融、科技创新、事中事后监管、贸易与投资、交通物流、产业发展六个专题组。

2017 年 11 月 23 日，中共武汉市委东湖新技术开发区工作委员会、武汉东湖新技术开发区管理委员会联合发文，在武汉东湖新技术开发区管理委员会加挂湖北自由贸易试验区武汉片区管理委员会牌子，下设自贸综合协调局和自贸改革创新局，具体承担武汉片区建设管理工作。

### 三、建立历程

早在2014年，湖北省就开展了申报自由贸易试验区的相关工作。2014年6月，省委常委会通过了《学习借鉴上海自由贸易试验区经验开展先行先试工作方案》，明确了“申报和试行两条腿走路、以先行先试促早日获批”的工作思路。2014年8月，省政府成立了湖北省自由贸易试验区筹备和开展先行先试工作领导小组，并召开了3次先行先试改革创新事项发布会，共发布185项改革创新举措。两年多的先行先试工作，使湖北省以提升服务效能为核心的行政审批体制改革深入推进，以激发市场活力为目标的投资管理体制改革初见成效，以“大众创业、万众创新”为导向的科技成果转化加速启动运行，以社会信用体系、信息共享和综合执法为载体的事中事后监管有序开展，为成功申报湖北自由贸易试验区奠定坚实基础。

2016年8月31日，党中央、国务院决定设立包括中国（湖北）自由贸易试验区在内的第三批七个自由贸易试验区，湖北自由贸易试验区正式进入筹备阶段。

湖北省关于自由贸易试验区的筹备工作由湖北省商务厅牵头，并成立了工作专班，同武汉市、襄阳市、宜昌市和省相关部门密切配合，主要完成两方面工作：一方面，调整划定区域范围，根据商务部等四部委的要求，将原11个区域调整为3个闭合区域；另一方面，修改完善并申报总体方案，在2016年十一长假期间组织13个厅局级单位的47人进行封闭集中工作研究讨论总体方案，在省内先后5轮征求意见。2016年10月10日，湖北省政府将湖北自由贸易试验区总体方案征求意见稿函报商务部。2016年10月29日，湖北自由贸易试验区总体方案送审稿由商务部和湖北省政府联合上报国务院。2016年12月29日，湖北省政府成立中国（湖北）自由贸易试验区工作领导小组，作为省级议事协调机构，负责研究决定自由贸易试验区发展的重大问题，统筹协调自由贸易试验区重大事务。领导小组组长由省长担任，常务副省长、分管副省长和武汉市市长担任副组长，包括武汉海关在内的59个成员单位主要负责同志为省领导小组成员。

2017年4月1日，中国（湖北）自由贸易试验区正式挂牌。各中央在汉单位、各省直单位、各片区主要负责人、各高校13位自由贸易试验区建设研究领域专家及中央、湖北省内、香港共58家媒体记者参加仪式。

### 四、监管新政介绍

湖北自由贸易试验区成立以来，武汉海关瞄准“简、减、降、优”，即“简手续、减时间、降成本、优服务”，坚持因地制宜复制推广与结合湖北特色开展制度创新“双路并进”，全力支持湖北自由贸易试验区的建设发展。截至2018年9月底，自由贸易试验区内新增海关注册企业 278 家，注册企业总数 1191 家，自由贸易试验区企业进出口总值的 1255. 3 亿元人民币，占湖北进出口总值的 25. 4%。期间，武汉海关主要从以下方面推动湖北自由贸易试验区的发展。

**（一）坚持复制之路与创新之路双路并进，瞄准“简、减、降、优”释放制度红利**

**1. 坚持复制之路**

2014 年至 2015 年，按照海关总署统一部署先后复制推广“14+11”共 25 项海关监管创新制度；2016 年，落实国务院的工作要求，复制推广 16 项新一批改革试点经验；湖北自由贸易试验区挂牌后，武汉海关主动对标学习其他自由贸易试验区的先进经验，对适合湖北的制度创新，因地制宜借鉴复制。截至 2017 年底，共借鉴复制前四个自由贸易试验区改革试点经验共 53 项，丰富了自由贸易试验区制度供给。

**2. 坚持创新之路**

紧紧围绕“抓住重点、研究热点、改掉痛点、破解难点、创出亮点”思路，从“机制优化、制度调整、流程简化、风险可控、法律合规”五个方面，以问题和需求为导向开展制度创新，2017 年推出 48 项自主创新举措支持湖北自由贸易试验区建设发展。在湖北省向国务院自由贸易试验区工作部际联席会议办公室（商务部）报送的 10 项拟在全国复制推广的制度创新成果中，武汉海关举措占 7 项，最终 2 项入选国务院在全国复制推广的第四批改革试点经验。另外，武汉海关 9 项创新举措入选在全省复制推广的第一批改革试点经验（全省共 13 项），1 个案例入选湖北省政府第一批复制推广的实践案例（全省共 8 个）。

**（二）纵深推进各项改革，不断提高贸易便利化水平**

**1. 压缩通关时间，全力提时效**

找准影响货物通关时间的关键节点和突出问题，研究制订了压缩通关时间 19 项海关工作措施，联合推动地方政府相关部门拟订了 10 项配套措施，多层面多角度做好情况调研、原因分析、整改落实等工作。通过“单一窗口”实施“一次申报”，试点“查检双人查验模式”实施“一次查验”，依托智能卡口系统实施“一次放行”；加快应用金关工程二期信息化项目，自主开发水、陆、空、特、寄“五位一体”物流监控信息化平台，打造通关、物流、信息“三个一体化”，实现“智慧监管、精准监管”，提升查检工作效能。2018 年 1 月至 8 月，武汉关区进、出口海关通关时间分别较 2017 年缩短 46. 8%和 28. 2%，分别占湖北口岸整体通关时间的 4. 6%、3. 2%。8 月，湖北口岸进、出口整体通关时间较 2017 年分别缩短 13. 4%和 7. 8%。

**2. 优化营商环境，发力“放管服”**

坚持以深化供给侧结构性改革为主线，深化改革，落实简政放权，进一步减轻企业负担，节省办事时间。落实“马上办、网上办、一次办”行政审批模式，推进“互联网+海关”建设，对58项海关政务服务事项实现“一号申请、一窗受理、一网通办”，为社会公众和企业提供更便利的服务。推进“三互”大通关建设，进一步推广应用湖北国际贸易“单一窗口”。2018年以来，引导企业使用“单一窗口”标准版将货物申报覆盖率从1月的9.7%提升至7月的65.8%，目前工作日货物申报覆盖率已稳定在100%。在湖北全省落实“申报无纸化”模式，实现“网上申报、就近取证”，推进相关信息数据全国共享。推进作业流程“去繁就简”，加贸及保税作业环节简化44.7%，稽查作业环节简化7.6%。推动落实免除查验没有问题的企业吊装移位仓储费用，实施以来累计为企业免除相关费用500余万元。

**3. 主动靠前服务，大力畅渠道**

整合关区内现有查验场所和监管设备，创新实施“运单归并”“合并转关”“车边验放”等举措，强化与口岸海关的联系合作，支持中欧班列（武汉）快速发展，助推武汉发挥“一带一路”节点城市功能，融入国际物流大通道。班列开行以来，武汉始发班列的开行线路数、重箱实载率一直在各节点城市中位居前列。2018年1月至8月，中欧班列（武汉）开行班列数、货运量、货运值分别增长24.55%、19.45%、3.88%，保持良好的发展势头。积极助推长江中游航运中心和武汉多式联运海关监管中心建设，全力支持武汉新港发展，推动在长江中上游最大集装箱港口阳逻港现场实现通关业务全程网上办理。为“一芯三屏”（国家存储器基地及湖北省三家半导体显示产业链重点企业）等重大项目实行“上下沟通、左右联动，对接总署、协调各方”工作机制，实施系列定制化监管服务举措，简化通关、减免税办理等环节的海关手续。2018年1月至8月，武汉海关已为90亿元的高端芯片生产检测设备等进口货物办理便捷通关手续，助力“大国重器”加快建设发展。

### （三）创新成果

**1. 服务“一带一路”，支持国际物流枢纽建设**

一是助力中欧班列（武汉）发展，实施“进口运单归并”与“出口转关单简化申报”，2017年手续简化率分别达到78%、93%；挂牌以来实施“车边验放”，进口货物31批次489吨，货值1.7亿元，每批货物平均节省3天的通关时间，使企业每周能提前安排约1780万元产值的货物生产。

二是支持长江中游航运中心建设，实施“内外贸同船运输货物智能放行”，解决了以往智能卡口无法区分内贸箱、外贸箱和空箱的问题，集装箱卡口放行手续的时间较改革前每箱节省约36小时。

三是服务国际航空口岸建设，实施“国际旅客行李物品监管新模式”，提升了进出境旅客的通关体验，通关时间平均减少1/2。推出微信公众号“武易通关”，旅客掌上通关更加便捷。

四是优化海关特殊监管区域监管模式，对一线出口货物实施“先出区、后报关”，2017 年共涉及报关单 8166 票，平均每票减少通关时间约 20 分钟、节约直接成本约 150 元；实施“便捷保税货物流转”，对特殊监管区域、保税物流中心（B型）之间及特殊监管区域与保税仓库之间流转的保税货物，允许企业自行运输，2017 年该模式下共流转保税货物 2504 批次，申报总金额 4. 98 亿美元，平均每批次减少通关时间约 3. 5 小时、节约直接成本约 150 余元。

**2. 服务战略性新兴产业和高技术产业发展**

对省市重点项目实施“重大项目定制监管服务”，与华星光电、国家存储器基地项目业主签订工作备忘录，成立专项工作组，量身定制个性化监管服务方案；实施“减免税手续汇总办理”，将减免税办理与保税仓库分送集报模式叠加，将 3205 份需逐票办理的免表创新汇总为办理 609 票，手续简化率达到 81%。

**3. 支持新型贸易业态发展，培育外贸增长新动能**

支持跨境电子商务发展，实施“企业增信担保”引入第三方担保，为电商企业资金周转困难提供了解决方案，4 份保函总金额 140 万元，循环担保税款 676 万元；推动汉口北市场采购贸易从无到有再到健康发展，实施“市场采购贸易便捷通关”措施，简化商品归类，降低企业成本。2017 年，共监管市场采购贸易报关单 4542 份，货运量 13. 8 万吨，出口额 41. 3 亿元人民币。

**4. 服务有序承接加工贸易产业转移**

实施加贸业务“简化内部核批手续”，将 80 项业务的 311 个审批环节简化为 172 个，减少 139 个，简化率 44. 69%。同步推出“改革加工贸易监管模式”“手册有效期按需设立”“自主选择核销方式”“盘库时点自主选择”等多项创新举措，服务有序承接加工贸易产业转移。

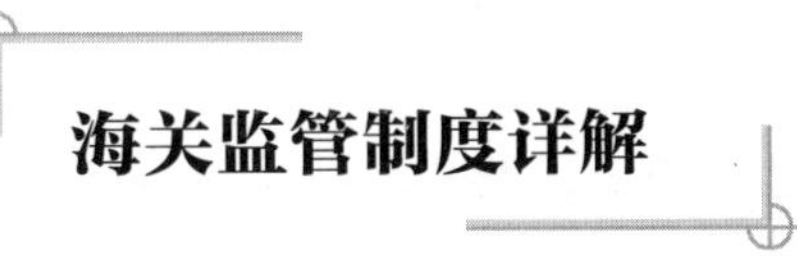

## 海关监管制度详解

### 一、通关便利化

#### （一）先放行，后改单

**1. 操作详解**

先放行，后改单，是指对查验后仅需改单放行的货物，允许企业选择先放行货物，后修改报关单。

对于经查验后查验结果异常的货物，如果只需要改单即可放行的，企业可向主管海关提出申请，先对货物予以放行，再按照相关规定办理改单手续。

**2. 改革意义**

该项创新进一步促进了通关便利化，提高了通关效率，允许一些有申报错误的报关单先放行，然后再修改报关单据。“先放行”加快了货物的流转速度，改善了市场主体的通关体验，对于高时效的行业、高存储要求的货物具有特别重要的意义。另外，对于从内陆转关到口岸出口的货物，企业在属地海关因申报错误改单，有可能造成耽误口岸船期需要换载，从而造成损失，该创新举措较好地解决了这一问题。

该创新举措入选国务院在全国复制推广的第四批自由贸易试验区改革试点经验。

### （二）船边直接验放

船边直接验放，是指经企业申请，通过转关方式进口的货物，允许其提前申报，先办理审单和缴税手续，待货物运抵指运地后，办理卸货的同时对货物进行审验，需查验的货物被拖入海关查验区，无须查验的货物可直接放行，不再统一进入堆场，减少货物吊装次数，降低企业成本，提高作业效率。

该措施通过优化作业环节，减少货物吊装次数，降低了企业成本，提高物流作业效率。

### （三）中欧班列（武汉）运单归并、简化申报

**1. 操作详解**

中欧班列（武汉）运单归并、简化申报，是指通过与口岸海关建立协作机制，对口岸铁路运单进行归并作业，将单一收货人的多个集装箱货物合并为一票办理转关手续，将多个集装箱铁路运输的货物合并在一份报关单中申报。

进口提运单归并：与进境地满洲里海关协商，支持“俄罗斯—满洲里—武汉”木材回程专列发展，对进口木材提运单在满洲里口岸进行归并，实现将多个集装箱货物合并为一票办理进口报关、转关手续，开辟木材进口绿色通道，大力助推湖北武汉形成一级木材交易市场、国家战略物资储备基地。

出口转关简化申报：与出境地阿拉山口海关协商，支持出口转关简化申报模式，实现多个集装箱货物合并为一票办理出口转关手续，促进中欧班列（武汉）出口货物快速通关。

**2. 改革意义**

按照国际惯例，对于铁路运输货物，一份提运单只能对应一个自然集装箱，而我国海关规定，一份报关单只能对应一份提运单，这对于分装于不同集装箱属于同

一收发货人的进出口货物，须拆分成多票报关单、转关单申报，加大了企业的工作量，增加了企业物流成本，影响了企业通关效率。该措施依托“一带一路”倡议，改革传统铁路跨境贸易中提货单和报关单单一对应模式，进一步促进了通关便利化，提高了通关效率。

该创新举措入选湖北省复制推广的第一批自由贸易试验区改革试点经验。

## 二、保税监管

### （一）先出区，后报关

#### 1. 操作详解

先出区，后报关，是指海关特殊监管区域及保税物流中心（B型，以下简称“区域及中心”）采用全国海关通关一体化方式申报的出境货物，可依托信息化系统先出区域及中心，再向主管海关申请办理报关手续，海关通过风险分析进行有效监管。

对于区域及中心内企业，在办理货物一线出口手续时，传统的一种做法是办理转关手续，使用海关监管车辆运输到口岸海关，另一种做法是排载订舱后凭预配舱单先报关，之后凭报关信息出区。新模式下，企业向主管海关提出申请，或者使用金关工程二期系统的特定模块提交数据，即可实现货物先出区，自行运输至口岸海关，在运输过程中办理报关手续，货物运抵口岸海关后无查验的可即时放行。

#### 2. 改革意义

一是申报手续明显简化。实行“先出区，后报关”海关特殊监管区域货物一线出口新模式后，企业只需在海关特殊监管区域辅助系统中申报出区，免除了申报转关数据、打印转关单、施封等手续。

二是通关时间大幅缩短。企业在海关特殊监管区域辅助系统中申报出区后，运输车辆即可通过智能卡口出区，智能卡口比对申报要素后自动抬杆，最快过卡口仅需6秒。据测算，新模式下每票货物减少通关时间约18分钟。

三是运输成本显著降低。由于使用社会车辆运输替代了海关监管车辆，在同等情况下费用显著降低，并且可以根据货物量选择合适车型，而之前使用海关监管车辆只有固定的几种车型。用社会车辆替代海关监管车辆运输，使企业运输成本显著降低，据测算，每票降低企业成本约150元。

该创新举措入选国务院在全国复制推广的第四批自由贸易试验区改革试点经验。

### （二）账册变更审核电子化

账册变更审核电子化，是指允许经海关注册登记的海关特殊监管区域内企业在办理电子账册变更手续时，申报的电子数据由计算机进行自动审核，原则上人工不干预。对于申报数据的准确性和真实性，采取事中核查或事后批量复核等方式加强监管。

### （三）保税展示分段担保

保税展示分段担保，是指允许企业在开展保税展示交易业务时，自定税款担保额度，依托信息化辅助管理系统实现在主管海关征税放行后，辅助系统自动退还区内企业的担保额度，后续出区货物可分阶段、多批次使用。

### （四）保税仓库申报无纸化

保税仓库申报无纸化，是指保税仓库经营企业依托信息化系统实现关区保税仓库经营企业出入库管理、分送集报、保税货物延期等项目无纸化申报，实现海关和保税仓库经营企业互联互通，监管严密高效。

### （五）下放两仓审批权限

下放两仓审批权限，是指将保税仓库、出口监管仓库经营管理（变更、变更验收、延期），保税仓库所存货物二次延期等审批事项由直属海关审批下放到经直属海关授权的隶属海关审批。

### （六）便捷保税货物流转

#### 1. 操作详解

便捷保税货物流转，是指健全保税物流货物流转管理体系，建立海关特殊监管区域之间、海关特殊监管区域与保税监管场所之间保税货物流转的便捷管理模式，企业可自行选择运输工具承运保税货物，实现保税监管与全国通关一体化的有机衔接。

#### 2. 改革意义

以自行运输取代原有的转关模式，减少了海关的通关时间，提高了通关效率，降低了企业成本。

该创新举措入选湖北省复制推广的第一批自由贸易试验区改革试点经验。

### （七）改革加工贸易监管模式

改革加工贸易监管模式，是指改变以合同为单元的监管模式，实施以企业为单元、以账册为主线、以企业物料编码（料号）或HS编码（项号）为基础，周转量控制，定期核销的加工贸易监管模式。

### （八）手册有效期按需设立

手册有效期按需设立，是指对于符合条件的大型装备制造企业，可以根据实际生产周期设立加工贸易手册有效期。

### （九）简化内部核批手续

简化内部核批手续，是指优化加工贸易手册及账册的设立（变更）、余料结转、核销结案等作业流程，减少作业环节，进一步简政放权、提高效率。

### （十）取消异地加工贸易审核

取消异地加工贸易审核，是指经营单位申请开展异地加工贸易业务时，取消经营单位所在地主管海关前置审核，可直接在加工企业所在地主管海关办理相关手续。

### （十一）自主选择核销方式

自主选择核销方式，是指具备条件的加工贸易企业可根据生产经营实际，自主确定单耗申报时间和合理的核销周期，自主选择采用单耗或工单等不同方式核算保税料件耗用。

### （十二）盘库时点自主选择

盘库时点自主选择，是指自由贸易试验区内联网监管企业，可结合企业盘点计划，在电子账册有效期内，自主选择核销选查盘库时点，并提前向海关预约。海关根据企业自选的盘库时点开展盘库，并对电子账册有效期作相应的调整。

根据企业的生产管理需要开展盘点工作，有效地减少海关监管工作对企业的不利影响，提升企业管理的灵活度，增强企业活力。

### （十三）保税料件交易

保税料件交易，是指海关特殊监管区域外的加工贸易企业（出售企业），将本企业剩余的进口保税料件以“来料料件复出”或“进料料件复出”贸易方式申报进入海关特殊监管区域，在海关的实际监管下，交付给其他海关特殊监管区域外的加工贸易企业（购买企业），购买企业以“进料对口”或“进料非对口”方式申报出区的经营活动。

### （十四）账册归类归并关系审核电子化

账册归类归并关系审核电子化，是指海关运用特殊监管区域辅助管理系统，实现计算机自动审核电子账册归类归并关系，取消人工审核环节，提高效率。

### （十五）海关特殊监管区域货物运抵信息智能化

海关特殊监管区域货物运抵信息智能化，是指通过海关特殊监管区域智能卡口采集境内入区的车辆及货物信息，自动生成电子运抵信息发送给海关通关管理系统，在无布控无税费的情况下对报关单触发系统自动放行，提高通关效率。

### （十六）海关特殊监管区域与口岸联动

实现海关特殊监管区域（保税监管场所）卡口系统和口岸物流监控系统的联动，便利特殊监管区域（保税监管场所）与口岸之间的货物流转，畅通保税货物流转渠道。

## 三、企业管理

### （一）企业注册登记改革

企业注册登记改革，是指对于企业办理进出口货物收发货人的注册登记、信息变更、延续、注销等手续，由经办关员直接受理，按照《中华人民共和国海关报关单位注册登记管理规定》（海关总署令第221号）的有关规定，在单证齐全的前提下，当场核发“报关单位注册登记证书”。

### （二）行业自律，关会协作

行业自律，关会协作，是指通过强化海关与报关协会的合作，充分发挥报关协会行业自律作用，提升报关协会服务能力，从而构建新型关企、关会合作关系，转变海关职能实现方式，促进企业守法自律，实现海关、协会、企业三方共赢的新型监管服务模式。

### （三）加强信用企业培育

加强信用企业培育，是指以自由贸易试验区内优质企业为重点，加强政策宣传，有针对性地进行扶持引导，加强企业认证，培育更多的海关高信用企业。在自由贸易试验区获批后三年内，使区内海关高级认证和一般认证企业在现有数量的基础上每年增加30%，让更多的守法规范企业享受中国海关和国际海关通关便利。

## 四、税收征管

### （一）减免税手续汇总办理

#### 1. 操作详解

减免税手续汇总办理，是指集成电路、液晶显示面板企业将符合免税条件的生产性原材料、消耗品采用保税仓库电子账册管理，货物进口时按保税仓库货物申报进入相应的保税仓库账册，在出库时实行分批发货，主管海关定期为企业汇总办理减免税证明，企业凭此办理集中报关手续。主管海关通过加强后续监管，确保监管到位。

享受进口税收优惠政策的集成电路、新型显示器件生产企业，在进口已列入免税商品清单的生产性原材料、消耗品等货物时，按保税仓库相关管理规定直接申报进保税仓库存储，出库时按“分批发货、集中报关”模式办理手续。出库后，可按月汇总办理征免税证明，并凭此办理集中报关手续。

**2. 改革意义**

该模式通过将减免税办理与保税仓库“分送集报”模式相结合，充分发挥政策叠加优势，将原来减免税“前置逐票办理”的方式，优化为“后置汇总办理”，简化了征免税证明的办理手续，有效解决了“芯屏企业”生产性原材料、消耗品等减免税货物进口频繁批次多和生产时效要求高的矛盾，进口减免税货物做到“随到随用”，满足了企业生产经营规律的需要，实现了“1+1>2”的效益。

该创新举措入选湖北省复制推广的第一批自由贸易试验区改革试点经验。

### （二）减免税申请电子数据批量导入

减免税申请电子数据批量导入，是指允许经海关减免税项目备案的企业按照电子口岸 QP 系统的接口标准，开发批量导入软件，实现与 QP 系统的对接。通过批量导入数据，改变以前逐票录入申报的方式，提高减免税证明的录入效率，降低差错率。

企业通过软件将企业 ERP 系统数据转化成适合海关预录入系统标准的电子数据，直接导入海关录入系统，减少人工干预产生的差错率，节约人力成本。该举措为武汉海关首创。

### （三）试行归类先例制度

试行归类先例，是指海关以高资信企业为试点企业或者以特定商品为试点商品，建立以企业和商品为单元的数据库，采用通关过程中海关不审核其归类、通关后抽核的方式，统一海关归类执法，进一步提高通关时效。

## 五、检验检疫

为支持湖北自由贸易试验区的发展，贯彻落实原质检总局和湖北省委、省政府关于湖北自由贸易试验区建设的总体部署和要求，湖北海关深入研究湖北自由贸易试验区的定位特点和政策需求，从简政放权、监管模式改革、优化服务三个方面推出 15 条改革创新事项。

### （一）简政放权

**1. 改革报检企业备案模式**

便利自由贸易试验区内报检企业备案工作，湖北海关授权自由贸易试验区检验检疫机构直接办理区内的自理报检企业、代理报检企业和快件运营企业备案及变更等工作，对资料符合要求的当场完成备案、发放证书，为企业提供“零距离、零等待”服务。支持自理报检企业备案和原产地签证企业备案网上一次办理。支持自由贸易试验区检验检疫机构参与片区内商事备案制度改革。

2. 检疫审批业务权限下放

将进境植物源性食品、有机植物栽培等部分动植物产品检疫审批的受理和现场考核环节，授权给自由贸易试验区检验检疫机构执行。通过多点受理、网上审批、分批核销等便利措施，简化检疫审批流程，提高检疫审批效率，缩短流程时限，检疫审批周期由原来的20个工作日缩短至10个工作日以内。

3. 免除部分进境动植物产品证书查验

在风险分析的基础上，制定免于核查输入国家或地区动植物检疫证书的清单，对经深加工的木制品等11类动植物产品免于提交输出国家或地区动植物检疫证书。

4. 实施出口食品企业备案采信模式

自由贸易试验区内企业，申请出口食品生产企业备案时，采信自我声明，免于现场检查，直接发放“出口食品生产企业备案证明”。

企业提出采信自我声明备案申请，当天即通过受理申请、组织评审、文件审核、审查批准等程序，采信企业自我声明和自我评估表获得备案审批。这项业务以往办理周期为20天，通过改革创新后，目前仅需1~2天即可完成，大大方便了企业操作并节省了企业的时间。

5. 改革CCC免办审批监管模式

对于自由贸易试验区内符合免于办理条件的CCC产品，允许“非最终用户”申请办理免办证明；CCC免办后续监管以采信为主、现场验证为辅。

（二）监管模式改革

1. 实施自由贸易试验区保税展示交易进口食品、化妆品检验检疫管理新模式

叠加运用分线监管、预检验和登记核销管理对保税展示交易进口食品、化妆品实施检验检疫监管。对保税展示进口食品、化妆品，入区时实施检疫（有检疫要求的）和报备管理，不实施检验。对保税展销进口食品、化妆品，自由贸易试验区内实施预检验，出区分批核销登记，比对货物申报信息与预检验合格货物信息，凭核销凭证签发通关单，可分批放行。

2. 创新生物医药监管模式

对进境生物医药（特殊物品）全面实施分类管理。进行科学风险评估，建立分类管理体系。在对进境生物医药材料风险评估和建立相关企业诚信数据库的基础上，对企业实施分级管理，创新查验模式，降低查验比例，提高通关效率。推进属地化管理，对低风险的产品实施口岸直通放行，减少查验成本。将产品风险与企业诚信相结合，建立“事前产品风险评估+事中事后监管”的管理模式，将监管重心由产品转向企业诚信与产品风险相结合。进一步简化出口管理要求，鼓励湖北生物

医药产品出口。管理权下放，将生物医药企业的评级和考核等工作下放自由贸易试验区检验检疫机构管理，提高执法效能。

对自由贸易试验区内特殊物品企业，入出境生物医药类特殊物品实施行政审批全程无纸化。在产品分级、企业分类的基础上对信用良好企业的D级生物制品出境审批权限和全部检疫查验业务下放至自由贸易试验区检验检疫机构办理。

**3. 实施自由贸易试验区来料加工复出口食品、化妆品检验检疫新模式**

对来料加工复出口的食品、化妆品，来料进口时只实施检疫（有检疫要求的），不实施检验。来料加工后的食品、化妆品成品出口时按目标市场要求进行检验检疫监管和放行，以达到减少重复检验、降低企业成本的目的。

**4. 出境饲料及饲料添加剂风险管理“三分”模式**

基于风险分析方法，事前风险评估分级、事中企业监管分层、事后查验放行分类。一是事前收集风险信息，加快企业准入。对区内出境饲料及饲料添加剂企业在办理注册登记时，同步开展企业诚信评估及产品风险分析，将原来规定的20个工作日减少至10~15个工作日，缩短企业获得检验检疫注册登记资质时限。二是根据企业的信用类别、饲料及饲料添加剂风险级别对企业实施不同层级措施的日常监管，减少对优良企业、优质产品的监管频次。三是根据日常监管结果，在企业报检出口环节，实施不同类别的查验抽检比例，让优良企业、优质产品加快通关速度，降低物流成本，促进对外贸易便利化。

这项改革创新推出后，企业注册登记时限由原来的20个工作日减少至10~15个工作日，优良企业、优质产品的监管频次减少为每年1次，抽批比例减少50%，每批出口饲料可节约通关时间1天以上，成本节约130元左右，受到企业的好评。

**5. 改革进口成套设备检验监管模式**

该制度旨在便利自由贸易试验区内成套设备类产品进口，在对进口企业诚信和成套设备产品风险分析的基础上，根据企业的申请，通过实施装运前检验，到货后采取抽批检验、抽批核查等便利化检验监管模式，减少现场重复检验内容，缩短检验时间。

**6. 实施进口消费品预检核放监管模式**

对进口消费品实施“集中预检、分批核销”，针对集中到货分批出区的消费品，预先实施检验，出具检测结果，而后根据企业的申请，货物出区进口时直接核销放行，缩短检验周期和通关时限。

按照方便进出、严密防范质量安全风险的原则，在“一线”最大限度仅实施检疫予以便利，“二线”完善检验检疫便利化措施，在自由贸易试验区范围内推行进口货物预检验制度。企业可在货物入境进区或在区仓储时申请预检验，对预检合格的货物实施核销放行，免于再次检验。在全面推行预检验制度的过程中，遵循“企业自愿、操作便利、全面普惠”的原则，主动走进企业，深挖企业需求，与企业探讨商品的具体预检验流程，让企业吃透政策，主动享受政策提供的便利条件，切实感受预检验制度对缩短货物物流时间、提高进口货物通关效率带来的巨大实惠。

### （三）优化服务

#### 1. 推行自由贸易试验区内进口食品、化妆品预检验模式

实施自由贸易试验区内进口食品预检验，通过流程再造和将检验检疫工作“前置”，把检验检疫部门现场检验和刚性的实验室检测工作前置到货物在自由贸易试验区及特殊监管区内仓储期间一次性完成，形成在自由贸易试验区及特殊监管区内仓储时间和检验时间的并联，货物在储存的同时就可以申请和接受检验，在货物“二线”进口时快速核销、快速签证、快速放行，实现货物出区时的“零等待”。

#### 2. 探索自由贸易试验区进口食品境外预检验模式

探索实施中国检验认证集团海外机构在国外原产地对进口食品按照我国标准（包括标签）进行预检验检测，并对检验合格产品出具“产地检验验证报告”。进口食品在自由贸易试验区口岸核查货物信息，通过平台查询预检情况，实施比对放行。

#### 3. 试行自由贸易试验区进口食品“空检江放、空检铁放”模式

空运和水运或铁运的进口预包装食品同时发货，先后运抵湖北自由贸易试验区及特殊监管区的同批次食品，实施分别报检、合并检验。自由贸易试验区检验检疫机构在对空运进口食品检验合格放行的前提下，对水运或铁运进口食品实施快速验放，提高通检速度。

#### 4. 进口肉类“港-区”直通查验管理模式

支持自由贸易试验区内武汉东湖综保区与武汉新港阳逻港进口肉类指定口岸同步建设进口肉类指定查验场，从武汉新港阳逻港口岸进口的肉类产品，只需在阳逻口岸实施集装箱外表消毒并加施电子锁后，整箱直接运至东湖综保区指定查验场实施现场开箱查验、抽样等检验检疫监管。这种“港区”直通查验管理模式可以将口岸功能延伸至东湖综保区，无须两次开箱、两次查验，可有效提升通关查验效率，降低企业物流、运输、仓储等成本，促进口岸与自由贸易试验区联动协同发展。

## 六、其他

### （一）海关行政审批事项清单式管理

海关行政审批事项清单式管理，是指将武汉海关行政审批事项建立清单式台账予以管理，并向社会公开，内容包括办理条件、办理时限、核批流程、办理结果等，同时提供便利的咨询服务，使企业在第一时间了解行政审批事项的具体内容和

办理情况。

**（二）电子口岸企业入网“一站式”办理**

电子口岸企业入网“一站式”办理，是指利用“互联网+”技术，在原有电子口岸入网资格审查系统的基础上，通过对现有资源和流程的整合、优化，各口岸部门建立配套联系机制，实现入网企业备案信息与市场监管、国税、海关等部门的数据联网共享和自动比对，实现自动审查和自动授权。企业办理电子口岸入网手续，只需带齐相关的证件，由中国电子口岸数据中心武汉分中心一个窗口受理，各类证照资料在线传递，各执法部门在线实时审查，入网流程由串联式办理改为并联式办理，企业无须在各口岸执法部门之间奔波，便可查询审查办理情况，做到“让数据多跑路，让企业少跑腿”，实现“一站式”受理服务。

**（三）重大项目定制监管服务**

重大项目定制监管服务，是指加大对自由贸易试验区重大项目的支持力度，大力支持战略性新兴产业和高技术产业集聚发展，按照嵌入式管理、触发式监管、泛在式服务的海关顺势监管新思路，将海关管理要求顺势嵌入国际物流运转链条，实现海关监管与国际物流各环节的有机衔接，建立快速反应的监管服务机制，探索适应企业生产经营规律的监管服务方案，支持地方经济发展。

# 中国（重庆）自由贸易试验区

# 背景和历程

## 一、战略解读

2016年8月，党中央、国务院决定在重庆设立自由贸易试验区。2017年3月31日，国务院正式印发七个自由贸易试验区的总体方案，将重庆自由贸易试验区战略定位为："以制度创新为核心，以可复制、可推广为基本要求，全面落实党中央、国务院关于发挥重庆战略支点和连接点重要作用、加大西部地区门户城市开放力度的要求，努力将自由贸易试验区建设成为'一带一路'和长江经济带互联互通重要枢纽、西部大开发战略重要支点。"

2017年4月1日，中国（重庆）自由贸易试验区正式挂牌，标志着其进入建设实施阶段。重庆市政府将重庆自由贸易试验区建设的总体构想概括为"三四五"方针："三"是指落实"三项标准"，即重庆自由贸易试验区建设要对照中央对重庆的部署要求，对标高水平的国际经贸规则，对接市场主体的需求；"四"是指实现"四个突破"，即重庆自由贸易试验区建设要努力在适应经济全球化新变化、新特点的制度安排以增强改革针对性，完善国际国内要素资源高效配置的体制机制以降低社会管理和生产要素成本，构建法治化、国际化、便利化营商环境以提升城市核心竞争力，实现创新驱动发展和价值链升级以做大做强实体经济等四个方面取得突破；"五"是指贯彻"五个坚持"，即重庆自由贸易试验区建设要始终坚持与"十三五"规划相衔接、坚持区域发展战略、坚持供给侧结构性改革、坚持创新驱动、坚持与中新示范项目一体化谋划推进。

根据总体方案，重庆自由贸易试验区共需完成七大改革任务、20个改革事项、151条改革举措。151条改革举措中，复制推广已有自由贸易试验区举措33项，自主创新举措109项；第三批自由贸易试验区共性举措占75%，重庆个性举措占25%。建设措施主要体现"四个共性""两个个性"和"两个保障"。"四个共性"措施包括推动投资便利化、贸易便利化、金融开放创新和事中事后监管，以政府职能转变为根本途径，不断探索形成与国际经贸规则相衔接的制度框架，营造法治化、国际化、便利化的营商环境。具有重庆特色的"两个个性"措施，一方面要推进"一带一路"和长江经济带联动发展，加快构建多式联运国际物流体系、以中欧班列（重庆）为重点探索建立"一带一路"政策支持体系，探索陆上贸易规则话语权制定；另一方面要推动长江经济带和成渝城市群协同发展，积极探索建立区域联动发展机制，促进区域产业转型升级，增强口岸服务辐射功能。强化“两个保障”，分别是强化法制保障和人才保障。

重庆自由贸易试验区拟通过三年的改革探索，努力建成投资贸易便利、高端产业集聚、监管高效便捷、金融服务完善、法治环境规范、辐射带动作用突出的高水平高标准自由贸易园区。

## 二、概况

重庆自由贸易试验区的实施范围为119.98平方千米，涵盖三个片区：两江片区66.29平方千米（含重庆两路寸滩保税港区8.37平方千米），西永片区22.81平方千米［含重庆西永综合保税区8.8平方千米、重庆铁路保税物流中心（B型）0.15平方千米］，果园港片区30.88平方千米。在具体区域选择上，突出了三条功能轴线：一是突出海关特殊监管区域和保税监管场所核心功能，二是突出重庆综合交通枢纽和开放口岸功能，三是突出服务贸易产业聚集和开放创新。

### （一）区域布局及产业划分方面

两江片区着力打造高端产业与高端要素集聚区，重点发展高端装备、电子核心部件、云计算、生物医药等新兴产业及总部贸易、服务贸易、电子商务、展示交易、仓储分拨、专业服务、融资租赁、研发设计等现代服务业，推进金融业开放创新，加快实施创新驱动发展战略，增强物流、技术、资本、人才等要素资源的集聚辐射能力；西永片区着力打造加工贸易转型升级示范区，重点发展电子信息、智能装备等制造业及保税物流中转分拨等生产性服务业，优化加工贸易发展模式；果园港片区着力打造多式联运物流转运中心，重点发展国际中转、集拼分拨等服务业，探索先进制造业创新发展。

### （二）自由贸易试验区管理制度方面

重庆自由贸易试验区按照“统一领导、分级负责、属地管理、精简高效”原则，建立了市和区两级管理体制，市自贸办在领导小组统一领导下做好组织实施工作。明确分工责任，将总体方案提出的151项任务分解到34个市级部门，明确责任分工、时间节点、可检验成果形式，由市政府审定实施。建立督查机制，将重庆自由贸易试验区改革试点任务落实情况纳入全市重大改革专项，进行重点督查，对发现的问题列出清单，建立台账，明确责任，限时办结。建立健全自由贸易试验区管理、协调、督查、调研、咨询、评估、推广、规划、统计、信息发布等内部工作制度，促进规范运行。

### （三）海关监管制度方面

自由贸易试验区内的海关特殊监管区域重点探索以贸易便利化为主要内容的制度创新，开展保税加工、保税物流、保税服务等业务；非海关特殊监管区域重点探索投资领域开放、投资管理体制改革、完善事中事后监管，推动金融制度创新，积极发展高端制造业和现代服务业。

## 三、建立历程

自上海自由贸易试验区设立以来，重庆市市委、重庆市政府高度重视自由贸易试验区申设工作，重庆市委连续三年将争取设立自由贸易试验区作为重点改革专项工作，重庆市“十三五”规划纲要将争取设立自由贸易试验区作为重点工作。

2014 年 2 月，重庆市政府首次向国务院报送《关于设立中国（重庆）自由贸易园区的请示》。

2015 年 4 月，重庆市政府首次向国务院报送《中国（重庆）自由贸易试验区总体方案》。

2016 年 8 月，第三批自由贸易试验区获批，重庆在列。

2017 年 3 月 15 日，国务院印发《中国（重庆）自由贸易试验区总体方案》。

2017 年 4 月 1 日，中国（重庆）自由贸易试验区正式挂牌。

## 四、监管新政介绍

为贯彻落实党中央、国务院关于中国（重庆）自由贸易试验区提出的“发挥重庆战略支点和连接点重要作用、加大西部地区门户城市开放力度的要求，努力将自由贸易试验区建设成为‘一带一路’和长江经济带互联互通重要枢纽、西部大开发战略重要支点”要求，进一步转变职能、创新制度、把好国门、做好服务，重庆海关制定了推动重庆自由贸易试验区建设发展的三批创新支持举措共计 58 项，如表 3-7 所示。

**表 3-7　重庆海关推动重庆自由贸易试验区建设发展的 58 项创新支持举措**

| 序号 | 举措内容 | 主要内容 | 类别 |
|---|---|---|---|
| （一）重庆海关推动重庆自由贸易试验区发展第一批 27 项创新支持举措 | | | |
| 1 | 实施“e 海关”便利作业。 | 加强海关一体化互联网政务服务平台建设，打造“e 海关”，推进海关服务事项全程网上在线办理，促进海关服务高效便利。 | 提升行政执法效能，促进贸易便利化。 |
| 2 | 简化优惠税率进口商品申报手续。 | 支持港澳 CEPA、ECFA、中韩、中新（西兰）自由贸易协定项下进口商品实行通关无纸化。进口企业申报时仅需提交电子数据与签证方的电子信息进行联网对碰，无须提交原产地纸质证书（声明），进一步简化自由贸易协定商品进口申报手续。 | |
| 3 | 推动关检“三互”大通关。 | 推动监管设施资源整合，在关区各口岸监管场所和特殊区域场站统一设置“关检联合查验场地”，大力推行“一站式作业”。在机场旅检口岸、邮快件监管现场、跨境电子商务分拣查验场地推行“一机一台”或“一机两屏”作业模式，实现共建共享共用。 | |
| 4 | 建立归类一致性协调解决机制。 | 允许高级认证企业通过海关归类先例数据库，查询并选取与本企业进出口商品相同的归类先例数据进行归类申报，提高企业申报效率。 | |
| 5 | 实施加工贸易废料公开交易处置。 | 促进监管部门间数据互联互通，利用废料交易处置平台实现保税废料交易和处置全程线上公开办理，实现废料交易处置高效、透明。 | |
| 6 | 实行区内企业自主备案。 | 对海关特殊监管区域及保税物流中心（B 型）内企业实行智能化商品备案模式，简化备案手续。 | 创新保税监管制度，促进海关特殊监管区域发展。 |
| 7 | 实行区内企业自主管理。 | 强化企业自主管理，允许海关特殊监管区域内企业自选核算方式，自定核销周期，选择自主核报，自主申报补征税款。 | |
| 8 | 简化区内业务核准手续。 | 简化海关特殊监管区域业务核准手续，取消单个业务逐票核批，一次性赋予企业相应业务资质，形成公平、高效、规范的业务准入环境。 | |
| 9 | 支持推广内销选择性征收关税试点。 | 在西永综合保税区已有试点基础上，支持将选择性征收关税推广到自由贸易试验区内符合条件的海关特殊监管区域内，扩大试点范围。 | |

续表1

| 序号 | 举措内容 | 主要内容 | 类别 |
|---|---|---|---|
| 10 | 实行保税货物自由流转。 | 全面实行海关特殊监管区域间保税货物便捷流转、企业自行运输管理模式；允许海关特殊监管区域与口岸间货物流转自行运输，降低企业物流成本。 | 创新保税监管制度，促进海关特殊监管区域发展。 |
| 11 | 开展加工贸易企业单耗自核试点。 | 选择自由贸易试验区内资信良好、管理规范的加工贸易企业，允许其在手册或者电子账册执行中自主核定保税进口料件的耗用量。 | |
| 12 | 实行以企业为单元电子底账管理。 | 对区外加工贸易以企业为单元建立电子底账，优化监管流程，实施高效监管。 | |
| 13 | 支持新兴产业发展。 | 支持利用区内产业优势发展委内加工、境内外维修等业务；支持依托海关特殊监管区域发展文化产业，拓展区域功能。 | 支持新型业态发展，推进贸易转型升级。 |
| 14 | 支持开展航空器及零部件研发制造、检测维修。 | 支持符合内外资鼓励项目、重大技术装备、科技创新等进口税收优惠政策的航空器及零部件研发、加工、制造企业和单位进口设备、原材料、零部件等货物，享受进口税收优惠待遇。支持开展航空器及零部件境内外检测、维修业务。 | |
| 15 | 支持开展融资租赁业务。 | 支持发展特殊监管区域融资租赁业务，海关特殊监管区域内的融资租赁企业进出口飞机、船舶和海洋工程结构物等大型设备涉及跨关区的，在确保有效监管和执行现行相关税收政策的前提下，可实行海关异地委托监管。 | |
| 16 | 支持开展期货保税交割业务。 | 支持区内符合条件的企业在自由贸易试验区内以保税监管状态的货物为标的物，开展期货实物交割业务。允许经主管海关核批后的保税标准仓单持有人向银行申请仓单质押融资，减轻企业资金压力。 | |
| 17 | 支持开展大宗商品现货市场保税交易业务。 | 支持自由贸易试验区内符合条件的企业的大宗商品现货以保税方式多次交易、实施交割，支持推广大宗商品的协同监管和抵押融资业务，提升企业的国际竞争力。 | |
| 18 | 支持开展出境加工业务。 | 支持自由贸易试验区内符合条件的企业将自有的原辅料、零部件、元器件或半成品等货物委托境外企业制造或加工后，在规定的期限内复运进境。 | |

续表2

| 序号 | 举措内容 | 主要内容 | 类别 |
| --- | --- | --- | --- |
| 19 | 支持发展南向国际物流大通道。 | 支持巴南公路物流基地建设，推动南彭公路转关监管场所尽快封关运作。强化与口岸海关的联系配合，助推渝桂新铁海联运物流大通道建设。 | 加强物流枢纽建设，促进内陆扩大开放。 |
| 20 | 进一步支持开放平台建设。 | 在现有开放平台基础上，支持地方政府根据经济开放及发展需要，科学规划和申请新设综合保税区及保税物流中心（B型）。 | |
| 21 | 支持重庆整车进口口岸发展。 | 依托中欧班列（重庆）等物流通道，支持重庆整车口岸扩大与沿海、沿边整车口岸间的进口汽车转关业务，优化汽车转关监管，促进整车口岸业务发展。 | |
| 22 | 优化关区物流监管模式。 | 进一步优化关区监管场所卡口设施，完善在途监管作业机制，实现铁、公、水、空口岸间无缝连接、互联互通，切实促进国际多式联运业务发展。 | |
| 23 | 支持开展国际航班境内续驶段混载业务。 | 支持符合条件的航空公司开展国际货运航班境内续驶段混载业务试点，优化海关监管手续，提高进出境航空器境内续驶段混载业务通关效率。 | |
| 24 | 优化中欧班列（重庆）运邮监管。 | 探索将安全智能锁应用于运邮班列国内段监管，优化邮件传统监管模式，提升海关智能化监管水平，配合海关总署将安全智能锁推广至运邮班列境外段监管，简化沿线国家海关监管手续，推动中欧班列（重庆）运邮通关快捷、便利。 | |
| 25 | 推行行政复议速裁机制。 | 管理相对人对自由贸易试验区内隶属海关行政行为提起行政复议的，复议机构启动速裁机制，提高复议审理效率，将法律规定的复议案件办结时间缩短50%。 | 深化行政体制改革，建设法制化营商化境。 |
| 26 | 推行企业认证事项一站式办理。 | 简化认证审核流程，允许申请认证的企业直接向直属海关授权的认证受理海关提出申请，受理海关一站式办结并及时作出认证结论，认证通过的，当场发放认证证书。 | |
| 27 | 鼓励企业主动披露、自查自报。 | 自由贸易试验区企业主动向海关报告违反海关监管规定行为的，可不列入当年或下一年常规稽查对象范围，其主动披露行为可作为海关对企业信用等级特殊调整的重要参考依据。 | |
| （二）重庆海关15项创新支持举措 | | | |
| 28 | 进一步厘清行政界限。 | 是指制定公布自由贸易试验区检验检疫机构行政管理权责清单、行政许可清单、服务事项清单、检测服务项目清单、审批事项清单及办事指南。完善行政处罚程序，健全执法、处罚、结果对外公示流程。 | 深化行政管理改革。 |

续表3

| 序号 | 举措内容 | 主要内容 | 类别 |
|---|---|---|---|
| 29 | 进一步简政放权。 | 是指争取原国家质量监督检验检疫总局授权原重庆检验检疫局办理重庆自由贸易试验区第三方检验鉴定机构许可、动植物检疫审批、跨境电子商务进口食品境外生产企业便利化注册等审批事项。全面授权各分支机构办理各类备案、注册、确认等管理事项。 | 深化行政管理改革。 |
| 30 | 进一步提高行政效能。 | 是指推进外贸经营企业资格备案，原产地证书申领企业备案，报检企业备案等多证合一改革。建设“互联网+检验检疫”综合行政服务平台，打造线上行政大厅。 | |
| 31 | 进一步加强事中事后监管，完善信用监管体系。 | 是指建立健全目录外商品监督抽查、退运、通报调查、原产地证退证查询等事中事后监管机制。支持自由贸易试验区社会用信息归集平台建设，将进出口企业质量征信归集纳入社会信用共享体系。 | |
| 32 | 进一步创新进出境货物监管模式。 | 是指完善执法监管“三互”、风险监测、质量责任追溯、打假维权、质量品牌提升、TBT应对和质量分析通报工作机制。建立以“企业符合性声明+合格假定+口岸查验及验证+质量安全追溯+缺陷产品召回+事故调查处置”为主要手段的进口消费品监管体制和直放模式。 | 深化检验检疫监管制度创新。 |
| 33 | 进一步创新进口食品监管模式。 | 是指完善进口预包装食品“空检铁放”“空检水放”等多种监管模式。对进口食品标签实施“报备+符合性承诺+监督抽查+事中事后监管”。 | |
| 34 | 进一步创新进出境动植物监管模式。 | 是指对低风险进出口动植物产品安全卫生项目实施抽查检验。对输入国家或地区没有注册登记要求的出境动植物产品，原则上不再对其国内生产、加工、存放企业实施注册登记。 | |
| 35 | 进一步推进国际贸易“单一窗口”建设。 | 是指探索实现“单一窗口”关检“信息共享、指令对碰、一次查验、一次放行”应用功能。搭建重庆国际贸易“单一窗口”与跨境电子商务质量安全风险监测服务平台、CCC认证数据库云桥对接平台。 | 提升贸易便利化水平。 |
| 36 | 进一步深化检验检疫一体化改革。 | 是指推进检验检疫证单和原产地签证电子化，加快实现检验检疫业务全流程一体化和原产地证签证一体化。 | |
| 37 | 进一步扩大第三方结果采信。 | 是指建立第三方结果采信资质评定准则，探索开展进口设备、部分消费品的第三方结果采信工作。 | |

续表4

| 序号 | 举措内容 | 主要内容 | 类别 |
| --- | --- | --- | --- |
| 38 | 进一步支持自由贸易试验区贸易多元化发展。 | 是指创新多次进出境研发用样机免于办理强制性认证监管。创新实施特殊区域进出口食品生产企业“报备+事中事后监管”模式，对进口食品再加工出口实施“进区集中检疫、区内安全卫生监管、集中预检验、出区核销”。开展金伯利进程签证业务，支持发展毛坯钻石加工贸易，推动高端饰品产业链建设。 | 支持服务贸易转型升级。 |
| 39 | 进一步支持全球维修、租赁产业发展。 | 是指在对维修企业信用管理和风险监测的基础上，以产品周期性监督抽查代替批批检验。对入境维修复出口、入境再制造机电料件免于实施装运前检验。对以保税、租赁等方式多次进出自由贸易试验区的货物实行“一次检验、登记核销”的管理模式。 | |
| 40 | 进一步支持检验检测及认证高技术服务业发展。 | 是指鼓励在重庆自由贸易试验区设立进出口商品检验鉴定机构。适度放宽外资认证机构设立条件，鼓励外资认证、检验检测机构在重庆自由贸易试验区设立分支机构并开展业务。 | |
| 41 | 进一步支持新兴业态发展。 | 是指完善跨境电子商务小批量免于强制性认证特殊检测监管程序。加快构建跨境电子商务质量安全追溯体系。推动自由贸易试验区设立进口汽车符合性改装试点，适度放宽试点企业强制性认证条件。支持转口贸易发展，对经重庆自由贸易试验区转口的原包装货物免于提供国外官方证书。对重庆自由贸易试验区内进口文化艺术品（限艺术品整体或部分属于CCC目录产品）给予无须办理CCC认证的特殊监管措施，凭艺术品证明文件直接受理报检。 | |
| 42 | 进一步支持生物医药贸易和产业发展。 | 是指实施审批负面清单管理和并联审批，实现“一次申请，多项审批”，提高审批效率。遵循风险管理原则，对以生物材料为主的特殊物品实行风险分级，对低风险的产品实施直通放行，创新查验方式，对查验对象实施“非侵入、非干扰”式查验。 | |

续表5

| 序号 | 举措内容 | 主要内容 | 类别 |
|---|---|---|---|
| （三）重庆海关推动重庆自由贸易试验区发展第二批16项创新支持举措 | | | |
| 43 | 实施自由贸易试验区7×24小时通关。 | 在重庆自由贸易试验区范围内实现全覆盖，实行水、陆、空口岸普通货物7×24小时进出卡口，江北国际机场空运进出口货物7×24小时即到、即查、即放，海关特殊监管区域已放行货物7×24小时进出区，跨境电子商务已放行包裹7×24小时自主出区。 | 压缩通关时间，促进通关便利。 |
| 44 | 推广实施税收征管改革配套制度。 | 推行企业自报自缴；扩大汇总征税制度至所有企业（失信企业除外），实行税收保函属地备案全国通用、额度循环使用。进一步简化企业纳税手续，提高通关效率。 | |
| 45 | 提高海关查验效能。 | 加大新型设备及科技手段的应用力度，增加非侵入式查验比例，提高查验效率。 | |
| 46 | 优化邮件监管模式。 | 提高邮件信息化和智能化监管水平，方便邮政企业和收寄件人高效便捷缴税、通关。 | |
| 47 | 简化加工贸易货物内销手续。 | 取消内销征税联系单，允许资信良好、管理规范的企业集中办理内销征税，促进加工贸易货物内销便利化。 | 转变管理模式，推动降本增效。 |
| 48 | 优化海关总担保管理模式。 | 以企业为单元，构建海关总担保信息化管理模式，实行海关业务总担保关区一函通用，进一步简化海关业务担保手续。 | |
| 49 | 探索建立新型担保模式。 | 探索关区多元化税收担保方式，尝试建立增信担保、企业集团财务公司担保等新型担保机制，进一步丰富海关担保模式，降低中小企业融资成本。 | |
| 50 | 优化保税仓库和出口监管仓库海关监管。 | 在保税仓库和出口监管仓库海关监管业务方面实行无纸化作业，运用“互联网+”为仓储企业提供远程申报、在线办理等服务。允许已向主管海关办理担保手续的非失信企业办理保税仓储货物出仓集中报关。支持企业开展简单加工和流通性增值服务。 | |
| 51 | 支持科技创新发展。 | 支持各类科研院所、高等院校、国家企业技术中心、转制科研机构、国家重点实验室、国家工程技术研究中心、科技类民办非企业单位、国家中小企业公共服务示范平台（技术类）、外资研发中心等企业、单位享受科技创新进口免税政策。进一步加强政策宣传，积极推动国家免税政策惠及更多企业，促进企业科技创新。 | |

续表6

| 序号 | 举措内容 | 主要内容 | 类别 |
|---|---|---|---|
| 52 | 支持开展汽车平行进口业务。 | 支持经商务主管部门审核认定的试点企业在重庆铁路口岸开展汽车平行进口业务。允许在符合条件的海关特殊监管区域和保税物流中心（B型）开展平行进口汽车整车保税仓储业务。对平行进口汽车整车保税仓储不设期限。 | 支持新兴业态，转换发展动能。 |
| 53 | 支持促进进口商品集散分拨。 | 支持依托保税平台，打造进口商品分拨中心，助推进口商品分销体系建设。充分发挥重庆国际物流枢纽作用，支持发展跨境电子商务中心仓模式。 | |
| 54 | 支持开展维修业务。 | 服务“一带一路”建设，支持企业在海关特殊监管区域开展高技术含量、高附加值、环境风险可控的维修业务，按照“顺势监管”的思路，探索打造适应维修业务发展的监管模式。 | |
| 55 | 深化“一带一路”沿线国家海关合作。 | 按照海关总署的统一部署，积极推动“关铁通”“安智贸”等项目发展，推进与中欧班列沿线国家海关数据交换、监管互认。 | |
| 56 | 推广企业原产地自主声明。 | 支持企业在向瑞士、冰岛等国家出口协定税率商品时，不再提供原产地证书，凭自行出具的原产地声明享受进口国优惠关税待遇。 | 推行信用管理，优化营商环境。 |
| 57 | 开展企业信用认证培育。 | 对有意愿参与AEO国际海关互认合作的自由贸易试验区内企业，海关结合企业认证标准，开展认证前信用培育及辅导。对符合标准要求的企业优先给予海关认证，支持企业享受国际通关便利，增强国际竞争力。 | |
| 58 | 加大国内企业自主知识产权保护力度。 | 支持自由贸易试验区内企业发展新技术、新产业、新业态，建立知识产权联络员制度，强化自主知识产权海关保护，积极向海关总署推荐符合条件的企业申报成为出口知识产权优势企业。 | |

## 海关监管制度详解

经过一年多的摸索、创新和实践，重庆海关已基本形成一套“投资贸易便利、监管高效便捷”的海关监管制度框架，初步建立起“企业自主管理、海关顺势监管”的作业制度和监管模式，提炼形成系列创新支持举措和监管制度，做到“注重特色、创新引领、分类施策、去繁就简、先行先试”，真正为企业减负。

## 一、通关便利化

### （一）加工贸易无纸化改革

为进一步改进海关监管与服务，重庆海关积极开展网上办事大厅建设，推动实现加工贸易业务“互联网+电子政务+公共服务”，促进海关繁杂手工作业向计算机智能化作业转变，实现“数据多跑路、企业少跑腿”，减少企业往返海关递交纸质单证次数，提高办事效率，降低企业运营成本，促进贸易便利化。

**1. 主要做法**

（1）开发信息化辅助作业系统。

搭建辅助管理系统（网上办事大厅），企业将申请书、进出口合同等相关单证按照海关要求（格式化数据或扫描件）生成电子数据传输至辅助管理系统，实现电子单证网上流转。

（2）开发身份认证系统。

推进网上办事大厅 IC 卡身份认证系统开发，组织开展压力测试，保证日常运行平稳正常。同时完成网上办事大厅三统一平台登陆系统开发，关员可以通过管理网三统一平台登录网上办事大厅，实现海关内部核批电子化。

（3）启动加工贸易无纸化改革。

配合网上办事大厅启动加工贸易无纸化改革，制定《重庆海关网上办事大厅及加工贸易无纸化改革实施方案》《重庆海关加工贸易作业无纸化操作规程》和《加工贸易企业自存单证管理办法》。

（4）实现业务办理状态在线查询。

依托电子回执及手机 APP 等信息化手段，海关审核单证的状态（初审、复审、办结）、通知企业缴纳风险担保金、退还风险担保金等均以电子回执或者手机 APP 方式通知企业，同时企业可随时查询业务办理进度。

（5）试点后推广至关区内全部加贸企业。

多次召集加工贸易企业进行座谈，征求意见，确保网上办事大厅建设更加接地气，对企业进行系统操作培训，确保企业可以熟练使用网上办事大厅和手机 APP 应用程序，方便企业及时高效办理海关业务。网上办事大厅已经推广至关区内全部加贸企业。

**2. 实践效果**

（1）有效提升海关监管效能。

一是实现人力资源集约优化配置。将人力资源集中于审核海关，各受理海关不再重复设岗。重庆关区负责区外加工贸易管理的关员由二十人减少为六人。二是节约出来的人力资源合理配置到数据分析、风险监控、保税货物实际监管等工作中，提升海关监管质效。三是网上办事大厅所涉业务统一归口集中于审核海关办理，执法尺度更加统一，审核实效有效提高，加工贸易手册设立、变更办理平均时间缩减到一小时左右。

(2) 帮助企业提高运营效率。

改革前，每本手册从设立到核销，要涉及手册变更、深加工结转、外发加工、内销征税、余料结转、核销等诸多环节，平均每本手册需企业往返海关办理手续四至六次左右。网上办事大厅建成后，企业无须多次往返海关递交纸面单证，凭审批通过的电子数据即可完成相关业务审批工作，实现“数据多跑路、企业少跑路”，进一步提高运营效率。同时，企业直接与海关互联互通，有效地实现去中介化，降低企业经营成本。

(3) 积极促进节能环保。

以重庆海关为例，关区开展区外加工贸易业务的企业约 290 家，年设立手册约 500 本左右，每本手册平均提交纸质单证约 60~70 页左右，企业在单证方面的费用成本达数十万元；同时，企业需要多次前往海关办理相关手续，每次路费、油费、人工费用等最低需要 100 元，企业的人工费用及路费成本总额约 40 万元。加工贸易无纸化实现了减少社会资源浪费、节省企业经营成本的双重社会效益。

### (二) 中欧班列 (重庆) 海关监管创新

按照国家领导人提出的“重庆是西部大开发的重要战略支点，处在‘一带一路’和长江经济带的联结点”两点定位，重庆海关聚焦高标准、高水平建设中国(重庆) 自由贸易试验区，以优化监管方式、提升服务效能为抓手，深入推进“一带一路”建设和长江经济带发展，积极支持重庆构建现代物流体系，推进渝新欧国际物流大通道建设，充分发挥重庆自由贸易试验区的重要枢纽和支点作用。

#### 1. 主要做法

重庆海关积极创新监管方式、优化监管流程、加强通关协调、密切国际合作，推动中欧班列 (重庆) 货物来源不断丰富，运输成本大幅降低，运行时间有效缩短，辐射范围持续扩大，贸易便利化水平显著提升，助推班列成为连接“一带一路”沿线各国的重要国际物流大通道。

(1) 力促监管模式创新。

为进一步丰富中欧班列 (重庆) 承运货物种类，拓展货物来源，重庆海关全力保障班列在运邮和运药两个方向的探索。一是以制度创新、科技创新、管理创新为引领，改变以纸质单据为基础的邮件监管传统模式，在全国率先将安全智能锁运用于班列国内段途中监管，实现邮包监管全程电子化、智能化，开创了中欧国际货运班列全路段运输国际邮包的先河；二是针对药品进口通关时效性强、管制要求多的特点，积极作为、提前介入，全力做好运药保障，同时支持企业配套建立了公共保税仓库，推动解决进口药品后续仓储等环节的困难。

（2）力促班列路线丰富。

在阿拉山口口岸通行能力日趋饱和的情况下，重庆海关全力促推班列新开运行路线，强化与乌鲁木齐海关、呼和浩特海关、满洲里海关的沟通协作，进一步完善通道体系，全力确保中欧班列（重庆）高效运行。一是与新疆霍尔果斯口岸海关加强联系配合，在优化监管通关、班列优先保障、异常情况处置等方面明确了合作机制。二是与内蒙古二连浩特口岸海关共同开展班列通关测试，打通班列运行通关环节。目前，中欧班列（重庆）经霍尔果斯和二连浩特进出口岸开行顺畅，进一步丰富了中欧班列的物流版图。

（3）力促班列通关便利。

一是根据2017年初海关总署铁路货运监管研讨会工作要求，重庆海关牵头制定了《支持和促进中欧班列安全与便利若干措施（建议稿）》，进一步提升班列运行效率，压缩运行时间；二是按照海关总署统一部署，顺利完成重庆至阿拉木图“关铁通”实货测试，成功实现以安全智能锁作为监管载体的中哈海关间国际合作；三是成功将中欧“安智贸”航线试点计划创新扩大至铁路运输方式。

（4）力促通道互联互通。

推动提升班列集散分拨功能。支持充分发挥重庆铁路口岸、汽车整车进口口岸，以及保税物流中心（B型）等平台的集聚作用，助推中欧班列（重庆）实现运载货物附加值和辐射带动能力“双提升”。推动中欧班列（重庆）实现果园港始发，与“渝黔桂新”南向铁海联运班列等实现互联互通，形成“丝绸之路经济带”与“21世纪海上丝绸之路”的有机衔接。

**2. 实践效果**

近年来，随着中欧班列（重庆）独有的运力优势、成本优势逐步显现，集聚辐射效应日益凸显。一是口岸体系日趋完善。现已实现对阿拉山口、二连浩特、满洲里等我国主要铁路边境口岸的全覆盖，中欧班列（重庆）成为我国进出境口岸最多、开行路线最丰富、通道体系最完善的国际货运班列品牌，其联通欧盟、中亚、俄罗斯、蒙古等地区和国家的国际铁路货运大通道作用得到进一步强化和释放。二是辐射能力显著提高。随着中欧班列（重庆）与长江黄金水道、南向大通道的打通，重庆成为西部地区唯一集铁、公、水、空四种运输方式为一体，聚合铁空、铁海、铁公多式联运物流体系的综合立体交通枢纽，班列主要货源地从西南地区延伸至上海、江苏、浙江、广东等东部沿海地区。三是货物种类不断丰富。出口方面，在以往 IT 类产品及其配件为主导的基础上，新增了机械产品、轻工业生活用品和国际邮件；进口方面，目前已经形成了包含整车、汽车配件、食品、生活用品、药品等在内的较为完善的商品体系。

### （三）多次进出境研发用免于办理强制性认证创新

多次进出境研发用免于办理强制性认证创新是指对列入“实施强制性产品认证的产品目录”内，且符合下列条件之一的产品可申请办理《免于办理强制性产品认证证明》，并按照相关规定开展 CCC 免办产品的受理、审批、发证和后续监管工作。

#### 1. 主要做法

在现有研发类 CCC 免办政策基础上，将其适用条件扩展为境内多地科研测试和多次进出口的科研测试样机，同时创新开展允许书面采信、远程核销、声像存档、追溯管理相结合的后续监管模式。

#### 2. 实践效果

一是有效解决了海关特殊监管区域内电子信息技术生产企业样机出区测试的问题，极大提升新产品开发竞争力，进一步带动区内企业获得更多的新订单，促进产能过剩的有效化解，促进产业的优化重组。二是促进生产企业创新进步，进一步帮助生产企业引进更多的国外先进产品用于科研开发，进一步加快了整个行业技术创新进步，改善工艺流程，促进行业制造水平不断提升。三是有效缩短新产品从研发到生产的时间，节约了企业测试费用及生产成本。研发用 CCC 免办监管制度创新更针对多地、多次进出境科研测试进一步简化事前审批程序，优化监管流程，预期通关报检周期将缩短至原有的 80%左右。四是以“现场监管、书面监管、现场核销、远程核销”相结合的方式优化后续监管模式，一方面基于企业诚信快速发放 CCC 免办证明，另一方面严格监督企业按申请目的使用免办产品、按照有关规定对免办产品进行有效管理。同时加强对 CCC 认证制度的宣传贯彻工作，引导企业进口、生产获得 CCC 认证的商品，并做好相关服务工作，维护 CCC 认证制度的公信力。

## 二、保税监管

### （一）海关特殊监管区域“四自一简”监管创新

海关特殊监管区域“四自一简”监管创新是指海关在引导企业自律和加强事中事后监管基础上，允许区内企业自主备案、自定核销周期、自主核报、自主补缴税款，海关简化业务核准手续。

**1. 主要做法**

（1）搭建海关特殊监管区域辅助管理系统。

搭建海关特殊监管区域辅助管理系统，推进区内业务操作标准化、进系统、留痕迹、可追溯。系统采用统一的底层数据格式标准，采取模块化、参数化的设计结构，具备良好的兼容性和拓展性，实现了卡口间数据的互联互通，可满足全国海关通关一体化的运作要求。

（2）推行区内企业自主备案。

对海关特殊监管区域内企业实行智能化商品备案模式，简化备案手续。在信息化管理系统中建立丰富的商品资料库，以“系统判别+人工审核+事后复核”取代原来单一的人工审核工作，提高海关作业效率和执法统一性。

（3）允许区内企业自定核销周期。

对海关特殊监管区域内企业实行电子账册管理，允许企业根据生产计划和实际生产情况在一年内自定账册的核销周期，更加契合企业生产经营实际。

（4）实行区内企业自主核报。

允许海关特殊监管区域内企业在自聘审计、自负责任的前提下开展自主核报。实行自主核报的企业可以根据生产管理实际，自主选择单耗或工单作为核算方式，结合货物进出区情况，依托信息化管理系统自主核算周期内业务数据，自主办理退运、内销等手续后，向海关报送核报结果，海关结合风险分析对企业核报结果进行核查。以企业“自主分析+自主核算”、海关“风险分析+后续核查”取代以往单一的海关核销模式，核销工作效率明显提升。

（5）实现区内企业自主补缴税款。

对海关特殊监管区域内企业在核报过程中发现的库存短缺情况，允许企业采取主动披露的方式，自主补缴税款，取消内销征税联系单，简化以往多部门间流转的繁琐作业流程，进一步提升便利化水平。

（6）简化业务核准手续。

根据海关特殊监管区域内企业资信，由信息化管理系统一次开通权限，目前已赋予分送集报、外发加工、维修检测、不良品交换等 11 项业务权限，将海关业务核准事项由原来的逐项人工纸质核批，转为线上集中赋权。

**2. 实践效果**

实行海关特殊监管区域“四自一简”监管创新后，在现有业务规模内，企业办理商品备案业务系统自动通过率达 98. 1%、办理时间减少约 70%；核销安排契合企业生产计划，企业生产管理更加灵活、自主；简化以往多部门间流转的繁琐补税作业手续，核销作业工作量及耗费时间大幅降低 65%以上；每年减少前置业务核批

4500余次。经测算，该项监管创新实施后，货物进出区效率提升20%，每年为每家企业平均节约交通、管理、人力等成本5万元。通过以“四自一简”为主的海关特殊监管区域监管制度创新，重庆海关进一步改善了营商环境，促进了重庆自由贸易试验区的贸易便利化水平，提振了区内企业持续投资发展的信心和决心。惠普等企业不断将产品产线向重庆集中，一批制造项目陆续签约，区内原有企业也逐步扩大区内项目投资规模并自建产房，打造多元化产业链，进一步提升了承接智能终端制造产业梯度转移的能力。2018年1~8月，重庆自由贸易试验区内海关特殊监管区域进出口额达1793.7亿元，同比增长17.1%，占同期重庆市外贸进出口总值的56.5%。

由于成效显著，海关特殊监管区域“四自一简”监管创新被国务院作为自由贸易试验区第四批改革试点经验进行复制推广，并被国务院办公厅作为地方优化营商环境典型做法进行通报，收到社会各界一致好评。

### （二）两仓监管智能化

两仓监管智能化是指通过建立保税仓库和出口监管仓库辅助管理系统，打造企业端和海关端两个界面，与H2010系统实现数据对碰和自动导入。由企业在企业端提交出入库、分送集报资质等在线申请；由海关端对企业业务进行在线审核，并依据系统风险参数设定，实现90%以上的业务系统自动审核。

#### 1. 主要做法

重庆海关率先建立两仓辅助管理系统，实现企业仓库内部管理系统和海关辅助管理系统联网，实行保税仓库和出口监管仓库海关监管业务无纸化作业，运用“互联网+”为仓储企业提供远程申报、在线办理等服务。企业通过系统提交出入库、分送集报资质等申请，海关依据系统风险参数设定，通过系统对企业的进、出、转、存等环节实现智能化监管，业务系统自动核准率达到90%以上。金关二期系统上线后，该智能监管模式仍可通过金关二期系统实现。

#### 2. 实践效果

一是通过智能化监管模式，简化海关作业手续，实现“数据多跑路、企业少跑腿”，解决了企业保仓货物出库前需到海关提交纸质申请资料的情况，有效降低企业时间成本、交通成本、人工成本和纸质材料等成本。二是通过开展分送集报业务，减少海关核准手续，增强货物出入库的灵活性，进一步提升业务效率，企业报关成本可降低90%以上。三是风险防控系统对数据进行筛选分析，提升了监管有效性和针对性。四是系统数据汇总功能，实现了数据的即时汇总，保证了海关数据统计的准确性。五是通过两仓辅助管理系统，海关可及时掌握两仓业务运行情况，可以实时研判该两仓是否存在超负荷承载保税货物风险，对于提升海关监管效能意义重大。

两仓监管智能化海关创新监管制度与国家降低进口药品关税政策利好叠加，既减少了群众“进口救命药”的流通环节，也降低了医药企业流通成本，惠及广大群众，有力推动了重庆高质量发展、打造高品质生活（“两高”）目标的实现。

**（三）实施加工贸易废料公开交易处置**

随着重庆市加工贸易业态的快速发展，保税废渣废液量急剧增加。为落实国务院供给侧结构性改革要求，解决加工贸易生产企业废料处置问题，重庆海关牵头搭建重庆市加工贸易废料交易平台，建立海关、商务等相关部门与市场主体共同参与的共管机制，有效地规范了废料市场交易秩序，在最大程度上解决加工贸易废料价值认定难题，压缩可能存在的寻租空间，营造公开透明的营商环境。

**1. 主要做法**

（1）健全加工贸易废料处置规章制度体系。

一是根据《中华人民共和国海关审定内销保税货物完税价格办法》，明确边角料、废品、残次品和副产品等加工贸易废料可以通过拍卖方式内销，海关以拍卖价格为基础审查确定完税价格。二是推动重庆市政府发布《重庆市加工贸易废料交易管理暂行办法》，为平台运作提供了地方法律支持，重庆成为全国唯一省部级层面出台相关制度的城市。三是积极协调联交所出台《重庆联合产权交易所加工贸易废料交易规则》，并在市金融办完成备案。四是出台《重庆海关加工贸易废料公开交易内销征税业务操作规程》，形成了“海关总署规章+地方法规+交易所规则+海关业务规程”一套完备的规章制度体系。

（2）遵循“政府搭台、市场运作、部门联动、公平交易”原则，构建“互联网+公共服务”的新型废料监管模式。

一是搭建公益平台，面向全国开放。推动政府出资建设和运维，对产、处废交易双方均免费开放。同时，突破地区限制允许来自全国的企业参与竞拍加工贸易废料，吸引了大量处废企业聚焦重庆，促进中西部地区形成更加完善的资源循环利用市场，力争把废料交易平台打造为辐射中西部地区的交易中心。二是通过市场化管理实现企业利益最大化。废料交易通过在线审核、公开竞标、线下交割、凭证内销的流程减少了中间环节，避免了暗箱操作，有利于产、处废企业利益最大化，还能通过公开拍卖使货物总价增值，提高国家税收总量。三是实施“制度+科技防腐”。监管部门通过数据接口掌握整个交易运行情况，所有交易相关记录全部可查，既放得开市场、又能管得住风险。通过制度设计形成“不能腐”的机制，可从深层次预防公职人员腐败，以确保实现“信息公开、过程公平、结果公正”的预期目标。

（3）持续完善交易机制，推动平台深化发展。

一是推动交易便利化。协调重庆市联交所于 2017 年 2 月将废料交易保证金比例由 20%下调为 10%，解决了企业反映最为集中的资金占用压力问题。二是分析处置废料交易风险。协调交易主管单位持续排查影响公平交易的指向性、排他性废料交易，加强规章制度落实情况跟踪检查，不断优化升级系统风险分析功能。三是将废料交易数据纳入关区大数据池。实现数据互通和查询功能共享，提高数据分析水平、查询针对性和废料监管透明度、风险防控能力。

**2. 实践效果**

（1）公开市场机制初步形成。

废料交易平台通过公开公平交易的方式改变供需信息不对称，打破市场及价格垄断现象，减少了中间环节，避免了暗箱操作，有利于产、处废企业利益最大化，还能通过公开拍卖使得货物总价增值，提高国家税收总量，为关区加工贸易产业发展提供良好的市场环境。

（2）海关监管质效大幅提升。

废料交易平台整合了海关、商务等部门的监管力量，改变了以往缺乏信息共享和监管合力的局面，在最大程度上解决了加工贸易废料价值认定难题，同时优化了海关对废料内销的价格认定方式，节省了海关人力资源，提高了作业质效。此外，废料交易平台通过“制度+科技”的管控手段提高执法和廉政风险防控水平，极大地避免了串通报价、权利寻租等的可能。

（3）广大企业获得感明显。

废料交易平台为企业提供了快速、稳定、公开的内销业务办理渠道，大量业务流程通过废料交易平台网上办理，减少了企业往返相关部门递交纸质单证的次数，较以往运作模式为企业节省了一半以上的时间，获得企业普遍好评。更重要的是，企业通过废料交易平台拍卖的货物获得较高溢价，让企业获得了实实在在的利润。以富士康拍卖的废镀锌铁为例，上平台前价格约 750 元/吨，上平台后拍卖价格为 1400 元/吨，仅此一票企业就多获利 250 万元，全年预计多获利约 700 万元。据沙伯基础创新塑料（重庆）有限公司反映，该公司原有的线下废料交易模式能接触到的有资质的处废企业数量相当有限且无价格优势，而废料平台上线后，据该企业内部统计，其废料平均溢价 30%左右。

### （四）实行以企业为单元电子底账管理

为全面深化加工贸易及保税监管改革，提升海关加工贸易监管与服务水平，引导企业自律管理，重庆海关积极推进“以企业为单元加工贸易监管模式”改革试点工作，在推动对加工贸易保税监管从以合同为单元向以企业为单元转变方面取得初步成效。

**1. 主要做法**

（1）实施适应企业生产实际的手册管理模式。

重庆海关通过科学调研选择了重庆京东方光电科技有限公司等40家试点企业，以企业物料编码或HS编码为基础，实施周转量控制、定期核销的监管模式，从源头上解决了长期困扰企业的结转不顺畅、核销不便利等问题，激发了企业扩产增量的积极性。目前以企业为单元监管模式已在重庆关区实现符合条件的加贸企业全覆盖。

（2）启动单耗自核试点。

甄选符合条件的一般认证及高级认证加贸企业，对开展“单耗自核”的试点企业申报的单耗数据自动审核通过，海关不进行实质性审核；实行电子化手册“报核前申报”，将企业申报耗料的时点后移至核销环节；督促试点企业建立健全单耗追溯制度，完善ERP企业管理等信息化系统。

（3）推进业务流程精简。

协调有关部门对H2010系统中相关业务全局变量进行了调整，实现了手册设立（变更）、异地加工、剩余料件结转由隶属海关二级审批简化为一级审批。同时重新梳理内销征税流程，明确划分审核职能，对税收风险进行研判并做好内控措施。企业借助网上办事大厅按照正常报关流程完成内销申报，不再需要加贸部门审核，作业时间压缩50%以上。

（4）积极搜集企业反馈，予以优化。

通过广泛宣传和积极培训，关区企业对新监管模式均积极响应，目前企业均反映新模式下手册办理数量大幅下降，在较大程度上减少了企业频繁办理设立、变更、延期的业务量，节省了管理成本。由于企业可以自定核销周期，减少了企业因手册延期需要缴纳担保的情况，减少了企业资金占用。同时以企业为单元的集约化手册管理模式使得非主观故意的手册串料现象不复存在。

**2. 实践效果**

当前以合同为单元监管的保税监管模式与企业生产实际存在脱节的现象，企业串料申报不及时、内销申报不及时、进出口时间倒挂等程序性违规频发，对企业扩大生产和海关监管同时造成不应有、不必要的压力。重庆海关实行以企业为单元电子底账管理，积极践行顺势监管、隐形监管的理念，坚持主动顺应市场规律和企业诉求，探索建立既能与企业生产实际同步、又能满足海关要求的申报制度和多元化的核销制度。重点调整优化关企双方的权利义务关系，强化企业如实申报义务和海关风险管理职能，形成企业守法便利、海关高效运作的良性互动。2018年1~8月，重庆市加工贸易及保税物流进出口额达 1934.3 亿元，同比增长 17.9%，占重庆市外贸进出口总值的 60.9%。

## 三、企业管理

### 实施企业信用认证培育制度

"经认证的经营者"是公认的全球贸易"绿色通行证"，是由中国海关依照国际准则和认证标准，对进出口企业进行认证评定，并享受我国与其他互认国家或地区海关所赋予的优惠待遇和通关便利措施。重庆自由贸易试验区设立以来，重庆海关以 AEO 信用管理制度实施为抓手，推出企业信用培育，认证事项一站式办理，鼓励企业主动披露、自查自报等支持举措，由"管企业"向"管信用"转变，努力践行"守信激励、失信惩戒"的社会信用体系建设要求，构建以信用为核心的新型海关监管机制，努力助推重庆自由贸易试验区建成投资贸易便利、高端产业集聚、监管高效便捷、辐射带动作用突出的高水平、高标准自由贸易园区。

**1. 主要做法**

(1) 做好企业信用培育。

推行"走出去、请进来"学习模式，积极参加海关总署组织的跨地区信用管理专题培训和中美 C-TPAT 联合验证工作，总结提炼工作经验，形成标准明晰、过程优化、统筹兼顾、行之有效的工作方法。搭建关企合作平台，将 AEO 高级认证企业作为海关改革创新的优先试点单位，大力培育和扶持企业申请海关 AEO 高资信管理，打通服务企业"最后一千米"，帮助企业发挥产能优势，降低生产成本，破解长期以来制约内陆扩大开放的发展瓶颈，助力企业扩展国际市场。

(2) 推行企业认证事项一站式办理。

简化认证审核流程，允许申请认证的企业直接向直属海关授权的认证受理海关提出申请，受理海关一站式办结并及时作出认证结论，认证通过的，当场发放认证证书。

(3) 鼓励企业主动披露自查自报。

对自由贸易试验区企业主动向海关报告违反海关监管规定行为的，其主动披露行为可作为海关对企业信用等级特殊调整的重要参考依据。

(4) 推出多项认证企业通关便利措施。

一是企业可向海关申请免除担保，缓解企业资金周转压力，降低企业成本约 10%。二是给予企业低实货查验率，每一次申报可使企业节省近 500 元通关成本和 5000 元仓储成本，加快了企业的通关速度和货物交付速度，提升了企业的国际竞争力。三是设立海关协调员，为企业"一对一、点对点"协调解决通关难题年均百次以上，实现海关与企业间的及时联络、无缝对接，达到关企双赢。四是通过国际海关合作，推动企业享受国际 AEO 互认国家或地区的通关便利措施，企业出口笔记本电脑至韩国，查验率降低了 30%，出口至欧盟，查验率降低了 70%，韩国民众 2 天、德国民众 3 天就可以用上重庆生产的笔记本电脑，极大地提高了企业的国际知名度。五是通过联合激励机制，获得近 40 个部委的 49 项联合激励措施，政策红利覆盖从境内到境外国际供应链的全过程，实现真正意义上的“关通天下”，为守信企业带来可观的经济价值和社会效益。

**2. 实践效果**

重庆自由贸易试验区设立以来，重庆海关通过信用体系建设的不断深化和持续创新，从小到大、从无到有，培育了一大批优质外贸企业，形成“政策优惠、通关便捷、监管有效、服务优质”的集聚效应和发展高地。据统计，98. 1%的 AEO 认证企业表示通过海关 AEO 认证后显著提升了企业的国际综合竞争力。

以达丰（重庆）电脑有限公司为例，作为重庆市“5+6+900”笔电产业布局中六家笔电代工企业之一，该企业 95%以上的产品出口至世界各国。该企业成立初期，面临着业务起步晚、通关头绪多；身处内陆、物流周期长；产品复杂、工作难度大等诸多困难。对此，重庆海关加大对企业的信用培育力度，搭建关企合作平台，多次组织相关部门到该企业走访调研、了解情况，召开关企座谈会、政策宣讲会、业务指导会，帮助企业学习和了解政策，并推出系列支持措施帮促企业积极走向国际市场。

该企业成为海关高级认证企业以来，一跃成为重庆市笔电代工龙头企业，笔记本电脑出口量增长近 3000 万台，出口值由 20 亿美元激增到 100 亿美元，成为重庆市首个出口值突破 100 亿美元的企业。此外，该企业在海关的大力支持和指导下，除维持笔记本电脑产量与质量的传统优势外，还加大了对云端运算设备、虚拟现实、穿戴设备的投入，不断在新的领域发展壮大。

该企业表示，成为海关 AEO 高级认证企业后，切实感受到海关的服务举措，享受到政策红利。追求诚信、规范运作已深入人心，成为企业的内生动力和发展需求，重庆海关进出口领域信用体系的建立和实施，进一步增添了企业落户重庆，扩产增效的信心和决心。

## 四、税收征管

### （一）担保一体化管理新模式

担保一体化管理新模式是指建立以企业为单元的涉税担保管理系统，对保函登记、额度扣减、额度返还、到期催核、担保期效控制等环节进行全过程智能化管理，实现企业凭一份保函在关区范围内办理征税货物担保、减免税货物担保、保税货物担保等多种海关担保业务。

**实践效果**

落实由企及物的管理理念，实现关区范围内“一保通用”，与“汇总征税”管理模式形成互补，进一步扩大企业凭一函集中办理多种海关业务的范围，有效简化担保办理手续，提升管理效能，并通过担保额度自动循环使用，极大地节约了企业融资成本。

**（二）深化税收征管改革**

按照海关总署关于推进税收征管方式改革的要求，以及重庆海关支持自由贸易试验区建设的支持举措，重庆海关积极开展“自报自缴”“集中汇总征税”“归类先例制度”“减免税无纸化”等税收征管方式改革，提高办事效率，降低企业运营成本，以贸易便利化水平的不断提升激发企业参与外贸的积极性。

**1. 主要做法**

（1）精心组织，全力确保支持措施落地。

专项专办，成立“征管改革”专项工作推进小组，制定推动计划方案及时间节点表，确保征管改革有序推进；多方协调，穿针引线，先后与有关部门、企业等召开座谈会，针对税收风险防控、制度落实、改革路径等问题进行沟通，旨在通过支持措施，进一步减轻企业资金成本，极大化享受征管改革红利。

（2）多点结合，深入推进税收征管方式改革。

结合关区实际情况，采取集中宣讲，新媒体宣传，派员深入现场、地方、企业等方式，从企业关心度较高的“省事、省时、省钱”等政策红利方面入手，切实加强各项改革政策的企业宣传力度。同时，发挥报关企业在海关与进出口企业间的桥梁纽带作用，协同推进确保改革措施切实落地。

（3）提高站位，积极探索多元业态发展。

以支持地方发展为己任，建立与“诚信纳税、诚信优先”征管理念相适应的配套机制，探索建立特殊监管区域融资租赁的征税机制及涉税风险的管控模式，全力支持特殊监管区域开展交通工具、工程装备、医疗设备等融资租赁项目，制定《重庆海关融资租赁业务海关管理操作规程（试行）》，推动重庆自由贸易试验区开展飞机租赁业务。

（4）稳步推进减免税无纸化改革。

积极协调电子口岸等相关部门，大力开展对外宣传、培训工作，并加强对试点后减免税业务运行情况的问题反馈、跟踪监督和效果评估，积极引导企业转变和适应申报方式。

2. 实践效果

(1) 通关手续进一步简化，企业通关效率有效提升。

港澳 CEPA、ECFA、中韩、中新（西兰）自由贸易协定项下进口商品通关无纸化实行。进口企业申报时仅需提交电子数据与签证方的电子信息进行联网对碰，无须前往现场前台提交原产地纸质证书（声明），在办公室里即可一键完成自由贸易协定商品进口申报手续，缩短通关时间 14%。“归类先例数据”和无参数干预进口汇总征税报关单更是实现了通关货物“秒放”。

(2) 改革促“精准到料”，企业运营成本有效降低。

据莱宝科技公司反映，该企业为客户订单式生产，需精确响应客户的叫料计划，并与后端 ODM 厂间实施 JIT 到料模式，成品交付时才能实现精准，以减少库存产品的发生，确保企业资金占用成本的降低。征管改革前，原单笔进口征税从申报至港口提货离港一般需要一个工作日的时间，若中途任意节点出现延误，还可能导致延期至次日提货。因此，该企业只有将部分物料集散中心设置在香港。汇总征税实施后，汇总征税“秒放”效率使到料时效精确有保障，国内原材料厂商无须再绕道香港交货，直接交货到重庆综合保税区即可。作业模式的改变有效减少了供应链条上的厂商额外成本的支付，一年即可为企业节约进出口成本约 50 万元。

(3) 无纸化改革破除藩篱，助推外资研发“零突破”。

着力推进“十三五”进口税收优惠政策落地，及时促成重庆市科学技术委员会核定两批省级科研机构 115 家，实现重庆地区外资研发中心“零突破”。

## 五、其他

### 支持发展南向国际物流大通道

南向国际物流大通道是在我国与新加坡的第三个政府间合作项目“中新（重庆）战略性互联互通示范项目”框架下，以重庆为运营中心，以广西、贵州、甘肃等省区为关键节点，中国西部相关省区市与新加坡等东盟国家通过区域联动、国际合作共同打造，致力于有机衔接“一带一路”的国际陆海贸易新通道。

南向国际物流大通道包括了国际铁海联运、跨境公路运输、国际铁路联运等三种运输组织方式。国际铁海联运方面，以铁路运输为主，自重庆铁路口岸出发运输至广西钦州港，再以海运方式运至新加坡、香港等国际中转港，进而连通国际海运网。跨境公路运输方面，以公路运输方式，从重庆巴南南彭公路物流基地出发，经广西、云南的凭祥、龙邦、瑞丽等口岸出境，通往越南、泰国、老挝、缅甸等与我国毗邻的中南半岛国家。目前，已成功运行东线（巴南南彭—广西凭祥—越南河内）及东线复线（巴南南彭—广西钦州港口—越南胡志明市）两条线路。国际铁路联运方面，利用西南地区既有的，以及在建的铁路网络，通过凭祥、磨憨等口岸，与我国和东盟国家正在合作建设的泛亚铁路网络衔接，形成以重庆为枢纽，高效连通中南半岛的南向国际铁路联运网络。2018 年 3 月 16 日，首趟重庆经广西凭祥至越南河内安圆货运站的测试班列顺利始发，提前实现南向通道铁海联运、跨境公路、国际铁路联运三种主要物流组织方式的相互补充、协同发展。

**1. 主要做法**

（1）强化属地与口岸海关通关协作。

落实 2017 年渝、桂、黔、陇四地海关《关于支持推进中新互联互通项目南向通道建设合作备忘录》精神，以轮值方式与南宁、贵州、兰州海关共同建立联系会议制度，在口岸通关合作、班列智能监管、区域通关一体化、风险联防联控等领域开展了有效磋商、协调工作。2018 年 7 月，重庆海关会同南宁海关启动了“南向通道海关互联互通系统”建设工作，与南宁海关的钦州等口岸海关共同设立“渝黔桂新”通关联络员机制，共同加强通关转运申报要素规范工作，提供南向通道货物“优先进出”“优先验放”的便捷通关举措。

（2）启动与新加坡海关关际合作试点准备工作。

启动中国—新加坡海关合作事项与签署研究推进工作，召集重庆海关的法规、监管、通关、稽查、检疫、统计、缉私等职能部门全面梳理具体合作条款，围绕“信息互换、监管互认、执法互助”商议了合作内容及形式，代海关总署拟定了《中华人民共和国海关总署与新加坡关税局关于重庆海关和新加坡×××海关关际合作协议（报审稿）》文本。

（3）强化监管创新，提升通道贸易便利化水平。

进一步强化监管、优化服务，提升通道便利化。一是强化科技应用，压缩整体通关时间。争取海关总署的资金和装备保障，在铁路口岸部署安装 H986 大型集装箱机检设施并验收投用，做到南向通道班列货物凡涉及进口查验的集装箱均实行 100%机检，大幅压缩通关查验时间，较以往人工查验压缩时间达 85%以上，在通关环节的作业时间压缩正取得实效，监管质效正逐步提高。二是创新监管模式，服务企业需求。在南彭公路保税物流中心（B 型）安排业务骨干全程实时跟进亚欧公铁联运，对从越南通过重庆-东盟公路班车运输进口运抵南彭公路税物流中心（B 型）的货物实施快速分拣、换箱作业。支持进口整车通过南向通道自钦州港北上进入重庆，实现南向通道汽车整车运输“零突破”。三是建立常态化铁海联运班列进出口货物通关时长监控机制。对通关时间较长的货物及时干预，优化手续流程，缩短后续环节时长，加强对超长报关单监控，影响通关时效的个别症结问题得到一定程度地化解，通关时效逐步提升。

(4) 服务升级，保障南向通道与中欧班列互联互通。

在全力保障南向通道畅通的同时，积极推进中欧班列（重庆）成功从果园港始发，积极推进东南亚货物经南向通道入境，在重庆南彭公路保税物流中心（B 型）和铁路口岸换装中转，实现过境货物转关运输。有力地发挥了重庆作为“一带一路”和长江经济带联结点、重要支点的作用，实现了“一带一路”和长江经济带的连接，助推东南亚与中亚、欧洲的物流联通，促进了“一带”与“一路”的无缝衔接。

**2. 主要成效**

南向通道作为我国自中欧班列外又一条重要国际贸易通道，在全球经济加速再布局、中国对外贸易崛起的新时期，具有特殊意义。一是有利于建设和服务国家“一带一路”和长江经济带发展大局。其衔接中国西部和东盟两个极具经济增长潜力的区域，通过发挥国际互联互通和时间运价优势，为长江经济带上游地区的发展和走出去提供更大的平台载体，促进与“一带一路”东盟经济区共建国家的设施联通和贸易畅通。二是有利于促进区域协调发展，推动形成陆海内外联动、东西双向互济的开放格局。其沿线汇聚重庆、四川、贵州、广西、云南等西部产业、资源重地和边贸、物流功能节点优势，对降低西部出海物流成本、优化区域开放布局、推动形成全面开放格局增添强大动力。三是有利于落实国家领导人对重庆发展提出的“两点”“两地”定位要求。其与最早的中欧班列和长江水运实现对接，构建起西部地区对外贸易通道“Y”字形布局，形成“一带一路”经西部地区的完整环线，对发挥重庆的“两点”定位，建成内陆国际物流枢纽和口岸高地，引领带动新一轮发展具有深远意义。

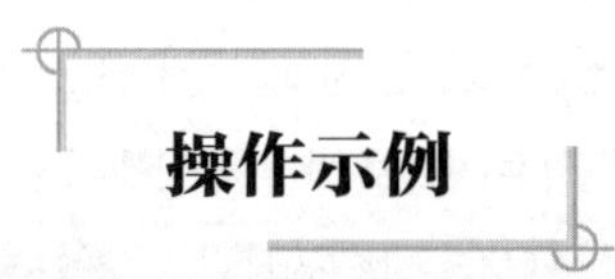

## 操作示例

### 一、强化自主知识产权海关保护，助推企业创新发展

在当今世界，知识创新、技术创新已成为国与国之间竞争的核心。党的十九大报告指出，要“倡导创新文化，强化知识产权创造、保护、运用”，这一明确指示，强调了知识产权保护工作对助推国家创新发展的重要意义。

重庆海关在关区范围内大力开展出口知识产权优势企业培树行动，针对重庆本土企业大多为摩托车、汽柴油发电机生产企业的特点，开展风险研判，加强关企合作，以查发侵权案件为突破口，全力打击进出口环节侵犯知识产权违法行为，多次查发涉嫌侵犯重庆本地企业知识产权的案件，有力地维护了出口知识产权企业的合法权益，帮助本土企业重获或稳定了国际市场份额。

隆鑫通用动力股份有限公司（以下简称“隆鑫公司”）系重庆本土创业发展壮大的企业的典型代表，2010 年隆鑫公司与缅甸 A. A. M 公司联合推出了 KAWA 牌系列汽油发动机，隆鑫公司在 KAWA 牌汽油发动机上使用了其公司多项新型发明及实用新型专利，凭借功能和质量上的优势，在缅甸当地消费者中建立了良好的口碑，KAWA 品牌逐渐发展壮大成为缅甸当地最大的汽油发动机品牌，市场占有率达到 45%，2015 年销量超过 10 万台，销售额超过 1000 万美元。

2016 年开始，国内大量外形、功能甚至品牌都与 KAWA 汽油发动机相似的产品出口至缅甸，这些仿制产品均涉嫌侵犯隆鑫公司商标或专利权。由于仿真度较高，消费者难以区分，这些侵权产品极大地扰乱了缅甸市场，隆鑫公司在缅甸市场的占有率断崖式下跌至 25%，2016 年销量、销售额较 2015 年均大幅下降 50%，缅甸代理商 A. A. M 公司也不断地催促隆鑫公司维护品牌形象。

针对上述情况，重庆海关结合海关出口知识产权优势企业培塑计划，对隆鑫公司量身定做解决方案，指导隆鑫公司在海关总署知识产权海关保护系统备案了 KAWA 商标及相关专利，并将隆鑫公司相关产品商品及专利列入重点风险布控范围，有针对性地开展查验。2017 年 5 月 17 日，重庆海关查获了重庆某机电公司出口缅甸的 1246 台“KAWAmoto”牌汽油发动机涉嫌侵犯隆鑫公司 ZL200830300061. 5、ZL200710092808. 7 两个专利及“KAWA”商标权利，该批货物估值 50 余万元。隆鑫公司确认后提出了扣留申请，重庆海关依法对该批货物予以扣留。该案经过隆鑫公司与涉案公司多次谈判，最终达成和解结案。据了解，此案的查发在业内引起极大反响，仿制厂商纷纷停止了仿制产品的不法行为。

## 二、实施“四自一简”监管创新，助力企业降本增效

海关特殊监管区域“四自一简”监管创新是重庆海关落实以人民为中心的要求，对海关特殊监管区域监管模式、监管制度的探索创新。依托应用海关特殊监管区域辅助管理系统，通过强化风险参数应用和事中事后监管替代繁杂的前置审核手续、流程，在现行法规框架内，运用“制度+科技”创新监管模式，实现业务无纸化、管理制度化、运行网络化、监管智能化，最大限度地优化海关监管和作业流程，最大限度地简化企业办理业务的流程及手续，在保障贸易安全的同时，强化企业自主管理责任，引导企业守法自律，探索建立与企业生产经营实际相适应的“进、出、转、存、销”保税监管体系，为企业减负、为海关减压，实现“去繁就简”，对营造公平公正、竞争有序的市场环境发挥了积极作用。

英业达（重庆）有限公司成立于2010年5月10日，注册于重庆西永综合保税区内，注册资金10000万美元，是一家专业从事大中型计算机、微型计算机（含携带式）、高档服务器、移动通讯交换设备等的设计、开发、生产、销售的区内高新技术企业。该企业以笔记本计算机的专业代工业务为基础，不断向云端运算、行动运算、网络应用等领域进行业务拓展，通过产品多元化持续扩大企业营运规模，力图发展成为行业领先的尖端智能化企业。2017年，该企业进出口总额达188亿美元。

海关特殊监管区域“四自一简”监管创新实施前，该企业申请商品备案需向海关申报并递交纸质材料，平均单次备案业务用时1~2小时。企业核销时，需提前向海关预约核查盘点时间，根据盘点时间再行调整生产经营安排，因而每次核查盘点影响该企业三天左右的出货产能，影响产值8000万美元左右。海关到企业进行核查盘点后，企业需核算平衡表差异情况，向海关发送报核申请并提交纸质核销资料。海关需对企业核销情况进行人工审批，并对存在差异的部分进行数据核算、海关审价、报关补税等操作后才能结束当期核销工作，核销耗时最长可达六个月。此外，企业开展区内业务的相关资质需经海关逐项审批，流程复杂，周期较长。

而该项监管创新制度实施后，该企业商品备案流程变为在线申报、系统自动备案，企业单次业务办理时间缩减至0.5小时。企业根据生产经营实际自定核销周期，开展自主盘点，自评审计机构开展核算并向海关报送核算结果，海关据此核销。补缴税款时，该企业直接办理补税手续并向海关报核，海关保税业务部门不再出具补税联系单。新的模式下，该企业核销自主性极大提高，生产经营不再受核销工作影响，单次核销耗时也大幅缩短一半以上。在企业区内业务资质核准方面，海关根据企业资信情况，一次性为企业开通11类业务资质，并根据企业资信变化和业务开展情况进行动态调整，极大简化了该企业办理业务核准的相关手续，为该企业节省大量行政成本。海关特殊监管区域“四自一简”监管创新制度的实施使该企业业务办理更加高效，企业无须准备大量纸质材料，不再多次往返海关办理审核手续，单项业务的办理时间由原来的2—3天变为线上即时一次办结，为企业在人力投入、单证制作和交通等方面每年节省成本约5万元。该企业的生产管理也更加灵活，核销工作可完全契合企业生产计划，核销工作整体效率明显提升。

**三、优化两仓监管模式，提升海关监管质效**

为贯彻落实国务院自由贸易试验区总体方案要求，重庆海关围绕建设国际化、法治化、便利化营商环境的目标，按照以制度创新为核心、可复制可推广的基本原则，研究推出了保税仓库和出口监管仓库（以下简称“两仓”）优化监管举措和支持政策，取得了良好的社会反响。

两仓优化监管依托辅助管理系统实现，旨在建立重庆关区统一的保税仓库和出口监管仓库信息化辅助管理系统，对保税货物进口、进仓、存储、出仓、出口等各个环节进行全过程监管和有效监控，实现管理制度化、运行网络化、监管电子化、内控智能化，使得执法风险得到有效控制、通关效率达到良好状态、监管资源得到优化配置，从整体上提高监管效能。同时为企业提供远程申报、在线办理等互联网服务，实现“数据多跑路、企业少跑路”，企业足不出户即可办理海关业务，大幅提高了企业办事效率，降低了企业运营成本。分送集报功能则可实现企业频繁出入库货物以非报关申请单形式先申报出入库，后集中报关，优化两仓监管功能。

重庆医药集团公用型保税仓库于2016年12月在西永海关辖区注册，位于重药土主仓库四楼，面积达到2080平方米，用于存放医药产品，主要品种为瑞典进口博利康尼雾化剂与赛洛菲碳酸司维拉姆。

作为重庆唯一一个医药保税仓库，重庆海关积极支持该仓库充分利用渝新欧铁路运输优势，助推企业打造进口药品西部集散中心。重庆关区两仓辅助管理系统的使用帮助该企业实现了“数据多跑路，企业少跑腿”，企业办理各项业务更加方便快捷，原本需要到现场申报的业务只需要在系统端在线提交即可，极大提高了业务申报效率，简便了操作流程，节约了周转时间与人力物力。同时，通过实施分送集报、减少海关核准手续等支持措施，企业报关成本明显降低，企业竞争力显著增强。2018年1—8月，该仓库进出库货值已达5.22亿元，同比增长847.14%。其中，通过空运到货药品货值约1.8亿元，通过渝新欧铁路到货药品货值1亿元，海关监管创新为产业发展带来的政策红利正在不断释放。

### 四、实施担保新模式，破除企业融资难题

重庆海关建立了以企业为单元的涉税担保管理系统，对保函登记、额度扣减、额度返还、到期催核、担保期效控制等环节进行全过程智能化管理，实现关区范围内“一保通用”，与“汇总征税”管理模式形成互补，进一步扩大企业凭一函集中办理多种海关业务的范围，有效简化担保办理手续，通过担保额度自动循环使用，极大地节约了企业融资成本。

重庆京东方光电科技有限公司（以下简称“京东方”）是重庆市江北嘴集团和京东方科技集团股份有限公司等共同投资兴建的内资企业，项目总投资328亿元，于2013年7月开工建设，2015年3月投产，2015年4月实现量产。该产线设

计产能为每月 12 万片玻璃基板投片量，改造后升级后产能可达 15 万片玻璃基板投片量，用于生产手机、平板电脑、笔记本电脑和电视用显示模组。

京东方在投资建厂、生产经营过程中需要进口大量的机器设备，在通关过程中经常需要办理减免税、进出境维修、出境加工等业务，均需办理担保。2017 年，京东方进出口贸易额达 14. 9 亿美元，担保金额数千万元，担保票数 200 余份，若在原担保方式下，企业需要数份保函，并需要手工登记、核扣、返还担保额度，工作量极为繁重。

担保一体化模式主要应用于涉及暂时进出境、减免税等保函应用频繁的通关类型，对于京东方这类企业意义重大。通过担保一体化模式进口申报，该企业一方面减少了手工登记等环节，避免了手工登记出错的问题，极大提高了通关效率；另一方面，总担保账号自动扣减应缴税额，缴税后担保额度自动恢复，较以往的逐票担保、逐票缴税的模式，为企业大幅较低了融资成本，大幅减轻了资金压力，提升了企业竞争力。实施担保一体化新模式后，2018 年 4 月 25 日至 9 月 20 日期间，该企业共有 45 票报关单使用担保一体化模式放行，担保总金额达 2172. 53 万元。

**五、开展强制性认证监管创新，促进企业创新发展**

为切实解决海关特殊监管区域内电子信息技术生产企业样机出区测试的问题，重庆海关研究出台多次进出境研发用免于办理强制性认证创新，在现有研发类 CCC 免办政策基础上，将其适用条件扩展为境内多地科研测试和多次进出口的科研测试样机，同时创新开展允许书面采信、远程核销、声像存档、追溯管理相结合的后续监管模式，有效解决企业实际困难，有力促进生产企业创新进步。

富骏精密电子（重庆）有限公司成立于 2010 年 9 月 2 日，是富士康科技集团下属独资企业，投资总额达 1500 万美元。主要开发、生产、经营新型电子元器件、主板机、计算机、交换机、路由器、网络电话、无线模块、3G 模块及上述产品的零配件。

在创新举措实施前，西永综合保税区内笔电代工企业每年需要送大量的样机到境内多地的实验室（主要分布在北京、上海、武汉等地）进行测试和留样，由于笔电企业的产品大多为中国强制性认证产品（CCC 认证），企业需办理 CCC 认证相关手续才能顺利出区。而测试样机能否顺利出区检测直接关系到产品的定型周期长短，进而决定企业能否获得代工企业的订单，对企业而言非常重要。

为支持重庆笔电企业发展，重庆海关创新申办主体，允许以重庆本地代工企业名义申办免 CCC 证书；创新监管模式，采取异地核销，通过审查核实企业提供的相关照片、检测报告、留样档案等方式在重庆本地完成核销，成功破解了样品不返厂导致的无法核销的难题。该项创新举措实施之后，该企业可快速完成产品开发、测试、定型，有力地促进了企业产品更新换代，帮助企业获得订单，扩大产能。截至 2018 年 9 月，西永综合保税区共有 76 批，6062 台测试样机通过该创新举措出区完成检测，53 种型号的新产品得以面世，共计出口相关电子设备 1346.47 万台，货值达 7.33 亿美元。

# 中国（四川）自由贸易试验区

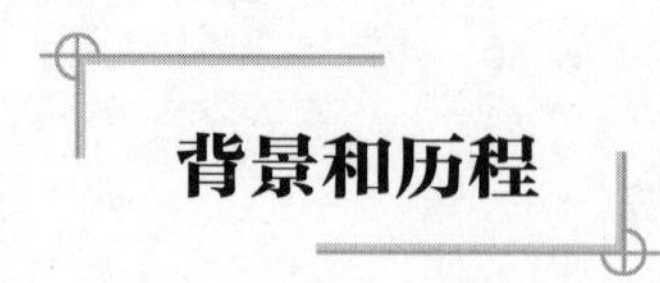

# 背景和历程

## 一、战略解读

推进中国（四川）自由贸易试验区建设，承载着党中央、国务院的信任和重托，是四川改革开放进程中又一具有标志性意义的大事。做好这项工作，有利于四川更好地融入全球经济大循环，打造适应国际经贸规则新变化的试验田；有利于四川更好地服务于“一带一路”建设等国家倡议，深化与沿线国家和地区的经贸投资合作，推进政策沟通、设施联通、贸易畅通、资金畅通、民心相通，携手推动更高水平、更深层次的大开发大交流大融合；有利于四川更好地健全开放型经济新体制，推动更多代表世界前沿技术和发展方向的高端产业项目落户，进一步厚植发展优势、增强发展动力，加快推进经济转型升级，为实现“两个跨越”、建设美丽繁荣和谐四川注入强劲动能。

推进中国（四川）自由贸易试验区建设，要积极融入“一带一路”建设、长江经济带发展和西部大开发等国家战略，以推进供给侧结构性改革为主线，以制度创新为核心，进一步解放思想、先行先试，高水平高端化推进自由贸易试验区建设，着力打造西部门户城市开发开放引领区、内陆开放战略支撑带先导区、国际开放通道枢纽区、内陆开放型经济新高地、内陆与沿海沿边沿江协同开放示范区，即建设“四区一高地”。特别要坚持以开放倒逼改革，通过自由贸易试验区深度融入国际市场、全方位参与国际竞争，促进产业升级、经济转型和营商环境现代化，努力在新一轮对外开放中走在前列，为全省全国创造更多可复制、可推广经验。

## 二、概况

2017 年 4 月 1 日，中国（四川）自由贸易试验区正式挂牌启动建设，整体分为成都、泸州两个部分，涵盖三个片区：成都天府新区片区、成都青白江铁路港片区和川南临港片区。四川自由贸易试验区的主要任务是建设立足内陆、承东启西，服务全国、面向世界的“四区一高地”。

### （一）面积范围

四川自由贸易试验区的实施范围为 119.99 平方千米，涵盖三个片区：

成都天府新区片区 90.32 平方千米［含成都高新综合保税区双流园区 4 平方千米、成都空港保税物流中心（B 型）0.09 平方千米］。

成都青白江铁路港片区 9.68 平方千米［含成都铁路保税物流中心（B 型）0.18 平方千米］。

川南临港片区 19.99 平方千米［含泸州港保税物流中心（B 型）0.21 平方千米］。

### （二）各片区重点产业

#### 1. 按片区划分

成都天府新区片区重点发展现代服务业、高端制造业、高新技术、临空经济、口岸服务业等产业，建设国家重要的现代高端产业产业集聚区、创新驱动发展引领区、开放型金融产业创新高地、商贸物流中心和国际性航空枢纽，打造西部地区门户城市开放高地。

成都青白江铁路港片区重点发展国际商品集散转运、分拨展示、保税物流仓储、国际货代、整车进口、特色金融等口岸服务业和信息服务、科技服务、会展服务等现代服务业，打造内陆地区联通丝绸之路经济带的西向国际贸易大通道重要支点。

川南临港片区重点发展航运物流、港口贸易、教育医疗等现代服务业，以及装备制造、现代医药、食品饮料、融资租赁等先进制造和特色优势产业，建设成为重要区域性综合交通枢纽和成渝城市群南向开放、辐射滇黔的重要门户。

#### 2. 按区内区外方式划分

海关特殊监管区域和保税物流中心［包括成都高新综合保税区双流园区，以及空港、铁路、泸州水港等三个保税物流中心（B 型）］重点探索以贸易便利化为主要内容的制度创新，开展保税加工、保税物流、保税服务等业务。

非海关特殊监管区域重点探索投资、金融、创新创业等制度改革，完善事中事后监管，积极发展现代服务业和高端制造业。

### （三）海关特殊监管区域和保税物流中心（B 型）发展的基本情况

#### 1. 成都高新综合保税区

成都高新综合保税区是四川目前唯一的一家综合保税区，2011 年 5 月正式封关运作，2012 年经国务院批准扩区，现包括高新园区和双流园区，总占地面积 8.68 平方千米，其中高新园区占地 4.68 平方千米，土地利用率达 90%以上；双流园区占地 4 平方千米。

#### 2. 保税物流中心（B 型）

双流空港口岸、青白江铁路口岸、泸州港三个重要通道节点都设立了保税物流中心，随着 2018 年 3 月天府新区保税物流中心（B 型）正式获批设立，四川保税物流体系初步形成。

## 三、建立历程

### （一）重要事件

2016 年 8 月 31 日，中国（四川）自由贸易试验区获批消息发布；

2017 年 3 月 31 日，国务院印发《中国（四川）自由贸易试验区总体方案》（以下简称《总体方案》）；

2017 年 4 月 1 日，中国（四川）自由贸易试验区正式挂牌；

2017 年 4 月 7 日，《海关总署关于支持和促进中国（四川）自由贸易试验区建设发展的若干措施》（以下简称《支持措施》）出台；

2017 年 8 月 11 日，《成都海关支持和促进中国（四川）自由贸易试验区建设发展实施办法》（以下简称《实施办法》）公布。

2017 年 4 月 5 日，出台支持四川自由贸易试验区建设工作方案；4 月 7 日，出台 20 项支持措施；7 月，制定检验检疫第一批十项创新制度。2018 年 4 月，出台第二批十项创新制度。

### （二）主要文件内容及相关支持措施

#### 1.《总体方案》中涉及海关的事项

《总体方案》包括切实转变政府职能、统筹双向投资合作、推动贸易便利化、深化金融领域改革创新、实施内陆与沿海沿边沿江协同开放战略、激活创新创业要素等六大类 159 项改革试点任务，其中 63 项涉及海关。

#### 2.《支持措施》

《支持措施》由五部分 25 条措施构成。第一部分涉及海关行政审批、通关监管、关税征管、稽查企管等职能职责；第二部分为加贸、保税方面的支持措施；第三部分主要着力支持跨境电子商务、服务外包等贸易业态创新发展；第四部分为依据四川实际情况提出的支持航空业发展、支持承接产业转移等特色措施；第五部分主要为培育法治化营商环境方面的支持措施。

#### 3.《实施办法》

《实施办法》结合四川自由贸易试验区三大片区实际，与“四区一高地”的战略定位一一对应，包括五个方面 30 项具体措施：一是全力推进自由贸易试验区贸易便利化，包括 11 项措施。通过全面落实中央、海关总署“放管服”“双随机、一公开”及通关一体化等各项改革部署和开展成都海关“全域通”“一简一优”等自主创新改革，力争在“压缩货物通关时间三分之一”的基础上将通关效率保持在全国海关前列，助力打造内陆开放战略支撑带先导区。二是全力支持外贸转型升级，包括九项措施。通过支持跨境电子商务、融资租赁、文化对外贸易、服务外包、委内加工、出境加工、保税展示交易、境内外维修研发等生产性服务业及会展经济发展，助力打造内陆开放型经济新高地。三是推动完善口岸开放功能，包括三项措施。通过优化四川开放通道布局，支持四川自由贸易试验区三大片区分别与省内“水陆空”三大口岸对接发展，助力打造国际开放通道枢纽区。四是支持构建协调发展机制，包括三项措施。通过推进四川省内协同发展、支持与沿海沿江口岸通关合作和产业协作、深化国际间海关合作等协同发展机制，助力打造区域协同开放示范区。五是支持建设四川特色名片，包括四项措施。通过助力打造四川全面创新改革、航空第四城、中欧班列（成都）和海关特殊监管区域（保税监管场所）等四川特色名片，助力打造西部城市开发开放引领区。

**4. 原检验检疫支持四川自由贸易试验区的工作措施**

原检验检疫方面，制定了五个方面 20 条支持措施。在“推进‘放管服’改革，构建事中事后监管体系”方面，有建立行政权责清单制度、加强出入境企业信用信息和四川社会信用体系的对接、全面推行“双随机”抽查监管机制、探索开展出口产品低碳认证，加快“中国标准”国际化推广等五条措施。在“创新检验监管机制，支持服务贸易发展”方面，有支持全球维修业务发展、探索建立适应跨境电子商务贸易特点的检验检疫监管机制、支持在海关特殊监管区域内设立保税展示交易平台、创新自由贸易试验区国际会展检验检疫监管模式等四条措施；在“支持口岸平台建设，扩大对外开放水平”方面，有配合地方政府建设国际贸易“单一窗口”、积极拓展口岸检验检疫服务功能、支持口岸进一步扩大对外开放、积极配合口岸监管部门实现“信息互换、监管互认、执法互助”、加大对口岸和场站公共服务的政策和资金支持等五条措施；在“优化口岸通关流程，推动通关便利化”方面，有积极推动实施一体化通关和检验检疫无纸化、优化口岸报检查验工作机制、完善口岸通关管理机制等三条措施；在“加强协同开放合作，实现检验检疫业务互通”方面，有积极探索与“一带一路”沿线国家相关机构通关查验合作机制，加强与四川主要进出口口岸检验检疫机构协同合作，全面实现供港澳蔬菜出口直放等三条措施。

**5. 深化改革试点经验的复制推广**

一方面严格按照党中央国务院、海关总署的决策部署，推广“批次进出、集中申报”“仓储货物按状态分类监管”等前后三批创新制度，目前企业有实际需求的均已落地实施；另一方面深入调研学习，复制推广上海、天津、广州、福建等四个自由贸易试验区推出的海关监管创新制度。原检验检疫复制推广三批检验检疫创新制度共 16 项。

### （三）主要成效

#### 1. 贸易投资更加便利

系统化提升口岸服务能力，大力推广国际贸易“单一窗口”，在与国家标准版成功对接的基础上，拓展特色应用功能。实施关检联合查验区“一次查验”模式。推进通关便利化，首创海关“互联网+企业注册”、海关注册“一站式”服务，创新实施原产地签证“一体化”和检企“零见面”等模式。积极实施“启运港+N”出口退税政策，进一步压缩通关时间、降低通关成本。多元化发展服务贸易新业态，实现境内航空发动机维修业务零突破。优化跨境电子商务出口监管模式，拓展“川货川出”新渠道，综合应用一般贸易和保税政策，创新实施保税备货与跨境直邮“一线双模式”查验和跨境电子商务 B2B 供应链监管模式。

#### 2. 协同开放明显增强

整合发挥“临空、临铁、临江”功能优势，提升互联互通水平。大力推进多式联运，创新提出多式联运提单，中欧班列“一单制”探索获得国家部委和新闻媒体的广泛关注。开展宜宾临港经济开发区参与川南临港片区协同改革专项行动，探索国家级经济开发区率先协同试验新模式。建立川粤自由贸易试验区合作机制，在五大领域 15 个方面深入开展合作。与乌鲁木齐、兰州、西宁开展集拼集运联动试验，与昆明等城市共建无水港。2017 年双流国际机场国际航线达到 104 条，跨境旅客流量突破 500 万人次，货邮吞吐量 64 万吨；成都国际铁路港国际班列开行 1012 列，稳居全国开行班列城市首位，进出口货值增长 3. 6 倍；泸州港开通直达日韩、中国台湾、中国香港近洋航线，集装箱吞吐量超过 55 万标箱。

## 四、监管新政介绍

### （一）创新通关模式——通关一体化和无纸化

在成都关区实现全部运输方式的进出口报关单的通关一体化。探索开展内外勤分离的集约化管理，推动通关一体化改革率先在成都关区落地。通过整合通关、快件、保税三个现场 H2010 报关业务，实行集中归口办理；撤销接单、征税、放行等传统岗位，设置综合业务岗和验估岗归口办理退补税、修撤单、担保、有纸业务处置、验估等综合业务，对接“两中心、三制度”；优化查验作业流程，实现查验与处置的分离。

全面推进监管通关领域内部核批作业无纸化。2017 年，成都关区无纸化报关率达 98. 33%，无纸化报检率达 91. 77%，超额完成国务院“压缩货物通关时间三分之一”的目标。

原检验检疫方面，实现全流程无纸化。制定《无纸化报检通关管理办法》《无纸化报检通关工作标准》，率先同步试点上线全国检验检疫无纸化报检系统。截至2018年6月，无纸化报检总批次达10万批，无纸化报检率达98.7%。按平均每批节省通关时间1~2天，节省各类成本费用150~200元测算，累计为全四川进出口企业节约费用近1626万元。

积极推行检验检疫移动查验执法系统，实现检验检疫查验、施检信息无纸化。

### （二）创新查验模式——“双随机、一公开”

深入推进“双随机、一公开”在海关执法领域全覆盖，落实“选查分离”和“查处分离”工作要求，实现100%查验随机自动派单，有效防控执法风险与廉政风险，营造公开、公平、公正的监管环境。

原检验检疫方面，对九项随机抽查事项建立检查对象名录库累计2330家，检查人员名录库共计496人，随机抽查企业数量290家，出动执法人员数量483人次，检查质量安全风险点296个，发现影响质量安全的问题211个，提出具体整改措施266条，帮扶完成整改问题204个。

### （三）创新担保模式——总担保制度

落实多元化担保要求，积极推广以企业为单元的总担保业务，积极引导和支持企业采用税款总担保模式通关，担保事务办理效率大幅提升。例如，按照以往的做法，某企业需要逐一办理几十票分担保，如今只需要办理一次总担保即可，担保额度可以循环使用，切实地减轻了企业的资金负担、提高了通关效率。

### （四）创新企业管理方式——“主动披露”制度

对303家企业试行“主动披露”制度，在充分掌握证据、资料的条件下，对其中两家企业开展海关稽查工作并实现追征税款入库，实现企业“主动披露”工作效果零的突破，加大宣传力度，以案说法，不断降低行政执法成本，获得较好社会管理效益。

### （五）创新加工贸易监管模式——“以企业为单元”的监管制度

改变以合同为单元的传统管理思路，在自由贸易试验区内选取符合条件的企业作为加工贸易新监管模式试点，各业务环节不再实行初审、复核制度，在信息化系统中只进行形式化审核；集中内销业务，企业于次月15日前对上月发生的内销保税货物集中办理纳税手续；试点企业可自主选择采用单耗、耗料清单和工单等保税进口料件耗用的核算方式；试点企业可自主核定保税进口料件的耗用量并向海关如实申报等。“以企业为单元”的新监管模式在简化企业申报程序，便利企业核销操作的同时，明确企业申报责任，降低企业的经营成本，强化了企业作为市场主体的自律责任和海关监管权力的边界，进一步激发市场活力和企业创造力。

**（六）创新国际展会监管模式**

对会展入境参展展品实施简化审批、检疫为主、口岸快放、免于检验、闭环监管的便利化措施。一般展品实现即报即放、集中监管，需检疫展品的通关时间缩短了50%。动植物、动植物源性产品等展品的审批时间由15个工作日缩短至1—3个工作日。

**（七）创新跨境电子商务检验检疫监管模式**

优化查验放行工作流程，用好跨境电子商务零售进口监管过渡期政策，对跨境电子商务进口食品、化妆品、重点敏感消费品、水果等开展专项检测。

**（八）创新入境维修检验监管模式**

实施“先理货、后报检、全程信息化监控卫生处理”的监管模式，降低企业经营成本，提升监管效率。2017年以来，监管维修用途入境机电料件的通关时间平均缩短1~2天。2018年1月15日，四川自由贸易试验区首台保税维修飞机发动机正式入区进场维修。

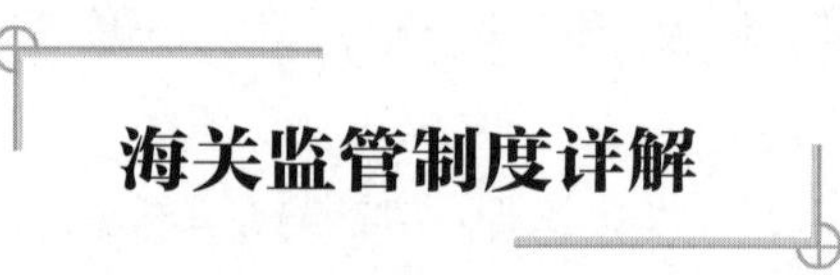

## 海关监管制度详解

### 一、通关便利化

#### （一）空港口岸海关“智慧旅检”创新改革

**1. 出台背景**

2017年，成都双流机场已开通国际及地区航线104条，进出境人员突破550万人次，居全国空港第四位。成都双流机场国际厅设计容纳旅客流量为100万人次/年，随着空港进出境旅客人数逐年增长，口岸安全保卫能力、通关服务水平、监管人力资源相对不足等问题日益突出，口岸监管服务面临新的机遇与挑战，推动“智慧旅检”改革势在必行。

**2. 主要内容**

成都海关提出在前期通关改革取得成效的基础上，借助科技手段，以整合资源、提高通关效率和监管效能为突破口，开展旅客通关智能化建设，实现客货齐驱，努力打造一流的旅客通关监管模式。

一是配备托运行李预检及智能审图系统。对进境旅客托运行李实施100%前期机检和远程图像人工甄别；对毒品、枪支弹药等禁限类物品进行智能审图、自动报警，标示高风险行李。

二是进境旅检通道智能化建设。将原有三条普通通道改造为八条智能化通道，配备 RFID 自动识别及报警系统、证件识别系统，以及箱体识别系统等，实现高风险行李、人员的自动报警拦截，在确保行李 100%机检的同时提升旅客通关效率，提高查验针对性。

三是配备智能查验台。配备具有三维图像查看功能的智能查验台，关员可以对照被查验行李的先期机检三维图像进行开箱查验，进一步提高查验效能。智能查验台具有防爆功能，强化关员及旅客人身安全保护。对执法过程进行录音录像，将嫌疑行李信息、旅客信息、执法过程等碎片化信息进行集中绑定，方便后期查阅调取。

四是建设通道闸机控制系统。可录入或批量导入风险人员名单，与通道闸机联动，有效捕捉高风险人员。

此外，在海关总署的支持下，为现场配备高清执法记录仪、工作站，以及辐射探测门、手持式辐射探测设备等辅助执法设施，有效提高海关旅检现场反恐防爆能力。

**3. 成效**

经过前期精心准备，自 2017 年 2 月 22 日起的启动“智慧旅检”试点工作，经过一段时间的运行，成效明显。

一是旅客通行能力提升。通关效率大幅提升。据统计，单个旅客平均通关时间由原来的 6~8 分钟缩短至 2~3 分钟，旅客排班等待现象大幅减少，通关满意度明显提升。在现有场地和人力资源条件下，有效提高通关效能，改善通关环境，承接更大发展。

二是查缉能力明显提升。试点以来，海关查获珊瑚、象牙等近百公斤，查获毒品案件两起、管制刀具 77 把、仿真枪四把、印刷品上千册。通过 CT 机等新技术新设备的运用，机检查验从完全依靠人工图像分析向“智能判别+人工分析”转变，进一步提升海关查验整体作业效能。

三是为全国海关旅客监管模式创新提供了很好的借鉴。成都海关是全国首个在空港行李预检环节使用 CT 机开展先期机检的海关，该项改革在全国海关旅检系统产生了较好影响。海关总署相关司局十分重视“智慧旅检”建设，将成都海关作为全国唯一一个空港旅客监管试点海关，纳入海关总署 CT 智能审图实用化试点范围。

四是有效助力双流空港打造国家级国际航空枢纽建设。“智慧旅检”建设成效得到了地方省市政府和机场相关单位的肯定。机场集团在此基础上进一步深化改革，加强科技应用，共同推进改革释放更大红利。

## 二、保税监管

### （一）海关特殊监管区域内流转货物快速通关模式

#### 1. 出台背景

成都高新综合保税区双流园区（以下简称“双流综保区”）已入驻纬创资通、仁宝等世界500强企业。基于零库存要求，企业需将原材料存放在综保区内物流企业仓库内，在生产时再将原料运送至加工企业生产车间。根据《关于海关特殊监管区域和保税监管场所保税流转管理的公告》（海关总署公告2016年第86号）第九条规定，转出、转入企业每批实际发货、收货后，应当在每批实际发货、收货之日起30日内，按照相关规定在各自主管海关办结集中申报手续。集中申报手续不得跨年度办理。申报手续包括：流转企业需自行或委托报关行将区内货物流转信息通过海关特殊监管区域综合管理系统（以下简称“辅助系统”）向海关申报，待申报受理后打印纸质报关单，企业再将纸质报关单交到园区场站进行人工录入并打印虚拟运抵报告，并将申报信息通过场站管理系统发送至海关通关管理系统；海关进行审单，待审核通过后手动进行放行。这一模式环节多、时间长、效率低，不利于区内货物的快速流转，影响企业生产效率。

为进一步优化通关环境、提高通关效率，成都海关针对双流综保区内货物流转时间较长、操作不便等问题，积极落实保税监管“放管服”改革、推进海关特殊监管区域“简化手续、优化流程”改革。2017年6月29日，双流综保区“区内物流配送货物备案清单自动运抵触发放行”系统模块上线，取代了原有人工录入运抵报告环节，使区内流转货物平均通关时间由原来的9.2小时缩短至9分钟。

#### 2. 主要内容

海关与企业及信息系统服务提供商就相关问题进行反复沟通讨论并开展实地调研，研究开发“区内物流配送货物备案清单自动运抵触发放行”系统模块。该系统模块借助现有辅助系统与海关通关管理系统，设置区内物流流转通关条件，企业在园区辅助系统向海关进行申报时，仅需在系统备注栏中备注“区内流转DD”，即可实现报关单自动触发运抵放行。

海关通过参数设置，确保仅区内流转货物可享受相关便利，同时加强事中事后监管，强化企业法律责任，引导企业自律管理。

#### 3. 成效

一是提高通关效率。自2017年6月29日该系统模块上线至2017年12月31日，共接受申报区内流转备案清单13293票。据测算，相关备案清单平均通关时间由原来的9.2小时缩短至9分钟，通关效率极大提升。

二是减少中间环节。该系统模块上线运行后，企业足不出户即可进行相关申报，省去了打印纸质报关单、派员到场站提交相关单证、场站人工录入信息并发送运抵报关等环节，避免因人为失误导致数据错漏。

### （二）区外加工贸易增信担保模式

#### 1. 出台背景

目前，在海关区外加工贸易领域，风险保证金问题一直是把关服务平衡关系中的难点。据统计，在区外加工贸易领域，仅署令 219 号规定的“应当”征收风险保证金的情形有两项，“可以”征收风险保证金的情形有五项。此外，其他文件明确规定的征收风险保证金的情形贯穿余料结转、内销征税、外发加工诸多业务环节。如何保证监管到位，防控保税货物税款流失风险，同时又要支持企业发展，减少企业资金占用，促进区外加工贸易做大做强，一直是海关、企业及地方政府部门关注的重点。在通关监管领域，担保模式创新已经逐步开展，区外加工贸易领域亟待跟进，利用自由贸易试验区开展区外加工贸易风险担保模式创新既是企业诉求，也是海关监管方式发展的必然要求。

#### 2. 主要内容

（1）主要做法。

企业向海关提供担保主要有缴纳保证金和银行保函两种方式，目前四川省从事区外加工贸易的企业以中小微企业为主，对于此类企业生产经营而言，缴纳全额保证金会占用大量资金，而此类企业往往在银行难以直接获取授信额度或者获取的授信额度较低，直接向银行申请保函的难度非常大，或者需要存入一定比例或全部金额的保证金存款，企业资金占用问题无法得到实际解决。

区外加工贸易增信担保作为上述两种担保方式外的第三条途径，是指在税收风险可控的前提下，企业通过第三方担保机构为其向银行提供担保等方式，取得银行的税收保函，向海关申请办理担保手续。区外加工贸易增信担保具有以下特点：区外加工贸易增信担保开具的银行保函，纳税义务人为保函的被担保人，海关为保函唯一受益人，银行为保函出具方，第三方担保机构的介入不直接体现在保函上，不突破目前海关事务担保的各项规定限制。其主要流程如下：

企业向海关申请办理业务→海关按规定计算拟征收风险保证金金额→企业向第三方担保机构申请增信担保→第三方担保机构对被担保企业进行资质审核→资质审核通过后企业向第三方担保机构缴纳手续费→第三方担保机构向合作银行申请出具保函→银行出具保函→企业凭银行保函向海关办理担保手续并开展业务。

偿付流程：海关凭保函向保函开具银行申请保付税款→银行偿付税款→银行向第三方担保机构索赔→第三方担保机构根据协议与企业形成债权债务关系。

在这种担保模式下，企业不再需要直接缴纳保证金或向银行申请保函，只需缴纳一定金额的手续费，第三方担保机构审核通过后代企业向银行申请授信，再开具以企业为被担保人、海关为唯一受益人的保函，既符合现行海关事务担保规定，又能够为中小企业缓解“融资难、融资贵”问题，有效缓解企业资金压力，海关的监管风险得到有效控制。

（2）主要创新点。

区外加工贸易增信担保，一是把目前已在货物通关环节创新的担保模式首次与区外加工贸易业务相结合，进一步扩大了增信担保的适用范围，为广大加贸企业在办理加工贸易手、账册业务时提供了更灵活的风险担保途径；二是增信担保虽然引入了第三方担保平台，但是在海关监管层面收到的仍然是银行出具的以海关为受益人、纳税义务人为被担保人的保函，未突破现行政策规定；三是有效解决企业，尤其是中小微企业在缴纳风险担保金过程中资金占用大、申请银行保函难度高的问题，同时担保平台的介入降低了银行的金融风险，也进一步打开了担保平台的市场，海关在风险担保方面的执法风险得到有效控制，实现了多方共赢。

**3. 成效**

区外加工贸易增信担保模式是针对“创新加工贸易监管模式改革”“推进税收征管方式改革”“构建新型企业管理模式”等具体改革措施的落实。

据测算，若某企业办理区外加工贸易手册，按规定应向海关缴纳 100 万元的风险保证金，按传统模式，若企业在银行无较高的授信额度，无论是直接向海关缴纳 100 万元保证金或者是申请银行保函，均将占用企业等额资金，但采取增信担保模式，企业经过第三方担保机构审核通过后，1 年期担保缴纳手续费在 2 万元左右，即可完成保函开具，实际占用资金比例大幅降低，节省出的资金可直接用于企业再生产，创造利润。一旦发生税款保付情形，即便企业已无税款偿付能力，根据保函，银行即可向海关偿付税款，最终再由第三方担保机构偿付银行，海关监管层面的税款流失风险得到有效控制。

## 三、企业管理

### 海关注册实行“一站式”服务

**1. 出台背景**

企业开展进出口贸易活动，办理报关、缴纳关税等手续，需要首先在海关取得报关单位海关注册登记证书。按照传统的海关备案注册模式，需要企业备齐申报所需单证，到海关预录入的地方插卡录入申报数据，然后向海关进行数据申报。数据申报成功之后将所需材料、纸质单证带到海关企业管理岗位递交，由海关关员进行审核，并在海关内部进行流转，履行多级审批手续，最后通过电子审批打印出海关注册登记证书。

传统模式下注册登记操作环节多、流程繁杂、耗时长，特别是遇到企业急需开展进出口业务，或者窗口同时办理注册登记企业较多的情况下，效率较低的传统模式可能影响到企业正常业务开展。

**2. 成效**

自四川自由贸易试验区 2017 年 4 月 1 日挂牌以来，二季度成都海关驻泸州办事处共审批新注册进出口企业 103 家，比一季度环比增长 543.75%。企业办理海关注册登记实现了当天即时办结，办理时限减少至即时或一个工作日，有力提升了企业开展外贸经营活动的积极性，推动和促进了四川自由贸易试验区外向型经济发展。

一是集中办公，方便企业。海关传统审批办理企业报关注册登记资质，是作为一个独立审批单元，将企业申领相关证照作为前置环节和必备单证，其实质是各部门的单线串联审批，企业需在多部门逐个往返办理。多部门集中办公后，将单线串联审批变为政务中心的一个窗口接件，多部门同步办理，一次办结，企业无须单独到海关办理申请，便利了企业。

二是简化注册办理流程，提高办事效率。过去传统模式下，企业申请进出口报关注册登记资质，要在海关窗口、电子口岸等往返办理，海关审批逐级流转，需要较长时间。简化流程后，企业可以当天现时现办，即时领取报关单位海关注册登记证书，一站办结。

三是“一站式”服务简化了海关注册流程、手续，海关注册门槛降低，推动了“大众创业、万众创新”的平台建设。海关监管重心向企业进出口活动的后续监管转移，提高了企业办理海关注册、开展进出口业务的积极性，同时也带来海关监管效能的提升。

## 四、税收征管

### （一）无水港加启运港退税制度创新

**1. 出台背景**

2018 年初，财政部、海关总署、国家税务总局发布了《关于完善启运港退税政策的通知》，将泸州市泸州港列入启运港退税范围。海关总署在 2017 年实行了全国通关一体化改革，取消了“蓉关多点”通关模式。

启运港退税政策实行前，出口货物从泸州申报运往上海出口离境，实现出口退税最快也要 30 天；启运港退税政策实行后，出口货物在泸州港申报启运后，即可实现出口退税，企业资金周转效率大大提高。启运港退税政策在惠及泸州本地企业的同时，如何惠及更多的川滇黔渝企业，需要采用协同发展的思路，找到新的突破口，将公路、铁路与泸州港无缝连接，实施区域协同式泸州启运港退税创新举措，即无水港加启运港退税制度创新举措，推动区域协调发展，从海关视角落实好长江经济带发展战略。

**2. 主要内容**

（1）主要做法。

无水港加泸州启运港退税创新举措，除了对泸州本地企业实行启运港出口退税政策外，更重要的是运用区域协同发展理念，综合运用海关现行监管规定，与启运港退税政策叠加，将公路、铁路与泸州港无缝连接，打造综合立体交通走廊，创新式地解决成都、贵阳、昆明、重庆等地的企业利用泸州港平台实现启运港退税的问题。具体来讲，就是对成都、贵阳、昆明、重庆等地的一般信用以上企业，允许企业在出口货物运入泸州港海关监管作业场所前3日内，提前向海关办理报关手续，待出口货物运入泸州海关监管场所，办理出口转关手续后，企业即可享受泸州启运港退税优惠政策，国税局与人民银行采用电子退税一站式服务，提前实现出口退税的一种作业模式。

成都、昆明、贵阳、重庆等地的企业，利用集装箱在工厂装货后，即可通过“单一窗口”向海关进行申报出口，实现货在工厂，货在公路上、在铁路上就可向海关进行申报。申报后，出口货物通过多种运输工具运至泸州港，通过泸州港货物运抵报告系统对超过3天未抵达码头的货物进行监控，如超过3天仍未运抵，即可按规定撤销该票报关单。出口货物运抵，配载江船办理转关手续启运后，即可办理出口退税手续。

（2）主要创新点。

一是在启运港退税上实现区域协同发展。在启运港退税这个对外开放的具体举措中寻找突破点，距泸州港3天路程的企业，符合条件的都可享受启运港退税政策，基本上涵盖了川、滇、黔、渝的大部分地方，实现了长江上游地区区域间的协同发展。

二是通过区域协同式启运港退税政策，在综合立体交通走廊中，打造通关数据流走廊，丰富综合立体交通走廊的内容，前期将货物流与单证数据流相分离，到泸州港再将货物流与单证数据流进行统一，将公路、铁路与水路无缝连接。

三是采用电子退税一站式服务。在国税系统与人民银行之间采用电子退税系统，国税局通过系统向人民银行传输企业退税资料数据，人民银行收到电子数据资料审查合格后，即可实现当日报送，当日完成退税。

**3. 成效**

2017 年，共有 191 家企业在泸州申报涉出口退税报关单 1681 票，出口货值 5.8 亿元，退税金额约 5125 万元。截至 2018 年 8 月，退税金额已超过 3000 万元，企业资金周转效率明显提高。

## 五、其他

### 加强铁路口岸建设，支持中欧班列（成都）扩能增效

**1. 出台背景**

成都铁路口岸是四川唯一的铁路货运型国家临时对外开放口岸，是内陆地区联通丝绸之路经济带的西向国际贸易大通道的重要支点。成都海关大力支持中欧班列（成都）发展，出台支持中欧班列（成都）扩能增效的 12 条工作措施，拓展口岸功能，创新监管措施、优化通关流程，有力服务于中欧班列（成都）扩能增效。

**2. 主要内容**

一是拓展口岸功能。推进进口肉类、整车等特定商品指定口岸建设，配合地方政府加快推进进口粮食指定口岸申建，支持成都铁路口岸平行汽车进口，助力成都建设平行汽车试点城市。指导建成进口汽车检测线和肉类冷链物流仓库，扩大整车和肉类进口。建立适应快件、跨境电子商务等新业态的监管方式，支持中欧班列（成都）开展快件运输业务。支持成都铁路口岸保税物流中心充分发挥作用，支持开展保税展示交易，实施“集中施检、分批核销”管理，支持在铁路物流中心建设国际货物中转联运监管仓库和多式联运监管仓库。

二是创新查验监管模式。推行“空检铁放”预检验，优化多式联运通关流程，实现空、铁、公、水多式联运无缝衔接。对信用等级为 AA 级、A 级和分类管理最优的企业降低抽批查验比例，提高失信企业抽批查验比例。推进风险预警监管体系建设，完善快速验放后续监管。对中欧班列（成都）进出境货物实施检验检疫全程无纸化。简化检验检疫通关手续，除装载动植物及其产品外，一般过境中转集装箱免于开箱查验。开展进口食品标签预审核，支持冷链物流发展，提升通关速度。

三是深化中欧班列（成都）沿线合作。与厦门、新疆等沿线海关开展合作，实施“进境口岸检疫、境内全程监控、出境直接核放”监管模式。深化与中欧班列（成都）沿线国家的食品安全合作，保持与俄罗斯、白俄罗斯等班列主要过境国家相关部门的合作，确保进口肉类通道畅通。

四是提升口岸保障能力。修订成都铁路口岸主要进出口商品、运输工具、邮（快）件等检验检疫工作规程。建设进口机动车智能检验监管平台，实现进口整车全过程闭环监管。构建口岸安全防护屏障，推进检验检疫电子证书国际互通互认机

制和疫病疫情国际通报机制，强化核深化、核辐射、疫病疫情防控和口岸卫生监管。推进疫情区域化管理和互认，在中欧班列（成都）沿线区域打造无特定动植物疾病绿色通道。

**3. 成效**

一是口岸功能进一步拓展。在铁路口岸建成进境肉类指定口岸、进口整车指定口岸等两个特殊商品指定口岸，进境粮食指定口岸已获批筹建。自由贸易试验区建成一年来，共进口整车 89 批次、622 台、货值 1389. 78 万美元，整车进口实现常态化。打通中欧班列沿线肉类食品过境运输大通道，欧美洲丰富的肉类、粮食资源产品等优势产品通过中欧班列（成都）进口到四川。来自荷兰的猪肉制品顺利搭乘中欧班列过境俄罗斯、白俄罗斯、哈萨克斯坦等国家，顺利抵达成都。积极配合地方政府协调宝马、奔驰、沃尔沃等汽车整车及汽车零配件从成都铁路口岸进口相关事宜，中欧班列（成都）汽车零部件进口同比增长约 50%。班列进口食品批次同比增长 259. 2%，进口食品企业数量较 2017 年同期增加 3 倍。

二是口岸通关效率进一步提升。推进进口整车、肉类通过海铁联运方式从沿海口岸直运至成都铁路口岸。大力实施审单放行，简化检验检疫流程、降低抽批比例，经审单放行的入境货物从企业报检到通关放行最快仅用时 20 分钟。口岸开箱查验率降低 76%。2018 年 2 月，入境检验检疫全流程时长缩减为 0. 34 天，压缩比为 97. 68%，通关效率大幅提高。

三是企业通关成本进一步降低。全面实现无纸化，无纸化报检率达 98. 44%，无纸化通关率达 100%。据测算，平均每批可节约时间 1～2 天，累计共为相关进出口企业节省费用近 182 万元。

四是四川特色产品扩大出口。指导企业对标荷兰、俄罗斯等国的食品农产品质量安全标准，保障中欧班列（成都）花木专柜持续稳定开行。水果、菌类等通过中欧班列（成都）出口欧洲。指导企业完成出口食品原料种植场备案和蔬菜包装厂备案。2018 年 3 月，载有攀枝花早春蔬菜的中欧班列（成都）全程冷链蔬菜出口专列开赴俄罗斯。

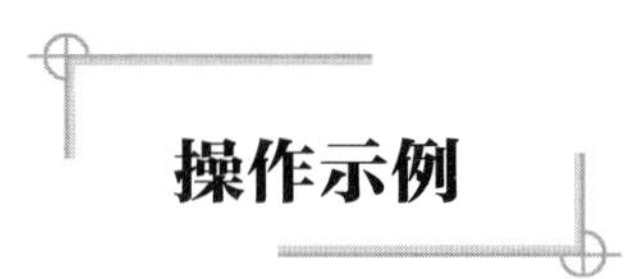

# 操作示例

## 中欧班列（成都）“集拼集运”海关监管模式改革

### （一）出台背景

为积极参与国家全面开放新格局建设，进一步打通四川向西开放发展大通道，针对目前中欧班列（成都）运行中存在的规模不经济、重载率偏低、物流成本高等突出问题，成都海关协同班列出境地主管海关乌鲁木齐海关积极创新监管模式，以缩小海关监管单元、内外贸货物同列“集拼集运”为突破口，助力中欧班列（成都）发展开启新征程。

### （二）主要内容

成都海关主动走访班列运营公司，提出与乌鲁木齐方开展中欧班列“集拼集运”业务的建议，并就可行性、实操性等问题进行具体沟通。走访成都市口岸与物流办、成都铁路港管委会等部门，宣传海关开展“集拼集运”、优化班列监管模式的改革创新思路，建议从两地政府层面建立区域协同发展机制，以中欧班列“集拼集运”业务合作为契机，共同推进“一带一路”建设。牵头成立了实单测试联合工作组，完成了方案设计、流程制定等一系列工作，为“集拼集运”实单测试做好准备。

### （三）成效示例

2017 年 12 月 17 日，装载有 46 车集装箱（五车内贸货物、五车空载集装箱、36 车出口货物）的测试班列（成都—乌鲁木齐—蒂尔堡）由成都城厢车站启运。12 月 20 日，班列抵达乌鲁木齐西站，在顺利完成五车内贸货物和五车空载集装箱的甩挂作业后加挂五车出口货物，形成新的 41 车满载出口货物班列。12 月 21 日 2 时 12 分，班列抵达阿拉山口车站，办结出境地海关手续后，于当日 19 时 20 分顺利离境。至此，成都海关与乌鲁木齐海关联合开展的中欧班列（成都）“集拼集运”首次实单测试圆满成功。

通过此次实单测试，实现了中欧班列（成都）内外贸货物同列运输、空箱换重箱，在确保运行时效的同时有效破解了班列发展瓶颈。一是突破制度门槛。突破了国家发改委和铁路总公司对中欧班列“五定”（定点、定线、定车次、定时、定价）、“六统一”（统一品牌标志、统一运输组织、统一全程价格、统一服务标志、统一经营团队、统一协调平台）的现行规定，改变了以往中欧班列“一票到底”“一列到底”的运营模式，为中欧班列（成都）多样化运营奠定了基础。二是降低运营成本。据测算，“集拼集运”新监管模式可提升10%以上的班列重载率、节约10%以上的整体运营成本，全面提升了班列运行效益。三是提高运力资源利用效率。通过内外贸货物同列运输、空箱换重箱等创新措施，有效提高中欧班列通道利用效率，实现了全程满载运输。四是打造协作共赢机制。以中欧班列“集拼集运”实单测试为契机，有效推动两地政府、铁路、企业和联检单位之间建立共商、共建、共享、共用协作机制，通过优势互补、合作共赢，共同打造中欧班列共享经济，有效发挥市场主体作用，推动中欧班列持续健康发展。

# 中国（陕西）自由贸易试验区

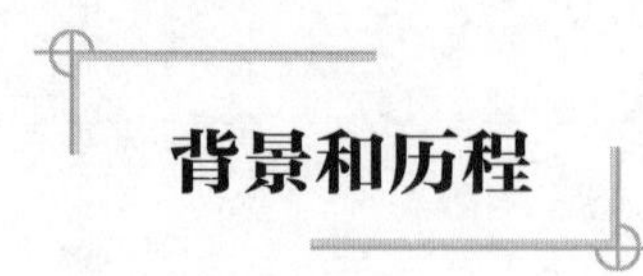

# 背景和历程

## 一、战略解读

建立中国（陕西）自由贸易试验区是党中央、国务院作出的重大决策，是新形势下全面深化改革、扩大开放和加快推进“一带一路”建设、深入推进西部大开发的重大举措。

国务院批准的《中国（陕西）自由贸易试验区总体方案》把我国最具时代特征的开放战略与区域战略联系起来，提出“更好发挥‘一带一路’建设对西部大开发带动作用、加大西部地区门户城市开放力度”，体现了陕西自由贸易试验区的特色定位和使命担当。陕西与丝绸之路沿线国家有着悠久的经济文化交往历史，是实施“一带一路”倡议的核心区，自由贸易试验区通过推进“一带一路”经济合作和人文交流，建设具有世界影响力的内陆型改革开放新高地和西部门户城市，对深入推进西部大开发，带动西部开放崛起具有重大意义。陕西自由贸易试验区的主要任务和措施包括切实转变政府职能；深化投资领域改革；推动贸易转型升级；深化金融领域开放创新；扩大与“一带一路”沿线国家经济合作；创建与“一带一路”沿线国家人文交流新模式；推动西部大开发战略深入实施。

陕西省政府公布《中国（陕西）自由贸易试验区管理办法》，对陕西自由贸易试验区的管理体制、投资管理、贸易便利化、金融服务、“一带一路”经济合作与人文交流、推动西部大开发、综合管理与服务等办法进行了明确。

为全力推进自贸建设，海关从服务国家战略、支持陕西“创新驱动、快速发展”的大局出发，紧密围绕自由贸易试验区建设“全面改革开放试验田、内陆型改革开放新高地、‘一带一路’经济合作和人文交流重要支点”的战略要求和“形成与国际投资贸易通行规则相衔接的制度体系”的发展目标，主动融入、积极作为，探索建立适应自由贸易试验区进一步扩大对外开放、促进贸易便利化、支持新型贸易发展需要的海关监管新理念、新制度，努力形成与国际投资、贸易通行规则相适应、相衔接的海关制度框架体系。

## 二、概况

### （一）地理概况

陕西自由贸易试验区的实施范围达 119.95 平方千米，涵盖陕西西安出口加工区 A 区（0.75 平方千米）、B 区（0.79 平方千米），西安高新综合保税区（3.64 平方千米）、西安综合保税区（6.17 平方千米）3 个海关特殊监管区域和陕西西咸保税物流中心（B 型）（0.36 平方千米）1 个保税监管场所。

### （二）历史沿革

从历史沿革来看，上述四个区域先后开发运作的时间不尽相同，从最早的西安出口加工区到最晚的西咸保税物流中心，逐步形成了功能不一、各有特点的发展格局。

陕西西安出口加工区于2002 年6 月经国务院批复设立，规划面积达2.8 平方千米，是陕西第一个海关特殊监管区域。2005 年 12 月，海关总署同意陕西西安出口加工区进行规划调整，分为 A 区（1.462 平方千米）、B 区（1.338 平方千米），总面积不变。两区目前已形成以装备制造业、现代物流为主的产业经济区。

西安综合保税区于 2011 年 2 月经国务院批准设立，面积达 6.17 平方千米，重点发展以展示交易、出口加工、保税物流、文化保税为特色的外向型经济产业体系，通过与西安铁路集装箱中心站、西安公路港的功能叠加，实现“港口内移、就地办单、海铁联运、无缝对接”的内陆港功能。

西安高新综合保税区于 2012 年 9 月经国务院批准设立，面积达 3.64 平方千米，主要承接外向型龙头企业，服务新一代信息技术产业发展，支撑陕西外向型经济发展。

陕西西咸保税物流中心（B 型）于 2014 年 10 月获批设立，位于国家级经济特区陕西省西咸新区空港新城，面积 0.36 平方千米，位于西咸空港新城航空物流枢纽区，形成电子商务、保税物流、保税仓储、转口贸易、全球采购及国际分拨配送等功能，促进陕西丝绸之路经济带建设由“走”到“飞”。

### （三）功能划分

按区域布局划分，陕西自由贸易试验区中心片区重点发展战略性新兴产业和高新技术产业，着力发展高端制造、航空物流、贸易金融等产业，推进服务贸易促进体系建设，拓展科技、教育、文化、旅游、健康医疗等人文交流的深度和广度，打造面向“一带一路”的高端产业高地和人文交流高地；西安国际港务区片区重点发展国际贸易、现代物流、金融服务、旅游会展、电子商务等产业，建设“一带一路”国际中转内陆枢纽港、开放型金融产业创新高地及欧亚贸易和人文交流合作新平台；杨凌示范区片区以农业科技创新、示范推广为重点，通过全面扩大农业领域国际合作交流，打造“一带一路”现代农业国际合作中心。经过三至五年改革探索，陕西自由贸易试验区将形成与国际投资贸易通行规则相衔接的制度创新体系，营造出法治化、国际化、便利化的营商环境，努力建成投资贸易便利、高端产业聚集、金融服务完善、人文交流深入、监管高效便捷、法治环境规范的高水平、高标准自由贸易园区，推动“一带一路”建设和西部大开发战略的深入实施。

### （四）管理机制

陕西省人民政府成立自由贸易试验区工作领导小组，负责研究自由贸易试验区法规政策、发展规划，研究决定自由贸易试验区发展重大问题，统筹指导改革试点任务。陕西省人民政府设立自由贸易试验区工作办公室，承担自由贸易试验区工作领导小组日常工作。西安市、杨凌示范区和西咸新区设立自由贸易试验区管理委员会，接受自由贸易试验区工作领导小组及西安市人民政府、杨凌示范区管理委员会、西咸新区管理委员会的领导，协调推进片区综合发展，统筹片区改革创新试点和改善营商环境工作，承担片区的规划、建设、管理与服务等具体事务。

海关作为国家的进出境监督管理机关，是陕西自由贸易试验区建设的重要承担部门之一，在自由贸易试验区工作办公室的牵头下，探索适应自由贸易试验区的新型海关管理模式，创新海关作业制度，系统推进海关监管服务模式改革，积极推进自由贸易试验区功能拓展。

## 三、建立历程

2016 年 8 月，党中央、国务院决定，在辽宁省、浙江省、河南省、湖北省、重庆市、四川省、陕西省设立七个自由贸易试验区。这代表着自由贸易试验区建设进入了试点探索的新航程。

2017 年 3 月 15 日，国务院发布《国务院关于同意设立中国（陕西）自由贸易试验区的批复》及印发《中国（陕西）自由贸易试验区总体方案》。

2017 年 4 月 1 日，中国（陕西）自由贸易试验区挂牌。

2017 年 5 月 11 日，陕西省政府下发关于成立中国（陕西）自由贸易试验区工作领导小组的通知。

2017 年 12 月 14 日，陕西省人民政府颁布实施《中国（陕西）自由贸易试验区管理办法》。

## 四、监管新政介绍

建设自由贸易试验区是国家在新形势下推进改革开放的重大战略举措，海关是参与自由贸易试验区建设发展的重要部门。为确保陕西自由贸易试验区能够服务地方经济发展，促进贸易和投资便利化，根据国务院印发的《中国（陕西）自由贸易试验区总体方案》，海关总署出台了《关于支持和促进中国（陕西）自由贸易试验区建设发展的若干措施的通知》。

针对陕西自由贸易试验区建设发展出台的若干措施分别为五大项、二十五小项内容，具体为：创新海关监管制度，促进贸易便利化；实施保税监管改革，促进加工贸易创新发展；支持新型贸易发展，促进稳增长调结构；助推产业优化升级，推动“一带一路”建设和西部大开放战略深入实施；培育法治化营商环境，维护贸易秩序公平公正。其中要求深化复制推广上海、广东、天津、福建自由贸易试验区海关监管创新制度。针对陕西自由贸易试验区特色，也提出了不同的举措要求。

西安海关全面落实陕西省委省政府“五新”战略任务，围绕全省“枢纽经济、门户经济、流动经济”三个经济，以“简政放权、通关便利、安全高效、智能管控”为主线，分别在税收征管、通关监管、保税监管、企业管理、检验检疫等方面推进监管制度改革。

## 海关监管制度详解

### 一、通关便利化

#### （一）铁路运输舱单归并监管模式

**1. 制度解读**

（1）制度要点。

一是运输方式。该监管模式仅适用于铁路运输舱单。铁路运输舱单是指铁路运输的载货清单，一节车厢生成一个舱单，是进出口企业报关的重要文件。

二是归并条件。“舱单归并”要求同一品名、同一规格、同一合同、同一公司、同一列次的大宗进口货物，将多节车厢的舱单归并成一个舱单。

三是合并申报。将归并后的舱单申报为一票报关单，同时允许企业以全国通关一体化方式进行申报。

（2）改革效益。

海关针对中欧班列进出口货物（主要为小麦、食用油、绿豆等大宗货物）的特点，推行铁路运输舱单归并监管新模式，将“一单一报”变更为“多单一报”，减少企业申报时间和成本，优化营商环境，促进贸易便利化。同时助推中欧班列通关时效进一步提升，创造了自由贸易试验区的“西安样本”。目前，该模式已被国务院列为“自由贸易试验区第四批改革试点经验”，要求在全国复制推广。

该制度自实施以来，已有两家企业通过中欧班列进口哈萨克斯坦小麦、初榨食用油，将 293 票舱单归并为 18 票舱单进行报关申报，报关量和通关费用降低了

90.7%。

2. 案例解读

西安爱菊集团从哈萨克斯坦采购2000吨初榨食用油，通过中欧班列运输进境，阿拉山口海关根据归并原则进行舱单归并，将86票舱单归并为五票，企业在西安海关申报五票报关单即可通关。传统模式下，一节铁路车厢生成一份舱单，一份舱单申报一票报关单，86票舱单就需要申报86票报关单。采用归并模式后，企业节约通关费用97%，充分享受到贸易便利化。

3. 延伸解读

一是海关积极支持“一带一路”建设及西部大开发战略深入实施的举措。中欧班列作为中国“一带一路”倡议的重要组成部分，成为连接中亚、辐射欧洲腹地的黄金物流大通道。铁路运输舱单归并监管模式有效提升通关效率，确保中欧班列的快速运行。2018年1~7月，陕西中欧班列进出口货值达9.7亿美元，增长7.9倍；监管货运量达36.8万吨，增长8.2倍；开行班列数达658列，增长6.1倍。

二是海关简化监管手续、提高企业通过效率，促进贸易便利化的举措。传统模式下，同一企业申报的同一种货物，采用铁路运输，需要一个车厢生成一份舱单，一份舱单申报一票报关单，一列火车有多少车厢就需要申报多少票报关单，增加了企业的申报成本。采用铁路运输舱单归并监管模式则可实现“多单一报”，简化申报手续，提高通关效率，降低企业申报成本。

### （二）海关监管场所智能化卡口验放

1. 改革效益

集装箱进入海关监管区，通过智能化卡口实时传递电子运抵信息，企业可及时获知报关单的放行结果，减少集装箱翻倒次数40%以上，在场站作业面积不增加的情况下可实现原有三倍以上货运量的高效运转，通关效率将会大幅提高。有效支持中欧班列（长安号）顺利开行。2018年1~5月共开行406列，同比增长五倍；监管班列货值达6.3亿美元，增长6.6倍；监管货运量达19.1万吨，增长5.4倍。

2. 案例解读

2018年6月1日，中铁联合国际集装箱有限公司西安海关监管区通过验收，对规范中欧班列（长安号）进出境监管场所、优化整体通关效率和营商环境发挥积极作用。

3. 延伸解读

一是有利于明晰责任主体，强化责任意识。《中华人民共和国海关监管区管理暂行办法》对监管场所内企业和海关所需履行的职责进行了明确的划分。中铁联集海关监管区验收后，企业和海关的责任进一步明确，有利于将监管工作全部纳入法律法规的轨道，同时监管场所运营人将以专业的理货能力和调度能力更好地配合海关监管作业，从而更好地为中欧班列服务。

二是有利于提高信息化、智能化水平，全面提高通关效率。在原有作业流程下，海关监管货物运抵证明需要人工进行传输。监管作业场所验收后，集装箱进入中心站后通过智能化卡口实时传递电子运抵信息，企业可及时获知报关单的放行结果，减少集装箱翻倒次数，通关效率将会大幅提高。

三是有利于扩充海关监管空间，切实强化监管。中铁联集海关监管区建有与海关联网的智能卡口系统、运抵信息传输系统、覆盖全域的高清监控系统和全封闭的物理围网，这些软硬件设施都为海关强化监管提供了物质保障。随着班列加密运行，一日开行三列的情况成为常态。监管区正式验收，24 小时封闭作业，海关监管空间得以大幅延伸。

### （三）行邮税款网上支付

#### 1. 案例解读

西安海关开通海关行邮税款移动电子支付服务，在过去单一的银联卡刷卡缴税方式的基础上，新增微信和支付宝支付两种方式，供进出境旅客选择。移动电子支付功能开通当日，一名中国籍旅客在现场海关关员的指引下，使用支付宝支付方式，对需征税的物品缴纳行邮税款 220 元，整个征税过程用时不到一分钟。

#### 2. 延伸解读

西安海关充分利用“互联网+”，全面打造“智慧旅检”，在确保国库资金安全的同时，给旅客提供更快速、更便捷的通关环境。

### （四）“一带一路”沿线大通关合作

#### 1. 制度解读

（1）制度要点。

适应与沿线国家（地区）贸易、投资、人员往来日益密切的要求，健全机制，强化协作，筑牢跨境贸易安全防线，提升贸易便利化水平。在尊重沿线各国法律政策的前提下，找准与沿线国家（地区）海关和口岸执法机构的合作利益契合点，并与国内各兄弟海关共商大通关合作新模式，拓展合作范围和领域，实现互利共赢。

（2）改革效益。

2013 年至 2017 年五年间，陕西省与“一带一路”沿线国家进出口值超过 1283 亿元，年均增长 10%。2018 年前三季度，陕西省对中亚地区进出口值 6.7 亿元，同比增长 76.4 倍；其中对哈萨克斯坦进出口值 3.3 亿元，同比增长 20.9%。

#### 2. 案例解读

一是强化与沿海口岸联系配合。2017 年 5 月 12 日，在西安海关和青岛海关的共同推动下，两地海关、港务、中铁联集等多方共同签署合作推动供应链一体化倡议，西安海关、青岛海关共同签署深化合作备忘录，极大地推动了两地通关便利化和开放型经济发展。

二是在海关总署指导下，开展与哈萨克斯坦阿拉木图州海关务实合作，在2017年成功访问阿拉木图海关的基础上，2018年1月30日—2月1日，西安海关与哈萨克斯坦阿拉木图州国家收入局联合代表团在西安召开工作会谈，双方就进一步落实中哈分委会第九次会议纪要议定事项、研究建立“1+2”关际合作机制、共同推动中欧班列（长安号）及陕哈贸易通关便利化进行工作会谈，商定2018年合作方向和工作重点，并签署会议纪要。2018年5月12日—13日，上海合作组织成员国跨境动物疫病联合防控合作会议在西安成功召开，会议由海关总署、农业农村部和陕西省人民政府联合主办，西安海关、陕西省农业厅、乌鲁木齐海关承办，会议以“同一健康与贸易便利”为主题，来自11个上合组织国家、四个国际组织及中国香港、澳门等地区的150多位中外代表参加。2018年6月12—14日第十二次中越海关署级边境执法会晤在西安举行，会晤主要围绕中越海关缉私情报交流、协查互动、边境执法合作、大湄公河次区域海关打击毒品走私“湄龙行动”等议题进行了深入研讨和磋商，达成了系列共识。

## 二、保税监管

### （一）以企业为单元加工贸易监管模式

#### 1. 制度解读

（1）制度要点。

一是账册设立。企业可以根据行业特点、生产规模、管理水平等因素选择以料号或项号设立账册；账册的最大进口量为《加工贸易企业经营状况和生产能力证明》所载生产能力，即进口料件对应金额。

二是核销周期。企业可以根据生产周期，自主选择合理核销周期，并按照现有规定确定单耗申报环节，自主选择单耗申报时间。

三是外发加工。企业开展外发加工业务时，不再报送收发货清单，同时应保存相关资料、记录备查。

四是集中内销。企业应于每月15日前对上月发生的内销保税货物，在依法提供税收担保的前提下，集中办理纳税手续，但不得跨年。

五是深加工结转。企业在办理深加工结转手续时，应于每月月底前对上月深加工结转情况进行集中申报，不再报送收发货记录，同时应保存相关资料、记录备查。

六是剩余料件结转。企业应在核报前，以剩余料件结转方式处置实际库存。

七是在核销周期内，企业采用自主核报方式向海关办理核销手续，其中，对核销周期超过一年的，企业应进行年度申报。

八是在账册核销周期结束前，企业对本核销周期内的突发情况和内部自查自控中发现的问题，主动向海关补充申报，并提供及时控制或整改措施的，海关对企业的申报进行集中处置。

（2）改革效益。

一是多本手册减为一本账册，降低企业成本。改革后每个加工贸易企业只设立一本电子账册，企业只需对一本电子账册履行备案、变更、核销等手续，改变了以往需对多本甚至几十本手册同时履行上述手续的情况，同时企业的管理成本大幅降低。

二是顺势监管，激发市场活力。改革后对加工贸易企业的电子账册实行“自主备案、自定核销周期、自主报核”，企业在履行如实申报义务的前提下，根据自身生产经营情况自主选择料件监管的精细程度（料号、项号）备案、根据自身盘点情况自主设定核销周期、根据物料使用情况自主报核账册，海关在最大程度上尊重企业生产实际，实施顺势监管。

三是鼓励企业发现问题补充申报，降低程序性违规风险。改革后对加工贸易企业按照一本账册进行统一监管，避免了多本手册同时执行，手册间频繁结转等程序性操作，进而减少了“手册间串料、手册进出时间金额倒挂、边角废料处置不合规”等长期困扰加工贸易企业的程序性违规风险。同时，该制度允许企业对核销周期内经营管理的突发情况和内部自查自控中发现的问题，主动向海关进行“补充申报”，海关对“补充申报”事项进行集中处置。这在规定的时限和事项上，赋予了企业法定救济途径，大大减少了企业非主观违规情事的发生。

**2. 案例解读**

2017 年，某集成电路封装加工贸易企业共办理电子化手册 13 本，以每本手册需要设立、变更、内销、结转、核销等七项申报业务计算，该企业需办理 91 项申报事项。以企业为单元加工贸易监管模式实施后，该企业原有 91 项申报事项削减至四项，总体申报时间由 364 小时减少至 16 小时，行政成本降低近 30 余万元。

**3. 延伸解读**

西安海关推进实施“以企业为单元加工贸易监管模式”改革，进一步激发外贸市场活力，优化陕西省营商环境。目前已对加工贸易进出口额排名前 12 家企业全部实施了此项改革，12 家企业的手册覆盖率占到手册总数的 60%、货物覆盖率占到加工贸易进出口总值的 80%。

### （二）“联网监管+库位管理+实时核注”监管模式

**1. 制度解读**

（1）制度要点。

一是海关特殊监管区域内实施仓储货物按状态分类监管，根据保税货物、非保税货物两类不同状态货物，实施相应的管理模式，确保实施有效监管。

二是企业经营非保税仓储货物的仓库应安装满足海关监管要求的闭路电视监控系统，并与海关监控中心联网，实施全方位不间断实时录像存储（保存时限不少于90天），海关需要时可通过监控探头查看库内货物情况；企业内部应用仓储管理系统（WMS等）对货物进、出、存等进行管理，并通过接口与辅助系统联网，企业向海关发送的数据应来源于该系统数据；海关可对企业内部仓储管理系统数据进行实时查阅。

三是企业设立专用仓库存放非保税仓储货物，货物入库后，企业应及时将货物存放于有库位标示的指定位置。条件成熟时，应采用条形码或二维码对货物进行管理，设置在货物包装上标识所含品名、货号、数量、单位、库位、货物所有人等信息，并与仓储管理系统（WMS）数据相符。

四是货物库存数据和库位信息。系统自动与同一时点的理论库存进行比对，显示比对结果，对差异部分进行预警提示；海关定期对企业进行巡访，了解企业实际经营管理情况，督导企业落实内控机制。

（2）改革效益。

通过建立“联网监管+库位管理+实时核注”的监管方式，可实现仓储货物状态分类监管及24小时通关。对于企业而言，可以整合原本需要分别设立的仓库及管理系统和人员队伍，降低企业通关仓储成本；可以实现统一分拣、包装和客户交付，有效缩短企业交付时间，节约运输成本；可以逐步由单纯的物流中间商向分拨及贸易结算中心转型发展。对于内陆型的海关特殊监管区而言，可以有效拓展国际、国内两个市场，有效利用两种资源开展相关业务，同时有效提高仓库利用率，实现24小时货物通关，极大地方便了企业，有效地降低了企业成本。

**2. 案例解读**

西安出口加工区A区通过“联网监管+库位管理+实时核注”监管方式的制度改革，实现了“一次申报、一次查验、一次放行”及24小时通关，目前企业单项业务通关平均时间由原先的两个多小时缩短到40分钟以内，节约时间30%~50%。

**3. 延伸解读**

“联网监管+库位管理+实时核注”的监管模式改革，通过信息化手段和科学化监管方法，实现了仓储货物状态分类监管，有效提高了企业仓库利用率和货物通关效率，符合企业客观商业需求。

## 三、企业管理

### （一）“多证合一”改革

**1. 制度解读**

（1）制度要点。

2017 年 9 月陕西省印发了《关于印发推进“多证合一、一照一码”改革实施方案的通知》，“多证合一”全面实行“一套材料、一表登记、一窗受理”的工作模式，登记部门直接核发加载统一社会信用代码的营业执照，企业不再另行办理“多证合一”涉及的被整合证照事项，相关信息在国家企业信用信息公示系统公示，并及时归集至全国信用信息共享平台，相关部门通过信息共享满足管理需要。根据海关总署 2017 年 11 月印发的《关于直属海关参与地方政府“多证合一”改革有关事项的通知》要求，按照国务院办公厅指导意见，西安海关积极参与地方政府“多证合一”改革工作，通过与地方政府相关“多证合一”平台的系统对接，共享企业注册信息，简化海关注册登记手续，实现企业注册登记无纸化和网络化办理，完成相关注册登记证书与注册登记营业执照的“多证合一”，并以统一社会信用代码完全替代海关注册编码。

（2）改革效益。

“多证合一”改革是贯彻中央关于推进供给侧结构性改革决策部署，推进简政放权、放管结合、优化服务的重要内容，是进一步推动政府职能转变、深化行政审批制度改革的重要途径，是深化商事制度改革、进一步释放改革红利的重要抓手；对于推动市场在资源配置中起决定性作用和更好发挥政府作用，构建“互联网+”环境下政府新型管理方式、营造便利宽松的创业创新环境和公开透明平等竞争的营商环境，建立程序更为便利、内容更为完善、流程更为优化、资源更为集约的市场准入新模式，促进提高劳动生产率具有重要意义。

**2. 案例解读**

西安海关深入推进“放管服”改革，积极推进“多证合一，一照一码”企业登记制度改革，修订报关单位注册登记流程，对“多证合一，一照一码”企业取消组织机构代码证书的审核；向隶属海关下放报关企业注册登记许可审批，推行“证照齐全、当场办结”，严格办事时限；认真落实业务咨询“一次性告知”办事原则，切实方便企业。2015 年 10 月 20 日，关区首个“多证合一，一照一码”企业注册成功；2017 年 3 月 29 日，首家企业注册登记手续在陕西自由贸易试验区“多证合一、多项联办”平台成功办理。

**3. 延伸解读**

根据国家市场监督管理总局和海关总署 2018 年 5 月发布的《关于实施年报

“多报合一”改革的公告》，国家企业信用信息公示系统中央版和各地方版陆续完成改造并正式上线运行。在海关注册登记或者备案的报关单位（进出口收发货人、报关企业）、加工生产企业（含个体工商户、农民专业合作社）和减免税进口货物处于监管年限内的企业统一通过国家企业信用信息公示系统报送年报，未按规定报送海关年报事项的企业，海关将其列入信用信息异常企业名录并向社会公示，待补报年报后可信用信息异常企业名录中移除。

### （二）共建社会信用体系

**1. 制度解读**

（1）制度要点。

根据国务院2014年印发的《社会信用体系建设规划纲要（2014—2020年）》和2016年印发的《关于建立完善守信联合激励和失信联合惩戒制度加快推进社会诚信建设的指导意见》，2016年陕西省政府印发了《关于建立完善守信联合激励和失信联合惩戒制度加快推进社会诚信建设的实施意见》，明确要建立健全市场主体信用记录，开展行业信用分类监管，加快推进实现各地区、行业、领域信息共享；全面建立守信联合激励机制，对诚信主体加大扶持力度；坚持问题导向，强化失信惩戒，注重运用大数据手段，加强对重点领域的信用监测和预警，及时掌握市场主体经营行为、规律与特征，完善事中事后监管；着力完善协同联动机制，建立健全信用联合激励惩戒的跟踪、监测、统计、评估机制，并建立相应的督查、考核制度。

（2）改革效益。

加快社会信用体系建设是全面落实科学发展观、构建社会主义和谐社会的重要基础，是完善社会主义市场经济体制、加强和创新社会治理的重要手段，对增强社会成员诚信意识，营造优良信用环境，提升国家整体竞争力，促进社会发展与文明进步具有重要意义。

**2. 案例解读**

西安海关积极融入陕西省社会信用体系建设，结合“诚信兴商宣传月”等活动开展海关企业信用管理政策宣传，重点介绍AEO制度，鼓励企业参与海关认证，提升信用等级。目前西安关区共有AEO企业476家，其中高级认证企业22家。企业可关注西安海关不定期组织开展的专题政策宣讲活动，符合条件的企业可向西安海关企管部门提出认证申请，西安海关将根据企业不同状况运用上门辅导、约谈辅导、电话辅导等方式进行有针对性的辅导培育，引导企业按照《海关认证企业标准》建立现代化外贸企业管理制度。

**3. 延伸解读**

西安海关参与共建社会信用体系，严格执行《海关认证企业标准》，落实海关企业信用动态管理，制定关区企业信用认定流程，制作相关文书，成立认证小组，严格按照《海关认证企业标准操作规范》进行实地认证，积极参与跨关区联合认证工作。承办中韩海关AEO工作会议，参加中美海关C-TPAT联合验证观摩，主动开展AEO政策宣传和辅导，服务和引导陕西省企业享受AEO互认便利。建立信用奖惩联动机制，积极收集企业在商务、外汇等部门的信用信息，及时向相关部门反馈企业在海关的信用信息，并积极推动对海关高级认证企业联合激励和对海关失信企业联合惩戒措施的落实。

西安海关积极关注跟进海关总署与“一带一路”沿线国家海关的AEO互认工作，并在海关总署的指导下，在与哈萨克斯坦阿拉木图州国家收入局签订的备忘录框架内，积极开展与哈方就AEO互认工作交流。西安海关先后承办了两岸海关AEO互认合作专家组第三次会议、中欧海关AEO互认工作组第五次会议及第五次中韩海关稽查司——审查政策局司局长会议，积极参加海关总署组织的AEO政策宣讲会、中美海关C-TPAT联合验证观摩。主动开展AEO政策宣传和辅导，使更多符合条件的企业成为海关AEO企业，享受AEO政策红利。

截至目前，中国海关已与8个经济体的35个国家或者地区海关实现了AEO互认。经西安海关认证的22家海关高级认证企业可以享受到互认国的便捷通关措施。

## 四、税收征管

### （一）税收征管“自报自缴”

#### 1. 制度解读

（1）制度要点。

推行税收征管“自报自缴”是全国海关通关一体化改革的重要内容，是税收征管方式的一次重大变革。

一是进出口企业办理海关预录入时，自行填报报关单各项目，利用预录入系统的海关计税（费）服务工具计算应缴纳的相关税费，并对系统显示的税费计算结果进行确认，连同报关单预录入内容一并提交海关。进出口企业、单位在收到海关受理回执后，自行办理相关税费缴纳手续。

二是财关库银横向联网，实现税款划账、信息发送的及时电子传输，保证税收及时入库；海关受理企业申报后不再开具税单进行缴款告知，由企业缴税后自行选择在海关现场打印税单或由商业银行打印完税凭证。

三是海关推广新一代电子支付系统，实现了海关、商业银行、国库等部门的直联互通，企业与银行、海关可在线签署三方电子协议，并可登录“单一窗口”“互联网+海关”平台使用新一代电子支付系统一站式办理报关单申报、税款缴纳等通关手续。新一代系统将现有电子支付系统的税款预扣指令、实扣指令合并简化为单一的扣税指令，税款扣缴成功后，海关通关系统自动进行放行作业，税款支付效率更高，货物放行实现新提速。

(2) 改革效益。

在强化企业如实申报、依法纳税责任的前提下，海关向企业提供智能化辅助计税服务平台。提供价格、归类、原产地等涉税要素申报内容的系统辅助提示和税款计算工具，打消企业对税款征纳方式改革的顾虑，进一步扩大企业适用范围；提供移动终端自助缴税功能，实现全程电子缴税。2017 年 1 月，西安海关首票“自报自缴”报关单成功申报，标志“自报自缴”改革已在西安海关关区内开始全面推行，除了涉及公式定价、特案及尚未实现电子联网的优惠贸易协定项下原产地证书或者原产地声明的，其他货物均可以进行“自报自缴”操作，企业可通过国际贸易“单一窗口”在申报时勾选“自报自缴”选项，并通过新一代电子支付系统实现线上缴税。据统计，2018 年 1—8 月西安关区“自报自缴”报关单 2.4 万份，占应税报关单的 82.4%，居全国海关前列。

**2. 延伸解读**

2017 年 5 月，海关总署开始推行全国海关通关一体化改革，改革要点简称“两中心、三制度”，其中建立新型税收征管方式是其中一项重要制度，海关总署同时配套制定相关实施方案。方案指出，税收征管方式改革的总体目标是，以“保障税收安全，促进贸易便利”改革为目标，创新由企及物、由物及企、物企结合的税收风险管理理念，以建立专业化和集约化税收征管中心为契机，创新实施属地纳税人管理，构建职责明晰的税收征管体制、业务运行与监督机制和税收风险防控体系，实现海关税收治理体系与治理能力的现代化。建立新型征管流程。转变逐票报关单审定制，以企业为单元，企业信用管理与税收风险管理有机结合，通过前置税收风险分析、实施通关中验估、放行后批量审核、验估和稽查等，对归类、价格、原产地等税收征管要素全过程抽查审核。建立新型纳税方式。转变以先税后放为主的纳税方式，允许企业在自缴税款或提供有效担保的前提下放行货物，丰富税收担保情形和担保方式。推广无纸化操作和税款便捷支付，方便企业足不出户即可办理纳税手续。

### (二) 汇总征税

**1. 制度解读**

(1) 制度要点。

一是根据《关于优化汇总征税制度的公告》(海关总署公告 2017 年第 45 号)，所有海关注册登记企业(“失信企业”除外)均可适用汇总征税模式。

二是有汇总征税需求的企业，向注册地直属海关关税职能部门提交税款总担保，备案申请，总担保应当依法以保函等海关认可的形式；保函受益人应包括企业注册地直属海关，以及其他进出口地直属海关；担保范围为担保期限内企业进出口货物应缴纳的海关税款和滞纳金，担保额度可根据企业税款缴纳情况循环使用。

三是简化合并企业资格和银行保函双备案操作，改为凭银行保函一次性完成备案；将担保缴税方式扩大到所有支付方式。

四是创新税收担保方式，试点开展专业担保机构和财务公司参与海关事务担保，解决中小企业融资难、融资贵等问题，降低通关成本，提高通关时效。

（2）改革效益。

汇总征税已实现“一份保函、全国通用”“一地备案、全国通行”“担保额度自动循环使用”等功能，对接全国通关一体化改革实施，有效推动了通关便利化。符合条件的企业可申请使用一定额度的保函金额，向海关申报的税款总金额在保函可用额度内即可每月结算并统一向海关支付税款。改革适应了企业物料进口和产品出口周转速度快的实际，因减少了缴税环节，企业无须因取税单和递交相关材料等频繁去海关现场。只要在银行保函额度内，当天申报、当天进出，通关效率明显提高。

**2. 案例解读**

隆基绿能科技股份有限公司是西安关区一家从事高效太阳能单晶硅产品研发与制造的高科技企业，目前已成为全球领先的单晶硅产品制造商，每月都要从国外进口数量可观的原料。自西安海关在该公司开展汇总征税业务后，该公司不用再对每单进口货物单独申报缴税，而是在月底集中一次将所有货物申报海关即可。此举大幅缩短了货物通关时间，减少了企业缴税频次，节省了人力成本，提高了资金使用效率。截至目前，汇总征税制度已为该公司节省约150余万元。

西安海关积极扩大汇总征税改革范围，采取扩大宣传、重点引导和担保创新等多项措施积极扩大关区汇总征税企业规模。2018年9月，西安关区新增西安杨森制药有限公司、西安西电国际工程有限责任公司、西安西电变压器有限责任公司、陕西煤业物资有限责任公司、西电通用电气自动化有限公司、鹏翔飞控作动系统西安有限责任公司、西安庆安航空机械制造有限公司等7家关区重点税源企业，备案通过汇总征税保函6850万元。

**3. 延伸解读**

海关总署部署自2018年7月1日起启动汇总征税担保数据电子传输，该模式实现了汇总征税担保备案、变更、撤销、担保额度扣减和返还、索偿等业务的电子化作业，既减少了企业向海关递交保函纸质文本的时间和人力，又减少了海关接受纸质保函、数据录入等环节，实现汇总征税保函数据“银行即传、海关即收、企业即用”，真正实现“让数据多跑路，群众少跑腿”的目标。西安海关第一时间启动关区汇总征税担保数据电子传输工作，成功试点全国海关首票汇总征税电子保函传输和备案，标志着关区汇总征税保函从纸质文书向电子化的成功跨越。

### （三）进口设备增值税分期纳税

**1. 制度解读**

（1）制度要点。

①适用期限：2015 年 1 月 1 日至 2018 年 12 月 31 日期间。

②政策目的：对承建国家战略性产业发展规划布局的新型平板显示器件企业提供税收优惠。

③适用对象：新型显示器件项目进口的关键新设备。

④试点程序：目前开展试点需“一事一批”，在首台设备进口前，由企业向省级部门和西安海关申请后，由省政府报请财政部、海关总署、国家税务总局，获批复后即可按规定开展试点。

（2）改革效益。

一是分期缴纳增值税（关税不能分期缴纳），将极大减少企业资金占压，国家重点支持的大型战略性新型产业企业可腾挪资金用于进口关键新设备，有力支持了先进制造业发展，助推了产业结构优化和转型升级，支撑消费升级和进出口平衡。二是降低融资成本。企业适用分期纳税政策可避免融资缴纳税款产生的高额利息，节约大量资金用于设计研发、升级工艺、优化管理等，利于企业提高综合竞争力。

## 五、检验检疫

### （一）CCC 免办证明全程网上办理

**1. 制度解读**

（1）制度要点。

一是企业根据有关工作安排，自主选择打印《CCC 免办证明》或只提供证明编号即可，无须再领取签名和加盖免办专用章的纸质证明。

二是如企业在陕西辖区外办理入境报关手续需要纸质《CCC 免办证明》，可到西安海关认证监管处办理。

三是在对进口强制性认证产品实施口岸一致性验证，以及对企业产品的管理和实际用途进行监督检查中，一旦发现违规行为，海关将责令改正，撤销《CCC 免办证明》，并依照相关规定予以处罚。

（2）改革效益。

以往，申请企业需在属地海关申请，提交纸质资料，到直属关领取证书，办一次至少需要半天时间；新办法出台后，企业可在网上完成申请，通过方便的方式将纸质申请材料交属地海关即可。在线申请企业，材料齐全的，半日内完成审批，较以往至少节约一半以上时间。

**2. 延伸解读**

随着陕西信息产业和装备制造业的发展，进口强制性认证产品也逐年增加，目前每年进口企业申请办理《CCC免办证明》1200多份。新办法涉及的全省首批纳入A、B类《CCC免办证明》申请的进口企业共13家，2017年已申请办理证明720多份，占全省总量的80%；2018年1~9月份已办理证明1052份，占目前全省总量的91%，受益者涉及陕西省自由贸易试验区范围内的半导体电子产业、轨道交通和航空设备等装备制造业、信息化设备测试产业及采煤业等。该办法实施过程中，企业应如实提供相关申请材料，加强对进口强制性认证产品的管理，严格按申请用途使用，及时对申请的进口产品进行核销。

### （二）入境维修产品检验监管新模式

**1. 制度要点**

一是适用于陕西省内的全球维修企业和入境维修产品的监管工作。

二是对通过评估的企业，其一般风险入境维修的进境旧机电产品免予实施装运前检验。

三是实施以一次评估代替每批入境维修再制造旧机电的前置审批。

四是根据入境维修产品特性与入境维修企业类别进行检验监管风险评估和分类管理，在不同环节实施差别化的检验监督管理。

五是从事自产产品质保期内售后服务维修的企业无须按该办法办理。

**2. 延伸解读**

近年来，随着全球经济一体化的变化发展，全球维修产业正在逐步兴起。为落实《国务院关于推广中国（上海）自由贸易试验区可复制改革试点经验的通知》和原国家质量监督检验检疫总局《质检总局关于推进维修/再制造用途入境机电料件质量安全管理指导意见》等文件的精神，促进陕西地区全球维修产业发展，加大对入境维修用旧机电产品的检验监管，原陕西检验检疫局制定并出台了《陕西地区入境维修用途旧机电产品检验监管工作规范（试行）》。该办法的施行，使入境陕西的维修产品在备案、装运前检验、到货检验和监督管理等环节不仅有章可循，而且境外非“中国制造”产品、在陕西省境内需要维修服务产品的通关时间将大幅缩短。

## 六、其他

### 国际贸易“单一窗口”建设

#### 1. 制度解读

（1）制度要点。

为服务“一带一路”建设，努力提高陕西省贸易便利化水平，西安海关紧密围绕电子口岸建设和海关改革发展大局，以提升企业获得感为着力点和落脚点，积极推进“单一窗口”标准版、电子口岸和海关外网建设。目前，货物申报、运输工具申报、检验检疫原产地证书申请、报检企业备案登记等业务陆续开通，标志着陕西国际贸易“单一窗口”已正式迈向企业通关贸易便利化的新征程。

（2）改革效益。

2017 年，陕西省被正式列为国际贸易“单一窗口”标准版试点省份。通过对陕西省报关单量分布状况进行综合分析，最终确立以海关特殊监管区域为切入口，推进“单一窗口”尽快落地。为降低系统切换对通关效率的影响，西安海关选取区内信息化管理较为先进的企业作为试点企业，利用企业 ERP、原有申报系统和“单一窗口”平台之间建立的数据交换平台，实现数据的无缝衔接，企业的“无感”切换互联，顺利完成了 2017 年陕西省“单一窗口”报关覆盖率达 30%以上的年度任务目标。

2018 年 4 月 20 日，“单一窗口”标准版系统完成关检“一次申报”功能升级，实现主要报检功能全覆盖。货物申报增加出境包装报检、出境集装箱适载申报、场站划拨报检和尸体棺柩报检等四项功能；调整“单一窗口”相关功能的界面、参数、单证等，实现统一标识展示和规范命名；实现无纸化报检功能，有效复用共享海关随附单证，支持多种格式随附单证；实现“单一窗口”企业报关报检资质一次注册。

2018 年 8 月 1 日起，海关进出口货物实施整合申报，报关单、报检单合并为一张报关单。此次整合申报项目是关检融合标志性的改革举措，将改变企业现有报关流程和作业模式。原报关、报检共 229 个申报项目合并精简至 105 个，统一了国别（地区）、港口、币制等八个原报关、报检共有项的代码，其中七个采用国家标准代码或与国家标准建立对应关系。同时，海关简化整合了进口申报随附单证，将原报关、报检 74 项随附单据合并整合为十项，102 项监管证件合并简化为 64 项。企业可通过“互联网+海关”、国际贸易“单一窗口”，使用一个界面、一次申报，实现一号到底、一单到底。

#### 2. 延伸解读

为确保改革措施落实到位和业务平稳切换，西安海关积极与地方政府口岸办等单位配合，在西安、宝鸡、渭南、榆林、延安、汉中等地召开关检融合整合报关单申报项目系列宣讲会，通过集中培训、微信公众号、12360 热线、关企业务 QQ 群等多种形式对整合申报项目总体情况及新版报关单填制规范要求进行重点解读，深入说明申报项目变化情况，实现对所有进出口报关企业的全覆盖。截至 2018 年 7 月 31 日，陕西省共有 47 家企业参加测试，共申报报关单 704 票，覆盖全部业务现场和所有业务类型。陕西省国际贸易“单一窗口”服务企业已达 775 家，企业通过“单一窗口”完成报关报检的业务量达到 80%以上，远超全国平均水平，提前超额完成了申报业务覆盖率达到 70%的全年工作目标。

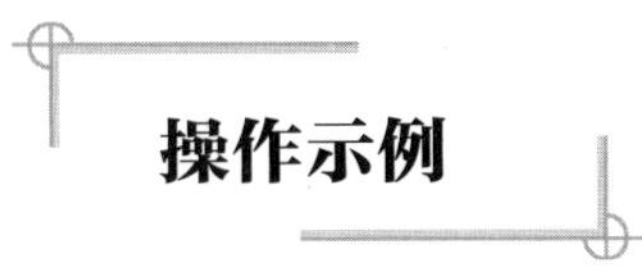

## 操作示例

**进口设备增值税分期纳税**

咸阳彩虹光电科技有限公司第 8.6 代薄膜晶体管液晶显示器件（TFT-LCD）项目是西部地区建设的第一个高世代液晶面板项目，投资总额 280 亿元，须引进设备 4799 套台，进口货值 31 亿美元，该项目的建立有助于陕西省新型显示器件产业升级和集群发展。针对进出口设备价值大、涉税额高、投资建设周期长等特点，进口设备涉及增值税 26.4 亿元，按规定需在设备进口时一次性缴纳税款，但由于尚未投产，暂无法进行抵扣，企业缴纳税款将产生巨大的资金占压，融资贷款将产生近亿元高额利息。为支持项目建设，西安海关提前介入，积极帮助、引导企业获得项目进口设备增值税分期纳税资格，并成立“分期纳税专项工作小组”，协调办理分期纳税设备进口相关业务。制定了《西安海关分期纳税操作指引》，明确减免税部门、通关部门与税费征管等管理部门职责，建立联系配合机制，做好全程跟踪服务，保障进口设备及时通关，税款按期及时足额入库。

2017 年，西安海关接受咸阳彩虹光电科技有限公司分期纳税申报报关单 509 票，进口设备货值 63.82 亿元，办理分期纳税税款超过 10 亿元；2018 年 1—8 月，西安海关接受该公司分期纳税申报报关单 306 票，进口设备货值 48.61 亿元，涉及税款 8.03 亿元，有效地助推了企业项目建设，大幅降低了企业资金占用和融资成本，为企业的建设、发展提供了政策红利。

# 中国（海南）自由贸易试验区

# 背景和历程

## 一、战略解读

2018 年 4 月 13 日，国家领导人在庆祝海南建省办经济特区 30 周年大会上郑重宣布，党中央决定支持海南全岛建设自由贸易试验区，支持海南逐步探索、稳步推进中国特色自由贸易港建设，分步骤、分阶段建立自由贸易港政策和制度体系。随后，中共中央、国务院发布《关于支持海南全面深化改革开放的指导意见》（以下简称中央 12 号文件）。这是党中央着眼于国际国内发展大局，深入研究、统筹考虑、科学谋划作出的重大决策，是彰显我国扩大对外开放、积极推动经济全球化决心的重大举措。

建设海南自由贸易试验区有利于加快推动形成全面开放新格局。海南位于我国的最南端，是相对独立的地理单元，在海南实行更加积极主动的开放战略，将海南打造成为我国面向太平洋和印度洋的重要对外开放门户，展现了我国对外开放的信心和决心；有利于充分彰显中国特色社会主义制度的优越性。通过建设自由贸易试验区，推动海南进一步发展，充分发挥试验、示范、引领作用，为全国全面深化改革开放趟出一条新路，彰显中国特色社会主义优势，充分彰显“四个自信”；有利于更好地服务和融入国家重大战略。海南全岛试点具有更广阔的试验空间，更多元的试验基础，更全面的试验内容，通过差别化的探索，可以更好地服务国家战略，形成更具系统集成性的试点经验。

## 二、概况

中国（海南）自由贸易试验区是中国首个建设面积为全省的自由贸易试验区，总面积 3.54 万平方千米。中国（海南）自由贸易试验区内有海南洋浦保税港区、海口综合保税区两个海关特殊监管区域。

## 三、建立历程

2018 年 4 月 13 日，国家领导人在庆祝海南建省办经济特区 30 周年大会上发表重要讲话，支持海南全岛建设自由贸易试验区，支持海南逐步探索、稳步推进中国特色自由贸易港建设，分步骤、分阶段建立自由贸易港政策和制度体系。随后，正式发布《中共中央国务院关于支持海南全面深化改革开放的指导意见》。2018 年 10

月 16 日，国务院发布《国务院关于同意设立中国（海南）自由贸易试验区的批复》《中国（海南）自由贸易试验区总体方案》（以下简称《总体方案》），标志着海南自由贸易试验区建设正式启动。

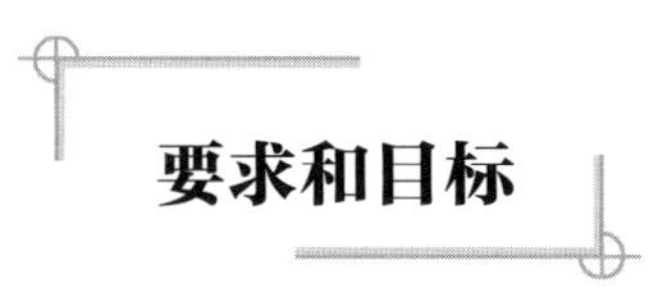

## 要求和目标

### 一、总体要求

国家领导人“4・13”重要讲话指出，要抓住机遇、再接再厉，全面贯彻党的十九大精神，以新时代中国特色社会主义思想为指导，坚持稳中求进工作总基调，增强“四个意识”，坚定“四个自信”，坚持新发展理念，统筹推进“五位一体”总体布局和协调推进“四个全面”战略布局，以供给侧结构性改革为主线，建设自由贸易试验区和中国特色自由贸易港，发挥自身优势，大胆探索创新，着力打造全面深化改革开放试验区、国家生态文明试验区、国际旅游消费中心、国家重大战略服务保障区，争创新时代中国特色社会主义生动范例，让海南成为展示中国风范、中国气派、中国形象的靓丽名片。

海南全岛建设自由贸易试验区，要以制度创新为核心，赋予更大改革自主权，支持海南大胆试、大胆闯、自主改，加快形成法治化、国际化、便利化的营商环境和公平开放统一高效的市场环境。要更大力度转变政府职能，深化简政放权、放管结合、优化服务改革，全面提升政府治理能力。要实行高水平的贸易和投资自由化便利化政策，对外资全面实行准入前国民待遇加负面清单管理制度，围绕种业、医疗、教育、体育、电信、互联网、文化、维修、金融、航运等重点领域，深化现代农业、高新技术产业、现代服务业对外开放，推动服务贸易加快发展，保护外商投资合法权益，推进航运逐步开放。

自由贸易港是当今世界最高水平的开放形态。海南建设自由贸易港要体现中国特色，符合中国国情，符合海南发展定位，学习借鉴国际自由贸易港的先进经营方式、管理方法。

海南发展不能以转口贸易和加工制造为重点，而要以发展旅游业、现代服务业、高新技术产业为主导，更加注重通过人的全面发展充分激发发展活力和创造力。在内外贸、投融资、财政税务、金融创新、入出境等方面，探索更加灵活的政策体系、监管模式、管理体制，加强风险防控体系建设，打造开放层次更高、营商环境更优、辐射作用更强的开放新高地。

海南要利用建设自由贸易港的契机，加强同“一带一路”沿线国家和地区开展多层次、多领域的务实合作，建设二十一世纪海上丝绸之路的文化、教育、农业、旅游等交流平台，在建设二十一世纪海上丝绸之路重要战略支点上迈出更加坚实的步伐。

## 二、建设目标

中央 12 号文件明确，要坚持全方位对外开放，按照先行先试、风险可控、分步推进、突出特色的原则，第一步，在海南全境建设自由贸易试验区，赋予其现行自由贸易试验区试点政策；第二步，探索实行符合海南发展定位的自由贸易港政策。

到 2020 年，与全国同步实现全面建成小康社会目标，确保现行标准下农村贫困人口实现脱贫，贫困县全部摘帽；自由贸易试验区建设取得重要进展，国际开放度显著提高；公共服务体系更加健全，人民群众获得感明显增强；生态文明制度基本建立，生态环境质量继续保持全国一流水平。

到 2025 年，经济增长质量和效益显著提高；自由贸易港制度初步建立，营商环境达到国内一流水平；民主法制更加健全，治理体系和治理能力现代化水平明显提高；公共服务水平和质量达到国内先进水平，基本公共服务均等化基本实现；生态环境质量继续保持全国领先水平。

到 2035 年，在社会主义现代化建设上走在全国前列；自由贸易港的制度体系和运作模式更加成熟，营商环境跻身全球前列；人民生活更为宽裕，全体人民共同富裕迈出坚实步伐，优质公共服务和创新创业环境达到国际先进水平；生态环境质量和资源利用效率居于世界领先水平；现代社会治理格局基本形成，社会充满活力、和谐有序。

到本世纪中叶，率先实现社会主义现代化，形成高度市场化、国际化、法治化、现代化的制度体系，成为综合竞争力和文化影响力领先的地区，全体人民共同富裕基本实现，建成经济繁荣、社会文明、生态宜居、人民幸福的美好新海南。

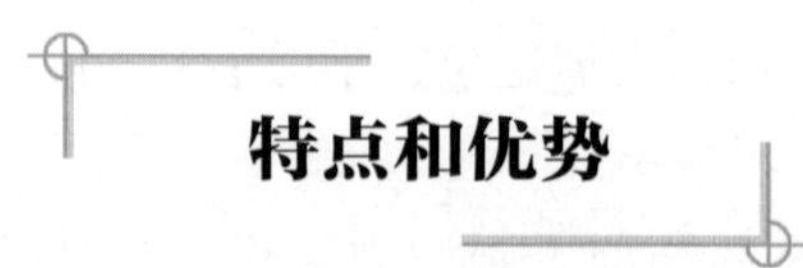

# 特点和优势

## 一、发展重点

### （一）更加注重高质量发展

高起点谋划、高标准建设、高效能管理，以高水平开放推动高质量发展，努力建成投资贸易便利、法治环境规范、金融服务完善、监管安全高效、辐射带动作用突出的高标准、高质量自由贸易试验区。

**（二）更加注重改革系统集成**

充分发挥独立地理单元的区位优势和全岛试点的整体优势，增强制度创新的整体性、协同性，在风险可控的基础上进一步加大在服务业创新发展、贸易监管模式创新、金融开放创新和行政管理职能与流程优化等方面的压力测试，充分彰显全面深化改革和扩大开放试验田作用。

**（三）更加注重建设国际一流营商环境**

对标国际高标准投资贸易规则，在落实自由贸易试验区外商投资负面清单管理制度，提升贸易便利化水平，完善知识产权保护和运用体系，提高外国人才工作便利度，“互联网+政务服务”模式和深化多规合一改革等方面进一步加大力度，加快建设法治化、国际化、便利化的营商环境。

**（四）更加注重有效防控风险**

建立健全风险管理体系和机制，完善风险防控和处置机制，对每一项改革开放政策的制定都深入论证，成熟一项推出一项，切实把握自由贸易试验区建设的规律和节奏，确保全岛自由贸易试验区建设稳定、安全、高效运行。

**（五）更加注重宣传和舆论引导**

对《总体方案》进行全面准确的解读，引导激发国内外各方面参与海南自由贸易试验区建设的积极性、主动性、创造性，争创新时代中国特色社会主义的生动范例，让海南成为展示中国风范、中国气派、中国形象的靓丽名片。

**（六）更加注重借鉴学习国内外自贸园区建设的好经验**

充分借鉴吸收国内其他自由贸易试验区的好经验、好做法，同时，学习新加坡、香港等国家和地区经济和社会治理的成功经验，更新观念，进一步取长补短。

## 二、自身特点

**（一）定位不同**

海南建设自由贸易试验区，既要复制推广和深化现行自由贸易试验区的各项制度创新，同时也要为积极探索、稳妥推进中国特色自由贸易港打好坚实基础。以自由贸易港为发展目标，高标准、高质量建设自由贸易试验区，这是海南与国内其他11个自由贸易试验区最大的不同。

**（二）范围不同**

海南自由贸易试验区的实施范围为海南岛全岛，是国内其他11个自由贸易试验区面积总和的 27 倍，是香港的 32 倍、新加坡的 49 倍、迪拜的 9 倍。

（三）对象不同

国内其他 11 个自由贸易试验区，绝大多数都是划出一定的综合保税区、海关特殊监管区、空港、海港、产业园区等来做试点，很多片区只有厂房、企业，没有居民，有的片区会覆盖一些社区居民，但人口不多。而海南自由贸易试验区面向的是 910 多万海南人民。

（四）领域不同

海南自由贸易试验区建设全面覆盖三次产业，深化现代农业、高新技术产业、现代服务业对外开放，同时包含了生态文明、海洋经济和军民融合等领域。

（五）政策不同

海南改革措施涉及调整现行法律或行政法规的，经全国人大或国务院统一授权后实施；中央有关部门根据海南发展改革需求，及时下放相关管理权限，给予充分的改革自主权；11 个自由贸易试验区已探索的改革措施，海南可以根据需要施行。

（六）体制不同

中央专门成立了推进海南全面深化改革开放领导小组。在中央深改办、推进海南全面深化改革开放领导小组办公室、中央编办的大力支持下，省委在推动全省机构改革中，组建成立了省委全面深化改革委员会办公室，同时挂省委自由贸易试验区（自由贸易港）工作委员会办公室的牌子。

## 三、建设优势

海南是中国最大的经济特区，地理位置特殊，是相对独立的地理单元，拥有全国最好的生态环境。在海南岛全域开展自由贸易试验区建设，主要有以下优势。

（一）试点范围广

现有 11 个自由贸易试验区都是 120 平方千米左右，但海南自由贸易试验区的实施范围是海南岛全岛，共 3.54 万平方千米，全岛对外开放，体现了中国进一步扩大开放的决心、信心。

（二）试点领域多

在现有自由贸易试验区试点基础上，特别强调海南在生态文明、海洋经济、军民融合等领域开展试点，体现了海南“三区一中心”的发展定位，与其他自由贸易试验区形成了互补试验。

（三）试点基础多元

其他 11 个自由贸易试验区都是在经济基础好的区域开展试点，海南全岛建设自贸试验区，既有发达区域，也有欠发达区域，可形成更多元的试点经验。

### （四）试点协同性强

全岛试点，有利于发挥自由贸易试验区与行政区划高度一致的优势，提高制度创新的整体性、协同性，加强改革系统集成性。

## 四、与海关相关的主要工作

### （一）在海南全岛建设自由贸易试验区

按发展需要增设海关特殊监管区域，在海关特殊监管区域开展以投资贸易自由化、便利化为主要内容的制度创新。在三亚选址增设海关监管隔离区域，开展全球动植物种质资源引进和中转等业务。

### （二）提升贸易便利化水平

对进出海南洋浦保税港区的货物，除禁止进出口和限制出口及需要检验检疫的货物外，试行“一线放开、二线高效管住”的货物进出境管理制度。加快建设具有国际先进水平的国际贸易“单一窗口”，推动数据协同、简化和标准化，实现物流和监管等信息的全流程采集，实现监管单位的信息互换、监管互认、执法互助。以口岸管理部门的通关物流状态信息为基础，整合作业信息，形成完整的通关物流状态综合信息库，为企业提供全程数据服务。加强口岸管理部门执法合作，推行跨部门一次性联合检查。积极推进货物平均放行和结关时间体系化建设，构建规范的测算标准和透明的公布机制。扩大第三方检验结果采信商品和机构范围。依照自由贸易协定安排，推动实施原产地自主声明制度和原产地预裁定制度。拓展暂时进口货物单证制度适用范围，延长单证册的有效期。平行进口汽车企业可以使用价格预裁定、汇总征税等通关便利化措施。创新出口货物专利纠纷担保放行方式。支持开展海关税款保证保险试点。

### （三）创新贸易综合监管模式

研究赋予海关特殊监管区域内企业增值税一般纳税人资格，在海关特殊监管区域全面实施货物状态分类监管。研究支持对海关特殊监管区域外“两头在外”航空维修业态实行保税监管。在风险可控前提下，创新维修监管模式，开展外籍邮轮船舶维修业务。完善进口商品风险预警快速反应机制，加强安全风险监测，实施安全问题调查制度。建设重要产品进出口安全追溯体系，实现重点敏感产品全过程信息可追溯，与国家重要产品追溯平台对接，实现信息共享。对优质农产品出口免于出具检验检疫证书和备案。优化生物医药全球协同研发的试验用特殊物品的检疫查验流程。完善国际邮件互换局（交换站）布局，加强国际快件监管中心建设，打造重要跨境电商寄递中心。支持在海关特殊监管区域和保税监管场所设立大宗商品期货保税交割库。

**（四）推动贸易转型升级**

培育贸易新业态、新模式，支持发展跨境电商、全球维修等业态。支持海南设立跨境电子商务综合试验区，完善和提升海关监管、金融、物流等支持体系。支持跨境电商企业建设覆盖重点国别、重点市场的海外仓。支持开展跨境电商零售进口网购保税。支持开展橡胶等大宗商品现货离岸交易和保税交割业务。支持具备资质的供油企业开展国际航行船舶保税油供应业务，建设保税油供应基地。

**（五）加强“一带一路”国际合作**

与“一带一路”国家（地区）自由贸易园区在投资、贸易、金融、教育等方面开展交流合作与功能对接。

**（六）推动现代服务业集聚发展**

依托博鳌乐城国际医疗旅游先行区，大力发展国际医疗旅游和高端医疗服务，对先行区范围内确需进口的、关税税率较高的部分医疗器械研究适当降低关税。

支持举办国际商品博览会、国际电影节、中国（海南）国际海洋产业博览会等大型国际展览会、节庆活动，以及文化旅游、国际品牌等适合海南产业特点的展会。优化国际会议、赛事、展览监管，进一步简化展品检疫审批管理。

**（七）提升国际航运能力**

积极培育壮大外轮供应企业，丰富外轮供应品种，为进入自由贸易试验区的船舶提供生活用品、备品备件、物料、工程服务和代理服务等。扩大内外贸同船运输、国轮捎带运输适用范围，提升运力资源综合效能。

**（八）提升高端旅游服务能力**

研究支持三亚等邮轮港口，参与中资方便旗邮轮公海游试点，将海南纳入国际旅游“一程多站”航线。积极支持实施外国旅游团乘坐邮轮15天入境免签政策。优化对邮轮和邮轮旅客的检疫监管模式。建设邮轮旅游岸上国际配送中心，创建与国际配送业务相适应的检验、检疫、验放等海关监管制度。简化游艇入境手续。实施琼港澳游艇自由行。建设一流的国际旅行卫生保健中心，为出入境人员提供高质量的国际旅行医疗服务。

**（九）加大科技国际合作力度**

创建南繁育种科技开放发展平台。划定特定区域，通过指定口岸管辖和加强生物安全管理，建设全球动植物种质资源引进中转基地，探索建立中转隔离基地（保护区）、检疫中心、种质保存中心、种源交易中心。搭建航天科技开发开放平台，推动商用航天发展和航天国际合作。

**（十）打造国际一流营商环境**

加快推行“证照分离”改革，全面推进“多证合一”改革。

**（十一）提高外国人才工作便利度**

为在自由贸易试验区工作和创业的外国人才提供出入境、居留和永久居留便利。

**（十二）建立健全事中事后监管制度**

以风险防控为底线，维护国家安全和社会安全。制定重大风险防控规划和制度，建立应急响应机制，协调解决风险防控中的重大问题。

完善社会信用体系，加强信用信息归集共享，推行企业信息公示，健全守信激励和失信惩戒机制。建立大数据高效监管模式，加强风险监测分析，建立完善信用风险分类监管。

**（十三）建立健全贸易风险防控体系**

优化海关监管方式，强化进出境安全准入管理，完善对国家禁止和限制入境货物、物品的监管，精准高效打击走私活动。全面落实联合缉私和统一处理、综合治理的缉私体制。构建自由贸易试验区进出境安全风险信息平台。确保进出口货物的交易真实、合法，防范不法企业借助货物进出口的便利化措施从事非法融资、非法跨境资金转移等违法活动。

**（十四）加强口岸风险防控**

进一步提升口岸核心能力建设，提高口岸传染病防控水平。坚决防范对外经贸往来中的生态环境风险，严格引进种质资源的隔离与监管，严格野生动植物进口管理，防止生物入侵对海岛生态环境的破坏。加强口岸动植物疫病疫情监测，形成多部门协作的疫病疫情和有害生物联防联控局面。完善人员信息采集管控体系，加强对出入境核生化等涉恐材料检查力度。

**（十五）完善配套政策**

完善人才发展制度，建设高素质专业化干部队伍，全面提升人才服务水平。

在其他自由贸易试验区已经试点可复制的税收政策均可在海南自由贸易试验区进行试点。其中，促进贸易的选择性征收关税、其他相关进出口税收等政策在自由贸易试验区内的海关特殊监管区域进行试点。

# 4 附　录

# 有关法律、法规和规章

# 全国人民代表大会常务委员会关于授权国务院在中国（广东）自由贸易试验区、中国（天津）自由贸易试验区、中国（福建）自由贸易试验区以及中国（上海）自由贸易试验区扩展区域暂时调整有关法律规定的行政审批的决定

（2014年12月28日第十二届全国人民代表大会常务委员会第十二次会议通过）

为进一步深化改革、扩大开放，加快政府职能转变，第十二届全国人民代表大会常务委员会第十二次会议决定：授权国务院在中国（广东）自由贸易试验区、中国（天津）自由贸易试验区、中国（福建）自由贸易试验区以及中国（上海）自由贸易试验区扩展区域内（四至范围附后），暂时调整《中华人民共和国外资企业法》、《中华人民共和国中外合资经营企业法》、《中华人民共和国中外合作经营企业法》和《中华人民共和国台湾同胞投资保护法》规定的有关行政审批（目录附后）。但是，国家规定实施准入特别管理措施的除外。上述行政审批的调整在三年内试行，对实践证明可行的，修改完善有关法律；对实践证明不宜调整的，恢复施行有关法律规定。

本决定自2015年3月1日起施行。

## 中国（广东）自由贸易试验区、中国（天津）自由贸易试验区、中国（福建）自由贸易试验区以及中国（上海）自由贸易试验区扩展区域四至范围

### 一、中国（广东）自由贸易试验区四至范围

（一）广州南沙新区片区共60平方千米（含广州南沙保税港区7.06平方千米）。

四至范围：海港区块15平方千米。海港区块一，龙穴岛作业区13平方千米，东至虎门水道，南至南沙港三期南延线，西至龙穴南水道，北至南沙港一期北延线（其中南沙保税港区港口区和物流区面积5.7平方千米）。海港区块二，沙仔岛作业区2平方千米。明珠湾起步区区块9平方千米，东至环市大道，南至下横沥水道，西至灵山岛灵新大道及横沥岛凤凰大道，北至京珠高速，不包括蕉门河水道和上横沥水道水域。南沙枢纽区块10平方千米，东至龙穴南水道，南至深茂通道，西至灵新大道，北至三镇大道。庆盛枢纽区块8平方千米，东至小虎沥水道，南至广深港客运专线，西至京珠高速，北至沙湾水道。南沙湾区块5平方千米，东至虎门水道，南至蕉门水道，西至黄山鲁山界，北至虎门大桥，不包括大角山山体。蕉门河中心区区块3平方千米，东至金隆路，南至双山大道，西至凤凰大道，北至私言滘。万顷沙保税港加工制造业区块10平方千米，东至龙穴南水道，南至万顷沙十一涌，西至灵新公路，北至万顷沙八涌（其中南沙保税港区加工区面积1. 36平方千米）。

（二）深圳前海蛇口片区共 28.2 平方千米。

四至范围：前海区块 15 平方千米，东至月亮湾大道，南至妈湾大道，西至海滨岸线，北至双界河、宝安大道（其中深圳前海湾保税港区 3.71 平方千米，东至铲湾路，南以平南铁路、妈湾大道以及妈湾电厂北侧连线为界，西以妈湾港区码头岸线为界，北以妈湾大道、嘉实多南油厂北侧、兴海大道以及临海路连线为界）。蛇口工业区区块 13.2 平方千米，东至后海大道—金海路—爱榕路—招商路—水湾路，南至深圳湾，西至珠江口，北至东滨路、大南山山脚、赤湾六路以及赤湾二路。

（三）珠海横琴新区片区共 28 平方千米。

四至范围：临澳区块 6.09 平方千米，东至契辛峡水道，南至大横琴山北麓，西至知音道，北至小横琴山南麓。休闲旅游区块 10.99 平方千米，东至契辛峡水道，南至南海，西至磨刀门水道，北至大横琴山。文创区块 1.47 平方千米，东至天羽道东河，南至横琴大道，西至艺文二道，北至港澳大道。科技研发区块 1.78 平方千米，东至艺文三道，南至大横琴山北麓，西至开新一道，北至港澳大道。高新技术区块 7.67 平方千米，东至开新二道，南至大横琴山北麓，西至磨刀门水道，北至胜洲八道。

## 二、中国（天津）自由贸易试验区四至范围

（一）天津港片区共 30 平方千米。

四至范围：东至渤海湾，南至天津新港主航道，西至反“F”港池、西藏路，北至永定新河入海口。

（二）天津机场片区共 43.1 平方千米。

四至范围：东至蓟汕高速，南至津滨快速路、民族路、津北公路，西至外环绿化带东侧，北至津汉快速路、东四道、杨北公路。

（三）滨海新区中心商务片区共 46.8 平方千米。

四至范围：东至临海路、东堤路、新港二号路、天津新港主航道、新港船闸、海河、闸南路、规划路、石油新村路、大沽排水河、东环路，南至物流北路、物流北路西延长线，西至大沽排水河、河南路、海门大桥、河北路，北至大连东道、中央大道、新港三号路、海滨大道、天津港保税区北围网。

## 三、中国（福建）自由贸易试验区四至范围

（一）平潭片区共 43 平方千米。

四至范围：港口经贸区块 16 平方千米，东至北厝路、金井三路，南至大山顶，西至海坛海峡，北至金井湾大道。高新技术产业区块 15 平方千米，东至中原六路，南至麒麟路，西至坛西大道，北至瓦瑶南路。旅游休闲区块 12 平方千米，东至坛南湾，南至山岐澳，西至寨山路，北至澳前北路。

（二）厦门片区共 43.78 平方千米。

四至范围：两岸贸易中心核心区 19.37 平方千米，含象屿保税区 0.6 平方千米（已全区封

关）、象屿保税物流园区 0.7 平方千米（已封关面积 0.26 平方千米）。北侧、西侧、东侧紧邻大海，南侧以疏港路、成功大道、枋钟路为界。东南国际航运中心海沧港区 24.41 平方千米，含厦门海沧保税港区 9.51 平方千米（已封关面积 5.55 平方千米）。东至厦门西海域，南侧紧邻大海，西至厦漳跨海大桥，北侧以角嵩路、南海路、南海三路和兴港路为界。

（三）福州片区共 31.26 平方千米。

四至范围：福州经济技术开发区 22 平方千米，含福州保税区 0.6 平方千米（已全区封关）和福州出口加工区 1.14 平方千米（已封关面积 0.436 平方千米）。马江-快安片区东至红山油库，南至闽江沿岸，西至鼓山镇界，北至鼓山麓；长安片区东至闽江边，南至亭江镇东街山，西至罗长高速公路和山体，北至琯头镇界；南台岛区东至三环路，南至林浦路，西至前横南路，北面以闽江岸线为界；琅岐区东至环岛路，南至闽江码头进岛路，西至闽江边，北面以规划道路为界。福州保税港区 9.26 平方千米（已封关面积 2.34 平方千米）。A 区东至西港，南至新江公路，西至经七路，北至纬六路；B 区东至 14 号泊位，南至兴化湾，西至滩涂，北至兴林路。

## 四、中国（上海）自由贸易试验区扩展区域四至范围

（一）陆家嘴金融片区共 34.26 平方千米。

四至范围：东至济阳路、浦东南路、龙阳路、锦绣路、罗山路，南至中环线，西至黄浦江，北至黄浦江。

（二）金桥开发片区共 20.48 平方千米。

四至范围：东至外环绿带，南至锦绣东路，西至杨高路，北至巨峰路。

（三）张江高科技片区共 37.2 平方千米。

四至范围：东至外环线、申江路，南至外环线，西至罗山路，北至龙东大道。

授权国务院在中国（广东）自由贸易试验区、中国（天津）自由贸易试验区、中国（福建）自由贸易试验区以及中国（上海）自由贸易试验区扩展区域暂时调整有关法律规定的行政审批目录

序号：1 名称：外资企业设立审批法律规定：《中华人民共和国外资企业法》第六条：“设立外资企业的申请，由国务院对外经济贸易主管部门或者国务院授权的机关审查批准。审查批准机关应当在接到申请之日起九十天内决定批准或者不批准。”内容：暂时停止实施该项行政审批，改为备案管理

序号：2 名称：外资企业分立、合并或者其他重要事项变更审批法律规定：《中华人民共和国外资企业法》第十条：“外资企业分立、合并或者其他重要事项变更，应当报审查批准机关批准，并向工商行政管理机关办理变更登记手续。”内容：暂时停止实施该项行政审批，改为备案管理

序号：3 名称：外资企业经营期限审批法律规定：《中华人民共和国外资企业法》第二十条：“外资企业的经营期限由外国投资者申报，由审查批准机关批准。期满需要延长的，应当在期满一百八十天以前向审查批准机关提出申请。审查批准机关应当在接到申请之日起三十天内决定批准或者不批准。”内容：暂时停止实施该项行政审批，改为备案管理

序号：4 名称：中外合资经营企业设立审批法律规定：《中华人民共和国中外合资经营企业

法》第三条："合营各方签订的合营协议、合同、章程，应报国家对外经济贸易主管部门（以下称审查批准机关）审查批准。审查批准机关应在三个月内决定批准或不批准。合营企业经批准后，向国家工商行政管理主管部门登记，领取营业执照，开始营业。"内容：暂时停止实施该项行政审批，改为备案管理

序号：5 名称：中外合资经营企业延长合营期限审批法律规定：《中华人民共和国中外合资经营企业法》第十三条："合营企业的合营期限，按不同行业、不同情况，作不同的约定。有的行业的合营企业，应当约定合营期限；有的行业的合营企业，可以约定合营期限，也可以不约定合营期限。约定合营期限的合营企业，合营各方同意延长合营期限的，应在距合营期满六个月前向审查批准机关提出申请。审查批准机关应自接到申请之日起一个月内决定批准或不批准。"内容：暂时停止实施该项行政审批，改为备案管理

序号：6 名称：中外合资经营企业解散审批法律规定：《中华人民共和国中外合资经营企业法》第十四条："合营企业如发生严重亏损、一方不履行合同和章程规定的义务、不可抗力等，经合营各方协商同意，报请审查批准机关批准，并向国家工商行政管理主管部门登记，可终止合同。如果因违反合同而造成损失的，应由违反合同的一方承担经济责任。"内容：暂时停止实施该项行政审批，改为备案管理

序号：7 名称：中外合作经营企业设立审批法律规定：《中华人民共和国中外合作经营企业法》第五条："申请设立合作企业，应当将中外合作者签订的协议、合同、章程等文件报国务院对外经济贸易主管部门或者国务院授权的部门和地方政府（以下简称审查批准机关）审查批准。审查批准机关应当自接到申请之日起四十五天内决定批准或者不批准。"内容：暂时停止实施该项行政审批，改为备案管理

序号：8 名称：中外合作经营企业协议、合同、章程重大变更审批法律规定：《中华人民共和国中外合作经营企业法》第七条："中外合作者在合作期限内协商同意对合作企业合同作重大变更的，应当报审查批准机关批准；变更内容涉及法定工商登记项目、税务登记项目的，应当向工商行政管理机关、税务机关办理变更登记手续。"内容：暂时停止实施该项行政审批，改为备案管理

序号：9 名称：中外合作经营企业转让合作企业合同权利、义务审批法律规定：《中华人民共和国中外合作经营企业法》第十条："中外合作者的一方转让其在合作企业合同中的全部或者部分权利、义务的，必须经他方同意，并报审查批准机关批准。"内容：暂时停止实施该项行政审批，改为备案管理

序号：10 名称：中外合作经营企业委托他人经营管理审批法律规定：《中华人民共和国中外合作经营企业法》第十二条第二款："合作企业成立后改为委托中外合作者以外的他人经营管理的，必须经董事会或者联合管理机构一致同意，报审查批准机关批准，并向工商行政管理机关办理变更登记手续。"内容：暂时停止实施该项行政审批，改为备案管理

序号：11 名称：中外合作经营企业延长合作期限审批法律规定：《中华人民共和国中外合作经营企业法》第二十四条："合作企业的合作期限由中外合作者协商并在合作企业合同中订明。中外合作者同意延长合作期限的，应当在距合作期满一百八十天前向审查批准机关提出申请。审查批准机关应当自接到申请之日起三十天内决定批准或者不批准。"内容：暂时停止实施该项行

政审批，改为备案管理

序号：12 名称：台湾同胞投资企业设立审批法律规定：《中华人民共和国台湾同胞投资保护法》第八条第一款：“设立台湾同胞投资企业，应当向国务院规定的部门或者国务院规定的地方人民政府提出申请，接到申请的审批机关应当自接到全部申请文件之日起四十五日内决定批准或者不批准。”内容：暂时停止实施该项行政审批，改为备案管理。

# 全国人民代表大会常务委员会关于授权国务院在中国（上海）自由贸易试验区暂时调整有关法律规定的行政审批的决定

（2013 年 8 月 30 日第十二届全国人民代表大会常务委员会第四次会议通过）

为加快政府职能转变，创新对外开放模式，进一步探索深化改革开放的经验，第十二届全国人民代表大会常务委员会第四次会议决定：授权国务院在上海外高桥保税区、上海外高桥保税物流园区、洋山保税港区和上海浦东机场综合保税区基础上设立的中国（上海）自由贸易试验区内，对国家规定实施准入特别管理措施之外的外商投资，暂时调整《中华人民共和国外资企业法》、《中华人民共和国中外合资经营企业法》和《中华人民共和国中外合作经营企业法》规定的有关行政审批（目录附后）。上述行政审批的调整在三年内试行，对实践证明可行的，应当修改完善有关法律；对实践证明不宜调整的，恢复施行有关法律规定。

本决定自 2013 年 10 月 1 日起施行。

## 授权国务院在中国（上海）自由贸易试验区暂时调整有关法律规定的行政审批目录

序号：1 名称：外资企业设立审批 法律规定：《中华人民共和国外资企业法》第六条：“设立外资企业的申请，由国务院对外经济贸易主管部门或者国务院授权的机关审查批准。审查批准机关应当在接到申请之日起九十天内决定批准或者不批准。”内容：暂时停止实施该项行政审批，改为备案管理

序号：2 名称：外资企业分立、合并或者其他重要事项变更审批 法律规定：《中华人民共和国外资企业法》第十条：“外资企业分立、合并或者其他重要事项变更，应当报审查批准机关批准，并向工商行政管理机关办理变更登记手续。”内容：暂时停止实施该项行政审批，改为备案管理

序号：3 名称：外资企业经营期限审批 法律规定：《中华人民共和国外资企业法》第二十条：“外资企业的经营期限由外国投资者申报，由审查批准机关批准。期满需要延长的，应当在期满一百八十天以前向审查批准机关提出申请。审查批准机关应当在接到申请之日起三十天内决定批

准或者不批准。”内容：暂时停止实施该项行政审批，改为备案管理

序号：4 名称：中外合资经营企业设立审批 法律规定：《中华人民共和国中外合资经营企业法》第三条：“合营各方签订的合营协议、合同、章程，应报国家对外经济贸易主管部门（以下称审查批准机关）审查批准。审查批准机关应在三个月内决定批准或不批准。合营企业经批准后，向国家工商行政管理主管部门登记，领取营业执照，开始营业。”内容：暂时停止实施该项行政审批，改为备案管理

序号：5 名称：中外合资经营企业延长合营期限审批 法律规定：《中华人民共和国中外合资经营企业法》第十三条：“合营企业的合营期限，按不同行业、不同情况，作不同的约定。有的行业的合营企业，应当约定合营期限；有的行业的合营企业，可以约定合营期限，也可以不约定合营期限。约定合营期限的合营企业，合营各方同意延长合营期限的，应在距合营期满六个月前向审查批准机关提出申请。审查批准机关应自接到申请之日起一个月内决定批准或不批准。”内容：暂时停止实施该项行政审批，改为备案管理

序号：6 名称：中外合资经营企业解散审批 法律规定：《中华人民共和国中外合资经营企业法》第十四条：“合营企业如发生严重亏损、一方不履行合同和章程规定的义务、不可抗力等，经合营各方协商同意，报请审查批准机关批准，并向国家工商行政管理主管部门登记，可终止合同。如果因违反合同而造成损失的，应由违反合同的一方承担经济责任。”内容：暂时停止实施该项行政审批，改为备案管理

序号：7 名称：中外合作经营企业设立审批 法律规定：《中华人民共和国中外合作经营企业法》第五条：“申请设立合作企业，应当将中外合作者签订的协议、合同、章程等文件报国务院对外经济贸易主管部门或者国务院授权的部门和地方政府（以下简称审查批准机关）审查批准。审查批准机关应当自接到申请之日起四十五天内决定批准或者不批准。”内容：暂时停止实施该项行政审批，改为备案管理

序号：8 名称：中外合作经营企业协议、合同、章程重大变更审批 法律规定：《中华人民共和国中外合作经营企业法》第七条：“中外合作者在合作期限内协商同意对合作企业合同作重大变更的，应当报审查批准机关批准；变更内容涉及法定工商登记项目、税务登记项目的，应当向工商行政管理机关、税务机关办理变更登记手续。”内容：暂时停止实施该项行政审批，改为备案管理

序号：9 名称：中外合作经营企业转让合作企业合同权利、义务审批法律规定：《中华人民共和国中外合作经营企业法》第十条：“中外合作者的一方转让其在合作企业合同中的全部或者部分权利、义务的，必须经他方同意，并报审查批准机关批准。”内容：暂时停止实施该项行政审批，改为备案管理

序号：10 名称：中外合作经营企业委托他人经营管理审批 法律规定：《中华人民共和国中外合作经营企业法》第十二条第二款：“合作企业成立后改为委托中外合作者以外的他人经营管理的，必须经董事会或者联合管理机构一致同意，报审查批准机关批准，并向工商行政管理机关办理变更登记手续。”内容：暂时停止实施该项行政审批，改为备案管理

序号：11 名称：中外合作经营企业延长合作期限审批 法律规定：《中华人民共和国中外合作经营企业法》第二十四条：“合作企业的合作期限由中外合作者协商并在合作企业合同中订明。

中外合作者同意延长合作期限的，应当在距合作期满一百八十天前向审查批准机关提出申请。审查批准机关应当自接到申请之日起三十天内决定批准或者不批准。”内容：暂时停止实施该项行政审批，改为备案管理。

## 国务院关于做好自由贸易试验区第四批改革试点经验复制推广工作的通知

国发〔2018〕12号

各省、自治区、直辖市人民政府，国务院各部委、各直属机构：

建设自由贸易试验区（以下简称自贸试验区）是党中央、国务院在新形势下全面深化改革和扩大开放的战略举措。按照党中央、国务院部署，11个自贸试验区所在省市和有关部门结合各自贸试验区功能定位和特色特点，全力推进制度创新实践，形成了自贸试验区第四批改革试点经验，将在全国范围内复制推广。现将有关事项通知如下：

### 一、复制推广的主要内容

（一）在全国范围内复制推广的改革事项。

1. 服务业开放领域：“扩大内地与港澳合伙型联营律师事务所设立范围”、“国际船舶运输领域扩大开放”、“国际船舶管理领域扩大开放”、“国际船舶代理领域扩大开放”、“国际海运货物装卸、国际海运集装箱场站和堆场业务扩大开放”等5项。

2. 投资管理领域：“船舶证书‘三合一’并联办理”、“国际船舶登记制度创新”、“对外贸易经营者备案和原产地企业备案‘两证合一’”、“低风险生物医药特殊物品行政许可审批改革”、“一般纳税人登记网上办理”、“工业产品生产许可证‘一企一证’改革”等6项。

3. 贸易便利化领域：“跨部门一次性联合检查”、“保税燃料油供应服务船舶准入管理新模式”、“先放行、后改单作业模式”、“铁路运输方式舱单归并新模式”、“海运进境集装箱空箱检验检疫便利化措施”、“入境大宗工业品联动检验检疫新模式”、“国际航行船舶供水‘开放式申报+验证式监管’”、“进境保税金属矿产品检验监管制度”、“外锚地保税燃料油受油船舶‘申报无疫放行’制度”等9项。

4. 事中事后监管措施：“企业送达信息共享机制”、“边检服务掌上直通车”、“简化外锚地保税燃料油加注船舶入出境手续”、“国内航行内河船舶进出港管理新模式”、“外锚地保税燃料油受油船舶便利化海事监管模式”、“保税燃料油供油企业信用监管新模式”、“海关企业注册及电子口岸入网全程无纸化”等7项。

（二）在特定区域复制推广的改革事项。

1. 在海关特殊监管区域复制推广：“海关特殊监管区域‘四自一简’监管创新”、“‘保税混矿’监管创新”等2项。

2. 在海关特殊监管区域及保税物流中心（B 型）复制推广：“先出区、后报关”。

二、高度重视复制推广工作

各地区、各部门要以习近平新时代中国特色社会主义思想为指导，全面贯彻党的十九大精神，深刻认识复制推广自贸试验区改革试点经验的重大意义，将复制推广工作作为贯彻新发展理念、推动高质量发展、建设现代化经济体系的重要举措，更大力度转变政府职能，全面提升治理能力现代化水平，着力推动制度创新，进一步优化营商环境，激发市场活力，逐步构建与我国开放型经济发展要求相适应的新体制、新模式，推动形成全面开放新格局，不断增强经济创新力和竞争力。

三、切实做好组织实施

各省（自治区、直辖市）人民政府要将自贸试验区改革试点经验复制推广工作列为本地区重点工作，加强组织领导，加大实施力度，强化督促检查，确保复制推广工作顺利推进，改革试点经验落地生根、取得实效。国务院各有关部门要主动作为，做好细化分解，完成复制推广工作。需报国务院批准的事项要按程序报批，需调整有关行政法规、国务院文件和部门规章规定的，要按法定程序办理。国务院自由贸易试验区工作部际联席会议办公室要适时督查复制推广工作进展和成效，协调解决复制推广工作中的重点和难点问题。复制推广工作中遇到的重大问题，要及时报告国务院。

附件　自由贸易试验区第四批改革试点经验复制推广工作任务分工表（略）

国务院
2018 年 5 月 3 日

## 国务院关于在自由贸易试验区暂时调整有关行政法规、国务院文件和经国务院批准的部门规章规定的决定

国发〔2016〕41 号

各省、自治区、直辖市人民政府，国务院各部委、各直属机构：

为保障自由贸易试验区有关改革开放措施依法顺利实施，根据《全国人民代表大会常务委员会关于授权国务院在中国（广东）自由贸易试验区、中国（天津）自由贸易试验区、中国（福建）自由贸易试验区以及中国（上海）自由贸易试验区扩展区域暂时调整有关法律规定的行政审批的决定》，以及《中国（广东）自由贸易试验区总体方案》、《中国（天津）自由贸易试验区

总体方案》、《中国（福建）自由贸易试验区总体方案》和《进一步深化中国（上海）自由贸易试验区改革开放方案》，国务院决定，在自由贸易试验区暂时调整《中华人民共和国外资企业法实施细则》等18部行政法规、《国务院关于投资体制改革的决定》等4件国务院文件、《外商投资产业指导目录（2015年修订）》等4件经国务院批准的部门规章的有关规定（目录附后）。

国务院有关部门和天津市、上海市、福建省、广东省人民政府要根据上述调整情况，及时对本部门、本省市制定的规章和规范性文件作相应调整，建立与试点要求相适应的管理制度。

根据自由贸易试验区改革开放措施的试验情况，本决定内容适时进行调整。

附件 国务院决定在自由贸易试验区暂时调整有关行政法规、国务院文件和经国务院批准的部门规章规定目录（略）

国务院

2016年7月1日

# 国务院关于做好自由贸易试验区新一批改革试点经验复制推广工作的通知

国发〔2016〕63号

各省、自治区、直辖市人民政府，国务院各部委、各直属机构：

设立自由贸易试验区（以下简称自贸试验区）是党中央、国务院在新形势下作出的重大决策。2015年4月，中国（广东）自由贸易试验区、中国（天津）自由贸易试验区、中国（福建）自由贸易试验区以及中国（上海）自由贸易试验区扩展区域运行。1年多来，4省市和有关部门按照党中央、国务院部署，以制度创新为核心，简政放权、放管结合、优化服务，推动自贸试验区在投资、贸易、金融、事中事后监管等多个方面进行了大胆探索，形成了新一批改革创新成果。经党中央、国务院批准，自贸试验区可复制、可推广的新一批改革试点经验将在全国范围内复制推广。现就有关事项通知如下：

## 一、复制推广的主要内容

（一）在全国范围内复制推广的改革事项。

1. 投资管理领域："负面清单以外领域外商投资企业设立及变更审批改革"、"税控发票领用网上申请"、"企业简易注销" 等3项。

2. 贸易便利化领域："依托电子口岸公共平台建设国际贸易单一窗口，推进单一窗口免费申报机制"、"国际海关经认证的经营者（AEO）互认制度"、"出境加工监管"、"企业协调员制度"、"原产地签证管理改革创新"、"国际航行船舶检疫监管新模式"、"免除低风险动植物检疫证书清单制度”等7项。

3. 事中事后监管措施：“引入中介机构开展保税核查、核销和企业稽查”、“海关企业进出口信用信息公示制度”等2项。

（二）在海关特殊监管区域复制推广的改革事项。

包括：“入境维修产品监管新模式”、“一次备案，多次使用”、“委内加工监管”、“仓储货物按状态分类监管”、“大宗商品现货保税交易”、“保税展示交易货物分线监管、预检验和登记核销管理模式”、“海关特殊监管区域间保税货物流转监管模式”等7项。

## 二、高度重视推广工作

各地区、各部门要深刻认识复制推广自贸试验区改革试点经验的重大意义，将复制推广工作作为贯彻落实创新、协调、绿色、开放、共享的发展理念，推进供给侧结构性改革的重要举措，积极转变政府管理理念，提高政府管理水平，着力推动制度创新，深入推进简政放权、放管结合、优化服务改革，逐步构建与我国开放型经济发展要求相适应的新体制、新模式，持续释放改革红利，增强发展新动能、拓展发展新空间。

## 三、切实做好组织实施

各省（区、市）人民政府要将自贸试验区改革试点经验复制推广工作列为本地区重点工作，完善领导机制和复制推广工作机制，积极创造条件、扎实推进，确保改革试点经验落地生根，产生实效。国务院各有关部门要按照规定时限完成复制推广工作，需报国务院批准的事项要按程序报批，需调整有关行政法规、国务院文件和部门规章规定的，要按法定程序办理。国务院自由贸易试验区工作部际联席会议办公室要适时督促检查改革试点经验复制推广工作进展情况及其效果。复制推广工作中遇到的重大问题，要及时向国务院报告。

附件　自由贸易试验区改革试点经验复制推广工作任务分工表

**表 自由贸易试验区改革试点经验复制推广工作任务分工表**

| 序号 | 改革事项 | 负责部门 | 推广范围 | 时限 |
|---|---|---|---|---|
| 1 | 负面清单以外领域外商投资企业设立及变更审批改革 | 商务部 | 全国 | 2016年11月30日前 |
| 2 | 依托电子口岸公共平台建设国际贸易单一窗口，推进单一窗口免费申报机制 | 海关总署 | 全国 | |
| 3 | 国际海关经认证的经营者（AEO）互认制度 | 海关总署 | 全国 | |
| 4 | 出境加工监管 | 海关总署 | 全国 | |
| 5 | 企业协调员制度 | 海关总署 | 全国 | |
| 6 | 引入中介机构开展保税核查、核销和企业稽查 | 海关总署 | 全国 | |
| 7 | 海关企业进出口信用信息公示制度 | 海关总署 | 全国 | |
| 8 | 税控发票领用网上申请 | 税务总局 | 全国 | |
| 9 | 企业简易注销 | 工商总局 | 全国 | |
| 10 | 原产地签证管理改革创新 | 质检总局<br>海关总署 | 全国 | |
| 11 | 国际航行船舶检疫监管新模式 | 质检总局 | 全国 | |
| 12 | 免除低风险动植物检疫证书清单制度 | 质检总局 | 全国 | |
| 13 | 入境维修产品监管新模式 | 商务部<br>海关总署<br>质检总局<br>环境保护部 | 全国海关特殊监管区域 | |
| 14 | 一次备案，多次使用 | 海关总署 | 全国海关特殊监管区域 | |
| 15 | 委内加工监管 | 海关总署 | 全国海关特殊监管区域 | |
| 16 | 仓储货物按状态分类监管 | 海关总署 | 全国海关特殊监管区域 | |
| 17 | 大宗商品现货保税交易 | 海关总署 | 全国海关特殊监管区域 | |
| 18 | 保税展示交易货物分线监管、预检验和登记核销管理模式 | 质检总局 | 全国海关特殊监管区域 | |
| 19 | 海关特殊监管区域间保税货物流转监管模式 | 海关总署 | 实行通关一体化的海关特殊监管区域 | |

国务院

2016年11月2日

# 国务院关于在自由贸易试验区暂时调整有关行政法规、国务院文件和经国务院批准的部门规章规定的决定

国发〔2016〕41号

各省、自治区、直辖市人民政府，国务院各部委、各直属机构：

为保障自由贸易试验区有关改革开放措施依法顺利实施，根据《全国人民代表大会常务委员会关于授权国务院在中国（广东）自由贸易试验区、中国（天津）自由贸易试验区、中国（福建）自由贸易试验区以及中国（上海）自由贸易试验区扩展区域暂时调整有关法律规定的行政审批的决定》，以及《中国（广东）自由贸易试验区总体方案》、《中国（天津）自由贸易试验区总体方案》、《中国（福建）自由贸易试验区总体方案》和《进一步深化中国（上海）自由贸易试验区改革开放方案》，国务院决定，在自由贸易试验区暂时调整《中华人民共和国外资企业法实施细则》等18部行政法规、《国务院关于投资体制改革的决定》等4件国务院文件、《外商投资产业指导目录（2015年修订）》等4件经国务院批准的部门规章的有关规定（目录附后）。

国务院有关部门和天津市、上海市、福建省、广东省人民政府要根据上述调整情况，及时对本部门、本省市制定的规章和规范性文件作相应调整，建立与试点要求相适应的管理制度。

根据自由贸易试验区改革开放措施的试验情况，本决定内容适时进行调整。

附件　国务院决定在自由贸易试验区暂时调整有关行政法规、国务院文件和经国务院批准的部门规章规定目录（略）

国务院

2016年7月1日

# 国务院关于加快实施自由贸易区战略的若干意见

国发〔2015〕69号

各省、自治区、直辖市人民政府，国务院各部委、各直属机构：

加快实施自由贸易区战略是我国新一轮对外开放的重要内容。党的十八大提出加快实施自由贸易区战略，十八届三中、五中全会进一步要求以周边为基础加快实施自由贸易区战略，形成面向全球的高标准自由贸易区网络。当前，全球范围内自由贸易区的数量不断增加，自由贸易区谈判涵盖议题快速拓展，自由化水平显著提高。我国经济发展进入新常态，外贸发展机遇和挑战并

存，"引进来"、"走出去"正面临新的发展形势。加快实施自由贸易区战略是我国适应经济全球化新趋势的客观要求，是全面深化改革、构建开放型经济新体制的必然选择。为加快实施自由贸易区战略，现提出如下意见：

## 一、总体要求

（一）指导思想。全面贯彻党的十八大和十八届三中、四中、五中全会精神，认真落实党中央、国务院决策部署，按照"四个全面"战略布局要求，坚持使市场在资源配置中起决定性作用和更好发挥政府作用，坚持统筹考虑和综合运用国际国内两个市场、两种资源，坚持与推进共建"一带一路"和国家对外战略紧密衔接，坚持把握开放主动和维护国家安全，逐步构筑起立足周边、辐射"一带一路"、面向全球的高标准自由贸易区网络。

（二）基本原则。

一是扩大开放，深化改革。加快实施更加主动的自由贸易区战略，通过自由贸易区扩大开放，提高开放水平和质量，深度参与国际规则制定，拓展开放型经济新空间，形成全方位开放新格局，开创高水平开放新局面，促进全面深化改革，更好地服务国内发展。

二是全面参与，重点突破。全方位参与自由贸易区等各种区域贸易安排合作，重点加快与周边、"一带一路"沿线以及产能合作重点国家、地区和区域经济集团商建自由贸易区。

三是互利共赢，共同发展。树立正确义利观，兼顾各方利益和关切，考虑发展中经济体和最不发达经济体的实际情况，寻求利益契合点和合作公约数，努力构建互利共赢的自由贸易区网络，推动我国与世界各国、各地区共同发展。

四是科学评估，防控风险。加强科学论证，做好风险评估，努力排除自由贸易区建设中的风险因素。同时，提高开放环境下的政府监管能力，建立健全并严格实施安全审查、反垄断和事中事后监管等方面的法律法规，确保国家安全。

（三）目标任务。近期，加快正在进行的自由贸易区谈判进程，在条件具备的情况下逐步提升已有自由贸易区的自由化水平，积极推动与我国周边大部分国家和地区建立自由贸易区，使我国与自由贸易伙伴的贸易额占我国对外贸易总额的比重达到或超过多数发达国家和新兴经济体水平；中长期，形成包括邻近国家和地区、涵盖"一带一路"沿线国家以及辐射五大洲重要国家的全球自由贸易区网络，使我国大部分对外贸易、双向投资实现自由化和便利化。

## 二、进一步优化自由贸易区建设布局

（四）加快构建周边自由贸易区。力争与所有毗邻国家和地区建立自由贸易区，不断深化经贸关系，构建合作共赢的周边大市场。

（五）积极推进"一带一路"沿线自由贸易区。结合周边自由贸易区建设和推进国际产能合作，积极同"一带一路"沿线国家商建自由贸易区，形成"一带一路"大市场，将"一带一路"打造成畅通之路、商贸之路、开放之路。

（六）逐步形成全球自由贸易区网络。争取同大部分新兴经济体、发展中大国、主要区域经济集团和部分发达国家建立自由贸易区，构建金砖国家大市场、新兴经济体大市场和发展中国家大市场等。

## 三、加快建设高水平自由贸易区

（七）提高货物贸易开放水平。坚持进出口并重，通过自由贸易区改善与自由贸易伙伴双向市场准入，合理设计原产地规则，促进对自由贸易伙伴贸易的发展，推动构建更高效的全球和区域价值链。在确保经济安全、产业安全和考虑产业动态发展需要的前提下，稳步扩大货物贸易市场准入。同时，坚持与自由贸易伙伴共同削减关税和非关税壁垒，相互开放货物贸易市场，实现互利共赢。

（八）扩大服务业对外开放。通过自由贸易区等途径实施开放带动战略，充分发挥服务业和服务贸易对我国调整经济结构、转变经济发展方式和带动就业的促进作用。推进金融、教育、文化、医疗等服务业领域有序开放，放开育幼养老、建筑设计、会计审计、商贸物流、电子商务等服务业领域外资准入限制。

加快发展对外文化贸易，创新对外文化贸易方式，推出更多体现中华优秀文化、展示当代中国形象、面向国际市场的文化产品和服务。讲好中国故事、传播好中国声音、阐释好中国特色，更好地推动中华文化“走出去”。吸引外商投资于法律法规许可的文化产业领域，积极吸收借鉴国外优秀文化成果，切实维护国家文化安全。

在与自由贸易伙伴协商一致的基础上，逐步推进以负面清单模式开展谈判，先行先试、大胆探索、与时俱进，积极扩大服务业开放，推进服务贸易便利化和自由化。

（九）放宽投资准入。大力推进投资市场开放和外资管理体制改革，进一步优化外商投资环境。加快自由贸易区投资领域谈判，有序推进以准入前国民待遇加负面清单模式开展谈判。在维护好我国作为投资东道国利益和监管权的前提下，为我国投资者“走出去”营造更好的市场准入和投资保护条件，实质性改善我国与自由贸易伙伴双向投资准入。在自由贸易区内积极稳妥推进人民币资本项目可兑换的各项试点，便利境内外主体跨境投融资。加强与自由贸易伙伴货币合作，促进贸易投资便利化。

（十）推进规则谈判。结合全面深化改革和全面依法治国的要求，对符合我国社会主义市场经济体制建设和经济社会稳定发展需要的规则议题，在自由贸易区谈判中积极参与。参照国际通行规则及其发展趋势，结合我国发展水平和治理能力，加快推进知识产权保护、环境保护、电子商务、竞争政策、政府采购等新议题谈判。

知识产权保护方面，通过自由贸易区建设，为我国企业“走出去”营造更加公平的知识产权保护环境，推动各方完善知识产权保护制度，加大知识产权保护和执法力度，增强企业和公众的知识产权保护意识，提升我国企业在知识产权保护领域的适应和应对能力。

环境保护方面，通过自由贸易区建设进一步加强环境保护立法和执法工作，借鉴国际经验探讨建立有关环境影响评价机制的可行性，促进贸易、投资与环境和谐发展。

电子商务方面，通过自由贸易区建设推动我国与自由贸易伙伴电子商务企业的合作，营造对彼此有利的电子商务规则环境。

竞争政策方面，发挥市场在资源配置中的决定性作用，通过自由贸易区建设进一步促进完善我国竞争政策法律环境，构建法治化、国际化的营商环境。

政府采购方面，条件成熟时与自由贸易伙伴在自由贸易区框架下开展政府采购市场开放谈判，推动政府采购市场互惠对等开放。

（十一）提升贸易便利化水平。加强原产地管理，推进电子联网建设，加强与自由贸易伙伴原产地电子数据交换，积极探索在更大范围实施经核准出口商原产地自主声明制度。改革海关监管、检验检疫等管理体制，加强关检等领域合作，逐步实现国际贸易“单一窗口”受理。简化海关通关手续和环节，加速放行低风险货物，加强与自由贸易伙伴海关的协调与合作，推进实现“经认证经营者”互认，提升通关便利化水平。提高检验检疫效率，实行法检目录动态调整。加快推行检验检疫申报无纸化，完善检验检疫电子证书联网核查，加强与自由贸易伙伴电子证书数据交换。增强检验检疫标准和程序的透明度。

（十二）推进规制合作。加强与自由贸易伙伴就各自监管体系的信息交换，加快推进在技术性贸易壁垒、卫生与植物卫生措施、具体行业部门监管标准和资格等方面的互认，促进在监管体系、程序、方法和标准方面适度融合，降低贸易成本，提高贸易效率。

（十三）推动自然人移动便利化。配合我国“走出去”战略的实施，通过自由贸易区建设推动自然人移动便利化，为我国境外投资企业的人员出入境提供更多便利条件。

（十四）加强经济技术合作。不断丰富自由贸易区建设内涵，适当纳入产业合作、发展合作、全球价值链等经济技术合作议题，推动我国与自由贸易伙伴的务实合作。

## 四、健全保障体系

（十五）继续深化自由贸易试验区试点。上海等自由贸易试验区是我国主动适应经济发展新趋势和国际经贸规则新变化、以开放促改革促发展的试验田。可把对外自由贸易区谈判中具有共性的难点、焦点问题，在上海等自由贸易试验区内先行先试，通过在局部地区进行压力测试，积累防控和化解风险的经验，探索最佳开放模式，为对外谈判提供实践依据。

（十六）完善外商投资法律法规。推动修订中外合资经营企业法、中外合作经营企业法和外资企业法，研究制订新的外资基础性法律，改革外商投资管理体制，实行准入前国民待遇加负面清单的管理模式，完善外商投资国家安全审查制度，保持外资政策稳定、透明、可预期。

（十七）完善事中事后监管的基础性制度。按照全面依法治国的要求，以转变政府职能为核心，在简政放权的同时，加强事中事后监管，通过推进建立社会信用体系、信息共享和综合执法制度、企业年度报告公示和经营异常名录制度、社会力量参与市场监督制度、外商投资信息报告制度、外商投资信息公示平台、境外追偿保障机制等，加强对市场主体“宽进”以后的过程监督和后续管理。

（十八）继续做好贸易救济工作。在扩大产业开放的同时，有效运用世贸组织和自由贸易协定的合法权利，依法开展贸易救济调查，加大对外交涉力度，维护国内产业企业合法权益。强化中央、地方、行业协会商会、企业四体联动的贸易摩擦综合应对机制，指导企业做好贸易摩擦预警、咨询、对话、磋商、诉讼等工作。

（十九）研究建立贸易调整援助机制。在减少政策扭曲、规范产业支持政策的基础上，借鉴有关国家实践经验，研究建立符合世贸组织规则和我国国情的贸易调整援助机制，对因关税减让而受到冲击的产业、企业和个人提供援助，提升其竞争力，促进产业调整。

## 五、完善支持机制

（二十）完善自由贸易区谈判第三方评估制度。参照我国此前自由贸易区谈判经验，借鉴其他国家开展自由贸易区谈判评估的有益做法，进一步完善第三方评估制度，通过第三方机构对自由贸易区谈判进行利弊分析和风险评估。

（二十一）加强已生效自由贸易协定实施工作。商务部要会同国内各有关部门、地方政府，综合协调推进协定实施工作。优化政府公共服务，全面、及时提供有关自由贸易伙伴的贸易、投资及其他相关领域法律法规和政策信息等咨询服务。加强地方和产业对自由贸易协定实施工作的参与，打造协定实施的示范地区和行业。特别要加强西部地区和有关产业的参与，使自由贸易区建设更好地服务西部地区经济社会建设，促进我国区域协调发展。做好宣传推介，定期开展评估和分析，查找和解决实施中存在的问题，不断挖掘协定潜力，研究改进实施方法，提升企业利用自由贸易协定的便利性，提高协定利用率，用足用好优惠措施。

（二十二）加强对自由贸易区建设的人才支持。增强自由贸易区谈判人员配备，加大对外谈判人员教育培训投入，加强经济外交人才培养工作，逐步建立一支政治素质好、全局意识强、熟悉国内产业、精通国际经贸规则、外语水平高、谈判能力出色的自由贸易区建设领导、管理和谈判人才队伍。积极发挥相关领域专家的作用，吸收各类专业人士参与相关谈判的预案研究和政策咨询。

## 六、加强组织实施

加快实施自由贸易区战略是一项长期、涉及面广的系统工作，各有关方面要加强协调，形成合力。商务部要会同相关部门研究制订加快实施自由贸易区战略的行动计划，建立协调工作机制。地方各级人民政府要结合本地实际，围绕实施自由贸易区战略推进地方相关工作，调动有关企业充分利用自由贸易协定的积极性，提高协定利用率。

国务院

2015 年 12 月 6 日

# 国务院关于在中国（上海）自由贸易试验区内暂时调整实施有关行政法规和经国务院批准的部门规章规定的准入特别管理措施的决定

国发〔2014〕38 号

各省、自治区、直辖市人民政府，国务院各部委、各直属机构：

为适应在中国（上海）自由贸易试验区进一步扩大开放的需要，国务院决定在试验区内暂时调整实施《中华人民共和国国际海运条例》、《中华人民共和国认证认可条例》、《盐业管理条例》以及《外商投资产业指导目录》、《汽车产业发展政策》、《外商投资民用航空业规定》规定的有关资质要求、股比限制、经营范围等准入特别管理措施（目录附后）。

国务院有关部门、上海市人民政府要根据上述调整，及时对本部门、本市制定的规章和规范性文件作相应调整，建立与进一步扩大开放相适应的管理制度。

国务院将根据试验区改革开放措施的实施情况，适时对本决定的内容进行调整。

附件 国务院决定在中国（上海）自由贸易试验区内暂时调整实施有关行政法规和经国务院批准的部门规章规定的准入特别管理措施目录（略）

国务院

2014年9月4日

## 国务院关于在中国（上海）自由贸易试验区内暂时调整有关行政法规和国务院文件规定的行政审批或者准入特别管理措施的决定

国发〔2013〕51号

各省、自治区、直辖市人民政府，国务院各部委、各直属机构：

为加快政府职能转变，创新对外开放模式，进一步探索深化改革开放的经验，根据《全国人民代表大会常务委员会关于授权国务院在中国（上海）自由贸易试验区暂时调整有关法律规定的行政审批的决定》和《中国（上海）自由贸易试验区总体方案》的规定，国务院决定在中国（上海）自由贸易试验区内暂时调整下列行政法规和国务院文件规定的行政审批或者准入特别管理措施：

一、改革外商投资管理模式，对国家规定实施准入特别管理措施之外的外商投资，暂时调整《中华人民共和国外资企业法实施细则》、《中华人民共和国中外合资经营企业法实施条例》、《中华人民共和国中外合作经营企业法实施细则》、《指导外商投资方向规定》、《外国企业或者个人在中国境内设立合伙企业管理办法》、《中外合资经营企业合营期限暂行规定》、《中外合资经营企业合营各方出资的若干规定》、《〈中外合资经营企业合营各方出资的若干规定〉的补充规定》、《国务院关于投资体制改革的决定》、《国务院关于进一步做好利用外资工作的若干意见》规定的有关行政审批。

二、扩大服务业开放，暂时调整《中华人民共和国船舶登记条例》、《中华人民共和国国际海运条例》、《征信业管理条例》、《营业性演出管理条例》、《娱乐场所管理条例》、《中华人民共和国中外合作办学条例》、《外商投资电信企业管理规定》、《国务院办公厅转发文化部等部门关于开展电子游戏经营场所专项治理意见的通知》规定的有关行政审批以及有关资质要求、股比限制、经营范围限制等准入特别管理措施。

国务院有关部门、上海市人民政府要根据法律、行政法规和国务院文件调整情况，及时对本部门、本市制定的规章和规范性文件作相应调整，建立与试点要求相适应的管理制度。

根据《全国人民代表大会常务委员会关于授权国务院在中国（上海）自由贸易试验区暂时调整有关法律规定的行政审批的决定》和试验区改革开放措施的试验情况，本决定内容适时进行调整。

附件　国务院决定在中国（上海）自由贸易试验区内暂时调整有关行政法规和国务院文件规定的行政审批或者准入特别管理措施目录（略）

国务院

2013 年 12 月 21 日

# 国务院办公厅关于印发自由贸易试验区外商投资国家安全审查试行办法的通知

国办发〔2015〕24 号

各省、自治区、直辖市人民政府，国务院各部委、各直属机构：

《自由贸易试验区外商投资国家安全审查试行办法》已经国务院同意，现印发给你们，请认真贯彻执行。

国务院办公厅

2015 年 4 月 8 日

（此件公开发布）

## 自由贸易试验区外商投资国家安全审查试行办法

为做好中国（上海）自由贸易试验区、中国（广东）自由贸易试验区、中国（天津）自由贸易试验区、中国（福建）自由贸易试验区等自由贸易试验区（以下统称自贸试验区）对外开放工作，试点实施与负面清单管理模式相适应的外商投资国家安全审查（以下简称安全审查）措施，引导外商投资有序发展，维护国家安全，制定本办法。

## 一、审查范围

总的原则是，对影响或可能影响国家安全、国家安全保障能力，涉及敏感投资主体、敏感并购对象、敏感行业、敏感技术、敏感地域的外商投资进行安全审查。

（一）安全审查范围为：外国投资者在自贸试验区内投资军工、军工配套和其他关系国防安全的领域，以及重点、敏感军事设施周边地域；外国投资者在自贸试验区内投资关系国家安全的重要农产品、重要能源和资源、重要基础设施、重要运输服务、重要文化、重要信息技术产品和服务、关键技术、重大装备制造等领域，并取得所投资企业的实际控制权。

（二）外国投资者在自贸试验区内投资，包括下列情形：

1. 外国投资者单独或与其他投资者共同投资新建项目或设立企业。

2. 外国投资者通过并购方式取得已设立企业的股权或资产。

3. 外国投资者通过协议控制、代持、信托、再投资、境外交易、租赁、认购可转换债券等方式投资。

（三）外国投资者取得所投资企业的实际控制权，包括下列情形：

1. 外国投资者及其关联投资者持有企业股份总额在50%以上。

2. 数个外国投资者持有企业股份总额合计在50%以上。

3. 外国投资者及其关联投资者、数个外国投资者持有企业股份总额不超过50%，但所享有的表决权已足以对股东会或股东大会、董事会的决议产生重大影响。

4. 其他导致外国投资者对企业的经营决策、人事、财务、技术等产生重大影响的情形。

## 二、审查内容

（一）外商投资对国防安全，包括对国防需要的国内产品生产能力、国内服务提供能力和有关设施的影响。

（二）外商投资对国家经济稳定运行的影响。

（三）外商投资对社会基本生活秩序的影响。

（四）外商投资对国家文化安全、公共道德的影响。

（五）外商投资对国家网络安全的影响。

（六）外商投资对涉及国家安全关键技术研发能力的影响。

## 三、安全审查工作机制和程序

（一）自贸试验区外商投资安全审查工作，由外国投资者并购境内企业安全审查部际联席会议（以下简称联席会议）具体承担。在联席会议机制下，国家发展改革委、商务部根据外商投资涉及的领域，会同相关部门开展安全审查。

（二）自贸试验区安全审查程序依照《国务院办公厅关于建立外国投资者并购境内企业安全审查制度的通知》（国办发〔2011〕6号）第四条办理。

（三）对影响或可能影响国家安全，但通过附加条件能够消除影响的投资，联席会议可要求外国投资者出具修改投资方案的书面承诺。外国投资者出具书面承诺后，联席会议可作出附加条件的审查意见。

（四）自贸试验区管理机构在办理职能范围内外商投资备案、核准或审核手续时，对属于安全审查范围的外商投资，应及时告知外国投资者提出安全审查申请，并暂停办理相关手续。

（五）商务部将联席会议审查意见书面通知外国投资者的同时，通知自贸试验区管理机构。对不影响国家安全或附加条件后不影响国家安全的外商投资，自贸试验区管理机构继续办理相关手续。

（六）自贸试验区管理机构应做好外商投资监管工作。如发现外国投资者提供虚假信息、遗漏实质信息、通过安全审查后变更投资活动或违背附加条件，对国家安全造成或可能造成重大影响的，即使外商投资安全审查已结束或投资已实施，自贸试验区管理机构应向国家发展改革委和商务部报告。

（七）国家发展改革委、商务部与自贸试验区管理机构通过信息化手段，在信息共享、实时监测、动态管理和定期核查等方面形成联动机制。

**四、其他规定**

（一）外商投资股权投资企业、创业投资企业、投资性公司在自贸试验区内投资，适用本办法。

（二）外商投资金融领域的安全审查另行规定。

（三）香港特别行政区、澳门特别行政区、台湾地区的投资者进行投资，参照本办法的规定执行。

（四）本办法由国家发展改革委、商务部负责解释。

（五）本办法自印发之日起30日后实施。

## 国务院办公厅关于印发自由贸易试验区外商投资准入特别管理措施（负面清单）的通知

国办发〔2015〕23号

各省、自治区、直辖市人民政府，国务院各部委、各直属机构：

《自由贸易试验区外商投资准入特别管理措施（负面清单）》已经国务院同意，现印发给你们，请认真执行。实施中的重大问题，要及时向国务院请示报告。

国务院办公厅

2015年4月8日

## 自由贸易试验区外商投资准入特别管理措施（负面清单）

一、《自由贸易试验区外商投资准入特别管理措施（负面清单）》（以下简称《自贸试验区负面清单》）依据现行有关法律法规制定，已经国务院批准，现予以发布。负面清单列明了不符合国民待遇等原则的外商投资准入特别管理措施，适用于上海、广东、天津、福建四个自由贸易试验区（以下统称自贸试验区）。

二、《自贸试验区负面清单》依据《国民经济行业分类》（GB/T4754—2011）划分为15个门类、50个条目、122项特别管理措施。其中特别管理措施包括具体行业措施和适用于所有行业的水平措施。

三、《自贸试验区负面清单》中未列出的与国家安全、公共秩序、公共文化、金融审慎、政府采购、补贴、特殊手续和税收相关的特别管理措施，按照现行规定执行。自贸试验区内的外商投资涉及国家安全的，须按照《自由贸易试验区外商投资国家安全审查试行办法》进行安全审查。

四、《自贸试验区负面清单》之外的领域，在自贸试验区内按照内外资一致原则实施管理，并由所在地省级人民政府发布实施指南，做好相关引导工作。

五、香港特别行政区、澳门特别行政区、台湾地区投资者在自贸试验区内投资参照《自贸试验区负面清单》执行。内地与香港特别行政区、澳门特别行政区关于建立更紧密经贸关系的安排及其补充协议，《海峡两岸经济合作框架协议》，我国签署的自贸协定中适用于自贸试验区并对符合条件的投资者有更优惠的开放措施的，按照相关协议或协定的规定执行。

六、《自贸试验区负面清单》自印发之日起30日后实施，并适时调整。

自由贸易试验区外商投资准入特别管理措施（负面清单）（略）

## 中华人民共和国国家发展和改革委员会<br>中华人民共和国商务部令

第19号

《自由贸易试验区外商投资准入特别管理措施（负面清单）（2018年版）》已经党中央、国务院同意，现予以发布，自2018年7月30日起施行。2017年6月5日国务院办公厅印发的《自由贸易试验区外商投资准入特别管理措施（负面清单）（2017年版）》同时废止。

国家发展和改革委员会主任：何立峰

商务部部长：钟山

2018年6月30日

# 自由贸易试验区外商投资准入特别管理措施（负面清单）（2018 年版）

## 说　明

一、《自由贸易试验区外商投资准入特别管理措施（负面清单）》（以下简称《自贸试验区负面清单》）统一列出股权要求、高管要求等外商投资准入方面的特别管理措施，适用于自由贸易试验区。《自贸试验区负面清单》之外的领域，按照内外资一致原则实施管理。

二、《自贸试验区负面清单》对部分领域列出了取消或放宽准入限制的过渡期，过渡期满后将按时取消或放宽其准入限制。

三、境外投资者不得作为个体工商户、个人独资企业投资人、农民专业合作社成员，从事投资经营活动。

四、境外投资者不得投资《自贸试验区负面清单》中禁止外商投资的领域；投资《自贸试验区负面清单》之内的非禁止投资领域，须进行外资准入许可；投资有股比要求的领域，不得设立外商投资合伙企业。

五、境内公司、企业或自然人以其在境外合法设立或控制的公司并购与其有关联关系的境内公司，涉及外商投资项目和企业设立及变更事项的，按照现行规定办理。

六、《自贸试验区负面清单》中未列出的文化、金融等领域与行政审批、资质条件、国家安全等相关措施，按照现行规定执行。

七、《内地与香港关于建立更紧密经贸关系的安排》及其后续协议、《内地与澳门关于建立更紧密经贸关系的安排》及其后续协议、《海峡两岸经济合作框架协议》及其后续协议、我国与有关国家签订的自由贸易区协议和投资协定、我国参加的国际条约对符合条件的投资者有更优惠开放措施的，按照相关协议或协定的规定执行。

八、《自贸试验区负面清单》由发展改革委、商务部会同有关部门负责解释。

**外商投资准入特别管理措施（负面清单）（2018 年版）**

| 序号 | 领域 | 特别管理措施 |
| --- | --- | --- |
| 一、农、林、牧、渔业 | | |
| （一） | 种业 | 1. 小麦、玉米新品种选育和种子生产须由中方控股。<br>2. 禁止投资中国稀有和特有的珍贵优良品种的研发、养殖、种植以及相关繁殖材料的生产（包括种植业、畜牧业、水产业的优良基因）。<br>3. 禁止投资农作物、种畜禽、水产苗种转基因品种选育及其转基因种子（苗）生产。 |
| （二） | 渔业 | 4. 禁止投资中国管辖海域及内陆水域水产品捕捞。 |

续表1

| 序号 | 领域 | 特别管理措施 |
|---|---|---|
| 二、采矿业 | | |
| （三） | 石油和天然气开采业 | 5. 石油、天然气（含煤层气，油页岩、油砂、页岩气等除外）的勘探、开发限于合资、合作。 |
| （四） | 有色金属矿和非金属矿采选及开采辅助活动 | 6. 禁止投资钨、钼、锡、锑、萤石勘查、开采。<br>7. 禁止投资稀土勘查、开采及选矿。<br>8. 禁止投资放射性矿产勘查、开采及选矿。 |
| 三、制造业 | | |
| （五） | 印刷业 | 9. 出版物印刷须由中方控股。 |
| （六） | 核燃料及核辐射加工业 | 10. 禁止投资放射性矿产冶炼、加工，核燃料生产。 |
| （七） | 中药饮片加工及中成药生产 | 11. 禁止投资中药饮片的蒸、炒、炙、煅等炮制技术的应用及中成药保密处方产品的生产。 |
| （八） | 汽车制造业 | 12. 除专用车、新能源汽车外，汽车整车制造的中方股比不低于50%，同一家外商可在国内建立两家及两家以下生产同类整车产品的合资企业。（2020 年取消商用车制造外资股比限制。2022 年取消乘用车制造外资股比限制以及同一家外商可在国内建立两家及两家以下生产同类整车产品的合资企业的限制） |
| （九） | 通信设备制造 | 13. 卫星电视广播地面接收设施及关键件生产。 |
| （十） | 其他制造业 | 14. 禁止投资宣纸、墨锭生产。 |
| 四、电力、热力、燃气及水生产和供应业 | | |
| （十一） | 核力发电 | 15. 核电站的建设、经营须由中方控股。 |
| （十二） | 管网设施 | 16. 城市人口 50 万以上的城市燃气、热力和供排水管网的建设、经营须由中方控股。 |
| 五、批发和零售业 | | |
| （十三） | 烟草制品 | 17. 禁止投资烟叶、卷烟、复烤烟叶及其他烟草制品的批发、零售。 |
| 六、交通运输、仓储和邮政业 | | |
| （十四） | 水上运输业 | 18. 国内水上运输公司须由中方控股。<br>19. 国内船舶代理公司须由中方控股。 |
| （十五） | 航空客货运输 | 20. 公共航空运输公司须由中方控股，且一家外商及其关联企业投资比例不得超过 25%，法定代表人须由中国籍公民担任。 |
| （十六） | 通用航空服务 | 21. 通用航空公司的法定代表人须由中国籍公民担任，其中农、林、渔业通用航空公司限于合资，其他通用航空公司限于中方控股。 |

续表2

| 序号 | 领域 | 特别管理措施 |
|---|---|---|
| （十七） | 机场和空中交通管理 | 22. 民用机场的建设、经营须由中方相对控股。<br>23. 禁止投资空中交通管制。 |
| （十八） | 邮政业 | 24. 禁止投资邮政公司、信件的国内快递业务。 |
| 七、信息传输、软件和信息技术服务业 | | |
| （十九） | 电信 | 25. 电信公司：限于中国入世承诺开放的电信业务，增值电信业务的外资股比不超过50%（电子商务除外），基础电信业务须由中方控股。 |
| （二十） | 互联网和相关服务 | 26. 禁止投资互联网新闻信息服务、网络出版服务、网络视听节目服务、互联网文化经营（音乐除外）、互联网公众发布信息服务（上述服务中，中国入世承诺中已开放的内容除外）。 |
| 八、金融业 | | |
| （二十一） | 资本市场服务 | 27. 证券公司的外资股比不超过51%，证券投资基金管理公司的外资股比不超过51%。（2021年取消外资股比限制）<br>28. 期货公司的外资股比不超过51%。（2021年取消外资股比限制） |
| （二十二） | 保险业 | 29. 寿险公司的外资股比不超过51%。（2021年取消外资股比限制） |
| 九、租赁和商务服务业 | | |
| （二十三） | 法律服务 | 30. 禁止投资中国法律事务（提供有关中国法律环境影响的信息除外），不得成为国内律师事务所合伙人。 |
| （二十四） | 咨询与调查 | 31. 市场调查限于合资、合作，其中广播电视收听、收视调查须由中方控股。<br>32. 禁止投资社会调查。 |
| 十、科学研究和技术服务业 | | |
| （二十五） | 研究和试验发展 | 33. 禁止投资人体干细胞、基因诊断与治疗技术开发和应用。<br>34. 禁止投资人文社会科学研究机构。 |
| （二十六） | 专业技术服务业 | 35. 禁止投资大地测量、海洋测绘、测绘航空摄影、地面移动测量、行政区域界线测绘，地形图、世界政区地图、全国政区地图、省级及以下政区地图、全国性教学地图、地方性教学地图、真三维地图和导航电子地图编制，区域性的地质填图、矿产地质、地球物理、地球化学、水文地质、环境地质、地质灾害、遥感地质等调查。 |
| 十一、水利、环境和公共设施管理业 | | |
| （二十七） | 野生动植物保护 | 36. 禁止投资国家保护的原产于中国的野生动植物资源开发。 |
| 十二、教育 | | |

续表3

| 序号 | 领域 | 特别管理措施 |
|---|---|---|
| （二十八） | 教育 | 37. 学前、普通高中和高等教育机构限于中外合作办学，须由中方主导（校长或者主要行政负责人应当具有中国国籍，理事会、董事会或者联合管理委员会的中方组成人员不得少于1/2）。<br>38. 禁止投资义务教育机构、宗教教育机构。 |
| 十三、卫生和社会工作 | | |
| （二十九） | 卫生 | 39. 医疗机构限于合资、合作。 |
| 十四、文化、体育和娱乐业 | | |
| （三十） | 新闻出版 | 40. 禁止投资新闻机构（包括但不限于通讯社）。<br>41. 禁止投资图书、报纸、期刊、音像制品和电子出版物的编辑、出版、制作业务。 |
| （三十一） | 广播电视播出、传输、制作、经营 | 42. 禁止投资各级广播电台（站）、电视台（站）、广播电视频道（率）、广播电视传输覆盖网（发射台、转播台、广播电视卫星、卫星上行站、卫星收转站、微波站、监测台及有线广播电视传输覆盖网等），禁止从事广播电视视频点播业务和卫星电视广播地面接收设施安装服务。<br>43. 禁止投资广播电视节目制作经营（含引进业务）公司。 |
| （三十二） | 电影制作、发行、放映 | 44. 电影院建设、经营须由中方控股。<br>45. 禁止投资电影制作公司、发行公司、院线公司以及电影引进业务。 |
| （三十三） | 文物保护 | 46. 禁止投资文物拍卖的拍卖公司、文物商店和国有文物博物馆。 |
| （三十四） | 文化娱乐 | 47. 演出经纪机构须由中方控股。<br>48. 禁止投资文艺表演团体。 |

## 商务部 交通运输部 工商总局 质检总局 外汇局关于做好自由贸易试验区第三批改革试点经验复制推广工作的函

建设自由贸易试验区（以下简称自贸试验区）是党中央、国务院在新形势下全面深化 改革和扩大开放的一项战略举措。一段时间以来，自贸试验区制度创新成果丰硕，已集中向全国复制推广了两批改革试点经验。近期，上海、广东、福建、天津4省市和有关部门按照党中央、国务院部署，持续加快政府职能转变，探索体制机制创新，主动服务国家战略，加大压力测试和风险防控，推动自贸试验区在投资、贸易、金融等方面大胆探索，形成了新一批改革创新成果。

经商相关部门同意，自贸试验区第三批改革试点经验包括“会展检验检疫监管新模式”“进口研发样品便利化监管制度”“海事集约登轮检查制度”“融资租赁公司收取外币租金”“市场主体名称登记便利化改革”等5项内容，将向全国范围内复制推广。

请各地高度重视复制推广自贸试验区改革试点经验的重大意义，将复制推广工作作为贯彻新发展理念、推进供给侧结构性改革、进一步深化改革和扩大开放的重要举措，强化组织机制保障，落实主体责任，加强监督检查，确保改革试点经验落地生根、取得实效，持续释放改革红利，打造法治化、国际化、便利化的营商环境。复制推广工作中遇到的重大问题，要及时报告。

附件　自贸试验区第三批复制推广的改革试点经验（略）

商务部
交通运输部
工商总局
质检总局
外汇局
2017年7月26日

# 商务部关于支持自由贸易试验区 进一步创新发展的意见

商资发〔2017〕483号

天津市、辽宁省、上海市、浙江省、福建省、广东省、河南省、湖北省、重庆市、四川省、陕西省商务主管部门：

建设自由贸易试验区（以下简称自贸试验区）是党中央、国务院在新形势下全面深化改革、扩大开放的一项战略举措。为贯彻落实党的十九大报告新要求新部署，商务部将支持自贸试验区进一步深化改革开放、创新发展，现提出以下意见：

## 一、推动对外贸易由量的扩张到质的提升

（一）支持自贸试验区积极拓展对外贸易，加快培育贸易新业态新模式，支持自贸试验区发展跨境电子商务。

（二）支持自贸试验区内符合条件的商品市场开展市场采购贸易方式试点。

（三）研究出台支持外贸综合服务企业发展的政策措施，支持自贸试验区外贸综合服务企业发展。

（四）研究取消自贸试验区加工贸易企业经营状况和生产能力核查，稳妥推进自贸试验区加工贸易保税维修业务试点。

（五）支持在具备条件的自贸试验区研究推进进出口许可证件通关作业无纸化，进一步缩短

通关时间，提高通关效率。

（六）支持自贸试验区积极发展技术贸易、文化贸易、服务外包和中医药服务贸易，在自贸试验区实施服务贸易企业统计直报。

（七）支持自贸试验区研究推动服务贸易事项有序纳入国际贸易“单一窗口”建设。

（八）支持自贸试验区在适合领域逐步取消或放宽对跨境交付、自然人移动等模式的服务贸易限制措施，有序推进开放进程，率先探索建立服务领域开放风险预警机制。

## 二、持续优化营商环境

（九）协调有关部门继续缩减自贸试验区外商投资负面清单，重点推进金融、教育、文化、医疗等服务业领域有序开放，进一步放开一般制造业。

（十）支持自贸试验区创新投资促进体系建设，从机构设置、规划安排、职能定位、招商方式、投后服务等方面构建高水平投资促进体系。

（十一）鼓励自贸试验区构建营商环境科学评价体系，进一步优化政府服务，营造法治化、国际化、便利化营商环境。

## 三、完善市场运行机制

（十二）支持具备条件的自贸试验区开展汽车平行进口试点，建立多渠道、多元化汽车流通模式。

（十三）加强自贸试验区开展大宗商品现货交易工作指导，建立完善制度规则，加强风险防范，推动大宗商品现货交易和资源配置平台建设。

（十四）支持自贸试验区所在城市开展供应链创新与应用试点示范，完善本地重点产业供应链体系和重要产品追溯体系，培育供应链创新与应用示范企业，建设跨行业、跨领域的供应链协同、交易和服务示范平台。

（十五）支持自贸试验区加强商务诚信体系建设，开展跨部门联合奖惩。加强事中事后监管，提高商务行政执法能力和水平。

（十六）支持自贸试验区物流标准化、单元化建设，促进物流链与产业链、供应链的协同发展。

（十七）支持自贸试验区大力发展数字商务服务产业，推进电子商务与快递物流协同发展。

（十八）支持自贸试验区在现有法律法规框架下，进一步做好两用物项的进出口管理工作。

（十九）指导、支持自贸试验区的产业预警体系建设、贸易救济、贸易摩擦应对等工作。

（二十）指导自贸试验区配合做好经营者集中反垄断审查工作。

## 四、积极参与国际经贸合作

（二十一）发挥多双边经贸合作机制作用，推动自贸试验区加强国际贸易投资合作。进一步深化自贸试验区与台港澳地区经贸交流与合作。

（二十二）支持自贸试验区创新境外投资管理模式，研究境内非金融企业开展境外金融类投资以及自然人通过其控制的境外企业开展境外投资的监管措施。

（二十三）支持自贸试验区企业获得援外实施企业资格；根据相关规则申请援外项目实施企业资格，鼓励企业通过参与援外工作开展承包工程、劳务、对外投资合作以及人员培训交流，带动企业、产品、技术和服务走出去。

（二十四）支持自贸试验区企业参与实施重大战略性项目，推进与有关国家的国际产能合作和互联互通，更好地参与“一带一路”建设。

## 五、强化组织保障

（二十五）充分发挥国务院自由贸易试验区工作部际联席会议（以下简称联席会议）办公室统筹协调作用，会同有关部门和地方共同研究推动将更多中央及省级人民政府的经济管理权限下放至自贸试验区，赋予自贸试验区更大改革自主权。

（二十六）会同有关部门及省市做好自贸试验区总体方案落实工作；对于自贸试验区在发展过程中遇到的问题，及时协调有关部门研究解决，重大问题提请联席会议审议。

（二十七）及时总结评估自贸试验区改革创新试点任务实施效果，加强各领域试点经验系统集成。对试点效果好、风险可控且可复制可推广的成果，实施分类审查程序后复制推广至全国其他地区。

（二十八）有关省市商务主管部门要支持自贸试验区根据战略定位和差异化探索目标，大胆试、大胆闯、自主改，研究制定配套政策措施，扎实推进商务领域各项试点任务实施，积极支持自贸试验区创新发展。

商务部

2017 年 12 月 17 日

# 商务部　税务总局关于天津等 4 个自由贸易试验区内资租赁企业从事融资租赁业务有关问题的通知

商流通函〔2016〕90 号

天津市、上海市、福建省、广东省、厦门市、深圳市商务主管部门、国家税务局：

为贯彻落实天津、福建、广东自由贸易试验区（以下简称自贸试验区）总体方案和进一步深化上海自贸试验区改革开放方案，支持自贸试验区融资租赁行业积极探索、先行先试，促进融资租赁业加快发展，现就天津等 4 个自贸试验区内资租赁企业从事融资租赁业务有关问题通知如下：

一、根据《商务部国家税务总局关于从事融资租赁业务有关问题的通知》（商建发〔2004〕560 号，以下称 560 号文），商务部和税务总局负责内资租赁企业融资租赁业务试点确认。自

2016 年 4 月 1 日起，商务部、税务总局将注册在自贸试验区内的内资租赁企业融资租赁业务试点确认工作委托给各自贸试验区所在的省、直辖市、计划单列市级（以下简称省级）商务主管部门和国家税务局。试点企业条件和申报材料要求参照 560 号文执行。对注册在自贸试验区外的内资租赁企业从事融资租赁业务，仍按现行规定和程序办理。

二、各自贸试验区所在的省级商务主管部门会同同级国家税务局负责对融资租赁试点企业提交的相关材料进行审核。对于符合条件的企业，由省级商务主管部门和国家税务局联合发布公告，明确纳入内资融资租赁试点范围企业名单，与商务部、税务总局发布名单的内资融资租赁试点企业享受同等待遇。

三、省级商务主管部门要知道和督促试点企业通过全国融资租赁企业管理信息系统（以下简称管理信息系统）报送各项信息，并对企业上报信息及时审核；每月末要将新纳入试点范围的企业和基本情况报送商务部，同时抄送税务总局；每季度要将试点工作开展情况报送商务部，同时抄送税务总局；要及时研究工作中存在的问题，发现重大问题应及时上报商务部和税务总局。

四、省级商务主管部门要完善行业监管制度，加强风险防范，利用现场和非现场结合的监管手段，强化对重点环节及吸收存款、发放贷款等违法违规行为的监管，充分发挥管理信息系统的作用，加强风险监测、分析和预警，切实防范区域性、系统性风险。

五、纳入试点范围的企业应当遵守法律、法规、规章及《融资租赁企业监督管理办法》相关规定，接受行业主管部门的监管，及时、准确通过管理信息系统报送信息，按时交纳各种税款。对在会计年度内未实质性开展融资租赁业务，以及发生违法违规行为的试点企业，省级商务主管部门应商同级国家税务局取消其试点资格。

六、为便于加强监管，对于按照本通知要求纳入试点范围的企业，如迁出自贸试验区，应当按自贸试验区外企业申报试点现行规定重新申报确定试点资格。

七、省级商务主管部门可根据本通知要求，商同级国家税务局结合实际研究制定具体的试点确认办法或流程，并采取适当形式予以公开。

商务部
税务总局
2016 年 3 月 17 日

# 商务部等 8 部门关于促进汽车平行进口试点的若干意见

商建发〔2016〕50 号

天津市、上海市、福建市、广东省、深圳市商务、工业和信息化、公安、环境保护、交通运输、海关主管部门，各相关直属检验检疫局：

在自由贸易试验区（以下简称自贸试验区）开展平行进口试点，是推进汽车领域供给侧结构性改革，加快汽车流通体制创新发展，激发汽车市场活力的重要举措。为落实国务院有关决策部署，加快推动汽车平行进口试点各项政策措施落地，促进试点工作取得实效，现提出如下意见：

一、简化汽车自动进口许可证申领管理制度。平行进口汽车试点企业（以下简称试点企业）进口汽车和建立分销网络无需获得汽车供应商授权，可以按照经营活动实际需求，申领汽车产品自动进口许可证。试点企业按自动进口许可证管理的相关规定，在进口环节向海关交验许可证件，办理报关手续。

二、深化平行进口汽车强制性产品认证改革。平行进口汽车必须符合国家有关安全、节能、质量标准和技术规范的强制性要求，并获得国家法律法规规定的强制性产品认证（CCC 认证）。对已建立了完善的家用汽车“三包”和召回体系的试点企业，可放宽 CCC 认证申请需提供原厂授权文件的相关要求；对已有效保证车辆一致性的试点企业，可取消非量产车认证模式的数量要求；对符合产业政策、海关和检验检疫相关规定、已有效保证车辆一致性且在自贸试验区内仅进行标准符合性整改的试点企业，可视情况仅对其在自贸试验区内的整改场所进行 CCC 认证工厂检查。

三、进一步提高汽车平行进口贸易便利化水平。优化平行进口汽车报关、通关、查验等流程，提高通关效率，降低通关成本，优化平行进口汽车审价机制。要经批准进行汽车平行进口试点的自贸试验区，允许试点企业在海关特殊监管区域内开展汽车整车保税仓储业务，期限为 3 个月，不得延期。

四、积极推动平行进口汽车环保和维修信息公开。试点企业要按照《大气污染防治法》及《汽车维修技术信息公开实施管理办法》等有关规定，向社会公布其进口车型的机动车污染控制技术信息，同时应注明符合我国排放标准的阶段水平。不得进口和销售达不到我国现行排放标准的车辆。

五、加强平行进口汽车注册登记管理服务。各地公安部门在办理进口汽车注册登记时，要严格执行《机动车运行安全技术条件》（GB7258）等国家安全技术标准，重点检查平行进口汽车车辆识别代码、产品标牌、里程表、外部灯具和信号装置等。对发现的不符合国家标准的平行进口汽车产品，不予办理注册登记，并通报当地商务、检验检疫等部门。对符合规定的，要优化服务、提高效率，方便快捷予以办理。

六、重点加强质量追溯和售后服务体系建设。试点企业是平行进口汽车产品质量追溯的责任主体，依法履行产品召回、质量保障、售后服务、家用汽车“三包”、平均燃料消耗量核算等义务。试点企业要增强售后服务保障能力，切实保障消费者合法权益。要通过自建、资源共享、多渠道合作等多种方式，形成覆盖销售区域的售后服务（含维修）网络，使消费者能够享有方便、快捷、有效的售后服务。

七、切实加强监管。按照国务院有关文件要求，试点所在地人民政府要加强组织领导，明确责任主体，精心组织好试点工作，有效防控各类风险。要将汽车售后维修保障能力、守法合规的信用情况作为遴选试点企业的重要条件。要切实履行监管职责，创新监管方式，建立健全相关管理规定，强化事中事后监管，确保试点工作规范有序进行。对违法违规经营行为依法加大查处力度，及时取消违规经营企业试点资格，并做好相应善后工作。作出处理决定的要录入企业信用档案，并向社会公布。

各试点地区要进一步提高认识，增强工作主动性、针对性和有效性，创新制度设计及机制建设，为试点工作创造有利的政策环境。要认真总结有益做法，尽快形成一批可复制、可推广的改革创新成果。试点工作进展情况要及时上报国务院有关部门。

商务部
工业和信息化部
公安部
环境保护部
交通运输部
海关总署
国家质量监督检验检疫总局
国家认证认可监督管理委员会
2016 年 2 月 22 日

## 商务部关于支持自由贸易试验区创新发展的意见

商资发〔2015〕313 号

天津市、上海市、福建省、广东省商务主管部门：

为落实党中央、国务院部署，积极推进自由贸易试验区（以下简称自贸试验区）建设，发挥自贸试验区改革开放排头兵、创新发展先行者的作用，现提出以下意见：

### 一、统筹协调方案实施

（一）积极发挥国务院自由贸易试验区工作部际联席会议统筹协调职能，做好联席会议办公室工作，会同有关部门按照任务分工支持自贸试验区推进方案全面落实；对于自贸试验区在发展过程中遇到的问题，及时协调有关部门研究解决，重大问题提请联席会议协调；组织开展改革开放试点事项的总结评估，会同有关部门提出向全国复制推广的建议。

### 二、促进对外贸易转型升级

（二）支持在自贸试验区试点设立加工贸易采购、分拨和结算中心，鼓励跨国公司开展离岸结算业务，促进加工贸易转型升级。

（三）依托自贸试验区产业集群优势，支持区内企业开展航空维修等面向国内外市场的高技术含量、高附加值的检测维修业务。

（四）支持自贸试验区发展跨境电子商务，在总结评估中国（杭州）跨境电子商务综合试验区试点情况的基础上，将海关监管、检验检疫、进出口税收和结售汇等方面的政策，优先向自贸试验区复制推广，促进跨境电子商务健康快速发展。

（五）促进自贸试验区内设立的外贸综合服务企业健康规范发展，建立重点企业联系制度，在有效防范各类监管风险的前提下，向符合条件的重点外贸综合服务企业提供快速通关、简易退税和财政金融等支持，提高企业综合竞争力。

（六）在自贸试验区推进自动进口许可证通关作业无纸化试点和电子许可证的推广工作，建立和完善电子许可证应用服务系统，推动国际贸易单一窗口的建设。

（七）充分发挥自贸试验区现代服务业集聚作用，认定一批特色服务出口基地，开展服务贸易统计试点，培育一批创新发展的服务贸易龙头企业和具备较强国际竞争力的服务品牌。积极发展服务外包业务，研究将服务外包示范城市的支持政策扩大至自贸试验区。

（八）支持上海市牵头在上海自贸试验区推进亚太示范电子口岸网络建设，尽快启动亚太示范电子口岸网络运营中心，加强国际贸易互联互通。

（九）支持天津市牵头在天津自贸试验区加快建设亚太经济合作组织绿色供应链合作网络天津示范中心，探索建立绿色供应链管理体系，鼓励开展绿色贸易。

（十）支持福建自贸试验区探索创新管理方式和监管模式，促进对台小额贸易规范发展，会同有关部门建立工作协调机制，及时总结评估、加强风险防范。

## 三、降低投资准入门槛

（十一）支持自贸试验区所在地省级人民政府进一步简政放权，在法定职权范围内可依照法定程序，将省级商务部门外商投资、对外投资、融资租赁、典当、拍卖等管理权限委托给自贸试验区管理机构。商务部将做好业务指导和有关技术支持服务。

（十二）放宽自贸试验区内外商投资企业申请直销经营许可资质的条件，取消外国投资者需具备 3 年以上在中国境外从事直销活动经验的要求。

（十三）支持自贸试验区开展商业保理试点，探索适合商业保理发展的外汇管理模式，积极发展国际保理业务，充分发挥商业保理在扩大出口、促进流通、解决中小企业融资难等方面的积极作用。

（十四）允许外国投资者在自贸试验区投资设立典当企业，设立条件、监督管理与内资典当企业保持一致，参照《典当管理办法》进行管理。

（十五）支持自贸试验区内企业加大融资租赁业务创新力度，允许符合条件的融资租赁公司设立专业子公司；支持融资租赁公司在符合相关规定的前提下，设立项目公司经营大型设备、成套设备等融资租赁业务，并开展境内外租赁业务。允许注册在自贸试验区内的内资融资租赁企业享受与现行内资融资租赁试点企业同等待遇。

（十六）允许外国投资者以独资形式在自贸试验区内设立企业，从事加油站的建设、经营，不受门店数量的限制。

（十七）研究支持广东自贸试验区在《内地与香港/澳门关于建立更紧密经贸关系的安排》框架下，进一步取消或放宽对港澳服务提供者的资质要求、持股比例、经营范围等准入限制。

## 四、完善市场竞争环境

（十八）支持自贸试验区开展汽车平行进口，建立多渠道、多元化汽车流通模式。试点企业可以向商务部申领汽车产品自动进口许可证。

（十九）指导自贸试验区开展大宗商品现货交易试点，建立完善制度规则，加强风险防范，推动大宗商品现货交易和资源配置平台建设。

（二十）在自贸试验区内试点开展融资租赁管理改革，统一内外资融资租赁企业的管理模式，建立统一的现场监管、机构约谈、信息报送及核查等监管制度，探索建立登记备案、经营异常名录管理、监管评级等制度。

（二十一）支持自贸试验区开展外商投资统计改革试点，实施外商投资统计直报。

（二十二）指导自贸试验区建立健全外商投资投诉受理机构，创新涉及政府行为的投资纠纷解决机制，不断提高外国投资者在华投资保护水平。

（二十三）支持自贸试验区建设“走出去”综合信息服务平台，利用政府、商协会、企业、金融机构、中介组织等渠道，及时发布相关政策，提供市场需求、项目合作等信息资源，为区内企业“走出去”提供综合信息服务。

（二十四）支持自贸试验区配合商务部开展经营者集中反垄断审查工作。受商务部委托，督促达到国务院规定申报标准的企业向商务部进行经营者集中申报，对发现的应申报而未申报或未获批准而启动实施的经营者集中向商务部报告，在本区域内协助商务部开展案件调查工作，协助商务部对禁止性、附加限制性条件的经营者集中案件进行监督和执行。

（二十五）指导自贸试验区建立产业安全预警体系，以《对外贸易法》为依据，结合自贸试验区的开放特点，以“四体联动”机制为基础，创建与之相适应的预警体系，在扩大开放的同时，保障我国产业安全。

## 五、做好试点总结评估

（二十六）天津市、上海市、福建省、广东省商务主管部门要坚决贯彻简政放权、放管结合、优化服务的要求，支持自贸试验区以市场为导向，先行先试，大胆创新，扎实推进商务领域各项试点任务的实施，及时总结评估试点成效。

商务部

2015 年 8 月 25 日

# 商务部办公厅关于融资租赁行业推广中国（上海）自由贸易试验区可复制改革试点经验的通知

商办流通函〔2015〕575号

为贯彻落实《国务院关于推广中国（上海）自由贸易试验区可复制改革试点经验的通知》（国发〔2014〕65号）精神，推动融资租赁行业快速健康发展，商务部决定将中国（上海）自由贸易试验区融资租赁行业改革试点经验在全国范围内推广，允许融资租赁公司兼营与主营业务有关的商业保理业务，融资租赁公司设立子公司不设最低注册资本限制。现将有关事项通知如下：

## 一、做好规划引导

各地商务主管部门要做好本行政区域融资租赁行业规划引导和政策协调，充分认识融资租赁在推动产业创新升级、拓宽中小微企业融资渠道、带动新兴产业发展和促进经济结构调整等方面的重要作用，努力营造有利于融资租赁业发展的环境，推动本行政区域融资租赁业快速健康发展。

## 二、完善公共服务

各地商务主管部门要利用全国融资租赁企业管理信息系统，建立和完善本行政区域融资租赁行业统计制度，要求本行政区域内外资融资租赁企业及时、准确报送相关数据，通过对统计数据的分析掌握行业发展的趋势和内在规律，指导企业健康有序发展，定期发布本行政区域行业发展报告，提供更好的咨询服务。

## 三、加强行业监管

各地商务主管部门要按照商务部关于进一步完善行业监管制度的相关要求，利用信息化系统等多种监管手段，加强对重点环节以及吸收存款、发放贷款等违法违规行为的监督，及时了解企业经营状况，掌握企业各项业务合规情况，切实守住不发生系统性、区域性风险的底线。同时，要注重发挥本行政区域行业协会在规范企业经营行为、加强行业自律等方面的重要作用。

各地商务主管部门要严格要求融资租赁公司遵守《融资租赁企业监督管理办法》，以融资租赁等租赁业务为主营业务，兼营的商业保理业务与主营业务有关，在兼营商业保理业务时，参照商业保理行业管理相关规定执行。

商务部办公厅

2015年7月23日

# 自由贸易试验区外商投资备案管理办法（试行）

商务部公告2015年第12号

为进一步扩大对外开放，推进外商投资管理制度改革，在自由贸易试验区（以下称自贸试验区）营造国际化、法治化、市场化的营商环境，经全国人大常委会授权，国务院决定在自贸试验区对外商投资实行准入前国民待遇加负面清单的管理模式。为落实改革外商投资管理模式的相关要求，规范自贸试验区外商投资备案管理工作，现公布《自由贸易试验区外商投资备案管理办法（试行）》，自发布之日起30日后实施。

商务部
2015年4月8日

## 自由贸易试验区外商投资备案管理办法（试行）

**第一条** 为进一步扩大对外开放，推进外商投资管理制度改革，在中国（广东）自由贸易试验区、中国（天津）自由贸易试验区、中国（福建）自由贸易试验区、中国（上海）自由贸易试验区（以下简称自贸试验区）营造国际化、法治化、市场化的营商环境，根据《全国人大常委会关于授权国务院在中国（上海）自由贸易试验区暂时调整有关法律规定的行政审批的决定》、《全国人大常委会关于授权国务院在中国（广东）、中国（天津）、中国（福建）自由贸易试验区以及中国（上海）自由贸易试验区扩展区域暂时调整有关法律规定的行政审批的决定》、相关法律、行政法规及国务院决定，制定本办法。

**第二条** 外国投资者在自贸试验区投资《自由贸易试验区外商投资准入特别管理措施（负面清单）》以外领域，外商投资企业设立、变更（以下统称投资实施）及合同章程备案，适用本办法。法律、行政法规和国务院决定另有规定的，从其规定。

投资实施的时间对外商投资企业设立而言，为企业营业执照签发时间；对外商投资企业变更而言，涉及换发企业营业执照的，投资实施时间为企业营业执照换发时间，不涉及换发企业营业执照的，投资实施时间为变更事项发生时间。

**第三条** 自贸试验区管理机构（以下简称备案机构）负责自贸试验区外商投资事项的备案管理。

备案机构通过商务部外商（港澳台侨）投资备案信息系统（以下简称备案系统），开展自贸试验区外商投资事项的备案工作。

**第四条** 外国投资者在自贸试验区投资设立企业，属于本办法规定的备案范围的，外国投资者在取得企业名称预核准通知书后，可在投资实施前，或投资实施之日起30日内，登录自贸试验区一口受理平台（以下简称受理平台），在线填报和提交《自贸试验区外商投资企业设立备案申报表》（以下简称《设立申报表》）。

**第五条** 属于本办法规定的备案范围的外商投资企业，发生以下变更事项的，可在投资实施前，或投资实施之日起30日内，在线填报和提交《自贸试验区外商投资企业变更事项备案申报表》）（以下简称《变更申报表》），办理变更备案手续：

（一）投资总额变更；

（二）注册资本变更；

（三）股权、合作权益变更或转让；

（四）股权质押；

（五）合并、分立；

（六）经营范围变更；

（七）经营期限变更；

（八）提前终止；

（九）出资方式、出资期限变更；

（十）中外合作企业外国合作者先行回收投资；

（十一）企业名称变更；

（十二）注册地址变更。

其中，依照相关法律法规规定应当公告的，应当在办理变更备案手续时说明依法办理公告手续情况。

**第六条** 备案管理的外商投资企业发生需审批的变更事项，应按照外商投资管理的相关规定办理审批手续。

**第七条** 自贸试验区内于本办法实施前已设立的外商投资企业发生变更，或自贸试验区外的外商投资企业迁入，且属于本办法规定的备案范围的，应办理变更备案手续，并缴销《外商（港澳台侨）投资企业批准证书》。

**第八条** 外国投资者或外商投资企业在提交《设立申报表》或《变更申报表》时承诺，申报内容真实、完整、有效，申报的投资事项符合相关法律法规的规定。

**第九条** 外国投资者或外商投资企业在线提交《设立申报表》或《变更申报表》后，备案机构对申报事项是否属于备案范围进行甄别。属于本办法规定的备案范围的，备案机构应在3个工作日内完成备案，通知外国投资者或外商投资企业。不属于备案范围的，通知外国投资者或外商投资企业按有关规定办理审批手续。

**第十条** 备案机构应即时在备案系统发布备案结果，并向受理平台共享备案结果信息。

**第十一条** 收到备案完成通知后，外国投资者或外商投资企业可向备案机构领取《外商投资企业备案证明》（以下简称《备案证明》）。领取时需提交以下文件：

（一）企业名称预先核准通知书（复印件）；

（二）外国投资者或其授权代表签章的《设立申报表》，或外商投资企业或其授权代表签章的《变更申报表》；

（三）外国投资者、实际控制人主体资格证明或身份证明（复印件）。

**第十二条** 自贸试验区外商投资企业应在每年6月30日前登录备案系统，填报《外商投资企业投资经营情况年度报告表》。

**第十三条** 备案机构对自贸试验区外国投资者及外商投资企业遵守外商投资法律法规规定情况实施监督检查。

备案机构可采取定期抽查、根据举报进行检查、根据有关部门或司法机关的建议和反映进行检查，以及依法定职权启动检查等方式开展监督检查。

**第十四条** 备案机构的监督检查内容包括：外国投资者或外商投资企业是否按本办法规定履行备案程序；外商投资企业投资经营活动是否与填报的备案信息一致；是否按本办法规定填报年度报告；是否存在违反外商投资法律法规规定的其他情形。

**第十五条** 经监督检查发现外国投资者或外商投资企业存在违反外商投资法律法规规定的情形的，备案机构应以书面通知责成其说明情况，并依法开展调查。经调查确认存在违法行为的，责令其限期整改；情节严重的，备案机构应取消备案，并提请相关部门依法予以处罚。

**第十六条** 外国投资者、外商投资企业在备案、登记及投资经营等活动中所形成的信息，以及备案机构和其他主管部门在监督检查中掌握的反映其诚信状况的信息，将纳入商务部外商（港澳台侨）投资诚信档案系统。

商务部与相关部门共享外国投资者及外商投资企业的诚信信息。对于备案信息不实，或未按本办法规定填报年度报告的，备案机构将把相关信息记入诚信档案，并采取适当方式予以公示。

诚信信息共享与公示不得含有外国投资者、外商投资企业的商业秘密、个人隐私。

**第十七条** 自贸试验区外商投资事项涉及国家安全审查、反垄断审查的，按相关规定办理。

**第十八条** 外商投资的投资性公司、创业投资企业在自贸试验区投资，视同外国投资者，适用本办法。

自贸试验区内的外资并购、外国投资者对上市公司战略投资、外国投资者以其持有的中国境内企业股权出资、外商投资企业境内再投资，应符合相关规定要求。

**第十九条** 香港特别行政区、澳门特别行政区、台湾地区投资者在自贸试验区投资《自由贸易试验区外商投资准入特别管理措施（负面清单）》以外领域的，参照本办法办理。

**第二十条** 本办法自发布之日起30日后实施。

附件1 自贸试验区外商投资企业设立备案申报表（略）

附件2 自贸试验区外商投资企业变更事项备案申报表（略）

附件3 中国（ ）自由贸易试验区外商投资企业备案证明（略）

# 财政部　海关总署　税务总局关于中国（福建）自由贸易试验区有关进口税收政策的通知

财关税〔2015〕22号

福建省财政厅、国家税务局，福州海关、厦门海关：

为贯彻落实《中国（福建）自由贸易试验区总体方案》中的相关政策，现就中国（福建）自由贸易试验区（以下简称自贸试验区）有关进口税收政策通知如下：

一、中国（上海）自由贸易试验区已经试点的进口税收政策原则上可在自贸试验区进行试点。

二、选择性征收关税政策在自贸试验区内的海关特殊监管区域进行试点，即对设在自贸试验区海关特殊监管区域内的企业生产、加工并经“二线”销往内地的货物照章征收进口环节增值税、消费税，根据企业申请，试行对该内销货物按其对应进口料件或按实际报验状态征收关税的政策。

三、在严格执行货物进出口税收政策前提下，允许在自贸试验区海关特殊监管区域内设立保税展示交易平台。

四、在确保有效监管前提下，在自贸试验区海关特殊监管区域探索建立货物实施状态分类监管模式。

五、自贸试验区内的海关特殊监管区域实施范围和税收政策适用范围维持不变。平潭综合实验区税收优惠政策不适用于自贸试验区内其他区域。

本通知自自贸试验区挂牌成立之日起执行。

财政部
海关总署
税务总局
2015年5月20日

# 财政部　海关总署　税务总局关于在全国开展融资租赁货物出口退税政策试点的通知

财税〔2014〕62号

各省、自治区、直辖市、计划单列市财政厅（局）、国家税务局，海关总署广东分署、各直属海关，新疆生产建设兵团财务局：

为落实《国务院办公厅关于支持外贸稳定增长的若干意见》（国办发〔2014〕19号）的有关要求，决定将现行在天津东疆保税港区试点的融资租赁货物出口退税政策扩大到全国统一实施。现将有关政策通知如下：

一、政策内容及适用范围

（一）对融资租赁出口货物试行退税政策。对融资租赁企业、金融租赁公司及其设立的项目子公司（以下统称融资租赁出租方），以融资租赁方式租赁给境外承租人且租赁期限在5年（含）以上，并向海关报关后实际离境的货物，试行增值税、消费税出口退税政策。

融资租赁出口货物的范围，包括飞机、飞机发动机、铁道机车、铁道客车车厢、船舶及其他货物，具体应符合《中华人民共和国增值税暂行条例实施细则》（财政部国家税务总局令第50号）第二十一条“固定资产”的相关规定。

（二）对融资租赁海洋工程结构物试行退税政策。对融资租赁出租方购买的，并以融资租赁方式租赁给境内列名海上石油天然气开采企业且租赁期限在5年（含）以上的国内生产企业生产的海洋工程结构物，视同出口，试行增值税、消费税出口退税政策。

海洋工程结构物范围、退税率以及海上石油天然气开采企业的具体范围按照《财政部国家税务总局关于出口货物劳务增值税和消费税政策的通知》（财税〔2012〕39号）有关规定执行。

（三）上述融资租赁出口货物和融资租赁海洋工程结构物不包括在海关监管年限内的进口减免税货物。

二、退税的计算和办理

（一）融资租赁出租方将融资租赁出口货物租赁给境外承租方、将融资租赁海洋工程结构物租赁给海上石油天然气开采企业，向融资租赁出租方退还其购进租赁货物所含增值税。融资租赁出口货物、融资租赁海洋工程结构物（以下统称融资租赁货物）属于消费税应税消费品的，向融资租赁出租方退还前一环节已征的消费税。

（二）计算公式为：

增值税应退税额=购进融资租赁货物的增值税专用发票注明的金额或海关（进口增值税）专用缴款书注明的完税价格×融资租赁货物适用的增值税退税率

融资租赁出口货物适用的增值税退税率，按照统一的出口货物适用退税率执行。从增值税一般纳税人购进的按简易办法征税的融资租赁货物和从小规模纳税人购进的融资租赁货物，其适用的增值税退税率，按照购进货物适用的征收率和退税率孰低的原则确定。

消费税应退税额=购进融资租赁货物税收（出口货物专用）缴款书上或海关进口消费税专用缴款书上注明的消费税税额

（三）融资租赁出租方应当按照主管税务机关的要求办理退税认定和申报增值税、消费税退税。

（四）融资租赁出租方在进行融资租赁出口货物报关时，应在海关出口报关单上填写“租赁货物（1523）”方式。海关依融资租赁出租方申请，对符合条件的融资租赁出口货物办理放行手续后签发出口货物报关单（出口退税专用，以下称退税证明联），并按规定向国家税务总局传递退税证明联相关电子信息。对海关特殊监管区域内已退增值税、消费税的货物，以融资租赁方式离境时，海关不再签发退税证明联。

（五）融资租赁出租方凭购进融资租赁货物的增值税专用发票或海关进口增值税专用缴款书、与承租人签订的融资租赁合同、退税证明联或向海洋工程结构物承租人开具的发票以及主管税务机关要求出具的其他要件，向主管税务机关申请办理退税手续。上述用于融资租赁货物退税的增值税专用发票或海关进口增值税专用缴款书，不得用于抵扣内销货物应纳税额。

融资租赁货物属于消费税应税货物的，若申请退税，还应提供有关消费税专用缴款书。

（六）对承租期未满而发生退租的融资租赁货物，融资租赁出租方应及时主动向税务机关报告，并按照规定补缴已退税款，对融资租赁出口货物，再复进口时融资租赁出租方应按照规定向海关办理复运进境手续并提供主管税务机关出具的货物已补税或未退税证明，海关不征收进口关税和进口环节税。

三、有关定义

本通知所述融资租赁企业，仅包括金融租赁公司、经商务部批准设立的外商投资融资租赁公司、经商务部和国家税务总局共同批准开展融资业务试点的内资融资租赁企业、经商务部授权的省级商务主管部门和国家经济技术开发区批准的融资租赁公司。

本通知所述金融租赁公司，仅包括经中国银行业监督管理委员会批准设立的金融租赁公司。

本通知所称融资租赁，是指具有融资性质和所有权转移特点的有形动产租赁活动。即出租人根据承租人所要求的规格、型号、性能等条件购入有形动产租赁给承租人，合同期内有形动产所有权属于出租人，承租人只拥有使用权，合同期满付清租金后，承租人有权按照残值购入有形动产，以拥有其所有权。不论出租人是否将有形动产残值销售给承租人，均属于融资租赁。

四、融资租赁货物退税的具体管理办法由国家税务总局另行制定。

五、本通知自 2014 年 10 月 1 日起执行。融资租赁出口货物的，以退税证明联上注明的出口日期为准；融资租赁海洋工程结构物的，以融资租赁出租方收取首笔租金时开具的发票日期为准。

财政部
海关总署
税务总局
2014 年 9 月 1 日

## 财政部　海关总署　税务总局关于扩大启运港退税政策试点范围的通知

财税〔2014〕53 号

各省、自治区、直辖市、计划单列市财政厅（局）、国家税务局，海关总署广东分署、各直属海关，新疆生产建设兵团财务局：

根据《国务院关于印发中国（上海）自由贸易试验区总体方案的通知》（国发〔2013〕38

号）的有关规定，结合前期试点情况，决定扩大启运港退税政策试点。现将有关事项通知如下：

一、政策适用范围

对从启运地启运报关出口，并由符合条件的运输企业承运，从水路转关直航运输经上海（以下称离境地）洋山保税港区（以下称离境港）离境的集装箱货物，实行启运港退税政策。

（一）适用启运港退税政策的启运地口岸为南京市龙潭港、苏州市太仓港、连云港市连云港港、芜湖市朱家桥港、九江市城西港、青岛市前湾港、武汉市阳逻港、岳阳市城陵矶港（以下称启运港），出口口岸为洋山保税港区，运输方式为水路运输。

（二）适用启运港退税政策的运输企业和运输工具应满足以下条件：

1. 运输企业应在启运地与离境地之间设有直航航线，纳税信用级别被税务机关评价为 B 级及以上，并且三年内无走私违规记录。

2. 运输工具应配备导航定位、全程视频监控设备，并且符合海关对承运海关监管货物的运输工具的相关要求。

相关省、直辖市、计划单列市的税务部门应会同当地财政、海关等部门，根据上述条件确定运输企业和运输工具名单，定期报国家税务总局汇总发布。

（三）适用启运港退税政策的出口企业应同时满足以下条件：

1. 纳税信用级别被税务机关评价为 B 级及以上，并且不属于出口退税审核关注信息中关注企业级别为一至三级的自营出口企业。

2. 属于海关管理的 B 类及以上企业。

二、主要流程

（一）启运地海关依出口企业申请，对其从启运港启运的符合条件的货物办理放行手续后，签发出口货物报关单（出口退税专用）（以下称退税证明联）。

（二）出口企业凭启运地海关出具的退税证明联及相关材料到主管退税的税务机关申请办理退税。出口企业首次申请办理退税前，应向主管出口退税的税务机关进行启运港退税备案。

（三）在退税证明联所列全部货物进入离境港后，离境地海关办理转关核销手续，启运地海关办理结关核销手续。

（四）海关总署将已启运并签发退税证明联的报关单数据（加标识）实时发送给国家税务总局，每月将正常结关核销的报关单数据（加标识）和未实际到达离境港货物的报关单数据（加标识）发送给国家税务总局。国家税务总局将已退税的报关单数据反馈海关总署。

（五）主管出口退税的税务机关，根据国家税务总局清分的退税证明联及结关核销报关单数据，为出口企业办理退税及调整已退税额。

对已办理出口退税手续的货物，自启运日起 2 个月内未办理结关核销手续的，视为未实际出口货物，应追缴已退税款，不再享受启运港退税政策。

（六）货物如未运抵离境港出口，海关撤销出口货物报关单，收回已签发的退税证明联并由海关总署向国家税务总局提供相应的电子数据。对已办理出口退税手续的货物，企业应按照现行规定向海关提供税务机关出具的货物已补税或未退税证明。

三、启运港退税的具体管理办法，由海关总署和国家税务总局另行制定。

四、各地海关和国税部门应加强沟通，建立联系配合机制，互通企业守法诚信信息和货物异常出运情况。财政、海关和国税部门要密切跟踪启运港退税政策运行情况，对工作中出现的问题及时上报财政部（税政司）、海关总署（监管司）和国家税务总局（货物和劳务税司）。

五、本通知自2014年9月1日起执行。《财政部国家税务总局关于在上海试行启运港退税政策的通知》（财税〔2012〕14号）自本通知执行之日起废止。

财政部
海关总署
税务总局
2014年7月30日

## 财政部关于支持会计师事务所在中国（上海）自由贸易试验区设立分所并开展试点工作的通知

财会〔2014〕20号

各省、自治区、直辖市财政厅（局），深圳市财政委员会：

为了认真贯彻《中共中央关于全面深化改革若干重大问题的决定》和《国务院关于印发中国（上海）自由贸易试验区总体方案的通知》（国发〔2013〕38号），促进注册会计师行业抢抓机遇加快发展，现就进一步扩大开放、支持会计师事务所在中国（上海）自由贸易试验区（以下简称上海自贸区）设立分所的有关问题通知如下：

一、支持合伙制或者完成特殊普通合伙转制满一年（按自财政部门批准转制日起至提出设立上海自贸区分所的书面申请日止计算）、内部整合到位且运行平稳的会计师事务所先行试点，在上海自贸区设立一家分所，允许其使用含“上海自贸试验区”字样的分所名称，标准用名为XX会计师事务所上海自贸试验区分所或上海XX会计师事务所自贸试验区分所。

二、在上海自贸区设立分所暂按跨省级行政区划设立分所审批办理。会计师事务所在上海自贸区设立分所，应当同时具备《会计师事务所审批和监督暂行办法》（财政部令第24号）第二十三条、第二十四条规定的条件、《会计师事务所分所管理暂行办法》（财会〔2010〕2号）第三条规定的条件和《财政部 证监会关于调整证券资格会计师事务所申请条件的通知》（财会〔2012〕2号）第三条规定的条件。申请材料和审批流程参照上述三个文件的相关规定办理。

三、总所设立登记在上海市的会计师事务所，其上海自贸区分所由总所实施集中统一管理。总所设立登记在其他省（自治区、直辖市）的会计师事务所，且已在上海市设立分所的，其上海自贸区分所由上海分所直接管理，上海自贸区分所负责人由上海分所负责人兼任。总所设立登记在其他省（自治区、直辖市）的会计师事务所，且在本《通知》施行之前尚未在上海市设立分所的，如其申请设立上海自贸区分所，不再接受其设立上海分所的申请。

四、拟在上海自贸区设立分所的会计师事务所，应当向上海市财政局提出申请，并由其依法审批。原中外合作会计师事务所依据《注册会计师法》和《中外合作会计师事务所本土化转制方案》（财会〔2012〕8号）要求，在本土化转制过渡期内（2017年12月31日之前）申请设立上海自贸区分所的，应当同时向财政部和上海市财政局提出申请，申请材料由上海市财政局审查后报财政部批准。

会计师事务所申请设立上海自贸区分所的，由该会计师事务所的首席合伙人出具书面承诺，承诺对其上海自贸区分所在人事、财务、执业标准、质量控制、信息管理等方面实施“五统一”管理。该书面承诺应由首席合伙人签字确认，并由审批机关连同其他申请材料予以公示。

五、会计师事务所要抓住在上海自贸区设立分所的机遇，一手抓内部治理和质量控制，一手抓人才储备和业务开拓，积极开展高端型、综合型、外向型、国际化业务，促进会计师事务所业务和人才“走出去”，不断提升我国注册会计师行业的竞争力和影响力。

六、会计师事务所应加强对上海自贸区分所的“五统一”管理，在年度报备信息中单独说明上海自贸区分所的业务开展情况，有关要求由财政部在布置年度报备工作时另行规定。

禁止借在上海自贸区设立分所之名吸收、允许任何执业队伍挂靠执业或实行违背“五统一”要求的松散管理。对于上海自贸区分所违背“五统一”要求实施管理、开展业务的，责令限期整改。整改不力的，依法撤回分所许可。对发现的其他问题，要及时处理并反馈我部。

财政部

2014年4月4日

# 交通运输部关于在国家自由贸易试验区试点若干海运政策的公告

交通运输部公告2015年第24号

为贯彻落实国务院印发的关于广东、天津、福建自由贸易试验区总体方案以及关于进一步深化上海自由贸易试验区改革开放方案，推进上述自由贸易试验区（以下称“自贸区”）海运试点政策顺利实施，现将有关事项公告如下：

一、经国务院交通运输主管部门批准，外商可在自贸区设立股比不限的中外合资、合作企业，经营进出中国港口的国际船舶运输业务；其中，在上海自贸区可设立外商独资企业，在广东自贸区可设立港澳独资企业。相关要求和办理程序，按照《中华人民共和国国际海运条例》和《中华人民共和国国际海运条例实施细则》有关规定执行。

二、经国务院交通运输主管部门批准，在自贸区设立的中外合资、合作企业可以经营公共国际船舶代理业务，外资股比放宽至51%；在自贸区设立的外商独资企业可以经营国际海运货物装卸、国际海运集装箱站和堆场业务。相关要求和办理程序，按照《中华人民共和国国际海运条例》和《中华人民共和国国际海运条例实施细则》有关规定执行。

三、经自贸区所在地省级交通运输主管部门批准，在自贸区设立的外商独资企业可以经营国际船舶管理业务。自贸区所在地省级交通运输主管部门参照《中华人民共和国国际海运条例》第九条、第十条和《中华人民共和国国际海运条例实施细则》第八条的相关规定办理审批程序，并将审批结果向国务院交通运输主管部门备案。

四、在自贸区设立的中外合资、合作国际船舶运输企业，其董事会主席和总经理由中外合资、合作的双方协商确定。

五、在自贸区设立外商投资企业经营国际船舶运输业务，设立中外合资、合作企业经营公共国际船舶代理业务，或设立外商独资企业经营国际船舶管理业务、国际海运货物装卸业务、国际海上集装箱站和堆场业务，本公告未作规定的，适用《中华人民共和国中外合资经营企业法》、《中华人民共和国中外合作经营企业法》以及《中华人民共和国外资企业法》的有关规定。

六、注册在境内的中资航运公司可利用其全资或控股拥有的非五星红旗国际航行船舶，经营以自贸区开放港口为国际中转港的外贸进出口集装箱在国内沿海对外开放港口与自贸区开放港口之间的捎带业务。从事上述业务时，应向国务院交通主管部门备案。相关备案办理程序见附件。

七、中资航运公司不得擅自将经备案开展试点业务的船舶转租他人。除依照本公告备案的船舶外，其他任何非五星红旗船舶，不得承运中国港口间的集装箱货物，包括不得承运在国内一港装船、经国内另一港中转出境，或者经国内一港中转入境、在国内另一港卸船的外贸集装箱货物。

特此公告。

交通运输部
2015 年 6 月 1 日

# 交通运输部关于在上海试行中资非五星旗国际航行船舶沿海捎带的公告

交通运输部 2013 年第 55 号公告

现将有关事项公告如下：

一、自本公告公布之日起，拟开展试点捎带业务的中资航运公司经向我部办理备案手续，可利用其全资或控股拥有的非五星旗国际航行船舶，开展相关业务。

二、本公告所称“中资航运公司”，指注册在境内，依据《中华人民共和国国际海运条例》取得《国际班轮运输经营资格登记证》、从事国际海上运输业务的企业法人。

三、中资航运公司申请试点捎带业务，应向交通运输部提交备案申请。备案申请的材料和程序如下：

（一）《中资非五星旗国际航行船舶试点沿海捎带业务备案申请表》（见附件一）。

(二) 中资航运公司的《工商营业执照》、《国际船舶运输经营许可证》、《国际班轮运输经营资格登记证》复印件。

(三) 中资航运公司拟开展试点捎带业务船舶的《国籍证书》(Certificate of Registry)、《入级证》(Certificateof Classification),以及船舶所有权关系证明材料。

如船舶为中资航运公司通过境外独资投资企业间接拥有的,还需提供中资航运公司投资该境外独资企业的证明文件、该境外独资投资企业全资或控股拥有船舶的证明,以及中资航运公司租赁船舶的证明文件。

四、交通运输部自收到上述齐备、有效的备案材料后,出具《中资非五星旗国际航行船舶试点沿海捎带业务备案证明书》(见附件2)。

五、中资航运公司不得擅自将经备案批准开展试点业务船舶转租他人。一旦转租,自船舶租赁合同生效之日起,船舶自动丧失开展试点业务的资格。

六、除依照本公告备案的船舶外,其他任何非五星旗船舶,不得承运中国港口间的集装箱货物,包括不得承运在国内一港装船、经国内另一港中转出境,或者经国内一港中转入境、在国内另一港卸船的外贸集装箱货物。如违反本条规定,将依据《中华人民共和国国际海运条例》第四十五条等规定予以处罚。

特此公告。

附件1 中资非五星旗国际航行船舶试点沿海捎带业务备案申请表(略)

附件2 中资非五星旗国际航行船舶试点沿海捎带业务备案证明书(略)

交通运输部

2013年9月27日

# 交通运输部、上海市人民政府关于落实《中国(上海)自由贸易试验区总体方案》加快推进上海国际航运中心建设的实施意见

交水发〔2013〕584号

各有关单位:

为深入贯彻落实国务院发布的《中国(上海)自由贸易试验区总体方案》,进一步加快推进上海国际航运中心建设,交通运输部和上海市人民政府联合制定本实施意见。

## 一、总体要求

推进中国(上海)自由贸易试验区和上海国际航运中心建设是我国战略需要和任务。要以中

国（上海）自由贸易试验区建设为契机，加快推进上海国际航运中心建设，进一步深化改革，扩大开放，坚持先行先试，丰富拓展国际航运发展综合试验区内涵，经过2~3年的改革试验，探索创新具有国际竞争力的航运发展制度和棋式，形成可复制、可推广的经验，更好地发挥创新驱动、示范带动作用，有力地推动上海国际航运中心升级发展。

## 二、重点任务

（一）扩大开放水平。

1. 放宽外商投资国际船舶运输的股比限制。允许外商在中国（上海）自由贸易试验区以超过49%的投资比例设立中外合资经营企业或者中外合作经营企业经营国际船舶运输业务。允许船舶登记主体的外商出资比例突破50%的限制，按照有关法律法规以及其他有关规定办理船舶登记业务。港澳台商比照执行。相关管理试行办法另行制定。

2. 允许外商设立独资企业从事国际船舶管理业务。外商可在中国（上海）自由贸易试验区投资设立独资企业经营国际船舶管理业务。港澳台商比照执行。相关管理试行办法另行制定。

3. 与金融、贸易等领域扩大开放做好敲合。充分利用好中国（上海）自由贸易试验区在金融、贸易等领域的开放政策与创新做法，做到相关产业融合发展、创新发展，着力发展航运金融、保险、交易、咨询、海事仲裁、港口物流等现代航运服务业。

4. 在中国（上海）自由贸易试验区范围内，探索建立航运领域外商投资准入负面清单管理模式，进一步扩大航运服务业对外开放。不断探索航运领域攻策和制度创新措施，充分发挥上海国际航运中心“先行先试”作用，进一步提高上海国际航运中心综合竞争力。

（二）创新航运政策。

5. 创新多港区联动机制。积极发挥外高桥港区、洋山深水港区、浦东机场国际枢纽港的联动作用，探索形成具有国际竞争力的航运发展制度和运作模式。

6. 实施沿海捎带试点政策。推动中转集拼业务发展，允许中资航运公司利用自有或控股拥有的非五星旗国际航行船舶，先行先试外贸进出口集装箱在国内开放港口与上海港之间（以上海港为中转港）的捎带业务。

7. 创新国际船舶登记制度。充分发挥上海的区域优势，利用中资“方便旗”船税收优惠政策，促进符合条件的船舶在上海落户登记。在“中国洋山港”船舶登记政策的基础上，研究推动建立并实施便捷高效的国际船舶登记制度，简化国际船舶运输经营许可程序，适当放宽登记主体、船龄范围等登记条件，完善船员配备、登记种类、登记收费、船舶航行区域等登记内容，优化船舶营运、检验与登记业务的相关流程，促进符合条件的船舶在上海登记。

8. 支持扩大启运港退税政策试点范围。在现有试点港口和运输企业的基础上，进一步增加积极性高、信誉好的港口和运输企业加入试点，扩大政策效应，充分发挥长江黄金水道作用，增强上海港辐射服务能力。

（三）拓展中心功能。

9. 加快推进国际航运交易发展。加快发展航运运价指数衍生品交易业务。完善监管制度，防范航运金融风险，加强远期运价监管。支持上海开展中国进口干散货、原油等大宗散货运价指数的编制和发布工作。制定船舶交易信息的统计报送制度，支持在上海建立船舶交易信息平台，提供船舶交易信息服务。

10. 完善航运发展基金。支持建立市场导向和政府推动相结合的航运发展股权基金，允许发起人设立股权基金公司。支持航运发展股权基金与有关拆船资金、特许航运经营权等政策相结合使用，重点用于运力结构调整、所有权与经营权分离、航运企业规模化与专业化发展等领域.

11. 加快航运人才、教育、科研发展。支持上海高级国际航运学院发展，建设国际化、开放型、服务型的高端航运人才培养基地。支持上海国际航运研究中心、上海国际航运信息中心的建设和发展，打造具有国际影响力的航运咨询机构。支持上海组合港管委会办公室、上海国际航运中心发展促进会开展有关研究。

(四) 提升服务水平。

12. 加快建设现代航运服务功能平台。积极发展航运金融、国际船舶运输、国际船舶管理、国际航运经纪、国际船舶租赁、国际船员管理等产业，研究相关促进政策，探索建立长效推进机制。吸引船舶要素集聚，带动航运信息、船舶融资、船舶保险、海事仲裁等航运服务业发展，增强上海航运市场综合服务功能。

13. 鼓励发展邮轮产业经济。支持筹建邮轮发展基金，促进我国邮轮船队发展，带动航运金融、保险业发展。支持中资方便旗邮轮经批准从事大陆沿海到港澳台的邮轮运输。允许包租外籍邮轮经批准后多航次经营两岸邮轮业务。鼓励中资方便旗邮轮从事以上海为母港的两岸四地邮轮运输业务。支持上海邮轮母港建设，鼓励在上海成立中外合资邮轮公司拓展邮轮业务。

14. 做实“软实力”，提升国际影响力。探索体制机制创新，加强与相关政策的配合，做实抓手，着力提升上海国际航运中心在国际航运规则和标准制定、市场规制、信息咨询甩务等领域的能力和水平，提高国际市场影响力。鼓励吸引国内外航运组织、相关协会、服务机构和平台落户上海。支持上海中国航海博物馆提升等级，开展文物征集及文化交流等工作。

(五) 加强基础建设。

15. 积极有序推进港口基础设施建设。加快推进洋山深水港四期工程建设，满足洋山港口益增长的运量得求。加快铁路（包括沪通铁路、沪乍铁路等)、内河集装箱运输基础设施前期工作和建设。提高上海港海铁联运、水水中转等集疏运能力。有序推进干支泊位建设，缓解上海港干支泊位的结构矛盾，优化码头功能配置。加强长江口深水航道疏浚土综合利用，更好地服务上海国际航运中心发展。

16. 引导港口集疏运结构和功能优化。发挥内河、长江水运优势，推进综合运输体系建设，加强外高桥、洋山两港区联动，提高水路运输规模和效率，提升港口水水中转比例，促进上海港可持续发展。支持研究江海直达运输船型标准、管理标准和收费标准，降低江海直达运输成本，鼓励江海直达船舶的推广应用。

17. 加快推进安全绿色航运发展。构建平安海区，着力提高上海港区及周边海域海上人命、财产、环境救助能力和船舶污染防控能力。加强通航水域重要桥梁防碰撞设施建设，保障重要通道安全、畅通。认真组织实施“阳光引航”，逐步取消海进江内贸船舶强制引航。制定和完善相关技术规范和标准，共同促进内河 LNG 燃料动力船舶推广应用。

18. 加强和完善国际海运市场监管机制。授权上海航运交易所承担国际、境内和海峡两岸航运市场的集装箱班轮公司、无船承运人运价备案受理工作，并配合和协助相关部门对运价备案实施检查、监督。进一步发挥船东、港口等有关行业协会在行业自律方面的作用。

三、组织保障

交通运输部和上海市人民政府各有关部门要按照各自职责，密切配合，相互支持，形成合力，切实做好中国（上海）自由贸易试验区总体方案在国际航运领域政策的落实。各相关部门要按照本实施意见确定的目标、任务，结合实际抓紧制订具体实施方案，确保完成各项任务目标。

交通运输部水运局、上海市城乡建设和交通委员会具体负责牵头联系相关工作任务，跟踪研究政策实施过程中出现的新情况、新问题，做好联系与任务推进工作。

交通运输部
上海市人民政府
2013 年 9 月 27 日

## 工业和信息化部关于放开在线数据处理与交易处理业务（经营类电子商务）外资股比限制的通告

工信部通〔2015〕196 号

为贯彻落实党的十八届三中全会精神，支持我国电子商务发展，鼓励和引导外资积极参与，进一步激发市场竞争活力，我部决定在中国（上海）自由贸易试验区开展试点的基础上，在全国范围内放开在线数据处理与交易处理业务（经营类电子商务）的外资股比限制，外资持股比例可至 100%。

外商投资企业要依法依规经营，申请在线数据处理与交易处理业务（经营类电子商务）许可时，对外资的股比要求按本通告执行，其他许可条件要求及相应审批程序按《外商投资电信企业管理规定》（国务院令第 534 号）相关规定执行。

各省、自治区、直辖市通信管理局要加强对外商投资企业的引导和监督，加大事中事后监管力度，切实维护用户合法权益，营造公平竞争的发展环境，促进电子商务持续健康发展，使之成为大众创业、万众创新的重要平台。

本通告自发布之日起执行。

工业和信息化部
2015 年 6 月 19 日

# 工业和信息化部 上海市人民政府关于中国（上海）自由贸易试验区进一步对外开放增值电信业务的意见

工信部联通〔2013〕410号

为贯彻落实党中央、国务院关于建立中国（上海）自由贸易试验区（以下简称试验区）的重大决策，实施更加积极主动的开放战略，支持试验区实现以开放促发展、促改革、促创新，形成可复制、可推广的经验，根据《国务院关于同意中国（上海）自由贸易试验区总体方案的批复》，现就试验区内进一步对外开放增值电信业务，提出如下意见：

## 一、指导思想

积极推动试验区内增值电信业务进一步试点对外开放。加强管理，引导外商投资企业规范经营电信业务。完善服务，维护公平竞争的市场环境，促进电信市场持续健康发展。

## 二、开放领域

（一）已经对WTO承诺开放，但外资股比不超过50%的信息服务业务、存储转发类业务等两项业务外资股比可试点突破50%。其中信息服务业务仅含应用商店。

（二）新增试点开放四项业务：呼叫中心业务、国内多方通信服务业务、因特网接入服务业务（为上网用户提供因特网接入服务）、国内因特网虚拟专用网业务。其中，呼叫中心业务、国内多方通信服务业务、因特网接入服务业务（为上网用户提供因特网接入服务）外资股比可突破50%；国内因特网虚拟专用网业务外资股比不超过50%。

（三）在线数据处理与交易处理业务（经营类电子商务）外资股比不超过55%。

（四）申请经营上述电信业务的企业注册地和服务设施须设在试验区内。因特网接入服务业务（为上网用户提供因特网接入服务）的服务范围限定在试验区内，其他业务的服务范围可以面向全国。

## 三、保障措施

（一）制定细则。

根据国务院总体部署，在试验区内暂停实施《外商投资电信企业管理规定》（国务院534号令）相关规定内容。同时加快制定试点管理办法，调整相关管理制度，简化审批手续，缩短审批时限。

（二）营造环境。

引导外资企业依法规范经营增值电信业务，鼓励外资企业研发中心进驻试验区。切实保护电信用户合法权益，培育和维护公平竞争的市场环境，促进电信市场持续健康发展。

（三）完善服务。

加大政策宣传力度，搭建服务交流平台，加强与外资企业的沟通。为外资企业提供政策咨询和服务，积极为外资企业解决实际困难和问题。

（四）加强监管。

完善相关信息收集和统计分析，明确对网络基础设施、数据资源、用户信息保护等方面的要求。加强对国际通信业务和网络运行安全的监管，维护网络和信息安全。

为推进试验区进一步开放增值电信业务的工作，由工业和信息化部联合上海市人民政府建立部市协调工作机制，推动相关工作的落实。上海市通信管理局应当加强对外资企业的引导和监督，对各项业务试点开放的落实和管理情况，要定期报工业和信息化部和上海市人民政府。

# 文化部关于实施中国（广东）自由贸易试验区、中国（天津）自由贸易试验区、中国（福建）自由贸易试验区文化市场管理政策的通知

文市函〔2015〕490号

广东省文化厅、天津市文化广播影视局、福建省文化厅：

为贯彻落实《国务院关于印发中国（广东）自由贸易试验区总体方案的通知》（国发〔2015〕18号）、《国务院关于印发中国（天津）自由贸易试验区总体方案的通知》（国发〔2015〕19号）、《国务院关于印发中国（福建）自由贸易试验区总体方案的通知》（国发〔2015〕20号），现将中国（广东）自由贸易试验区、中国（天津）自由贸易试验区、中国（福建）自由贸易试验区（以下统一简称为“试验区”）内文化市场管理有关政策调整如下：

一、允许在试验区内设立外资经营的演出经纪机构、演出场所经营单位，为本省（直辖市）提供服务

（一）设立合资、合作、独资经营演出经纪机构的，应当在领取工商营业执照后，向省级人民政府文化主管部门提出申请。省级人民政府文化主管部门自收到申请之日起20日内作出决定。

（二）设立合资、合作、独资经营演出场所经营单位的，应当自领取工商营业执照之日起20日内，持上述证照以及消防、卫生部门的批准文件，到省级人民政府文化主管部门备案，领取演出场所经营单位备案证明。

（三）合资、合作、独资经营的演出经纪机构，在本省（直辖市）内举办营业性演出活动，应当向演出所在地文化主管部门提出申请。举办国内文艺表演团体或者演员参加的营业性演出，应当向县级人民政府文化主管部门提出申请，县级人民政府文化主管部门自受理申请之日起3日内作出决定；举办涉外或者涉港澳台营业性演出，应当向省级人民政府文化主管部门提出申请，省级人民政府文化主管部门自受理申请之日起20日内作出决定。

（四）合资、合作、独资经营的演出场所经营单位，在本场所内举办营业性演出活动，应当向演出所在地文化主管部门提出申请。举办国内文艺表演团体或者演员参加的营业性演出，应当向县级人民政府文化主管部门提出申请，县级人民政府文化主管部门自受理申请之日起3日内作

出决定；举办涉外或者涉港澳台营业性演出，应当向省级人民政府文化主管部门提出申请，省级人民政府文化主管部门自受理申请之日起20日内作出决定。

二、允许在试验区内设立外资经营的娱乐场所

设立合资、合作、独资经营娱乐场所的，应当符合《娱乐场所管理条例》、《娱乐场所管理办法》等法规规章规定的设立条件，向省级人民政府文化主管部门提出申请。省级人民政府文化主管部门自受理申请之日起20日内作出决定。

三、本通知调整的文化市场管理事项，适用于在试验区内投资、设立企业的香港特别行政区、澳门特别行政区、台湾地区投资者和在国外居住的中国公民。

特此通知。

文化部
2015年6月12日

# 文化部关于实施中国（上海）自由贸易试验区文化市场管理政策的通知

文市发〔2013〕47号

上海市文化广播影视管理局：

为贯彻落实《国务院关于印发中国（上海）自由贸易试验区总体方案的通知》（国发〔2013〕38号）有关规定，现将中国（上海）自由贸易试验区（以下简称“试验区”）内文化市场管理有关政策调整如下：

一、允许在试验区内设立外资经营的演出经纪机构、演出场所经营单位，为上海市提供服务

（一）在试验区内设立合资、合作、独资经营演出经纪机构的，应当向上海市文化主管部门提出申请。上海市文化主管部门自收到申请之日起20日内作出决定。

（二）在试验区内设立合资、合作、独资经营演出场所经营单位的，应当自领取工商营业执照之日起20日内，持上述证照以及消防、卫生部门的批准文件，到上海市文化主管部门备案，领取演出场所经营单位备案证明。

（三）合资、合作、独资经营的演出经纪机构，在上海市内举办营业性演出活动，应当向上海市文化主管部门提出申请。举办国内文艺表演团体或者演员参加的营业性演出，自受理申请之日起3日内作出决定；举办涉外或者涉港澳台营业性演出，自受理申请之日起20日内作出决定。

（四）合资、合作、独资经营的演出场所经营单位，在本场所内举办营业性演出活动，应当向上海市文化主管部门提出申请。举办国内文艺表演团体或者演员参加的营业性演出，自受理申请之日起3日内作出决定；举办涉外或者涉港澳台营业性演出，自受理申请之日起20日内作出决定。

二、允许在试验区内设立外资经营的娱乐场所

在试验区内设立合资、合作、独资经营娱乐场所的，应当符合《娱乐场所管理条例》、《娱乐场所管理办法》等法规规章规定的设立条件，向上海市文化主管部门提出申请。上海市文化主管部门自受理申请之日起20日内作出决定。

三、允许外资企业在试验区内从事游戏游艺设备的生产和销售，通过文化主管部门内容审查的游戏游艺设备可面向国内市场销售

（一）在试验区内注册的外资企业，在国内销售其生产的游戏游艺设备，应当向上海市文化主管部门提出内容审查申请。上海市文化主管部门自受理申请之日起20日内作出决定，通过内容审查的报文化部备案并公示。

（二）面向国内销售的游戏游艺设备，不得含有《娱乐场所管理条例》第十三条禁止的内容，游戏游艺设备外观、内容、游戏方法说明应当使用我国通用文字。

（三）报文化部备案公布的内容应当包括：游戏游艺设备内容审查批准文件、生产企业名称、设备名称、基本功能和游戏规则、能反映设备外观的图片等基本信息。

四、本通知调整的行政审批事项，适用于在试验区内投资、设立企业的香港特别行政区、澳门特别行政区、台湾地区投资者和在国外居住的中国公民。

特此通知。

文化部

2013年9月29日

# 文化部关于允许内外资企业从事游戏游艺设备生产和销售的通知

文市函〔2015〕576号

各省、自治区、直辖市文化厅（局），新疆生产建设兵团文化广播电视局，西藏自治区、北京市、天津市、上海市、重庆市文化市场（综合）行政执法总队：

根据《国务院关于推广中国（上海）自由贸易试验区可复制改革试点经验的通知》的要求，文化部负责将“允许内外资企业从事游戏游艺设备生产和销售，经文化部门内容审核后面向国内市场销售”的改革试点经验，于2015年6月30日前在全国范围内推广。现将有关事项通知如下：

一、本通知所称游戏游艺设备，是指通过专用设备向消费者提供游戏内容和游戏过程的电子、机械类装置，包括营业场所使用的电子游戏机、与电视接收机设备配套使用的电子游戏机及手持类电子游戏机等，不包含用于出口销售的游戏游艺设备。本通知所称从事游戏游艺设备生产和销售的内外资企业，是指在工商行政部门依法登记，经营范围包括游戏游艺设备生产或者销售并具有独立法人资格的企业。

二、鼓励和支持企业研发、生产和销售具有自主知识产权、体现民族精神、内容健康向上的益智类、教育类、体感类、健身类游戏游艺设备。严禁含有《娱乐场所管理条例》第十三条禁止内容的，存在安全隐患的，具有退币、退分、退钢珠等赌博功能的游戏游艺设备面向国内生产和销售。

三、省级文化行政部门负责游戏游艺设备内容审核工作。各省（区、市）文化行政部门应当按照《中华人民共和国行政许可法》、《政府信息公开条例》规定，在行政审批服务大厅及有关政务网站，公布游戏游艺设备内容审核的法规依据、实施机关、审核条件、审核程序、审核时限、联系方式等信息，并做好政策咨询服务工作。从事游戏游艺机生产和销售的企业应当向所在地省级文化行政部门提出内容审核申请。省级文化行政部门应当自受理申请之日起20日内作出决定，审核通过的，出具《游戏游艺设备内容审核批准单》，并报文化部统一向社会公布，具体审核流程依照《游戏游艺设备内容审核管理办法》（见附件）。已取得《游戏游艺设备内容审核批准单》的游戏游艺设备可以面向全国销售，异地文化行政部门不再重复审核。省级文化行政部门可以建立由文化、公安等部门、行业专家、协会组成的游戏游艺设备内容审核专家组，对内容难以界定的，可以由专家组提出审核建议或者报文化部复核，复核时间不计入审核时间。文化部不再分批次发布《游戏游艺机市场准入机型机种指导目录》，原《游戏游艺机市场准入机型机种指导目录》继续有效。

四、游戏游艺设备生产和销售企业应当建立内容自审制度，并加强对审核人员的培训。从事游戏游艺设备生产和销售的内外资企业，应当每年向省级文化行政部门报送上一年度的年度报告，内容除向工商行政部门报送的外，还应当包括销售数量。未建立内容自审制度、未按规定履行年度报告义务的，省级文化行政部门可以将其列入文化市场经营异常名录。

县级以上文化行政部门、文化市场综合执法机构对于未经内容审核，擅自面向国内销售游戏游艺设备的企业，应当责令改正，未改正的，由省级文化行政部门将其列入文化市场经营异常名录；游戏游艺设备含有《娱乐场所管理条例》第十三条禁止内容的，由省级文化行政部门将其列入文化市场黑名单。

五、省级文化行政部门要根据本通知精神，结合本地区本部门实际情况，制定实施方案，建立由文化、工商、公安等部门组成的工作协调机制，做好政策宣传和解读，推进政策落地。实施中遇到的重要情况和问题要及时报告。文化部将适时对游戏游艺设备内容审核有关政策的落实情况进行督导。

特此通知。

附件　游戏游艺设备内容审核管理办法（略）

文化部

2015年6月24日

# 中国人民银行关于金融支持中国（广东）自由贸易试验区建设的指导意见

中国人民银行广州分行，深圳市中心支行；国家开发银行，各政策性银行、国有商业银行、股份制商业银行，中国邮政储蓄银行：

为贯彻落实党中央、国务院关于建设中国（广东）自由贸易试验区（以下简称自贸试验区）的战略部署，支持自贸试验区建设，构建与自贸试验区跨境贸易和投资便利化相适应的金融服务体系，根据《国务院关于印发中国（广东）自由贸易试验区总体方案的通知》（国发〔2015〕18号），提出以下意见。

## 一、总体原则

（一）坚持金融服务实体经济。围绕新常态下经济转型升级的金融需求，以促进跨境贸易和投融资便利化为主线，突出特点，积极提升金融服务实体经济的质量和水平，全面推进金融体制机制创新，优化金融资源配置。

（二）坚持全面深化改革。在总结和借鉴上海自贸试验区成功经验基础上，充分发挥“试验田”作用，在人民币资本项目可兑换、人民币跨境使用、外汇管理等重要领域和关键环节先行试验，建立国际化、市场化、法治化的金融服务体系，及时总结评估，为全面深化金融改革探索新路径、积累新经验。

（三）坚持粤港澳一体化发展。发挥区位优势，以粤港澳金融合作为重点，扩大金融服务业对港澳等地区开放，积极营造良好的金融服务环境，以开放创新带动粤港澳地区发展。

（四）坚持守住金融风险底线。建立区域金融监管协调机制，完善金融风险防控体系，在风险可控的前提下稳妥、有序地推进自贸试验区各项金融改革创新，成熟一项、推进一项。

## 二、扩大人民币跨境使用

（五）开展跨境人民币双向融资。支持自贸试验区内金融机构和企业在宏观审慎管理框架下，从境外借入人民币资金并按规定使用。探索完善宏观审慎管理框架下的人民币境外贷款管理方式，鼓励自贸试验区内银行业金融机构增加对企业境外项目的人民币信贷投放。允许自贸试验区内个体工商户根据业务需要向其在境外经营主体提供跨境资金支持。

（六）支持融资租赁机构开展跨境人民币业务创新。允许自贸试验区内融资租赁机构开展跨境双向人民币资金池业务、人民币租赁资产跨境转让业务。

（七）深化跨国企业集团跨境人民币资金集中运营管理改革。支持自贸试验区内符合条件的企业根据自身经营和管理需要，开展集团内跨境双向人民币资金池业务，便利区内跨国企业开展跨境人民币资金集中运营业务。

（八）推动跨境交易以人民币计价和结算。在充分利用全国统一金融基础设施平台的基础上，支持自贸试验区内要素市场设立跨境电子交易和资金结算平台，向自贸试验区和境外投资者提供以人民币计价和结算的金融要素交易服务。鼓励金融机构为境外投资者参与区内要素市场交易提供人民币账户开立、资金结算等服务。

（九）拓展跨境电子商务人民币结算业务。推动自贸试验区内银行机构与符合条件的互联网支付机构合作，办理经常项下及部分经批准的资本项下跨境电子商务人民币结算业务。允许自贸试验区内符合条件的互联网企业根据需要开展经常项下跨境人民币集中收付业务。

（十）研究区内个人以人民币开展直接投资、证券投资、集合投资等境外投资，办理与移民、捐赠、遗赠和遗产相关的资产转移业务。

## 三、深化外汇管理改革

（十一）促进贸易投资便利化。在真实合法交易基础上，进一步简化流程，自贸试验区内货物贸易外汇管理分类等级为A类的企业，货物贸易收入无需开立待核查账户，允许选择不同银行办理经常项目提前购汇和付汇。简化直接投资外汇登记手续，直接投资外汇登记下放银行办理。放宽区内机构对外放款管理，进一步提高对外放款比例。允许区内符合条件的融资租赁收取外币租金。

（十二）实行限额内资本项目可兑换。在自贸试验区内注册的、负面清单外的境内机构，按照每个机构每自然年度跨境收入和跨境支出均不超过规定限额（暂定等值1000万美元，视宏观经济和国际收支状况调节），自主开展跨境投融资活动。限额内实行自由结售汇。符合条件的区内机构应在自贸试验区所在地外汇分局辖内银行机构开立资本项目——投融资账户，办理限额内可兑换相关业务。

（十三）推动外债宏观审慎管理。逐步统一境内机构外债政策。自贸试验区内机构借用外债采取比例自律管理，允许区内机构在净资产的一定倍数（暂定1倍，视宏观经济和国际收支状况调节）内借用外债，企业外债资金实行意愿结汇。

（十四）支持发展总部经济和结算中心。放宽跨国公司外汇资金集中运营管理准入条件。进一步简化资金池管理，允许银行审核真实、合法的电子单证，为企业办理集中收付汇、轧差结算业务。

（十五）支持银行发展人民币与外汇衍生产品服务。注册在自贸试验区内的银行机构，对于境外机构按照规定能够开展即期结售汇交易的业务，可以办理人民币与外汇衍生产品交易，并纳入银行结售汇综合头寸管理。

## 四、深化以粤港澳为重点的区域金融合作

（十六）允许非银行金融机构与港澳地区开展跨境人民币业务。支持自贸试验区内企业集团财务公司、金融租赁公司、消费金融公司、汽车金融公司、金融资产管理公司、证券公司、基金管理公司、期货公司、保险公司等机构按规定在开展跨境融资、跨境担保、跨境资产转让等业务时使用人民币进行计价结算。

（十七）支持与港澳地区开展个人跨境人民币业务创新。允许金融机构按照真实交易原则，凭收付指令为自贸试验区内个人办理经常项下跨境人民币结算业务。支持区内个人从港澳地区借

入人民币资金，用于在区内购买不动产等支出。支持港澳地区个人在区内购买人民币理财产品。

（十八）深化自贸试验区与港澳地区金融同业业务合作。在宏观审慎管理框架下，支持自贸试验区金融机构与港澳地区金融同业开展跨境人民币借款业务，应用于与国家宏观调控方向相符的领域，暂不得用于投资有价证券（包括理财等资产管理类产品）、衍生产品。支持自贸试验区金融机构与港澳地区金融同业合作开展人民币项下跨境担保业务。

（十九）推动自贸试验区与港澳地区金融市场对接。支持区内外资企业的境外母公司或子公司按规定在境内银行间市场发行人民币债券。支持区内金融机构和企业在香港资本市场发行人民币股票和债券，募集资金可调回区内使用，支持自贸试验区开发建设和企业生产经营。支持港澳地区机构投资者在自贸试验区内开展合格境内有限合伙人（QDLP）业务，募集区内人民币资金投资香港资本市场。支持港澳地区机构投资者在自贸试验区内开展合格境外有限合伙人（QFLP）业务，参与境内私募股权投资基金和创业投资基金的投资。

（二十）支持粤港澳在自贸试验区合作设立人民币海外投贷基金。支持粤港澳三地机构在区内合作设立人民币海外投贷基金，募集内地、港澳地区及海外机构和个人的人民币资金，为我国企业“走出去”开展投资、并购提供投融资服务。

（二十一）扩大自贸试验区支付服务领域、征信服务业对港澳地区开放。支持自贸试验区内注册设立的港澳资非金融企业，依法申请支付业务许可。支持港澳地区服务提供者按规定在自贸试验区内设立征信机构和分支机构。探索建立自贸试验区与港澳地区征信产品互认机制。改进征信机构业务管理方式，便利港澳地区服务提供者在自贸试验区经营征信业务。

## 五、提升金融服务水平

（二十二）探索建立与自贸试验区相适应的账户管理体系，为符合条件的自贸试验区内主体，办理跨境经常项下结算业务、政策允许的资本项下结算业务、经批准的自贸试验区资本项目可兑换先行先试业务，促进跨境贸易、投融资结算便利化。

（二十三）完善创新驱动的金融服务。综合运用货币政策工具，引导金融机构加大对自贸试验区新型创业服务平台、创新型小微企业、创业群体的金融支持力度，加强和改进对港澳台同胞、海外华侨、归侨、归国留学生在自贸试验区创业项目的金融服务。支持金融机构开展供应链金融业务创新，促进自贸试验区创新型产业集群核心企业和产业链上下游企业做优做强。引导金融机构在依法合规、风险可控前提下，与股权众筹平台、网络借贷信息平台、互联网支付机构开展合作。

（二十四）创建金融集成电路（IC）卡“一卡通”示范区。完善自贸试验区金融集成电路卡应用环境，加大销售终端（POS）、自动柜员机（ATM）等机具的非接触受理改造力度。大力拓展金融集成电路卡和移动金融在自贸试验区生活服务、公共交通、社会保障等公共服务领域的应用，通过提升现代金融服务水平改善民生。推动自贸试验区公共服务领域的支付服务向港澳地区开放，促进金融集成电路卡和移动金融在自贸试验区和港澳地区的互通使用。

（二十五）推动自贸试验区社会信用体系建设。推进自贸试验区企业信用信息体系建设，完善企业信息共享、信用评价和融资推荐机制。加快发展各类征信机构，推动征信产品在金融、经济和社会管理等领域的应用。探索在跨境融资中引入信用评级机制。

## 六、风险监测与管理

（二十六）加强组织协调。中国人民银行广州分行会同深圳市中心支行，加强与地方人民政府和其他金融监管部门驻粤机构的沟通，完善区域金融监管协调机制，加强金融信息共享，提升风险联合防范和处置能力，建立和完善系统性风险预警、防范和化解体系，守住不发生系统性、区域性金融风险底线。加强对自贸试验区内金融机构信息安全管理，明确管理部门和管理职责。

（二十七）加强跨境资金流动风险防控。区内机构办理跨境创新业务，应具有真实合法交易基础，不得使用虚假合同等凭证或虚构交易办理业务。金融机构应遵循“展业三原则”，建立健全内控制度，完善业务真实性、合规性审查机制，及时报告可疑交易。全面监测分析跨境资金流动，防止跨境资金大进大出，健全和落实单证留存制度，探索主体监管，实施分类管理，采取有效措施防范风险。

（二十八）加强反洗钱、反恐融资管理。办理自贸试验区业务的金融机构和特定非金融机构，应按照法律法规要求切实履行反洗钱、反恐融资、反逃税等义务，全面监测分析跨境、跨区资金流动，按规定及时报送大额和可疑交易报告。完善粤港澳反洗钱、反恐融资监管合作和信息共享机制。

（二十九）加强金融消费权益保护。自贸试验区内金融机构要完善客户权益保护机制，负起保护消费者的主体责任。建立健全区内金融消费权益保护工作体系。加强与金融监管、行业组织和司法部门相互协作，探索构建和解、专业调解、仲裁和诉讼在内的多元化金融纠纷解决机制。加强自贸试验区金融创新产品相关知识普及，重视风险教育，提高消费者的风险防范意识和自我保护能力。

（三十）中国人民银行广州分行会同深圳市中心支行，加强与有关金融监管部门派出机构的沟通，按照宏观审慎、风险可控、稳步推进的原则，依据本意见制定实施细则和操作规程，报中国人民银行总行备案。

中国人民银行<br>2015 年 12 月 9 日

# 中国人民银行关于金融支持中国（福建）自由贸易试验区建设的指导意见

中国人民银行福州中心支行，厦门市中心支行；国家开发银行，各政策性银行、国有商业银行、股份制商业银行，中国邮政储蓄银行：

为贯彻落实党中央、国务院关于建设中国（福建）自由贸易试验区（以下简称自贸试验区）的战略部署，促进自贸试验区跨境贸易和投融资便利化，支持自贸试验区实体经济发展，根据《国务院关于印发中国（福建）自由贸易试验区总体方案的通知》（国发〔2015〕20 号），提出以下意见。

## 一、总体原则

（一）坚持金融服务实体经济。以深化两岸金融合作为主线，突出特点，促进贸易投资便利化，推动经济转型升级，为两岸经贸合作和21世纪海上丝绸之路核心区建设提供金融支持。

（二）坚持改革创新，先行先试。在总结和借鉴上海自贸试验区成功经验基础上，积极探索准入前国民待遇加负面清单管理模式，简政放权，着力推进人民币跨境使用、人民币资本项目可兑换和外汇管理等领域改革创新，推动市场要素双向流动。

（三）坚持风险可控。稳妥有序组织金融开放创新工作，先易后难、稳步推进，成熟一项、推进一项，及时总结评估，完善金融风险防控体系。

## 二、扩大人民币跨境使用

（四）银行业金融机构可按规定凭自贸试验区内企业提交的收付款指令，为其直接办理跨境投资人民币结算业务。银行业金融机构按负面清单管理模式为区内企业提供直接投资项下人民币结算服务。

（五）在宏观审慎管理框架下，自贸试验区银行业金融机构可与台湾地区金融同业按一定比例跨境拆入人民币短期借款，向台湾地区金融同业跨境拆出短期人民币资金。

（六）支持自贸试验区内非银行金融机构和企业在外债宏观审慎管理框架下从境外借用人民币资金，资金运用应符合国家宏观调控和产业政策规定，用于自贸试验区建设，不得用于投资有价证券、理财产品、衍生产品，不得用于委托贷款。

（七）支持自贸试验区内金融机构和企业按规定在境外发行人民币债券，所筹资金可根据需要调回区内使用。自贸试验区内企业的境外母公司可按规定在境内发行人民币债券。

（八）支持在自贸试验区内设立跨境人民币投资基金，按注册地管理，开展跨境人民币双向投资业务。

（九）支持自贸试验区内开展人民币计价结算的跨境租赁资产交易。支持区内租赁公司开展跨境资产转让。支持符合条件的自贸试验区金融租赁公司在境内发行、交易金融债券；支持符合条件的自贸试验区非金融租赁公司在银行间市场发行非金融企业债务融资工具。

（十）自贸试验区内符合条件的跨国公司可根据自身经营需要备案开展集团内跨境双向人民币资金池业务，为其境内外关联企业提供经常项下人民币集中收付业务。

（十一）支持自贸试验区内符合条件的企业按规定开展人民币境外证券和境外衍生品等投资业务。允许区内银行业金融机构按照银行间市场等相关政策规定和我国金融市场对外开放的整体部署为境外机构办理人民币衍生品业务。允许区内个体工商户根据业务需要向境外关联经营主体贷出人民币资金。

（十二）支持自贸试验区个人开展经常项下、投资项下跨境人民币结算业务。在区内居住或就业并符合条件的境内个人可按规定开展跨境贸易、其他经常项下人民币结算业务，研究开展包括证券投资在内的各类人民币境外投资。在区内居住或就业并符合条件的境外个人可按规定开展跨境贸易、其他经常项下人民币结算业务以及包括证券投资在内的各类境内投资。

## 三、深化外汇管理改革

（十三）促进贸易投资便利化。在真实合法交易基础上，进一步简化流程，自贸试验区内货物贸易外汇管理分类等级为A类的企业，货物贸易收入无需开立待核查账户，允许选择不同银行办理经常项目提前购汇和付汇。简化直接投资外汇登记手续，直接投资外汇登记下放银行办理，外商投资企业外汇资本金实行意愿结汇。放宽区内机构对外放款管理，进一步提高对外放款比例。允许区内符合条件的融资租赁收取外币租金。

（十四）实行限额内资本项目可兑换。在自贸试验区内注册的、负面清单外的境内机构，按照每个机构每自然年度跨境收入和跨境支出均不超过规定限额（暂定等值1000万美元，视宏观经济和国际收支状况调节），自主开展跨境投融资活动。限额内实行自由结售汇。符合条件的区内机构应在自贸试验区所在地外汇分局辖内银行开立资本项目——投融资账户，办理限额内可兑换相关业务。

（十五）推动外债宏观审慎管理。逐步统一境内机构外债政策。自贸试验区内机构借用外债采取比例自律管理，允许区内机构在净资产的一定倍数（暂定1倍，视宏观经济和国际收支状况调节）内借用外债，企业外债资金实行意愿结汇。

（十六）支持发展总部经济和结算中心。放宽跨国公司外汇资金集中运营管理准入条件。进一步简化资金池管理，允许银行审核真实、合法的电子单证，为企业办理集中收付汇、轧差结算业务。

（十七）支持银行发展人民币与外汇衍生产品服务。注册在自贸试验区内的银行机构，对于境外机构按照规定能够开展即期结售汇交易的业务，可以办理人民币与外汇衍生产品交易，并纳入银行结售汇综合头寸管理。

## 四、拓展金融服务

（十八）探索建立与自贸试验区相适应的账户管理体系，为符合条件的自贸试验区内主体，办理跨境经常项下结算业务、政策允许的资本项下结算业务、经批准的自贸试验区资本项目可兑换先行先试业务，促进跨境贸易、投融资结算便利化。

（十九）支持符合条件的企业依法申请互联网支付业务许可开展业务。允许自贸试验区内注册设立的台资非金融企业，依法申请支付业务许可。福建省内银行业金融机构可与自贸试验区内持有《支付业务许可证》且许可业务范围包括互联网支付的支付机构合作，按照有关管理政策为跨境电子商务（货物贸易或服务贸易）提供跨境本外币支付结算服务。

（二十）创建金融集成电路（IC）卡“一卡通”示范区。完善自贸试验区金融集成电路卡应用环境，加大销售终端（POS）、自动柜员机（ATM）等机具的非接触受理改造力度。大力拓展金融集成电路卡和移动金融在自贸试验区生活服务、公共交通、社会保障等公共服务领域的应用，通过提升现代金融服务水平改善民生。

## 五、深化两岸金融合作

（二十一）支持自贸试验区在海峡两岸金融合作中发挥先行先试作用。支持自贸试验区在两岸货币合作方面探索创新。允许符合条件的银行机构为境外企业和个人开立新台币账户，允许金融机构与台湾地区银行之间开立新台币同业往来账户办理多种形式结算业务，试点新台币区域性银行间市场交易。支持厦门片区完善两岸货币现钞调运机制。

（二十二）支持建立自贸试验区金融改革创新与厦门两岸区域性金融服务中心建设的联动机制，深化两岸金融合作。

（二十三）支持自贸试验区在两岸金融同业民间交流合作基础上，完善两岸金融同业定期会晤机制，促进两岸金融合作与发展。完善两岸反洗钱、反恐融资监管合作和信息共享机制。

## 六、完善金融监管

（二十四）办理自贸试验区业务的金融机构应遵循“展业三原则”，建立健全内控制度并报金融监管部门备案，完善业务的真实性、合规性审查机制。

（二十五）办理自贸试验区业务的金融机构开展创新业务，应具有真实合法交易基础，不得使用虚假合同等凭证或虚构交易办理业务。

（二十六）办理自贸试验区业务的金融机构和支付机构应按照法律法规要求切实履行反洗钱、反恐融资、反逃税等义务，全面监测跨境、跨区资金流动，按规定及时报送大额和可疑交易报告。

（二十七）办理自贸试验区业务的金融机构，应按规定办理国际收支统计等相关业务申报，配合金融监管部门，全面监测分析跨境资金流动，健全和落实单证留存制度。

（二十八）中国人民银行和国家外汇管理局授权派出机构，按照宏观审慎管理要求，探索在自贸试验区内建立和完善跨境资金流动风险监测预警指标体系，防止跨境资金大进大出，加强监管，制定相关应急预案，必要时采取临时性管制措施。探索主体监管，实施分类管理，建立和完善系统性风险预警、防范和化解体系，守住不发生系统性、区域性金融风险底线。加强与金融监管部门的沟通协调，建立信息共享机制。加强对自贸试验区内金融机构信息安全管理，明确管理部门和管理职责。

（二十九）加强金融消费权益保护。自贸试验区内金融机构要完善客户权益保护机制，负起保护消费者的主体责任。建立健全区内金融消费权益保护工作体系。加强与金融监管、行业组织和司法部门相互协作，探索构建和解、专业调解、仲裁和诉讼在内的多元化金融纠纷解决机制。加强自贸试验区金融创新产品相关知识普及，重视风险教育，提高消费者的风险防范意识和自我保护能力。

（三十）中国人民银行和国家外汇管理局授权派出机构，加强与有关金融监管部门派出机构的沟通，按照宏观审慎、风险可控、稳步推进的原则，依据本意见制定实施细则和操作规程，报中国人民银行总行备案。

中国人民银行<br>2015 年 12 月 9 日

# 中国人民银行关于金融支持中国（天津）自由贸易试验区建设的指导意见

中国人民银行天津分行；国家开发银行，各政策性银行、国有商业银行、股份制商业银行，中国邮政储蓄银行：

为贯彻落实党中央、国务院关于建设中国（天津）自由贸易试验区（以下简称自贸试验区）的战略部署，促进自贸试验区实体经济发展，加大对跨境贸易和投融资的金融支持，根据《国务院关于印发中国（天津）自由贸易试验区总体方案的通知》（国发〔2015〕19号），提出以下意见。

## 一、总体原则

（一）服务实体经济发展。坚持金融服务实体经济发展、服务产业转型升级，立足天津区位特征和经济特色，围绕金融支持租赁业发展特点，拓展金融服务功能，带动全国租赁业稳健发展。

（二）深化体制机制改革。在总结和借鉴上海自贸试验区成功经验基础上，坚持简政放权的改革方向，逐步实现准入前国民待遇加负面清单管理模式，加强事中事后分析评估和事后备案管理，推动市场要素双向流动。

（三）有效防范金融风险。建立健全系统性风险预警、防范和化解体系，守住风险底线，切实做好各项应急预案，及时化解和处置风险隐患。

（四）稳步有序推进实施。坚持成熟一项、推进一项，突出重点、先易后难，及时总结评估，积极推进金融改革创新开放。

## 二、扩大人民币跨境使用

（五）支持自贸试验区内金融机构和企业按宏观审慎原则从境外借用人民币资金，用于符合国家宏观调控方向的领域，不得用于投资有价证券、理财产品、衍生产品，不得用于委托贷款。自贸试验区内的银行业金融机构可按规定向境外同业跨境拆出短期人民币资金。

（六）支持自贸试验区内企业和金融机构按规定在境外发行人民币债券，募集资金可调回区内使用。自贸试验区内企业的境外母公司可按规定在境内发行人民币债券。

（七）支持自贸试验区在充分利用全国统一金融基础设施平台的基础上，完善现有的以人民币计价的金融资产、股权、产权、航运等要素交易平台，面向自贸试验区和境外投资者提供人民币计价的交割和结算服务。

（八）支持自贸试验区内符合条件的企业按规定开展人民币境外证券投资和境外衍生品投资业务。支持自贸试验区内银行机构按照银行间市场等相关政策规定和我国金融市场对外开放的整体部署为境外机构办理人民币衍生品业务。支持自贸试验区内设立的股权投资基金按规定开展人民币对外投资业务。

（九）自贸试验区内符合条件的跨国企业集团开展跨境双向人民币资金池业务，可不受经营时间、年度营业收入和净流入额上限的限制。

（十）研究在自贸试验区内就业并符合条件的境内个人按规定开展各类人民币境外投资。在自贸试验区内就业并符合条件的境外个人可按规定开展各类境内投资。

## 三、深化外汇管理改革

（十一）促进贸易投资便利化。在真实合法交易基础上，进一步简化流程，自贸试验区内货物贸易外汇管理分类等级为A类的企业，货物贸易收入无需开立待核查账户，允许选择不同银行办理经常项目提前购汇和付汇。简化直接投资外汇登记手续，直接投资外汇登记下放银行办理，外商投资企业外汇资本金实行意愿结汇。放宽自贸试验区内机构对外放款管理，进一步提高对外放款比例。

（十二）实行限额内资本项目可兑换。在自贸试验区内注册的、负面清单外的境内机构，按照每个机构每自然年度跨境收入和跨境支出均不超过规定限额（暂定等值1000万美元，视宏观经济和国际收支状况调节），自主开展跨境投融资活动。限额内实行自由结售汇。符合条件的自贸试验区内机构应在天津地区银行机构开立资本项目——投融资账户，办理限额内可兑换相关业务。

（十三）推动外债宏观审慎管理，逐步统一境内机构外债政策。自贸试验区内机构借用外债采取比例自律管理，允许区内机构在净资产的一定倍数（暂定1倍，视宏观经济和国际收支状况调节）内借用外债，企业外债资金实行意愿结汇。

（十四）支持发展总部经济和结算中心。放宽跨国公司外汇资金集中运营管理准入条件。进一步简化资金池管理，允许银行审核真实、合法的电子单证，为企业办理集中收付汇、轧差结算业务。

（十五）支持银行发展人民币与外汇衍生产品服务。注册在自贸试验区内的银行机构，对于境外机构按照规定能够开展即期结售汇交易的业务，可以办理人民币与外汇衍生产品交易，并纳入银行结售汇综合头寸管理。

## 四、促进租赁业发展

（十六）本指导意见第五条部分条款、第六条、第九条、第十一条、第十二条、第十三条适用于自贸试验区内各类租赁公司，第十四条适用于自贸试验区内金融租赁公司。

（十七）支持自贸试验区内租赁公司利用国家外汇储备，开展飞机、新型船舶、海洋工程结构物和大型成套进口设备等租赁业务。

（十八）允许自贸试验区内符合条件的融资租赁收取外币租金。

（十九）支持租赁公司依托自贸试验区要素交易平台开展以人民币计价结算的跨境租赁资产交易。

（二十）允许自贸试验区内租赁公司在境外开立人民币账户用于跨境人民币租赁业务，允许租赁公司在一定限额内同名账户的人民币资金自由划转。

## 五、支持京津冀协同发展

（二十一）支持京津冀地区金融机构在自贸试验区开展跨区域金融协同创新与合作，优化金融资源配置。

（二十二）积极争取在自贸试验区内设立京津冀协同发展基金、京津冀产业结构调整基金。允许境外投资者以人民币资金投资自贸试验区内用于京津冀协同发展的基金。

（二十三）支持京津冀地区金融机构为自贸试验区内主体提供支付结算、异地存储、信用担保等业务同城化综合金融服务，降低跨行政区金融交易成本。

六、完善金融服务功能

（二十四）探索建立与自贸试验区相适应的账户管理体系，为符合条件的自贸试验区主体，办理跨境经常项下结算业务、政策允许的资本项下结算业务、经批准的自贸试验区资本项目可兑换先行先试业务，促进跨境贸易、投融资结算便利化。

（二十五）创建金融集成电路（IC）卡“一卡通”示范区。完善自贸试验区金融集成电路卡应用环境，加大销售终端（POS）、自动柜员机（ATM）等机具的非接触受理改造力度。大力拓展金融集成电路卡和移动金融在自贸试验区生活服务、公共交通、社会保障等公共服务领域的应用，通过提升现代金融服务水平改善民生。

七、加强监测与管理

（二十六）自贸试验区内主体办理金融业务，应具有真实合法交易基础，不得使用虚假合同等凭证或虚构交易办理业务。金融机构应遵循“展业三原则”，建立健全内控制度，完善业务真实性、合规性审查机制。加强对自贸试验区内金融机构信息安全管理，明确管理部门和管理职责。

（二十七）办理自贸试验区业务的金融机构和特定非金融机构，应按照法律法规要求切实履行反洗钱、反恐融资、反逃税等义务，全面监测分析跨境、跨区资金流动，按规定及时报送大额和可疑交易报告。

（二十八）中国人民银行天津分行和国家外汇管理局天津市分局要加强跨境资金流动风险监测，做好非现场核查和现场检查，防止跨境资金大进大出。健全和落实单证留存制度，探索主体监管，实施分类管理，采取有效措施防范风险。建立和完善系统性风险预警、防范和化解体系，守住不发生系统性、区域性金融风险底线。加强与相关金融监管部门的沟通协调，建立信息共享机制。

（二十九）加强自贸试验区金融消费权益保护。自贸试验区内金融机构要完善客户权益保护机制，负起保护消费者的主体责任。建立健全区内金融消费权益保护工作体系。加强与金融监管、行业组织和司法部门相互协作，探索构建和解、专业调解、仲裁和诉讼在内的多元化金融纠纷解决机制。加强自贸试验区金融创新产品相关知识普及，重视风险教育，提高消费者的风险防范意识和自我保护能力。

（三十）中国人民银行天津分行和国家外汇管理局天津市分局，加强与有关金融监管部门派出机构的沟通，按照宏观审慎、风险可控、稳步推进的原则，依据本意见制定实施细则和操作规程，报中国人民银行总行备案。

中国人民银行
2015 年 12 月 9 日

# 中国人民银行关于金融支持中国（上海）自由贸易试验区建设的意见

为贯彻落实党中央、国务院关于建设中国（上海）自由贸易试验区（以下简称试验区）的重要战略部署，支持试验区建设，促进试验区实体经济发展，加大对跨境投资和贸易的金融支持，深化金融改革、扩大对外开放，现提出以下意见。

## 一、总体原则

（一）坚持金融服务实体经济，进一步促进贸易投资便利化，扩大金融对外开放，推动试验区在更高平台参与国际竞争。

（二）坚持改革创新、先行先试，着力推进人民币跨境使用、人民币资本项目可兑换、利率市场化和外汇管理等领域改革试点。

（三）坚持风险可控、稳步推进，“成熟一项、推动一项”，适时有序组织试点。

## 二、创新有利于风险管理的账户体系

（四）试验区内的居民可通过设立本外币自由贸易账户（以下简称居民自由贸易账户）实现分账核算管理，开展本意见第三部分的投融资创新业务；非居民可在试验区内银行开立本外币非居民自由贸易账户（以下简称非居民自由贸易账户），按准入前国民待遇原则享受相关金融服务。

（五）居民自由贸易账户与境外账户、境内区外的非居民账户、非居民自由贸易账户以及其他居民自由贸易账户之间的资金可自由划转。同一非金融机构主体的居民自由贸易账户与其他银行结算账户之间因经常项下业务、偿还贷款、实业投资以及其他符合规定的跨境交易需要可办理资金划转。居民自由贸易账户与境内区外的银行结算账户之间产生的资金流动视同跨境业务管理。

（六）居民自由贸易账户及非居民自由贸易账户可办理跨境融资、担保等业务。条件成熟时，账户内本外币资金可自由兑换。建立区内居民自由贸易账户和非居民自由贸易账户人民币汇兑的监测机制。

（七）上海地区金融机构可根据人民银行规定，通过设立试验区分账核算单元的方式，为符合条件的区内主体开立自由贸易账户，并提供相关金融服务。

## 三、探索投融资汇兑便利

（八）促进企业跨境直接投资便利化。试验区跨境直接投资，可按上海市有关规定与前置核准脱钩，直接向银行办理所涉及的跨境收付、兑换业务。

（九）便利个人跨境投资。在区内就业并符合条件的个人可按规定开展包括证券投资在内的各类境外投资。个人在区内获得的合法所得可在完税后向外支付。区内个体工商户可根据业务需要向其在境外经营主体提供跨境贷款。在区内就业并符合条件的境外个人可按规定在区内金融机构开立非居民个人境内投资专户，按规定开展包括证券投资在内的各类境内投资。

（十）稳步开放资本市场。区内金融机构和企业可按规定进入上海地区的证券和期货交易场所进行投资和交易。区内企业的境外母公司可按国家有关法规在境内资本市场发行人民币债券。根据市场需求，探索在区内开展国际金融资产交易等。

（十一）促进对外融资便利化。根据经营需要，注册在试验区内的中外资企业、非银行金融机构以及其他经济组织（以下简称区内机构）可按规定从境外融入本外币资金，完善全口径外债的宏观审慎管理制度，采取有效措施切实防范外债风险。

（十二）提供多样化风险对冲手段。区内机构可按规定基于真实的币种匹配及期限匹配管理需要在区内或境外开展风险对冲管理。允许符合条件的区内企业按规定开展境外证券投资和境外衍生品投资业务。试验区分账核算单元因向区内或境外机构提供本外币自由汇兑产生的敞口头寸，应在区内或境外市场上进行平盘对冲。试验区分账核算单元基于自身风险管理需要，可按规定参与国际金融市场衍生工具交易。经批准，试验区分账核算单元可在一定额度内进入境内银行间市场开展拆借或回购交易。

## 四、扩大人民币跨境使用

（十三）上海地区银行业金融机构可在“了解你的客户”、“了解你的业务”和“尽职审查”三原则基础上，凭区内机构（出口货物贸易人民币结算企业重点监管名单内的企业除外）和个人提交的收付款指令，直接办理经常项下、直接投资的跨境人民币结算业务。

（十四）上海地区银行业金融机构可与区内持有《支付业务许可证》且许可业务范围包括互联网支付的支付机构合作，按照支付机构有关管理政策，为跨境电子商务（货物贸易或服务贸易）提供人民币结算服务。

（十五）区内金融机构和企业可从境外借用人民币资金，借用的人民币资金不得用于投资有价证券、衍生产品，不得用于委托贷款。

（十六）区内企业可根据自身经营需要，开展集团内双向人民币资金池业务，为其境内外关联企业提供经常项下集中收付业务。

## 五、稳步推进利率市场化

（十七）根据相关基础条件的成熟程度，推进试验区利率市场化体系建设。

（十八）完善区内居民自由贸易账户和非居民自由贸易账户本外币资金利率的市场化定价监测机制。

（十九）将区内符合条件的金融机构纳入优先发行大额可转让存单的机构范围，在区内实现大额可转让存单发行的先行先试。

（二十）条件成熟时，放开区内一般账户小额外币存款利率上限。

## 六、深化外汇管理改革

（二十一）支持试验区发展总部经济和新型贸易。扩大跨国公司总部外汇资金集中运营管理试点企业范围，进一步简化外币资金池管理，深化国际贸易结算中心外汇管理试点，促进贸易投资便利化。

（二十二）简化直接投资外汇登记手续。将直接投资项下外汇登记及变更登记下放银行办理，加强事后监管。在保证交易真实性和数据采集完整的条件下，允许区内外商直接投资项下的外汇资金意愿结汇。

（二十三）支持试验区开展境内外租赁服务。取消金融类租赁公司境外租赁等境外债权业务的逐笔审批，实行登记管理。经批准，允许金融租赁公司及中资融资租赁公司境内融资租赁收取外币租金，简化飞机、船舶等大型融资租赁项目预付货款手续。

（二十四）取消区内机构向境外支付担保费的核准，区内机构直接到银行办理担保费购付汇手续。

（二十五）完善结售汇管理，支持银行开展面向境内客户的大宗商品衍生品的柜台交易。

## 七、监测与管理

（二十六）区内金融机构和特定非金融机构应按照法律法规要求切实履行反洗钱、反恐融资、反逃税等义务，及时、准确、完整地向人民银行和其他金融监管部门报送资产负债表及相关业务信息，并根据相关规定办理国际收支统计申报；配合金融监管部门密切关注跨境异常资金流动。

（二十七）上海市人民政府可通过建立试验区综合信息监管平台，对区内非金融机构进行监督管理。可按年度对区内非金融机构进行评估，并根据评估结果对区内非金融机构实施分类管理。

（二十八）试验区分账核算单元业务计入其法人行的资本充足率核算，流动性管理以自求平衡为原则，必要时可由其上级行提供。

（二十九）区内实施金融宏观审慎管理。人民银行可根据形势判断，加强对试验区短期投机性资本流动的监管，直至采取临时性管制措施。加强与其他金融监管部门的沟通协调，保证信息的及时充分共享。

（三十）人民银行将根据风险可控、稳步推进的原则，制定相应细则后组织实施，并做好与其他金融监管部门审慎管理要求的衔接。

# 中国人民银行、商务部公告 2016 年第 1 号

经国务院批准，现就设立外商投资征信机构有关事宜公告如下：

设立经营个人征信业务的外商投资征信机构，应当符合《征信业管理条例》第六条和《征

信机构管理办法》的规定。申请人在取得中国人民银行的前置许可后，凭个人征信业务经营许可证向商务部申请办理审批手续，予以批准的，发给外商投资企业批准证书。申请人凭个人征信业务经营许可证和外商投资企业批准证书，向工商行政管理部门办理注册登记手续。

经营企业征信业务的外商投资征信机构则交由省级商务主管部门负责批准企业设立，予以批准的，申请人凭外商投资企业批准证书办理工商注册登记手续，并在所在地中国人民银行省会（首府）城市中心支行以上分支机构办理备案，纳入中国人民银行的监管范围。

在经国务院批准的自由贸易试验区内，外商投资征信机构的设立和变更适用《自由贸易试验区外商投资备案管理办法（试行）》，申请人凭外商投资企业备案证明替代外商投资企业批准证书办理相关手续。

外商投资征信机构应当按照《征信业管理条例》和《征信机构管理办法》的规定依法开展征信业务，接受主管部门的监管。

本公告自公布之日起施行。

中国人民银行
中华人民共和国商务部
2016 年 1 月 20 日

# 中国人民银行、商务部、银监会、证监会、保监会、外汇局、上海市人民政府关于印发《进一步推进中国（上海）自由贸易试验区金融开放创新试点 加快上海国际金融中心建设方案》的通知

《进一步推进中国（上海）自由贸易试验区金融开放创新试点 加快上海国际金融中心建设方案》已经国务院同意，现予以印发，请认真贯彻执行。

中国人民银行
商务部 银监会
证监会
保监会
外汇局
上海市人民政府
2015 年 10 月 29 日

附件

# 进一步推进中国（上海）自由贸易试验区金融开放创新试点加快上海国际金融中心建设方案

为深入贯彻落实党中央、国务院决策部署，进一步推进中国（上海）自由贸易试验区（以下简称自贸试验区）金融开放创新试点，加快上海国际金融中心建设，制定本方案。

## 一、总体要求

贯彻落实党中央、国务院关于金融改革开放和自贸试验区建设的总体部署，紧紧围绕服务全国、面向世界的战略要求和上海国际金融中心建设的战略任务，坚持以服务实体经济、促进贸易和投资便利化为出发点，根据积极稳妥、把握节奏、宏观审慎、风险可控原则，成熟一项、推进一项，加快推进资本项目可兑换、人民币跨境使用、金融服务业开放和建设面向国际的金融市场，不断完善金融监管，大力促进自贸试验区金融开放创新试点与上海国际金融中心建设的联动，探索新途径、积累新经验，及时总结评估、适时复制推广，更好地为全国深化金融改革和扩大金融开放服务。

## 二、率先实现人民币资本项目可兑换

按照统筹规划、服务实体、风险可控、分步推进原则，在自贸试验区内进行人民币资本项目可兑换的先行先试，逐步提高资本项下各项目可兑换程度。

（一）认真总结自由贸易账户经验。抓紧启动自由贸易账户本外币一体化各项业务，进一步拓展自由贸易账户功能。自由贸易账户内本外币资金按宏观审慎的可兑换原则管理。

（二）规范自由贸易账户开立和使用条件，严格落实银行账户实名制。支持经济主体可通过自由贸易账户开展涉外贸易投资活动，鼓励和支持银行、证券、保险类金融机构利用自由贸易账户等开展金融创新业务，允许证券、期货交易所和结算机构围绕自由贸易账户体系，充分利用自由贸易账户间的电子信息流和资金流，研究改革创新举措。

（三）研究启动合格境内个人投资者境外投资试点，适时出台相关实施细则，允许符合条件的个人开展境外实业投资、不动产投资和金融类投资。

（四）抓紧制定有关办法，允许或扩大符合条件的机构和个人在境内外证券期货市场投资，尽快明确在境内证券期货市场投资的跨境资金流动管理方式，研究探索通过自由贸易账户等支持资本市场开放，适时启动试点。

（五）建立健全自贸试验区内宏观审慎管理框架下的境外融资和资本流动管理体系，综合考虑资产负债币种、期限等匹配情况以及外债管理和货币政策调控需要，合理调控境外融资规模和投向，优化境外融资结构，防范境外融资风险。

（六）创新外汇管理体制，探索在自贸试验区内开展限额内可兑换试点。围绕自贸试验区和上海国际金融中心建设目标，进一步创新外汇管理体制。放宽跨境资本流动限制，健全外汇资金均衡管理体制。统筹研究进一步扩大个人可兑换限额。根据主体监管原则，在自贸试验区内实现非金融企业限额内可兑换。逐步扩大本外币兑换限额，率先实现可兑换。

## 三、进一步扩大人民币跨境使用

扩大人民币境外使用范围，推进贸易、实业投资与金融投资三者并重，推动资本和人民币“走出去”。

（七）完善相关制度规则，支持自贸试验区内企业的境外母公司或子公司在境内发行人民币债券，募集资金根据需要在境内外使用。

（八）在建立健全相关管理制度的基础上，根据市场需要启动自贸试验区个体工商户向其在境外经营主体提供跨境人民币资金支持。

（九）拓宽境外人民币投资回流渠道。创新面向国际的人民币金融产品，扩大境外人民币境内投资金融产品的范围，促进人民币资金跨境双向流动。

## 四、不断扩大金融服务业对内对外开放

探索市场准入负面清单制度，开展相关改革试点工作。对接国际高标准经贸规则，探索金融服务业对外资实行准入前国民待遇加负面清单管理模式。推动金融服务业对符合条件的民营资本和外资机构扩大开放。

（十）支持民营资本进入金融业，支持符合条件的民营资本依法设立民营银行、金融租赁公司、财务公司、汽车金融公司和消费金融公司等金融机构。

（十一）支持各类符合条件的银行业金融机构通过新设法人机构、分支机构、专营机构、专业子公司等方式进入自贸试验区经营。

（十二）支持具有离岸业务资格的商业银行在自贸试验区内扩大相关离岸业务。在对现行试点进行风险评估基础上，适时扩大试点银行和业务范围。

（十三）支持在自贸试验区内按照国家规定设立面向机构投资者的非标资产交易平台。

（十四）允许自贸试验区内证券期货经营机构开展证券期货业务交叉持牌试点。

（十五）允许公募基金管理公司在自贸试验区设立专门从事指数基金管理业务的专业子公司。支持保险资金等长期资金在符合规定前提下委托证券期货经营机构在自贸试验区内开展跨境投资。

（十六）支持证券期货经营机构在自贸试验区率先开展跨境经纪和跨境资产管理业务，开展证券期货经营机构参与境外证券期货和衍生品交易试点。允许基金管理公司子公司开展跨境资产管理、境外投资顾问等业务。支持上海证券期货经营机构进入银行间外汇市场，开展人民币对外汇即期业务和衍生品交易。

（十七）支持在自贸试验区设立专业从事境外股权投资的项目公司，支持符合条件的投资者设立境外股权投资基金。

（十八）允许外资金融机构在自贸试验区内设立合资证券公司，外资持股比例不超过49%，内资股东不要求为证券公司，扩大合资证券公司业务范围。允许符合条件的外资机构在自贸试验

区内设立合资证券投资咨询公司。

（十九）支持在自贸试验区设立保险资产管理公司及子公司、保险资金运用中心。支持保险资产管理机构设立夹层基金、并购基金、不动产基金、养老产业基金、健康产业基金等私募基金。支持保险资产管理公司发起、保险公司投资资产证券化产品。依托金融要素市场研究巨灾债券试点。

（二十）完善再保险产业链。支持在自贸试验区设立中外资再保险机构，设立自保公司、相互制保险公司等新型保险组织，以及设立为保险业发展提供配套服务的保险经纪、保险代理、风险评估、损失理算、法律咨询等专业性保险服务机构。支持自贸试验区内保险机构大力开展跨境人民币再保险和全球保单分入业务。鼓励各类保险机构为我国海外企业提供风险保障，在自贸试验区创新特殊风险分散机制，开展能源、航空航天等特殊风险保险业务，推动国际资本为国内巨灾保险、特殊风险保险提供再保险支持。

（二十一）在现行法律框架下，支持设立外资健康保险机构。探索建立航运保险产品注册制度。研究推出航运保险指数。

（二十二）在风险可控前提下支持互联网金融在自贸试验区创新发展。

（二十三）支持科技金融发展，探索投贷联动试点，促进创业创新。在风险可控和依法合规前提下，允许浦发硅谷银行等以科技金融服务为特点的银行与创业投资企业、股权投资企业战略合作，探索投贷联动，地方人民政府给予必要扶持。

（二十四）在防范风险前提下，研究探索开展金融业综合经营，探索设立金融控股公司。

（二十五）在自贸试验区内金融开放领域试点开展涉及外资的国家安全审查。支持与我国签署自由贸易协定的国家或地区金融机构率先在自贸试验区内设立合资金融机构，逐步提高持股比例。在内地与港澳、大陆与台湾有关经贸合作协议框架下，提高港澳台地区服务提供者在自贸试验区内参股金融机构的持股比例。

（二十六）集聚和发展银行、证券、保险等行业的各类功能性金融机构。支持大型金融机构在上海设立业务总部。支持境外中央银行和国际金融组织在沪设立代表处或分支机构，吸引符合条件的国际知名银行、证券、保险公司等金融机构在沪设立分支机构、功能型机构以及成立合资机构。支持中国保险信息技术管理有限责任公司在上海设立创新型子公司。

（二十七）支持在自贸试验区按国家有关规定设立法人金融机构，实施“走出去”战略，加快海外网点布局，拓展海外市场。

### 五、加快建设面向国际的金融市场

依托自贸试验区金融制度创新和对外开放优势，充分发挥人民银行上海总部统筹协调功能，推进面向国际的金融市场平台建设，拓宽境外投资者参与境内金融市场的渠道，提升金融市场配置境内外资源的功能。

（二十八）支持中国外汇交易中心建设国际金融资产交易平台，增强平台服务功能。

（二十九）加快上海黄金交易所国际业务板块后续建设，便利投资者交易。

（三十）支持上海证券交易所在自贸试验区设立国际金融资产交易平台，有序引入境外长期资金逐步参与境内股票、债券、基金等市场，探索引入境外机构投资者参与境内新股发行询价配售。支持上海证券交易所在总结沪港通经验基础上，适应境内外投资者需求，完善交易规则和交易机制。

（三十一）支持上海期货交易所加快国际能源交易中心建设，尽快上市原油期货。积极推进天然气、船用燃料油、成品油等期货产品研究工作。允许符合条件的境外机构在自贸试验区试点设立独资或者合资的期货市场服务机构，接受境外交易者委托参与境内特定品种期货交易。

（三十二）支持设立上海保险交易所，推动形成再保险交易、定价中心。

（三十三）支持上海清算所向自贸试验区内和境外投资者提供航运金融和大宗商品场外衍生品的清算等服务。

（三十四）支持股权托管交易机构依法为自贸试验区内的科技型中小企业等提供综合金融服务，吸引境外投资者参与。

## 六、不断加强金融监管，切实防范风险

建立适应自贸试验区发展和上海国际金融中心建设联动的金融监管机制，加强金融风险防范，营造良好金融发展环境。

（三十五）完善金融监管体制。探索建立符合国际规则、适应中国国情的金融监管框架。精简行政审批项目，简化事前准入事项，加强事中事后分析评估和事后备案管理。加强金融信用信息基础设施建设，推动信用信息共建共享，构建与国际接轨的统计、监测体系。加大对金融失信行为和市场违规行为惩戒力度。

（三十六）支持人民银行和外汇局加强自贸试验区金融监管服务能力建设，探索本外币一体化监管体系。创新外汇账户管理体系。整合外汇账户种类，优化监管方式，提升监管效率。

（三十七）加强自贸试验区金融监管协调，探索功能监管。进一步发挥自贸试验区金融协调机制作用，加强跨部门、跨行业、跨市场金融业务监管协调和信息共享。研究探索中央和地方金融监管协调新机制。支持国家金融管理部门研究探索将部分贴近市场、便利产品创新的监管职能下放至在沪金融监管机构和金融市场组织机构。

（三十八）加强金融风险防范。完善跨境资金流动的监测分析机制，加强反洗钱、反恐怖融资和反逃税工作机制。针对金融机构跨行业、跨市场、跨境发展特点，掌握金融开放主动权，建立和完善系统性风险预警、防范和化解体系，守住不发生系统性、区域性金融风险底线。

（三十九）积极完善金融发展环境。上海市人民政府会同有关部门研究制定进一步完善金融信用制度建设等方案。

（四十）试点措施与行政法规、国务院文件、国务院批准的部门规章等规定不一致的，依照程序提请国务院作出调整实施决定。

# 中国人民银行上海总部关于印发《中国（上海）自由贸易试验区分账核算业务实施细则（试行）》和《中国（上海）自由贸易试验区分账核算业务风险审慎管理细则（试行）》的通知

银总部发〔2014〕46号

国家开发银行、各政策性银行、国有商业银行、股份制商业银行、中国邮政储蓄银行上海（市）分行；交通银行、上海浦东发展银行、上海银行、上海农商银行；其他城市商业银行上海分行；上海市各外资银行；上海市各非银行金融机构：

根据《中国人民银行关于金融支持中国（上海）自由贸易试验区建设的意见》（银发〔2013〕244号，以下简称《意见》），经中国人民银行总行批准，现将《中国（上海）自由贸易试验区分账核算业务实施细则（试行）》和《中国（上海）自由贸易试验区分账核算业务风险审慎管理细则（试行）》印发给你们，并就有关事项通知如下，请遵照执行。

一、自发文之日起，上海市金融机构可按上述两细则要求，启动试验区分账核算管理制度的建设工作，并按照审慎合格标准开展自评估和专业评估。经专业评估合格后，可向我总部提出系统接入的书面申请。

二、系统经测试验收合格后，可提供自由贸易账户相关金融服务。

三、试验区开展《意见》第三部分投融资汇兑业务中涉及到其他相关部门业务的，我总部将根据“成熟一项、推出一项”的原则，支持各有关部门分别制订相应的具体实施细则，充分利用自由贸易账户予以推进。

四、分账核算业务所涉数据统计，由我总部另行制定操作规程。

五、根据“先本币、后外币”的原则推进自由贸易账户业务。从本币起步，条件成熟时扩展到外币。上述细则发布六个月后，由人民银行和外汇局对分账核算业务情况进行评估，择机启动外币业务。

特此通知。

附件1　中国（上海）自由贸易试验区分账核算业务实施细则（试行）（略）

附件2　中国（上海）自由贸易试验区分账核算业务风险审慎管理细则（试行）（略）

中国人民银行上海总部

2014年5月21日

# 中国人民银行上海总部关于进一步拓展自贸区跨境金融服务功能支持科技创新和实体经济的通知

银总部发〔2016〕122号

上海市各金融机构：

现将《关于进一步拓展自贸区跨境金融服务功能支持科技创新和实体经济的通知》印发给你们，请遵照执行。

附件 关于进一步拓展自贸区跨境金融服务功能支持科技创新和实体经济的通知

中国人民银行上海总部

2016年11月18日

## 关于进一步拓展自贸区跨境金融服务功能支持科技创新和实体经济的通知

根据《进一步推进中国（上海）自贸试验区金融开放创新试点加快上海国际金融中心建设方案》（银发〔2015〕339号第（一）及第（二）条），现就中国（上海）自由贸易试验区进一步拓展跨境金融服务功能支持上海科创中心建设和实体经济的有关事项通知如下：

### 一、支持为上海科技创新等中心建设中的海外引进人才提供相关服务

（一）为便利引进海外人才，服务具有全球影响力的科技创新等中心的建设，支持金融机构在分账核算单元为以下人员开立账户：

1. 符合相关认定标准的外籍高层次人才；

2. 在“上海科技创新职业清单”内机构就业、持有境外永久居留证的中国籍人才；

3. 在中国注册的国际性组织中工作并按国际雇员管理的个人；

4. 其他符合条件的在“上海科技创新职业清单”内机构就业境外个人等。

（二）服务可包括与其境内就业和生活相关的各项金融服务；境外医疗保健、子女教育、赡家费用等相关的跨境金融服务，包括原住国/地区的物业费用、还房屋按揭贷款、消费贷款、支付公积金和养老保险、购买医疗保险、支付公用事业费用、相关捐赠等；参与境内外股权激励计划相关的金融服务；开展投资、财富管理等区内及境外资本项下业务的相关金融服务；支持条件成熟时，按有关规定进入境内相关市场投资。

（三）银行应凭上海市公安局出入境管理局核发的《中华人民共和国外国人居留许可》（居留事由为工作且备注栏注明“人才”，或居留事由为工作并同时提供“上海科技创新职业清单”

内机构的就业证明，或中国永久居留证）以及本人有效身份证件（护照、侨居海外的永久居留证等带有照片的身份证件），按“展业三原则”对符合上述条件的人员进行实名认证后，为其开立账户并提供相关服务。在分账核算单元下办理的，账号前缀应以 FTF 开头。

（四）上述人员开立的账户收入来源应为本人境内外合法收入；不得为他人代收代付。

## 二、

支持金融机构按科技创新生命周期规律提供全程全方位跨境服务在现有本外币账户服务基础上，金融机构可以依托分账核算单元为科技创新提供全生命周期的各项跨境金融服务：

（一）创意期和研发期。支持金融机构为服务科技创新初期的创智天地、孵化器、技术收储等经营主体吸收并开展种子基金、天使基金等跨境投融资活动提供相关的跨境金融服务。境外种子基金、天使基金等在分账核算单元开立账户向境内科技创新主体办理投资相关的结算等业务。

（二）成果转化期和成长期。支持金融机构为科技创新早期的企业吸收风投资本、境外融资以及开展技术贸易等提供相关的自由贸易账户跨境金融服务。境外风投资本、融资提供主体等相关主体在分账核算单元开立账户向境内科技创新主体办理投资相关的结算等业务。

（三）发展期和成熟期。支持金融机构为科技创新中后期的企业开展跨境筹资、增资扩股、上市、收购兼并、技术贸易、特许经营、资金集中管理等提供相关跨境金融服务。

（四）金融机构在为上述业务提供相关服务时应切实遵循跨境交易真实性、合规性原则。

## 三、支持银行为跨境电子商务提供跨境结算服务

根据《国务院办公厅关于促进跨境电子商务健康快速发展的指导意见》（国办发〔2015〕46号）和《关于促进本市跨境电子商务发展的若干意见》（沪办发〔2015〕32号），支持上海地区的银行和支付机构为跨境电商企业提供基于自由贸易账户的跨境金融服务。

（一）上海地区的银行直接为跨境电商企业提供服务。银行可为注册在区内的跨境电子商务企业开立账户，提供基于该企业开展的真实跨境电子商务所需的跨境本外币结算服务。跨境电商企业的外币结算业务应坚持“谁出口，谁收汇；谁进口，谁付汇”的原则。跨境电子商务交易电子底单信息流应作为重要业务资料留存备查。

（二）银行与支付机构合作为跨境电商企业提供服务。上海地区的银行应审慎选择拟合作的支付机构，在确保备付金安全的基础上，可为符合条件且已取得互联网支付业务许可的上海市支付机构法人开立账户，提供基于真实跨境电子商务的本外币跨境支付服务。

（三）银行直接或与支付机构合作为跨境电商企业提供跨境结算业务，应按规定填报并留存境内银行涉外收付相关凭证。

（四）支付机构的客户备付金跨境本外币支付业务须遵照《支付机构客户备付金存管办法》及中国人民银行和国家外汇管理局其他相关客户备付金监管要求执行。

（五）银行应与支付机构签订办理跨境电子商务本外币支付业务的协议并报人民银行上海总部备案。银行应按照中国人民银行和国家外汇管理局有关规定负责对通过支付机构办理的本外币跨境支付业务的真实性及合规性进行审核。

（六）支付机构向银行提交的本外币跨境支付业务应具有真实合法的货物贸易和服务贸易交易背景（暂限于货物贸易以及服务项下的留学教育、航空机票、酒店住宿等三项）。同时，应符合国家有关法律法规，履行反洗钱、反恐怖融资审核职责，并保留相应交易记录，配合国家有关部门的检查。

## 四、支持为跨国企业集团提供全功能型跨境双向人民币资金池等资金集约化管理服务

支持跨国企业集团设立在岸的全功能型跨境人民币资金池，集中管理全球人民币资金。

（一）根据董事会授权，跨国企业的区内或境外机构可设立全功能型的跨境双向人民币资金池，开展集团内跨境资金集中管理。

（二）开展全功能型资金池业务的跨国企业集团应至少包含三家或以上的境内外生产及经营型成员企业（被列为出口重点监管企业名单内以及货物贸易外汇分类等级为 B、C 类的企业除外），并能够提交完整年度的真实的财务会计报表。参池成员企业与其他跨境资金池不重合。

（三）全功能型资金池运行中可根据银企账户协议接受日间及隔夜透支服务。

（四）全功能型资金池支持境外成员企业与区内的主办企业之间或境外主办企业与区内成员企业之间自行选择货币进行资金归集。境外主办企业或区内主办企业与境内区外成员企业之间应以人民币进行资金归集，人民币资金“二线”归集遵循跨境融资宏观审慎管理框架下的双向上限管理模式，即：跨境人民币资金净流出（入）额上限=资金池应计所有者权益×宏观审慎政策系数，宏观审慎政策系数为 1。中国人民银行上海总部可根据国际收支形势变化和市场需求进行调节。

（五）中国人民银行上海总部探索负面清单管理模式，支持全功能型资金池账户用于满足集团内成员间的经营性融资需求、以保值增值为目标的财务管理需求、集团内及供应链上集中收付需求等，严格控制资金用于非自用房地产和股票市场投资。全功能型资金池可按有关规定进入境内相关市场开展投资，支持集团总部实现人民币资金在岸集约化管理。

（六）参与全功能型资金池跨境资金归集的应为企业产生自生产经营活动和实业投资活动的现金流，外部融资产生的现金流暂不得参与归集。在实际操作中，暂按扣除未偿银行贷款余额掌握。参池成员企业被动态调整入出口重点监管企业名单或货物贸易外汇分类等级 B、C 类的，期间不再参与全功能型资金池的资金归集业务。

（七）金融机构应按“展业三原则”做好反洗钱、反恐怖融资以及反逃税等相关工作，对全功能型资金池内的资金兑换和汇划加强适当性评估和真实性审核。

（八）金融机构应配合中国人民银行上海总部做好对所建全功能型资金池跨国企业集团及参与成员企业的系统信息初始化工作，并确保数据报送的及时、完整、准确。

## 五、支持金融机构开展国际贸易融资和再融资业务

（一）支持金融机构通过分账核算单元为企业提供本外币国际贸易融资。国际贸易融资应以真实合法的国际贸易为前提。

（二）金融机构为国际贸易提供融资后可在区内及境外办理贸易再融资业务，自主选择再融

资币种，管理货币风险。

（三）支持企业和金融机构依托中国人民银行票据交易基础设施办理相关的贸易融资和再融资。

## 六、支持开展跨境股权投资业务

（一）区内设立的股权投资项目公司和股权投资基金，可在金融机构分账核算单元开立账户向区内及境外募集资金开展跨境股权投资。

（二）跨境股权投资应遵循绿色投资、科创投资等理念。应重点投向上海科创中心建设领域、绿色环保、“一带一路”建设相关等领域，支持实体经济增强资本实力。

## 七、支持为“一带一路”和“走出去”企业提供各项跨境金融服务

（一）为支持“一带一路”和“走出去”，境外中资企业、合资合作企业等可在统一授信框架下在金融机构的分账核算单元开立账户，根据自身商务谈判约定的条件办理与投资及境外项目工程类相关的定金和预付款等的跨境结算、在当地开展的商务、贸易、投资活动所需的国际及跨境结算汇兑、担保、融资、流动性以及风险管理等业务。

（二）为支持“一带一路”建设，金融机构可根据自身服务提

供能力为境外企业提供分账核算单元跨境金融服务，办理当地、跨境以及国际商贸投资活动相关所需的结算汇兑和投资融资等业务。

（三）支持金融机构依托区内及国际市场，通过服务和技术

创新为企业及项目提供各类风险化解、风险参与以及风险分散服务，促进“一带一路”建设和企业“走出去”。

## 八、支持同业自律基础上提高跨境金融服务效率

（一）支持银行在完善“展业三原则”和风险内控管理基础上，向客户提供包括网银服务在内的便利化资金结算服务，进一步提高跨境金融服务的开放度和各项结算的效率。

（二）上海市金融机构可通过同业规范等形式建立各项服务的行业准则和规范，进一步优化账户各项业务的办理流程，防止出现竞劣展业现象。

## 九、切实开展反洗钱、反恐怖融资和反逃税审查

金融机构、支付机构以及市场交易平台为实体经济提供各项跨境金融服务的过程中，在响应市场需求拓展服务内容的同时，应当落实风险为本的基本理念，实施与风险水平相适应的控制措施，强化开展反洗钱、反恐怖融资和反逃税审查，严格履行各项反洗钱义务，做好客户身份识别，加强资金监测，按规定上报大额及可疑交易报告，妥善保存客户身份资料及交易记录，切实防范洗钱、恐怖融资和逃税风险。

## 十、进一步完善以“金融审慎例外”为负面清单的跨境金融服务监管

（一）在银总部发〔2014〕46 号文基础上，进一步完善风险审慎管理框架，开展以“金融审

慎例外”为负面清单的跨境金融服务监管，为自贸区高开放度的金融运行构建风险安全机制。

（二）从审慎考虑出发，中国人民银行上海总部可对金融机构提供的跨境金融服务采取有关措施，包括保护投资者、储户、保险单持有人或者以金融服务提供者为受托人的信托委托人利益的措施，或者是确保金融体制完整和稳定的措施。

（三）中国人民银行上海总部按宏观审慎原则对跨境金融服务及跨境资金流动进行管理。

# 海关总署关于印发支持和促进中国（福建）自由贸易试验区建设发展若干措施的通知

署加发〔2015〕115号

福州、厦门海关：

设立中国（福建）自由贸易试验区，是党中央、国务院作出的重大决策，是新形势下推进改革开放和深化两岸经济合作的重要举措，对加快政府职能转变、积极探索管理模式创新、促进贸易和投资便利化，为全面深化改革和扩大开放探索新途径、积累新经验，具有重要意义。

为贯彻落实党中央、国务院决策部署，支持和促进中国（福建）自由贸易试验区建设和发展，总署结合海关工作实际，研究制定了《海关总署关于支持和促进中国（福建）自由贸易试验区建设发展的若干措施》，现印发你们，请认真组织学习，抓好贯彻落实。

一、要解放思想、改革创新、积极探索、加强协调、相互借鉴，支持自贸试验区先行先试。边实践、边改革、边创新，不断丰富和完善支持措施，细化相关海关监管办法。

二、支持“放得开”和“管得好”相结合，既要有效落实支持措施，积极创新、先行先试，又要依法依规做到安全高效管住，切实防控各类风险。

三、要根据《中国（福建）自由贸易试验区总体方案》要求，按照有利于安全高效管住、促进贸易便利化原则，在创新模式、优化流程、简化手续、提高效率等方面自主创新海关监管制度，积累可复制可推广的经验。涉及有关政策性问题的，须报经总署同意后再先行先试。

特此通知。

附件 海关总署关于支持和促进中国（福建）自由贸易试验区建设发展的若干措施（略）

海关总署

2015年5月4日

# 海关总署关于印发支持和促进中国（天津）自由贸易试验区建设发展若干措施的通知

署加发〔2015〕114 号

天津海关：

设立中国（天津）自由贸易试验区，是党中央、国务院作出的重大决策，是新形势下推进改革开放和加快实施京津冀协同发展战略的重要举措，对加快政府职能转变、积极探索管理模式创新、促进贸易和投资便利化，为全面深化改革和扩大开放探索新途径、积累新经验，具有重要意义。

为贯彻落实党中央、国务院决策部署，支持和促进中国（天津）自由贸易试验区建设和发展，总署结合海关工作实际，研究制定了《海关总署关于支持和促进中国（天津）自由贸易试验区建设发展的若干措施》，现印发你们，请认真组织学习，抓好贯彻落实。

一、要解放思想、改革创新、积极探索、加强协调、相互借鉴，支持自贸试验区先行先试。边实践、边改革、边创新，不断丰富和完善支持措施，细化相关海关监管办法。

二、支持“放得开”和“管得好”相结合，既要有效落实支持措施，积极创新、先行先试，又要依法依规做到安全高效管住，切实防控各类风险。

三、要根据《中国（天津）自由贸易试验区总体方案》要求，按照有利于安全高效管住、促进贸易便利化原则，在创新模式、优化流程、简化手续、提高效率等方面自主创新海关监管制度，积累可复制可推广的经验。涉及有关政策性问题的，须报经总署同意后再先行先试。

特此通知。

附件　海关总署关于支持和促进中国（天津）自由贸易试验区建设发展的若干措施（略）

海关总署
2015 年 5 月 4 日

# 海关总署关于印发支持和促进中国（广东）自由贸易试验区建设发展若干措施的通知

署加发〔2015〕113 号

广东分署，广州、深圳、拱北海关：

设立中国（广东）自由贸易试验区，是党中央、国务院作出的重大决策，是新形势下推进改革开放和促进内地与港澳深度合作的重要举措，对加快政府职能转变、积极探索管理模式创新、促进贸易和投资便利化，为全面深化改革和扩大开放探索新途径、积累新经验，具有重要意义。

为贯彻落实党中央、国务院决策部署，支持和促进中国（广东）自由贸易试验区建设和发展，总署结合海关工作实际，研究制定了《海关总署关于支持和促进中国（广东）自由贸易试验区建设发展的若干措施》，现印发你们，请认真组织学习，抓好贯彻落实。

一、要解放思想、改革创新、积极探索、加强协调、相互借鉴，支持自贸试验区先行先试。边实践、边改革、边创新，不断丰富和完善支持措施，细化相关海关监管办法。

二、支持“放得开”和“管得好”相结合，既要有效落实支持措施，积极创新、先行先试，又要依法依规做到安全高效管住，切实防控各类风险。

三、要根据《中国（广东）自由贸易试验区总体方案》要求，按照有利于安全高效管住、促进贸易便利化原则，在创新模式、优化流程、简化手续、提高效率等方面自主创新海关监管制度，积累可复制可推广的经验。涉及有关政策性问题的，须报经总署同意后再先行先试。

特此通知。

附件 海关总署关于支持和促进中国（广东）自由贸易试验区建设发展的若干措施（略）

海关总署

2015 年 5 月 4 日

# 海关总署关于安全有效监管支持和促进中国（上海）自由贸易试验区建设的若干措施

署加发〔2013〕108 号

## 一、创新海关监管，推动贸易便利化

（一）创新“一线”进出境通关模式。按照“一线放开”的要求，允许企业自运输工具申报进境之日起 14 日内，先凭进口舱单信息进行申报后将货物提运进区，再向主管海关办理进境备案清单申报手续；支持在自由贸易试验区内开展国际中转、集拼和分拨业务；在确保有效监管的前提下，探索建立货物状态分类监管模式；加强企业管理，全面实施通关作业无纸化，简化进出境备案清单和通关手续，完善海关统计办法，进一步提高自由贸易试验区“一线”进出境通关效率。

（二）加强“二线”进出区监管。按照“二线安全高效管住”要求，加强对货物、物品及人员进出自由贸易试验区卡口的管理，通过优化完善进出境备案清单比对、企业账册管理、卡口实货核注、风险分析、企业稽查等监管手段，促进“二线”监管与“一线”通关相互衔接，形成自由贸易试验区完整有效、风险可控的海关监管链条。在安全管住的同时，提高“二线”货物通关效率。

（三）实行电子围网管理。探索建立统一的自由贸易试验区海关信息化监管系统，实现企业运营信息与海关监管系统对接；按照海关总署卡口建设标准，对现行自由贸易试验区的海关特殊监管区域卡口进行智能化改造；加快建立自由贸易试验区中央监控平台，确保监管有效便捷。

（四）提高保税货物流转效率。简化自由贸易试验区内货物流转手续，在自由贸易试验区内先行试点海关“保税货物流转管理系统”，允许自由贸易试验区内企业间货物流转“分送集报”和自行运输。实现跨关区海关特殊监管区域之间货物的高效便捷流转。

（五）优化货物分类监管。在确保有效监管的前提下，利用信息化系统不同模块，建立自由贸易试验区企业多种账册管理体系，以适应各种不同业态，满足区内企业保税加工、保税物流和保税服务等多元化的业务发展需求，实现分类监管。

（六）整合海关监管资源。围绕监管创新，统筹人力配置，整合监管资源，建立高效统一的驻自由贸易试验区海关机构，充分发挥集约化管理效能。

## 二、支持功能拓展，促进新型贸易业态发展

（七）支持服务业扩大开放。积极促进自由贸易试验区大力发展服务贸易，创新完善与之相适应的海关监管。支持发展总部经济，吸引跨国企业在自由贸易试验区开展结算业务；支持开展高技术、高附加值、无污染的境内外维修业务；支持区内企业开展产品设计、创立品牌及核心元器件制造等研发业务；支持对外文化贸易基地建设，促进外向型文化产业发展和文化产品及服务“走出去”；支持探索离岸贸易业务，推动自由贸易试验区服务业多元化发展。

（八）扩大期货保税交割业务范围。在洋山保税港区试点基础上，根据国家有关政策，支持扩大期货保税交割试点品种、企业和范围，拓展商业仓储提运单据质押融资功能。

（九）支持开展保税展示业务。允许在自由贸易试验区特定区域设立保税展示交易平台；支持符合条件的区内企业在提供有效担保的前提下，开展区外保税展示交易。

（十）促进跨境电子商务试点。在已开展的跨境电子商务试点基础上，根据国家有关政策，完善试点的服务功能，扩大试点的服务范围，将试点政策应用于自由贸易试验区，建立与跨境电子商务服务功能相适应的海关监管模式，有效推进跨境电子商务更好地发展。

（十一）建立区港联动机制。建立自由贸易试验区与外高桥港区、洋山深水港、上海空港国际枢纽港之间区港联动海关监管机制。

## 三、推进政策落实，发挥协同优势

（十二）落实选择性征税政策。根据国家有关部门明确的政策，对自由贸易试验区内的企业生产、加工并经“二线”销往区外的货物，照章征收进口环节增值税、消费税，企业可以申请选择按进口料件或按实际报验状态缴纳进口关税。

（十三）完善启运港退税试点政策。总结上海洋山保税港区启运港退税试点经验，会同有关部门完善相关政策，积极推动扩大启运地、承运企业和运输工具范围。

（十四）落实融资租赁业务政策。对在自由贸易试验区内注册的国内租赁公司，按照国务院有关部门明确的相关政策，积极支持开展飞机等融资租赁业务。

## 四、加强风险防控，培育法治化发展环境

（十五）依法实施知识产权海关保护。加大对自由贸易试验区内企业知识产权保护力度，助推企业提升创新能力和核心竞争力，支持推动国内外知识产权资源集聚，有效打击侵权违法行为。

（十六）依法维护国家意识形态安全。坚持社会主义先进文化前进方向，有效防止自由贸易试验区内渗入和滋生对中国政治、经济、文化、道德有害的印刷品、音像制品及其他信息载体，加强对相关企业、货物的风险防控。

（十七）依法打击走私违法犯罪活动。认真研究自由贸易试验区的运行特点，针对可能出现的走私风险，加强监控分析和综合防范，精、准、狠地打击各类走私违法犯罪活动，防止在自由贸易试验区内出现危害国家安全和社会稳定的黄、赌、毒等现象，维护和保障良好的经济发展环境。

## 五、加强联系配合，建立协作机制

（十八）建立有效协作机制。加强与国家有关部门协调配合。进一步深化海关总署与上海市合作，建立上海海关与上海市有关部门定期协商机制，采用专题工作组等形式，积极研究自由贸易试验区发展需求，解决试点出现的新情况和新问题，促进和保障自由贸易试验区各项改革创新举措顺利开展。

# 工商总局　福建省人民政府关于发布中国（福建）自由贸易试验区台湾居民个体工商户营业范围的公告

工商个字〔2015〕208号

为贯彻落实《国务院关于印发中国（福建）自由贸易试验区总体方案的通知》（国发〔2015〕20号），现将中国（福建）自由贸易试验区台湾居民个体工商户营业范围予以发布。

允许台湾居民依照国家有关法律、法规和规章，在中国（福建）自由贸易试验区注册登记为个体工商户，无需经过外资备案（不包括特许经营），在下列范围内从事经营活动：

1. 谷物种植；
2. 蔬菜、食用菌及园艺作物种植；
3. 水果种植；
4. 坚果种植；
5. 香料作物种植；
6. 中药材种植；

7. 林业;
8. 牲畜饲养;
9. 家禽饲养;
10. 水产养殖;
11. 灌溉服务;
12. 农产品初加工服务（不含植物油脂、大米、面粉加工、粮食收购、籽棉加工）;
13. 其他农业服务;
14. 林业服务业;
15. 畜牧服务业;
16. 渔业服务业（需要水产苗种生产许可）;
17. 谷物磨制;
18. 肉制品及副产品加工（3000 吨/年及以下的西式肉制品加工项目除外）;
19. 水产品冷冻加工;
20. 鱼糜制品及水产品干腌制加工（冷冻海水鱼糜生产线除外）;
21. 蔬菜、水果和坚果加工;
22. 淀粉及淀粉制品制造（年加工玉米 30 万吨以下、绝干收率在 98%以下玉米淀粉湿法生产线除外）;
23. 豆制品制造;
24. 蛋品加工;
25. 烘培食品制造;
26. 糖果、巧克力及蜜饯制造;
27. 方便食品制造;
28. 乳制品制造［日处理原料乳能力（两班）20 吨以下浓缩、喷雾干燥等设施及 200 千克/小时以下的手动及半自动液体乳罐装设备除外］;
29. 罐头食品制造;
30. 味精制造（5 万吨/年以下且采用等电离交工艺的味精生产线除外）;
31. 酱油、食醋及类似制品制造;
32. 其他调味品、发酵制品制造（食盐除外）;
33. 营养食品制造;
34. 冷冻饮品及食用冰制造;
35. 啤酒制造（生产能力小于 1. 8 万瓶/时的啤酒罐装生产线除外）;
36. 葡萄酒制造;
37. 碳酸饮料制造［生产能力 150 瓶/分钟以下（瓶容在 250 毫升及以下）的碳酸饮料生产线除外］;
38. 瓶（罐）装饮用水制造;
39. 果蔬汁及果蔬饮料制造（浓缩苹果汁生产线除外）;
40. 含乳饮料和植物蛋白饮料制造;

41. 固体饮料制造；

42. 茶饮料及其他饮料制造；

43. 纺织业；

44. 窗帘布艺制品制造；

45. 纺织服饰、制鞋业；

46. 皮革、毛皮、羽毛及其制品和制鞋业；

47. 鞋帽制造、制鞋业；

48. 木材加工和木、竹、藤、棕、草制品业；

49. 家具制造业；

50. 造纸和纸制品业；

51. 文教办公用品制造；

52. 乐器制造；

53. 工艺美术制造（象牙雕刻、虎骨加工、脱胎漆器生产、珐琅制品生产、宣纸及墨锭生产除外）；

54. 体育用品制造；

55. 玩具制造；

56. 游艺器材及娱乐用品制造（不包括游戏游艺设备）；

57. 日用化学产品制造；

58. 塑料制品业；

59. 日用玻璃制品制造；

60. 日用陶瓷制品制造；

61. 金属工具制造；

62. 搪瓷日用品及其他搪瓷制品制造；

63. 金属制日用品制造；

64. 自行车制造；

65. 非公路休闲车及零配件制造；

66. 电池制造（锂离子电池制造除外）；

67. 家用电力器具制造；

68. 非电力家用器具制造；

69. 照明器具制造；

70. 钟表与计时仪器制造；

71. 眼镜制造；

72. 日用杂品制造；

73. 林业产品批发；

74. 纺织、服装及家庭用品批发；

75. 文具用品批发；

76. 体育用品批发；

77. 其他文化用品批发；

78. 贸易经纪与代理（不含拍卖）；

79. 货物、技术进出口；

80. 零售业（烟草制品零售除外、并且不包括特许经营）；

81. 图书报刊零售；

82. 音像制品及电子出版物零售；

83. 工艺美术品及收藏品零售（文物收藏品零售除外）；

84. 道路货物运输；

85. 其他水上运输辅助活动，具体指港口货物装卸、仓储，港口供应（船舶物料或生活品），港口设施、设备和港口机械的租赁、维修；

86. 装卸搬运和运输代理业（不包括航空客货运代理服务）；

87. 仓储业；

88. 餐饮业；

89. 软件开发；

90. 信息系统集成服务；

91. 信息技术咨询服务；

92. 数据处理和存储服务（仅限于线下的数据处理服务业务）；

93. 租赁业；

94. 社会经济咨询中的经济贸易咨询和企业管理咨询；

95. 广告业（广告发布服务除外）；

96. 知识产权服务（商标代理服务、专利代理服务除外）；

97. 包装服务；

98. 办公服务中的以下项目：标志牌、铜牌的设计、制作服务，奖杯、奖牌、奖章、锦旗的设计、制作服务；

99. 办公服务中的翻译服务；

100. 其他未列明商务服务业中的2个项目：公司礼仪服务：开业典礼、庆典及其他重大活动的礼仪服务，个人商务服务：个人形象设计服务、个人活动安排服务、其他个人商务服务；

101. 研究和试验发展（社会人文科学研究除外）；

102. 专业技术服务业；

103. 质检技术服务；

104. 工程技术（规划管理、勘察、设计、监理除外）；

105. 摄影扩印服务；

106. 科技推广和应用服务业；

107. 技术推广服务；

108. 科技中介服务；

109. 污水处理及其再生利用（除环境质量检测、污染源检查服务）；

110. 大气污染治理（除环境质量检测、污染源检查服务）；

111. 固体废物治理（不包括放射性固体废物收集、贮存、处置及环境质量监测、污染源检查服务）；

112. 其他污染治理中的降低噪音服务和其他环境保护服务（除环境质量监测、污染源检查服务）；

113. 市政设施管理（除环境质量监测、污染源检查服务）；

114. 环境卫生管理（除环境质量监测、污染源检查服务）；

115. 洗染服务；

116. 理发及美容服务；

117. 洗浴服务；

118. 居民服务中的婚姻服务（不含婚介服务）；

119. 其他居民服务业；

120. 机动车维修；

121. 计算机和辅助设备修理；

122. 家用电器修理；

123. 其他日用产品修理业；

124. 建筑物清洁服务；

125. 其他未列明服务业：宠物服务（仅限在城市开办）；

126. 体育；

127. 其他室内娱乐活动中的以休闲、娱乐为主的动手制作活动（陶艺、缝纫、绘画等）；

128. 文化娱乐经纪人；

129. 体育经纪人。

特此公告，自发布之日起施行。

工商总局
福建省人民政府
2015年12月1日

# 工商总局关于支持中国（广东）自由贸易试验区建设的若干意见

工商办字〔2015〕76号

广东省工商行政管理局：

建立中国（广东）自由贸易试验区（以下简称广东自贸试验区）是党中央、国务院作出的重大决策，是在新形势下推进改革开放和促进内地与港澳深度合作的重要举措。为充分发挥工商行政管理职能作用，支持广东自贸试验区深化商事制度改革，服务自贸试验区建设和进一步扩大开放，营造国际化、市场化、法治化营商环境，提出如下意见：

一、支持广东自贸试验区推进“三证合一”登记制度改革。支持广东自贸试验区实行营业执照、组织机构代码、税务登记证“三证合一”、“一照三号”登记制度，按照“一窗受理、一表申报、并联审批、核发一照”的模式，在营业执照上加载组织机构代码和税务登记号，条件成熟后，实行“一照一号”登记制度。

二、支持广东自贸试验区推行电子营业执照和全程电子化登记管理。实现以电子营业执照为支撑的网上申请、网上受理、网上审核、网上发照和网上公示的全程电子化登记模式，真正体现工商注册制度便利化的改革成果。加具电子签名的电子文件、电子档案与纸质形式材料具有同等法律效力。

三、授权广东自贸试验区三个片区工商登记机关行使依法应当由其上级工商登记机关乃至工商总局登记的住所（经营场所）在广东自贸试验区内企业的登记管辖权。

四、支持广东自贸试验区开展企业集团登记制度改革。广东自贸试验区内的企业，子公司达到三家以上的，允许其在企业名称中使用“集团”或者“（集团）”字样，不受注册资本数额限制，无需向其登记机关申请颁发企业集团登记证。

五、同意对广东自贸试验区内广告企业从事户外广告发布活动免于户外广告登记，取消外商投资广告企业项目审批。

六、支持广东自贸试验区工商机关深化商事制度改革监管工作，加快建立完善企业年度报告、即时信息公示、抽查监管、经营异常名录等制度，积极构建事中事后监管新模式。

七、支持广东自贸试验区工商机关的企业监管信息通过企业信用信息公示系统与其他政府部门实现互联共享，在推进建立经营异常名录、严重违法企业名单和失信约束、联合惩戒机制，以及探索建立综合监管执法等方面先行先试。

工商总局<br>2015 年 5 月 25 日

## 工商总局关于支持中国（福建）自由贸易试验区建设的若干意见

工商企注字〔2015〕57 号

福建省工商行政管理局：

建立中国（福建）自由贸易试验区（下称“福建自贸试验区”）是国家战略需要，是新形势下全面深化改革和扩大开放、促进两岸融合发展的重大举措。福建自贸试验区肩负着我国在新时期更加深入参与国际竞争、全面提高开放型经济水平、加快转变经济发展方式、探索体制机制创新和两岸经济合作新模式的重要使命。为充分发挥工商行政管理职能作用，大力支持福建自贸试验区建设发展，实现以开放促发展、促改革、促创新，形成可复制，可推广的经验，根据福建自贸试验区的实际需要，本着改革创新、先试先行的原则，提出如下意见：

一、支持福建自贸试验区开展企业名称登记制度改革试点。除涉及前置审批事项或者企业名称核准与企业设立登记不在同一机关的以外，企业名称可以不再实行预先核准，申请人可以在办理企业设立登记时一并申请企业名称登记，也可以自主申报企业名称。申请人自行登陆查询比对系统，确认其拟使用企业名称不违反企业名称规则，即可自主申报，并对申报的名称承担相应法律责任。探索通过立法途径创新名称争议处理机制，授权登记机关通过便捷、高效程序裁决名称争议，依法保护当事人合法权益。同时，强化纠正不适宜企业名称措施，对于登记机关认定为不适宜的企业名称，或者根据名称争议裁决、判决结果应当予以纠正的企业名称，登记机关应当责令企业限期改正。对于拒不改正的，登记机关可以直接在企业名称数据库中删除该企业名称，暂以企业注册号代替，并将该企业以注册号纳入企业经营异常名录，通过企业信用信息公示系统予以公示。

二、支持福建自贸试验区开展企业集团登记制度改革。允许子公司达到三家的企业设立集团，不受注册资本最低限额条件限制，直接申请在企业名称中使用“集团”或者“（集团）”字样，无需向其登记机关申请颁发企业集团登记证。

三、支持福建自贸试验区开展“三证合一”登记制度改革。支持福建自贸试验区实行营业执照、组织机构代码证、税务登记证“三证合一”“一照三号”登记制度，按照“一窗受理、一表申报、并联审批、核发一照”的模式，在营业执照上加载组织机构代码和税务登记号，条件成熟后，实行“一照一号”登记制度。

四、支持福建自贸试验区推行电子营业执照和全程电子化登记管理。建立网上申请、网上受理、网上审核、网上公示、网上发照的全程电子化登记模式，实行商事主体登记材料电子归档，不再进行纸质材料归档，商事主体登记材料电子档案与纸质档案具有同等的法律效力。

五、支持福建在自贸试验区内探索简化和完善外商投资企业注销流程，试行对未开业企业以及无债权债务企业实行简易注销程序。

六、支持福建自贸试验区开展台湾居民个体工商户的登记注册工作，依法确定营业范围。

七、支持对福建自贸试验区内广告企业从事户外广告经营发布活动免予审批，允许福建自贸试验区内台资企业在设置户外广告时使用繁体字。

八、授予福建自贸试验区工商部门依法应当由国家工商行政管理总局登记注册的住所在福建自贸试验区的企业登记管辖权。

九、授予福建自贸试验区县级以上工商部门外资登记管理权。福建自贸试验区县级以上工商部门负责辖区内由本级人民政府及其授权部门批准设立及备案的外商投资企业的登记注册和监督管理。

十、支持福建自贸试验区建立企业信息互联共享“一张网”。以企业户籍为基础，完善企业信用信息记录，加强信用信息归集、存储和共享。加强企业信息公示工作，有效扩大社会监督。

十一、支持福建探索建立自贸试验区企业新型日常监管制度。强化企业自我管理、行业组织自律和第三方机构的专业监督，尽快建立以随机抽查为重点，专项任务检查、举报移送案件核查、无照经营查处、商品质量抽检等多种监管方式并用的新型日常监管制度，努力形成“企业自治、行业自律、社会监督、政府监管”的社会共治监管新格局。

十二、支持福建自贸试验区建立失信联合惩戒机制。切实加强信用监管，严格落实企业信息公示、经营异常名录、严重违法企业名单等制度。发挥信用约束作用，实现“一处违法、处处受限”。探索综合执法模式，推进行政执法与刑事司法衔接工作，形成协同监管合力。推进运用大数据加强市场主体监管工作，加快市场监管风险防控系统建设。

请你局在福建省委、省政府的领导下，认真组织实施上述意见。执行中如有重大问题和情况应及时报告总局。

工商总局
2015 年 4 月 29 日

# 关于印发《国家工商行政管理总局关于支持中国（上海）自由贸易试验区建设的若干意见》的通知

工商外企字〔2013〕147 号

上海市工商行政管理局：

《国家工商行政管理总局关于支持中国（上海）自由贸易试验区建设的若干意见》已经 2013 年 9 月 16 日国家工商行政管理总局局务会议审议通过，现印发给你局，请认真贯彻执行。

国家工商行政管理总局
2013 年 9 月 26 日

## 国家工商行政管理总局关于支持中国（上海）自由贸易试验区建设的若干意见

建立中国（上海）自由贸易试验区（下称“试验区”）是深入贯彻党的十八大精神、实行更加积极主动开放战略的重要举措。试验区肩负着我国在新时期更加深入参与国际竞争、全面提高开放型经济水平、加快转变经济发展方式的重要使命，是国家战略需要。充分发挥工商行政管理职能作用，对推动试验区建设，实现以开放促发展、促改革、促创新，形成可复制、可推广的经验具有重要意义。根据《国务院关于印发中国（上海）自由贸易试验区总体方案的通知》精神和试验区的实际需要，本着改革创新、先试先行的原则，提出如下意见。

### 一、试点工商登记制度改革，优化试验区营商环境

（一）试行注册资本认缴登记制。除法律、行政法规对公司注册资本实缴另有规定的外，其

他公司试行注册资本认缴登记制。

试行认缴登记制后，工商部门登记公司全体股东、发起人认缴的注册资本或认购的股本总额（即公司注册资本），不登记公司实收资本。公司股东（发起人）应当对其认缴出资额、出资方式、出资期限等自主约定，并记载于公司章程。有限责任公司的股东以其认缴的出资额为限对公司承担责任；股份有限公司的股东以其认购的股份为限对公司承担责任。公司应当将股东认缴出资额或者发起人认购股份、出资方式、出资期限、缴纳情况通过市场主体信用信息公示系统向社会公示。公司股东（发起人）对缴纳出资情况的真实性、合法性负责。

放宽注册资本登记条件，除法律、行政法规、国务院决定对特定行业注册资本最低限额另有规定的外，取消有限责任公司最低注册资本 3 万元、一人有限责任公司最低注册资本 10 万元、股份有限公司最低注册资本 500 万元的规定；不再限制公司设立时全体股东（发起人）的首次出资额及比例；不再限制公司全体股东（发起人）的货币出资金额占注册资本的比例；不再规定公司股东（发起人）缴足出资的期限。

（二）试行“先照后证”登记制。除法律、行政法规、国务院决定规定的企业登记前置许可事项外，在试验区内试行“先照后证”登记制度。试验区内企业向工商部门申请登记、取得营业执照后即可从事一般生产经营活动；经营项目涉及企业登记前置许可事项的，在取得许可证或者批准文件后，向工商部门申领营业执照；申请从事其他许可经营项目的，应当在领取营业执照及许可证或者批准文件后，方可从事经营活动。

（三）试行年度报告公示制。试验区内试行将企业年度检验制度改为企业年度报告公示制度。企业应当按年度在规定的期限内，通过市场主体信用信息公示系统向工商部门报送年度报告，并向社会公示，任何单位和个人均可查询。企业对年度报告的真实性、合法性负责。建立经营异常名录制度，通过市场主体信用信息公示系统，记载未按规定期限公示年度报告的企业。

（四）试行外商投资广告企业项目备案制。在试验区内申请设立外商投资广告企业的，在试验区内的外商投资企业申请增加广告经营业务的，以及在试验区内的外商投资广告企业申请设立分支机构的，不再受现行《外商投资广告企业管理规定》第九条、第十条和第十一条的限制，同时取消对试验区内外商投资广告企业的项目审批和设立分支机构的审批，改为备案制；试验区内外商投资广告企业设立后需要更换合营方或转让股权、变更广告经营范围和变更注册资本的，无需另行报批，改为备案制，可直接办理企业变更登记。

## 二、优化企业设立流程，提升试验区登记效能

（五）授予试验区工商部门外资登记管理权。试验区工商部门负责辖区内由上海市人民政府及其授权部门批准设立及备案的外商投资企业的登记注册和监督管理。

（六）试验区内实行企业设立“一口受理”。支持试验区工商部门按照上海市人民政府的要求，企业设立可以通过电子数据交换或者现场办理的方式申报材料，由工商部门统一接收申请人向各职能部门提交的申请材料，统一送达许可决定、备案文书和相关证照。

（七）试行新的营业执照样式。除《农民专业合作社法人营业执照》、《个体工商户营业执照》以外，将其他各类企业营业执照统一成一种样式。

## 三、转变市场主体监管方式，维护试验区市场秩序

（八）强化信用信息公示，完善信用约束机制。建立以工商部门经济户籍库为基础的市场主体信用信息公示系统，推动社会诚信体系建设。工商部门通过系统公示市场主体登记、备案、监管信息。企业按照规定通过系统公示年度报告、获得资质资格的许可信息，工商部门可以对年度报告公示内容进行抽查。对被载入经营异常名录的企业、有违法记录的市场主体及其相关责任人，工商部门采取有针对性的信用监管措施。

（九）创新市场主体监管方式，提升行政执法水平。强化工商部门市场监管和行政执法的职能作用，探索建立与国际高标准投资和贸易规则体系相适应的市场主体监管方式。强化部门间协调配合，形成监管部门分工明确、沟通顺畅、齐抓共管的工作格局，增强监管合力，提升监管效能，共同营造统一开放、公平诚信、竞争有序的市场环境。

国家工商行政管理总局关于支持试验区建设的意见，由总局职能司局会同上海市工商行政管理局具体落实。上海市工商行政管理局要在上海市委、市政府的领导下，深入贯彻落实科学发展观，围绕中心、服务大局，切实履行法定职责，加强改革创新，拓展服务领域，提升服务水平，为推动试验区建设作出积极贡献。

# 质检总局关于深化检验检疫监管模式改革支持自贸区发展的意见

国质检通〔2015〕87 号

天津、上海、福建、厦门、广东、深圳、珠海检验检疫局：

为进一步促进自贸区发展，切实发挥检验检疫的职能作用，提升自贸区贸易便利化水平，在总结上海自贸区检验检疫可复制可推广经验的基础上，质检总局研究以下深化检验检疫监管模式改革支持自贸区发展的意见。

## 一、进一步创新体制机制

（一）科学实施检验检疫分线监督管理。

按照一线放开、二线管住，严密防范质量安全风险和最大便利化的原则，一线主要实施进出境现场检疫、查验及处理；二线主要实施进出口产品检验检疫监管及实验室检测，维护质量安全。对区内（含特殊监管区域和非特殊监管区域）进出口商品及企业实施风险监测为主的质量安全管理。

（二）完善检验检疫查验监管模式。

实行入区货物预检验制度，进入自贸区内的货物可实施入区一次检验检疫、出区分批核销。对自贸区内加工使用的进口水产品、冻品、植物及其产品、皮张、动物源性饲料、再生资源、危

险货物及其包装等，可结合指定口岸规定，实施集中检验检疫查验。对区内生产的出口食品，按照国家监控计划实施风险监控。

（三）进一步扩大分类监管范围。

在强化信用管理、合格评定和风险分析的基础上，进一步完善工业品分类管理。探索自贸区内食品、化妆品、动植物及其产品检验检疫分类监管新模式，针对不同的监管对象和产品特点，实行基于合格评定的多种放行模式。加强支持自贸区发展的行业标准改革试点工作。

（四）推进第三方结果采信制度。

加快推进第三方检验结果采信管理办法的出台，扩大第三方检验结果采信业务范围。根据进出口商品检验监管情况以及风险信息监测情况，建立第三方采信项目动态调整机制。鼓励在自贸区内成立进出口商品第三方检验鉴定机构。推动实施第三方检验认证结果采信。

## 二、进一步简政放权

（五）优化进境动植物检疫审批。

系统梳理进境动植物检疫审批范围及项目，完成动植物检疫审批系统升级改造，减少审批项目和审批环节，进一步简化审批手续。在权威统一的检疫审批技术规范要求基础上，逐步授权直属局承办相关审批事项。积极研究简化审批后进口农产品事中事后监管加强措施。

（六）支持检验检测认证机构建设。

支持在自贸区内建设进出口商品质量安全风险国家监测分中心。支持检验检测社会化改革，逐步开放外资认证认可、检验检测机构在自贸区设立分支机构并开展业务，鼓励在自贸区内成立进出口商品第三方检验鉴定机构和强制性产品认证指定机构。取消外商投资认证机构子公司扩大认证业务范围的审批，完善审批程序，提高审批效率。

（七）简化进出境特殊制品检疫审批。

对出入境微生物、人体组织、生物制品、人类血液及其制品等特殊物品采用风险管理，实行企业分类、产品分级的动态监管制度。缩短特殊物品审批流程，对低风险特殊物品审批期限放宽至 12 个月，实施分批核销、后续监管。

（八）改革原产地签证管理。

授权自贸区内经审核有能力的机构签发一般原产地证明。对中转货物提供原产地签证服务，未加工的签发未再加工证明或原产国证明，加工后符合我国原产地规则的签发相关原产地证明。对出境保税物流仓储货物原产地签证，采取“凭证换发、分批核签”的签证模式。

（九）简化中转货物检验检疫手续。

对自贸区已获得我国检疫准入的产品的中转食品实施备案管理，免予实施检验，免予提供证书，免予注册备案等前置准入要求。

（十）下放进境食品检疫审批权。

加快上海自贸试验区检疫审批权下放复制推广工作，将进境食品检疫审批权下放给各直属局。研究相关管理规定和监督措施，保证下放工作“能放能收、过程可控、放而不乱。”

## 三、进一步提升贸易便利化水平

（十一）加快检验检疫业务流程再造。

适应自贸区发展的要求，优化检验检疫业务流程，合理划分一线二线职能，密切区内区外监管协作，最大限度减少中间操作环节。完善集中审单制度，实行分类通关管理，提高窗口直接放行比例。推广使用移动执法系统，对低风险商品实施即查即放。

（十二）推进检验检疫通报、通检、通放。

深化申报制度改革，实施无纸化报检和无纸化放行，推动检验检疫证单签发电子化。全面实施出口直放，产地检验检疫局负责质量安全把关，口岸不再查验或最大程度减少查验比例。在安全风险可控基础上，除高风险产品外，进一步扩大进口直通的区域、企业和产品。在总结京津冀检验检疫一体化经验的基础上，积极推进长江经济带、珠三角地区检验检疫一体化，加快实现全国检验检疫数据集中，实现全国检验检疫通报、通检、通放。

（十三）推动检验检测认证结果互认。

加强与港澳台和相关国家的沟通和磋商，积极推动强制性产品检验检测认证结果互认。在平等互利的基础上，积极开展食品农产品认证国际合作与结果互认。推进与港澳台和相关国家检验检疫证书联网核查，提高证书核查效率，加快口岸通关速度。

（十四）加大信用等级差别化通关管理力度。

探索在企业信用管理、分类管理等方面，参考或采纳第三方信用报告。支持建立以组织机构代码实名制为基础的企业质量信用档案，支持建立以物品编码管理为溯源手段的产品质量信用信息平台。增加检验检疫信用AA级企业数量，并给予快速通关便利。

（十五）赋予港澳台贸易更加便利措施。

企业使用自台湾地区进口的原材料、半成品、零部件加工生产产品的，认定其符合原产地规则，即时发放ECFA原产地证书。探索经自贸区仓储供港澳动物产品检验检疫监管新模式。支持前海湾保税港区作为香港“前店后仓”储运中心的建设。授权自贸区相关直属局开展进口台湾食品的准入风险评估。

## 四、进一步服务产业发展

（十六）支持邮轮/游艇业发展。

支持国家邮轮旅游发展实验区和邮轮配送中心建设，支持境外商品保税供船。探索邮轮/游艇出入境便利化措施，对出入自贸区邮轮/游艇生活废弃物实施集中处理，对邮轮/游艇码头等基础设施建设提供技术指导。

（十七）支持会展业发展。

对进境展品实施口岸核放、场馆集中查验监管。展会入境产品审批交由相关直属局实施，总局备案。对保税展示货物，实行登记管理，允许多次出区展示。自贸区涉及3C认证的展品免于办理强制性产品认证。允许来自非疫区但未获得进口准入的食品在各相关直属局监管下在区内展览、展示；允许参展的预包装食品、化妆品等，凭展会组织方证明免予加贴中文标签和抽样检验。

（十八）支持入境维修产业发展。

对质量管理体系健全、符合条件的生产企业实施风险监测、信用管理，采取分批核销、指定地点查验模式，降低查验率，实现快速检验放行。对入境维修复出口、入境再制造旧机电产品免于实施装运前检验。对以保税、租赁等方式多次往返自贸区货物，实行登记核销管理模式。

（十九）支持跨境电子商务发展。

明确电商经营主体的质量安全责任，实行全申报管理，建立责任追溯体系和先行赔付制度。对按国外个人订单出境的跨境电子商务出口商品，除必要的检疫处理外，一般不实施品质检验。完善跨境电子商务入境物品管理，明确禁止以跨境电子商务形式入境的物品名录。备货入境食品、化妆品应符合我国法律法规和国家标准的要求。对备货入境、最终按个人订单以邮件、快件形式销售的跨境电子商务商品，严格检疫管理，科学实施安全项目监管，监督电商在尊重消费者个人选择权的同时，标示可能存在的质量安全问题和消费风险。加强事后监管，组织对质量安全问题的调查处理。

## 五、进一步加快互联互通

（二十）积极支持“单一窗口”和信息化平台建设。

支持地方政府电子口岸建设、国际贸易“单一窗口”建设，推进自贸区检验检疫电子服务平台和数据交换平台建设。建立与自贸区公共信息平台的网络互联机制，推动自贸区检验检疫智能执法系统建设，提高检验检疫监控系统与自贸区各类新业态运行模式的兼容性。探索自贸区电子化管理，加快货物在监管安全基础上实现区内自由流动和跨区流转。

（二十一）加强与各方面的协作配合。

密切与自贸区管委会的协作，积极配合管委会有关工作的落实，形成合力，创造良好工作环境。加强与质监、商务、工商、税务等部门的合作，在企业管理、质量控制、风险监测、产业发展等方面密切协作，相互支持。全面推进关检合作“三个一”；加强与海关、海事、交通、边检等口岸管理部门的合作，加快推进信息互换、监管互认、执法互助。

（二十二）强化内部协调推进机制。

加强质检系统内部组织领导和协调配合，注重顶层规划与基层试点推广的协调互动，在守住安全底线和提供最大便利化基础上，大胆有序推进自贸区检验检疫监管改革，试点前充分酝酿，试点成果要科学论证，及时纠偏校准。要充分发挥专家队伍作用，各类业务改革要相互借鉴，不断整合体系。要遵循现有法律法规框架推行改革，并适时以公告等方式固化公布改革成果。各相关直属局要与各业务主管部门密切沟通联系，全力推进改革。

质检总局<br>2015 年 3 月 9 日

# 质检总局关于支持中国（上海）自由贸易试验区建设的意见

国质检通〔2013〕503号

上海出入境检验检疫局、上海市质量技术监督局：

为贯彻落实党中央、国务院全面提高开放型经济水平、促进区域经济发展的总体部署，质检总局就支持中国（上海）自由贸易试验区（以下简称“试验区”）建设提出如下意见：

## 一、积极开展质检制度创新

认真贯彻落实国务院关于试验区建设的总体部署，根据国家改革开放的新形势、政府转变职能的新要求，按照“进境检疫，适当放宽进出口检验；方便进出，严密防范质量安全风险”的原则，深入研究，大胆创新，探索建立旨在进一步提升质量、保障安全、促进发展的新的检验检疫制度体系。积极创新质监工作体制，借鉴国际惯例和通行做法，建立与国际接轨的质量安全保障体系、技术基础支撑体系和高效便捷的质量技术监督服务体系。在试验区内形成可复制、可推广的改革经验，使质检工作在国家经济社会建设中发挥更大的作用。

## 二、探索建立试验区检验检疫监管新模式

积极借鉴国际先进的自由贸易区经验，创新检验检疫监管模式。按照方便进出、严密防范质量安全风险的原则，“一线”最大限度予以便利，主要实施进出境检疫和重点敏感货物检验；“二线”在完善检验检疫便利化措施基础上，做好进出口货物的检验检疫监管工作。深入研究和运用以风险管理、诚信管理为基础的分类监管模式，建立和完善风险评估、预警和处置体系，切实将检验检疫工作重心转向安全、卫生、健康、环保和反欺诈，形成科学高效的监管体系。积极研究对进出口产品实施前置备案注册、验证管理和后续监管的创新措施。探索实施原产地溯源制度，提升产品质量安全保障水平。建立对第三方检验鉴定机构的采信制度和管理制度，完善试验区集中查验和监督管理设施，全面提高履职效能。

## 三、支持试验区创新建立质量技术监督和执法体制

支持采用远程监控、全程监管、信息化等手段，创新特种设备监管模式，设立特种设备应急处置机构，加强对试验区内锅炉、电梯、压力容器、压力管道、场（厂）内专用机动车辆等特种设备的安全监管。支持试验区内建立以企业质量自我声明、流通环节抽样检验、风险监测、质量申投诉处理、质量安全突发事件应对为主要内容的产品质量监管模式。

## 四、支持深化试验区质量监督行政审批制度改革

将试验区内特种设备生产单位许可、进口非法定计量单位计量器具审批等行政审批事项下放

给上海市质量技术监督部门实施。支持探索改革工业产品生产许可制度，取消一批审批事项，缩减审批目录范围，转变审批方式，逐步实行告知承诺审批。支持上海市质量技术监督局会同相关部门对试验区内检测机构资质审批事项进行整合，提高审批速度和效率，加强对实验室的事中和事后监管。支持统一实施检验检测机构后续监管，建立检测机构采信制度和信息共享平台。

## 五、促进试验区提升贸易便利化水平

加强与地方政府和口岸相关部门的协作配合，积极推动信息共享、联合执法和协同把关，为试验区货物和人员的进出提供更为便捷的服务。配合建立符合试验区内国际分拨、融资租赁、第三方维修、转口贸易等新业态发展需求的监管制度，推动“区港一体化”建设。鼓励探索进出口地理标志保护监管的便利化服务措施及信息采集，探索试行将有关行政许可及审批权限下放至直属局和放宽审批条件，试点简化进口备案和装运前预检验程序。积极推进与海关的“三个一”合作试点，提高口岸工作效率。

支持试验区制定、发布一批与国际标准及国际通行规则相适应的区域性地方标准。支持区内企业参与国际标准化活动，积极采用国际标准；引导、鼓励区内企业开展联盟标准创新试点。支持对区内企业进行 WTO/TBT 相关标准、技术法规和合格评定程序的通报工作，并为消除、减少技术性贸易壁垒提供咨询与服务。

## 六、建立试验区检验检疫预警和防控体系

加强试验区突发公共卫生事件、动植物疫情和进出口产品质量安全事件的预警和防控体系建设，完善医学媒介监测、核生化有害物质监测、外来生物监测和食品安全风险监管等制度，提高应对和处置效能，切实做好与地方政府和有关部门的配合和衔接，共同为试验区的建设和发展提供安全保障。

## 七、支持试验区公共信息平台建设

积极支持试验区依托地方电子口岸建设公共信息平台，实现区内企业、相关单位与检验检疫机构申报信息、物流信息和监管信息的共享。创新技术与方法，提高检验检疫物流监控系统与试验区各类新业态运行模式的兼容性。利用物联网及无线通信等技术，在区内试行检验检疫移动执法，为区内企业提供通报通放、网上预约、在线办理等无纸化信息服务。

## 八、推动试验区诚信体系的建设和完善

支持试验区率先按照企业申请、联合征信、社会公示、政策叠加、滚动淘汰等原则，制定诚信企业名单，落实鼓励和扶持措施。支持建立统一的征信平台和诚信管理体系，共享企业诚信信息。逐步推行在企业分类管理、诚信管理、“AA 级”企业评定等方面采用第三方信用报告，促进信用服务行业的发展。支持建立以组织机构代码实名制为基础的企业质量信用档案，依托企业质量信用档案探索建立市场退出机制。支持建立以物品编码管理为溯源手段的产品质量信用信息平台。

## 九、支持试验区跨境电子商务的发展

研究制定跨境电子商务检验检疫监督管理办法，建立跨境电子商务产品的质量安全溯源和监管机制，试点建立与跨境电子商务服务企业互联的检验检疫信息支撑系统，提高跨境电子商务产品的监管效率，促进试验区内跨境电子商务及相关服务企业的健康发展。

## 十、服务试验区产业集聚

支持试验区内生物医药、旧机电维修、入境再利用和再制造等产业发展。根据产业特点和企业需求，制定相应的审批、申报、查验和检验检疫监管措施，提高管理效率，鼓励相关企业落户区内，促进试验区发挥对重点发展产业的集聚效应。

支持国家质检中心落户试验区，为金融服务业、专业服务业、软件与信息服务业等提供检测服务。支持强制性产品认证指定机构为自贸试验区提供便利服务。支持特种设备检验、检测社会化改革。支持推动试验区内检验机构的产品检验结果和检验标准与其他国家间的国际互认工作。逐步放开外资认证认可、检验检测机构在试验区设立分支机构并开展业务。

质检总局要求各有关质检机构，进一步增强促进地方经济发展的主动性，全面落实“抓质量，保安全，促发展，强质检”方针，在促进经济社会发展中做出新贡献。

质检总局

2013 年 9 月 27 日

# 国家旅游局关于支持中国（福建）自由贸易试验区旅游业开放意见的函

旅函〔2015〕11 号

福建省人民政府：

为响应中央关于设立福建自贸区的战略决策，推动福建自贸区对外开放和合作水平的进一步提升，努力把福建自贸区建设成为两岸旅游合作先行示范区，21 世纪海上丝绸之路旅游核心区，对自贸区内旅游业的进一步开放提出意见如下：

## 一、支持福建自贸区旅游业对外开放

1. 扩大旅行社业开放。在上海自贸区的基础上，进一步增加经营出境游外资旅行社数量，创新管理体制，支持创新对旅行社经营的事中、事后监管模式。支持在福建自贸区内设立的外资合资旅行社经营大陆居民出国（境）（不包括赴台湾地区）的团队旅游业务；允许 3 家台资合资旅行社试点经营福建居民赴台湾地区团队旅游业务。

2. 放宽旅游从业人员限制。支持台湾合法导游、领队经自贸区旅游主管部门培训认证后，换发证件，在自贸区所在设市区（或试验区）执业。支持在自贸区内居住一年以上的台籍居民报考导游资格证，并按规定申领导游证后在大陆执业。

## 二、提升旅游及相关领域整体开放水平

3. 支持平潭建设国际旅游岛。推行国际通行的旅游服务标准，加快旅游要素转型升级，开发特色旅游产品，拓展文化体育竞技功能，建设休闲度假旅游目的地。在改革试验、资金安排、规划及实施、国际旅游市场拓展、人才培养和队伍建设等方面给予大力支持。会同有关方面，支持平潭离岛旅客购物免税、境外旅客购物离境退税政策落地。

4. 促进整体开放带动旅游发展。根据上海自贸区经验，特色医疗、娱乐演艺、职业教育、旅游装备等领域地进一步开放将有利于形成新的特色旅游区域，进而提升区域旅游竞争力。因此要积极推动相关领域开放，实现整个服务贸易发展水平的提升。

5. 推动实施旅游便利化措施。人员往来便利是旅游业开放程度的重要体现。积极争取海关、交通、公安等管理部门进一步优化管理措施，推动人员流动便利化，实现自贸区口岸过境免签或自贸区所在省市长时间停留等更加便捷地签注措施；推动与旅游业相关的邮轮、游艇等旅游运输工具出行的便利化，重点突破在口岸通关、监管查验、码头设置、牌照互认、航行区域规划等方面的政策难点。

## 三、推动相关制度创新

6. 探索实现区内区外联动。旅游业不同于工业和一般商业服务，特别是代表竞争优势的新业态更需突破自贸区范围的限制。为此应将在区内注册区外服务作为制度创新加以重视。支持邮轮、度假区、低空飞行等领域的企业纳入自贸区框架管理。

7. 鼓励旅游金融创新。自贸区是金融创新的高地。充分利用自贸区金融国际化水平高、人才集聚效应明显的特点，推动旅游金融产品创新，开拓适合旅游业特点的对外投资、融资、并购多种渠道，提升旅游产业的国际化和现代化水平。

国家旅游局

2015 年 3 月 19 日

# 食品药品监管总局关于在中国（上海）自由贸易试验区开展进口药品电子监管码赋码试点工作的批复

食药监药化监函〔2015〕66号

上海市食品药品监督管理局：

你局《关于在中国（上海）自由贸易试验区开展进口药品电子监管码赋码试点工作的请示》（沪食药监药械流〔2015〕268号）收悉。经研究，现批复如下：

一、同意你局在中国（上海）自由贸易试验区内按照国家药品电子监管相关要求，开展进口药品电子监管码赋码试点相关工作。

二、请你局严格实施并不断完善试点方案，监督相关企业严格按照有关规定开展进口药品电子监管码的赋码试点工作，落实自由贸易试验区管理机构和境外制药厂商的责任，确保赋码药品来源真实合法，赋码过程符合规范。及时认真分析和总结试点工作运行情况，为总局研究制定相关规定提供实践经验。

三、试点期间，总局如有政策调整或发布有关规定，你局应当确保在试点地区内得到严格执行。

四、试点工作为期一年，期中请将试点进展情况定期报告总局，期满请提交全面总结报告。试点期间出现新问题、新情况请及时报告总局，并提出意见和建议。

食品药品监管总局

2015年5月11日

# 国家认监委关于自贸区平行进口汽车CCC认证改革试点措施的公告

国家认监委2015年第38号公告

为落实国务院相关文件要求，加快推进自贸区认证认可制度改革创新，国家认监委决定进一步调整汽车产品强制性认证制度，开展自贸区汽车平行进口认证实施试点工作，现将有关措施公告如下：

## 一、放宽制造商授权文件要求

自贸区内开展平行进口汽车试点业务的企业，在已建立了完善的“三包”和召回体系情况下，CCC认证申请时，可放宽提供原厂授权文件的相关要求。在认证过程中，指定认证机构须增加对认证申请人“三包”、召回能力和体系的检查工作。

## 二、调整认证模式

自贸区内开展平行进口汽车试点业务的企业，在经指定认证机构确认已对申请认证车辆的一致性实施有效管理情况下，可取消非量产车认证模式数量要求。指定认证机构应采取有效手段，加强获证后监督和核查工作，确保标准符合性和产品一致性。

## 三、简化工厂检查要求

自贸区内开展平行进口汽车试点业务的企业，如已有效保证进口车辆一致性，且在自贸区内仅进行标准符合性整改的（不包括车辆结构性改装），在符合产业政策、海关和检验检疫相关规定的前提下，可视情况仅对其在自贸区内的改装场所进行CCC认证工厂检查。

本公告自2016年1月1日起实施。

国家认监委
2015年12月28日

# 中国银监会办公厅关于自由贸易试验区银行业监管有关事项的通知

银监办发〔2015〕62号

天津、上海、福建、广东、厦门、深圳银监局：

根据国务院同意设立中国（广东）自由贸易试验区、中国（天津）自由贸易试验区和中国（福建）自由贸易试验区及中国（上海）自由贸易试验区扩展区域的批复精神及印发的相关方案，为做好自贸区银行业监管工作，更好地支持自贸区建设，现就有关事项通知：

一、中国（广东）自由贸易试验区、中国（天津）自由贸易试验区和中国（福建）自由贸易试验区及中国（上海）自由贸易试验区扩展区域的银行业监管事项按照《中国银监会关于中国（上海）自由贸易试验区银行业监管有关问题的通知》（银监发〔2013〕40号）执行。

二、经国务院批准设立的其他自由贸易试验区的银行业监管事项亦可比照当前中国（上海）自由贸易试验区有关政策执行。

三、各银监局应加强对辖内自由贸易试验区银行业金融机构的监管管理，及时报告有关重大问题。

附件 中国银监会关于中国（上海）自由贸易试验区银行业监管有关问题的通知（略）

中国银行业监督管理委员会办公厅
2015年4月16日

# 中国银监会关于中国（上海）自由贸易试验区银行业监管有关问题的通知

银监发〔2013〕40号

各银监局，各政策性银行、国有商业银行、股份制商业银行、金融资产管理公司，邮政储蓄银行，银监会直接监管的信托公司、企业集团财务公司、金融租赁公司：

根据党中央、国务院关于建设中国（上海）自由贸易试验区的决定，经国务院同意，现就自贸区内银行业监管有关问题通知如下：

一、支持中资银行入区发展。允许全国性中资商业银行、政策性银行、上海本地银行在区内新设分行或专营机构。允许将区内现有银行网点升格为分行或支行。在区内增设或升格的银行分支机构不受年度新增网点计划限制。

二、支持区内设立非银行金融公司。支持区内符合条件的大型企业集团设立企业集团财务公司；支持符合条件的发起人在区内申设汽车金融公司、消费金融公司；支持上海辖内信托公司迁址区内发展；支持全国性金融资产管理公司在区内设立分公司；支持金融租赁公司在区内设立专业子公司。

三、支持外资银行入区经营。允许符合条件的外资银行在区内设立子行、分行、专营机构和中外合资银行。允许区内外资银行支行升格为分行。研究推进适当缩短区内外资银行代表处升格为分行、以及外资银行分行从事人民币业务的年限要求。

四、支持民间资本进入区内银行业。支持符合条件的民营资本在区内设立自担风险的民营银行、金融租赁公司和消费金融公司等金融机构。支持符合条件的民营资本参股与中外资金融机构在区内设立中外合资银行。

五、鼓励开展跨境投融资服务。支持区内银行业金融机构发展跨境融资业务，包括但不限于大宗商品贸易融资、全供应链贸易融资、离岸船舶融资、现代服务业金融支持、外保内贷、商业票据等。支持区内银行业金融机构推进跨境投资金融服务，包括但不限于跨境并购贷款和项目贷款、内保外贷、跨境资产管理和财富管理业务、房地产信托投资基金等。

六、支持区内开展离岸业务。允许符合条件的中资银行在区内开展离岸银行业务。

七、简化准入方式。将区内银行分行级以下（不含分行）的机构、高管和部分业务准入事项由事前审批改为事后报告。设立区内银行业准入事项绿色快速通道，建立准入事项限时办理制度，提高准入效率。

八、完善监管服务体系。支持探索建立符合区内银行业实际的相对独立的银行业监管体制，贴近市场提供监管服务，有效防控风险。建立健全区内银行业特色监测报表体系，探索完善符合区内银行业风险特征的监控指标。优化调整存贷比、流动性等指标的计算口径和监管要求。

2013年9月28日

# 中国保监会、天津市人民政府关于加强保险业服务天津自贸试验区建设和京津冀协同发展等重大国家战略的意见

保监发〔2015〕65号

各保险公司、保险资产管理公司，中国保险行业协会、中国保险学会，天津保监局，天津市各区县政府、各委办局、各有关单位：

为深入贯彻党的十八大和十八届三中、四中全会精神，主动适应经济发展新常态，全面落实党中央、国务院重大决策部署和重大国家战略实施，坚持改革统领，创新驱动，加快推动天津保险业发展，现提出以下意见。

## 一、总体要求

全面贯彻落实《国务院关于加快发展现代保险服务业的若干意见》（国发〔2014〕29号）精神，围绕天津自贸试验区建设、京津冀协同发展、“一带一路”、自主创新示范区建设和滨海新区开发开放等国家战略，充分发挥保险的社会稳定器和经济助推器作用，通过完善现代金融服务体系，促进经济转型提质增效，通过创新社会治理方式，促进改善民计民生，努力建设保障全面、功能完善、安全稳健、诚信规范，具有较强服务能力、创新能力、区域辐射能力和国际竞争力，与经济社会发展需求相适应的现代保险服务体系。

## 二、创新保险体制机制，服务国际一流自贸试验区建设

依托天津海港、空港区位特点和优势，创新航运保险业务和模式，服务北方国际航运中心核心区建设。鼓励境内外航运保险和保险经纪等专业服务机构落户自贸试验区，加快设立航运保险协会。依托航空产业基地优势，大力开展飞机保险、航空运输保险等。结合自贸试验区特色，积极发展物流保险、平行进口汽车保险、跨境电子商务保险、海上工程保险等业务。支持发展融资租赁保险，引导租赁企业与保险机构加强合作，多渠道拓宽融资渠道来源。进一步加强保险市场建设，支持各类保险公司在自贸试验区设立专业保险机构。探索开展人民币跨境再保险业务，培育发展再保险市场，建立区域再保险中心。支持保险机构开展境外投资试点。

## 三、深化保险资金和业务改革，助推京津冀协同发展

建立保险资金需求项目发布平台。鼓励保险机构以股权、基金、债权等形式投资交通、地铁等重点项目，加快构建京津冀互联互通综合交通网络。支持保险机构以多种方式参与天津地下管网、垃圾处理、城市配电等基础设施建设，提高城市综合承载能力。围绕创新驱动，支持保险机构开展专利执行保险、专利侵权责任保险、专利质押贷款保险试点。鼓励开展与互联网金融发展相适应的保险产品、营销、服务以及交易方式创新，培育互联网保险新业态和新的交易平台。开展商业车险改革，提升车险费率厘定科学化水平。完善道路交通事故损害赔偿调处机制，鼓励发

展治安保险、社区综合保险，提升城市治理水平。发展“绿色保险”，完善环境污染损害赔偿机制，服务京津冀生态文明建设。大力推进安全生产责任保险制度，鼓励矿山、金属冶炼、建筑施工和危险物品等生产经营单位投保安全生产责任保险。发挥政策和人才优势，吸引保险总部及培训、后援等专属机构落户，承接非首都核心功能。研究开展跨区域经营试点，促进京津冀保险市场要素优化配置。推动建立以财政支持为保障、以商业保险为平台、以多层次风险分担为机制的巨灾保险体系，积极开发巨灾指数保险，研究推行巨灾债券发行模式。主动适应现代农业发展新常态，积极探索“三农”保险新模式、新机制，开展互助合作保险，大力发展农村小额人身保险、农村小额信贷保险、农房保险、农机保险和种业保险等普惠保险业务。

## 四、加大支持“走出去”力度，护航“一带一路”战略

着力发挥出口信用保险促进外贸稳定增长和经济转型升级的功能，巩固天津外贸传统优势，加快培育竞争新优势。扩展短期出口信用保险功能，加大对自主品牌、自主知识产权、战略性新兴产业的支持力度，提升与“一带一路”沿线国家的经贸合作水平。扩大中长期出口信用保险覆盖面，增强交通运输、电力、电信、建筑等对外工程承包重点行业的竞争能力。加快发展境外投资保险，为天津企业海外投资、产品技术输出、承接国家“一带一路”重大工程建设提供综合保险服务。建立健全出口风险监测和管控体系，为出口企业提供全方位的风险咨询、资信调查、商账追收等服务。

## 五、丰富保险产品和服务，推动国家自主创新示范区建设

加大对科技保险支持力度，大力开发涉及技术转移、自主研发、专利技术、知识产权等领域的专属保险产品。推广国产首台首套装备的保险风险补偿机制，促进企业创新和科技成果产业化。搭建保险资金支持地方创新融资对接平台，支持保险机构投资小微企业专项债券、创业投资基金及相关金融产品。鼓励保险机构积极参与“互联网+”行动计划，支持设立互联网保险服务机构，推动移动互联网、云计算、大数据、物联网等与现代保险服务业结合。完善小微企业贷款保证保险风险补贴资金管理办法，深化政府、银行、保险三方共担风险的合作机制，着力缓解小微企业融资难问题。支持在天津设立科技、养老、健康、再保险等专业保险公司，支持建设自主创新示范区保险产业园。

## 六、构筑保险民生保障网，参与滨海新区综合配套改革

积极推进商业健康保险个人所得税政策试点工作，完善多层次的医疗保障体系。支持发展长期护理保险、疾病保险、失能收入损失保险等产品。发展与基本医疗保险有机衔接的商业健康保险，鼓励各类医疗机构与商业保险机构合作。支持保险机构运用股权投资、战略合作等方式，在滨海新区设立医疗机构和参与公立医院改制。支持天津纳入个人税收递延型商业养老保险试点范围。推动个人储蓄性养老保险、养老机构综合责任保险、企业年金等业务发展。支持保险机构为有条件的企业建立商业养老健康保障计划。研究探索独生子女家庭保障计划。支持符合条件的保险机构在天津投资养老设施和养老社区，促进保险服务业与养老服务业融合发展。

## 七、完善支持政策，优化保险业发展环境

推进简政放权放管结合职能转变，鼓励政府有关部门通过多种方式购买保险服务，降低公共服务运行成本。发挥政府的引导作用，通过立法推动、政策扶持、财政补贴等方式，进一步完善支持天津现代保险服务业改革创新的政策措施。探索建立保险业与社会保障、卫生医疗、交通管理等部门之间的信息交流共享机制。建立完善保险机构、从业人员信用档案和信用信息数据库，积极参与地方信用信息共享平台和金融业统一征信平台建设。加强保险监管与司法协作，推动保险纠纷诉讼与调解对接机制建设，打击保险领域违法犯罪活动，保护保险消费者权益。发挥高校资源禀赋优势，加强财务、精算、航运、核保核赔等专业人才培养，提升从业人员素质和水平。加强保险消费者教育，增强全社会的风险意识，培育成熟理性的保险市场。

## 八、加强组织实施

各有关方面要充分认识保险参与和服务重大国家战略的重要意义，把发展现代保险服务业放在落实重大国家战略的整体布局中统筹考虑，加强组织领导，强化沟通协调，形成工作合力，加强保险监管，防范化解风险。各相关部门要根据本意见要求，按照职责分工抓紧制定配套措施，确保各项政策落实到位。

天津市人民政府
中国保监会
2015 年 7 月 10 日

# 国家外汇管理局关于改革和规范资本项目结汇管理政策的通知

汇发〔2016〕16 号

国家外汇管理局各省、自治区、直辖市分局、外汇管理部，深圳、大连、青岛、厦门、宁波市分局；各中资外汇指定银行：

为进一步深化外汇管理体制改革，更好地满足和便利境内企业经营与资金运作需要，国家外汇管理局决定在总结前期部分地区试点经验的基础上，在全国范围内推广企业外债资金结汇管理方式改革，同时统一规范资本项目外汇收入意愿结汇及支付管理。现就有关问题通知如下：

## 一、在全国范围内实施企业外债资金结汇管理方式改革

在中国（上海）自由贸易试验区、中国（天津）自由贸易试验区、中国（广东）自由贸易试验区、中国（福建）自由贸易试验区相关试点经验的基础上，将企业外债资金结汇管理方式改

革试点推广至全国。自本通知实施之日起，境内企业（包括中资企业和外商投资企业，不含金融机构）外债资金均可按照意愿结汇方式办理结汇手续。

## 二、统一境内机构资本项目外汇收入意愿结汇政策

资本项目外汇收入意愿结汇是指相关政策已经明确实行意愿结汇的资本项目外汇收入（包括外汇资本金、外债资金和境外上市调回资金等），可根据境内机构的实际经营需要在银行办理结汇。现行法规对境内机构资本项目外汇收入结汇存在限制性规定的，从其规定。

境内机构资本项目外汇收入意愿结汇比例暂定为100%。国家外汇管理局可根据国际收支形势适时对上述比例进行调整。

在实行资本项目外汇收入意愿结汇的同时，境内机构仍可选择按照支付结汇制使用其外汇收入。银行按照支付结汇原则为境内机构办理每一笔结汇业务时，均应审核境内机构上一笔结汇（包括意愿结汇和支付结汇）资金使用的真实性与合规性。

境内机构外汇收入境内原币划转及其跨境对外支付按现行外汇管理规定办理。

## 三、境内机构资本项目外汇收入意愿结汇所得人民币资金纳入结汇待支付账户管理

境内机构原则上应在银行开立一一对应的“资本项目—结汇待支付账户”（以下简称结汇待支付账户），用于存放资本项目外汇收入意愿结汇所得人民币资金，并通过该账户办理各类支付手续。境内机构在同一银行网点开立的同名资本金账户、境内资产变现账户、境内再投资账户、外债专用账户、境外上市专用账户及符合规定的其他类型的资本项目账户，可共用一个结汇待支付账户。境内机构按支付结汇原则结汇所得人民币资金不得通过结汇待支付账户进行支付。

结汇待支付账户的收入范围包括：由同名或开展境内股权投资企业的资本金账户、境内资产变现账户、境内再投资账户、外债专用账户、境外上市专用账户及符合规定的其他类型的资本项目外汇账户结汇划入的资金，由同名或开展境内股权投资企业的结汇待支付账户划入的资金，由本账户合规划出后划回的资金，因交易撤销退回的资金，符合规定的人民币收入，账户利息收入，以及经外汇局（银行）登记或外汇局核准的其他收入。

结汇待支付账户的支出范围包括：经营范围内的支出，支付境内股权投资资金和人民币保证金，划往资金集中管理专户、同名结汇待支付账户，购付汇或直接对外偿还外债、划往还本付息专用账户，购付汇或直接汇往境外用于回购境外股份或境外上市其他支出，外国投资者减资、撤资资金购付汇或直接对外支付，为境外机构代扣代缴境内税费，代境内国有股东将国有股减持收入划转社保基金，购付汇或直接对外支付经常项目支出及经外汇局（银行）登记或外汇局核准的其他资本项目支出。

结汇待支付账户内的人民币资金不得购汇划回资本项目外汇账户。由结汇待支付账户划出用于担保或支付其他保证金的人民币资金，除发生担保履约或违约扣款的，均需原路划回结汇待支付账户。

## 四、境内机构资本项目外汇收入的使用应在经营范围内遵循真实、自用原则

境内机构的资本项目外汇收入及其结汇所得人民币资金，可用于自身经营范围内的经常项下

支出，以及法律法规允许的资本项下支出。

境内机构的资本项目外汇收入及其结汇所得人民币资金的使用，应当遵守以下规定：

（一）不得直接或间接用于企业经营范围之外或国家法律法规禁止的支出；

（二）除另有明确规定外，不得直接或间接用于证券投资或除银行保本型产品之外的其他投资理财；

（三）不得用于向非关联企业发放贷款，经营范围明确许可的情形除外；

（四）不得用于建设、购买非自用房地产（房地产企业除外）。

境内机构与其他当事人之间对资本项目收入使用范围存在合同约定的，不得超出该合同约定的范围使用相关资金。除另有规定外，境内机构与其他当事人之间的合同约定不应与本通知存在冲突。

## 五、规范资本项目收入及其结汇资金的支付管理

（一）境内机构使用资本项目收入办理结汇和支付时，均应填写《资本项目账户资金支付命令函》（见附件）。结汇所得人民币资金直接划入结汇待支付账户的，境内机构不需要向银行提供资金用途证明材料。境内机构申请使用资本项目收入办理支付（包括结汇后不进入结汇待支付账户而是直接办理对外支付、从结汇待支付账户办理人民币对外支付或直接从资本项目外汇账户办理对外付汇）时，应如实向银行提供与资金用途相关的真实性证明材料。

（二）银行应履行“了解客户”、“了解业务”、“尽职审查”等展业原则，在为境内机构办理资本项目收入结汇和支付时承担真实性审核责任。在办理每一笔资金支付时，均应审核前一笔支付证明材料的真实性与合规性。银行应留存境内机构资本项目外汇收入结汇及使用的相关证明材料5年备查。

银行应按照《国家外汇管理局关于发布〈金融机构外汇业务数据采集规范（1.0版）〉的通知》（汇发〔2014〕18号）的要求，及时报送与资本金账户、境内资产变现账户、境内再投资账户、外债专用账户、境外上市专用账户、其他类型的资本项目账户、结汇待支付账户（账户性质代码2113）有关的账户、跨境收支、境内划转、账户内结售汇等信息。其中，结汇待支付账户与其他人民币账户之间的资金划转，应通过填写境内收付款凭证报送境内划转信息，并在“发票号”栏中填写资金用途代码（按照汇发〔2014〕18号文件中“7.10结汇用途代码”填写）；除货物贸易核查项下的支付，其他划转的交易编码均填写为“929070”。

（三）对于境内机构确有特殊原因暂时无法提供真实性证明材料的，银行可在履行尽职审查义务、确定交易具备真实交易背景的前提下为其办理相关支付，并应于办理业务当日通过外汇局相关业务系统向外汇局提交特殊事项备案。银行应在支付完毕后20个工作日内收齐并审核境内机构补交的相关证明材料，并通过相关业务系统向外汇局报告特殊事项备案业务的真实性证明材料补交情况。

对于境内机构以备用金名义使用资本项目收入的，银行可不要求其提供上述真实性证明材料。单一机构每月备用金（含意愿结汇和支付结汇）支付累计金额不得超过等值20万美元。

对于申请一次性将全部资本项目外汇收入支付结汇或将结汇待支付账户中全部人民币资金进行支付的境内机构，如不能提供相关真实性证明材料，银行不得为其办理结汇、支付。

## 六、进一步强化外汇局事后监管与违规查处

（一）外汇局应根据《中华人民共和国外汇管理条例》（国务院令第532号）、《国家外汇管理局关于发布〈外债登记管理办法〉的通知》（汇发〔2013〕19号）、《国家外汇管理局关于印发〈外国投资者境内直接投资外汇管理规定〉及配套文件的通知》（汇发〔2013〕21号）、《国家外汇管理局关于境外上市外汇管理有关问题的通知》（汇发〔2014〕54号）等有关规定加强对银行办理境内机构资本项目收入结汇和支付使用等业务合规性的指导和核查。核查的方式包括要求相关业务主体提供书面说明和业务材料、约谈负责人、现场查阅或复制业务主体相关资料、通报违规情况等。

（二）对于违反本通知办理资本项目收入结汇和支付使用等业务的境内机构和银行，外汇局依据《中华人民共和国外汇管理条例》及有关规定予以查处。对于严重、恶意违规的银行可依法暂停其资本项下结售汇业务办理。对于严重、恶意违规的境内机构可依法暂停其办理意愿结汇资格或在外汇局资本项目信息系统中对其进行业务管控，且在其提交书面说明函并进行相应整改前，不得为其办理其他资本项下业务或取消业务管控。

本通知自发布之日起实施。《国家外汇管理局关于发布〈外债登记管理办法〉的通知》（汇发〔2013〕19号）、《国家外汇管理局关于境外上市外汇管理有关问题的通知》（汇发〔2014〕54号）、《国家外汇管理局关于改革外商投资企业外汇资本金结汇管理方式的通知》（汇发〔2015〕19号）、《国家外汇管理局关于印发〈跨国公司外汇资金集中运营管理规定〉的通知》（汇发〔2015〕36号）等此前规定与本通知内容不一致的，以本通知为准。

国家外汇管理局各分局、外汇管理部接到本通知后，应及时转发辖内中心支局、支局、城市商业银行及外资银行。各中资外汇指定银行收到本通知后，应尽快转发所辖分支行。执行中如遇问题，请及时向国家外汇管理局资本项目管理司反映。

附件　资本项目账户资金支付命令函（略）

国家外汇管理局

2016年6月9日